suhrkamp taschenbuch
wissenschaft 1800

Mit dem *spatial turn* seit den 1980er-Jahren ist die Räumlichkeir zu einem Schlüsselthema der Geistes- und Kulturwissenschaften avanciert. Insbesondere die Geographie, die Soziologie und die Ästhetik haben die Wende im Raumdenken eingeläutet und den Weg für die Wiederentdeckung klassischer europäischer Texte aus den Geistes- und Naturwissenschaften bereitet. Der vorliegende Band versammelt erstmals einen repräsentativen Querschnitt raumtheoretischer Grundlagentexte von der Neuzeit bis zur Gegenwart, die sich nicht nur mit der Phänomenologie des Raumes auseinandersetzen, sondern auch über mediale, soziale, politische und ästhetische Räume reflektieren. Eine Einführung zu jedem der sechs Teile des Bandes stellt die jeweiligen Texte und ihre Autoren in ihrem historischen wie theoretischen Zusammenhang vor.

Jörg Dünne ist Professor für romanistische Literaturwissenschaft an der Universität Erfurt.
Stephan Günzel ist Professor für Medientheorie an der btk-Hochschule für Gestaltung in Berlin.
Hermann Doetsch ist Literaturwissenschaftler an der Ludwig-Maximilians-Universität München.
Roger Lüdeke ist Professor für Neuere Englische Literatur an der Heinrich-Heine-Universität Düsseldorf.

Raumtheorie

Grundlagentexte aus Philosophie und Kulturwissenschaften

Herausgegeben von
Jörg Dünne und Stephan Günzel
in Zusammenarbeit mit
Hermann Doetsch und
Roger Lüdeke

Suhrkamp

Bibliografische Information der Deutschen Nationalbibliothek
Die Deutsche Nationalbibliothek verzeichnet diese Publikation in der Deutschen Nationalbibliografie; detaillierte Daten sind im Internet über http://dnb.d-nb.de abrufbar.

9. Auflage 2018

Erste Auflage 2006
suhrkamp taschenbuch wissenschaft 1800

Druck: Druckhaus Nomos, Sinzheim
Printed in Germany
Umschlag nach Entwürfen von Willy Fleckhaus und Rolf Staudt
ISBN 978-3-518-29400-0

Inhalt

TEIL III
KÖRPERLICHE, TECHNISCHE UND MEDIALE RÄUME

TEIL IV
SOZIALE RÄUME

TEIL V
POLITISCH-GEOGRAPHISCHE RÄUME

TEIL VI
ÄSTHETISCHE RÄUME

Vorwort

Das augustinische Wort, dem zufolge die Zeiterfahrung nur so lange selbstverständlich sei, wie man nicht danach gefragt wird,[1] lässt sich wohl mit gleichem Recht auch auf den Raum anwenden. Die diffuse Vertrautheit mit dem ›Raum‹ kann jedoch nicht darüber hinwegtäuschen, dass die Versuche, Räumlichkeit in Sprache zu fassen sowie auf Raum theoretisch zu reflektieren, höchst unterschiedlich ausfallen können: Raumtheorien müssen einerseits mit den begrifflichen Vorentscheidungen zu Rande kommen, die ihnen die Sprache auferlegt, andererseits wollen sie einen von der Sprache unabhängigen Sachverhalt fassen. Extremformen, die den einen oder den anderen Pol komplett leugnen, sind rar, können aber dazu dienen, das Feld der möglichen Diskussionen über Raum abzustecken.

I.

Der Sprachradikalismus findet sich vor allem in den Anfängen des *linguistic turn*: »Unsere Vorstellungen vom Raum«, so stellte Fritz Mauthner in seinem sprachkritischen Wörterbuch philosophischer Begriffe emblematisch fest, seien »nur eine besondere Art Sprache«.[2] Bei aller Überzogenheit dieser Annahme hat die Begriffsgeschichte von Raum dennoch eine bedeutsame historische Hinweisfunktion, denn die neuzeitliche Theoretisierung des Raums seit Descartes[3] setzt etwa zur selben Zeit ein, in der sich auch die Verwendung des Ausdrucks ›Raum‹ und ›espace‹ in den genannten Sprachen in ihrer heutigen Bedeutung zu etablieren beginnt. Damit liegt die Vermutung nahe, dass die theoretische Herausbildung eines abstrakten Raumbegriffs auch mit der Neugewichtung sprachlicher Bedeu-

1 Vgl. Augustinus, *Confessiones*, hg. von Martin Skutella, Stuttgart: Teubner 1984, XI, 14, S. 275.

2 Fritz Mauthner, »Raum«, in: F. M., *Rationalismus bis Zweck. Wörterbuch der Philosophie. Neue Beiträge zu einer Kritik der Sprache*, Bd. 3, Leipzig ²1924 [1910], S. 6-20, hier S. 17.

3 Vgl. hierzu und zur antiken Vorgeschichte der Raumtheorie die Einleitung zu Teil I.

tungshorizonte einhergeht. In seiner heute vertrauten Alltagsbedeutung hat sich der deutsche Ausdruck ›Raum‹, genau wie in den romanischen Sprachen oder im Englischen ›espace‹, ›espacio‹, ›spazio‹, ›space‹ etc., im ausgehenden Mittelalter bzw. der beginnenden Neuzeit herausgebildet. In der antiken Tradition fehlt ein Äquivalent von entsprechender Bedeutung – diese Lücke wird weder vom aristotelischen *topos* noch von der platonischen *chora* ganz gefüllt.[4]

Der wortgeschichtliche Vergleich der beiden Ausdrücke ›Raum‹ und ›espace‹ lässt dabei eine Spannung deutlich werden: *Espace* kann, vom lateinischen *spatium* (offene Lauf- oder Kampfbahn, aber auch ein bestimmter Zeitraum) herkommend, bis ins 16. Jahrhundert, neben einem Raum für freie Bewegung, wovon sich u. a. das deutsche ›spazieren‹ herleitet, auch ein zeitliches Intervall bezeichnen. Außerdem wird der Ausdruck zunächst in männlicher und weiblicher Form gebraucht.[5] Gegenüber der Zwischen-Räumlichkeit des *spatium* wird der in allen germanischen Sprachen existierende *Raum* beispielsweise im Grimm'schen Wörterbuch wesentlich territorial, d. h. als eine »gegebene stätte für eine ausbreitung oder ausdehnung«[6] verstanden und in Zusammenhang mit der Kultur schaffenden Tätigkeit des Rodens von Land zur zivilen Besiedelung oder zur Einrichtung eines militärischen Lagerplatzes gebracht – metonymisch bezeichnet er außerdem die Siedlung selbst. *Raum* und *espace* verweisen somit auch auf zwei sehr unterschiedliche raumtheoretische Positionen: auf die Annahme einer absoluten, territorialen Bindung einerseits und auf den Ausgangspunkt einer relationalen Verortung andererseits, die auch für gegenwärtige raumtheoretische Diskussionen eine bedeutende Rolle spielen. Dieser Vergleich soll jedoch nicht dazu führen, für die in diesem Band

4 Auch die Rede vom ›Raum‹ der euklidischen Geometrie ist eine moderne Rückprojektion, die das Substrat für die geometrische Figurenlehre hypostasiert – vgl. zur neuzeitlichen ›Erfindung‹ des Raums Augustin Berque, *Écoumène. Introduction à l'étude des milieux humains*, Paris: Belin 2000, v. a. S. 66-70.

5 Die weibliche Form hat sich bis heute in der speziellen Verwendung des typographischen Leerzeichens erhalten. – Vgl. dazu und generell die Einträge »Espace« im *Dictionnaire de la langue française du XVIe siècle*, hg. von Edmont Huguet, Paris: Didier 1934, S. 658, sowie in *Le Robert. Dictionnaire historique de la langue française*, hg. von Alain Rey, Paris: Le Robert 1992, S. 722.

6 Art. »Raum«, in: Jacob und Wilhelm Grimm (Hg.), *Deutsches Wörterbuch*, Bd. 14 (R-Schiefe), Nachdruck der Erstausgabe Leipzig: Hirzel 1893, München: dtv 1984, Sp. 275-283, hier Sp. 276.

versammelten Texte zur Raumtheorie eine sprach- oder gar kulturdeterministische Ordnung vorzuschlagen, das heißt, den deutschsprachigen Raumtheorien eine wesenhafte Insistenz auf der territorialen Räumlichkeit zuzuschreiben und französischen Theorien stattdessen eine Privilegierung relationaler, differenzieller Räumlichkeit. Vielmehr soll deutlich werden, dass die Arbeit am philosophischen, medienwissenschaftlichen, sozialen, politischen und ästhetischen Begriff des Raums, wie sie in den Texten dieser Anthologie stattfindet, solchen einfachen Entgegensetzungen differenzierend entgegenwirkt.

2.

Die andere Extremform des Raumdenkens besteht in einem Naturalismus, der jegliches Raumproblem leugnet. So konstatierte ein Wörterbuch des 19. Jahrhunderts pauschal:

> Raum und Zeit sind von jeher ein Stein des Anstoßes für die Philosophen (eine wahre *crux metaphysicorum*) gewesen, während die Mathematiker, unbekümmert um die Frage, was Raum und Zeit seien, sehr leicht damit umsprangen. Sie construirten ohne Weiteres ihre Zahlen in der Zeit und ihre Figuren im Raume, und maßen mit Hülfe derselben alles aus, was wir in Raum und Zeit wahrnehmen, und dies mit solcher Evidenz, daß es ihnen hierin Niemand gleichthun konnte. Die Philosophen aber, indem sie eben jene Frage sich vorlegten und vorlegen mussten, stellten insgemein nur Hypothesen auf, von denen eine immer seltsamer als die andre war.[7]

Dass die Mathematik, wie hier stereotypisierend behauptet wird, kein Raum*problem* kenne, ist jedoch nicht nur aus heutiger Perspektive eine grobe Vereinfachung: Von der »ohne Weiteres« konstruierenden Mathematik mit der nichteuklidischen Geometrie wie auch von der Physik mit der relativistischen Raumzeitlehre gingen immerhin die wohl einflussreichsten Erschütterungen der Vorstellung eines stabilen dreidimensionalen »Raumbehälters« aus. Von diesem Impuls aus kam es auch in den geistes- und sozialwissen-

7 Wilhelm Traugott Krug, »Raum und Zeit«, in: *Allgemeines Handwörterbuch der philosophischen Wissenschaften nebst ihrer Literatur und Geschichte*, Bd. 3 (N-Sp), Faksimile-Neudruck der zweiten, verbesserten und vermehrten Auflage Leipzig 1833 [1828], Stuttgart-Bad Cannstatt: Frommann-Holzboog 1969, S. 426-432, hier S. 426.

schaftlichen Raumtheorien des 20. Jahrhunderts zu neuen Modellen von Räumlichkeit, wobei die Analogisierung von physikalischer und sozialer Relativität des Raums allerdings nicht unproblematisch ist.

Zu Recht wurde von daher zweierlei gefordert: einmal eine eigenständige Modellierung von kultureller, sozialer oder ästhetischer Räumlichkeit; zum anderen – und dem vorhergehend – die begriffskritische Überprüfung der Herkunft von Raumkonzepten. Die hier vorliegenden Beiträge sind ohne Ausnahme auch immer mit der Bestimmung und Abgrenzung des Konzeptes ›Raum‹/›espace‹ befasst. Sie leisten damit eine kritische Arbeit, die in der neueren Raumtheorie der letzten Jahre zwar auch impliziert ist, aber angesichts der affirmativen Rhetorik einer »Wende« zu Raumfragen teilweise vernachlässigt wurde: So wurde im Nachgang zu Edward Sojas Schrift *Postmodern Geographies* von 1989 vor allem in den Sozialwissenschaften der *spatial turn* ausgerufen,[8] während die Geowissenschaften selbst eine »geographische Wende« des Wissens für sich reklamierten[9] und historische und politische Theorien eine »Wiederkehr« bzw. »Permanenz« des (physischen) Raums in Erinnerung gerufen haben.[10] Auch an ersten mahnenden Stimmen fehlt es nicht, die behaupten, die Wende *zum* Raum sei eine Wende *zurück* in ein substanzialistisches Denken, sodass die kultur- und sozialwissenschaftliche Theorie unweigerlich in der »Raumfalle« festsäße.[11] Um dieser Kritik vorzubeugen, hat es Sigrid Weigel vorgezogen,

8 Explizit wird der Ausdruck dort von Soja allerdings nur zur historischen Beschreibung eines Moments der zunehmenden sozialwissenschaftlichen Aufmerksamkeit auf Raumfragen seit den späten 1960er-Jahren verwendet; vgl. *Postmodern Geographies. The Reassertion of Space in Critical Social Theory*, London/New York: Verso 1989, S. 16 und 39 ff.

9 Vgl. Jacques Lévy, *Le tournant géographique. Penser l'espace pour lire le monde*, Paris: Belin 1999, der sich auf eine Bemerkung von Marcel Gauchet aus dem Jahr 1996 beruft: Vorwort zum Dossier »Nouvelles géographies«, in: *Le débat* 92 (1992), S. 42.

10 Vgl. Jürgen Osterhammel, »Die Wiederkehr des Raumes: Geopolitik, Geohistorie und historische Geographie«, in: *Neue politische Literatur* 43/3 (1998), S. 374-397, und Rudolf Maresch/Niels Werber, »Permanenzen des Raums«, in: R. M./N. W. (Hg.), *Raum – Wissen – Macht*, Frankfurt am Main: Suhrkamp 2002, S. 7-30.

11 Vgl. Roland Lippuner/Julia Lossau, »In der Raumfalle. Eine Kritik des spatial turn in den Sozialwissenschaften«, in: Georg Mein/Markus Rieger-Ladich (Hg.), *Soziale Räume und kulturelle Praktiken*, Bielefeld: Transcript 2004, S. 47-64.

von einem *topographical turn* zu sprechen,[12] in dem die Praktiken – sozialer wie technischer Art – der kulturgeschichtlichen Konstitution in den Blick rücken, welche zu diesem oder jenem Raumverständnis geführt haben.

Die im vorliegenden Band versammelten Texte zeigen nun nicht den Idealweg eines Denkens mit und nach dem *spatial* bzw. *topographical turn* auf. Nicht zuletzt, weil sie allesamt aus der Zeit davor datieren. Sie präsentieren selbst keine Modelle, denen man sich unkritisch anschließen würde. Es sind vielmehr – und darauf wurde bei der Auswahl großer Wert gelegt – diejenigen Referenzen, welche die heutige Diskussion bestimmen, sei es als jetzt schon kanonisierte Klassiker der Raumtheorie, oder als vergessene Marksteine einer Tradition. Der Schwerpunkt liegt dabei auf der von Dialog und Dissens gleichermaßen geprägten theoretischen Debatte unter deutsch- und französischsprachigen Autoren. Diese Wahl wurde bewusst getroffen, um die Proklamation des *spatial turn* im angelsächsischen Bereich mit ihren weitgehend europäischen Wurzeln zu konfrontieren, ohne dass aus dieser Genealogie jedoch eine prinzipielle Priorisierung der hier gewählten Theorien ableitbar wäre – auch im transkontinentalen Dialog gilt es, solche kulturdeterministischen Beschränkungen aufzubrechen.

Der Band erfüllt zuvorderst die Aufgabe, den Leser mit den Materialien und Kontexten zu versorgen, mit denen die gegenwärtige Diskussion und Forschung nachvollzogen und nicht zuletzt auch vorangebracht werden kann. Die in ihm versammelten Texte sind in sechs Teile mit je fünf Texten aufgeteilt. Gliederungsprinzip ist dabei der heuristische Versuch, ›Knotenpunkte‹ der Raumdiskussion zu finden, die sich, so unsere Überzeugung, nicht einfach an Disziplinengrenzen festmachen lassen. Dennoch ist jeder der sechs Teile für sich von Diskussionen zwischen bestimmten institutionalisierten Diskursen über den Raum gekennzeichnet: Teil I ist von der Raum-Diskussion zwischen Philosophie und Naturwissenschaften bestimmt, Teil II von der Phänomenologie in der Philosophie und darüber hinaus; Teil III zeigt den raumtheoretischen Dialog zwischen Anthropologie, Psychoanalyse und Medienwissenschaft auf; Teil IV bezieht sich auf die sozialwissenschaftlichen Ansätze des

12 Vgl. Sigrid Weigel, »Zum ›topographical turn‹ – Kartographie, Topographie und Raumkonzepte in den Kulturwissenschaften«, in: *KulturPoetik* 2/2 (2002), S. 151-165.

Raumdenkens; Teil V nimmt das Verhältnis von Geographie und Politik zum Ausgangspunkt, und Teil VI beschäftigt sich schließlich mit ästhetischen Raumtheorien.

Der Schwerpunkt in der historischen Auswahl liegt auf der Diskussion vom Beginn des 20. Jahrhunderts bis an die Schwelle der Proklamation des *spatial turn* um 1990 – eine Ausnahme bildet hierbei Teil I, in dem die physikalische und philosophische Diskussion des Raumproblems bis an den Beginn der Neuzeit zurückverfolgt wird, weil nur so die Voraussetzungen, auf denen die anderen Ansätze aufbauen, transparent gemacht werden können; am stärksten aktualitätsorientiert ist demgegenüber Teil IV: Nachdem der *spatial turn* unmittelbar aus der sozialwissenschaftlichen Diskussion hervorgegangen ist, finden sich hier die Gelenkstellen zwischen den älteren Traditionslinien und der aktuellen Debatte seit den 1990er-Jahren.

Jeder der sechs Teile des Bandes wird von einer Einleitung eröffnet, die zwei Hauptaufgaben erfüllt: Erstens ordnet sie die Grundlagentexte der Raumtheorie im Denken ihres Autors sowie in der zeitgenössischen Diskussion ein. Zweitens skizziert sie in der gebotenen Kürze die wichtigsten Anschlüsse zur heutigen raumtheoretischen Grundlagendebatte in den Kultur- und Geisteswissenschaften, aber auch zur Tradition des Raumdenkens jenseits der historischen Auswahl des Bandes. Jede der Einleitungen schließt mit dem Verweis auf grundlegende Sekundärliteratur zum jeweiligen Bereich der raumtheoretischen Diskussion; am Ende dieses Vorworts findet sich zudem eine Auswahlbibliographie von Texten allgemeiner Relevanz zur Raumtheorie. Unter den hier gewählten acht ungekürzten Texten und 24 Textausschnitten, die aber so gewählt wurden, dass sie einen für sich lesbaren Zusammenhang bilden, befinden sich die Erstübersetzung eines Textes von Henri Lefebvre (Teil IV) sowie die Neuübersetzung eines bislang nur schwer zugänglichen Textes von Paul Virilio (Teil III); die verwendeten bestehenden Übersetzungen wurden ausnahmslos überprüft, teilweise korrigiert und, wo nötig, mit ergänzenden Literaturhinweisen und gegebenenfalls mit Anmerkungen zu den ausgelassenen Passagen versehen. Am Ende jedes Textauszugs geben schließlich biobibliographische Angaben Aufschluss über den Autor, über seine weiteren Arbeiten zur Raumtheorie und verweisen auf einschlägige Sekundärliteratur.

Wir sind uns sehr wohl der Lücken bewusst, die unsere Textauswahl lässt und die auch von den Einleitungen nicht vollständig gefüllt werden können: Die antike, mittelalterliche und frühneuzeitliche Raumdiskussion fehlt in dem Band ebenso wie eine vertiefte Beschäftigung mit rhetorischen Topiken oder Räumen des Wissens; die Kartographie als Medium der Raumaufzeichnung erfährt ebenso wenig die ihr gebührende Aufmerksamkeit wie religionswissenschaftliche und ethnologische Ansätze; bei den ästhetischen Räumen schließlich war nur eine exemplarische Auswahl weniger Teilbereiche möglich. Wenn diese Lücken und sonstige Unzulänglichkeiten des Bandes zusammen mit seinen Lektüreanregungen in künftige Diskussionen eingehen könnten, wäre jedoch seine Funktion bereits erfüllt. Der Band soll also in jeder Hinsicht eine Arbeitsgrundlage sein.

Abschließend bleibt den Herausgebern, allen zu danken, die an der Entstehung des Bandes mit inhaltlicher Kritik, Hinweisen oder praktischer Hilfe beteiligt waren: Britta Brandt, Sebastian Donat, Peter Gold, Malte Hagener, Wolfgang Kienzler, Eberhard Knobloch, Franziska Kümmerling, Ulrike Lindner, Andreas Mahler, Marcel René Marburger, Susanne Niemöller, Caroline Pross, Marie Schmidt, Gisela Seitschek, Hauke Steiner, Robert Stockhammer und Lambert Wiesing. Für die freundliche Überlassung der Rechte oder Bereitstellung der Texte danken wir, neben den an entsprechender Stelle angeführten Verlagen und Archiven, Edith Flusser, Roni Grosz, Rémi Hess, Miriam Lewin, Dieter Lohmar und Marina von Uexküll. Ein ganz besonderer Dank gilt Karin Peters, die die Texte der vier Mitarbeiter zusammengeführt und umsichtig korrigiert hat. Bernd Stiegler, Eva Gilmer und Nora Fröhder vom Suhrkamp Verlag sowie Elke Habicht für das Lektorat danken wir schließlich für das uns entgegengebrachte Vertrauen und die freundliche Zusammenarbeit.

Berlin und Paris, im März 2006
Jörg Dünne und Stephan Günzel

Teil I
Physik und Metaphysik des Raums

Einleitung

Warum geben wir dem Heiligen, gesegnet sei Er, einen veränderten Namen, und warum nennen wir ihn ›den Raum‹? Weil er der Raum der Welt ist.
(*Midrasch Rabbah*)

Die Physiker haben Gott aus der Welt geschafft.
(Nietzsche)

Die Geschichte der konzeptuellen Auseinandersetzung mit dem Raum reicht bis zum Beginn der westlichen Philosophie zurück. Nahezu bei jedem überlieferten Autor findet sich ein Raumkonzept oder wird ein solches vorausgesetzt. Zumeist ist es eingelagert in die Bestimmung dessen, was die Natur (griech. *physis*) ist. Philosophie war solcherart bis in die Neuzeit hinein immer auch Naturwissenschaft. Das antike Denken zeichnet sich dabei durch die Annahme einer grundsätzlichen und vollständigen Übereinstimmung des Sachgehalts mit seiner nominellen Bestimmung aus: also der *physikalischen* Natur einer Sache mit ihrem *metaphysischen* Begriff. Dies ist auch hinsichtlich des Raums der Fall: Es wird davon ausgegangen, dass die begriffliche Bestimmung seiner physisch-gegenständlichen Erfassung gleichkommt, ohne dass noch ein externer, ›materieller‹ Beweis nötig wäre. Dies ändert sich mit der Renaissance: Als Mittler zwischen Begriff und Natur dient nun maßgeblich das wissenschaftliche Experiment.[1] Nur solche Natur, die sichtbar ist oder sichtbar gemacht werden kann – das ›Evidente‹ –, kann vom menschlichen Verstand erfasst und beschrieben werden. Ferner stand im vorneuzeitlichen Denken von vornherein fest, dass die Naturbeschreibung mit kosmologischen Grundannahmen im Einklang stehen muss. Physik war hierbei selbst schon *meta*physisch (›über die Natur hinaus‹), insofern jene *letzten* Annahmen der Kos-

1 Siehe dazu die umfassende Studie von Ernst Cassirer, *Das Erkenntnisproblem in der Philosophie und Wissenschaft der neueren Zeit II. Gesammelte Werke*, hg. von Birgit Recki, Bd. 3, Hamburg: Meiner 1999 [1907].

mologie zugleich die *ersten* Bedingungen der Naturbeschreibung waren.

Eine enge Kopplung von Physik und Metaphysik des Raums findet sich bei Aristoteles, dessen Naturlehre später von der katholischen Kirche vermittelt durch Thomas von Aquin übernommen wurde. Was Aristoteles kompatibel machte, war nicht zuletzt seine Beschreibung von Bewegung: Alles, was (physikalisch) geschieht, hat eine Ursache. Aristoteles schloss, dass zwar jede Bewegung (als Wirkung) mittelbar eine andere Bewegung (als Ursache) benötigt, es aber nicht vorstellbar ist, dass solche Ursachen bis in die Unendlichkeit zurückreichten. Für die Antike war der *kosmos* (griech. für ›Ordnung‹, entspricht lat. *mundus*, ›Welt‹) endlich oder vielmehr durch kugelartige Sphärenschalen begrenzt; eine Ordnung im Unendlichen hingegen war nicht vorstellbar. Wird aber die Geschlossenheit eines solchen Universums angenommen, so muss auch die Kausalkette der Bewegungsursachen einen Anfang haben, da die Dinge von sich aus als ruhend angesehen werden. Am Rand des Kosmos, so die Annahme von Aristoteles, ist der Sitz einer Ur-Ursache, eines ›Ersten Bewegers‹, der das Geschehen in der Welt bedingt. Diese göttliche Figur ist zugleich das Ziel (griech. *telos*) aller metaphysischen Überlegung und prinzipieller Anfang (griech. *arche*) jeglicher Physik als Naturbeschreibung.[2] Nach Aristoteles ist der Körperraum ›Ort‹ (griech. *topos*), der ›Platz‹, den ein Körper einnimmt und von dem er selbst doch unterschieden bleibt.[3] Die Ausmaße eines Körpers hingegen, welche Aristoteles schlicht als die

2 Der Begriff eines offenen, weiten oder auch ›leeren‹ Raumes ist im Griechischen zwar anzutreffen, aber nur marginal vorhanden: Am berühmtesten ist dessen Bestimmung durch Platon, der Raum (griech. *chora*) als ›dritte Art‹ oder ›Geschlecht‹ zwischen dem Sein (der ewigen Ideen) und dem Werden (der vergänglichen Dinge) anspricht. (Vgl. Platon, *Timaios*, in: P., *Werke*, hg. von Gunther Eigler, Bd. 7, Darmstadt: WBG 1990, S. 95 [52 a].) – Diese Vorstellung hegte bereits der erste Philosoph der Antike, Hesiod, in seiner Schöpfungsgeschichte der Götter (*Theogonie*), in der er den Ursprung der Welt in einem ›klaffenden Abgrund‹ (griech. *chaos*) sieht. Auch Anaximanders Begriff des ›Unbegrenzten‹ (griech. *apeiron*) und die pythagoreische Vorstellung des ›Leeren‹ (griech. *kenon*) deuten ein anderes Raumdenken an. Dieses steht jedoch in keinem Vergleich zur wirkungsgeschichtlichen Relevanz der aristotelischen Raumlehre und wird erst sehr spät als Gegenkonzeption entdeckt.

3 Siehe dazu die Textinterpretation der Physik von Hans Günter Zekl, *Topos. Die aristotelische Lehre vom Raum*, Hamburg: Meiner 1990.

›Größe‹ der Körper bezeichnet, gehören nicht zu dessen Bestimmung. Schon gar nicht konnte Ausdehnung die begriffliche Grundlage von Räumlichkeit sein. Dagegen versteht Aristoteles den *Ort* als Grenzfläche, welche als »*unmittelbare, unbewegliche Grenze des Umfassenden*«[4] ein Ding ›umschließt‹. Aristoteles erläutert diesen Gedanken mittels einer Analogie: »Wie ›Gefäß‹ einen fortbeweglichen Ort darstellt, so ist Ort ein Gefäß, das man nicht wegsetzen kann.«[5] ›Ort‹ ist für Aristoteles nicht mit der Oberfläche eines Gegenstandes identisch, der noch Teil des Körpers ist, sondern bildet das immobile Gegenstück seiner Oberfläche, eine Art Außenhaut.[6]

Aristoteles' Kosmologie bringt darüber hinaus aber noch eine weitere und für die Raumtheorie auf lange Sicht prägende Annahme ein: Wenn alle Bewegungen im Raum kausal verursacht sind, kann es in der Welt keinen leeren Raum geben, weil sonst die Übertragung des Bewegungsimpulses durch ein Nichts hindurch erfolgen müsste – und dies ist undenkbar. (Allenfalls der Sitz Gottes am Rand des Kosmos ist insofern ›leer‹, als sich jenseits der Welt ein Nicht-Raum befindet.) Die Scholastik hat vor allem diese Idee extrapoliert und Gott nicht nur als erste Ursache, sondern auch als allumfassende Substanz angesehen, deren Existenz – so ein verbreiteter Beweis für die Wirklichkeit dieses Wesens – *nicht nicht* gedacht werden kann, wenn man den Begriff der ›größten Realität‹ einmal akzeptiert hat; und man hat den Begriff akzeptiert, sobald man das Wort »Gott« im Mund führt.[7] ›Gott‹ und ›Raum‹ sind also zwar keineswegs identisch, beide sind aber Substanz, und ›Substanz‹ meint: nichtleerer Raum.

4 Aristoteles, *Physik*, in: A., *Philosophische Schriften*, Bd. 6, Hamburg: Meiner 1995, S. 85 [212 a].

5 Ebd.

6 Dieses Modell läuft auf eine nicht unerhebliche Paradoxie hinaus, wie Hasdai Crescas im 14. Jahrhundert feststellte: Ein Körper nimmt demnach mehr Ort (Raum) ein, wenn ein Stück aus ihm herausgenommen würde (ähnlich einem Heizungskörper, dessen Kontaktfläche mit der Luft umso größer ist, je stärker seine Lamellen ausgeprägt sind). Vgl. Harry Austryn Wolfson, *Cresca's Critique of Aristotle. Problems of Aristotle's* Physics *in Jewish and Arabic Philosophy*, Cambridge: Harvard University Press ^{2}1971 [1929], bes. S. 199 und 457.

7 Siehe dazu die Texte der »Anselm-Gaunilo-Kontroverse«, in: *Kann Gottes Nicht-Sein gedacht werden?*, hg. von Burkhard Mojsisch, Mainz ^{2}1999 [1989], S. 49-125, bes. S. 50-55.

Das Weltbild von René Descartes (Text 1), mit dem der Beginn der Neuzeit aufs Engste verbunden ist, fußt zwar auf antiken und mittelalterlichen Voraussetzungen, hält aber zugleich deren Überwindung bereit: Auch Descartes besteht auf der (Denk-)Unmöglichkeit eines leeren Raums und sieht Raum als substanzielles Kontinuum an: »Wo es Ausdehnung oder Raum gibt, dort gibt es notwendigerweise eine Substanz.«[8] – Neu ist, dass er dabei von einer strengen Zweiteilung der Welt ausgeht, genauer gesagt ihrer Dopplung: Er unterscheidet zwischen einer äußeren Welt der materiellen Dinge und einer inneren Welt der Vorstellungen: die erste ist *res extensa* (Ausgedehntes), die zweite *res cogitans* (Denkendes).[9] Erstere ist der Geltungsbereich der Physik. Descartes' neuer Ausgangspunkt ist die an sich selbst unausgedehnte, denkende Substanz (*cogitans*), der die Welt in Form von Repräsentationen vorstellig ist.[10] Unter den Vorstellungen, die dem sich selbst denkenden Ich (*cogito*) gegeben sind, finden sich laut Descartes aber auch Ideen, die nicht durch Beobachtung entstanden sein können: besonders die der größten Substanz. Musste sie nach der mittelalterlichen Argumentation aufgrund ihres begrifflich vorgestellten Realitätsgehaltes etwas sein, das keine vom Subjekt selbst erdachte Idee, sondern göttlichen Ursprungs ist, so ist die Möglichkeit zu deren Erkenntnis nach Descartes jedoch allein der *res cogitans* gegeben. Gegenüber der antiken Weltsicht bahnt Descartes damit die entscheidende Umkehrung an: Er holt Gott als die Ursache aller Naturvorgänge hinein in den Denkinnenraum, wo dieser zunächst nur eine Vorstellung neben anderen ist. Die begriffliche Erkenntnis von Gott als größter Substanz dient letztlich nur noch als Garant für die Annahme, dass der Ausdehnungsraum Substanz ist, denn wie Gott auch kann die Natur als Teil von Gott nicht ›leer‹ sein. Entgegen Aristoteles be-

8 Baruch de Spinoza, *Descartes' Prinzipien der Philosophie in geometrischer Weise dargestellt* [1663], Hamburg: Meiner 2005, S. 79. – Vgl. Text 1, Satz 16, S. 52.

9 Siehe dazu bes. die zweite der *Meditationes de prima philosophia* von 1641.

10 Den zugrunde liegenden (visuellen) Wahrnehmungsvorgang erklärt Descartes durch das Modell der *camera obscura*, einer Apparatur, in welcher das Licht der Außenwelt durch ein Loch in der Wand auf die gegenüberliegende Seite in einen verdunkelten Innenraum fällt und Abbilder der Welt zu sehen gibt, die ihrerseits betrachtet werden können. (Vgl. *Descartes' Dioptrik* [1637], hg. von Eduard May, Meisenheim am Glan 1954, S. 90-98.) – Zur wahrnehmungstheoretischen Kritik an Descartes' Modell durch Merleau-Ponty siehe die Einleitung zu Teil II, S. 105 ff.; sowie Text 10, S. 180 ff.

stimmt Descartes den von Körpern eingenommenen Raum durch Länge mal Breite mal Tiefe (Höhe) als Volumen.[11] Den Substanzraum sieht er durch die drei Dimensionen hinreichend bestimmt; dagegen die »Oberfläche des umgebenden Körpers den Ort [zu] nennen«[12] hält er schlicht für Begriffsmissbrauch. Gleichwohl ergibt der Begriff des Ortes für Descartes noch einen Sinn: Er bezeichnet nicht mehr die Natur des Raums, sondern dient zur Bestimmung des Ortswechsels: »Bewegung [...] ist nichts anderes als *das Ereignis, durch das ein Körper aus dem einem Ort in einen anderen übergeht.*«[13] – Ist Descartes' Naturphilosophie durch die Gleichsetzung von Ausdehnung und Materie noch kompatibel mit der alten Physik, so weist sie bereits weg vom Toposdenken und hin zu Newtons neuem Raumbegriff.

Damit sich die heute so geläufige Vorstellung von Raum als messbarer Ausdehnung (Volumen) durchsetzen konnte, musste es dafür zunächst die Demonstration der Existenz eines leeren Raumteils geben: 1663 zeigte dies ein Versuch Otto von Guerickes, in dem mit Hilfe einer Luftpumpe Unterdruck in einer aus zwei Halbschalen bestehenden Kugel erzeugt wurde, die auseinander zu bringen selbst zwei Pferdegespannen nicht möglich war.[14] Die Vorstellung des Vakuums wurde somit *evident.*

Was hier partiell gezeigt wurde, konnte schließlich auf das Ganze übertragen werden: Auch das Universum kann leerer Raum sein. Vorbereitet wurde die Akzeptanz dieser Tatsache nicht zuletzt auch mit der Durchsetzung der zentralperspektivischen Raumdarstellung: Unter Rückgriff auf Euklids Geometrie und Optik sowie die kartographischen Projektionsverfahren von Ptolemaios arbeiten Brunelleschi, Alberti und da Vinci die Regeln zur Konstruktion eines dreidimensionalen Illusionsraums auf einem zweidimensionalen Bildträger aus.[15] Tiefenräumliche Perspektivdarstellungen, de-

11 Vgl. Text 1, Satz 4, S. 44, und René Descartes, *Discours de la méthode* [1637], hg. von Lüder Gäbe, Hamburg: Meiner 1990, S. 59 f. [IV/5].

12 René Descartes, *Regeln zur Ausrichtung der Erkenntniskraft* [1684], Hamburg: Meiner 1973, S. 111.

13 René Descartes, *Prinzipien der Philosophie* [1644], Hamburg: Meiner 2005, Zweiter Teil, Satz 24, S. 119.

14 Siehe dazu die Quellen in: *Otto von Guericke's neue ›Magdeburgische‹ Versuche über den leeren Raum* [1672], hg. von Fr. Dannemann, Leipzig: Geest & Portig 1986.

15 Siehe dazu Samuel Y. Edgerton, *Die Entdeckung der Perspektive*, München: Fink 2002 [1975].

ren Konstruktionspunkt meist mit dem gewünschten Betrachterstandpunkt zusammenfallen, festigen hierbei nicht nur die Vorstellung eines Raums, der den in ihm befindlichen Objekten vorausgeht, sondern auch dessen Gegebenheit für ein Subjekt.[16] Einen nicht unerheblichen Einfluss hatte die Perspektivierung des Raums auf das astronomische Denken: Kopernikus, Galilei und Kepler verlegten in ihren Kosmologien den Betrachterstandpunkt von der Erde auf die Sonne, wodurch eine größere Kohärenz in der Phänomenbeschreibung gegeben war.[17]

Der letztliche Durchbruch der neuzeitlichen Vorstellung eines leeren Raums erfolgt mit Isaac Newton: In *Philosophiae naturalis principia mathematica* von 1687 unterscheidet er wie schon Descartes zwischen dem ›Ort‹ als »Teil des Raumes, den der Körper einnimmt«, und dem physikalischen Raum. Diesen differenziert er abermals in ›absoluten‹ und ›relativen‹ Raum: Ersterer bleibe »immer gleichartig und unbeweglich«, der relative hingegen »ist für diesen Raum ein Maß«: »Nämlich wenn sich die Erde bewegt [...], so wird der Raum unserer Atmosphäre, der relativ und bezüglich der Erde gesehen immer derselbe bleibt, von dem absoluten Raum bald der eine Teil sein [...], bald von ihm ein anderer Teil [...] und so wird er sich, absolut gesehen, beständig verändern.«[18] – Anders gesagt: Während der relative Raum von einem konkreten Standpunkt aus bestimmt wird, ist der absolute Raum ein (gedachter) Raum aller möglichen Standpunkte oder Perspektiven. Er ist für Newton als Bezugsgröße für die physikalische Beschreibung objektiver Bewegung unerlässlich. Um seinen Ansatz zu illustrieren, zieht Newton ein Beispiel heran, das schon Aristoteles und Descartes verwenden, welches sich aber auch bei Husserl und Foucault wiederfindet:[19] Das Schiff als beweglicher, relativer Raum im absoluten Bezugsraum des Ozeans. Das Beispiel wird bei jedem Autor mit einer anderen Nuance verwendet, dient jedoch als Denkexperiment in allen Fällen

16 Siehe dazu Gottfried Boehm, *Studien zur Perspektivität. Philosophie und Kunst in der Frühen Neuzeit*, Heidelberg: Winter 1969.

17 Vgl. Leonhard Schmeiser, *Die Erfindung der Zentralperspektive und die Entstehung der neuzeitlichen Wissenschaft*, München: Fink 2002, S. 112-145.

18 Isaac Newton, *Die mathematischen Prinzipien der Physik* [1687], Berlin/New York: de Gruyter 1999, S. 28 [Scholion III].

19 Vgl. Aristoteles, *Physik*, S. 85 [212 a], sowie Text 1, Satz 13, S. 50, Text 8, S. 153, und Text 17, S. 317. – Vgl. ferner Text 2, S. 67.

dem Ziel, zwei ineinander greifende Ordnungen – eine lokale und eine globale – kenntlich zu machen: Jede Bewegung ist immer relativ zu einem Bezugssystem: Die Besatzung des Schiffes mag sich im relativen System ›Schiff‹ nicht bewegen; das Schiff selbst und alles, »was beinhaltet ist« (lat. *contentis universis*, engl. *all that is contained*),[20] bewegt sich jedoch auf dem Wasser. Auch wenn das Schiff bei Windstille stillstünde, so bewegte sich doch noch der Erdkörper, von dem der Ozean wiederum ein Teil ist. Was das Schiff als relatives Bezugssystem für die beinhalteten Körper ist, ist der absolute Raum als universeller Container für alle relativen Räume. Gegenüber dem aristotelischen Weltbild, in welchem die Ruhe der Normalzustand der Dinge ist, wird jene im Raumdenken Newtons zum Sonderfall und die Bewegung zur Regel. Körper ruhen meist – wenn überhaupt – nur bezüglich des relativen Raums; im absoluten Raum ist alles in Bewegung. Grund hierfür ist die *actio in distans*, eine Wirkung, die Körper mittels der Gravitationskraft ›über die Entfernung hinweg‹ aufeinander ausüben können. Newtons Ansatz bricht so auch mit Descartes' Gleichsetzung von Materie und Ausdehnung: Zur Beschreibung von Bewegung durch Anziehung ist gerade der leere Raum eine Voraussetzung.[21] – So begründet die Vorstellung des absoluten Raums im naturwissenschaftlichen Denken auch sein mag, so spekulativ ist ihre Herkunft: Sowie der letzte Grund der aristotelischen Physik auf eine Idee Gottes verweist, entlehnt auch Newton seine Raumvorstellung einer religiösen Konzeption; jedoch nicht der okzidentalen Tradition, sondern der jüdischen, vermittels des an Newtons Universität in Cambridge lehrenden Neuplatonikers Henry More. Gegen die kartesische Zweiteilung der Welt (und die hierfür vorauszusetzende Identität von Raum und Stoff) hatte More den Gedanken der Unteilbarkeit stark gemacht, wie er im kabbalistischen Begriff *makôm* enthalten ist. Das Wort kann zwar sowohl mit ›Ort‹, ›Stelle‹ als auch ›Raum‹ übersetzt werden, sein zentrales Merkmal ist aber ›Unteilbarkeit‹. Bedeutsam ist, dass Newton den absoluten Raum nicht nur zu heuristischen Zwecken, sondern auch aus theologischen Gründen annimmt: Die Absolutsetzung des Raums soll einem möglichen Athe-

20 Siehe Newton, *Prinzipien*, S. 28 [Scholion IV].

21 Dabei gelte das Trägheitsgesetz (Erstes Axiom), wonach ein Körper auf seiner Position verharrt oder in gleichförmiger (geradliniger) Bewegung bleibt, solange die Summe der auf ihn einwirkenden Kräfte gleich null ist.

ismusvorwurf entgegentreten: Fällt nämlich das Substanzpostulat und mit ihm die Annahme der Verursachung jeder Bewegung durch den materiellen Kontakt, so entfällt auch die Notwendigkeit, einen Ersten Beweger zu postulieren, der die Materie in Bewegung versetzt.

An einer Stelle, die in einigen Exemplaren der lateinischen Ausgabe der *Optik* Isaac Newtons von 1706 zu finden ist, hatte ihr Autor den (absoluten) Raum als »Sensorium« Gottes bezeichnet, die Aussage aber nachträglich unter Einfügung von »gleichwie« zu einer Analogie abgeschwächt.[22] Der Disput von 1715/16 zwischen dem deutschen Universalgelehrten GOTTFRIED WILHELM LEIBNIZ und dem englischen Theologen Samuel Clarke (Text 2), der als Stellvertreter Newtons agiert, setzt an diesem Punkt an. Dabei zeigt der Streit zum einen, wie kontrovers die neue Raumvorstellung diskutiert wurde, zum anderen, wie ausschlaggebend eine Konformität physikalischer Modelle mit christlichen Glaubensgrundsätzen noch im 17. Jahrhundert war: Gott ein Organ zuzuschreiben, welches er für die Auffassung der Welt braucht, stand für Leibniz im eklatanten Widerspruch zu jeglicher Gottesvorstellung. Dass die beiden Kontrahenten zu keiner Einigung kommen konnten, ist nicht zuletzt dem Umstand zu verdanken, dass Clarke mit Newton einen naturwissenschaftlichen Begriff des Raums verteidigt, in dem die Bewegung dynamisch gedacht wird (als Wirkung von Kräften im Raum), Leibniz mit seinem Mentor Christiaan Huygens hingegen einen mathematischen, der Bewegung nur kinematisch (ohne Berücksichtigung der Ursachen) begreift. In diesem Geiste schrieb Leibniz 1693 das Programm einer *Analysis situs* nieder:[23] Der Raum wird dabei um die Komponenten der Ausdehnung auf die Relation *zwischen* Orten reduziert. Anstelle der Distanz, welche mit einer Metrik bestimmt wird, spielen hier nur noch Lagebeziehungen eine Rolle. Dieses Konzept zeichnet einen gänzlich neuen Zweig der Mathematik vor,[24] den Johann Benedict Listing ›Topologie‹ taufen wird und welcher die sichtbare Gestalt des Raums zugunsten seiner

22 Vgl. Alexandre Koyré/I. Bernard Cohen, »The Case of the Missing *Tanquam*: Leibniz, Newton & Clarke«, in: *Isis* 52 (1961), S. 555-566.

23 Zur Bedeutung von Leibniz' Monadenlehre für seinen Raumbegriff vgl. Christina Schneider, *Leibniz' Metaphysik. Ein formaler Zugang*, München: Philosophia 2001, bes. S. 48 ff.

24 Vgl. Marie-Luise Heuser, »Geschichtliche Betrachtungen zum Begriff ›Topolo-

Struktur vernachlässigt.[25] Dem Erscheinungsbild nach Verschiedenes kann sich so als identisch erweisen. Das Konzept des *relationalen* Raums meint damit etwas anderes als der Begriff des *relativen* Raums: Während Newton die Bewegung der Körper relativ bezüglich eines absoluten Bezugssystems beschreibt, geht es Leibniz um die Relation möglicher Orte, die ein Körper im Raum einnehmen kann. Es sei daher nicht notwendig, einen Raum zu postulieren, der unabhängig von den Relationen besteht:[26] »*Raum* ist kurzum das, was sich aus den Orten ergibt, wenn man sie zusammennimmt.«[27]

Erste Berühmtheit erlangte die relationale Raumbeschreibung aber bemerkenswerterweise durch einen Befürworter Newtons,[28] den Begründer der Graphentheorie, Leonhard Euler. 1736 löste er ein beliebtes Echtraumrätsel für Nachmittagsgesellschaften in Königsberg: Es hat zur Aufgabe, jeweils alle sieben Brücken über den Fluss Pregel zu überqueren, jede aber nur einmal zu benutzen und dennoch wieder am Ausgangspunkt anzukommen. Von Petersburg aus löst Euler das Problem am Schreibtisch, indem er aufzeigte, dass sich allein durch Ermittlung der Zahl von den an den Wegkreuzungen (›Knoten‹) zwischen den Brücken liegenden Verbindungswegen (›Kanten‹) ausrechnen lässt, ob der gesuchte Gesamtweg möglich (›unikursal‹) ist oder nicht.[29]

Königsberg war aber nicht nur exemplarischer Gegenstand einer relationalen Raumbeschreibung, sondern Geburts-, Wirkungs- und

gie‹: Leibniz und Listing«, in: *Topologie. Ein Ansatz zur Entwicklung alternativer Strukturen*, hg. von Kurt Maute, Stuttgart: Sprint 1994, S. 1-13.

25 Siehe dazu Johann Benedict Listing, »Vorstudien zur Topologie«, in: *Göttinger Studien* 1 (1847), S. 811-857.

26 Vor allem diese Komponente wird auch in den Raumbegriff von Einsteins Relativitätstheorie einmünden. – Als Vermittler diente unter anderem Bernhard Riemann mit seinem Konzept der Mannigfaltigkeiten: Siehe besonders dessen Habilitationsvortrag »Ueber die Hypothesen, welche der Geometrie zu Grunde liegen« [1854], in: *Bernhard Riemann's gesammelte mathematische Werke und wissenschaftlicher Nachlass*, hg. von Richard Dedekind und Heinrich Weber, Leipzig: Teubner 1876, S. 255-269.

27 Text 2, S. 69.

28 Siehe dazu die umfassende Diskussion von Leonhard Euler, *Vernünftige Gedanken von dem Raume dem Orth der Dauer und der Zeit* [1748], Quedlinburg: Schwan 1763.

29 Die Antwort fiel negativ aus. – Vgl. Leonhard Euler, »Solutio problematis ad geometriam situs perinentis«, in: *Commentarii Academiae Scientiarum Imperialis Petropolitanae* 8 (1736), S. 128-140.

Sterbeort des auch in Raumfragen wirkungsmächtigsten Philosophen der Aufklärungszeit:[30] IMMANUEL KANT (Text 3 a-c). Seine »Revolution der Denkart«,[31] die Kant 1781 mit der *Kritik der reinen Vernunft* bewirken wollte, hat er explizit an den Perspektivwechsel in der neuzeitlichen Kosmologie angelehnt: Wie im neuzeitlichen Weltbild der virtuelle Beobachter auf das Zentralgestirn verlegt wurde, von wo aus die Erde nur noch als ein bewegter Punkt im Raum neben anderen erscheint, soll sich das Subjekt der Erkenntnis als Zentrum begreifen, um das herum die Dinge ausgerichtet sind.[32] Sie unterliegen für Kant den Kategorien des Verstandes, der sie seiner Erkenntnisstruktur entsprechend, selbst aber nie das ›Ding an sich‹ erfasst. Kant geht dabei nicht naturwissenschaftlich vor, sondern argumentiert *transzendental*, insofern er versucht, die Bedingungen der Möglichkeit von Aussagen über die Natur zu bestimmen.[33] Die drei hier wiedergegebenen Textteile zeigen nicht nur, wie der Denkweg hin zu dieser Auffassung verläuft, sondern wie Kant selbst Mittel zu seiner Überwindung bereitstellt. Von einem frühen Vermittlungsversuch zwischen relationalem und absolutem Raumbegriff ausgehend (1), spricht sich Kant dann für die Apriorizität des Raums (2) aus, welche er später dann als selbst lebensweltlich fundiert (3) ansieht.

(1) Kant versteht seinen Beitrag als metaphysische Begründung von Newtons Physik und ihres Raumbegriffs, hegt aber auch Sympathien für den mathematischen Ansatz von Leibniz. In seinem Aufsatz »Von dem ersten Grunde des Unterschiedes der Gegenden im Raum« aus dem Jahr 1768 versucht er gegenüber Leibniz nachzuweisen, dass der Begriff des relationalen Raums gleichwohl den des absoluten Raums voraussetzt, der seinem Wesen nach dreidimen-

30 Vgl. Ted B. Humphrey, »The Historical and Conceptual Relations between Kant's Metaphysic of Space and Philosophy of Geometry«, in: *Journal of the History of Philosophy* XI (1973), S. 483-512, hier S. 490 ff.

31 Immanuel Kant, *Kritik der reinen Vernunft*, B XI. Die Selbsteinschätzung fügt Kant der zweiten Auflage von 1787 hinzu.

32 Vgl. Friedrich Kaulbach, »Die Copernikanische Denkfigur bei Kant«, in: *Kant-Studien* 64 (1973), S. 30-48.

33 Von daher ist die kantische Theorie des Raumes zugleich eine Theorie des Sprechens über Raum. (Siehe dazu umfassend Josef Simon, *Sprache und Raum. Philosophische Untersuchungen zum Verhältnis zwischen Wahrheit und Bestimmtheit von Sätzen*, Berlin: de Gruyter 1969.)

sional ist.[34] In einem Gedankenexperiment führt Kant dazu zwei ungleiche, aber komplementäre Körper vor Augen: eine rechte und eine linke Hand. Beide sind unter relationalräumlichen Gesichtspunkten identisch, insofern jede Hand die gleiche Gliederung aufweist. Dennoch können beide Hände nicht im ausgedehnten Raum zur Deckung gebracht oder ineinander überführt werden: weder durch Drehung noch durch Aufeinanderfalten. *Rechts* und *links* sind nach Kant daher keine vernachlässigbaren Eigenschaften, sondern bezeichnen ebenso wie *oben*, *unten*, *vorn* und *hinten* die jeweilige Grundorientierung eines Körpers. Kant folgert von daher, dass der Unterschied der beiden Seiten auf der Gegebenheit absoluter Richtungen (»Gegenden«) beruht, was für die zwingende Annahme eines absoluten Raums spreche.[35] Kants Argumentation gegen Leibniz ist jedoch nur dann plausibel, wenn man den Begriff von Raum als dreidimensionaler Ausdehnung zugrunde legt. In einem mehr als dreidimensionalen Raum dagegen können zwei inkongruente Hände sehr wohl miteinander zur Deckung gebracht werden: Die eine Hand müsste nur, wie Ludwig Wittgenstein darlegte, gleich einem Handschuh umgestülpt werden; und schon die Überführung der eindimensionalen Strecke *a—b* in *b—a* oder der zweidimensionalen Figur ⌋ in ⌊ nötigt zum Wechsel in einen höher dimensionierten ›Raum‹.[36]

(2) So begrenzt die Reichweite von Kants Folgerungen auch sein mochte, so entscheidend waren diese doch für seine weiteren Überlegungen: Was Kant hier noch als einen Beweis für die Existenz des

34 Vgl. Heinrich Lange, »Über den Unterschied der Gegenden im Raume«, in: *Kant-Studien* 50 (1958/59), S. 479-499. – Siehe auch die Wiederholung des Arguments in Immanuel Kant, *Prolegomena zu einer jeden künftigen Metaphysik, die als Wissenschaft wird auftreten können* [1783], in: I. K., *Werkausgabe*, Bd. 5, hg. von Wilhelm Weischedel, Frankfurt am Main: Suhrkamp 1986, S. 109-264, hier S. 146-149.

35 Eine nicht unähnliche Annahme gab es bereits in der Antike, wo über die Größenmaße hinaus absolute Richtungen im Raum angenommen wurden, die etwa durch Schwere (*unten*) oder Flüchtigkeit (*oben*) indiziert würden. (Vgl. Aristoteles, *Physik*, S. 75 [208 b].)

36 Vgl. Satz 6.36111, Ludwig Wittgenstein, *Tractatus logico-philosophicus*, Frankfurt am Main: Suhrkamp 1963 [1921], S. 109. – Eine ausführliche Diskussion dazu findet sich in dem Band *The Philosophy of Right and Left. Incongruent Counterparts and the Nature of Space*, hg. von James Van Cleve und Robert E. Frederick, Dordrecht u. a.: Kluwer 1991.

absoluten Raums ausgibt, münzt er in seiner Inauguralschrift von 1770 zur begründeten Annahme eines subjektiven Urbildes namens ›Raum‹ um, das er auch ein »Schema«[37] nennt[38] und später mit dem äquivalenten Ausdruck »Bild«[39] bezeichnen wird. Innerhalb gut eines Jahres – dazwischen liegt die wiederholte Lektüre des Briefwechsels von Leibniz und Clarke – kommt es zur entscheidenden Umstellung, welche den wohl massivsten Einschnitt in der Begriffsgeschichte des Raums bedeutet: Der »*Begriff des Raumes*« ist »*reine Anschauung*«[40] und Raum daher »erster *formaler Grund der Sinnenwelt*«.[41] Kant meint damit ausdrücklich, dass man zu einem Begriff des Raumes nicht anders kommen kann als auf *vorbegrifflichem* Wege: Zum Begriff des Raums kommt man nur durch Reflexion auf Anschauung, wie sie durch Geometrie mustergültig vorgeführt wird, deren Demonstrationen »*Evidenz* in Beweisen«[42] sind. Der Begriff kann nur »gleichsam in concreto *geschaut* werden«.[43] Anders, als Kants Raumbestimmung aufgrund von Interpretationen des 19. Jahrhunderts oftmals aufgefasst wird, meint er damit nicht, dass Raum ein Produkt der individuellen Wahrnehmung ist. Ihm geht es dagegen darum, dass die Möglichkeit zur räumlichen Wahrnehmung invariant ist: »[Allein die] Möglichkeit einer Raumanschauung [ist] angeboren, nicht die Raumvorstellung selbst.«[44] Kant sieht es als erwiesen an, dass der absolute Raum Newtons nicht selbst physisch existent sein muss, damit eine solche Physik der gegenseitigen Anziehung durch den leeren Raum hindurch *beschrieben* werden kann. Denn Raum (als äußere Form der Anschauung) ist die Grundlage jeder Beschreibung räumlicher Konfiguration. Wie Kant in der *Kritik der reinen Vernunft* schreibt, hat Raum zwar eine

37 Text 3, S. 78.

38 Vgl. Günter Wohlfart, »Ist der Raum eine Idee? Bemerkungen zur transzendentalen Ästhetik Kants«, in: *Kant-Studien* 1 (1980), S. 137-154, hier S. 153 f.

39 Kant, *Kritik der reinen Vernunft*, A 142/B 182. – In der Folge wird der Ausdruck »Schema« für die Erzeugung von Vorstellungen überhaupt verwendet. (Vgl. ebd., A 140/B 180.)

40 Text 3, S. 76.

41 Ebd., S. 79.

42 Ebd., S. 77.

43 Ebd.

44 Immanuel Kant, *Über eine Entdeckung, nach der alle neue Kritik der reinen Vernunft durch eine ältere entbehrlich gemacht werden soll* [1790], in: I. K., *Werkausgabe*, Bd. 5, S. 295-373, hier S. 339.

»*empirische Realität*« der Objekte, daneben aber auch eine »*transzendentale Idealität*«,[45] wie die geometrische Konstruktion zeigt. ›Raum‹ ist daher für Kant weder – wie man Newton verstehen könnte – ein »unermeßliches *Behältnis*«, noch »verschwinde[t]«[46] er, wenn es keine Objekte in ihm gibt – wie Leibniz meint.[47] Kant geht aber noch einen Schritt weiter: Er stellt sich zugleich die Frage, ob es obendrein eine besondere Form gibt, die sich vor anderen auszeichnet, insofern sie die Einheit der empirischen Eindrücke herstellt. Gegenüber der *Kritik der reinen Vernunft* findet sich in der frühen Beantwortung dieser alten Fragestellung bei Kant eine unter raumtheoretischen Gesichtspunkten höchst bemerkenswerte Diskrepanz: Wie auch später behauptet Kant zwar schon 1770, dass im Raum das synchrone Nebeneinander erfasst wird und durch Zeit das diachrone Nacheinander; aber nur die Zeitlichkeit ist für den Kant von 1781 ein »*transzendentale[s] Schema*«,[48] insofern ohne sie keine Veränderung im Raum denkbar ist: »Die Zeit ist die formale Bedingung a priori aller Erscheinungen überhaupt. Der Raum, als die reine Form aller äußeren Anschauung ist als Bedingung a priori bloß auf Erscheinungen eingeschränkt.«[49] Laut der *Kritik der reinen Vernunft* ist also Zeitlichkeit das synthetisierende Wesen der Erkenntnis.[50] Hingegen spricht Kant in dem Text von 1770 nur den Raum als »Schema« an, nicht aber die Zeit. Auch wenn Kant selbst nicht weiter auf dieses Ungleichgewicht eingeht, so verweist es doch auf eine weitere Ordnungsebene,[51] die er in der *Kritik der reinen Vernunft*

45 Kant, *Kritik der reinen Vernunft*, A 28/B 44.

46 Text 3, S. 78.

47 Das war letztlich auch Kants Antwort auf die Skepsis an starken Raumbegriffen, wie sie im englischsprachigen Empirismus vor allem von David Hume formuliert wurde, der bezweifelt, dass es ›Raum‹ unabhängig von sinnlicher Erfahrung gibt: »[E]s ist […] unmöglich, einen leeren Raum oder eine Ausdehnung ohne Materie vorzustellen […].« (David Hume, *Traktat über die menschliche Natur* [1739/40], Berlin: Xenomos 2004, S. 55.)

48 Kant, *Kritik der reinen Vernunft*, A 138/B 177.

49 Ebd., A 34/B 50.

50 Vgl. Martin Heidegger, *Kant und das Problem der Metaphysik* [1929], Frankfurt am Main: Klostermann [6]1998, S. 48-51 und 92-108. – Zu Heideggers Übernahme der Dominanz von Zeit gegenüber Raum siehe Einleitung zu Teil II, S. 117 f.

51 Vgl. Ryosuke Ohashi, »Kants Kategorie und die Zeitlichkeit – vom Schema ›Zeit‹ zum Schema ›Ort‹«, in: R. O., *Zeitlichkeitsanalyse der Hegelschen Logik. Zur Idee einer Phänomenologie des Ortes*, Freiburg/München: Alber 1984, S. 226-240.

nunft als den Bereich ›regulativer Ideen‹[52] ausweist, wo Räumlichkeit als synthetisierende Totalität noch einmal anders in den Blick kommt: Jene ›Ideen‹ sind Ordnungsprinzipien, die einheitsstiftend sind in Bezug auf Einzelanschauungen. Von solchen gibt es nach Kant drei: ›Gott‹, ›Seele‹ und ›Welt‹. Für die Naturwissenschaft können sie nicht Gegenstand einer Untersuchung sein, dennoch gibt es drei andere Wissenschaften, welche sich mit ihnen befassen: Theologie, Psychologie und Geographie. ›Welt‹ nun spielt für Kant eine besondere Rolle,[53] weil sie als Einzige sukzessive objektiviert werden kann; nämlich durch Erdbeschreibung.[54] Er belegt seine eigene Befähigung zum Philosophieren zwar nicht mit eigenen Forschungsreisen, wohl aber durch seine *Vorlesungen über Physische Geographie.*[55] Geographie ist für Kant die »Vorübung in der *Kenntnis der Welt*«,[56] welche wiederum die Voraussetzung der Welt*erkenntnis* ist.[57] Dennoch bleibt die wissenschaftliche Erdbeschreibung für Kant unter erkenntnistheoretischen Gesichtspunkten immer nur eine »Beschreibung [...] dem Raum nach«.[58]

(3) Johann Gottfried Herder, der sich Anfang der 1760er-Jahre unter den Hörern von Kants Geographievorlesungen befand, moniert Kants Festhalten am formalen Begriff des Raums: ›Raum‹ sei vielmehr ein »*Erfahrungsbegriff*, veranlasst von der Erfahrung, dass ich weder das All noch allenthalben [lies: überall; Anm. d. Hg.] bin [...]«.[59] Die spezifisch menschliche Erfahrung dieser Endlich-

52 Vgl. Kant, *Kritik der reinen Vernunft*, A 669/B 697-A 704/B 732.

53 Vgl. Christian Bermes, *›Welt‹ als Thema der Philosophie. Vom metaphysischen zum natürlichen Weltbegriff*, Hamburg: Meiner 2004, S. 32-70.

54 Vgl. Stephan Günzel, »Geographie der Aufklärung. Klimapolitik von Montesquieu zu Kant (Teil II)«, in: *Aufklärung und Kritik* 23 (2005), S. 122-144.

55 Eine Gesamtdarstellung bei Joseph Austin May, *Kant's Concept of Geography and its Relation to Recent Geographical Thought*, Toronto: Univ. of Toronto Press 1970.

56 Immanuel Kant, »Von den verschiedenen Racen der Menschen« [1755], in: I. K., *Werkausgabe*, Bd. 9, S. 7-30, hier S. 36.

57 Vgl. *Immanuel Kant's Logik. Ein Handbuch zu Vorlesungen* [1800], hg. von Gottlob Benjamin Jäsche, in: *Kants Werke. Akademie-Textausgabe*, Bd. 9, Berlin: de Gruyter 1962, S. 1-150, hier S. 23 f.

58 Immanuel Kant, *Physische Geographie*, Manuskript Kaehler (1774), S. 11. – Zu kartographischen Denkfiguren bei Kant siehe Franco Farinelli, »Von der Natur der Moderne: eine Kritik der kartographischen Vernunft«, in: *Räumliches Denken*, hg. von Dagmar Reichert, Zürich: vdf 1996, S. 267-301, hier S. 279-283.

59 Johann Gottfried Herder, *Metakritik zur Kritik der reinen Vernunft* [1799], Berlin: Aufbau 1955, S. 57-64, hier S. 58.

keit mache es erst nötig, räumliche Beschreibungen vorzunehmen: »Wenn also die Begriffe von *Raum, räumen, aufräumen,* von *vor, über, unter, in, außer, neben, miteinander* den Begriff der *Ordnung* mit sich führen, wohin konnte Leibniz in seiner Verstandeswelt den Raum stellen, als unter den Begriff der *Ordnung?*«[60] Doch Kant denkt durchaus in die Richtung, welche Herder anmahnt: Nämlich, dass der Räumlichkeit ein Ordnungsverhältnis im Sinne relationaler Räumlichkeit vorausliegt. Was sich im Text über die ›Gegenden‹ andeutet, wird 1786 im Umfeld der Debatte über das Ziel der Aufklärung[61] zu einem gänzlich neuen Begriff des Raums. Hier wird der Raum noch einmal auf Subjektivität hin gedacht; jedoch nicht als transzendentale Subjektivität eines wissenschaftlichen Gemeingeistes, sondern als ein Spektrum an Orientierungsrichtungen: Aus den drei Kardinalachsen, die vormals die Absolutheit und Existenz des leeren Raums belegen sollten, ist der Kreuzungspunkt einer weltlichen Subjektivität geworden. Sie nun ist ein Schema nicht mehr der sinnlichen Anschauung, sondern eines, das der Vernunft zur Orientierung dient.[62] Kant bemüht eine Analogie und sucht von hier aus den Weg von der Geographie zurück zur Vernunftkritik: Gleich wie der Mensch aus seinem Standpunkt in der Welt den Aufgangspunkt der Sonne sucht – dies ist zugleich die wörtliche Bedeutung von Orientierung (sich nach dem Orient ausrichten) –, orientiert er sich, gemäß seiner zweiten Natur, auch an intellegiblen Entitäten (in moralischen Fragen also an Gott etc.).[63] Und auch logisch-mathematischen Einsichten liegt diese Raumerfahrung nach Kant zugrunde: Der ›Satz vom Widerspruch‹ (dass etwas nicht es selbst und zugleich etwas anderes sein kann) ist insofern plausibel, als an einer Stelle im Raum nicht zugleich zwei Gegenstände vorhanden sein können.[64] – Kant transformiert so nicht nur den physikalischen Raumbegriff Newtons zu einem philosophischen Kon-

60 Ebd., S. 59 f.

61 Zum Kontext siehe Bernhard Jensen, *Was heißt sich orientieren? Von der Krise der Aufklärung zur Orientierung der Vernunft nach Kant*, München: Fink 2003.

62 Vgl. Werner Stegmaier, »›Was heißt: Sich im Denken orientieren?‹ Zur Möglichkeit philosophischer Weltorientierung nach Kant«, in: *Allgemeine Zeitschrift für Philosophie* 17/1 (1992), S. 1-16.

63 Vgl. Fortgang des Textes in *Werkausgabe*, Bd. 5, S. 277.

64 Wie Luhmann lapidar schreibt: »Am Raum lernt man Logik.« (Niklas Luhmann, *Soziale Systeme. Grundriß einer allgemeinen Theorie*, Frankfurt am Main: Suhrkamp [11]2003 [1984], S. 525.)

zept, das bis auf den heutigen Tag das meistadaptierte in Raumdiskussionen ist, sondern bahnt zugleich zwei gänzlich neue Denkmodelle an: das des intrinsischen, *physiologischen* Wahrnehmungsraums und das des extrinsischen, *lebensweltlichen* Orientierungsraums. Letzteres kommt im 20. Jahrhundert zur Entfaltung,[65] Ersteres unmittelbar nach Kant.

An dieser Entwicklung des physiologischen Raumbegriffs hatte eine Vielzahl von Autoren teil. Der hier wiedergegebene Text von JAKOB JOHANN VON UEXKÜLL (Text 4) ist kein exemplarischer Text des 19. Jahrhunderts, sondern selbst Ergebnis der dort erfolgten Diskussion. Sie lässt sich besonders an einer Frage gut verfolgen: *Ist der Raum dreidimensional?* So zielte schon Johann Gottlieb Fichtes Kritik auf Kants Akzeptanz der Definition des Raums als einer dreidimensionalen Mannigfaltigkeit.[66] Nicht, weil Fichte den Raum als höherdimensioniert erachtet hätte, sondern weil von Kant kein gesonderter Beweis für die Notwendigkeit erbracht worden war, dass der (durch die Reflexion auf jede mögliche Anschauung) gewonnene Begriff des Raums die Dreidimensionalität mit einschließt. Der grundsätzliche Weg einer solchen Deduktion war von Kant vorgezeichnet worden: Die Dimensionen müssen sich jede für sich als originär erweisen, das heißt, keine der Dimensionen ist durch die andere ersetzbar: Höhe ist nicht Breite und Breite ist etwas anderes als Tiefe. Eine solche Bestimmung kann wiederum mathematisch,[67] physiologisch[68] oder auch phänomenologisch[69] ausgelegt werden.

Die ›Physiologisierung‹ von Kants Raumbegriff der Anschauungsform wurde maßgeblich durch Hermann Lotze angebahnt. Gegen die spekulative Genesis der Dreidimensionalität aus geometrischen

65 Siehe dazu weiter Teil II.

66 Vgl. Wilhelm Metz, »Fichtes genetische Deduktion von Raum und Zeit in Differenz zu Kant«, in: *Realität und Gewissheit. Fichte-Studien*, Bd. 6, hg. von Helmut Girndt und Wolfgang H. Schrader, Amsterdam/Atlanta: Rodopi 1994, S. 71-94. – Für eine Gesamtdarstellung siehe Werner Volker Csech, *Die Raumlehre Johann Gottlieb Fichtes, Mit Berücksichtigung philosophiegeschichtlicher Konstellationen*, Frankfurt am Main u. a.: Lang 1999.

67 Vgl. Bernard Bolzano, »Versuch einer objectiven Begründung der Lehre von den drei Dimensionen des Raumes«, in: *Abhandlungen der Königlich Böhmischen Gesellschaft der Wissenschaften*, Fünfte Folge/Dritter Band, Prag 1845, S. 202-215.

68 Vgl. Friedrich Überweg, *System der Logik und Geschichte der logischen Lehren* [1857], Bonn: Marcus [5]1882, S. 84-94.

69 Siehe dazu den Ansatz von Hegel nach Einleitung Teil II.

Begriffen[70] behauptet Lotze: »Der Raum ist nicht bloss die specifische Dreiheit, sondern er ist diese Dreiheit in Gestalt des Raumes.«[71] Will sagen: Der dreidimensionale Raum ist nicht eine Variante von Raum, sondern Raum ist der Begriff der Dreidimensionalität. Euklids Geometrie, die sich zunächst einzig auf die Konstruktion und Berechnung von Flächen bezog, kann folglich auf den Raum angewandt werden. Für Lotze stand also die ›Natürlichkeit‹ der Dreidimensionalität fest. Er ging sogar so weit zu behaupten, dass dies ein durch die Wahrnehmung vermitteltes Faktum sei. Dazu entwickelte er die Theorie der so genannten ›Lokalzeichen‹:[72] Diese bilden ein in der Wahrnehmung etabliertes System von Indizes, das – selbst unräumlich – jeder Wahrnehmung ihren Ort ›im Raum‹ zuweist. Gleich einer Urschrift legen sich die Zeichen in der aktuellen Wahrnehmung ab. Lotzes Gedanken liegt eine im 19. Jahrhundert erfolgte Umstellung von optisch-mechanischen auf somatisch-physiologische Wahrnehmungsmodelle zugrunde:[73] Die gesehene Wirklichkeit war nicht mehr unmittelbares Abbild der Außenwelt, sondern leibliches Erzeugnis. Weit verbreitet war die Annahme spezifischer Sinnesenergien nach Johannes Müller: Er ging davon aus, dass das Produkt einer Reizung von der Reizursache nur quantitativ abhängt, qualitativ aber von dem empfindenden Organ. (Das heißt, ein Schlag auf das Auge kann eine Farbwahrnehmung auslösen, ohne dass die Reizung durch eine Lichtquelle erfolgt.) Für die Physiologen steht fest, dass es ein konstruktives Zutun jedes Organismus bezüglich der äußeren Wirklichkeit gibt – und damit auch hinsichtlich des Raums. Diese Erzeugung eines wahrgenommenen Raums will Lotze mittels der Lokalzeichentheorie erklären.

70 Vor allem durch Christian Hermann Weiße, *Grundzüge der Metaphysik*, Hamburg: Perthes 1835, S. 317-357.

71 Hermann Lotze, »Bemerkungen über den Begriff des Raumes. Sendschreiben an D. Ch. H. Weisse« [1841], in: H. L., *Kleine Schriften*, Bd. 1, hg. von David Peipers, Leipzig: Hirzel 1885, S. 86-108, hier S. 102. – Vgl. dazu weiter Christian Hermann Weiße, »Ueber die metaphysische Begründung des Raumbegriffs. Antwort an Herrn D. Lotze«, in: *Zeitschrift für Philosophische und spekulative Theologie* 4/1 (1841), S. 25-70.

72 Vgl. Hermann Lotze, *Medicinische Psychologie oder Psychologie der Seele*, Leipzig: Weidmann 1852, S. 325-452.

73 Siehe dazu umfassend Jonathan Crary, *Techniken des Betrachters. Sehen und Moderne im 19. Jahrhundert* [1990], Dresden: Verlag der Kunst 1996.

Die heute in Vergessenheit geratene Deutung erfreute sich außerordentlicher Popularität. Unter anderem war sie[74] für den Ausnahmewissenschaftler und Lehrer Pavlovs, Elias von Cyon,[75] der Schlüssel für die Beschreibung eines Organs, welches er als den Sitz des ›sechsten Sinns‹ ausmachte. Waren seine restlichen physiologischen Arbeiten nahezu ausnahmslos anerkannt, bemühte er sich bis zu seinem Lebensende vergeblich um die wissenschaftliche Akzeptanz der These von den halbkreisförmigen Bogengängen des Innenohrs als Sitz des ›Raumorgans‹, die er erstmals 1878 veröffentlicht hatte.[76] Dass sie keine positive Aufnahme erfuhr, lag nur zum Teil daran, dass er persönlich mit vielen Forschern verfeindet war; seine Theorie war vielmehr überzogen und passte nicht ins Paradigma der Raumempfindungslehre, die vor allem durch die ›Mach-Breuer-These‹ bestimmt war: Der Physiker Ernst Mach und der Internist Josef Breuer entwickelten zeitgleich und unabhängig voneinander ein physikalistisches Modell, wonach die Flüssigkeit im Bogengangsystem auf Beschleunigung reagiert, nicht aber originäre Richtungs-, geschweige denn absolute Raumempfindungen vermittelt.[77]

Ganz anders Cyon: Er war zwar nicht der Einzige, der aus der Dreiheit der Bogengänge beim Menschen auf eine spezifische Dreiheit der Empfindung schloss,[78] aber der Einzige, der davon ausging, dass sie zur Konstitution eines Begriffs vom Raum ›vor‹ der Erfahrung führt.[79] Dies war Lotze'scher Kantianismus in Reinform:

74 Hier: Hermann Lotze, »De la formation de la notion d'espace« [1877], in: H. L., *Kleine Schriften*, Bd. 3, hg. von David Peipers, Leipzig: Hirzel 1891, S. 372-369.

75 Zu seiner bemerkenswerten Biographie siehe George F. Kennan, »The Curious Monsieur Cyon«, in: *The American Scholar* 55 (1986), S. 449-475.

76 Elias von Cyon, »Experimentelle Untersuchungen über die *Functionen der halbcirkelförmigen Canäle* und über die ihnen bei der Bildung des Raum-Begriffs zukommende Rolle« [1878], in: E. v. C., *Gesammelte physiologische Arbeiten*, Berlin: Hirschwald 1888, S. 269-339. – Alle Untersuchungen finden sich zusammengefasst in Elias von Cyon, *Das Ohrlabyrinth als Organ der mathematischen Sinne für Raum und Zeit*, Berlin: Springer 1908.

77 Vgl. Ernst Mach, »Physikalische Versuche über den Gleichgewichtssinn des Menschen«, in: *Sitzungsberichte der Kaiserlichen Akademie der Wissenschaften. Mathematisch-Naturwissenschaftliche Classe* LXVIII/39 (1873), S. 124-140; und Josef Breuer, »Ueber die Function der Bogengänge des Ohrlabyrinths«, in: *Medizinische Jahrbücher* 1874, S. 72-124.

78 Vgl. Friedrich Goltz, »Ueber die physiologische Bedeutung der Bogengänge des Ohrenlabyrinths«, in: *Pflügers Archiv* 3 (1870), S. 172-192.

79 Rückblickend ließe sich gar sagen, dass der fehlende Nachweis eines »separaten

Durch (innere) Empfindung des Raumsinns etabliert sich ein den (äußeren) Empfindungen der fünf anderen Sinne vorausliegendes Schema ›Raum‹. Und dieser ist notwendig euklidisch, so Cyon, wie die Physiognomie des Innenohrs zeigt: Neunaugen und Tanzmäuse, die jeweils nur zwei bzw. ein Paar Bogengänge besitzen, wurden von ihm hierfür als Beweis *ex negativo* seziert. Cyon glaubt damit nicht zuletzt, auch die Unnatürlichkeit der nichteuklidischen Geometrie aufzeigen zu können.[80] Unter Mathematikern erfreute sich in jenen Jahren die gegenläufige Spekulation einer mehr als dreidimensionalen Raumerfahrung größter Beliebtheit, sodass sich bereits Lotzes Lehrer Gustav Theodor Fechner in einem Aufsatz darüber lustig machen konnte.[81] Unter anderen war es Hermann von Helmholtz, der wie Cyon einen menschlichen ›Ursprung‹ der Geometrie behauptete, aber zugleich den Gedanken hegte, es könne eine Erfahrung des gekrümmten Raums geben, etwa durch optische Manipulationen.[82]

Cyons These ist jedoch nur in physiologischer Hinsicht ›falsch‹. In ganz anderer Hinsicht sollte sie zur Begründung eines Denkens beitragen, das als eines der wenigen sowohl in den Natur- als auch in den Geisteswissenschaften Fuß fassen konnte: der Systemtheorie.[83] Deren Wurzeln liegen zu großen Teilen in der konstruktivistischen Biologie, genauer in der Theorie autopoetischer Natursysteme, deren Vorform die semiotische Umwelttheorie darstellt.[84] Ihr bekanntester Vertreter war Uexküll, der mit der Beschreibung der auf weni-

Raumsensorium[s]« (Darius Koriako, »Was sind und wozu dienen reine Anschauungen?«, in: *Kant-Studien* 96 (2005), S. 20-40, hier S. 39) Kant überhaupt erst zu seiner Theorie der Apriorizität der Raumanschauung veranlasst haben konnte.

80 Vgl. Elias von Cyon, »Die physiologischen Grundlagen der Geometrie von Euklid. Eine Lösung des Raumproblems«, in: *Pflügers Archiv* 85 (1901), S. 576-630.

81 Siehe den unter dem Pseudonym ›Dr. Mises‹ veröffentlichten Text »Der Raum hat vier Dimensionen«, in: M., *Vier Paradoxa*, Leipzig: Voß 1846, S. 15-40.

82 Vgl. Hermann von Helmholtz, »Über den Ursprung und die Bedeutung der geometrischen Axiome« [1870], in: H. v. H., *Schriften zur Erkenntnistheorie* [1921], Wien/New York: Springer 1998, S. 15-39, hier S. 35 f.

83 Vgl. Ernst Taux, »Die Verwandlung erkenntniskritischer Begriffe in der theoretischen Biologie Uexkülls und Bertalanffys«, in: *Wissenschaft der Wendezeit – Systemtheorie als Alternative?* hg. von Johann-Peter Regelmann und Engelbert Schramm, Frankfurt am Main: Fischer 1986, S. 83-100.

84 Vgl. Tuomo Jämsä, »Jakob von Uexküll's Theory of Sign and Meaning from a Philosophical, Semiotic, and Linguistic Point of View«, in: *Semiotica* 134 (2001), S. 481-551.

ge Signifikanzen reduzierten Rückkopplungsschleife von ›Merk-‹ und ›Wirkwelt‹ der Zecke einen kleinen weltanschaulichen Erdrutsch auslöste, sodass Martin Heidegger von dem »Fruchtbarsten« sprach, »was die Philosophie heute sich aus der herrschenden Biologie zueignen kann«:[85] Der ›subjektive Raum‹, den das Insekt bewohnt, besteht nur aus wenigen ›Zeichen‹ (spezifischen Geruchs-, Temperatur- und Tastempfindungen), die seine ganze Welt ausmachen und für andere Lebewesen einen unzugänglichen Parallelkosmos darstellen.[86] Neben der persönlichen Bekanntschaft mit Cyon war es zuletzt der Kontakt mit dem Bildhauer Adolf von Hildebrandt,[87] welcher sich auf Uexkülls raumtheoretischen Ansatz auswirkte, der vor allem einem Grundsatz folgte: »Einen allgemeinen absoluten Raum [...], [der] alle Lebewesen umschließ[t], gibt es nicht.«[88]

›Umwelt‹ war der Schlüsselbegriff des frühen 20. Jahrhunderts und bezeichnet einen neuen Grad an Immanenz jeglicher gelebter Räumlichkeit: Jedem Lebewesen steht danach eine andere, ›relative‹ Umwelt zur Verfügung, die seiner Organisationsform entspricht. Zecke und Mensch teilen demnach zwar denselben ›Raum‹, nicht aber die gleiche Umwelt.[89] Dies trifft sich im Kern mit der von Mach zugespitzten Opposition von physikalischem und physiologischem Raum:[90] Im physiologischen Raum herrschen nicht keine Gesetze, sondern nur andere als im physikalischen. Hatte Uexküll

85 Martin Heidegger, *Die Grundbegriffe der Metaphysik. Welt – Endlichkeit – Einsamkeit* (WS 1929/30) [1983], Frankfurt am Main: Klostermann ^{2}1992, S. 383.

86 Siehe dazu die Gesamtdarstellung von Jakob von Uexküll/Georg Kriszat, »Streifzüge durch die Umwelten von Tieren und Menschen« [1934], in: J. v. U., *Streifzüge durch die Umwelten von Tieren und Menschen. Ein Bilderbuch unsichtbarer Welten/Bedeutungslehre*, Hamburg: Rowohlt 1956, S. 19-101.

87 Vgl. Friedrich Brock, »Jakob Johann Baron von Uexküll. Zu seinem 70. Geburtstage am 8. September 1934«, in: *Sudhoffs Archiv* 27 (1934), S. 193-212, hier S. 199. – Siehe dazu Adolf von Hildebrandt, *Das Problem der Form in der bildenden Kunst* [1893], Baden-Baden/Straßburg: Heintz ^{10}1961.

88 Jakob von Uexküll, *Umwelt und Innenwelt der Tiere* [1909], Berlin: Springer ^{2}1921, S. 219.

89 Die heutige soziologische Systemtheorie hat einen demgegenüber verschobenen Umweltbegriff, der die nicht kommunizierbare Außenwelt der Systeme meint. Letztere sind hingegen das, was Uexküll unter ›Umwelt‹ versteht.

90 Siehe dazu den Abschnitt »Der physiologische Raum im Gegensatz zum metrischen«, in: Ernst Mach, *Erkenntnis und Irrtum. Skizzen zur Psychologie der Forschung* [1905], Berlin: Parerga 2002, S. 506-529.

mit seinem Ansatz zunächst vor allem das Tierreich im Blick, so war auch bald der Mensch als potenzieller Untersuchungsgegenstand ausgemacht. Während Uexküll sich darüber in die Vision einer ›Staatsbiologie‹ verstieg,[91] wendeten andere die Umweltlehre – exemplarisch für die entstehende Umweltpsychologie und Entwicklungspädagogik – auf den Lebensraum von Heranwachsenden an,[92] deren Spiel- und ›Streifräume‹ nur relativ, eben für die spielenden Kinder, existent sind.

Auch in physikalischer Hinsicht war das 20. Jahrhundert dasjenige des relativen Raumdenkens: Es war das Jahrhundert der Physik von ALBERT EINSTEIN (Text 5). Jedoch ist die Bedeutung von ›Relativität‹ erklärungsbedürftig: Einstein hat alles andere als eine ›relativistische‹ Theorie vorgelegt, sondern eine Theorie mit dezidiertem Absolutheitsanspruch. Ihr liegt eine Einsicht zugrunde, die sein Lehrer Hermann Minkowski gegen Newtons Weltbild auf die Formel brachte: »Von Stund an sollen Raum für sich und Zeit für sich völlig zu Schatten herabsinken, und nur noch eine Art Union der beiden soll Selbständigkeit bewahren.«[93] Ebenso wie die Zeit einen Raum (als Bewegung) hat, ist der Raum eine Zeit, das heißt, er hat auch ein ›Alter‹. Raum und Zeit bilden für die moderne Physik eine Einheit: die Raumzeit. Minkowski spricht daher jedem physikalischen Gegenstand einen ›Lebenslauf‹ zu, der sich graphisch als »*Weltlinie*«[94] ausdrückt: eine Kurve, deren Abszisse durch die (euklidische) Raumstelle und deren Ordinate durch den Zeitpunkt des betreffenden ›Ereignisses‹ (*event*) bestimmt ist. War für Newton noch die Masse das entscheidende Bestimmungsmoment für die Bewegung im Raum – Kraft ist Masse mal Beschleunigung ($F = m \cdot a$) –, wird sie für Einstein zu einem bloßen Äquivalent der Energie ($E = m \cdot c^2$). Bewegung ist für ihn nun vielmehr durch die Eigenschaften eines ›Feldes‹ bestimmt: Die Masse eines Körpers

91 So besonders in Jakob von Uexküll, *Staatsbiologie. Anatomie, Physiologie und Pathologie des Staates* [1920], Hamburg: Hanseatische Verlagsanstalt ²1933.

92 Siehe die Arbeit von Martha Muchow/Hans Heinrich Muchow, *Der Lebensraum des Großstadtkindes* [1935], hg. von Jürgen Zinnecker, Weinheim/München: Juventa 1988.

93 Hermann Minkowski, »Raum und Zeit« [1908], in: *Gesammelte Abhandlungen von Hermann Minkowski*, Bd. 2 [1909], unter Mitwirkung von Andreas Speiser und Hermann Weyl hg. von David Hilbert, Leipzig/Berlin: Teubner 1911, S. 431-444, hier S. 431.

94 Ebd., S. 432.

spielt daher keine Rolle für die Beschreibung der Bewegung. Jeder Körper, gleich wie schwer er ist, verhält sich – je nachdem, in welchem Feld er sich befindet – gleich.[95] Entscheidend für die Bewegungsbeschreibung ist vielmehr der Unterschied zwischen den ›Inertialräumen‹: Wurde das Verhalten in den Bezugssystemen von der klassischen Physik als vergleichbar angesehen, so gilt nach Einstein die Relativität der Bezugssysteme, sodass etwa nicht mehr von *einem* Zeitpunkt gesprochen werden kann, der in allen Inertialsystemen derselbe ist. Nach Einstein gibt es daher keinen übergeordneten Rahmen wie den absoluten Raum, demgegenüber jede relative Bewegung in einem beliebigen Subsystem objektiv bestimmt werden kann. Dennoch ist der Raum aber dasjenige, woran die Feldeigenschaften auftreten: Der Raum ist, so Einstein am Ende des vorliegenden Textes von 1930, der »alleinige Träger der Realität«,[96] weil alle anderen physikalischen Größen wie Zeit oder Materie für ihn Bestimmungsmomente des Raumes sind und dieser daher nie ›leer‹ sein kann: »Physical objects are not *in space*, but these objects are *spatially extended*. In this way the concept ›empty space‹ loses its meaning.«[97] Einstein meint damit nicht zuletzt auch, dass es keinen topologischen Relationsraum gibt, der unabhängig von seiner räumlichen Materialisierung besteht, wie Leibniz dachte, wohl aber variiert die Metrik, mit der die Distanzen zwischen den Körpern bestimmt werden, je nach Eigenschaft des Feldes. Einstein zollt daher ausdrücklich Descartes Tribut, wenn er dessen Widerstreben unterstreicht, den Raum als leere Entität vorzustellen. Descartes' Gleichsetzung von Ausdehnung (Raum) und Materie (Substanz), die Newtons Physik auflöste, führt Einstein schließlich wieder ein:

95 Als Urheber dieses Gedankens weist Einstein Ernst Mach aus: Dem ›Mach'schen Prinzip‹ zufolge ist Trägheit, welche in der Newton'schen Physik eine Konstante im absoluten Raum war, auf die Wechselwirkung von Körpern zurückzuführen. (Vgl. Albert Einstein, »Prinzipielles zur allgemeinen Relativitätstheorie«, in: *Annalen der Physik* 55 [1918], S. 241-244.)

96 Text 5, S. 101. – Ein fast identischer Text wurde im gleichen Jahr auf der *Second World Power Conference* in Berlin vorgetragen. (Vgl. Albert Einstein, »Das Raum-, Feld- und Äther-Problem in der Physik«, in: *Zweite Weltkraftkonferenz, Berlin 1930. Gesamtbericht*, Bd. 19, Berlin: VDI 1930, S. 1-5. – Eine gekürzte Fassung findet sich unter demselben Titel in: *Koralle* 5 [1930], S. 486 f.)

97 Albert Einstein, zit. n. *The Berlin Years: Writings, 1914-1917. The Collected Papers of Albert Einstein*, Bd. 6, hg. von Arne J. Kox, Martin J. Klein und Robert Schulmann, Princeton: Princeton University Press 1996, S. 418.

»Erst die Idee des Feldes als Darsteller des Realen [...] zeigt den wahren Kern von *Descartes'* Idee: es gibt keinen ›feld-leeren‹ Raum.«[98]

Wird Einsteins Raumtheorie in der gegenwärtigen Physik nach wie vor diskutiert und erweitert,[99] so ist sie auch in noch ganz anderer Hinsicht bedeutsam: Auf ihn geht die explizite Kritik des Newton'schen ›Schachteldenkens‹ zurück, dessen Stereotyp er 1954 folgenreich charakterisierte:[100]

Der Begriff Raum wird [...] nahegelegt durch gewisse primitive Erfahrungen. Man habe eine Schachtel hergestellt. Man kann Objekte in gewisser Anordnung darin unterbringen, so daß die Schachtel voll wird. Die Möglichkeit solcher Anordnungen ist eine Eigenschaft des körperlichen Objektes Schachtel, etwas, was mit der Schachtel gegeben ist, der von der Schachtel ›umschlossene Raum‹. [...] Wenn keine Objekte in der Schachtel liegen, so erscheint ihr Raum ›leer‹.[101]

Der ›Container‹-Vorwurf hat in den raumorientierten Sozialwissenschaften[102] sowie zuerst vor allem in der Sozialgeographie[103] weit reichende Beachtung gefunden: Denn jede physikalische Rückbettung sozialer oder anthropologischer Räume sieht sich vor das Problem gestellt, dass Räumlichkeit nach wie vor durch die naturwissenschaftliche Behältervorstellung der Neuzeit und ihre formale Anverwandlung beim Kant der *Kritik der reinen Vernunft* dominiert wird. Raum ist nicht gegeben, sondern wird durch die Interaktion von Raumkörpern oder menschlichen Handlungen bestimmt. Die Geschichte der naturwissenschaftlichen Raumtheorie von der Neuzeit bis zur Moderne ist daher nicht nur eine Theorie der physikalischen

98 Albert Einstein, »Relativität und Raumproblem« [1954], in: A. E., *Über die spezielle und die allgemeine Relativitätstheorie* [1917], Berlin u. a.: Springer [23]1988, S. 91-109, hier S. 107.

99 Für die wohl bekannteste Weiterführung siehe Stephen Hawking/Roger Penrose, *Raum und Zeit* [1996], Reinbek: Rowohlt 1998.

100 Bekannt wurde die Kritik durch Einsteins Vorwort zum ›Raumbuch‹ von Jammer. (Vgl. Albert Einstein, »Vorwort«, in: Max Jammer, *Das Problem des Raumes. Die Entwicklung der Raumtheorien* [1954], Darmstadt: WBG 1960, S. XI-XV, hier S. XIII.)

101 Albert Einstein, »Raumproblem«, S. 92.

102 Vgl. Martina Löw, *Raumsoziologie*, Frankfurt am Main: Suhrkamp 2001, S. 69-91.

103 Vgl. Benno Werlen, *Zur Ontologie von Gesellschaft und Raum* [1995], Stuttgart: Steiner [2]1999, S. 218 f.

Revolutionen, sondern zeigt die Anhaltspunkte für den Transfer von Theorien und Modellen von den Natur- in die Geisteswissenschaften. Die Theorien des Raumes als Form einer Anschauung, die Theorie einer Raumrelativität oder des topologischen Raumes – sie alle mögen heute durch andere Modelle in den Naturwissenschaften abgelöst sein, ihre Wirkung auf die Kultur- und Sozialwissenschaften aber dauert an.

Stephan Günzel

Auswahlbibliographie

Antike/Mittelalter

Aertsen, Jan A./Andreas Speer: *Raum und Raumvorstellungen im Mittelalter*, Berlin/New York: de Gruyter 1997.

Algra, Keimpe: *Concepts of Space in Greek Thought*, Leiden u. a.: Brill 1995.

Cornford, Francis MacDonald: »The Invention of Space« [1936], in: Milič Čapek (Hg.), *The Concepts of Space and Time. Their Structure and Their Development*, Dordrecht/Boston: Reidel 1976, S. 3-16.

Grant, Edward: *Much Ado About Nothing. Theories of Space and Vacuum from the Middle Ages to the Scientific Revolution*, London u. a.: Cambridge University Press 1981.

Kratzert, Thomas: *Die Entdeckung des Raums. Vom hesiodischen »χάος« zur platonischen »χώρα«*, Amsterdam/Philadelphia: Grüner 1998.

Lee, Kyung Jik: *Platons Raumbegriff. Studien zur Metaphysik und Naturphilosophie im »Timaios«*, Würzburg: Königshausen & Neumann 2001.

Szabó, Arpad: *Das geozentrische Weltbild. Astronomie, Geographie und Mathematik der Griechen*, München: dtv 1992.

Wieland, Wolfgang: *Die aristotelische Physik. Untersuchungen über die Grundlegung der Naturwissenschaft und die sprachlichen Bedingungen der Prinzipienforschung bei Aristoteles*, Göttingen: Vandenhoeck & Ruprecht [3]1992 [1962].

Neuzeit/Moderne

Blumenberg, Hans: *Kopernikus im Selbstverständnis der Neuzeit*, Wiesbaden: Steiner 1965.

Braun, Walter: *Philosophie des Raumes*, Cuxhaven/Dartford: Junghans 1996.

Genz, Henning: *Nichts als das Nichts. Die Physik des Vakuums*, Weinheim: VCH 2004.

Heimsoeth, Heinz: »Der Kampf um den Raum in der Metaphysik der Neuzeit«, in: H. H., *Studien zur Philosophie Immanuel Kants. Metaphysische Ursprünge und ontologische Grundlagen*, Köln: Universitäts-Verlag 1956, S. 93-124.

Kaloyeropoulos, Nicolas Athanase: *La théorie de l'espace chez Kant et chez Platon*, Genf: Ion 1980.

Koyré, Alexandre: *Von der geschlossenen Welt zum unendlichen Universum*, Frankfurt am Main: Suhrkamp 1980 [1957].

Krüger, Lorenz: *Ist Materie vernünftig zu begreifen?*, Göttingen: Vandenhoeck & Ruprecht 1995.

Leonhard, Karin: »Was ist Raum im 17. Jahrhundert? Die Raumfrage des Barocks: Von Descartes zu Newton und Leibniz«, in: Horst Bredekamp/ Pablo Schneider (Hg.), *Visuelle Argumentationen. Die Mysterien der Repräsentation und Berechenbarkeit der Welt*, München: Fink 2006, S. 11-34.

Mainzer, Klaus: »Philosophie und Geschichte von Raum und Zeit«, in: K. M./Jürgen Audretsch (Hg.), *Philosophie und Physik der Raum-Zeit*, Mannheim u. a.: BI Wissenschaftsverlag 1988, S. 11-51.

Norton, John D.: »Philosophy of Space and Time« [1992], in: Jeremy Butterfield/Mark Hogarth/Gordon Belot (Hg.), *Spacetime*, Aldershot u. a.: Dartmouth 1996, S. 3-56.

Nys, Désiré: *La nature de l'espace d'après les théories modernes depuis Descartes*, Brüssel: Hayez 1908.

Sander, Franz, *Die Entwicklung der Raumtheorien in der 2. Hälfte des 17. Jahrhunderts*, Halle: John 1931.

Westphal, Christian: *Von der Philosophie zur Physik der Raumzeit*, Frankfurt am Main u. a.: Lang 2002.

1 René Descartes
Über die Prinzipien der materiellen Dinge

4. Die Natur eines Körpers besteht nicht in Schwere, Härte, Farbe oder dergleichen, sondern allein in der Ausdehnung.

Wenn wir dies tun,[1] werden wir erfassen, daß die Natur der Materie, bzw. die Natur der im Universum vorfindlichen Körper nicht darin besteht, daß die Materie ein hartes oder schweres oder farbiges oder auf irgendeine sonstige Weise unsere Sinne erregendes Ding ist, sondern allein darin, daß sie ein in Länge, Breite und Tiefe ausgedehntes Ding ist. Denn was die Härte betrifft, so zeigt unsere Sinnlichkeit uns nichts anderes über sie, als daß Stücke harter Körper der Bewegung unserer Hände widerstehen, wenn unsere Hände sie berühren. Wenn jedoch, wann immer sich unsere Hände irgendeinem Stück entgegenbewegen, alle dort befindlichen Körper sich mit derselben Geschwindigkeit, mit der sich unsere Hände vorwärtsbewegen, entfernten, würden wir niemals irgendeine Härte verspüren. Indes ist es nicht einsichtig zu machen, daß Körper, die in dieser Weise zurückwichen, deshalb die Natur der Körperlichkeit einbüßen sollten; und demnach besteht sie nicht in der Härte. Aus demselben Grund kann gezeigt werden, daß sowohl die Schwere als auch die Farbe und alle anderen so gearteten Qualitäten, die an der körperlichen Materie empfunden werden, von ihr weggenommen werden können, und sie dennoch unangetastet bleibt, woraus sich ergibt, daß ihre Natur von nichts von alledem abhängt.

1 [Anm. d. Hg.] Descartes bezieht sich auf seinen im Abschnitt zuvor genannten methodischen Grundsatz: »So nämlich werden wir die Vorurteile aufgrund sinnlicher Eindrücke leicht ablegen, und werden von da an uns allein des Verstandes bedienen, indem wir auf die ihm von Natur aus eingegebenen Ideen sorgfältig achten.«

5. Die Vorurteile über die Verdünnung und das Vakuum verdunkeln die so bestimmte Natur des Körpers.

Freilich sind zwei Ursachen noch nicht ausgeräumt, weswegen bezweifelt werden kann, daß die wahre Natur des Körpers allein in der Ausdehnung besteht. Die erste ist, daß viele Leute meinen, die meisten Körper würden auf eine solche Weise verdünnt oder verdichtet, daß die verdünnten eine größere Ausdehnung besäßen als die verdichteten. Manche Leute sind darüber hinaus sogar so beflissen, die Substanz des Körpers von seiner Quantität, und diese Quantität sogar von der Ausdehnung zu unterscheiden. Die andere Ursache liegt darin, daß dort, wo wir nichts anderes als eine bloße Ausdehnung in Länge, Breite und Tiefe einsehen, gemeinhin nicht gesagt wird, daß sich dort ein Körper befinde, sondern überhaupt nur ein Raum, und zwar ein leerer Raum, der, wie fast alle überzeugt sind, das pure Nichts ist.

6. Auf welche Weise Verdünnung vonstatten geht.

Was nun aber die Verdünnung und Verdichtung betrifft, so wird jeder, der auf seine Gedanken achtet und nichts zugestehen will außer dem, das er klar erfaßt, nicht behaupten, daß in den sich verdünnenden oder verdichtenden Körpern irgend etwas anderes vonstatten gehe als eine Veränderung der Gestalt. Es sind nämlich diejenigen Körper dünn, zwischen deren Teilen sich viele mit anderen Körpern angefüllte Zwischenräume finden, und sie verdichten sich nur dadurch, daß ihre Bestandteile, indem sie sich wechselweise annähern, diese Zwischenräume vermindern oder ganz wegnehmen: was, wenn es einmal bis zum Äußersten geschieht, dem Körper dann eine solche Dichte verschafft, daß er jeder weiteren Verdichtung widersteht. Gleichwohl ist er deshalb dann nicht weniger ausgedehnt, als wenn die Teile voneinander entfernt sind und so einen größeren Raum umschließen, weil alles, was in Poren bzw. in Zwischenräumen durch übriggebliebene Teile jener die Zwischenräume erfüllenden Materie zur (Gesamt-)Ausdehnung des Körpers beiträgt, keineswegs dem Körper zugerechnet werden darf, sondern den anderen wie auch immer gearteten Körpern, mit denen diese Zwischenräume erfüllt sind: Denn wir meinen ja auch nicht, wenn wir einen mit Wasser oder einer anderen Flüssigkeit getränkten und angeschwollenen Schwamm betrachten, er besitze in seinen einzelnen Teilen eine größere Ausdehnung, als wenn er zusammengepreßt und ausgetrocknet ist, sondern lediglich, daß seine Poren eine größere Ausdehnung haben, und er sich daher über einen größeren Raum verteilt.

7. Verdünnung kann auf keine andere, dem Verstand zugängliche Weise erklärt werden.

Und in der Tat sehe ich nicht, was einige Leute zu der Behauptung bewogen hat, die Verdünnung geschehe durch Vergrößerung der Quantität, als sie vielmehr so wie im Beispiel des Schwammes zu erklären. Denn obwohl wir bei der Verdünnung von Luft oder Wasser weder irgendwelche ihrer Poren sich vergrößern, noch irgendeinen neuen Körper hinzutreten sehen, um diese Poren wieder anzufüllen, so ist es mit der Vernunft weniger vereinbar, irgend etwas Unverständliches auszuhecken, um die Verdünnung solcher Körper verbal zu erklären, als daraus, daß sie sich verdünnen, zu folgern, daß in ihnen Poren, bzw. Zwischenräume sind, die sich erweitern, und irgendein neuer Körper hinzutritt, der diese Zwischenräume ausfüllt, auch wenn wir diesen neu hinzutretenden Körper in keiner Weise sinnlich erfassen. Kein Grund nämlich nötigt uns zu der Annahme, alle Körper, die existieren, müßten unsere Sinne erregen können. Zudem erfassen wir, daß die Verdünnung äußerst leicht auf diese Weise geschehen kann, auf irgendeine andere jedoch nicht. Außerdem ist es schlicht widersprüchlich, daß irgend etwas durch eine neue Quantität oder eine neue Ausdehnung sich vergrößern sollte, ohne daß zugleich eine neue ausgedehnte Substanz, will sagen: ein neuer Körper in ihn eintritt. Jegliche Zunahme der Ausdehnung oder der Quantität kann nämlich ohne Zunahme der Substanz, die in Quantität und Ausdehnung besteht, nicht einsichtig gemacht werden, wie anhand des nun Folgenden klarer zutage treten wird.

8. Quantität und Zahl unterscheiden sich nur in der Vernunft von dem in Menge und Anzahl bestimmten Ding.

Denn Quantität und ausgedehnte Substanz sind am Ding selbst nicht unterschiedlich, sondern nur im Hinblick auf unseren Begriff, wie auch die Zahl von dem in seiner Anzahl bestimmten Ding. Wir können nämlich die Natur einer körperlichen Substanz, die einen Raum von zehn Fuß einnimmt, insgesamt betrachten, auch wenn wir auf jenes Maß von zehn Fuß gar nicht achten, weil in gleichgültig welchem Teil jenes Raumes dasselbe wie im gesamten eingesehen wird. Und umgekehrt kann die Zahl Zehn, und ebenso die sich auf zehn Fuß erstreckende Quantität eingesehen werden, obwohl wir auf jene bestimmte Substanz nicht achten. Denn es ist dasselbe, ob der Begriff der Zahl Zehn auf dieses bestimmte Maß von zehn Fuß oder auf etwas beliebiges anderes bezogen wird; und außerdem kann die sich auf zehn Fuß erstreckende Quantität, auch wenn sie nicht ohne irgendeine ausgedehnte Substanz, deren Quantität sie ist, eingesehen werden kann, gleichwohl unabhängig von gerade dieser bestimmten Substanz bestimmt werden. Von einem wirklichen Ding dagegen kann man nicht auch nur das Geringste von dessen Quantität oder Ausdehnung wegnehmen, ohne daß ebensoviel auch seiner Substanz entzogen würde; und ebensowenig umgekehrt: Würde der Substanz auch nur das Geringste entzogen, würde ebensoviel von der Quantität oder Ausdehnung weggenommen.

9. Die körperliche Substanz kann, wenn sie von ihrer Quantität unterschieden wird, nur verworren als gewissermaßen unkörperlich aufgefaßt werden.

Und wenn auch einige Leute vielleicht etwas anderes sagen, so glaube ich dennoch nicht, daß sie diesen Sachverhalt tatsächlich anders auffassen. Wenn sie die Substanz von der Ausdehnung und Quantität unterscheiden, so verstehen sie entweder unter der Bezeichnung der Substanz nichts, oder sie besitzen nur eine verworrene Idee der unkörperlichen Substanz, die sie der körperlichen Substanz fälschlich zusprechen, und überlassen es der Ausdehnung, die wahre

Idee einer körperlichen Substanz zu vertreten. Gleichwohl bezeichnen sie die Ausdehnung als Akzidenz, und drücken so durch Worte schlicht etwas anderes aus, als sie durch den Geist begreifen.

10. Was der Raum, bzw. der innere Ort ist.

Außerdem unterscheiden sich der Raum, bzw. der innere Ort und die darin enthaltene körperliche Substanz nicht am Ding selbst, sondern allenfalls in der Weise, in der sie von uns gemeinhin aufgefaßt werden. Tatsächlich nämlich ist die Ausdehnung in Länge, Breite und Tiefe, die den Raum ausmacht, schlicht dasselbe wie jene, die den Körper ausmacht. Hingegen besteht darin eine Verschiedenheit, daß wir die Ausdehnung am Körper als einzelne betrachten und meinen, daß sie sich immer dann verändert, sobald sich der Körper verändert. Dem Raum selbst aber sprechen wir eine gattungsmäßige Einheit zu, so daß durch eine Veränderung oder gar einen Wechsel des Körpers, der den Raum einnimmt, die Ausdehnung des Raumes gleichwohl nicht als verändert gilt, sondern ein und dieselbe bleibt, solange sie ebendieselbe Größe und Gestalt und dieselbe Lage zwischen gewissen äußeren Körpern beibehält, durch die wir jenen Raum bestimmen.

11. Inwiefern sich der Raum im Ding nicht von der körperlichen Substanz unterscheidet.

Und in der Tat werden wir leicht erkennen, daß es dieselbe Ausdehnung ist, die die Natur des Körpers und die Natur des Raumes ausmacht, und daß diese beiden sich nicht mehr voneinander unterscheiden als die Natur der Gattung oder Art von der Natur des Einzelgegenstands. Wenn wir die Idee irgendeines Körpers, die wir besitzen, zum Beispiel die eines Steines, bestimmen wollen, dann trennen wir von dieser Idee alles ab, von dem wir erkennen, daß es für die Natur dieses Körpers nicht erforderlich ist: und zwar verwerfen wir zunächst die Härte, weil, wenn der Stein geschmolzen oder in winzigste Staubpartikel zerteilt wird, er die Härte verliert, und dennoch deswegen nicht etwa aufhört, ein Körper zu sein; weiterhin verwerfen wir die Farbe, weil wir häufig Steine gesehen haben, die so durchsichtig waren, daß an ihnen keinerlei Farbe war; wir verwerfen das Gewicht, weil, obgleich das Feuer äußerst leicht ist, deswegen nicht weniger angenommen wird, daß es ein Körper ist; und schließlich verwerfen wir die Kälte und die Wärme und alle anderen Qualitäten, weil sie sich entweder an dem Stein gar nicht zeigen, oder nicht anzunehmen ist, daß durch ihre Veränderung der Stein die Natur der Körperlichkeit verlieren würde. Auf diese Weise werden wir feststellen, daß gar nichts in der Idee des Körpers bestehen bleibt, außer daß er etwas in Länge, Breite und Tiefe Ausgedehntes ist, und das findet sich ebenso in der Idee nicht nur des mit Körpern erfüllten, sondern auch desjenigen Raumes, der Vakuum genannt wird.

12. Inwiefern sich der innere Raum von der körperlichen Substanz in der Weise unterscheidet, in der er aufgefaßt wird.

Hingegen besteht ein Unterschied in der Auffassungsweise: denn wir nehmen an, daß die Ausdehnung des Steines, die wir gleichsam als einzelne und von ihm nicht abtrennbare ansehen, aufgehoben wird, wenn der Stein von dem Ort, an dem er sich befindet, weggenommen wird. Hingegen nehmen wir an, daß die Ausdehnung des Ortes, an dem der Stein war, einstweilen erhalten bleibt und dieselbe ist, ob nun der Ort des Steines sogleich durch Holz, Wasser, Luft oder durch einen beliebigen anderen Körper eingenommen, oder auch wenn er als leer angesehen wird. Denn in diesem Fall wird die Ausdehnung allgemein aufgefaßt und sie gilt als dieselbe, ob sie nun die des Steines, des Holzes, des Wassers, der Luft und anderer Körper oder sogar des Leeren – sofern man es einräumen will – ist, sofern sie nur dieselbe Größe und Gestalt hat und dieselbe Lage zwischen den äußeren Körpern beibehält, die den Raum bestimmen.

13. Was der äußere Ort ist.

Denn die Bezeichnungen ›Ort‹ und ›Raum‹ verweisen nicht auf irgend etwas von dem Körper, über den gesagt wird, daß er an dem Ort sei, Verschiedenes, sondern sie bezeichnen nur dessen Größe,

Gestalt und Lage zwischen anderen Körpern. Damit nun diese Lage bestimmt werden kann, müssen wir auf irgendwelche anderen Körper Bezug nehmen, die wir als unbeweglich ansehen. Und je nachdem, auf welche verschiedenen Körper wir uns jeweils beziehen, können wir behaupten, daß ein und dasselbe Ding gleichzeitig seinen Ort wechselt und nicht wechselt. Wenn sich ein Schiff auf dem Meer vorwärtsbewegt, so verharrt jemand, der auf dem Hinterdeck sitzt, immer an demselben Ort, sofern man auf die Teile des Schiffes abhebt, zwischen denen er dieselbe Lage beibehält. Aber er wechselt seinen Ort fortwährend, sofern man auf die beiden Uferstreifen abhebt, weil er sich ja fortwährend von dem einen Ufer entfernt und auf das andere zubewegt. Und wenn wir zudem annehmen, daß sich die Erde bewegt, und dabei genau so viel von Westen nach Osten vorschreitet, wie das Schiff inzwischen von Ost nach West vorankommt, so behaupten wir wiederum, daß jemand, der auf dem Hinterdeck sitzt, seinen Ort nicht verändert, weil wir nämlich die Bestimmung des Ortes von bestimmten unbewegten Punkten des Himmels ableiten. Wenn wir zudem schließlich bedenken, daß keine derartigen tatsächlich unbewegten Punkte im Universum angetroffen werden, wie sich unten als wahrscheinlich zeigen wird, so werden wir daraus folgern, daß kein Ort irgendeines Dinges dauerhaft ist, außer insofern er durch unser Denken als dauerhaft bestimmt wird.

14. Worin sich Ort und Raum unterscheiden.

Die Bezeichnungen des Ortes und des Raumes unterscheiden sich aber insofern, als der Ort ausdrücklich eher die Lage als die Größe oder die Gestalt bezeichnet, während wir, wenn wir auf das letztere aus sind, eher von Raum sprechen. Wir sagen nämlich häufig, daß ein Gegenstand an die Stelle eines anderen trete, auch wenn er nicht genau dessen Größe noch Gestalt besitzt, während wir in dem Fall bestreiten, daß er denselben Raum einnimmt. Immer jedoch, wenn sich die Lage dieses Gegenstandes verändert, sagen wir, daß der Ort sich verändere, obwohl er dieselbe Größe und Gestalt beibehält. Und wenn wir sagen, ein Gegenstand befinde sich an gerade diesem Ort, verstehen wir darunter nichts anderes, als daß er gerade diese Lage zwischen anderen Gegenständen innehat, und wenn wir hinzufügen, daß er diesen Raum oder diesen Ort einnimmt, meinen wir damit, daß ihm außerdem die Größe und Gestalt dieses bestimmten Ortes zukommt.

15. Inwiefern der äußere Ort zu Recht für die Oberfläche der umgebenden Körper gehalten wird.

Demgemäß verwenden wir den Begriff ›Raum‹ ohne Ausnahme immer für eine Ausdehnung in Länge, Breite und Tiefe. Als ›Ort‹ hingegen gilt uns zum einen der innere Ort des Dinges, das ihn einnimmt, zum anderen der äußere Ort desselben Dinges: Und zwar ist der innere Ort schlichtweg dasselbe wie der Raum, der äußere Ort hingegen kann als diejenige Oberfläche angesehen werden, die das an den Ort Gesetzte am engsten umgibt. Es ist zu beachten, daß wir unter ›Oberfläche‹ hier nicht irgendeinen Teil des umgebenden Körpers verstehen, sondern allein die Grenze, die den Übergang zwischen dem umgebenden Körper selbst und dem, das umgeben wird, bildet. Die Grenze ist nichts anderes als ein Zustand, zumal gewiß unter ›Oberfläche‹ im allgemeinen das verstanden wird, das nicht mehr einen Teil des einen als den des anderen Körpers bildet, sondern das immer als gleichbleibend gedacht wird, insofern es dieselbe Größe und Gestalt beibehält. Auch wenn sich nämlich der gesamte umgebende Körper mitsamt seiner Oberfläche verändert, so meint man deswegen noch nicht, daß das Ding, das er umgibt, seinen Ort verändert, sofern dieser währenddessen dieselbe Lage zwischen jenen äußeren Dingen beibehält, die als unbeweglich angesehen werden: So fällt es jedem leicht, zu glauben, daß ein Schiff an demselben Ort verbleibt, wenn wir annehmen, es werde durch die Strömung eines Flusses in die eine, und durch den Wind in die entgegensetzte Richtung getrieben, so daß es seine Lage zwischen den Flußufern nicht verändert, obwohl alle es umgebenden Oberflächen sich verändern.

16. Es ist widersprüchlich, daß es ein Vakuum gibt, d. h. etwas, wo schlichtweg kein Ding ist.

Daß aber ein Vakuum in philosophischer Bedeutung, d. h. etwas, wo schlichtweg keine Substanz ist, nicht eingeräumt werden kann, ist daraus offensichtlich, daß die Ausdehnung des Raumes, d. h. die Ausdehnung des inneren Ortes, sich nicht von der Ausdehnung des Körpers unterscheidet. Denn daraus, daß ein Körper in Länge, Breite und Tiefe ausgedehnt ist, folgern wir zu Recht, daß er eine Substanz ist, weil es sich völlig widerspricht, daß dem Nichts irgendeine Ausdehnung zukommen sollte. Dasselbe muß auch über den Raum, der als leer unterstellt wird, geschlossen werden, nämlich daß, weil in ihm Ausdehnung ist, in ihm notwendig auch Substanz ist.

17. Die Bezeichnung ›Vakuum‹ schließt ihrer gewöhnlichen Bedeutung nach keineswegs alles Körperliche aus.

Allerdings sind wir aus der allgemeinen Praxis heraus gewöhnt, mit dem Ausdruck ›Vakuum‹ nicht den Ort oder den Raum, an dem schlechterdings kein Ding ist, sondern lediglich den Ort zu bezeichnen, an dem keines von denjenigen Dingen ist, von denen wir denken, daß sie dort sein müßten. So wird ein Krug ›leer‹ genannt, wenn er nur mit Luft erfüllt ist – obwohl er hergestellt wurde, um Wasser zu enthalten. Ebenso ›ist nichts im Fischbecken‹, wenn sich in ihm keine Fische befinden – obgleich es voller Wasser ist. Weiterhin ist ein Frachtschiff, das bereitstand, um Waren zu transportieren, ›leer‹, wenn es allein mit Ballastsand, mit dessen Hilfe es den Ansturm des Windes bezähmt, beladen ist. Und schließlich ist ein Raum ›leer‹, in dem nichts sinnlich Wahrnehmbares ist, obwohl er mit geschaffener und durch sich selbst bestehender Materie angefüllt ist: Denn wir sind gewöhnt, nichts zu bedenken außer jene Dinge, die uns durch die Sinne anrühren. Wenn wir dann aber später nicht mehr beachten, was unter den Bezeichnungen des Vakuums und des Nichts zu verstehen ist, meinen wir, daß in dem Raum, von dem wir behaupten, daß er ein Vakuum sei, nicht nur nichts Sichtbares, sondern überhaupt kein Ding enthalten sei: und in eben diesem Irrtum verlieren wir uns gerade so, als wenn wir deshalb, weil es gang und gäbe ist, zu sagen, ein Krug, in dem nichts außer Luft ist, sei leer, urteilen würden, daß die in diesem Krug enthaltene Luft kein für sich bestehendes Ding sei.

18. Wie das Vorurteil über das Vakuum in absoluter Bedeutung verbessert werden kann.

Nun sind wir deswegen fast alle von Kindheit an in diesen Irrtum verfallen, weil wir, indem wir keine irgendwie geartete notwendige Verbindung zwischen dem Gefäß und dem darin enthaltenen Körper bemerkten, uns nicht veranlaßt sahen, zu meinen, irgend etwas spreche gegen die Annahme, zumindest Gott könne bewirken, daß ein Körper, der ein Gefäß erfüllt, von dort weggenommen werden könne, ohne daß etwas anderes an dessen Stelle tritt. Damit wir nun jedoch diesen Irrtum beseitigen, ist es nötig zu bedenken, daß zwar überhaupt keine Verknüpfung zwischen dem Gefäß und diesem oder jenem besonderen Körper besteht, der in dem Gefäß enthalten ist, daß aber sehr wohl eine äußerst bedeutende und überaus notwendige Verknüpfung zwischen der inneren Gestalt des Gefäßes und der Ausdehnung in allgemeiner Bedeutung besteht, die in jenem Hohlraum enthalten sein soll. Es ist deshalb nicht widersprüchlicher, einen Berg ohne Tal aufzufassen, als einen Hohlraum ohne die in ihm enthaltene Ausdehnung, oder auch: eine Ausdehnung ohne eine Substanz, die ausgedehnt ist, einsehen zu wollen, weil, wie bereits gesagt, dem Nichts keine Ausdehnung zukommen kann. Wenn daher gefragt wird, was denn geschehen würde, wenn Gott den gesamten Körper, der in irgendeinem Gefäß enthalten ist, wegnähme und nicht zuließe, daß ein anderer an den Ort des weggenommenen trete, so ist darauf zu antworten, daß die Seiten des Gefäßes sich wechselseitig berühren würden. Wenn nämlich zwischen zwei Körpern nichts dazwischenliegt, so ist es unausweichlich, daß sie sich gegenseitig berühren und es ist offensichtlich widersprüchlich, daß sie voneinander entfernt sind, d. h. zwischen ihnen ein Abstand sein solle, und gleichwohl dieser Abstand nichts sein solle, weil alle Distanz ein Zustand der Ausdehnung ist und von daher ohne ausgedehnte Substanz gar nicht sein kann.

19. Das eben Gesagte bestätigt das, was über die Verdünnung gesagt wurde.

Nachdem wir auf diese Weise festgestellt haben, daß die Natur der körperlichen Substanz allein darin besteht, daß sie ein ausgedehntes Ding ist, und daß ihre Ausdehnung von der nicht abgetrennt werden kann, die sogar dem, wie man gewöhnlich sagt, ›leeren‹ Raum zugesprochen wird, so erkennen wir leicht, daß unmöglich irgendein Stück der körperlichen Substanz mehr Raum einnehmen kann als ein anderes an derselben Stelle. Deshalb verdünnt sich kein Körper anders als auf die kurz zuvor gerade erklärte Weise, und es ist nicht mehr Materie, bzw. körperliche Substanz in einem Gefäß, wenn es mit Blei oder Gold oder einem beliebigen anderen schweren und harten Körper erfüllt ist, als wenn es nur Luft enthält, und für leer gehalten wird: Denn die Quantität der Teile der Materie hängt nicht von deren Gewicht oder Härte, sondern allein von der Ausdehnung ab, die in demselben Gefäß immer gleich ist.

20. Im Rückgriff auf das eben Gesagte kann auch bewiesen werden, daß es keine Atome geben kann.

Außerdem erkennen wir es als unmöglich, daß irgendwelche Atome, bzw. ihrer Natur nach unteilbaren Teile der Materie existieren. Weil es nämlich, wenn es sie gäbe, unausweichlich wäre, daß sie, als wie klein auch immer sie vorgestellt würden, ausgedehnt sind, können wir dennoch gedanklich ein jedes von ihnen in zwei oder noch mehr kleinere Teile teilen, und müssen deshalb zugeben, daß sie teilbar sind. Nichts nämlich können wir in Gedanken teilen, das wir eben darin nicht auch als teilbar erkennen, so daß, wenn wir urteilten, daß es selbst unteilbar sei, unser Urteil unserer Erkenntnis widerspräche. Sogar nämlich wenn wir uns vorstellten, Gott habe bewirken wollen, daß irgendein Partikel der Materie nicht in andere kleinere teilbar sein könne, würden jene dennoch nicht im eigentlichen Sinne unteilbar genannt. Denn auch wenn er bewirken würde, daß es durch keine seiner Geschöpfe geteilt werden könnte, so hat er sich selbst doch sicherlich nicht dieses Vermögens des Aufteilens entledigt, weil es schlichtweg nicht geschehen kann, daß er die ihm wesenseigene Macht schmälert, wie oben beschrieben ist. Und daher wird die Materie absolut betrachtet teilbar bleiben, weil es von der Natur der Materie her so ist.

21. Ebenso kann gezeigt werden, daß die Welt unbegrenzt ausgedehnt ist.

Außerdem erkennen wir, daß diese Welt, bzw. die Gesamtheit der körperlichen Substanzen, hinsichtlich ihrer Ausdehnung keine Grenzen aufweist. Wir können uns nämlich nicht nur immer, gleichgültig, wo wir jene Grenzen annehmen, jenseits dieser Grenzen irgendwelche Räume von unbestimmter Ausdehnung vorstellen, sondern wir erfassen sie auch als wirklich vorstellbar, d. h. als real vorhanden, und erkennen von daher, daß in diesen Räumen eine körperliche Substanz von unbegrenzter Ausdehnung enthalten ist, weil, wie bereits weitläufig gezeigt wurde, die Idee ihrer Ausdehnung, als die wir jeden möglichen Raum auffassen können, schlicht ebendasselbe ist wie die Idee der körperlichen Substanz.

22. Und schließlich kann gezeigt werden, daß die Materie des Himmels und die der Erde dieselbe ist, und daß eine Vielzahl von Welten nicht möglich ist.

Daraus nun kann auch leicht ersehen werden, daß die Materie des Himmels keine andere ist als die der Erde, und daß, wenn es unendlich viele Welten gäbe, sie doch alle aus ein und derselben Materie bestünden, und daß es daher nicht mehrere, sondern nur eine geben kann. Denn wir sehen zuverlässig ein, daß die Materie, weil ihre Natur allein darin besteht, daß sie eine ausgedehnte Substanz ist, überhaupt alle vorstellbaren Räume, in denen jene anderen Welten anwesend sein sollen, bereits einnimmt; und die Idee irgendeiner anderen Materie treffen wir in uns nicht an.

Biobibliographische Angaben

René Descartes
* 31. 3. 1596 (La Haye, Touraine) – † 11. 2. 1650 (Stockholm)

1606-1612 Jesuitenkollegium *La Flèche*, Unterricht in Mathematik und Naturwissenschaft; ab 1612 Jurastudium Universität Poitiers; 1616 Lizenziat, Reise nach Holland, dort im Dienst des Feldherrn Moritz von Nassau, wird Statthalter der vereinigten Provinzen der Niederlande, Reisen durch Dänemark und Deutschland; 1619 Soldat im Dreißigjährigen Krieg; 1620 Rückkehr nach Frankreich und Reisen unter anderem nach Italien; ab 1625 Philosophiestudien in Paris; 1629 Auswanderung in die Niederlande, da nichtaristotelische Philosophie unter Todesstrafe gestellt war; 1633, nachdem Galilei seine Thesen vor der Inquisition widerrufen hat, hält Descartes die geplante Veröffentlichung seiner Kosmologie zurück; 1645 Konflikt mit holländischer Kirche; 1649 Einladung der Königin Christina von Schweden, der er in Stockholm Philosophieunterricht geben soll, dort Erkrankung und Tod; 1663 werden seine Schriften auf den Index gesetzt.

Textnachweis

Die Prinzipien der Philosophie, aus dem Lateinischen und hg. von Christian Wohlers, Hamburg: Meiner 2005, S. 94-117 [*Principia Philosophiæ*, Amsterdam: Elzevier 1644].

Weitere Texte zur Raumtheorie

1633: *Die Welt oder Abhandlungen über das Licht*, aus dem Französischen und mit einem Nachwort hg. von Günter Matthias Tripp, Berlin/Weinheim: Akademie/VCH 1989 [*Le Monde ou Traité de la Lumière*, Paris: Girad 1664].

1637: *Geometrie*, aus dem Französischen und hg. von Ludwig Schlesinger, Nachdruck der 2., durchgesehenen Auflage Leipzig 1923, Darmstadt: WBG 1969 [*La Géométrie*, Anhang zu: *Discours de la méthode pour bien conduire sa raison et chercher la vérité dans les sciences*, Leiden: Maire].

Sekundärliteratur

Garber, Daniel: *Descartes' Metaphysical Physics*, Chicago: University of Chicago Press 1992.

Schäffner, Wolfgang: »Operationale Topographie. Repräsentationsräume in den Niederlanden um 1600«, in: Hans-Jörg Rheinberger/Michael Hagner/Bettina Wahrig-Schmidt (Hg.), *Räume des Wissens. Repräsentation, Codierung, Spur*, Berlin: Akademie 1997, S. 63-90.

Slowik, Edward: *Cartesian Spacetime. Descartes' Physics and the Relational Theory of Space and Motion*, Dordrecht u. a.: Kluwer 2002.

Whittaker, Edmund Taylor: *Space and Spirit. Theories of the Universe and the Arguments for the Existence of God*, London: Nelson 1946.

Wieleitner, Heinrich K.: »Die Anfänge der analytischen Raumgeometrie«, in: *Zeitschrift für den mathematischen und naturwissenschaftlichen Unterricht* 47 (1916), S. 73-79.

Bibliographie (primär): Otegem, Matthijs van: *A Bibliography of the Works of Descartes (1637-1704)*, 2 Bde., Utrecht: Zeno 2002.

2 Gottfried Wilhelm Leibniz
Briefwechsel mit Samuel Clarke[1]

1. Briefwechsel[2]

§ 3

LEIBNIZ: Monsieur Newton sagt, der Raum sei das Organ, das Gott benutzt, um die Dinge wahrzunehmen. Wenn Gott aber zur Wahrnehmung der Dinge ein Hilfsmittel benötigt, dann sind die Dinge von ihm nicht vollkommen abhängig und auch nicht sein Erzeugnis.

CLARKE: Sir Isaac Newton sagt weder, daß der Raum das Organ sei, das Gott zur Wahrnehmung der Dinge benutzt, noch daß Gott überhaupt irgendeines Hilfsmittels bedürfe, um mit ihm die Dinge wahrzunehmen, sondern im Gegenteil, daß Gott, da er allgegenwärtig ist, sämtliche Dinge aufgrund seiner unmittelbaren Gegenwart zu ihnen wahrnehme, und zwar im gesamten Raum, wo immer auch sie sich befinden mögen, ohne ein Dazwischentreten oder eine Mitwirkung irgendeines Organs oder irgendeines Hilfsmittels. Um dies verständlicher zu machen, veranschaulicht er es an Hand eines Vergleichs. Nämlich so wie der menschliche Geist aufgrund seiner unmittelbaren Gegenwart zu den von den Sinnesorganen im Gehirn gebildeten Abbildungen bzw. Bildern von den Dingen diese Abbildungen sieht, als wären sie die Dinge selbst, so sieht Gott alle Dinge aufgrund seiner unmittelbaren Gegenwart zu ihnen, weil er nämlich zu den Dingen selbst, und zwar zu sämtlichen Dingen im Universum, ebenso wirklich gegenwärtig ist, wie es der Geist des Menschen zu allen in seinem Gehirn gebildeten Abbildungen von den Dingen ist. Sir Isaac Newton hält das Gehirn und die Sinnesorgane für Hilfsmittel, von denen diese Abbildungen gebildet werden, nicht aber für Hilfsmittel, mit denen der Geist diese

1 [Anm. d. Hg.] Die chronologische Reihenfolge ist in der vorliegenden Veröffentlichung durch die dialogische Gegenüberstellung abgelöst.

2 [Anm. d. Hg.] Leibniz schreibt im November 1715, Clarke antwortet im Dezember 1715.

Abbildungen sieht bzw. wahrnimmt, wenn sie auf diese Weise gebildet werden. Die Dinge im Universum faßt er nicht so auf, als seien sie nur von gewissen Hilfsmitteln oder Organen gebildete Abbildungen, sondern er hält sie für wirkliche Dinge, die von Gott selbst erschaffen wurden und von ihm an allen Orten, wo auch immer sie sich befinden mögen, ohne ein Dazwischentreten irgendeines Hilfsmittels gesehen werden. Diese Ähnlichkeit ist alles, was Sir Isaac Newton meint, wenn er annimmt, der unendliche Raum[3] sei gewissermaßen das *sensorium* des Allgegenwärtigen.

2. Briefwechsel[4]

§ 3

LEIBNIZ: Im Anhang zu Monsieur Newtons *Optik* findet man ausdrücklich vermerkt, daß der Raum Gottes *sensorium* sei. Das Wort *sensorium* hatte bislang jedoch immer die Bedeutung ›Organ zur Sinnesempfindung‹. Er und seine Freunde mögen es jetzt ganz anders deuten, ich habe nichts dagegen.

CLARKE: Das Wort *sensorium* bedeutet strenggenommen nicht das Organ, sondern den Ort der Sinnesempfindung. Das Auge, das Ohr

3 [Anm. d. Hg. des Briefwechsels] Die Stelle, auf die man sich bezieht, lautet folgendermaßen: »Ist denn nicht das *sensorium* der Lebewesen der Ort, zu dem die wahrnehmende Substanz gegenwärtig ist und wohin die durch die Sinne wahrnehmbaren Bilder von den Dingen durch die Nerven und das Gehirn hindurch geleitet werden, so daß sie dort aufgrund ihrer unmittelbaren Gegenwart zu dieser Substanz wahrgenommen werden können? Und da diese Dinge richtig übermittelt werden, ergibt sich aus dieser Erscheinung nicht, daß es ein unkörperliches, lebendiges, vernunftbegabtes und allgegenwärtiges Wesen gibt, das in dem unendlichen Raum, gewissermaßen seinem *sensorium,* die Dinge von innen heraus sieht, sie ganz und gar wahrnimmt und sie aufgrund ihrer unmittelbaren Gegenwart zu ihm begreift, wohingegen in unser kleines *sensorium* hinein nur die Bilder von diesen Dingen durch die Sinnesorgane hindurch geleitet werden und dort von dem, was in uns wahrnimmt und denkt, gesehen und erblickt werden.« (Newton, *Optice, Quaest.* 20, p. 315 [Quästion 28 der zweiten englischen Auflage von 1718].)

4 [Anm. d. Hg.] Leibniz schreibt im Dezember 1715, Clarke antwortet am 10. Januar 1716.

etc. sind Organe, jedoch keine *sensoria.* Außerdem sagt Sir Isaac Newton auch nicht, daß der Raum das *sensorium* sei, sondern er sagt nur aufgrund einer gewissen Ähnlichkeit, daß der Raum »gewissermaßen das *sensorium* etc.« sei.

3. Briefwechsel[5]

§ 3

LEIBNIZ: Diese Herren [etliche englische Zeitgenossen [...] so wie der Kanzler Bacon] behaupten also, der Raum sei ein absolutes wirkliches Seiendes. Dies bringt sie aber in große Schwierigkeiten. Denn wie es scheint, müßte ein solches Seiendes ewig und unendlich sein. Darum gab es sogar einige, die meinten, er wäre Gott selbst bzw. sein Attribut, seine Unermeßlichkeit. Da der Raum aber aus Teilen besteht, ist er etwas, was nicht zu Gott passen kann.

CLARKE: Der Raum ist kein Seiendes, auch kein ewiges und unendliches Seiendes, sondern er ist eine Eigenschaft bzw. eine Folge aus der Existenz eines unendlichen und ewigen Wesens. Der unendliche Raum ist die Unermeßlichkeit, aber die Unermeßlichkeit ist nicht Gott, und darum ist der unendliche Raum auch nicht Gott. Auch liegt keine Schwierigkeit in dem, was hier von einem Raum, der Teile hat, vorgebracht worden ist. Nämlich der unendliche Raum ist ein Einziges und seinem Wesen nach vollkommen unteilbar. Ihn als geteilt anzunehmen, stellt einen Widerspruch in sich dar, weil es dann einen Raum in der Teilung selbst geben müßte, was aber hieße, ihn zugleich als geteilt und als ungeteilt anzunehmen. Unermeßlichkeit bzw. Allgegenwart Gottes bedeutet ebensowenig eine Zerlegung seiner Substanz in Teile, wie seine Dauer bzw. die Beständigkeit seines Bestehens eine Zerlegung seiner Existenz in Teile ist. Hier gibt es keine Schwierigkeit, nur eine, die von einem falschen übertragenen Gebrauch des Wortes Teile herrührt.

5 [Anm. d. Hg.] Leibniz schreibt am 25. Februar 1716, Clarke antwortet am 15. Mai 1716.

§ 4

LEIBNIZ: Was meine eigene Meinung anbetrifft, so habe ich mehr als einmal gesagt, daß ich den Raum ebenso wie die Zeit für etwas rein Relatives halte, nämlich für eine Ordnung des Nebeneinanderbestehens, so wie die Zeit eine Ordnung der Aufeinanderfolge ist. Nämlich als Raum bezeichnet man eine mögliche Ordnung der Dinge, die gleichzeitig existieren, wobei man sie als gemeinsam existierend betrachtet, ohne dabei nach ihrer besonderen Art und Weise des Existierens zu fragen. Immer wenn man mehrere Dinge zusammen sieht, stellt man diese gegenseitige Ordnung der Dinge fest.

CLARKE: Wäre der Raum nichts weiter als die Ordnung nebeneinanderbestehender Dinge, so würde daraus folgen, daß wenn Gott die gesamte materielle Welt als Ganzes entlang einer Geraden mit irgendeiner Geschwindigkeit versetzen würde, sich die nebeneinanderbestehenden Dinge trotzdem immer noch in demselben Ort befinden würden und daß beim ganz plötzlichen Anhalten dieser Bewegung nichts einen Stoß erleiden würde. Wäre die Zeit nichts weiter als die Ordnung der Aufeinanderfolge der erschaffenen Dinge, so würde daraus folgen, daß wenn Gott die Welt Millionen Jahre früher erschaffen hätte, als er es tat, sie trotzdem überhaupt nicht früher erschaffen worden wäre. Außerdem, Raum und Zeit sind Größen, was Lage und Ordnung aber nicht sind.

§ 5

LEIBNIZ: Ich besitze mehrere Beweise, um die Vorstellung von all denen zu widerlegen, die den Raum fälschlicherweise für eine Substanz oder zumindest für irgendein absolutes Seiendes halten. Jedoch will ich im Augenblick nur von dem Beweis Gebrauch machen, zu dem man mir an dieser Stelle die Gelegenheit gibt. Ich behaupte also: Wäre der Raum ein absolutes Seiendes, so könnte sich auch etwas ereignen, wofür es keinen hinreichenden Grund geben kann, was aber meinem Axiom widerspricht. Ich beweise es hier folgendermaßen: Der Raum ist etwas vollkommen Homogenes und wenn sich in dem Raum keine Dinge befinden, so unterscheidet sich ein Raumpunkt von einem anderen Raumpunkt durchaus in nichts. Hieraus folgt nun aber (wobei angenommen wird, daß der Raum außer der gegenseitigen Ordnung der Körper noch irgend etwas an sich ist), daß es keinen Grund geben kann, warum Gott, die gleiche gegenseitige Lage der Körper beibehaltend, die Körper so und nicht anders in den Raum gesetzt hat. Warum ist nicht alles in umgekehrter Weise angeordnet worden, zum Beispiel durch Vertauschen von Ost und West? Wenn nun aber der Raum nichts anderes als diese Ordnung bzw. Beziehung ist und ohne Körper überhaupt nichts weiter als die Möglichkeit ist, sie anzuordnen, so werden sich diese beiden Zustände, der eine, so wie er jetzt ist, und der andere, der als von umgekehrter Art angenommen wurde, voneinander überhaupt nicht unterscheiden. Ihr Unterschied beruht darum nur auf unserer trügerischen Annahme von der Wirklichkeit eines Raumes an sich. In Wirklichkeit aber ist der eine Zustand genau der gleiche wie der andere, da sie vollkommen ununterscheidbar sind. Es gibt also auch keinen Anlaß, nach dem Grund für eine Bevorzugung des einen Zustandes vor dem anderen zu fragen.

Clarke: Die Argumentation in diesem Paragraphen ist folgende. Deshalb, weil der Raum homogen bzw. gleichartig ist und sich kein Teil vom anderen unterscheidet, gilt: Wenn die an irgendeinem Ort erschaffenen Körper an einem anderen Ort erschaffen worden wären (vorausgesetzt, sie behalten dieselbe gegenseitige Lage bei), so wären sie noch immer an demselben Ort wie vorher erschaffen worden. Dies ist ein offensichtlicher Widerspruch. Die Homogenität des Raumes beweist doch gerade, daß es keinen (äußeren) Grund dafür geben konnte, warum Gott die Dinge an dem einen und nicht an dem anderen Ort erschaffen soll. Aber hindert denn dies seinen eigenen Willen daran, für sich selbst ein hinreichender Grund dafür zu sein, an einem Orte zu wirken, wenn sämtliche Orte ohne jeden Unterschied und gleich sind und es einen guten Grund dafür gibt, an einem Orte zu wirken?

4. Briefwechsel[6]

§ 7

LEIBNIZ: Der gleiche Grund, der zeigt, daß der Raum außerhalb der Welt nur eine Vorstellung ist, beweist auch, daß jeder leere Raum nur eine Vorstellung ist. Nämlich die beiden unterscheiden sich voneinander nur hinsichtlich ihrer Größe.

CLARKE: Wenn die materielle Welt in ihrer Ausdehnung endlich ist, so ist der Raum außerhalb der Welt nicht nur eine Vorstellung, sondern etwas Wirkliches. Auch die leeren Räume innerhalb der Welt sind nicht nur Vorstellungen. Mögen in einem ausgepumpten Behälter auch noch Lichtstrahlen und möglicherweise auch noch irgendwelche andere Materie in äußerst geringer Menge vorhanden sein, so zeigt doch das Fehlen eines Widerstandes ganz offensichtlich an, daß der größte Teil dieses Raumes von Materie frei ist. Denn die Feinheit bzw. Subtilität der Materie kann nicht die Ursache für das Fehlen des Widerstandes sein. Quecksilber ist ebenso fein und besteht aus ebenso feinen Teilchen und ist auch ebenso flüssig wie Wasser und bildet trotzdem einen mehr als zehnfachen Widerstand. Dieser Widerstand rührt also von der Materiemenge und nicht von der Grobheit der Materie her.

§ 8

LEIBNIZ: Wenn der Raum eine Eigenschaft bzw. ein Attribut ist, dann muß er die Eigenschaft von einer gewissen Substanz sein. Von welcher Substanz soll aber nun der begrenzte leere Raum, welchen seine Verteidiger zwischen zwei Körpern vermuten, die Eigenschaft bzw. die Affektion sein?

CLARKE: Ein von Körpern freier Raum ist die Eigenschaft einer unkörperlichen Substanz. Der Raum wird nicht von Körpern begrenzt, sondern existiert sowohl innerhalb als auch außerhalb der Körper. Der Raum ist nicht zwischen den Körpern eingeschlossen,

6 [Anm. d. Hg.] Leibniz schreibt am 2. Juni 1716, Clarke antwortet am 26. Juni 1716.

sondern die im unbegrenzten Raum existierenden Körper, und zwar nur sie, werden von ihren eigenen Abmessungen begrenzt.

§ 9

LEIBNIZ: Wenn der unendliche Raum die Unermeßlichkeit ist, dann wird der endliche Raum das Gegenteil zur Unermeßlichkeit sein, das heißt die Meßbarkeit bzw. die begrenzte Ausdehnung. Nun muß aber die Ausdehnung die Affektion von etwas Ausgedehntem sein. Wenn aber dieser Raum leer ist, dann wird er ein Attribut ohne Subjekt sein, eine Ausdehnung ohne etwas Ausgedehntem. Insoweit wie man den Raum für eine Eigenschaft hält, trifft man folglich mit meiner Meinung zusammen, die den Raum für eine Ordnung der Dinge und nicht für etwas Absolutes hält.

CLARKE: Der leere Raum ist kein Attribut ohne Subjekt. Denn unter einem leeren Raum verstehen wir durchaus keinen Raum, der von allem frei ist, sondern nur einen Raum, der von Körpern frei ist. In jedem leeren Raum ist selbstverständlich Gott gegenwärtig und möglicherweise sind auch noch viele andere Substanzen vorhanden, die keine Materie sind, da sie weder fühlbar noch Ziel eines unserer Sinne sind.

§ 10

LEIBNIZ: Wenn der Raum, anstatt eine Eigenschaft bzw. ein der Substanz gegenübergestelltes Akzidens zu sein, eine absolute Realität ist, so wird er auch weit beständiger als die Substanzen sein. Gott könnte ihn nicht zerstören und ihn auch nicht einmal in irgendeiner Weise verändern. Er wäre nicht nur im ganzen unermeßlich, sondern auch in jedem seiner Teile unveränderlich und ewig. Neben Gott würde es also noch unendlich viele ewige Dinge geben.

CLARKE: Der Raum ist keine Substanz, sondern eine Eigenschaft. Sollte er eine Eigenschaft von etwas Notwendigem sein, so wird er (obwohl er selbst keine Substanz ist) folglich mit größerer Notwendigkeit existieren (ebenso wie auch alle anderen Eigenschaften von etwas Notwendigem) als solche Substanzen, die keine notwendigen Substanzen sind. Der Raum ist ebenso wie die Dauer unermeßlich, unveränderlich und ewig. Jedoch folgt daraus keinesfalls, daß irgend etwas *hors de Dieu*[7] ewig ist. Denn der Raum und die Dauer existieren nicht *hors de Dieu*, sondern werden durch Gottes Existenz[8] verursacht und sind unmittelbare und notwendige Folgen aus seiner Existenz. Ohne sie wäre er nicht ewig und allgegenwärtig bzw. omnipräsent.

§ 11

LEIBNIZ: Zu sagen, der unendliche Raum habe keine Teile, hieße zu sagen, er setze sich nicht aus endlichen Räumen zusammen und er könne auch dann bestehen, wenn alle endlichen Räume in nichts vergehen. Das wäre gerade so, als würde man unter der Cartesischen Annahme eines unbegrenzt ausgedehnten materiellen Universums sagen, ein solches Universum könne auch dann bestehen, wenn sämtliche dieses Universum bildenden Körper in nichts vergehen.

§ 12

LEIBNIZ: Man schreibt dem Raum Teile zu, Seite 19 der dritten Auflage seiner *Defense of the Argument against Mr. Dodwell*,[9] und hält sie

7 [Anm. d. Hg.] »außerhalb Gottes«.

8 [Anm. d. Hg. des Briefwechsels] »Er ist ewig und unendlich, allmächtig und allwissend, das heißt, er währt von Ewigkeit zu Ewigkeit und existiert von Unendlichkeit zu Unendlichkeit. Er lenkt alles und erkennt alles, was geschieht bzw. geschehen kann. Er ist nicht die Ewigkeit und die Unendlichkeit, sondern er ist ewig und unendlich. Er ist nicht die Dauer und der Raum, sondern er währt und ist. Er währt immer und ist überall, und indem er immer und überall existiert, konstituiert er die Dauer und den Raum, die Ewigkeit und die Unendlichkeit. Weil jedes einzelne Raumteilchen immer ist und jeder einzelne unteilbare Augenblick der Dauer überall ist, wird der Schöpfer und Herr aller Dinge gewiß immer und überall sein. [...] Er ist nicht nur mit seiner Wirksamkeit allgegenwärtig, sondern auch mit seiner Substanz, denn ohne Substanz kann keine Wirksamkeit bestehen.« (Newton, *Scholium generale* am Ende der *Principia*.)

9 [Anm. d. Hg.] Samuel Clarke, *A Defense of an Argument Made Use of in a Letter to Mr. Dodwell*, London: Knapton 1712.

für voneinander untrennbar. Auf Seite 30 seiner *Second Defense*[10] hält man sie für Teile, die im uneigentlichen Sinne so genannt werden: dies kann in einem vernünftigen Sinne verstanden werden.

CLARKE:[11] Unendliches setzt sich aus Endlichem ebenso zusammen wie Endliches aus Infinitesimalem. In welchem Sinne der Raum Teile besitzt oder nicht besitzt, ist schon in der dritten Erwiderung § 3 erklärt worden. Teile, im körperlichen Sinne des Wortes verstanden, sind trennbar, zusammengesetzt, unverbunden, voneinander unabhängig und voneinander fortbewegbar. Auch wenn der unendliche Raum von uns gewissermaßen partiell erkannt werden kann, das heißt, daß er in unserer Vorstellung als aus Teilen zusammengesetzt gedacht werden kann, so sind doch trotzdem diese Teile (die man ganz zu Unrecht so nennt) ihrem Wesen nach voneinander nicht trennbar, voneinander nicht fortbewegbar und auch nicht teilbar ohne einen offensichtlichen Widerspruch in sich. Siehe oben [...] die dritte Erwiderung § 3. Also ist der Raum seinem Wesen nach an sich ein Einziges und vollkommen unteilbar.

§ 13

LEIBNIZ: Zu sagen, Gott könne das gesamte Universum auf einer Geraden oder irgendeiner anderen Linie vorwärtsbewegen, ohne sonst irgend etwas an ihm zu verändern, ist ebenfalls eine phantastische Annahme. Denn zwei voneinander ununterscheidbare Zustände sind ein und derselbe Zustand, und infolgedessen wäre das eine Veränderung, die nichts verändert. Außerdem läge hierin weder Sinn noch Verstand. Gott tut aber nichts ohne Grund, und es kann hier unmöglich einen Grund geben. Abgesehen davon wäre es wegen der Ununterscheidbarkeit wie *agendo nihil agere*,[12] was ich eben gerade sagte.

CLARKE: Wäre die Welt in ihren Abmessungen endlich, so könnte sie auch durch Gottes Macht bewegt werden. Darum ist mein aus

10 [Anm. d. Hg.] Samuel Clarke, *A Second Defense of an Argument Made Use of in a Letter to Mr. Dodwell*, London: Knapton 1710.

11 [Anm. d. Hg.] Clarke antwortet auf die Paragraphen 11 und 12 zugleich.

12 [Anm. d. Hg.] »arbeiten, ohne etwas zu tun«.

ihrer Bewegbarkeit gewonnenes Argument auch überzeugend. Zwei Orte, obwohl genau gleich, sind nicht ein und derselbe Ort. Auch sind die Bewegung und die Ruhe des Universums nicht ein und derselbe Zustand, ebensowenig wie die Bewegung und die Ruhe eines Schiffes ein und derselbe Zustand sind. Denn ein in der Kabine eingeschlossener Mensch kann solange nicht feststellen, ob sich das Schiff bewegt oder nicht, wie es sich gleichförmig bewegt. Die Bewegung des Schiffes ist, obwohl der Mann sie nicht bemerkt, ein anderer realer Zustand [als die Ruhe], besitzt andere reale Wirkungen [als die Ruhe] und hätte beim plötzlichen Anhalten wieder andere reale Wirkungen, ebenso wäre es bei einer nicht wahrnehmbaren Bewegung des Universums. Bislang ist auf dieses Argument keine Antwort gegeben worden. Sir Isaac Newton hat in seinen *Mathematischen Prinzipien* dieses Beispiel ausführlich erläutert, und zwar dort (Definition 8), wo er durch die Betrachtung der Eigenschaften, Ursachen und Wirkungen der Bewegung den Unterschied zwischen der wahren Bewegung bzw. der Bewegung, die den Körper von einem Teil des Raumes zu einem anderen bringt, und der relativen Bewegung, die bloß eine Änderung der gegenseitigen Ordnung bzw. der gegenseitigen Lage der Körper ist, zeigt. Dieses Argument ist ein mathematisches Argument, das aufgrund realer Wirkungen zeigt, daß es eine wahre Bewegung dort geben kann, wo es keine relative Bewegung gibt, und daß es eine relative Bewegung dort geben kann, wo es keine wahre Bewegung gibt. Hierauf kann man nicht nur damit antworten, daß man einfach das Gegenteil behauptet.

§ 14

LEIBNIZ: Das sind *idola tribus*,[13] bloße Hirngespinste und oberflächliche Vorstellungen. Dies alles stützt sich nur auf die Annahme, daß der imaginäre Raum wirklich sei.

13 [Anm. d. Hg.] Die unter § 13 kritisierten Ansichten seien »Trugbilder der Gattung«. – Es ist dies die erste von vier Arten der Täuschung, welche nach Francis Bacon der wissenschaftlichen Erkenntnis im Weg stehen. Sie geht aus der Natur des Menschen hervor, der die Wirklichkeit nur nach menschlichem Maß erfasst.

CLARKE: Die Wirklichkeit des Raumes ist keine Annahme, sondern wird durch die früher erwähnten Argumente bewiesen. Hierauf ist aber noch keine Antwort gegeben worden. Es ist auch keine Antwort auf das andere Argument gegeben worden, nämlich daß der Raum und die Zeit Größen sind, was aber die Lage und die Ordnung nicht sind.

5. Briefwechsel[14]

§ 47

Hier nun, wie die Menschen dazu kommen, sich den Raumbegriff zu bilden. Sie stellen fest, daß mehrere Dinge auf einmal existieren, und beobachten unter ihnen eine gewisse Ordnung des Nebeneinanderbestehens, entsprechend welcher die gegenseitige Beziehung der Dinge mehr oder weniger einfach ist. Diese gegenseitige Beziehung macht ihre Lage bzw. ihren Abstand aus. Immer wenn der Fall eintritt, daß eines von diesen nebeneinanderbestehenden Dingen seine Beziehung zu einer Menge von anderen Dingen ändert, ohne daß sich die Dinge dieser Menge untereinander ändern, und ein neu hinzugekommenes Ding zu diesen anderen Dingen eine solche Beziehung erwirbt, wie sie das erstere Ding zu den anderen Dingen gehabt hat, so sagt man, daß es in *dessen Ort* gelangt sei, und nennt diese Veränderung eine Bewegung jenes Dinges, bei dem die unmittelbare Ursache für die Veränderung liegt. Sollten mehrere oder sogar alle [nebeneinanderbestehenden] Dinge nach gewissen bekannten Regeln ihre Richtung und Geschwindigkeit ändern, so kann man immer die Lagebeziehung bestimmen, welche ein jedes Ding zu einem jeden Ding erwirbt, ja auch die Beziehung, die jedes andere hätte bzw. die es zu jedem anderen hätte, wenn es [seine Richtung und Geschwindigkeit] nicht verändert hätte bzw. sich irgendwie anders verändert hätte. Angenommen bzw. den Fall gesetzt, es gibt unter diesen nebeneinanderbestehenden Dingen eine

14 [Anm. d. Hg.] Den fünften und letzten Brief schreibt Leibniz am 18. August 1716. Er ist zugleich der umfangreichste, der eine sehr detaillierte Aufstellung seiner Argumente für einen Raumbegriff auf der Grundlage relationaler Bestimmungen enthält. Bevor er auf Clarkes letzte Entgegnung vom 29. Oktober 1716 antworten kann, stirbt Leibniz. Der folgende Abschnitt ist als Beschreibung jedoch eigenständig.

genügende Anzahl von solchen Dingen, die untereinander keine Veränderung erfahren haben, so wird man sagen, daß diejenigen Dinge, die zu diesen fest existierenden Dingen eine solche Beziehung haben, wie sie andere Dinge vorher zu diesen [fest existierenden] Dingen hatten, denselben *Ort* erhalten haben, wie ihn diese anderen Dinge gehabt haben. Das, was alle diese Orte umfaßt, nennt man *Raum*. Dies zeigt: um vom Ort und folglich auch vom Raum einen Begriff zu haben, genügt es, jene Beziehungen und die Regeln für ihre Veränderungen zu betrachten, und zwar ohne daß man sich hierfür noch irgendeine absolute Realität zusätzlich zu den Dingen vorstellen muß, deren Lage man betrachtet. Um eine Art von Definition zu geben: *Ort* ist das, von dem man sagt, es sei für A und B dann dasselbe, wenn die Beziehung des Nebeneinanderbestehens von B mit C, E, F, G etc. vollständig mit der Beziehung des Nebeneinanderbestehens übereinstimmt, die A mit denselben [C, E, F, G etc.] gehabt hat, vorausgesetzt, es hat keine Ursache für eine Veränderung bei den C, E, F, G etc. gegeben. Man könnte auch, ohne auf irgendwelche weiteren Einzelheiten einzugehen, sagen: *Ort* ist das, was zu den verschiedenen Zeitpunkten für verschiedene existierende Dinge dann dasselbe ist, wenn deren Beziehungen des Nebeneinanderbestehens mit gewissen existierenden Dingen, die von dem einen dieser Zeitpunkte bis zu dem anderen Zeitpunkt als fest vorausgesetzt werden, miteinander völlig übereinstimmen. Fest existierende Dinge sind solche Dinge, für die es keine Ursache für irgendeine Veränderung der Ordnung ihres Nebeneinanderbestehens mit anderen Dingen gegeben hat bzw. (was dasselbe ist) bei denen keine Bewegung stattgefunden hat. *Raum* ist kurzum das, was sich aus den Orten ergibt, wenn man sie zusammennimmt. An dieser Stelle ist es ratsam, den Unterschied zu betrachten, der zwischen dem Ort und der Lagebeziehung des den Ort einnehmenden Körpers besteht. Nämlich der Ort von A und von B ist derselbe, wohingegen die Beziehung von A zu den festen Körpern nicht genau und für sich betrachtet dieselbe Beziehung wie die Beziehung ist, welche B (das seinen Ort einnehmen wird) zu denselben festen Körpern haben wird, diese Beziehungen stimmen nur miteinander überein. Nämlich zwei verschiedene Subjekte, zum Beispiel A und B, können nicht genau dieselbe individuelle Affektion besitzen, weil es weder möglich ist, daß ein und dasselbe individuelle Akzidens in zwei Subjekten ist noch von Subjekt auf Subjekt überwechselt. Der

Geist aber, der sich mit der Übereinstimmung nicht zufrieden gibt, sucht nach einer Identität, nach etwas, was tatsächlich dasselbe ist, und stellt es sich gleichsam als etwas außerhalb dieser Subjekte vor, genau das nennt man in unserem Falle *Ort* und *Raum*. Jedoch kann dies nur ein Gedankending sein, das eine gewisse Ordnung erfaßt, unter der der Geist die Applikation der Beziehungen versteht, und zwar ebenso wie sich der Geist eine Ordnung denken kann, die sich aus genealogischen Linien zusammensetzt, deren Größe nur in der Zahl der Generationen besteht, in denen jede Person ihren Platz hat. Nimmt man nun noch die Fiktion der Seelenwanderung hinzu und läßt dieselben menschlichen Seelen zurückkehren, so könnten die Personen auf diesen Linien ihren Ort wechseln. Wer Vater oder Großvater war, könnte Sohn oder Enkel etc. werden. Jedoch wären diese genealogischen Orte, Linien und Räume, obwohl sie die tatsächliche Wirklichkeit zum Ausdruck bringen, nur Gedankendinge. Ich will noch ein anderes Beispiel dafür anführen, wie der Geist hinsichtlich der Akzidenzien, die in den Subjekten sind, sich etwas bildet, was ihnen außerhalb der Subjekte entspricht. Das Verhältnis bzw. die Proportion zwischen den beiden Strecken L und M kann man sich auf drei verschiedene Weisen ausdenken: als das Verhältnis der längeren Strecke L zu der kürzeren Strecke M, als das Verhältnis der kürzeren Strecke M zu der längeren Strecke L und schließlich als etwas, was von den beiden Strecken in Gedanken losgelöst worden ist, das heißt, als das Verhältnis zwischen den Strecken L und M ohne zu beachten, welche Strecke das Vorderglied bzw. welche Strecke das Hinterglied [der Proportion] ist, welche Strecke das Subjekt bzw. welche Strecke das Objekt ist. So werden in der Musik Proportionen betrachtet. Bei der ersten Betrachtungsweise ist die längere Strecke bei der zweiten Betrachtungsweise die kürzere Strecke M das Subjekt von jenem Akzidens, welches die Philosophen Relation bzw. Beziehung nennen. Aber welche von den Strecken wird bei der dritten Betrachtungsweise das Subjekt sein? Man kann nicht sagen, daß alle beiden Strecken, L und M gemeinsam, das Subjekt eines solchen Akzidens seien. Wenn doch, so hätten wir ein Akzidens in zwei Subjekten, mit dem einen Bein in dem einen Subjekt und mit dein anderen Bein in dem anderen Subjekt, was aber dem Akzidensbegriff widerspricht. Darum muß man sagen, daß bei der dritten Betrachtungsweise die Beziehung ganz außerhalb der Subjekte ist. Da so etwas aber weder eine Substanz noch ein Akzidens ist, muß es ein reines Gedankending sein, dessen Betrachtung aber trotzdem durchaus nützlich ist. Ich habe es hier übrigens fast wie Euklid gemacht. Da er nämlich nicht vollkommen verständlich machen konnte, was ein Verhältnis im Sinne der Geometer ist, definiert er ausdrücklich, was gleiche Verhältnisse sind. So habe ich ganz ähnlich bei der Erklärung, was der Ort ist, nur das Ziel gehabt zu definieren, was der gleiche Ort ist. Schließlich möchte ich noch anmerken, daß die Spuren der bewegbaren Körper, die sie manchmal auf den unbewegbaren hinterlassen, auf denen sie ihre Bewegung ausführen, für die menschliche Einbildungskraft der Anstoß waren, die Vorstellung zu entwickeln, daß doch eine Spur zurückbleibe, auch wenn es nichts Unbewegtes gibt. Aber auch dies ist nur ein Gedankending und besagt lediglich, daß wenn es etwas Unbewegtes gäbe, man darauf die Spur zeichnen könnte. Gerade diese Analogie führt dazu, sich Orte, Bahnen und Räume zu denken, obwohl diese Dinge in Wahrheit nur aus Beziehungen bestehen und keineswegs aus irgendeiner absoluten Realität.

Biobibliographische Angaben

Gottfried Wilhelm Leibniz
* 1. 7. 1646 (Leipzig) – † 14. 11. 1716 (Hannover)

Die Eltern sterben früh; Leibniz lernt im Selbststudium Latein und Griechisch; ab 1661 Studium der Philosophie und Jurisprudenz in Leipzig und Jena; 1666 philosophische Habilitation in Leipzig, dann Studium der Rechte in Altdorf bei Nürnberg und dort 1667 Promotion zum Dr. jur.; 1667 Hofrat, bis zu seinem Lebensende in den Diensten des Hauses Hannover; 1669 Mitglied der *Académie des Science*; 1672-1676 Paris, Studium bei Huygens; 1673 Reise nach London, wo er seine Rechenmaschine der *Royal Society* präsentiert, die ihn gegen Newtons Vorbehalte aufnimmt; 1676 Besuch bei Spinoza; ab 1676 Hofrat und Bibliothekar für den hannoverschen Herzog Johann Friedrich; ab 1685 Historiographie des Welfengeschlechts, mehrere Europareisen; ab 1691 Leitung der Bibliothek Wolfenbüttel, Förderung durch die spätere Königin von Preußen und Mittelsfrau des Briefwechsels mit Samuel Clarke (1675-1729), Prinzessin Sophie Charlotte von Hannover; ab 1700 Präsident der von ihm gegründeten Berliner *Societät der Wissenschaften*; ab 1711 Berater des Zaren Peter I.; 1712 bestätigt die *Royal Society* die Leibniz'sche Infinitesimalrechnung fälschlicherweise als Plagiat von Newtons Calculus; 1712-1714 Wien, dort 1713 Reichshofrat.

Textnachweis

Der Leibniz-Clarke Briefwechsel, aus dem Englischen und hg. von Volkmar Schüller, Berlin: Akademie 1991, S. 19, 21 f., 27, 33, 37-39, 45-47, 52-54, 64-67 und 92-95 [Samuel Clarke, *A collection of papers which passed between the late learned Mr. Leibniz and Dr. Clarke in the years 1715/1716 relating to the principles of natural philosophy and religion*, London: Knapton 1717].

Weitere Texte zur Raumtheorie

1693: »Zur Analysis der Lage«, aus dem Lateinischen von Artur Buchenau, in: G. W. L., *Philosophische Werke in vier Bänden*, in der Zusammenstellung von Ernst Cassirer, Bd. 1, *Hauptschriften zur Grundlegung der Philosophie* I, mit Einleitung und Anmerkungen hg. von Ernst Cassirer, Meiner: Hamburg 1904, S. 49-55. [»De analysi situs«, in: *Leibnizens Mathematische Schriften*, hg. von Carl Immanuel Gerhardt, Bd. V, Halle: Schmidt 1858, S. 178-182.]

1715: »Metaphysische Anfangsgründe der Mathematik« (gekürzt), aus dem Lateinischen v. Herbert Herring, in: G. W. L., *Philosophische Schriften* 4, hg. von H. H., Frankfurt am Main: Suhrkamp 2002, S. 349-377. [»Initia rerum mathematicarum metaphysica«, in: *Leibnizens Mathematische Schriften*, hg. von Carl Immanuel Gerhardt, Bd. VII, Halle: Schmidt 1863, S. 17-29.]

Sekundärliteratur

Ballard, Kaith Emerson: »Leibniz's Theory of Space and Time«, in: *Journal of the History of Idea* 21 (1960), S. 49-65.

Cassirer, Ernst: *Leibniz' System in seinen wissenschaftlichen Grundlagen*, bearbeitet von Marcel Simon, *Gesammelte Werke*, hg. von Birgit Recki, Bd. 1, Hamburg: Meiner 1998 [1902].

Erlichson, Herman: »The Leibniz-Clarke Controversy: Absolute Versus Relative Space and Time«, in: *American Journal of Physics* 35 (1967), S. 89-98.

Freudenthal, Hans: »Die Relativität von Raum und Zeit bei Leibniz«, in: *Studia Leibnitiana/Supplementa* 2 (1969), S. 150-165.

Hattler, Johannes: *Monadischer Raum. Kontinuum, Individuum und Unendlichkeit in Leibniz' Theorie des Raumes*, Frankfurt/Lancaster: Ontos 2004.

Kaulbach, Friedrich: *Die Metaphysik des Raumes bei Leibniz und Kant*, Köln: Kölner Universitäts-Verlag 1960.

Koyré, Alexandre/Cohen, I. Bernard: »Newton and the Leibniz-Clarke Correspondence with Notes on Newton, Conti, & Des Maizeaux«, in: *Archives internationales d'histoire des sciences* 15 (1962), S. 63-126.
Vailati, Ezio: *Leibniz & Clarke. A Study of Their Correspondence*, New York/ Oxford: Oxford University Press 1997.

Gesamtbibliographie (primär und sekundär): ⟨http://www.nlb-hannover.de/abacus/leibniz/⟩

3 Immanuel Kant

a) Von dem ersten Grunde des Unterschiedes der Gegenden im Raum

Ich nenne einen Körper, der einem anderen völlig gleich und ähnlich ist, ob er gleich nicht in eben demselben Grenzen kann beschlossen werden, sein *inkongruentes Gegenstück*. Um nun dessen Möglichkeit zu zeigen, so nehme man einen Körper an, der nicht aus zwei Hälften besteht, die symmetrisch gegen eine einzige Durchschnittsfläche geordnet sind, sondern etwa eine *Menschenhand*. Man fälle aus allen Punkten ihrer Oberfläche auf eine ihr gegenüber gestellte Tafel Perpendikellinien und verlängere sie ebenso weit hinter derselben, als diese Punkte vor ihr liegen, so machen die Endpunkte der so verlängerten Linien, wenn sie verbunden werden, die Fläche einer körperlichen Gestalt aus, die das inkongruente Gegenstück der vorigen ist, d. i. wenn die gegebene Hand eine rechte ist, so ist deren Gegenstück eine linke. Die Abbildung eines Objekts im Spiegel beruht auf ebendenselben Gründen. Denn es erscheinet jederzeit ebensoweit hinter demselben, als es vor seiner Fläche stehet, und daher ist das Bild einer rechten Hand in demselben jederzeit eine linke. Bestehet das Objekt selber aus zwei inkongruenten Gegenstücken, wie der menschliche Körper, wenn man ihn vermittelst eines Vertikaldurchschnitts von vorne nach hinten teilet, so ist sein Bild ihm kongruent, welches man leicht erkennet, wenn man es in Gedanken eine halbe Drehung machen läßt; denn das Gegenstück vom Gegenstück eines Objekts ist diesem notwendig kongruent.

Soviel mag gnug sein, um die Möglichkeit völlig ähnlicher und gleicher und doch inkongruenter Räume zu verstehen. Wir gehen jetzt zur philosophischen Anwendung dieser Begriffe. Es ist schon aus dem gemeinen Beispiele beider Hände offenbar, daß die Figur eines Körpers der Figur eines andern völlig ähnlich und die Größe der Ausdehnung ganz gleich sein könne, so daß dennoch ein innerer Unterschied übrig bleibt, nämlich der, daß die Oberfläche, die den einen beschließt, den anderen unmöglich einschließen könne. Weil diese Oberfläche den körperlichen Raum des einen begrenzt, die dem andern nicht zur Grenze dienen kann, man mag ihn drehen und wenden, wie man will, so muß diese Verschiedenheit eine solche sein, die auf einem inneren Grunde beruhet. Dieser innere Grund der Verschiedenheit aber kann nicht auf die unterschiedene Art der Verbindung der Teile des Körpers untereinander ankommen; denn wie man aus dem angeführten Beispiele siehet, so kann in Ansehung dessen alles völlig einerlei sein. Gleichwohl, wenn man sich vorstellet, das erste Schöpfungsstück solle eine Menschenhand sein, so ist es notwendig entweder eine Rechte oder eine Linke, und um die eine hervorzubringen, war eine andere Handlung der schaffenden Ursache nötig, als die, wodurch ihr Gegenstück gemacht werden konnte.

Nimmt man nun den Begriff vieler neueren Philosophen, vornehmlich der deutschen an, daß der Raum nur in dem äußeren Verhältnisse der nebeneinander befindlichen Teile der Materie bestehe, so würde aller wirklicher Raum in dem angeführten Falle nur derjenige sein, *den diese Hand einnimmt*. Weil aber gar kein Unterschied in dem Verhältnisse der Teile derselben unter sich stattfindet, sie mag eine Rechte oder Linke sein, so würde diese Hand in Ansehung einer solchen Eigenschaft gänzlich unbestimmt sein, d. i. sie würde auf jede Seite des menschlichen Körpers passen, welches unmöglich ist.

Es ist hieraus klar, daß nicht die Bestimmungen des Raumes Folge von den Lagen der Teile der Materie gegeneinander, sondern diese Folgen von jenen sind, und daß also in der Beschaffenheit der Körper Unterschiede angetroffen werden können und zwar wahre Unterschiede, die sich lediglich auf den *absoluten* und *ursprünglichen Raum* beziehen, weil nur durch ihn das Verhältnis körperlicher Dinge möglich ist, und daß, weil der absolute Raum kein Gegenstand einer äußeren Empfindung, sondern ein Grundbegriff ist, der alle dieselbe zuerst möglich macht, wir dasjenige, was in der Gestalt eines Körpers lediglich die Beziehung auf den reinen Raum angehet, nur durch die Gegenhaltung mit anderen Körpern wahrnehmen können.

Ein nachsinnender Leser wird daher den Begriff des Raumes, so wie ihn der Meßkünstler denkt und auch scharfsinnige Philosophen ihn in den Lehrbegriff der Naturwissenschaft aufgenommen haben, nicht vor[1] ein bloßes Gedankending ansehen, obgleich es nicht an

1 [Anm. d. Hg.] Lies: »für«.

Schwierigkeiten fehlt, die diesen Begriff umgeben, wenn man seine Realität, welche dem innern Sinne anschauend gnug ist, durch Vernunftideen fassen will. Aber diese Beschwerlichkeit zeiget sich allerwärts, wenn man über die ersten Data unserer Erkenntnis noch philosophieren will, aber sie ist niemals so entscheidend als diejenige, welche sich hervortut, wenn die Folgen eines angenommenen Begriffs der augenscheinlichsten Erfahrung widersprechen.

b) Von dem Raume

A. *Der Begriff des Raumes wird nicht von äußeren Empfindungen abgezogen.* Denn ich kann etwas nicht als außer mir gesetzt erfassen, wenn ich es nicht als an einem Orte vorstelle, der von dem, an dem ich selbst bin, verschieden ist, und die Dinge nicht als außereinander, wenn ich sie nicht an verschiedene Orte des Raumes stelle. Die Möglichkeit äußerer Wahrnehmungen, als solcher, *setzt* mithin den Begriff des Raumes *voraus* und *schafft* ihn nicht; wie auch, was im Raume ist, die Sinne affiziert, der Raum selbst aber nicht aus den Sinnen geschöpft werden kann.

B. *Der Begriff des Raumes ist eine einzelne Vorstellung*, die alles in sich begreift, kein abgesonderter und gemeinsamer Begriff, der alles *unter sich* enthält. Denn was man *mehrere Räume* nennt, sind nur Teile desselben unermeßlichen Raumes, die sich durch eine bestimmte Lage aufeinander beziehen, und einen Kubikfuß kann man sich nur so denken, daß er von dem ihn umgebenden Raum nach allen Seiten hin begrenzt ist.

C. *Der Begriff des Raumes ist demnach eine reine Anschauung*; da er ein einzelner Begriff ist, nicht durch Empfindungen zusammengebracht, sondern die Grundform aller äußeren Empfindung. In der Tat ist diese reine Anschauung in den Axiomen der Geometrie und in jeder beliebigen durch die Erkenntniskraft gemachten Darstellung von Postulaten, oder auch von Aufgaben, leicht zu bemerken. Denn daß es im Raum nicht mehr als drei Abmessungen gibt; daß zwischen zwei Punkten nur eine einzige Gerade ist; daß aus einem gegebenen Punkt auf einer Ebene mit einer gegebenen Geraden ein Kreis zu beschreiben sei usw.: das kann nicht aus irgendeinem allgemeinen Begriff des Raumes geschlossen, sondern nur in ihm gleichsam in concreto *geschaut* werden. Was in einem gegebenen Raum der einen Seite zugewandt liegt, was sich nach der entgegengesetzten hin erstreckt, kann durch keinen Scharfsinn diskursiv beschrieben oder auf Verstandesmerkmale zurückgeführt werden. Auch findet sich bei vollkommen ähnlichen und gleichen, aber inkongruenten soliden Körpern, von welcher Art die linke und rechte Hand (sofern sie allein der Ausdehnung nach vorgestellt werden) oder sphärische Dreiecke von zwei entgegengesetzten Halbkugeln sind, eine Verschiedenheit, aufgrund deren die Grenzen der Ausdehnung unmöglich zusammenfallen können, obgleich – durch alles, was sich mit Merkmalen ausdrücken läßt, die für die Erkenntniskraft durch die Sprache verständlich sind – einer an die Stelle des anderen gesetzt werden könnte. Aus alledem ist ersichtlich, daß hier nur durch eine Art von reiner Anschauung die Verschiedenheit, nämlich die Inkongruenz, bemerkt werden kann. Daher gebraucht die Geometrie Grundsätze, die nicht allein unbezweifelt und diskursiv sind, sondern die von der Erkenntniskraft anschaulich erfaßt werden, und die *Evidenz* in Beweisen (welche die Klarheit einer sicheren Erkenntnis ist, sofern sie der Sinneserkenntnis angeglichen wird) ist in ihr nicht allein die größte, sondern sogar die einzige, die es in reinen Wissenschaften gibt, und das *Urbild* und Mittel aller *Evidenz* in anderen Wissenschaften; denn da die Geometrie die *Verhältnisse des Raumes* betrachtet, dessen Begriff die Form selber jeder Sinnesanschauung in sich enthält, kann in dem, was durch den äußeren Sinn wahrgenommen wird, nur durch Vermittlung ebenderselben Anschauung, mit deren Betrachtung sich jene Wissenschaft beschäftigt, etwas klar und durchsichtig sein. Im übrigen beweist die Geometrie ihre allgemeinen Sätze nicht dadurch, daß sie den Gegenstand durch einen allgemeinen Begriff denkt – was im Rationalen geschieht –, sondern dadurch, daß sie ihn durch eine einzelne Anschauung vor Augen stellt – was im Sinnlichen geschieht.[2]

2 Daß der Raum notwendig als eine stetige Größe vorgestellt werden muß, übergehe ich hier, da es leicht zu beweisen ist. Daher aber kommt es, daß ein Einfaches im Raume kein Teil, sondern eine Grenze ist. Eine Grenze aber ist allgemein das in einer stetigen Größe, was den Grund für die Schranken enthält. Ein Raum, der nicht Grenze eines anderen ist, ist *erfüllt* (*solide*). Die Grenze des Soliden ist die *Fläche*, die der Fläche die *Linie*, die der Linie der *Punkt*. Also finden sich drei Arten von Grenzen im Raume, wie die drei Abmessungen. Von diesen Grenzen sind zwei

D. *Der Raum ist nicht etwas Objektives und Reales*, weder eine Substanz, noch ein Akzidenz, noch ein Verhältnis; *sondern ein subjektives*, ideales, aus der Natur der Erkenntniskraft nach einem festen Gesetz hervorgehendes Schema gleichsam, schlechthin alles äußerlich Empfundene einander beizuordnen. Diejenigen, welche die Realität des Raumes verteidigen, denken ihn sich entweder als *unbedingtes* und unermeßliches *Behältnis* der möglichen Dinge, welche Meinung, nach den Engländern, bei den meisten Geometern Beifall findet, oder sie behaupten, er sei das Verhältnis *selber* der daseienden Dinge, das mit Wegnahme der Dinge völlig verschwinde und sich nur an Wirklichem denken lasse, wie es, nach Leibniz, bei uns die meisten hinstellen. Was jene erste leere Erfindung der Vernunft betrifft, so gehört sie zur Welt der Fabeln, da sie wahre unendliche Verhältnisse ohne irgendwelches Seiende, das zueinander in Verhältnis steht, erdichtet. Doch verfallen diejenigen, die sich an die letztere Meinung verlieren, in einen weit schlimmeren Irrtum. Denn während jene nur gewissen rationalen oder zu den Noumena gehörenden Begriffen, die im übrigen für den Verstand äußerst verborgen sind, ein Hindernis in den Weg stellen, z. B. Fragen über eine geistige Welt, über die Allgegenwart usw., widerstreiten diese mit offener Stirn den Phaenomena selber und dem verläßlichsten Ausleger aller Phaenomena, der Geometrie. Denn – um nicht den offenkundigen Zirkel, in den sie sich notwendig verwickeln, wenn sie den Raum erklären, in den Mittelpunkt zu rücken – sie stürzen die Geometrie von der Höhe ihrer Gewißheit herab und überantworten sie der Prüfung durch diejenigen Wissenschaften, deren Grundsätze empirisch sind. Denn wenn alle Eigenschaften des Raumes nur durch Erfahrung von äußeren Verhältnissen erborgt sind, wohnt den geometrischen Axiomen nur eine vergleichsweise Allgemeinheit inne, wie sie durch Induktion erworben wird, d. i. die sich so weit erstreckt, wie man beobachtet, nur eine Notwendigkeit nach bestimmten Gesetzen der Natur, nur eine willkürlich erdichtete Abgemessenheit, und es besteht, wie im Empirischen, die Hoffnung, einmal einen Raum zu entdecken, der mit anderen angestammten Eigenschaften ausgestattet ist, und etwa sogar einen zwei- und geradlinigen.

(Fläche und Linie) selbst Räume. Der Begriff der *Grenze* geht auf keine andere Größe als nur auf Raum und Zeit.

E. Mag auch der *Begriff des Raumes*, als der irgendeines objektiven und realen Seienden oder einer solchen Eigenschaft, der Einbildung entstammen, so ist er doch nichtsdestoweniger, *in Bezug auf alles beliebige Sensible*, nicht allein *ganz wahr*, sondern auch die Grundlage aller Wahrheit in der äußeren Sinnlichkeit. Denn die Dinge können den Sinnen unter irgendeiner Gestalt nur mittels der Kraft des Gemüts erscheinen, das alle Empfindungen nach einem festen und seiner Natur eingepflanzten Gesetz einander beiordnet. Da demnach den Sinnen gar nichts gegeben werden kann, wenn es nicht den angestammten Axiomen des Raumes und dessen Folgestücken (nach Vorschrift der Geometrie) entspricht, so wird es mit ihnen, mag ihr Grund auch nur subjektiv sein, doch notwendig übereinstimmen, weil es insofern mit sich selbst übereinstimmt, und die Gesetze der Sinnlichkeit werden Gesetze der Natur sein, *sofern sie in die Sinne fallen kann*. Demnach ist die Natur den Vorschriften der Geometrie in Ansehung aller dort bewiesenen Eigenschaften des Raumes aufs vollkommenste unterworfen, aus einer nicht erdichteten, sondern anschaulich gegebenen Vorstellung heraus, als der subjektiven Bedingung aller Phaenomena, in denen sich die Natur jemals den Sinnen eröffnen kann. Ja, wäre der Begriff des Raumes nicht durch die Natur der Erkenntniskraft ursprünglich gegeben (so, daß, wer irgendwelche anderen Verhältnisse, als durch denselben vorgeschrieben werden, ausdenken wollte, seine Mühe verschwendete, weil er gezwungen wäre, ebendenselben Begriff als Hilfsmittel für seine Erdichtung zu gebrauchen), so wäre der Gebrauch der Geometrie in der Naturphilosophie wenig sicher; denn man könnte zweifeln: ob ebendieser Begriff, wenn er von der Erfahrung entlehnt sei, genügend mit der Natur übereinstimme, da man doch vielleicht die Bestimmungen, von denen er abstrahiert worden war, verneint habe; welcher Verdacht auch einigen in den Sinn gekommen ist. Der *Raum* ist demnach ein unbedingt erster *formaler Grund der Sinnenwelt*, nicht allein deswegen, weil durch seinen Begriff die Gegenstände des Alls Phaenomena sein können, sondern vorzüglich aus dem Grunde, weil er seinem Wesen nach nur ein einziger ist, der schlechthin alles äußerlich Sensible umfaßt, und folglich einen Grund der *Gesamtheit* ausmacht, d. i. eines Ganzen, das nicht Teil eines anderen sein kann.

c) Was heißt: sich im Denken orientieren?

Sich *orientieren* heißt, in der eigentlichen Bedeutung des Worts: aus einer gegebenen Weltgegend (in deren vier wir den Horizont einteilen) die übrigen, namentlich den *Aufgang* zu finden. Sehe ich nun die Sonne am Himmel, und weiß, daß es nun die Mittagszeit ist, so weiß ich Süden, Westen, Norden und Osten zu finden. Zu diesem Behuf bedarf ich aber durchaus das Gefühl eines Unterschiedes an meinem eigenen *Subjekt*, nämlich der rechten und linken Hand. Ich nenne es ein *Gefühl*; weil diese zwei Seiten äußerlich in der Anschauung keinen merklichen Unterschied zeigen. Ohne dieses Vermögen: Beschreibung eines Zirkels, ohne an ihm irgend eine Verschiedenheit der Gegenstände zu bedürfen, doch die Bewegung von der Linken zur Rechten von der in entgegengesetzter Richtung zu unterscheiden, und dadurch eine Verschiedenheit in der Lage der Gegenstände a priori zu bestimmen, würde ich nicht wissen, ob ich Westen dem Südpunkte des Horizonts zur Rechten oder zur Linken setzen, und so den Kreis durch Norden und Osten bis wieder zu Süden vollenden sollte. Also orientiere ich mich *geographisch* bei allen objektiven Datis am Himmel doch nur durch einen *subjektiven* Unterscheidungsgrund; und, wenn in einem Tage durch ein Wunder alle Sternbilder zwar übrigens dieselbe Gestalt und eben dieselbe Stellung gegen einander behielten, nur daß die Richtung derselben, die sonst östlich war, jetzt westlich geworden wäre, so würde in der nächsten sternhellen Nacht zwar kein menschliches Auge die geringste Veränderung bemerken, und selbst der Astronom, wenn er bloß auf das was er sieht und nicht zugleich was er fühlt Acht gäbe, würde sich unvermeidlich *desorientieren*. So aber kömmt ihm ganz natürlich das zwar durch die Natur angelegte, aber durch öftere Ausübung gewohnte Unterscheidungsvermögen durchs Gefühl der rechten und linken Hand zu Hülfe; und er wird, wenn er nur den Polarstern ins Auge nimmt, nicht allein die vorgegangene Veränderung bemerken, sondern sich auch ungeachtet derselben *orientieren* können.

Diesen geographischen Begriff des Verfahrens sich zu orientieren kann ich nun erweitern, und darunter verstehen: sich in einem gegebenen Raum überhaupt, mithin bloß *mathematisch*, orientieren. Im Finstern orientiere ich mich in einem mir bekannten Zimmer, wenn ich nur einen einzigen Gegenstand, dessen Stelle ich im Gedächtnis habe, anfassen kann. Aber hier hilft mir offenbar nichts als das Bestimmungsvermögen der Lagen nach einem *subjektiven* Unterscheidungsgrunde: denn die Objekte, deren Stelle ich finden soll, sehe ich gar nicht; und, hätte jemand mir zum Spaße alle Gegenstände zwar in derselben Ordnung unter einander, aber links gesetzt, was vorher rechts war, so würde ich mich in einem Zimmer, wo sonst alle Wände ganz gleich wären, gar nicht finden können. So aber orientiere ich mich bald durch das bloße Gefühl eines Unterschiedes meiner zwei Seiten, der rechten und der linken. Eben das geschieht, wenn ich zur Nachtzeit auf mir sonst bekannten Straßen, in denen ich jetzt kein Haus unterscheide, gehen und mich gehörig wenden soll.

Endlich kann ich diesen Begriff noch mehr erweitern, da er denn in dem Vermögen bestände, sich nicht bloß im Raume, d. i. mathematisch, sondern überhaupt *im Denken*, d. i. *logisch* zu orientieren. Man kann nach der Analogie leicht erraten, daß dieses ein Geschäft der reinen Vernunft sein werde, ihren Gebrauch zu lenken, wenn sie von bekannten Gegenständen (der Erfahrung) ausgehend sich über alle Grenzen der Erfahrung erweitern will, und ganz und gar kein Objekt der Anschauung, sondern bloß Raum für dieselbe findet; da sie alsdann gar nicht mehr im Stande ist, nach objektiven Gründen der Erkenntnis, sondern lediglich nach einem subjektiven Unterscheidungsgrunde, in der Bestimmung ihres eigenen Urteilvermögens, ihre Urteile unter eine bestimmte Maxime zu bringen.[3] Dies subjektive Mittel, das alsdann noch übrig bleibt, ist kein anderes, als das Gefühl des der Vernunft eigenen *Bedürfnisses*. Man kann vor allem Irrtum gesichert bleiben, wenn man sich da nicht unterfängt zu urteilen, wo man nicht so viel weiß, als zu einem bestimmenden Urteile erforderlich ist. Also ist Unwissenheit an sich die Ursache zwar der Schranken, aber nicht der Irrtümer in unserer Erkenntnis. Aber, wo es nicht so willkürlich ist, ob man über etwas bestimmt urteilen wolle oder nicht, wo ein wirkliches *Bedürfnis* und wohl gar ein solches, welches der Vernunft an sich selbst anhängt, das Urteilen notwendig macht; und gleichwohl Mangel des Wissens in Ansehung der zum Urteil erforderlichen Stücke uns einschränkt: da ist

3 Sich im Denken überhaupt *orientieren* heißt also: sich, bei der Unzulänglichkeit der objektiven Prinzipien der Vernunft, im Fürwahrhalten nach einem subjektiven Prinzip derselben bestimmen.

eine Maxime nötig, wornach wir unser Urteil fällen; denn die Vernunft will einmal befriedigt sein. Wenn denn vorher schon ausgemacht ist, daß es hier keine Anschauung vom Objekte, nicht einmal etwas mit diesem Gleichartiges geben könne, wodurch wir unseren erweiterten Begriffen den ihnen angemessenen Gegenstand darstellen, und diese also ihrer realen Möglichkeit wegen sichern könnten: so wird für uns nichts weiter zu tun übrig sein, als: zuerst den Begriff, mit welchem wir uns über alle mögliche Erfahrung hinaus wagen wollen, wohl zu prüfen, ob er auch von Widersprüchen frei sei; und dann wenigstens das *Verhältnis* des Gegenstandes zu den Gegenständen der Erfahrung unter reine Verstandesbegriffe zu bringen, wodurch wir ihn noch gar nicht versinnlichen, aber doch etwas Übersinnliches, wenigstens tauglich zum Erfahrungsgebrauche unserer Vernunft, denken; denn ohne diese Vorsicht würden wir von einem solchen Begriffe gar keinen Gebrauch machen können, sondern schwärmen anstatt zu denken.

Allein hiedurch, nämlich durch den bloßen Begriff, ist doch noch nichts in Ansehung der Existenz dieses Gegenstandes und der wirklichen Verknüpfung desselben mit der Welt (dem Inbegriffe aller Gegenstände möglicher Erfahrung) ausgerichtet. Nun aber tritt *das Recht des Bedürfnisses* der Vernunft ein, als eines subjektiven Grundes, etwas vorauszusetzen und anzunehmen, was sie durch objektive Gründe zu wissen sich nicht anmaßen darf; und folglich sich im Denken, im unermeßlichen und für uns mit dicker Nacht erfülleten Raume des Übersinnlichen, lediglich durch ihr eigenes Bedürfnis zu *orientieren.*

Biobibliographische Angaben

Immanuel Kant
* 22. 4. 1724 (Königsberg) – † 12. 2. 1804 (Königsberg)

Entstammt einer ärmlichen Handwerkerfamilie; ab 1732 pietistisches *Collegium Friedericianum*; 1740 Studium der Philosophie, Mathematik und Physik an der Universität Albertina, finanziert durch Nachhilfeunterricht und Billardspiel, sein Lehrer Martin Knutzen macht ihn mit den Theorien von Newton und Leibniz vertraut; 1746 nach Ende seines Studiums und dem Tod des Vaters Arbeit als Hauslehrer, private Forschungen zur Kosmologie; 1755 Einreichung der für eine Professur notwendigen drei lateinisch verfassten Dissertationen, dann Privatdozent, befasst sich im Anschluss an das Erdbeben von Lissabon mit geologischen Fragen; 1769 Ablehnung der Berufungen nach Erlangen und Jena; 1770 ordentlicher Professor für Metaphysik und Logik; 1781-1790 Veröffentlichung der drei *Kritiken*; 1786 und 1788 Rektor, ab 1787 Mitglied der Berliner Akademie der Wissenschaften; 1794 Zensurverweis wegen einer religionskritischen Veröffentlichung; 1796 Ende der Lehrtätigkeit; 1801 Emeritierung, Schüler edieren Vorlesungen Kants, während er körperlich und geistig verfällt.

Textnachweise

1768: »Von dem ersten Grunde des Unterschieds der Gegenden im Raume«, in: *Vorkritische Schriften bis 1768. Werkausgabe*, Bd. 2, hg. von Wilhelm Weischedel, Frankfurt am Main: Suhrkamp 1986 [1968], S. 993-1000, hier S. 994-1000 [zuerst in: *Wochentliche Königsbergische Frag- und Anzeigungs-Nachrichten*, Sonnabends, den 6., 13., und 20. Februar 1768 (No. 6, 7 und 8)].

1770: »Von dem Raume« (= § 15 der Inauguralschrift *Von der Form der Sinnen- und Verstandeswelt und ihren Gründen* [*De mundi sensibilis atque intelligibilis forma et principiis*]), in: *Schriften zur Metaphysik und Logik 1. Werkausgabe*, Bd. 5, S. 56-69, hier S. 57, 59, 61, 63 und 65. [Erstdruck: Königsberg: Kanter 1770].

1786: »Was heißt: sich im Denken orientieren?«, in: *Schriften zur Metaphysik und Logik 1. Werkausgabe*, Bd. 5, S. 265-283, hier S. 269-274 [zuerst in: *Berlinische Monatsschrift*, Zehntes Stük (Oktober 1786), S. 304-30].

Weitere Texte zur Raumtheorie

1746: *Gedanken von der wahren Schätzung der lebendigen Kräfte und Beurteilung der Beweise deren sich Herr von Leibniz und andere Mechaniker bedient haben, nebst einigen vorhergehenden Betrachtungen, welche die Kraft der Körper überhaupt betreffen*, in: *Werkausgabe*, Bd. 1, S. 7-218.

1756: *Der Gebrauch der Metaphysik, sofern sie mit der Geometrie verbunden ist, in der Naturphilosophie, dessen erste Probe die physische Monadologie ist*, in: *Werkausgabe*, Bd. 2, S. 511-563.

1758: *Neuer Lehrbegriff der Bewegung und Ruhe und der damit verknüpften Folgerungen in den ersten Gründen der Naturwissenschaft*, in: *Werkausgabe*, Bd. 2, S. 564-581.

1781: *Kritik der reinen Vernunft*, »Transzendentale Ästhetik«, 1. Abschnitt, »Vom Raume«, in: *Werkausgabe*, Bd. 3, S. 71-78.

1783: *Prolegomena zu einer jeden künftigen Metaphysik, die als Wissenschaft wird auftreten können*, in: *Werkausgabe*, Bd. 5, S. 109-264.
1786: *Metaphysische Anfangsgründe der Naturwissenschaft*, in: *Werkausgabe*, Bd. 9, S. 7-135.

Sekundärliteratur

Browne Garnett, Christopher: *The Kantian Philosophy of Space*, Washington: Kennikat Press 1965 [1939].
Dück, Michael: *Der Raum und seine Wahrnehmung*, Würzburg: Königshausen & Neumann 2001.
Enskat, Rainer: *Kants Theorie des geometrischen Gegenstandes. Untersuchungen über die Voraussetzungen der Entdeckbarkeit geometrischer Gegenstände bei Kant*, Berlin/New York: de Gruyter 1978.
Falkenburg, Brigitte: *Kants Kosmologie. Die wissenschaftliche Revolution der Naturphilosophie im 18. Jahrhundert*, Frankfurt am Main: Klostermann 2000.
Heinrich, Richard: *Kants Erfahrungsraum. Metaphysischer Ursprung und kritische Entwicklung*, Freiburg i. Br./München: Alber 1986.
Melnick, Arthur: *Space, Time, and Thought in Kant*, Dordrecht u. a.: Kluwer 1989.
Rameil, Udo: *Raum und Außenwelt. Interpretationen zu Kants kritischem Idealismus*, Dissertation Universität Köln 1977.

Bibliographie (primär und sekundär): ⟨http://web.uni-marburg.de/kant//webseitn/bib_schr.htm⟩

4 Jakob Johann von Uexküll
Gedanken über die Entstehung des Raumes

Wenn heutzutage ein Naturforscher aufgefordert würde, das Wesen der Lehre *Kants* in der uns geläufigen Sprechweise wiederzugeben, so wird er antworten müssen: »*Kant* hat uns gelehrt, daß unsere Seele ein Organismus ist.«

Freilich ein immaterieller Organismus, der in vielen Grundzügen von allem Bekannten abweicht – aber dennoch ein Organismus. Bei jedem lebenden Organismus finden wir drei Grundelemente, die nach einem gemeinsamen Plane ineinandergreifen. Das sind 1. die dauernden Strukturteile, 2. die wirkenden Kräfte, 3. die äußeren Eindrücke. Denn die Aufgabe, die alle Organismen erfüllen müssen, besteht darin, äußere Einwirkungen aufzunehmen und zu verarbeiten.

Diese drei Grundelemente hat *Kant* auch in unserer Seele nachgewiesen. Er fand eine überall wirksame Urkraft, die er nach ihren Leistungen die *produktive Einbildungskraft* nannte. Nach unserem heutigen Sprachgebrauch werden wir *produktive Bildungskraft* sagen. Diese Kraft besitzt die Fähigkeit, zahlreiche und verschiedenartige Teile zu einem neuen einheitlichen Ganzen zusammenzufassen.

Am deutlichsten zeigt sich diese Wirkung bei der Bildung der Gegenstände. Die Elemente, aus denen sich alle Gegenstände ohne Ausnahme aufbauen, sind unsere Sinnesempfindungen. Sie haben als das äußere Grundelement zu gelten, sie sind die Eindrücke, die verarbeitet werden sollen.

Die Sinnesempfindungen werden von der Bildungskraft ergriffen und zu einer neuen Einheit geformt.

Wie das flüssige Metall einer bereitstehenden Form bedarf, in die es einfließen muß, um Gestalt zu gewinnen, so gibt es in der Seele feststehende Regeln, nach denen diese Neuformung der Sinnesempfindungen von statten geht, damit ein bestimmter Gegenstand Gestalt gewinne. Diese feststehenden Regeln sind ein dauernder Bestandteil der Seele. Sie dürfen mit den Strukturteilen der materiellen Organismen verglichen werden.

Auf welche Weise diese Strukturteile der Seele beim Kinde entstehen, ist eine Frage für sich, die uns hier nicht beschäftigen soll. Wir haben es hier nur mit den fertigen Bildungsregeln zu tun, welche von der produktiven Bildungskraft zum Aufbau der Gegenstände benutzt werden.

Die Bildungsregeln besitzen die meiste Ähnlichkeit mit Melodien, nur daß sie keine Töne, sondern Raumempfindungen zu einer neuen Einheit formen.

Daß sich die Bildungsregeln nur auf die räumlichen Empfindungen beziehen, dafür erlebte ich ein charakteristisches Beispiel. Ein kleines Mädchen von nicht ganz zwei Jahren, das den größten Teil seines Erdendaseins in einem Tannenwalde verbracht hatte, reiste mit seinen Eltern an die See. Am ersten Tage wurde ihm eine gebakkene Seezunge zum Frühstück gebracht. Die Kleine folgte der Zerlegung des Fisches mit Aufmerksamkeit und als die Gräte zum Vorschein kam, rief sie: »Dies Tannenbaum.« Nicht die Größe, noch die Farbe war ausschlaggebend, sondern nur das räumliche Verhältnis vom Stamm zu den Ästen: Die Fischgräte bildete keinen neuen Gegenstand, sondern war ein kleiner weißer Tannenbaum.

Die Anzahl der von uns verwendeten Bildungsregeln gibt auch die Anzahl der Gegenstandsarten an, die wir zu unterscheiden vermögen. Die Zahl der einzelnen Gegenstände einer Art wird aber dadurch gar nicht eingeschränkt. Wenn diese regellos auf unser Bewußtsein eindringen könnten, so würden sie unsere Seele in Verwirrung bringen.

Welche Mittel wendet unsere Seele an, um dem vorzubeugen? Wenn wir uns in unserem Milieu umsehen, so gewahren wir, daß alle Gegenstände, die uns umgeben, entweder vor oder hinter uns – über oder unter uns – links oder rechts von uns gelegen sind. Ein jeder Gegenstand ruft durch seine Lage *drei* Richtungsempfindungen in uns hervor, die mehr oder minder stark gleichzeitig in uns anklingen. Die drei Paare von Richtungsempfindungen tragen wir immer mit uns herum und passen alle Gegenstände, die wir sehen oder fühlen, in sie hinein.

Die produktive Bildungskraft vereinigt auch diese Empfindungen wie alle Sinnesempfindungen nach einer sehr allgemeinen Regel zu einer neuen Einheit, die kein Gegenstand ist, weil jeder Gegenstand eine Umgrenzung verlangt. Diese Einheit ist aber doch eine Anschauung mit objektiver Realität – wir nennen sie *Raum*.

Der Raum geht jeder Bildung von Gegenständen voraus. Er ist stets vorhanden, sobald wir unsere Aufmerksamkeit unserem Milieu zuwenden. Er übernimmt es, die Gegenstände ihrer Lage nach zu ordnen. *Kant* erklärte deshalb den Raum für ein Strukturelement unserer Seele, das unabhängig von allen äußeren Einflüssen auf unsere Sinnesorgane entstünde und bloß als Einteilungsmittel für die Gegenstände diene.

Die Folge hiervon war, daß den Wissenschaften, die sich mit reinen Raumgrößen befassen, ein Platz außerhalb aller Erfahrung angewiesen wurde. Denn zur Erfahrung gehört stets eine äußere Einwirkung, die in uns Sinnesempfindungen erzeugt. Nun schien bisher die Erzeugung der Raumanschauung ein rein seelischer Vorgang zu sein, da die Grundempfindungen der drei Richtungen im Raum in unserer Seele fertig vorgebildet vorhanden sind und zu ihrer Entstehung keines äußeren Anlasses bedürfen.

Diese Auffassung läßt sich heute nicht mehr halten, seitdem es *Cyon* gelungen ist, den Beweis zu erbringen, daß die Richtungsempfindungen, aus denen der Raum aufgebaut wird, echte Sinnesempfindungen sind. *Cyon* verdanken wir die schöne Entdeckung, daß ein Teil des Ohrlabyrinths die Fähigkeit besitzt, bei seiner Erregung die besprochenen Richtungsempfindungen in uns hervorzurufen.

Es handelt sich dabei um die merkwürdigen ›*halbzirkelförmigen Kanäle*‹ oder ›*Bogengänge*‹ des Ohres. Das sind drei kleine hohle Knochenringe, die wie drei Flächen an der Ecke eines Würfels rechtwinkelig zusammenstoßen und an der Ecke ineinander einmünden.

Unser Kopf läßt sich bekanntlich durch drei Ebenen, die durch den anatomischen Bau bedingt sind, zerlegen: Eine *sagittale*, die den Kopf von oben nach unten spaltet und, indem sie vorne zwischen den Augen, dem Nasenrücken entlang läuft, den Kopf in eine linke und eine rechte Hälfte trennt – eine *transversale*, die gleichfalls von oben nach unten gehend, den Kopf in eine vordere und hintere Hälfte teilt – eine *horizontale*, die den Kopf in eine obere und eine untere Hälfte zerlegt.

Die Ebenen zerlegen den Kopf in Paaren von vier Sektoren, vier obere und vier untere, vier linke und vier rechte usw., die in der Mitte wie acht Würfel mit ihren rechtwinkligen Ecken zusammenstoßen. In die Flächen der beiden vorderen der oberen vier Sektoren denke man sich die Bogengänge gelagert. Dann erhält man jederseits ein dreifaches Röhrensystem, das aus einem *sagittalen*, einem *transversalen* und einem *horizontalen* Kanal gebildet wird. Diese beiden Röhrensysteme stoßen in Wirklichkeit nicht aneinander, sondern sind seitlich in die Ohren hineinverschoben, ohne aber im übrigen ihre Beziehungen zu den Teilungsebenen zu ändern.

Die Erregung dieser drei Kanäle soll nach *Cyon* in uns die drei Richtungsempfindungen erwecken. Gleichgültig, welches Ohr man beobachtet, immer soll die Erregung des *sagittalen Kanals* die Empfindung *vorn* bzw. *hinten* hervorrufen – die Erregung des *transversalen* Kanals die Empfindung *oben* bzw. *unten* auslösen. – Die Erregung des *horizontalen* Kanals gibt die Empfindungen *rechts* bzw. *links*.

Die Bogengänge dienen *cum grano salis* als ein *Koordinatensystem*, in dessen Mittelpunkt unser ›Ich‹ postiert ist. Wie jeder Punkt im mathematischen Raum durch seine Beziehungen zu drei Koordinaten bestimmt ist, so wird die Lage eines jeden Gegenstandes durch die gleichzeitig aber in verschiedener Intensität anklingenden drei Richtungsempfindungen im wirklichen Raum sichergestellt. Wenn wir z. B. von einem Gegenstande sagen, er liegt sehr weit nach vorn, ein wenig nach links und unten, so ist seine Lage sehr vollständig beschrieben.

Wie kommen wir gerade zu einem solchen Apparat und wie behelfen sich die Lebewesen, die keinen solchen Apparat besitzen, ohne ihn?

Diese Frage können wir niemals vollständig beantworten, weil uns die Seelen der Tiere unbekannt sind. Wir können aber die eigene Seele in ein beliebiges Tier hineinprojizieren und sehen, wie sie sich mit den primitiven Sinneswirkungen behelfen wird. Denken wir uns z. B. in eine *Libelle* hinein, deren Gehirn noch so einfach gebaut ist, daß es nur zur Erzeugung weniger Bildungsregeln die Möglichkeit bietet, so wird auch unsere Seele nur wenige Gegenstände wahrnehmen können. Außer den paar Beutetieren und den eigenen Artgenossen erblicken wir im übrigen nur Graswerk, Strauchwerk und Wasser. (Es gibt ja auch Menschen, die nicht viel mehr sehen.) Diese Gegenstände sind leicht geordnet. Eine Bewegung des Kopfes in der Horizontalen und eine zweite in der Vertikalen verbindet jeden Gegenstand mit zwei Bewegungsempfindungen. Damit ist die nötige Ordnung hergestellt. Um die Richtung vorn und hinten wahrzunehmen, muß man sich des freien Fluges bedienen.

Wir ordnen die Gegenstände unseres Milieus durch die Bewegungen unserer Augen, aber an Stelle der Bewegungsempfindungen springen gleich die viel präziseren Richtungsempfindungen der Bogengänge ein. Man hat sich den Mechanismus, der unsere Augen mit den Bogengängen verbindet, so zu denken, daß jede Verkürzung der Augenmuskeln auf nervösem Wege eine Erregung in dem entsprechenden Kanal hervorruft, welche ihrerseits eine an den Kanal gebundene spezifische Richtungsempfindung in unserer Seele hervorruft. Gleitet der Augapfel nach links, so reizen die dabei verkürzten linken Muskeln die Horizontalkanäle. Gleitet er nach oben, so reizen die oberen Muskeln die Transversalkanäle. Die Muskelanspannung, die bei der Tiefenwahrnehmung die Augenachsen zusammenführt, dient zur Erregung der Sagittalkanäle.

Durch das Einspringen der Bogengänge, die beim Anschauen eines Gegenstandes die Stellung des Augapfels notieren, wird zugleich die Lage des Gegenstandes im Raum festgehalten. Dadurch wird der Augenapparat ganz bedeutend entlastet. Die Ordnung der Gegenstände, die sonst den Augenmuskeln und den von ihnen erzeugten Bewegungsempfindungen überlassen bliebe, wird jetzt von einem anderen Sinnesorgan übernommen, das ganz spezifische zum Ordnen geeignete Empfindungen zu erzeugen vermag.

Wird ein Tier seiner Bogengänge beraubt, so müssen die Augenbewegungen als ordnendes Hilfsmittel wiederum allein verwendet werden. Das geschieht anfangs durch heftig pendelnde Bewegungen des Kopfes und der Augen in der Richtung, die bisher vom fehlenden Bogengang versorgt worden war. Werden bei einer Taube alle sechs Bogengänge entfernt, so stellt die Taube ihren Kopf mit der Schädeldecke nach unten ein. Sie erreicht dadurch, daß die Bilder der Gegenstände in ihrer Netzhaut in bezug auf ihren Körper aufrecht zu stehen kommen. Dies kann als Beweis dafür dienen, daß die umgekehrten Netzhautbilder für gewöhnlich durch das Eingreifen des Bogenapparates gerade gerichtet werden.

Die Anordnung, welche die Gegenstände im Raum durch die Richtungsempfindungen der Bogengänge erfahren, ist eine rein subjektive. Sie bezieht die Lage der Gegenstände nur auf den Beschauer und auf nichts außer ihm. Selbstverständlich ist dabei die Richtungsempfindung oben oder unten ebenso subjektiv wie die Empfindung links oder rechts. Oben und unten heißt auf meine Person bezogen in der Richtung meines Scheitels bzw. meiner Füße gelegen. Wenn ich liege, ist dieses subjektive Oben gar nicht mehr oben im objektiven Sinne, d. h. wenn oben auf den Erdmittelpunkt bezogen wird.

Es gibt also *zwei* Empfindungen für die Richtung Oben, eine subjektive und eine objektive, die ich ganz gut voneinander trennen kann, wenn ich mit geschlossenen Augen bei gesenkter Stellung des Kopfes meine Aufmerksamkeit bald der einen, bald der anderen zuwende. Diese zwiefache Empfindung Oben ist meines Erachtens von *Cyon* nicht genügend in Rechnung gezogen worden.

Verdanken wir das subjektive Oben den Transversalkanälen, so stammt das objektive Oben von den sogenannten *Statolithen* oder *Goltzschen Körperchen*. Das sind kleine Steinchen, die auf feinen Haaren balancieren und durch ihre Schwere immer auf jene Haare drücken, die bei der jeweiligen Lage des Kopfes zu unterst stehen.

Der *Statolith*, den man einen ›*Kompaß des Erdmittelpunktes*‹ nennen kann, ist in der Tierreihe weit verbreiteter als die Bogengänge. Aber auch er fällt bei den einfachsten Tieren fort, deren Sinnesorgane und Zentralnervensystem selbst unserer Seele keine Möglichkeit bieten würden, irgendwelche Gegenstände zu bilden. Nur einzelne Empfindungen würden in unserer Seele entstehen, die keinerlei räumlicher Ordnung, weder subjektiver noch objektiver Art bedürfen. Zum Ausbalancieren der Last des eigenen Körpers bei kriechenden und gehenden Tieren genügen die Muskeln vollauf, die eine feine, automatisch wirkende Regulierungsvorrichtung zum Tragen von Lasten besitzen.

Bei freischwimmenden Tieren tritt meist ein Statolith hinzu, der die Muskeln beim Balancieren des Körpers unterstützt. Später gewinnt er Beziehung zu den Augenmuskeln und beeinflußt nun außer der Stellung des eigenen Körpers zum Erdmittelpunkt auch die Stellung der Retina zu den Gegenständen. Dies ist die Anordnung bei vielen Krebsen. Bei den Insekten genügen die Augen allein, denn ihre Retina besitzt die Fähigkeit, die Verschiebung eines Bildes als Reiz den Halsmuskeln zuzusenden, die dann für eine scharfe Neueinstellung des Bildes sorgen. Die Muskeln, besonders der Flugapparate, genügen zum Ausbalancieren des Körpers. Somit können die Insekten die Statolithen entbehren. Die allerniedersten Wirbeltiere besitzen außer den Augen und den Statolithen noch einen, dann zwei Bogengänge. Die überwältigende Mehrzahl aber verfügt über das wohlausgebildete dreifache Kanalsystem. Der Statolith tritt nun in engste Beziehung zum Kanalsystem. Dieses dient, wie bereits hervorgehoben, zur Entlastung des Bewegungsapparates der Augen, dessen Einstellung von allen drei Bogengängen gleichzeitig nach Art eines Koordinatensystems notiert wird. Dadurch wird die Lage eines jeden Gegenstandes durch eine neue Kombination von nervösen Erregungen dem Gehirn gemeldet. Der Statolith gibt gleichzeitig die Verlagerung des ganzen Koordinatensystems von der Lotrechten kund. Unsere Seele kennt dementsprechend vier Arten von Sinnesempfindungen, die sich auf den Raum beziehen. Das sind 1. die Lokalzeichen, darunter versteht man jene präzisen Richtungsempfindungen, die immer mitklingen, wenn unsere Retina eine Licht- oder Farbenempfindung uns vermittelt. Sie dienen zum Aufbau der Gegenstände. 2. die Bewegungsempfindungen der Augenmuskeln. 3. die drei Paare allgemeiner Richtungsempfindungen, die von den Bogengängen erzeugt werden und aus denen die produktive Bildungskraft die Anschauung ›Raum‹ bildet. 4. die vom Statolithen vermittelte Richtungsempfindung für das objektive ›Oben‹.

Wie man sich das Zusammenarbeiten dieser verschiedenen Empfindungen zu denken hat, habe ich schon auseinanderzusetzen versucht. Ebenso die Rolle, die die Bogengänge dabei spielen. Die Aufgabe der Bogengänge ist aber damit keineswegs erschöpft. Die Bogengänge vermögen als *allgemeiner Raumsinnesapparat* für die gesamte willkürliche Körpermuskulatur zu dienen, indem sie die Bewegungsrichtung aller Gliedmaßen genau so notieren, wie die des Augapfels. Dadurch wird die Lage unseres Körpers und unserer Gliedmaßen in direkte Beziehung zu der Lage der Gegenstände gebracht.

In der Tat bewirken wir unsere Körperbewegungen immer mit dem Umweg über den Raumsinnesapparat. Niemals verkürzen wir einen bestimmten Muskel willkürlich, sondern wir führen stets nur Gliedmaßen-Bewegungen in den drei Richtungen des Raumes aus. Durch den Raumsinnesapparat sind wir über die Lage der Gegenstände im Raum orientiert und in diesen Raum hinein beschreiben wir unsere Bewegungen.

Dieses höchst merkwürdige Sinnesorgan liefert uns das gemeinsame Feld, in dem die Gegenstände leben und in dem sich unsere Bewegungen abspielen – den *Raum.*

Biobibliographische Angaben

Jakob Johann von Uexküll
* 8. 9. 1864 (Keblas, heute Mihkli in Estland) – † 25. 7. 1944 (Capri)

Uexküll entstammt einem estnischen Adelsgeschlecht; Schulbesuch in Coburg und Reval (Tallinn), wo der Vater Oberbürgermeister ist, liest Kant; 1884-1888 Zoologiestudium in Dorpat (Tartu), Studienaufenthalt in Dalmatien; 1888-1900 am Physiologischen Institut der Universität Heidelberg, Winteraufenthalte an der Zoologischen Station Neapel, Bekanntschaft mit dem Biologen Driesch und dem Kinematographen Marey; 1899/1900 Forschungsreise nach Daressalam; 1903 Hochzeit mit Gräfin Gudrun von Schwerin, Übersiedlung nach Heidelberg, vergleichende Studien in der Normandie; 1907 Ehrendoktorwürde der Universität Heidelberg; 1914-1924 wechselnde Wohnsitze, Freundschaft mit Rilke und H. St. Chamberlain; 1918 deutsche Staatsangehörigkeit; 1925 Leiter des Hamburger Aquariums; 1926 Umbau zum Institut für Umweltforschung; 1927-1939 Sommersitz auf Puhtu (heute Biologische Station der Universität Tartu); 1932 Aufnahme in die Deutsche Akademie der Naturforscher; 1936 Ehrendoktorwürde der Universität Utrecht, zweimal für den Nobelpreis vorgeschlagen; ab 1940 Ruhestand auf Capri.

Textnachweis

»Gedanken über die Entstehung des Raumes«, in: J. J. v. U., *Bausteine zu einer biologischen Weltanschauung. Gesammelte Aufsätze*, hg. von Felix Groß, München: Bruckmann 1913, S. 284-292.

Weitere Texte zur Raumtheorie

1920: *Theoretische Biologie*, nach der 2., gänzlich neu bearb. Auflage 1928, Frankfurt am Main: Suhrkamp 1973, Kap. 1: »Der Raum«, S. 12-69.

1927: »Atlas zur Bestimmung der Orte in den Sehräumen der Tiere«, in: *Zeitschrift für vergleichende Physiologie* 5, S. 167-178.

1927 [zus. mit H. Roesen]: »Der Wirkraum«, in: *Pflüger's Archiv* 217, S. 72-87.

1932: »Der gedachte Raum«, in: Hans Prinzhorn (Hg.), *Die Wissenschaft am Scheidewege von Leben und Geist*, Leipzig: Barth, S. 231-239.

1936: »Das Problem des Heimfindens bei Menschen und Tieren. Der primäre und der sekundäre Raum«, in: *Zeitschrift für die gesamte Naturwissenschaft* 2, S. 457-467.

Sekundärliteratur

Brauckmann, Sabine, »From the Haptic-Optic Space to our Environment: Jakob von Uexküll and Richard Woltereck«, in: *Semiotica* 134 (2001) [Special Issue: *Jacob von Uexküll: A Paradigm for Biology and Semiotics*], S. 293-309.

Hünemörder, Christian: »Jakob von Uexküll (1864-1944) und sein Hamburger Institut für Umweltforschung«, in: *Disciplinae novae. Zur Entstehung neuer Denk- und Arbeitsrichtungen in der Naturwissenschaft*, hg. von Hans Schimank, Göttingen: Vandenhoeck & Ruprecht 1979, S. 105-125.

Lassen, Harald: »Leibniz'sche Gedanken in der Uexküll'schen Umweltlehre«, in: *Acta Biotheoretica*, Serie A, Bd. 5/1, Leiden: Brill 1939, S. 41-50.

Merrell, Floyd: »Distinctly Human Umwelt?«, in: *Semiotica* 134 (2001) [Special Issue: *Jacob von Uexküll*], S. 229-262.

Schmidt, Jutta: *Die Umweltlehre Jakob von Uexkülls in ihrer Bedeutung für die Entwicklung der vergleichenden Verhaltensforschung*, Dissertation Universität Marburg 1980.

Bibliographie (primär): ⟨http://www.zbi.ee/~uexkull/publik.htm⟩

5 Albert Einstein
Raum, Äther und Feld in der Physik

Begriffe vorwissenschaftlicher Herkunft waren stets Objekte des philosophischen Streites. So ist es auch im besonderen beim Raumbegriffe. Wo haben wir diesen Begriff her? Inwiefern stammt er aus der Erfahrung bzw. auf was für Erfahrungen bezieht er sich? Hierauf können wir antworten: Logisch betrachtet stammen Begriffe nie aus der Erfahrung; d. h. sie sind aus ihr allein nicht ableitbar. Und doch kommt ihre Bildung in unserem Geiste nur im Hinblick auf das sinnlich Erlebte zustande, und es ist die Erklärung derartiger fundamentaler Begriffe in der Aufzeigung desjenigen Charakters unserer Sinnen-Erlebnisse zu suchen, der zu der Bildung des Begriffes geführt hat.

Beim Raume ist nun dieser Zusammenhang leicht zu durchschauen. Ihm geht die Bildung des Begriffes der objektiven Körperwelt voran. Ich kann Körper durch sinnliche Merkmale wiedererkennen, ohne sie bereits räumlich zu erfassen. Ist in solchem Sinne der Körperbegriff gebildet, so zwingt uns die sinnliche Erfahrung dazu, Lagen-Beziehungen zwischen den Körpern festzustellen, d. h. Relationen der gegenseitigen Berührung. Was wir als räumliche Beziehungen zwischen Körpern deuten ist nichts anderes. Also: ohne Körperbegriff kein Begriff räumlicher Relation zwischen Körpern und ohne den Begriff der räumlichen Relation kein Raumbegriff.

Wie kommt aber der Raumbegriff selbst zustande? Wenn ich die Körper allesamt weggenommen denke, bleibt doch wohl der leere Raum über? Soll etwa auch dieser vom Körperbegriff abhängig gemacht werden? Nach meiner Überzeugung ganz gewiß! Bei Betrachtung der Lagerungsbeziehungen der Körper gegeneinander empfindet es nämlich der menschliche Geist als das Einfachere, die Lagen aller Körper auf die eines einzigen zu beziehen, als die verwirrende Mannigfaltigkeit jedes Körpers gegen alle andern geistig zu verwirklichen. Dieser eine Körper, der allgegenwärtig und für alle anderen durchdringlich sein müßte, um mit allen in Berührung zu sein, ist uns allerdings nicht sinnlich gegeben, aber wir fingieren ihn zur Bequemlichkeit unseres Denkens. In unserem praktischen Alltagsleben spielt die Oberfläche des Erdkörpers eine solche Rolle in der Auffassung der räumlichen Beziehungen zwischen den Körpern, daß durch ihre Existenz die Bildung des so skizzierten Raumbegriffes sehr erleichtert worden sein mag.

Diese Auffassung des Raumbegriffes als hervorgegangen aus der Erfassung des Inbegriffes von Lagerungsrelationen zwischen Körpern wird auch durch die Betrachtung der Entwicklung der wissenschaftlichen Raumlehre, der Geometrie, bestätigt. Denn in der ältesten Geometrie, welche uns die Griechen geschenkt haben, beschränkt sich die Untersuchung völlig auf die Lagerungsbeziehungen idealisierter körperlicher Objekte, die dort ›Punkt‹, ›Gerade‹, ›Ebene‹ heißen. In den Begriffen ›Kongruenz‹ und ›Messen‹ zeigt sich deutlich der Hinweis auf die Lagerungsbeziehungen körperlicher Objekte. Ein räumliches Kontinuum, kurz gesagt ›der Raum‹, kommt in der euklidischen Geometrie überhaupt nicht vor, trotzdem dieser Begriff dem vorwissenschaftlichen Denken natürlich bereits völlig geläufig war.

Die außerordentliche Bedeutung der Geometrie der Griechen liegt darin, daß sie den – soviel wir wissen – ersten gelungenen Versuch darstellt, einen Komplex sinnlicher Erfahrung durch ein logisch-deduktives System begrifflich zu erfassen.

Das räumliche Kontinuum wurde als solches erst durch die Modernen in die Geometrie eingeführt, und zwar durch *Descartes*, den Begründer der analytischen Geometrie.

Das Verdienst, welches sich *Descartes* durch die Einführung des räumlichen Kontinuums in die Geometrie erwarb, kann nicht hoch genug gewertet werden. Erstens nämlich ermöglichte dieser Schritt die Beschreibung geometrischer Figuren durch die Hilfsmittel der Analysis. Zweitens vertiefte er die Geometrie als Wissenschaft in entscheidender Weise. Denn von nun an waren die Gerade und die Ebene gegenüber anderen Linien und Flächen nicht mehr prinzipiell bevorzugt, sondern alle Linien bzw. Flächen erfuhren nun eine gleichartige Behandlung. An die Stelle des kompliziert gebauten Axiomensystems der euklidischen Geometrie trat ein einziges Axiom, welches in unserer heutigen Ausdrucksweise so heißt: Es gibt Koordinatensysteme, gegenüber welchen der Abstand ds benachbarter Punkte P und Q sich aus den Koordinatendifferenzen dx_1, dx_2, dx_3, durch den pythagoreischen Satz, d. h. durch die Formel

$$ds^2 = dx_1^2 + dx_2^2 + dx_3^2$$

ausdrückt. Hieraus, d. h. aus der euklidischen Metrik, lassen sich alle Begriffe und Sätze der euklidischen Geometrie deduzieren.

Das Allerwichtigste vielleicht aber ist, daß ohne die Einführung des räumlichen Kontinuums im Sinne *Descartes'* eine Formulierung von *Newtons* Mechanik gar nicht möglich gewesen wäre. Der in dieser Theorie benutzte fundamentale Begriff der Beschleunigung muß nämlich auf den Begriff des *Descartes*schen Koordinatenraumes gestützt werden; denn die Beschleunigung läßt sich aus Begriffen, die sich nur auf die *relative* Lage von Körpern bzw. materiellen Punkten sowie deren zeitlicher Veränderung beziehen, durchaus nicht ableiten. Man kann daher mit Recht sagen, daß gemäß *Newtons* Theorie der Raum die Rolle eines Physikalisch-Realen spielt, was *Newton* genau wußte, die Späteren aber meist übersahen.

Der Kartesische Koordinatenraum hatte also, physikalisch betrachtet, zunächst zwei unabhängige Funktionen. Er bestimmte (durch den pythagoreischen Satz bzw. durch die euklidische Metrik) die möglichen Lagerungen praktisch starrer Körper sowie die Trägheitsbewegung materieller Punkte. Er schien absolut in dem Sinne, daß er auf die Dinge wirkte, daß aber auf ihn nichts modifizierend einwirken konnte, das grenzenlose, ewig unveränderliche Gefäß allen Seins und Geschehens.

Die *Newton*sche Physik war völlig auf die Begriffe Raum, Zeit, Masse begründet. Alles Naturgeschehen sollte mittels dieser Begriffe erfaßt werden. Es kamen dann allerdings noch die Sonderbegriffe elektrische und magnetische Masse hinzu, welche zwar dem ursprünglichen Massenbegriff in mancher Hinsicht analog waren, aber des Hauptmerkmals der Masse, nämlich der Trägheit, beraubt erschienen. Abgesehen davon schien aber diese Auffassung des Physisch-Realen die einzig mögliche zu sein.

Im 19. Jahrhundert aber vollzog sich langsam ein Umschwung, der allmählich die Auffassung vom Physisch-Realen völlig veränderte. Als durch *Young* und *Fresnel* der undulatorische Charakter des Lichtes, wie er sich in den Interferenz- und Beugungserscheinungen äußert, aufgezeigt worden war, brauchte man für die auch den leeren Raum durchsetzenden Lichtwellen einen allgegenwärtigen Träger, den man Äther nannte. Dieser wurde zwar zunächst als gleichartig gedacht mit den Körpern der *Newton*schen Physik. Aber seine Allgegenwart, seine Untastbarkeit, die Tatsache der Abwesenheit von Reibung gegenüber den wägbaren Körpern, gaben ihm etwas

Fremdartiges, ich möchte fast sagen, Gespensterhaftes; er schien unbezweifelbar und unheimlich und unfaßbar zugleich. Auch blieben – was noch schlimmer war – die ihm zugeschriebenen mechanischen Eigenschaften widerspruchsvoll.

Newtons theoretischer Rahmen wurde vollends gesprengt durch die *Faraday-Maxwell*sche Feldtheorie der elektromagnetischen Erscheinungen. Denn es entwickelte sich allmählich die Auffassung, daß die auch im materiefreien Raume lokalisierten elektromagnetischen Felder sich nicht widerspruchsfrei oder doch nicht in befriedigender Weise als mechanische Zustände des Äthers auffassen ließen. Man gewöhnte sich daran, die elektromagnetischen Felder als Grundwesenheiten anzusehen von nicht mechanischer Natur. Immerhin wurden sie nach wie vor als Zustände des Äthers aufgefaßt, der aber nicht mehr als ein der ponderablen Materie analoges Gebilde aufgefaßt werden konnte, dies um so weniger, als um die Jahrhundertwende sich die Überzeugung von der molekularen Struktur der letzteren immer mehr durchsetzte, während der Äther kontinuierlich den Raum zu erfüllen schien.

Hatten sich nun die Felder selbst auch als nicht mechanisch erfaßbare fundamentale Wesenheiten durchgesetzt, so blieb doch noch die Frage nach den mechanischen Eigenschaften ihres Trägers, des Äthers, bestehen. Diese beantwortete H. A. *Lorentz*, indem er dartat: Alle elektromagnetischen Tatsachen zwingen uns zu der Annahme, daß der Äther überall gegenüber dem *Descartes*schen bzw. *Newton*schen Raume in Ruhe sei. Wie nahe lag es da zu sagen: die Felder sind Zustände des Raumes; Raum und Äther sind ein und dasselbe. Daß man es nicht sagte, lag daran, daß man den Raum als Sitz der euklidischen Metrik und der *Galilei-Newton*schen Trägheit für absolut, d. h. unbeeinflußbar hielt, für ein starres Gerippe der Welt, das sozusagen vor aller Physik da ist und nicht Träger veränderlicher Zustände sein kann. Mit dem Verzicht auf eine mechanische Interpretation der elektromagnetischen Felder wurden diese neben den materiellen Korpuskeln zu selbständigen physikalischen Wesenheiten neben den materiellen Korpuskeln.

Der nächste Schritt in der Entwicklung des Raumbegriffes ist derjenige der speziellen Relativitätstheorie. Das Gesetz der Lichtausbreitung im leeren Raume in Verbindung mit dem Relativitätsprinzip hinsichtlich der gleichförmigen Bewegung hatte mit Notwendigkeit zur Folge, daß Raum und Zeit zu einem einheitlichen vierdimensionalen Kontinuum verschmolzen werden mußten. Denn man erkannte, daß dem Inbegriff gleichzeitiger Ereignisse nichts Reales entspreche. Diesem vierdimensionalen Raume mußte – wie *Minkowski* zuerst klar erkannte – eine euklidische Metrik zugeschrieben werden, welche der Metrik des dreidimensionalen Raumes der euklidischen Geometrie bei Verwendung einer imaginären Zeitkoordinate völlig analog ist. Auf die Existenz einer durch eine euklidische Metrik charakterisierten Raumstruktur gründet sich die seitherige Entwicklung, welche unter dem Namen ›allgemeine Relativitätstheorie‹ bekannt geworden ist.

Nachdem erkannt war, daß nicht nur der Geschwindigkeit, sondern auch der Beschleunigung kein absoluter Charakter zugeschrieben werden dürfe, ward es offenbar, daß dem Begriffe des Inertialsystems in der Natur nichts Reales entspreche. Es wurde klar, daß die Gesetze so zu formulieren seien, daß diese Formulierung gegenüber jedem *Gauss*schen Koordinatensystem im vierdimensionalen Raume Gültigkeit beanspruchen könne (allgemeine Kovarianz der die Naturgesetze ausdrückenden Gleichungen). Dies ist der formale Gehalt des allgemeinen Relativitätsprinzips. Seine heuristische Kraft liegt in der Fragestellung: Welches sind die einfachsten allgemein kovarianten, d. h. unabhängig von der Koordinatenwahl sinnvollen Gleichungssysteme?

In solcher Allgemeinheit ist diese Fragestellung noch nicht fruchtbar. Es muß noch eine Angabe über den Charakter der Raumstruktur hinzukommen. Diese lieferte die spezielle Relativitätstheorie, an deren Gültigkeit für unendlich kleine Gebiete des Raumes festgehalten werden mußte. Dies bedeutet: Es gibt eine Raumstruktur, welche für die infinitesimale Umgebung jedes Punktes mathematisch durch eine euklidische Metrik ausgedrückt werden kann. Oder: Der Raum besitzt eine *Riemann*sche Metrik. Aus physikalischen Gründen war klar, daß diese *Riemann*sche Metrik auch zugleich den mathematischen Ausdruck für das Gravitationsfeld bilde.

Die dem Gravitationsproblem entsprechende mathematische Frage war also diese: Welches sind die einfachsten mathematischen Bedingungen, denen eine *Riemann*sche Metrik im vierdimensionalen Raume unterworfen werden kann? So wurden die Feldgleichungen der Gravitation der allgemeinen Relativitätstheorie gefunden, welche die bekannten Bestätigungen erfahren haben.

Die Bedeutung dieser Theorie für die Erkenntnis des Wesens des Raumes kann so charakterisiert werden: Der Raum verliert mit der allgemeinen Relativitätstheorie seinen absoluten Charakter. Bis zu jener Entwicklungsphase galt der Raum als etwas, dessen innere Beschaffenheit durch nichts beeinflußbar, überhaupt durchaus unveränderlich sei; deshalb mußte ja auch ein besonderer Äther als Träger der im materiefreien Raume lokalisierten Feldzustände angenommen werden. Nun aber war die eigentlichste Raumeigenschaft – die metrische Struktur – als veränderlich und beeinflußbar erkannt. Der Zustand des Raumes gewann Feldcharakter; der geometrische Raum war dem elektromagnetischen Felde in dieser Hinsicht analog geworden. Die Trennung der Begriffe Raum und Äther wurde so gewissermaßen von selbst aufgehoben, nachdem bereits die spezielle Relativitätstheorie dem Äther den letzten Rest von Stofflichkeit genommen hatte.

Die Hauptbedeutung der allgemeinen Relativitätstheorie sehe ich keineswegs darin, daß sie einige winzige beobachtbare Effekte vorausgesagt hat, sondern vielmehr in der Einfachheit ihrer Grundlage und in ihrer Folgerichtigkeit. Sie nimmt dem Raum-Zeit-Kontinuum seinen absoluten Charakter und führt die Metrik bzw. Geometrie, die Trägheit und die Gravitation auf eine einzige Struktureigenschaft des vierdimensionalen Raumes zurück, nämlich auf dessen *Riemann*sche Metrik.

Aber auch diese theoretische Konstruktion führt mit Notwendigkeit über sich selbst hinaus. Sie deutet zwar das Gravitationsfeld als metrische Struktur des Raumes. Aber sie bedarf der Einführung besonderer begrifflicher Elemente, um das elektromagnetische Feld in sich zu begreifen. Sie gibt also gerade von jenen Phänomenen nicht in logisch befriedigender Weise Rechenschaft, denen die ganze Relativitätstheorie ihren Ursprung verdankt.

Es ist nun das eifrigste Streben der Theoretiker, den Inbegriff des Gravitations- und elektromagnetischen Feldes auf eine einheitliche Struktur des Raumes zurückzuführen. Welches kann diese Struktur sein? Wie findet man die mathematischen Feldgesetze, denen diese Struktur zu unterwerfen ist? Können die materiellen Teilchen (Elektronen und Protonen) als reguläre Lösungen dieser Feldgesetze aufgefaßt werden? Dies sind die Fragen, um deren Lösung gegenwärtig gerungen wird.

Solange sie nicht befriedigend gelöst sind, wird mit Recht daran gezweifelt werden dürfen, ob derartig weitgehende deduktive Methoden der Physik überhaupt zugebilligt werden dürfen. Hierüber kann schließlich nur der Erfolg entscheiden.

Hier soll nur noch erwähnt werden, daß sich mathematisch eine Raumstruktur anbietet, welche eine natürliche Ergänzung der *Riemann*schen metrischen Raumstruktur darstellt, und deren Untersuchung ich – die daran geknüpfte Hoffnung andeutend – als ›einheitliche Feldtheorie‹ bezeichnet habe. Von dieser Struktur wollen wir uns noch einen Begriff bilden.

Es seien P und P' zwei beliebige Punkte des Kontinuums $\overline{PQ}$ und $\overline{P'Q'}$ zwei von diesen Punkten ausgehende Linienelemente. Die Voraussetzung der metrischen Struktur besagt, daß von der Gleichheit der beiden Linienelemente sinnvoll gesprochen werden könne, allgemeiner, daß Linienelemente bezüglich ihrer Größe vergleichbar seien. Der *Riemann*sche Charakter der Metrik drückt sich durch die Voraussetzung aus, daß das Quadrat der Größe des Linienelementes durch eine homogene Funktion zweiten Grades der Koordinatendifferentiale ausdrückbar sei. Dagegen hat innerhalb des Rahmens der *Riemann*schen Geometrie eine Aussage über eine Richtungsbeziehung, z. B. über Parallelismus zweier Linienelemente $\overline{PQ}$ und $\overline{P'Q'}$ keinen Sinn. Wird nun die Voraussetzung hinzugefügt, daß von einer Parallel-Beziehung der Linienelemente sinnvoll gesprochen werden könne, so gelangt man zur formalen Grundlage der einheitlichen Feldtheorie. Der Vollständigkeit halber ist nur noch die Voraussetzung beizufügen, daß der Winkel zwischen zwei von demselben Punkte ausgehenden Linienelementen sich durch deren Parallelverschiebung nicht ändere.

Mathematischer Ausdruck der Feldgesetze sollen die einfachsten mathematischen Bedingungen sein, welchen eine solche Raumstruktur unterworfen werden kann. Die Auffindung solcher Gesetze scheint gelungen zu sein, und dieselben stimmen in der Tat mit den empirisch bekannten Gesetzen der Gravitation und Elektrizität in erster Näherung überein. Ob diese Feldgesetze auch eine brauchbare Theorie der materiellen Partikeln und der Bewegungen liefern, müssen tiefere mathematische Untersuchungen ergeben.

Nach den hier vertretenen Gesichtspunkten sieht also das axiomatische Fundament der Physik so aus. Das Reale wird aufgefaßt als vierdimensionales Kontinuum mit einer einheitlichen Struktur bestimmter Art (Metrik und Richtung). Die Gesetze sind Differentialgleichungen, welchen die genannte Struktur, d. h. die als Gravitation und Elektromagnetismus in Erscheinung tretenden Felder genügen. Die materiellen Teilchen sind Stellen hoher Felddichte ohne Singularität.

Zusammenfassend können wir symbolisch sagen: Der Raum, ans Licht gebracht durch das körperliche Objekt, zur physikalischen Realität erhoben durch *Newton*, hat in den letzten Jahrzehnten den Äther und die Zeit verschlungen und scheint im Begriffe zu sein, auch das Feld und die Korpuskeln zu verschlingen, so daß er als alleiniger Träger der Realität übrig bleibt.

Biobibliographische Angaben

Albert Einstein
* 14. 3. 1879 (Ulm) – † 18. 4. 1955 (Princeton)

1896 Fachlehrerstudium an der TU Zürich; 1900 Diplom; 1902-1909 Vorprüfer am Patentamt Bern; 1905 ›annus mirabilis‹: Veröffentlichung von fünf Arbeiten (einschließlich Dissertation), welche die Grundlagen der theoretischen Physik verändern; 1907 Habilitation an der Universität Bern; 1909 a. o. Prof. für theoretische Physik an der Universität Zürich; 1911-1912 Prof. für theoretische Physik an der Universität Prag; 1912 Forschung und Lehre an der TH Zürich; 1914 Ruf an die Preußische Akademie der Wissenschaften; 1915 Allgemeine Relativitätstheorie; ab 1920 antisemitischen Anfeindungen ausgesetzt; 1921 Nobelpreis für Physik; 1925-1927 Arbeit an Quantentheorie; 1933 Übersiedlung in die USA, Anstellung am *Institute for Advanced Studies* in Princeton; 1939 Aufforderung an Roosevelt zum Bau der Atombombe; 1945 Gründer und Präsident des *Emergency Committee of Atomic Scientists*, das zur friedlichen Nutzung der Atomenergie aufruft.

Textnachweis

»Raum, Äther und Feld in der Physik«, in: *Forum Philosophicum* 1 (1930), S. 173-180.

Weitere Texte zur Raumtheorie

1917: »Kosmologische Betrachtungen zur allgemeinen Relativitätstheorie«, in: *Sitzungsberichte der preußischen Akademie der Wissenschaften, Phys.-Math. Klasse* 1, S. 142-152.

1938: [zus. mit Leopold Infeld] *Die Evolution der Physik. Von Newton bis zur Quantentheorie*, aus dem Englischen von Werner Preusser, Reinbek: Rowohlt [20]2005.

1954: »Relativität und Raumproblem«, in: A. E., *Über die spezielle und die allgemeine Relativitätstheorie* [1917], Berlin u. a.: Springer [23]1988 (Nachdruck 2002), S. 91-109.

Sekundärliteratur

Born, Max: *Die Relativitätstheorie Einsteins*, hg. von Jürgen Ehlers und Markus Pössel, Berlin u. a.: Springer [7]2003 [1920].

Cassirer, Ernst: *Zur Einsteinschen Relativitätstheorie. Erkenntnistheoretische Betrachtungen*, Text und Anm. bearbeitet von Reinold Schmücker, *Gesammelte Werke*, hg. von Birgit Recki, Bd. 10, Hamburg: Meiner 2001 [1921].

Friedman, Michael: *Foundations of Space-Time Theories. Relativistic Physics and Philosophy of Science*, Princeton: Princeton University Press 1983.

Reichenbach, Hans: *Axiomatik der relativistischen Raum-Zeit-Lehre*, Braunschweig: Vieweg 1965 [1924].

Schlick, Moritz: *Raum und Zeit in der gegenwärtigen Physik. Zur Einführung in das Verständnis der Relativitäts- und Gravitationstheorie*, 4., vermehrte und verbesserte Auflage, Berlin: Springer [4]1922 [1917].

Weyl, Hermann: *Raum Zeit Materie. Vorlesungen über die allgemeine Relativitätstheorie*, hg. und ergänzt von Jürgen Ehlers, Berlin u. a.: Springer [8]1993 [1918].

Archivalien: ⟨http://www.alberteinstein.info/⟩

Teil II
Phänomenologie der Räumlichkeit

Einleitung

> Alles, was uns infolge von Bewegungen an der Sonne erscheint, kommt nicht von dieser selbst her, sondern ist von der Erde und unserem Umlauf verursacht, mittels dessen wir uns um die Sonne drehen, vergleichbar irgendeinem anderen Gestirn; so führt die Erde mehrere Bewegungen aus.
> (Kopernikus)

> Ein Fieber, ein Traum versetzt uns in *andre* Räume.
> (Herder)

Phänomenologie ist eine besondere Form des Philosophierens, die zum Ziel hat, das Wesen der menschlichen Existenz und Erkenntnis aus der eigenen Erfahrung heraus zu beschreiben. ›Phänomenologisches‹ ist durch die gesamte Geschichte des Denkens hindurch anzutreffen. Im Besonderen will die Phänomenologie aber innerhalb der Philosophie eine Grundlegungsfunktion ausüben. Mit diesem Programm setzt die ›phänomenologische Bewegung‹ zu Beginn des 20. Jahrhunderts ein: In ihren Beschreibungen soll gezeigt werden, was und wie der Mensch ist, was die *Konstituenten* seines Seins oder seiner Existenz sind. Neben Wahrnehmung und Leiblichkeit gehört hierzu insbesondere die Räumlichkeit. ›Raum‹ wird dabei nicht mehr als derjenige der Newton'schen Physik verstanden, der als gleichförmiger Ausdehnungsraum konzipiert ist, sondern als Erlebensraum. Unter phänomenologischen Gesichtspunkten ist es daher sinnvoll, weniger von ›Raum‹ als vielmehr von ›Räumlichkeit‹ zu sprechen. Die maßgeblichen Raumtheorien der Phänomenologie versuchen, die in Frage stehende Erfahrungsräumlichkeit dabei im Rückgang auf (eine) Topologie zu beschreiben. Auch wenn die Bezeichnung »Topologie« oder »topologischer Raum« erst in den 1950er-Jahren in der Phänomenologie Verwendung findet – so bei Gaston Bachelard, Martin Heidegger und Maurice Merleau-Ponty –, ist ein topologischer Ansatz bereits vorher auszumachen. Mit der topologischen Beschreibung versucht die Phänomenologie den

Beleg zu erbringen, dass das Raumkonzept der Geometrie und der klassischen Physik eine Verkürzung räumlicher Erfahrung darstellt, die ihrerseits nicht metrisch bestimmbar ist. Die phänomenologische Bestimmung ist dabei größtenteils durch Rekursivität gekennzeichnet: Die Erfahrung soll Grundlage der Beschreibung sein, was aber mittels der Erfahrung beschrieben wird, sind ihre Grundlagen. Noch komplexer wird das Gesamtbild der Phänomenologie der Räumlichkeit im 20. Jahrhundert aufgrund einer Divergenz im Verständnis von ›Topologie‹: Zugespitzt kann von einer *französischen* und einer *deutschen* Form des topologischen Raumdenkens gesprochen werden: Während die frankophone Topo*logie* mit Bachelard explizit an Modelle der neueren Geometrie sowie der Relativitätstheorie anschließt, wird in der deutschen *Topo*logie bei Heidegger der ›Ort‹ und dessen lebensweltliche Funktion als Wohnstätte oder Heimat betont. Beide Ansätze argumentieren daher recht unterschiedlich: Während die deutsche Phänomenologie vor allem versucht zu zeigen, dass der dreidimensionale, metrische und homogene Raum der topologischen Struktur einer Erfahrungsräumlichkeit entspringt, zielt die französische zumeist und vor allem darauf ab, eine Inkompatibilität zwischen topologischem und euklidischem Raum zu belegen. Für beide bildet gleichermaßen die Phänomenologie Edmund Husserls den Ausgangspunkt. Ein Vermittlungsversuch zwischen deutscher und französischer Tradition ist wiederum bei Merleau-Ponty zu finden: Er vertritt einerseits die These von der Ursprünglichkeit des topologischen Raumes und konstatiert andererseits eine aktuelle Verflechtung beider Raumtypen. Als einen phänomenologischen Weg gänzlich anderer Art hat sich eine verhaltenswissenschaftliche Form der Topologie im angelsächsischen Bereich herausgebildet, als deren Hauptvertreter Kurt Lewin gelten kann. Er hat die vielleicht erste topologische Raumbeschreibung der Phänomenologie vorgelegt, die sich auf eine konkrete Erlebenssituation – Landschaft im Krieg – bezieht.

Ein Anfang phänomenologischer Konstitutionslehren des dreidimensionalen Raums ist im 20. Jahrhundert bei EDMUND HUSSERL (Text 8) zu finden. Husserl nennt seine Untersuchungsform einen Rückgang oder die phänomenologische ›Reduktion‹.[1] Von ihr er-

1 Für die werkgeschichtliche Entwicklung des Konzepts der Reduktion bei Husserl vgl. Rudolf Boehm, »Die phänomenologische Reduktion« [1962], in: R. B., *Vom Gesichtspunkt der Phänomenologie*, Den Haag: Nijhoff 1968 [1965], S. 119-140.

hofft er sich die ›Freilegung‹ eben derjenigen Elemente oder Konfigurationen, die als Konstituenten von Bewusstsein angesehen werden können. Das phänomenologische Vorgehen solle nach Husserl daher auch »*Archäologie*«[2] genannt werden: die Erforschung des Anfangs (griech. *arche*) im Rückgang vom in der veränderlichen Wahrnehmung aktuell Gegebenen zu den unveränderlichen Gründungsschichten.[3] Mit seinem Lehrer Franz Brentano ging Husserl dabei von einer intentionalen Struktur des Bewusstseins aus, die jedem Wahrnehmungsgeschehen zugrunde liege:[4] Wahrnehmung ist immer Wahrnehmung *von etwas*. Das Bewusstsein befindet sich ohnehin schon im ›Außen‹, weil es auf die Dinge in der Welt bezogen ist.[5] Dies ist im Ansatz die Bestimmung einer für den Raum fundamentalen topologischen Struktur: Innen und Außen treten erst im euklidischen Raum als getrennt auf, sie bilden hinsichtlich des Wahrnehmungserlebens aber eine vorgängige Einheit.

Wie konstituiert sich nun aber Dreidimensionalität? – Genau genommen war es nicht Husserl, sondern Georg Wilhelm Friedrich Hegel, der erstmals eine phänomenologische Antwort auf die Frage nach der ›Entstehung‹ des euklidischen Raumes zu geben versuchte: Nach Hegel beinhaltete die *Phänomenologie des Geistes*, so sein Buchtitel von 1807, eine Vergegenwärtigung der Entwicklung des ›Geistes‹ als eine idealisierte Herausbildung von allgemeinen Erkenntnisstrukturen. Zu diesen gehören auch die Grundlagen der Naturerkenntnis, welche wiederum den Begriff des Raums

2 Eugen Fink, »Das Problem der Phänomenologie Edmund Husserls« [1939], in: E. F., *Studien zur Phänomenologie. 1930-1939*, Den Haag: Nijhoff 1966, S. 179-223, hier S. 199.

3 Vgl. Leonard Lawlor: »The Chiasm and the Fold. An Introduction to the Philosophical Concept of Archeology«, in: ders., *Thinking through French Philosophy. The Being of the Question*, Bloomington/Indianapolis: Indiana University Press 2003, S. 24-46 und 182-186; sowie Stephan Günzel, »*Zick-Zack*. Edmund Husserls phänomenologische Archäologie«, in: Knut Ebeling/Stefan Altekamp (Hg.), *Die Aktualität des Archäologischen in Wissenschaft, Künsten und Medien*, Frankfurt am Main: Fischer 2004, S. 98-117.

4 Siehe hierfür Franz Brentano, *Psychologie vom empirischen Standpunkt* [1874], Bd. 1, Hamburg: Meiner 1973. – Brentanos Arbeiten zur Raumtheorie selbst erschienen postum: F. B., *Philosophische Untersuchungen zu Raum, Zeit und Kontinuum*, aus dem Nachlass hg. von Alfred Kastil, Hamburg: Meiner 1976.

5 Vgl. Jean-Paul Sartre, »Eine fundamentale Idee der Phänomenologie Husserls: die Intentionalität« [1939], in: J.-P. S., *Gesammelte Werke. Philosophische Schriften*, Bd. 1, hg. von Vincent von Wroblewsky, Reinbek: Rowohlt 1994, S. 33-37.

als ein dreidimensionales Gebilde umfasst. Die drei Dimensionen sind für Hegel keine beliebigen, qualitativ indifferenten Bestimmungen eines homogenen Raumes, sondern echte Unterschiede, die sich gegenseitig ›hervorbringen‹.[6] Phänomenologisch gewendet geht es darum, die Figuren der Geometrie als vorstellungslogische Extreme zu beschreiben, sodass der Raum sich auf notwendigen anderen Figuren aufbaut. Die topologische Beschreibung besteht hier also im Aufweis einer idealen Metamorphose oder Genesis der Dimensionen: So folgert Hegel, dass der Begriff des Raums aus dem schlechthin Unräumlichen, dem Punkt (0D) resultiert, der jedoch nur als Teil einer Linie (1D) vorstellbar wird, deren Aufhebung wiederum in der Fläche (2D) stattfindet. Erst diese könne als echte Negation und damit als die notwendige Voraussetzung einer Vorstellung von Raum (3D) gelten.[7] Mit einer ähnlichen Überlegung setzt Husserl an: In den 1890er-Jahren arbeitet er an seinem unveröffentlicht gebliebenen »Raumbuch«, worin er eine zu Hegel gegenläufige phänomenologische Entwicklung der Dimensionen beschreibt: Husserl geht davon aus, dass nicht – wie Hegel meinte – der Punkt der Anfang einer qualitativen Ausdifferenzierung ist, sondern geradezu die höchste Abstraktionsstufe geometrischer Vorstellung: »Wir sehen nicht unendlich viele Punkte in der Fläche oder Linie. Die Linie ist eine Einheit, nicht eine unendliche Vielheit.«[8] Für den frühen Husserl steht die Erfahrung der Dreidimensionalität am Anfang. Erst von hier aus werden die Begriffe von zwei und weniger Dimensionen begreif-

6 Vgl. Dieter Wandschneider, »Räumliche Extension und das Problem der Dreidimensionalität in Hegels Theorie des Raumes«, in: *Hegel-Studien* 10 (1975), S. 255-273.

7 Vgl. Georg Wilhelm Friedrich Hegel, *Enzyklopädie der philosophischen Wissenschaften im Grundrisse* [1817], Zweiter Teil: *Die Naturphilosophie*, *Werke*, Bd. 18, Frankfurt am Main: Suhrkamp 1986, S. 394 f. – Auch wenn das Gedankenspiel eines Auseinanderhervorgehens geometrischer Gebilde bereits in der Antike in Umlauf war (vgl. Aristoteles, *Über die Seele*, Hamburg: Meiner 1995, S. 43 [409a]), so stellt Hegels Vorschlag einen Höhepunkt geometrisch anschaulicher Begründungsverfahren dar. (Vgl. Jacques Derrida, »Ousia und Gramme. Notiz über eine Fußnote in *Sein und Zeit*« [1968], in: J. D., *Randgänge der Philosophie* [1972], Wien: Passagen ^{2}1999, S. 57-92 und 359-367, hier S. 65 ff.)

8 Edmund Husserl, »Philosophische Versuche über den Raum (1886-1901)«, in: E. H., *Gesammelte Werke. Husserliana*, Bd. 21, Den Haag u. a.: Nijhoff 1983, S. 261-360, hier S. 286.

bar und anschaulich: Aus Raum *wird* Fläche *wird* Linie *wird* Punkt …[9]

In der mittleren Phase seiner Arbeit, deren Stand sich etwa an der Vorlesung *Ding und Raum* von 1907 ablesen lässt, geht Husserl dann davon aus, dass die Dreidimensionalität von Raum und Raumobjekten direkt aus der sensomotorischen Erfahrung abgeleitet werden könne. Von Husserls Schüler, dem Mathematiker Oskar Becker, wurde der Ansatz schließlich ausgearbeitet: Becker legte die Annahme einer Zweidimensionalität des Sehfeldes zugrunde, zu der nur eine weitere Bewegungsrichtung hinzukommen müsse, um eine originäre Raumerfahrung zu erzielen.[10] In den späten Manuskripten ist dann ein nicht unbedeutender Wechsel im Denken Husserls zu beobachten: Viele seiner Überlegungen zentrieren sich nun verstärkt um das Konzept der Lebenswelt.[11] In raumtheoretischer Hinsicht wechselt Husserl dabei die Perspektive, durch welche ›Archäologie‹ auch im engeren Sinne relevant wird: Husserl geht davon aus, dass der Ursprung der Geometrie ein praktischer war. So ist der ›Satz des Pythagoras‹ nicht etwa rein wissenschaftlichen Ursprungs, sondern war zunächst in der Anwendung vorhanden, nämlich in der Vermessung von Ackerflächen. Auch wenn die hieraus gewonnenen geometrischen Regeln überzeitliche Gültigkeit besitzen, so

9 Flusser hat Husserls phänomenologische Beschreibung der geometrischen Abstraktion als Parabel für die informationstechnische Entwicklung benutzt: In der Menschheitsgeschichte reduzierten sich die Dimensionen vom plastisch-greifbaren Körper über die zweidimensionale Fläche von Bildern, die einen illusorischen Raum zeigen, zur linearen Verschriftlichung, bis hin schließlich zur Nulldimensionalität oder Immaterialisierung der Information in der digitalen Datenübertragung. (Vgl. Vilém Flusser, »Lob der Oberflächlichkeit oder: Das Abstraktionsspiel« (1983), in: V. F., *Lob der Oberflächlichkeit. Für eine Phänomenologie der Medien. Schriften*, Bd. 1, hg. von Stefan Bollmann und Edith Flusser, Mannheim: Bollmann ²1995 [1993], S. 7-59; sowie dazu Dietmar Kamper, *Körper-Abstraktionen. Das anthropologische Viereck von Raum, Fläche, Linien und Punkt*, Köln: König 1999.)

10 Vgl. Oskar Becker, »Beiträge zur phänomenologischen Begründung der Geometrie und ihrer physikalischen Anwendungen«, in: *Jahrbuch für Philosophie und phänomenologische Forschung*, Bd. 6, hg. von Edmund Husserl, Halle: Niemeyer 1923, S. 385-560, hier S. 492-497. – Siehe hierfür auch die spätere Kurzfassung: O. B., »Die apriorische Struktur des Anschauungsraumes«, in: *Philosophischer Anzeiger* 4 (1929/30), S. 129-162.

11 Vgl. Guy van Kerckhoven, »Zur Genese des Begriffs der ›Lebenswelt‹ bei Edmund Husserl«, in: *Archiv für Begriffsgeschichte* 29 (1985), S. 182-203.

sind sie doch in einer historischen Situation entdeckt worden: Sie waren Bestandteile einer »Proto-Geometrie«,[12] in der mit ›unexakten‹ Figuren die Verhältnisse in konkreten Raumsituationen erfasst wurden. Die topologische Struktur ist an dieser Stelle also in vagen Figuren oder den Schemen zu sehen, die der exakten Geometrie historisch und lebenspraktisch vorausgehen.

Husserl formuliert von hier aus die Ansicht, dass gerade auch den mathematischen Wissenschaften ein »historische[s] Apriori«[13] eigen ist, sie also trotz der überzeitlichen Geltung ihrer Aussagen eine geschichtliche Genese haben, in deren Verlauf die Ideen in die Welt kamen oder vielmehr in ihr entstanden. Die Geschichtlichkeit hat aber nach Husserl seinerseits einen ›Ort‹: »*unsere Erde*«.[14] Husserl meint dies nicht im Sinne einer nationalistischen Idee von Heimat, sondern, wie er im vorliegenden Text schreibt, als transzendentale »Boden-Form«.[15] Der »natürliche Weltboden«[16] ist Bedingung der Möglichkeit leiblicher Wahrnehmung von Raum oder des räumlichen Erlebens: Überall, wo ein Mensch ist und sich bewegt – und sei es auf einem fremden Planeten –, werde er immer die Erfahrung eines ›Bodens‹ als Basis seines Handlungsraums mitbringen. Mit Newton gegen Newton gesprochen: Die leibliche Erfahrung des relativen Raums (etwa im Bezugssystem ›Schiff‹) ist grundlegend für die abstrakte Konzeption des absoluten Raums. Unter allen Ursprüngen bzw. ersten Formen der Anschauung sei die Erde nach Husserl daher als Ur*arche* anzusehen. Wie Noahs Arche, welche

12 Gilles Deleuze/Félix Guattari, *Tausend Plateaus. Kapitalismus und Schizophrenie 2* [1980], Berlin: Merve 1992, S. 504. – Vgl. Edmund Husserl, *Ideen zu einer reinen Phänomenologie und phänomenologischen Philosophie*, Erstes Buch, *Allgemeine Einführung in die reine Phänomenologie* [1913], § 74, in: *Husserliana*, Bd. 3.1 [1977], hg. von Karl Schuhmann, S. 154-156, S. 154 ff.

13 Edmund Husserl, »Die Frage nach dem Ursprung der Geometrie als intentional-historisches Problem (1936)«, in: *Revue internationale de Philosophie* 2 (1939), S. 203-225, hier S. 221 [= *Husserliana*, Bd. 6, S. 365-386, hier S. 380]. – Den Begriff nimmt Foucault auf und bestimmt ihn als die »Realitätsbedingung von Aussagen«. (Michel Foucault, *Die Archäologie des Wissens* [1968], Frankfurt am Main: Suhrkamp 2003, S. 184.)

14 Edmund Husserl, *Erfahrung und Urteil. Untersuchung zur Genealogie der Logik* [1939], Hamburg: Meiner [7]1999, S. 189.

15 Text 8, S. 153.

16 Edmund Husserl, *Die Krisis der europäischen Wissenschaften und die transzendentale Phänomenologie* [1936], in: *Husserliana*, Bd. 6 [1976], hg. von Walter Biemel, S. 153.

während der Sintflut Schutz bot,[17] sind Räume unter anthropologischen Gesichtspunkten immer schon containerartige Schutzzonen. Ebenso bietet die leibhaft verinnerlichte Form des Bodens nach Husserl Schutz: Sie schützt durch einen festen Bezugspunkt vor der Orientierungslosigkeit. Die ›Revolution‹, in der Kopernikus die Erde kosmologisch dezentralisierte, müsse daher unter phänomenologischen Gesichtspunkten selbst noch einmal kopernikanisch gewendet werden:[18] Der Erdboden als das konstitutive *Unten* der phänomenalen Erlebensstruktur von Raum ist das Zentrum, welches jeder Leib virtuell mit sich trägt. Dies ist nun Husserls fundamentale topologische Figur: Die grundlegende Bodenständigkeit, durch die erst ein orientierter Raum gegeben ist, bedingt die spezifische »*Raumkörperlichkeit*«[19] des Menschen und der Dinge, mit denen er zu tun hat: »[D]ie Erde [ist] hierbei selbst eine Allgemeinheit: sie ist individuell, aber ein Gegenstand, der vielerlei Reiche als Unendlichkeitsreiche [...] in sich trägt.«[20] Dies kommt der faktischen Rücknahme des neuzeitlichen Weltbilds nach Galilei gleich: Emblematisch hierfür steht Husserls Ausspruch: »Die Erde bewegt sich nicht.«[21] Husserl unterminiert also letztlich die Frage nach der Dreidimensionalität des Raums, indem er sie durch eine viel grundlegendere Dimension konstituiert sieht: Die topologische Struktur, die jeder erlebbaren Form von Räumlichkeit zugrunde liegt, besteht für ihn immer in dem Verhältnis des erfahrenden Leibs zur Bodenhaftigkeit. Husserls Beschreibung der bedingenden Bodenerfahrung kön-

17 Vgl. Walter Burkert, »Konstruktion des Raumes und räumliche Kategorien im griechischen Denken«, in: Dagmar Reichert (Hg.), *Räumliches Denken*, Zürich: vdf 1996, S. 57-85, hier S. 65 ff.

18 Ideengeschichtlich stellt die Dezentralisierung der Erde eigentlich eine Annäherung der Erde an die göttliche Sphäre dar. Vielmehr war die Mitte der Welt (Universum) der schlechteste aller denkbaren Orte. (Vgl. Rémi Brague, »Geozentrismus als Demütigung des Menschen« [1990], in: *Internationale Zeitschrift für Philosophie* 1/1994, S. 1-25.)

19 Edmund Husserl, *Ideen zu einer reinen Phänomenologie*, Zweites Buch, *Phänomenologische Untersuchungen zur Konstitution*, in: *Husserliana*, Bd. 4 [1952], hg. von Marly Biemel, S. 29.

20 Edmund Husserl, »Problem einer nicht-historischen sondern idealen Genesis der Idee strenger Wissenschaft«, in: *Erste Philosophie (1923/24)*, Erster Teil, *Kritische Ideengeschichte*, Zusätze, *Husserliana*, Bd. 7 [1956], hg. von Rudolf Boehm S. 287-297, hier S. 291.

21 Siehe unten, Text 8, S. 157.

ne daher zu Recht auch als eine »transzendentale Geographie«[22] angesprochen werden, denn die konstitutiven Elemente sind selbst keine empirischen Tatsachen: Husserl fragt nicht nach einzelnen Raumgegebenheiten oder topographischen, kontingenten Merkmalen, sondern nach strukturellen, irreduziblen Maßgaben, die in jeder räumlichen Erfahrung anzutreffen sind.

Husserls topologische Beschreibung der Bodenform fand Resonanz bei MAURICE MERLEAU-PONTY (Text 10), der in seinen Vorlesungen zum Begriff der Natur im März 1957 auf die späten Raumreflexionen Husserls aufmerksam machte.[23] Aufgrund ihrer Rückbindung von Geschichtlichkeit an die Formalität des Bodens spricht Merleau-Ponty die phänomenologische Methode als »transzendentale Geologie«[24] an: Im Gegensatz zur Geographie nämlich betrachtet die Geologie nicht nur gegenwärtige Konstellationen, sondern auch Vergangenheitsschichten. Merleau-Pontys Weg zu diesem Punkt war analog dem Husserls: Auch er befasste sich seit seinen frühen Arbeiten mit der Frage nach der Dimensionalität des Raums. Sein Lösungsweg ist nun gänzlich anders als derjenige Husserls und Hegels: Merleau-Ponty geht davon aus, dass die Tiefe gegenüber der Länge und Breite dadurch qualitativ ausgezeichnet ist, dass in ihr die spezifisch menschliche Form der Endlichkeit zum Ausdruck kommt. Der Mensch *kann und muss* die Welt aus (s)einer Perspektive sehen: Dagegen sei »[f]ür Gott, der überall ist, [...] die Breite freilich unmittelbar der Tiefe äquivalent«.[25] Die

22 Bernhard Waldenfels, »Einleitung«, in: Edmund Husserl, *Die Krisis des europäischen Menschentums und die Philosophie (1935)* [1954], Weinheim: Beltz Athenäum 1995, S. 7-18, hier S. 10.

23 Vgl. Maurice Merleau-Ponty, »Der Naturbegriff« [1957], in: M. M.-P., *Vorlesungen I*, Berlin/New York: de Gruyter 1973, S. 88-102 und 316-334, hier S. 99 f.; und die Nachschrift von Xavier Tilliet, »Husserl und der Naturbegriff« [1965], in: ebd., S. 241-254 und S. 392.

24 Maurice Merleau-Ponty, *Das Sichtbare und das Unsichtbare gefolgt von Arbeitsnotizen* [1964], hg. von Claude Lefort, München: Fink ³2004, »Arbeitsnotizen«, S. 213-344, hier S. 325. – Derrida wiederum hat Husserls Entwurf als nach wie vor geschichtsorientiert kritisiert und nennt seine Topologie eine eurozentristische »*geistige Geographie*« (Jacques Derrida, »Das andere Kap. Erinnerungen, Antworten und Verantwortungen« [1990], in: J. D., *Das andere Kap. Die vertagte Demokratie. Zwei Essays zu Europa* [1991], Frankfurt am Main: Suhrkamp 1992, S. 9-80, hier S. 19).

25 Maurice Merleau-Ponty, *Phänomenologie der Wahrnehmung* [1945], Berlin: de Gruyter 1966, S. 298.

dritte Dimension ist originär, und Räumlichkeit ist dadurch begründend für menschliche Erfahrung, weil die Welt nur im Distanz- und Standorterleben gegeben ist. Anders als für den späten Husserl, der die phänomenale Topologie in der Relation zum *Unten* bestimmt sieht, ist es für Merleau-Ponty die Beziehung des Leibes zum *Dort*.

Kein Text verteidigt die ›anthropologische‹ Verfasstheit der Raumwahrnehmung so wie das Kondensat aus Merleau-Pontys unvollendet gebliebenem Großprojekt *Das Sichtbare und das Unsichtbare*, veröffentlicht als sein letzter Aufsatz unter dem Titel »Das Auge und der Geist«. Tatsächlich dreht sich jener Text um den Widerstreit des konstruierbaren, physikalisch-metrischen Raums und des erfahrenen, gelebten Raums. In zugehörigen Notizen nennt ihn Merleau-Ponty ausdrücklich einen »topologischen« Raum, welcher »ursprünglicher Raum«[26] sei. Als solcher gehe er dem euklidischen Raum erfahrungslogisch voraus, bleibe aber in der Erfahrung immer mit ihm konfrontiert. Beide Raumarten blieben daher aufeinander bezogen. Im Verlauf seiner Argumentation wirft Merleau-Ponty Descartes vor, die (visuelle) Wahrnehmung als Projektionsvorgang nach dem Modell einer *camera obscura* konstruiert zu haben, was keineswegs der Erfahrung eines ›leibhaften‹ Sehens entspräche: Die *res extensa* sei bei Descartes ein Raum der geometrischen Konstruktion. Einem Menschen wäre der Raum im Erleben immer nur individueller Ansichten gegeben. Visuelle Ansichten von allen Seiten zugleich, wie sie die geometrische Darstellung in der Durchsicht realisieren kann und welche von Descartes impliziert sind, seien unmöglich, wenn die Objekte als ausgedehnte Substanz beschrieben werden. Zwar gehe Descartes in seiner Raumtheorie mit der traditionellen Sehstrahltheorie konform, doch schon diese substituiere nach Merleau-Ponty bereits wahrhaftes Sehen durch Tasten. In kunstgeschichtlichen Formkategorien ausgedrückt: Descartes beschreibt weniger ein *optisch-malerisches* als vielmehr ein *haptisch-lineares* Bild des Raums, in welchem Objekte mittels Konturlinien gezeigt werden – Eigenschaften, welche in Wirklichkeit kaum selbst gesehen werden können, sondern sich zunächst nur ertasten lassen. Die von Descartes beschriebene Raumerfahrung wird von ihm daher nicht von ungefähr mit der Erfahrung eines Men-

26 Merleau-Ponty, *Das Sichtbare und Unsichtbare*, S. 269 und 272 f.

schen verglichen, dessen Augen verbunden sind und der die Welt mit Stöcken in seinen Händen erkundet.[27] Ebenso sei auch essenzielles Sehen nach Descartes zu denken, das auf die ›primären Qualitäten‹ der Dinge ›schaut‹. Sehen ist unter leibgebundenen, phänomenologischen Gesichtspunkten jedoch weitaus reichhaltiger. Merleau-Ponty leugnet damit nicht, dass auch im Sehen die Objekte immer im Ganzen vorstellig sind. Ganz im Gegenteil: Niemand sieht wirklich nur Vorderseiten, auch ohne dass er die Objekte im Sichtfeld vorher abtastet.[28] Beide, Auge (Sehen) und der Geist (Denken), sind vielmehr im Sehen immer schon beteiligt. Merleau-Ponty arbeitet daher weniger gegen Descartes' physikalischen Raumbegriff als vielmehr gegen eine Verkürzung von Raumwahrnehmung auf haptische oder auch optische Komponenten: Der Raum wird gesehen *und* gespürt, die Dinge in ihm kommen aber auch auf den Betrachter zu, der sie in der Wahrnehmung – dem phänomenologischen Grundsatz zufolge – intentional umfasst und als Dinge in der Welt *erlebt*. Maurice Merleau-Ponty bezeichnet den topologischen Charakter dieser Gegenseitigkeit als »Reversibilität«[29] und die Leibhaftigkeit von Raum als »Fleisch«[30] (franz. *chair*).

Für Merleau-Ponty sind die Gemälde Paul Cézannes exemplarische Versuche, dem nichteuklidischen Raum ein Bild zu geben. In seinen Gemälden finden sich die »zwei unvereinbare[n] Arten der Raumbehandlung ineinander verankert«:[31] Cézanne zeigt in seinen Stilleben und Landschaftsbildern zwar tiefenräumlich arrangierte Objekte, diese jedoch in Ansichten, welche von den Regeln zentralperspektivischer Darstellung abweichen: Teller etwa, die in Schrägaufsicht abgebildet sein müssten, werden fast kreisförmig dargestellt; so, wie sich dieser Teller dem Mensch in der Wahrnehmung darbietet, der eben nicht von einem elliptischen, sondern von ei-

27 Vgl. *Descartes' Dioptrik* [1637], hg. von Eduard May, Meisenheim am Glan: Hain 1954, S. 70 ff., bes. S. 92.

28 Vgl. Maurice Merleau-Ponty, »Das Primat der Wahrnehmung und seine philosophischen Konsequenzen« [1947], in: M. M.-P., *Das Primat der Wahrnehmung*, hg. von Lambert Wiesing, Frankfurt am Main: Suhrkamp 2003 [1996], S. 26-84.

29 Merleau-Ponty, *Das Sichtbare und Unsichtbare*, S. 187.

30 Ebd., S. 178.

31 Jonathan Crary, *Aufmerksamkeit. Wahrnehmung und moderne Kunst* [1999], Frankfurt am Main: Suhrkamp 2002, S. 263.

nem runden Teller isst. Anders als das kubistische Vorgehen, welches die perspektivische Raumkonstruktion im Bild auflöst, um die Konstruktionsprinzipien von Raum im Bild bloßzustellen,[32] versucht Cézanne nach Merleau-Ponty ein Wesensmerkmal der Wahrnehmung aufzuzeigen.[33] Seine Bilder sind nicht bloß Sichtweisen der Dinge, sondern Darstellungen eines »Empfindungsblock[s]«.[34] In seiner Bilddeutung lässt sich Merleau-Ponty von Erwin Panofskys Auffassung leiten,[35] die Menschen vor der Renaissance hätten Raum anders ›gesehen‹ als die Menschen der Neuzeit. Dies leitet Panofsky aus Gemälden ab, die trotz vermutlicher Kenntnis der Regeln perspektivischer Darstellung seitens der Urheber keine zentralperspektivische Bildraumkonstruktion (*perspectiva artificialis*) aufweisen. Vielmehr brächten sie das natürliche Sehen (*perspectiva naturalis*) zur Darstellung, das einer lebensweltlichen Erfahrungsweise von Räumlichkeit entspreche.[36] Es ist dieser ›Raum‹, so die Auffassung Merleau-Pontys, den Cézanne ›wiederentdeckt‹. Seine Werke könne man daher zum Vorbild nehmen, um die Beschreibungen des Raumerlebens zu reformieren. Die Philosophie solle daher eine »Intra-Ontologie«[37] entwickeln, welche herkömmliche Raumtheorien ablöst und Räumlichkeit mit topologischen Figuren wie denjenigen der ›Faltung‹ oder ›Höhlung‹ beschreibt. Besonders aber solle eine neue Phänomenologie der Räumlichkeit die Reversi-

32 Vgl. Clement Greenberg, »Modernistische Malerei« [1960], in: C. G., *Die Essenz der Moderne. Ausgewählte Essays und Kritiken*, hg. von Karlheinz Lüdeking, Dresden: Verlag der Kunst 1997, S. 265-278, hier S. 269.

33 Vgl. dazu bereits Maurice Merleau-Ponty, »Der Zweifel Cézannes« [1945], in: M. M.-P., *Das Auge und der Geist. Philosophische Essays*, hg. von Christian Bermes, Hamburg: Meiner 2003, S. 3-27; sowie zur Malerei als Erkenntnismittel M. M.-P., »Das indirekte Sprechen und die Stimme des Schweigens« [1952], in: ebd., S. 111-175.

34 Gilles Deleuze/Félix Guattari, *Was ist Philosophie?* [1991], Frankfurt am Main: Suhrkamp ²2001, S. 191.

35 Welche wiederum durch Ernst Cassirers Theorem der ›symbolischen Form‹ informiert ist. (Vgl. dazu Einleitung zu Teil VI.)

36 Panofskys These beruht jedoch auf dem unzulässigen Rückschluss von diesen Darstellungs- oder Sichtweisen auf Weisen des Sehens, da die Raumillusion der Perspektivzeichnung für jeden Betrachter, gleich welcher Kultur oder Epoche, besteht. (Vgl. Klaus Rehkämper, *Bilder, Ähnlichkeit und Perspektive. Auf dem Weg zu einer neuen Theorie der bildhaften Repräsentation*, Wiesbaden: DUV 2002, S. 72 f.)

37 Merleau-Ponty, *Das Sichtbare und Unsichtbare*, »Arbeitsnotizen«, S. 286.

bilität in Form einer Überkreuzung denken, in der ›Raum‹ nicht mehr das Außen gegenüber einem inneren Selbst ist, sondern Ich und Welt in einem Verhältnis gedacht sind.[38]

Während Merleau-Ponty Husserls Ansatz auf eine Topologie engführt, welche eine Relationalität von Raum beschreibt, die zugleich als Möglichkeit von ›Geschichte‹ gedacht werden kann, betont die topologische Phänomenologie von Martin Heidegger (Text 7) die Idee einer Gründung des Raums in der Zeit. Sein Vorgehen versteht er dabei nicht als ›Archäologie‹ wie Husserl oder ›Geologie‹ wie Merleau-Ponty, sondern als »Destruktion«:[39] Heidegger will die metaphysischen Systeme, welche sich als Beschreibungen über die ursprüngliche Erfahrung gelegt haben, ›zertrümmern‹ und eine neue Ontologie aus deren Ruinen errichten. Die Legitimation für seinen Ansatz zieht Heidegger aus der Diagnose, dass die Philosophie seit Platon die Welt im Ganzen immer nur mit anderen Namen *bezeichnet* hat (wie ›Idee‹, ›Ding an sich‹ oder ›Wille‹), anstatt die Erfahrung von Weltlichkeit zu *denken*. Nicht zuletzt aufgrund der indogermanischen Grammatik kommt es dabei zu irreführenden Substantivierungen und, mit marxistischen Kategorien gesprochen, zur ›Verdinglichung‹: Die Welt wird nur mehr als vorhandene Gegenständlichkeit – als ›Seiendes‹ – wahrgenommen. Die dagegen zu denkende Erfahrung von Weltlichkeit – das ›Sein‹ – besteht für Heidegger in der Bestimmung des existentiellen Orts des Menschen, weil nur ihm die Welt als solche ›erschlossen‹ sein kann. Diese Erfahrung ist für Heidegger immer schon eine räumliche.[40] Wie bei Merleau-Ponty soll auch bei Heidegger der bloß empirischen

38 Vgl. die Überlegungen zu ›Verflechtung‹ und ›Chiasmus‹ in Merleau-Ponty, *Das Sichtbare und Unsichtbare*, S. 172-203. – Jacques Lacan hat diese Situation im Anschluss an Merleau-Ponty schließlich als die gegenseitige Verschränkung von individuellem (perspektivgebundenem) *Sehen* und einem dem Menschen aus den Dingen entgegenkommenden *Blick* beschrieben. (Vgl. Jacques Lacan, »Was ist ein Bild/Tableau?« [1973], in: *Was ist ein Bild?*, hg. von Gottfried Boehm, München ^{3}2001 [1994], S. 75-89.)

39 Martin Heidegger, *Die Grundprobleme der Phänomenologie* (SS 1927). *Gesamtausgabe*, Bd. 24, hg. von Friedrich-Wilhelm von Herrmann, Frankfurt am Main: Klostermann ^{3}1997 [1975], S. 31.

40 Heidegger und nachfolgende Phänomenologen rekurrieren hierbei vermehrt auf vorplatonische Naturkonzepte: Siehe etwa die Vorlesung von Eugen Fink, *Zur Ontologischen Frühgeschichte von Raum – Zeit – Bewegung*, Den Haag: Nijhoff 1957.

Bestandsaufnahme, die er »Topographie«[41] nennt, eine »ontologische Topologie«[42] vorgelagert sein, durch welche die ›Ortschaft des Seins‹ gedacht werden kann. Auch Heideggers Phänomenologie der Räumlichkeit legt dabei mindestens drei unterschiedliche Strukturen frei: Die Beschreibung existentieller Raumbezogenheit (1) wird an eine Zeitlichkeitsstruktur rückgebunden und gerät darüber in den Bannkreis eines emphatischen, wenngleich leeren Begriffs von Geschichtlichkeit. Dieses Primat der Zeitlichkeit wirkt auch noch im Spätwerk nach: Dort steht vermehrt das ›Wohnen‹ (2) und der Bezug zur Erde im Vordergrund. Anders jedoch als bei Husserl wird der Bezug nicht formal, sondern substanziell gedacht: Der Boden ist nicht die Möglichkeit zur Heimat, sondern eine bestimmte Heimat. ›Sein‹ erschließt sich hierbei in der Sprache (3) als dem Ort der kulturellen Tradition. Hier laufen für Heidegger schließlich die beiden ersten Strukturen in einer »Topologie des Seyns«[43] zusammen.

(1) Wie der vorliegende, frühe Textauszug von 1927 zeigt, unternimmt Heidegger in *Sein und Zeit* zunächst eine Analyse der räumlichen Existenzweise von »Dasein« als einem »In-Sein« (›im Raum sein‹) oder auch »In-der-Welt-sein«.[44] Gegenstände liegen im existentiellen Weltbezug nicht einfach im (euklidischen) Raum vor, sondern sind dem Dasein ›zuhanden‹.[45] Qua Leiblichkeit ist das in die Welt ›geworfene‹ Da-Sein in ein (topologisches) Geflecht von Bezügen eingewoben, das Heidegger die ›Sorge‹ – um sich, um andere, letztlich um das Sein überhaupt – nennt. Als Erfahrung solcher Art gründet der ›Raum‹ im ›Sein‹ oder, anders gesagt, stellt die Euklidik eine Ableitung der lebensweltlichen Erfahrung dar. Das in *Sein und Zeit* »subthematisch eingeklemmte Projekt *Sein und Raum*«[46] wird dann jedoch der Frage nach der Zeitlichkeit unterstellt: Sie besteht in der Möglichkeit des Daseins zum ›geschichtlich

41 Martin Heidegger, »Zur Seinsfrage« [1955], in: M. H., *Wegmarken*, Frankfurt am Main: Klostermann 2004, S. 385-426, hier S. 412.

42 Ralf Rother, *Bei Nacht: Europa. Zur Philosophie einer Topologie*, Wien: Turia + Kant 1999, S. 72.

43 Martin Heidegger, *Aus der Erfahrung des Denkens (1947)*, Stuttgart: Klett-Cotta [8]2005 [1954], S. 23.

44 Text 7, S. 141.

45 Vgl. dazu den dem Textauszug vorangehenden Paragraphen 22 in *Sein und Zeit*.

46 Peter Sloterdijk, »›Im Dasein liegt eine wesenhafte Tendenz auf Nähe‹. Marginalie zu Heideggers Lehre vom existentialen Ort« [1998], in: P. S., *Nicht gerettet. Versuche nach Heidegger*, Frankfurt am Main: Suhrkamp 2001, S. 396-403, hier S. 403.

sein‹, und das heißt für Heidegger, sein Schicksal ›ergreifen‹ zu können. Dies bedeutet wiederum, dass das, was auf das Dasein ›zukommt‹, von diesem nicht nur hinzunehmen, sondern auch als Aufgabe anzueignen ist. In diesem Zuge kommt der von Heidegger bestimmten räumlichen »Erstreckung«[47] des *Da*-seins letztlich eine normative Rolle zu:[48] Wie der Phänomenologe Max Bense schreibt, ist das ›Sein‹ immer schon ›Raum‹, insofern *Sein* die Tätigkeit der freiräumenden Rodung meint: »Das Prädikative Ist bedeutet Raum oder verbal ausgedrückt: raumen.«[49] Auf Heidegger gewendet: Das Dasein ist nicht *im* Raum, es soll Raum *nehmen*.[50] – Im gleichen Jahr, in dem Husserl die Bodenform des Erdkörpers zur Bedingung der Möglichkeit von Geschichte erklärt, ruft Heidegger aus: »›Geschichte machen‹ heißt: *den Raum und Boden erst zu schaffen*.«[51]

(2) Nach dem Zweiten Weltkrieg proklamierte Heidegger dann eine – von ihm selbst als ›Kehre‹ bezeichnete – Rückkehr zur Ausgangsfrage nach dem Sein: Die technische Eroberung des Raums bedeutet für ihn eine »ortlose Ortschaft alles Anwesens«.[52] Technik,

47 Text 7, S. 142; sowie Paragraph 72 in *Sein und Zeit*.

48 Vgl. dazu Jacques Derrida, »Geschlecht. Sexuelle Differenz, ontologische Differenz« [1983], in: J. D., *Geschlecht (Heidegger)* [1987], Wien: Passagen 1988, S. 11-43.

49 Max Bense, »Raum und Ich. Eine Philosophie über den Raum« [1934], in: M. B., *Philosophie. Ausgewählte Schriften*, Bd. 1, hg. von Elisabeth Walther, Stuttgart/Weimar: Böhlau 1997, S. 5-71, hier S. 16.

50 Heideggers Text kann an dieser Stelle durchaus als metaphysisch-ontologische Variation der politischen Raumtheorie von Carl Schmitt (Text 23) angesehen werden.

51 Martin Heidegger, *Logik als die Frage nach dem Wesen der Sprache* [1934]. *Gesamtausgabe*, Bd. 38, hg. von Günter Seubold, Frankfurt am Main: Klostermann 1988, S. 85. – Im Nachlass Heideggers findet sich ein protophysikalischer Revisionsversuch, Raum *und* Zeit als Doppelbegriff zu denken, im welchem beide nicht wie im Weltbild Einsteins »nur zusammen[ge]spannt« sind als Raumzeit: Vielmehr entsprängen Raum wie Zeit einem Abgrund (›*chaos*‹ im Sinne Hesiods), den Heidegger bezeichnet als »Zeit-Raum«. (M. H., *Beiträge zur Philosophie [Vom Ereignis] (1936-1938), Gesamtausgabe*, Bd. 65 [1989], hg. von Friedrich-Wilhelm von Herrmann, Frankfurt am Main: Klostermann ³2003, S. 372-388, hier S. 377.) – Unter dem Einfluss von Heisenbergs Unschärfetheorem stellt er Raum und Zeit als zwei Momente eines Ereignisses dar, von dem jeweils nur eines, und jedes nur auf seine Art bestimmbar ist: »Von der Zeit läßt sich sagen: die Zeit zeitigt. Vom Raum läßt sich sagen: der Raum räumt.« (M. H., »Das Wesen der Sprache (1957/58)«, in: M. H., *Unterwegs zur Sprache* [1959], Stuttgart: Klett-Cotta ¹³2003, S. 157-216, hier S. 213.)

52 Martin Heidegger, »Die Kehre (1949)«, in: M. H., *Die Technik und die Kehre* [1962], Stuttgart: Klett-Cotta ¹⁰2002, S. 37-47, hier S. 42.

die Heidegger »*Ge-stell*«[53] nennt (dasjenige, was eine Ordnung gibt und den Menschen gleichfalls ›zur Strecke bringt‹, ihn »stellt«), tritt dabei in Opposition zur ursprünglicheren Raumerfahrung, welche Heidegger als »Gegnet«[54] (diejenige, die begegnet) anspricht. Ein alternatives Technikverständnis habe sich dagegen in Fertigkeiten erhalten, die das Sein nicht durch allseitige Machbarkeit verstellten, sondern ihm ›Raum geben‹: Heidegger interessiert sich nun vermehrt für Artefakte der Architektur (Brücke, Tempel, Dom), Malerei (Van Gogh) und Bildhauerei,[55] die ihm vorzügliche Gegenstände sind, durch die sich das Sein ›zeigt‹. In dem hierfür einschlägigen Text über *Das Ding* beschreibt Heidegger das Wesen des Raums anhand eines getöpferten Weinkrugs: »Im Schenken des Gusses west das Fassen des Gefäßes.«[56] Unverkennbar ist diese Figur der aristotelischen Bestimmung vom Raum (*topos*) als Grenzfläche der Dinge entlehnt: Die Leere ist nur in physikalischer Hinsicht ein Vakuum oder das Nichts, als Fassungsvermögen gedacht hat sie dagegen eine ›ethische‹ oder vielmehr ethologische Funktion (insofern griech. *ethos* gemäß der Etymologie ›Gewohnheit‹ und eben auch ›gewohnter Sitz‹ bedeutet): Das exemplarische ›Ding‹ stellt Relation zum Sein her: In der ›Nähe‹ hat die Existenz des Menschen ihren ›Ort‹.

(3) Über diese ›ethologische‹ und jene existentiell-geschichtliche Topologie hinaus erfolgt schließlich noch eine weitere Bestimmung von Räumlichkeit in semantischer oder semioontologischer Hinsicht. Die Sprache ist für Heidegger das »Haus des Seins«,[57] insofern sich Sein nur sprachlich ›entbergen‹ könne. Gibt das Sein der Dinge dem Dasein einen Ort, so ist dessen Sprache ihrerseits die »Ortschaft des Ortes«.[58] Als Vorbild dient Heidegger das Altgriechische:

53 Martin Heidegger, »Die Frage nach der Technik (1953)«, in: M. H., *Vorträge und Aufsätze* [1954], Stuttgart: Klett-Cotta [10]2004, S. 9-40, hier S. 27.

54 Martin Heidegger, »Zur Erörterung der Gelassenheit. Aus einem Feldweggespräch über das Denken«, in: M. H., *Gelassenheit* [1959], Stuttgart: Klett-Cotta [13]2004, S. 27-71, hier S. 40.

55 Vgl. Martin Heidegger, »Der Ursprung des Kunstwerks« [1936], in: M. H., *Holzwege*, S. 1-74.

56 Vgl. Martin Heidegger, »Das Ding« [1951], in: M. H., *Vorträge und Aufsätze*, S. 157-175, hier S. 164.

57 Martin Heidegger, »Brief über den ›Humanismus‹ (1946)« [1947], in: M. H., *Wegmarken*, S. 313-364, hier S. 313.

58 Martin Heidegger, »Die Sprache im Gedicht« [1953], in: M. H., *Unterwegs zur Sprache*, S. 35-81, hier S. 37.

»[D]ie Griechen *wohnten* in diesem [versammelnden] Wesen der Sprache.«[59] ›Wohnen‹ sei demnach immer schon Sprache und Sprache immer schon Raum gebend, weil gemeinschaftsstiftend. In der deutschen Sprache, besonders aber in der Dichtung Hölderlins sei dieses Grundverhältnis von Wohnen, Existieren und Sprache wiedergeboren.[60] Die bereits 1933 erfolgte Bejahung des ›Alemannischen (Denk-)Raums‹[61] wird hierbei auf die Ebene eines gänzlich sprachlich verfassten Territoriums gehoben: »Das Wohnen des Menschen beruht im aufschauenden Vermessen der Dimension [...]. Die Vermessung [...] ist [...] keine bloße Geo-metrie. [...] Das Vermessen ist das Dichterische des Wohnens. Dichten ist ein Messen.«[62] – »Es hat seine eigene Metrik.«[63]

Deutliche Kritik am heimatfixierten Raumdenken Heideggers kam von französischer Seite: So nahm Emmanuel Lévinas den ersten Aufenthalt eines Menschen im Weltraum zum Anlass, den Heideggerschen »Aberglauben des *Orts*«[64] zu kritisieren. Er rekurriert dabei auf das bis dahin für unmöglich erachtete Erleben des leeren Raums: An Gagarins Raumflug »[zählt] vielleicht [...] mehr als alles andere [...] die Tatsache, den Ort verlassen zu haben. Eine Stunde lang hat der Mensch außerhalb jedes Horizonts existiert – alles um ihn herum war Himmel, oder genauer, alles war geometrischer Raum: Ein Mensch existierte im Absoluten des homogenen Raums.«[65] Lévinas' Beschreibung bedeutet eine erhebliche Provokation für die Phänomenologie überhaupt:[66] Während dort ein Konsens darüber zu bestehen schien, dass die Kosmonautik dazu bei-

59 Martin Heidegger, »Logos (Heraklit, Fragment 50)« [1951], in: M. H., *Vorträge und Aufsätze*, S. 199-221, hier S. 220.

60 Vgl. Martin Heidegger, »Sprache und Heimat« [1960], in: M. H., *Aus der Erfahrung des Denkens. 1910-1976, Gesamtausgabe*, Bd. 13 [1983], hg. von Hermann Heidegger, Frankfurt am Main: Klostermann ²2002, S. 155-180.

61 Vgl. Martin Heidegger, »Schöpferische Landschaft: Warum bleiben wir in der Provinz (1933)« [1934], in: ebd., S. 9-13. – Heidegger begründet hierin seine Ablehnung eines Rufs an die Berliner Universität.

62 Martin Heidegger, »... dichterisch wohnet der Mensch ... (1981)« [1954], in: M. H., *Vorträge und Aufsätze*, S. 181-198, hier S. 190.

63 Ebd.

64 Emmanuel Lévinas, »Heidegger, Gagarin und wir« [1961], in: E. L., *Schwierige Freiheit. Versuch über das Judentum* [1963], Frankfurt am Main: Jüdischer Verlag ²1996, S. 173-176, hier S. 175.

65 Ebd., S. 175 f.

66 Vgl. dazu allgemein Raphaël Célis, »Die Phänomenologie und das Reisen im

trägt, »den *Raum* zu *annullieren*«,[67] sieht Lévinas gerade in der existentiellen Entortung die erfahrungsräumlichen Grundlagen der Freiheit gegeben.

Schon vor Lévinas sah der Wissenschaftstheoretiker GASTON BACHELARD (Text 9) einen Reformbedarf des phänomenologischen Ansatzes.[68] Seinen Ansatz, der weit über die Grenzen der Philosophie hinaus Einfluss hatte, bezeichnet er als ›Topophilie‹.[69] Die ›Liebe zum Ort‹ drückt sich aber keinesfalls in einer territorialen Bejahung aus, sondern in dem Plädoyer für die Anerkennung der imaginären oder auch phantastischen Motive, die jedwedem Raumkonzept zugrunde liegen. Die phänomenologische Beschreibung ist hierbei nicht mehr länger ›Phänomenologie des Geistes‹, insofern eine ideale Begriffsentwicklung verfolgt würde, sondern vielmehr eine ›Phänomenologie der Materie‹, insofern sie nach dem wissensgeschichtlichen Verlauf der Konstruktionen von ›Natur‹ fragt.[70] Diese Überzeugung bedingt die Doppelseitigkeit von Bachelards Werk: Zum einen soll die »*Physik*« als führende Raumtheorie durch eine »*Psychologie*«[71] ersetzt werden, welche über verdeckte oder implizierte Motive aufklärt.[72] Zum anderen soll eine ›Poetik des Rau-

Weltraum«, in: Heinrich Hüni/Peter Trawny (Hg.), *Die erscheinende Welt*, Berlin: Duncker & Humblot 2002, S. 41-54.

67 Günther Anders, *Der Blick vom Mond. Reflexionen über Weltraumflüge*, München: Beck ²1994 [1970], S. 130. – So berichtet auch Heidegger davon, dass er schlicht »erschrocken« war, als er »die Aufnahmen vom Mond zur Erde sah« (Martin Heidegger, »Das Spiegel-Interview (31. Mai 1966) « [1976], in: *Antwort. Martin Heidegger im Gespräch*, hg. von Günther Neske und Emil Kettering, Pfullingen: Neske 1988, S. 79-114, hier S. 98).

68 Für eine Gegenüberstellung von Bachelard und Husserl siehe Bernard Barsotti, *Bachelard, critique de Husserl. Aux racines de la fracture épistémologie/phénoménologie*, Paris u. a.: L'Hartmattan 2003.

69 Vor allem in der angelsächsischen Humangeographie wurde er zur phänomenologischen Referenz für die Suche nach Alternativen zum Raumdenken der physischen Geographie. (Siehe beispielhaft Yi-fu Tuan, *Topophilia. A Study of Environmental Perceptions, Attitudes, and Values*, Englewood Cliffs: Prentice-Hall 1974.)

70 Vgl. C. G. Christofides, »Gaston Bachelard's Phenomenology of the Imagination«, in: *The Romanic Review* LII/1 (1961), S. 36-47.

71 Gaston Bachelard, *Psychoanalyse des Feuers* [1949], Frankfurt am Main: Fischer 1990, S. 108.

72 Bachelard beruft sich vor allem auf Carl Gustav Jung; siehe etwa »Seele und Erde« [1927], in: C. G. J., *Seelenprobleme der Gegenwart. Vorträge und Aufsätze* [1931], Zürich: Rascher ⁵1950, S. 156-186.

mes‹ mögliche Alternativen der Raumbeschreibung generieren, die Bachelard vor allem in der Lyrik des 19. Jahrhunderts (Rilke, Baudelaire) oder der Literatur des Surrealismus (Michaux, Tardieu) zu finden meint. Bachelard will Literatur und Wissenschaft dadurch nicht zuletzt auch in einen aktiven Austauschprozess bringen, welcher der gegenseitigen Erkenntnis zuträglich sein soll: Die Literatur als Ideengeber der Naturwissenschaften und die Naturwissenschaften als Antrieb der Literatur.

Bachelards poetische Reflexionen sind um den *Zyklus der Elemente* konzentriert, in dem sukzessiv Feuer, Luft, Wasser und Erde als poetische Leitmotive in ihrem Einfluss auf naturwissenschaftliches Denken untersucht werden.[73] Sein wissenschaftstheoretisches Werk fokussiert komplementär dazu den ›epistemologischen Bruch‹[74] zwischen zwei Epochen des Denkens. Brüche sind keine Wechsel: Zwar werden Theorien abgelöst, diese bedienen sich aber weiterhin des Vokabulars früherer Theorien. (So wird im Übergang von der Euklidik zur Nichteuklidik der Begriff ›Raum‹ beibehalten, erhält jedoch einen anderen Sinn, der mit dem vorangegangenen nahezu inkompatibel ist.) Den letzten Bruch datiert Bachelard auf 1905, das Jahr der Veröffentlichung von Einsteins spezieller Relativitätstheorie: Aus dem »Raum der üblichen Anschauung, in dem sich die Objekte befinden«, wurde ein »funktionale[r] Raum«.[75] Dieser Bruch sei für das Raumdenken der entscheidende, insofern Räumlichkeit nun gewissermaßen in topologischer Reinform vorliegt: Raum wird von der Physik selbst als variabel entdeckt. Der Relativismus des Raumes bedeute das Ende eines »naiven Realismus der Eigenschaft des Raumes«.[76]

Von hier aus kritisiert Bachelard schließlich den traditionellen Physikalismus der Philosophie und Phänomenologie: Gerade Heideggers Ansatz bleibe noch im euklidisch-newtonschen Denken ge-

73 Siehe zusammenfassend Gaston Bachelard, *La poétique de la rêverie*, Paris: Presses Universitaires de France 1960.

74 Vgl. Bernard Barsotti, »Le ›non-kantisme‹ de Bachelard: vers le sens transcendental de la rupture épistémologique«, in: Jean-Jacques Wunenburger (Hg.), *Bachelard et l'épistémologie française*, Paris: Presses Universitaires de France 2003, S. 183-213.

75 Gaston Bachelard, *Die Philosophie des Nein. Versuch einer Philosophie des neuen wissenschaftlichen Geistes* [1940], Frankfurt am Main: Suhrkamp 1980, S. 128.

76 Gaston Bachelard, *Die Bildung des wissenschaftlichen Geistes. Beitrag zu einer Psychologie der objektiven Erkenntnis* [1938], Frankfurt am Main: Suhrkamp 1987, S. 37.

fangen und trage letztlich nicht zur Überwindung des kartesischen Dualismus (innen/außen) bei: Die Grundlegung des Seins im ›Da‹ impliziere noch immer die Vorfindlichkeit von *dem Raum*. Nach Bachelard habe das Sein oder die Seinserfahrung, wie sie die von ihm herangezogenen Poetiken wiedergeben, eine »spiralförmige«[77] Struktur. Aufgrund dieser Topologie könne dem Sein weder ein fester Ort zugesprochen werden, noch könne es an physischen Grenzen festgemacht werden. Insbesondere topologische Schwellensituationen und Phänomene des ›Runden‹ sind für Bachelard maßgebliche Mittel zur Kritik der alteingesessenen Raumbilder des europäischen Denkens.[78] Die ›Po(i)etik des Raumes‹ rekurriert hierzu auf literarische Bilder, die Stimmungsräumlichkeit einfangen. Allen voran sind die imaginierten Orte sesshafter Gesellschaften Räume eines Hauses: Keller und Dachböden etwa sind für ihn primär Orte starker Stimmungen, die etwa in Kindheitserfahrungen bewahrt sind und durch Literatur transportiert werden können. Räumlichkeit besteht für Bachelard vor allem als kollektives Raum(unter)bewusstsein.

Die Rezeption von Bachelards Raumdenken ist ebenso zweigeteilt wie die phänomenologische Topologie selbst. Dabei kommt es zu theoretisch bemerkenswerten Verschränkungen: Otto Friedrich Bollnow und Hermann Schmitz in der ersten, Gernot Böhme und Peter Sloterdijk in der zweiten Generation versuchten sich unter dem Vorzeichen des ›gestimmten‹ oder ›atmosphärischen‹ Raums an einer Rehabilitierung der Heidegger'schen Seinstopologie.[79] Referenzpunkt ist nicht selten Bachelard und seine Prognose, die er auf einen Ausdruck Karl Jaspers' stützt, die kommende Philosophie sei eine ›Phänomenologie des Runden‹.[80] Gegenläufig zu dieser Tendenz, einer Rückkehrbewegung in eine platonische Idealkörperlich-

77 Text 9, S. 173.

78 Wichtiger Impulsgeber für Bachelard wie schon für Merleau-Ponty ist Eugène Minkowski, *Die gelebte Zeit* [1933], 2 Bde., Salzburg: Müller 1971/72.

79 Vgl. Otto Friedrich Bollnow, *Das Wesen der Stimmung* [1941], Frankfurt am Main: Klostermann ²1943; Hermann Schmitz, *Der Leib, der Raum und die Gefühle*, Ostfildern: Tertium 1998; Gernot Böhme, »Atmosphäre als Grundbegriff einer neuen Ästhetik« [1992], in: G. B., *Atmosphäre*, Frankfurt am Main: Suhrkamp 1995, S. 21-48; sowie Peter Sloterdijk/Hans-Jürgen Heinrichs, »Zur allgemeinen Poetik des Raums. Über ›Sphären I‹«, in: P. S./H.-J. H., *Die Sonne und der Tod. Dialogische Untersuchungen*, Frankfurt am Main: Suhrkamp 2001, S. 136-189.

80 Siehe unten, Text 9, S. 176-178.

keit, wird in frankophonen Diskussionen um eine Präzisierung der topologischen Figuren durch den Rückgang auf mathematische und neuere Denkfiguren der Physik gerungen. Es sind hier vor allem das Spätwerk Jacques Lacans,[81] die Arbeiten von Michel Serres,[82] Michel Foucault und Michel de Certeau sowie von Gilles Deleuze und Félix Guattari zu nennen,[83] welche auf einen strengeren Formalismus setzen. In ihren Arbeiten manifestiert sich die Hinwendung phänomenologischer Raumtheorie zu epistemologischen Fragestellungen, worin es weder »um einen Platz in einer realen Ausdehnung« noch »um Orte in imaginären Bereichen« geht, sondern »um Plätze und Orte in einem eigentlich strukturellen Raum, daß heißt, topologischen Raum«.[84]

Unabhängig davon hat sich ein ›anglophoner‹ Weg aus der Phänomenologie heraus entwickelt: Mit KURT LEWIN (Text 6) etablierte sich ein eigenständiger topologischer Zugang zur Raumproblematik auf verhaltenswissenschaftlicher Grundlage. Lewin gehörte mit Max Wertheimer, Kurt Koffka und Wolfgang Köhler zu den Hauptvertretern der ›Berliner Schule‹ der Gestaltpsychologie, die in den 1930er-Jahren ins Exil in die Vereinigten Staaten gingen und verschiedene Ansätze einer Umweltpsychologie entwickelten. Sie alle hatten zuvor am psychologischen Laboratorium der Universität Berlin gearbeitet, deren Direktor Carl Stumpf war. Der Schüler Hermann Lotzes hatte an der Universität Göttingen umfassende experimentelle Studien zur visuellen Raumwahrnehmung unternommen[85] und in Halle – wo Husserl bei ihm habilitierte – auf die

81 Jacques Lacan, »Fadenringe (22. Oktober 1973)«, in: J. L., *Das Seminar. Buch XX (1972-1973). Encore* [1975], Textherstellung durch Jacques-Alain Miller, Berlin: Quadriga ²1991, S. 127-147.

82 Als einschlägig kann das Hauptwerk gelten: Michel Serres, *Hermes*, 5 Bde. [1968-1980], Berlin: Merve 1991-1994.

83 Siehe die Beiträge im vorliegenden Band. – Als einer der wenigen Theoretiker hat Bernhard Waldenfels versucht, die ›französische‹ und die ›deutsche‹ Raumphänomenologie zusammenzudenken: Siehe beispielhaft den Beitrag »Fremdorte«, in: B. W., *Topographie des Fremden* [1997], Frankfurt am Main: Suhrkamp ²1999, S. 184-207.

84 Gilles Deleuze, *Woran erkennt man den Strukturalismus?* [1972], Berlin: Merve 1992, S. 15. – In diesem Zusammenhang kehrt schließlich Leibniz' Argumentation gegen Newton (Text 2) in moderner Gestalt zurück.

85 Vgl. Carl Stumpf, *Über den psychologischen Ursprung der Raumvorstellung*, Leipzig: Hirzel 1873.

Tonwahrnehmung ausgeweitet. Die Grundeinsicht der Gestaltpsychologie rekurriert auf den von Goethe inspirierten und durch von Ehrenfels[86] ausgearbeiteten Zentralterminus der ›Gestalt‹, die eine Ganzheit bezeichnet, welche der Wahrnehmung einzelner Teile vorhergehe. Für den Raum formuliert Lewin diese holistische Perspektive um zu einer ›Ökologischen Psychologie‹, in der die Gesamtheit der Mensch-Umwelt-Beziehungen im Vordergrund steht.

Die Besonderheit an Lewins Methode ist der rigide Beschreibungsansatz, mit dem er an das anschließt, was sein Lehrer Ernst Cassirer als ›Funktionsdenken‹ der Moderne im Gegensatz zum neuzeitlichen ›Substanzdenken‹ bezeichnet hat:[87] An die Stelle von Seinsbestimmungen sind nun Relationsbestimmungen getreten. Die topologische Beschreibung ist für ihn also keine Alternative, sondern der einzig adäquate Zugang zur Beschreibung räumlichen Verhaltens. Lewin nimmt dabei Anleihen in der physikalischen Feldtheorie: Im elektromagnetischen Kontext bezeichnet ›Feld‹ die strukturelle Homogenität eines bestimmten Bereichs – in der Übertragung für Lewin also des betreffenden Umweltausschnittes. Verhalten stellt sich für ihn dar als eine Funktion von Person und Umwelt ($V = f_{(p,u)}$). Dieser Beschreibung stellt Lewin zudem eine Vektorenanalyse an die Seite, welche Bewegungen als gerichtete Kräfte im Raum (ähnlich der behavioristischen Vorstellung eines Territorialverhaltens) analysiert.[88] Gelebter Raum wird von Lewin unter topologischen Gesichtspunkten als ›hodologischer Raum‹ (von

86 Vgl. Christian von Ehrenfels, »Über Gestaltqualitäten« [1932], in: C. v. E., *Psychologie. Ethik. Erkenntnistheorie. Philosophische Schriften in vier Bänden*, Bd. 3, hg. von Reinhard Fabian, München/Wien: Philosophia 1988, S. 168-170.

87 Vgl. Ernst Cassirer, *Substanzbegriff und Funktionsbegriff. Untersuchungen über die Grundfragen der Erkenntniskritik. Gesammelte Werke*, Bd. 6 [1910], bearbeitet von Reinold Schmücker, hg. von Birgit Reicki, Hamburg: Meiner 2000; sowie Kurt Lewin, »Der Übergang von der aristotelischen zur galileischen Denkweise in Biologie und Psychologie« [1931], in: *Wissenschaftstheorie I. Kurt-Lewin-Werkausgabe*, hg. von Carl-Friedrich Graumann, Bd. 1, Bern/Stuttgart: Huber/Klett-Cotta 1981, S. 233-278. – Gegenüber Bachelards Einteilung datieren Cassirer und Lewin den epistemologischen Bruch also weitaus früher.

88 Vgl. Kurt Lewin, »Vektoren, kognitive Prozesse und Mr. Tolmans Kritik« [1933], in: *Feldtheorie. Kurt-Lewin-Werkausgabe*, Bd. 4, hg. von Carl-Friedrich Graumann, Bern/Stuttgart: Huber/Klett-Cotta 1982, S. 99-131; sowie Edward C. Tolman, »Cognitive Maps in Rats and Men«, in: *The Psychological Review* 55 (1948), S. 189-208.

griech. *hodos*, Weg) angesprochen: Die Bestimmung des ›Wegeraums‹ umfasst alle Ortsveränderungen einer Person im Laufe eines bestimmten Zeitabschnitts und generiert aus der Häufigkeit ein Netz an hierarchischen Verbindungen im Raum. Scheint diese Objektivierung auf den ersten Blick dem phänomenologischen Grundanliegen entgegenzustehen, den Raum als gelebte Beziehung zu begreifen, so sah der Phänomenologe Jean-Paul Sartre in Lewins topologischem Ansatz gerade den geeigneten Zugang, den »realen Raum der Welt« zu erfassen, da er beide Seiten, die subjektive wie auch die objektive, vereint beschreiben kann: »Der Mensch und die Welt *sind* relative Wesen [*êtres*], und das Prinzip ihres Seins *ist* die Relation.«[89]

Eine dezidiert phänomenologische Beschreibung hat Lewin nur ein einziges Mal veröffentlicht: in seinem ersten Aufsatz von 1917 mit Reflexionen seiner Fronterfahrungen, die er im Kriegslazarett unter dem Titel »Kriegslandschaft« niederschrieb. Anders als der Ausdruck ›Landschaft‹ suggerieren könnte, wird sie von Lewin keineswegs statisch gedacht, sondern als dynamisches ›Feld‹. Lewin lehnt sich dabei an die *Psychologie der Landschaft*[90] von Moritz Wlassak an:[91] Anders als in bisherigen Landschaftsbetrachtungen, die vor allem der religiösen Kontemplation oder ästhetischen Erbauung dienten,[92] ist ›Landschaft‹ bei Wlassak durch Erfahrung konstituiert. Ebenso stellt Lewin hier bestimmte Erlebensmomente von Räumlichkeit in einer Gefechtssituation heraus. Die vorliegende Beschreibung der ›Kriegslandschaft‹ nimmt seine später ausformulierte Feldtheorie dabei unsystematisch vorweg: Die Landschaft (›Feld‹) wird von Lewin zu einem bestimmten Zeitpunkt (›Krieg‹) bestimmt. Seine topologische Beschreibung skizziert einen Raum, der durch Gefahrenzonen, Grenzen und Stellungen bestimmt wird.[93]

89 Jean-Paul Sartre, *Das Sein und das Nichts. Versuch einer phänomenologischen Ontologie*, Reinbek: Rowohlt [10]2004 [1943], S. 547.

90 Moritz Wlassak, »Zur Psychologie der Landschaft«, in: *Vierteljahresschrift für wissenschaftliche Philosophie* XVI (1892), S. 333-354.

91 So jedenfalls die Vermutung von Pierre Kaufmann, *Kurt Lewin. Une théorie du champ dans les sciences de l'homme*, Paris: Vrin 1968, S. 28 f.

92 Vgl. Joachim Ritter, »Landschaft. Zur Funktion des Ästhetischen in der modernen Gesellschaft« [1962], in: J. R., *Subjektivität. Sechs Aufsätze*, Frankfurt am Main: Suhrkamp 1989 [1974], S. 141-190.

93 Bemerkenswert ist, dass bereits Friedrich Ratzel in seinen Kriegsaufzeichnungen

Von diesem frühen Versuch her lässt sich Lewins Ansatz zuletzt auch gut gegen zwei nur scheinbar verwandte Formen psychologischer Raumtheorie abgrenzen: Zum einen gegen die ›Geopsychologie‹ von Willy Hellpach,[94] der Landschaften als klimatische Determinationszonen begreift, die den Charakter eines Volkes prägen, und der Raum als Produkt eines kollektiven Willens auffasst.[95] Zum anderen gegen die Entwicklungspsychologie Jean Piagets, der die ontogenetische Ablösung topologischer Relationen beim Kleinkind durch geometrische Formen beim entwickelten Kind konstatiert.[96] Während Hellpach den Raum als streng substanzielle Objektwelt thematisiert und Piaget ihn als rein kognitive Konstruktion eines Subjekts begreift, geht Lewins Phänomenologie von der Reziprozität zwischen Handlungs*raum* und Raum*handeln* aus. – Es ist letztlich dieses Spannungsverhältnis, das die Phänomenologie der Räumlichkeit zu einem überaus anschlussfähigen Denken wie auch einer Form der diskursiven Vermittlung hat werden lassen, deren Spuren bis heute in jeder kultur-, sozial- oder medienwissenschaftlichen Debatte über ›Raum‹ anzutreffen sind.

Stephan Günzel

einen zu Lewin analogen Gedanken formulierte: »Der Soldat überlegt, was wohl in dieser Landschaft Kriegerisches passieren könnte und was dann zu tun wäre.« (Friedrich Ratzel, »Bilder aus dem Kriege in Frankreich«, in: F. R., *Glücksinseln und Träume. Gesammelte Aufsätze aus den Grenzboten*, Berlin: Reimer 1911 [1903/05], S. 115-260, hier S. 179.)

94 Siehe Willy Hellpach, *Geopsyche. Die Menschenseele unter dem Einfluß von Wetter, Klima, Boden und Landschaft* [1935], Stuttgart: Enke [6]1950 [zunächst 1911 unter dem Titel *Die geopsychischen Erscheinungen. Wetter, Klima und Landschaft in ihrem Einfluß auf das Seelenleben*, Leipzig: Engelmann].

95 Vgl. Willy Hellpach, »Vom Dimensionalinstinkt zur Raumwillensschöpfung. Ein raumpsychologischer Beitrag zur wissenschaftlichen Geopolitik«, in: *Zeitschrift für Geopolitik* XVII/12 (1940), S. 599-609.

96 Vgl. Jean Piaget/Bärbel Inhelder, *Die Entwicklung des räumlichen Denkens beim Kinde* [1948], Stuttgart: Klett 1971; sowie J. P./B. I./Alina Szeminska, *Die natürliche Geometrie des Kindes* [1948], Stuttgart: Klett 1974.

Auswahlbibliographie

Baier, Franz Xaver: *Der Raum. Prolegomena zu einer Architektur des gelebten Raumes*, Köln: König 2000.

Bollnow, Otto Friedrich: *Mensch und Raum*, Stuttgart: Kohlhammer ^{9}2000 [1964].

Casey, Edward Scott: *Getting Back into Place. Towards a Renewed Understanding of the Place-World*, Bloomington: Indiana University Press 1993.

Conrad-Martius, Hedwig: *Der Raum*, München: Kösel 1958.

Fuchs, Thomas: *Leib, Raum, Person. Entwurf einer phänomenologischen Anthropologie*, Stuttgart: Klett-Cotta 2000.

Gölz, Walter: *Dasein und Raum. Philosophische Untersuchungen zum Verhältnis von Raumerlebnis, Raumtheorie und gelebtem Dasein*, Tübingen: Niemeyer 1970.

Gosztonyi, Alexander: *Grundlagen der Erkenntnis*, München: Beck 1972.

Kruse, Lenelies: *Räumliche Umwelt. Die Phänomenologie des räumlichen Verhaltens als Beitrag zu einer psychologischen Umwelttheorie*, Berlin/New York: de Gruyter 1974.

Nishida, Kitaro: *Logik des Ortes. Der Anfang der modernen Philosophie in Japan*, aus dem Japanischen und hg. von Rolf Elberfeld, Darmstadt: WBG 1999.

Rosen, Steven M.: *Dimensions of Apeiron. A Topological Phenomenology of Space, Time, and Individuation*, Amsterdam/New York: Rodopi 2004.

Scaligero, Massimo: *Raum und Zeit*, aus dem Italienischen von Georg Friedrich Schulz, Ostfildern: Tertium 1995 [1963].

Schmitz, Hermann: *Der Raum. System der Philosophie*, Bd. 3/Teil 1-5, Bonn: Bouvier 1967-78.

Seamon, David: *A Geography of the Lifeworld. Movement, Rest and Encounter*, London: Croom Helm 1979.

Sommer, Manfred: *Suchen und Finden. Lebensweltliche Formen*, Frankfurt am Main: Suhrkamp 2002.

Ströker, Elisabeth: *Philosophische Untersuchungen zum Raum*, Frankfurt am Main: Klostermann ^{2}1977 [1965].

Whiteman, Michael: *Philosophy of Space and Time and the Inner Constitution of Nature. A Phenomenological Study*, London/New York: Allen & Unwin/Humanities Press 1976.

6 Kurt Lewin
Kriegslandschaft

Die folgenden Ausführungen betreffen ein Kapitel der Phänomenologie der Landschaft.

Allgemein sei dies vorausgeschickt: Wenn man etwa einen einzelnen Hügel vor sich hat, der als ›Raumgestalt‹ in der Ebene steht, mit seinem Fuß unter ihre Oberfläche reichend, so kann man sich auch *vorstellen,* daß es sich nur um eine Krümmung der Ebene, um eine Bodenwelle handelt; man kann den Hügel auch als ›Flächengestalt‹ sehen. Oder wenn der Spaziergänger Äcker und Wiesen als Natur im ästhetischen Sinne vor sich sieht, so kann er sich sehr wohl auch die ganz andere Landschaft *vorstellen,* die der Ackerbauer hier antreffen würde. Auf eine solche Vorstellung hin kann dann zweierlei eintreten. Entweder ändert sich tatsächlich die phänomenologisch *wirkliche* Landschaft: An Stelle des Raumgestalthügels steht nun wirklich ein Flächengebilde da. In der Regel jedoch behält die neue Landschaft den Charakter als etwas nur Vorgestelltes gegenüber der phänomenologisch wirklichen Landschaft. Diese Position als Vorstellung gegenüber der Wirklichkeit wird auch dadurch nicht beeinträchtigt, daß man die vorgestellte Landschaft ›sieht‹: Die Tatsache des Wahrgenommenwerdens macht den Flächenhügel noch nicht zu einem wirklichen Flächenhügel, sondern läßt ihm die Stellung eines vorgestellten Gebildes.[1] Auch gegenüber den im folgenden beschriebenen Landschaftsgebilden war ein solches Ersetzen durch andere, vorgestellte Gebilde in der Regel möglich.[2]

Wenn die phänomenologischen Eigenschaften auch durch die Position eines Gebildes als phänomenologische Wirklichkeit oder Unwirklichkeit im übrigen nicht verändert werden, sei doch bemerkt,

1 Legt man den Gebrauch des Wortes Wahrnehmung für die Phänomenologie durch eine Beziehung auf die Wirklichkeit fest, so wäre dieser Sachverhalt so auszudrücken: Das Sehen des Flächenhügels ist kein Wahrnehmen, sondern ein Vorstellen.

2 Die angegebenen Unterscheidungen mögen zugleich dem Einwand vorbeugen, es handle sich im folgenden um phänomenologische Verdinglichungen psychologischer Prozesse.

daß nur von Gebilden berichtet wird, die ich irgendwann einmal als *wirkliche* Landschaftsgebilde angetroffen habe.

Da den Infanteristen in manchen Fällen andere Landschaftsgebilde begegnen mögen, sei erwähnt, daß ich Feldartillerist bin.

1. Die gerichtete Landschaft

Wenn man von der Etappe sich wieder der Front nähert, so erlebt man eine eigentümliche Umformung des Landschaftsbildes. Mag man auch schon weiter zurück hin und wieder auf zerstörte Häuser und andere Kriegsspuren gestoßen sein, so hatte man sich doch in gewissem Sinne in einer reinen Friedenslandschaft befunden: Die Gegend schien sich nach allen Seiten hin ungefähr gleichmäßig ins Unendliche zu erstrecken. Denn für gewöhnlich erlebt man die Landschaft auf diese Weise: Sie erstreckt sich, verhältnismäßig unabhängig von den durch die besondere Geländeform bedingten Sichtverhältnissen, weit über den Raum hinaus, den nach optischen Gesetzen die Netzhaut, selbst sukzessiv, widerspiegeln kann; und diese Ausdehnung, – das ist wesentlich für die Friedenslandschaft – geht nach allen Richtungen gleicherweise ins Unendliche, wenn sie auch je nach der Formation und dem Gelände[3] in den verschiedenen Richtungen verschieden schnell und leicht fortschreiten kann. *Die Landschaft ist rund, ohne vorne und hinten.*

Nähert man sich jedoch der Frontzone, so gilt die Ausdehnung ins Unendliche nicht mehr unbedingt. Nach der Frontseite hin scheint die Gegend irgendwo aufzuhören; die Landschaft ist *begrenzt.*

Die Begrenztheit der Gegend tritt beim Anmarsch zur Front bereits beträchtliche Zeit vor dem Sichtbarwerden der Stellung ein. Dabei ist die Entfernung der ›Grenze‹ zunächst recht unbestimmt: so weit der Blick reicht, liegt sie dann jedenfalls noch nicht, und ob über die Sehweite hinaus noch 10 oder nur noch 2 km ›zugehöriges Land‹ sich erstreckt, bleibt ungewiß. Nur überhaupt *gerichtet* erscheint die Landschaft; sie kennt ein Vorn und Hinten, und zwar ein Vorn und Hinten, das nicht auf den Marschierenden bezogen ist, sondern der Gegend selbst fest zukommt. Es handelt sich auch

3 Man denke an den Übergang von der Ebene zum Gebirge, an Stellen, wo sich in einigen Richtungen näher oder weiter entfernter Wald befindet, während nach anderen Richtungen sich freies Feld erstreckt, u. a. m.

nicht etwa um das Bewußtsein der nach vorn wachsenden Gefährdung und der schließlichen Unzugänglichkeit, sondern um eine Veränderung der Landschaft selbst. Die Gegend scheint da ›vorne‹ ein Ende zu haben, dem ein ›Nichts‹ folgt.

Diese Stelle des Abbrechens wird um so bestimmter, je näher man der vorderen Stellung kommt und je präziser die Vorstellung von der Lage des ersten Grabens wird; denn in seine Nähe verlegt man die ›Grenze der Gegend‹. Solange man z. B. beim Anstieg zu einem Hügel noch zweifelhaft ist, ob noch der ganze Hügel vor der ersten Stellung liegt, bleibt die Entfernung der Grenze unbestimmt; mit dem Sichtbarwerden der vorderen Stellung auf der Kuppe des nächsten Hügels weiß man: Hügel und Tal gehören noch uns, aber gleich hinter dem Kamme des nächsten Hügelzuges liegt unser erster Graben und die Grenze der Gegend. Dadurch kommt es hier nicht wie bei dem vorhergehenden Hügel zu einer Hügelgestalt, sondern die Gegend endet mit einem ›Anstieg‹ und ein wenig ›Kuppenfläche‹.

Zugleich mit der Präzisierung der Entfernung der Grenze und ihrer Verknüpfung mit anschaulich gegebenen Momenten wird das *Gerichtetsein* der Landschaft ausgesprochener: Die Gegend zeigt sich als eine *Zone,* die ungefähr parallel der Grenze verläuft. Während im vorhergehenden Bereich die Richtung auf die Grenze zu als Richtung der Landschaft erlebt wird, bestimmt jetzt die Ausdehnung *längs* der Grenze die Richtung der Landschaft. Es entsteht eine Grenzzone, die sich in ihrem Charakter als solche gegen den Feind hin rasch verdichtet.

2. Die Gefahrzone

Von diesem Charakter als Grenzzone ist wohl zu unterscheiden der ebenfalls gegen den Feind zu im allgemeinen sich steigernde Gefahrzonencharakter. Während der Grenzcharakter der Gegend sich schon von weit her kontinuierlich in immer schnellerem Tempo verstärkt, setzt die *Gefahrzone* später ein, und zwar verdichtet sie sich, wenn das Gelände schon bekannt ist, nicht kontinuierlich nach vorn zu. Am weitesten zurück liegen dann vielmehr unzusammenhängende Gefahrinseln, z. B. öfters beschossene Dörfer und Wegkreuzungen. Auch beim Näherkommen und selbst noch im ersten Graben verdichtet sich der Charakter als Gefahrzone in der Regel auf einzelne bestimmte Punkte zu, die z. B. vom Feinde einzusehen sind, besonders schlechte Deckung haben oder wo der Feind sonst hinzuschießen sich gewöhnt hat. Je nach der Gefechtslage ändert sich die Gefahrzone. Einmal steigt oder fällt mit der Intensität des Gefechtes der allgemeine Gefahrcharakter; ferner verschieben sich die *Gefahrpunkte*, neue bilden sich und alte verschwinden.

Im *Bewegungskriege* trifft man nach Beziehen einer neuen Stellung in der Regel zunächst eine nach vorn etwa *gleichmäßig* dichter werdende Gefahrzone an. Beim Verweilen bilden sich jedoch bald wiederum einzelne ausgesprochene Gefahr*stellen*; nur erreichen diese selten die gleiche Festigkeit wie im Stellungskriege, wo übrigens eine analoge Veränderung beim Kennenlernen eines neuen Standortes auftritt.

3. Die Grenze der Gegend

Während dieser Veränderungen der Gefahrzone kann die Grenze ihrer Lage nach fest bleiben. Verschwindet allerdings die Grenze oder verlegt sie sich eine größere Strecke weiter vor, z. B., wenn der Feind seine Stellung aufgegeben hat, so verschwindet gleichzeitig der Gefahrcharakter des betreffenden Gebietes. Bekommt etwa die Batterie nach längerem Feuergefecht den Befehl zum Fertigmachen zum Abrücken oder ist aus anderen Zeichen zu entnehmen, daß der Feind zurückgeht, so wird die vorher relativ genau bestimmte Grenze der Gegend wieder unbestimmt. Zunächst erlebt man recht eindringlich das Verschwinden der Grenze von ihrer bisherigen Stelle.[4] Die Grenze taucht dann weiter zurück wieder auf, weniger ausgesprochen und unbestimmter in ihrem Abstand. Dazu braucht eine Gefechtslinie nicht direkt sichtbar zu sein. Auf dem Marsche selbst dann wandert die Grenze in der Regel ruckweise vor einem her, bald in häufigen kleinen, bald in kurzen großen Rucken, mit einem je nach Gefecht und Gelände zwischen etwa 2 und 10 km wechselndem Abstand. Auch daß man sich auf dem Marsche vor der eigenen

4 Es ist möglich, daß dabei zuweilen eine ›gerichtete‹ Gegend ›ohne Grenze‹ entsteht.

Grenze befindet, kann vorkommen. So überholte einmal die ausgeschwärmte Schützenlinie der eigenen Infanterie die marschierende Batterie schräg von hinten; dabei verlegte sich die bis dahin vor einem befindliche Grenze nach hinten in die Gegend der Schützenlinie; man befand sich einen Augenblick vor der eigenen Grenze.

Das ruckweise Vorschieben der Grenze tritt beim ›Kriegsmarsch‹ auf, d. h. dann, wenn man zwischen Gefechten von Feuerstellung zu Feuerstellung zieht in der Vorhut oder im Gros. Beim Reisemarsch, etwa bei einer Verschiebung hinter der Front, fehlt die Grenze oder bleibt, falls man in genügender Nähe der Front marschiert, jedenfalls fest. Bei sehr langen Tagesmärschen kann allerdings auch bei einem Kriegsmarsch die Grenze zeitweilig ganz verloren gehen; man scheint dann wie im Reisemarsch durch das Land zu ziehen. Es bleibt zwar eine *Marsch*richtung, aber es fehlt die durch die *Grenze* bedingte Gerichtetheit der Landschaft, bis nach ein paar Stunden irgendein Gefechtszeichen plötzlich wieder eine Grenze auftauchen läßt.

Eine Diskrepanz zwischen Grenze und Gefechtslinie machte sich bei einem russischen Rückzugsgefecht bemerkbar, wo während der Verfolgung eine zurückgebliebene kleinere Abteilung möglichst rasch zu verdrängen war; dabei befand sich die eigentliche Grenzlinie bereits sehr viel weiter vor uns als das schon in ›unserem‹ Gebiete fechtende Rückbleibsel des Feindes. Daß während eines Gefechtes die Grenze vollkommen fehlt, ist ein Ausnahmefall. Bei einem mehrtägigen Aufenthalt ein paar Kilometer hinter der Front hatte sich die gerichtete und begrenzte Landschaft wieder in die runde Friedenslandschaft verwandelt. Das änderte sich auch nicht beim Anblick einer Fliegerbeschießung über der Gefechtszone; vielmehr schienen die Heere *›auf‹* der *einen*, sich ins Unendliche hinziehenden Landschaft zu kämpfen. Ebenso fehlte die Grenze bei unserem ersten Gefecht im galizischen Bewegungskriege trotz unmittelbarer Nähe des Kampfplatzes. Während wir nach einem längeren Marsch als Heeresreserve auf der Straße hielten, entwickelte sich plötzlich der Kampf um ein nahes Dorf. Das Dorf blieb ein gewöhnliches ›Dorf in der Landschaft‹. Der ganze Kampf kam mir nicht recht ernst und die Mahnung zur Deckung daher trotz der relativ starken Gefährdung etwas sinnlos vor, offenbar, weil an Stelle der Friedenslandschaft noch nicht die Gefechtslandschaft getreten war.

4. Die Stellung

In der durch die Grenze und Gerichtetheit bestimmten Landschaft tritt nämlich im Gefecht im allgemeinen als besonderer Landschaftsteil das Gefechtsfeld, die ›Stellung‹ auf. Ist das Gefechtsfeld durch Gräben, Unterstände usw. seinen militärischen Zwecken, wie im *Stellungskriege*, besonders angepaßt, so bleibt der Charakter dieses Landschaftsteiles als Stellung auch in Kampfpausen sicher gewahrt und seine Abgrenzung in der Landschaft besonders scharf. Zwar wird auch dann das Ende der Gegend beim Herankommen erst in der Linie des vordersten Grabens gedacht, aber schon die ganze Stellung wird als eine durchaus besondere, von der übrigen Landschaft getrennte Zone aufgefaßt. Sieht man von den Unterständen an der rückwärtigen Grenze einer solchen Stellung zurück, so erscheint die Landschaft nicht so, wie wenn man von einem beliebigen Punkt in ihr um sich blickt; sondern wie der Städter aus einem vielstöckigen Hause an der Grenze einer Großstadt von der »Stadt« hinaussieht ins »Land«, sieht der Soldat von der »Stellung« aus in das anliegende, aber nur bis zur Stellungsgrenze sich erstreckende Land: Zwei verschiedenartige Landschaftsteile stoßen aneinander. Alles, was sich zwischen der Grenze von Land und Stellung und dem ersten Graben befindet, hat Stellungscharakter. Die ganze Zone setzt sich zusammen aus guten oder schlechten, ausgebauten oder natürlichen Artillerie- und Infanteriestellungen, aus Bodenwellen im militärischen Sinne der Deckung, aus guten und schlechten Anmarschwegen für Infanteriereserve und Munitionsersatz. Auch die relativ großen, nicht durch Gräben zerstückelten Flächen, die man an und für sich sehr wohl als Feld oder Wald bezeichnen könnte, sind nicht Felder oder Wälder im Sinne der gewöhnlichen Friedenslandschaft; ebensowenig behalten die Dörfer den ihnen sonst zukommenden Charakter. Sondern all diese Dinge sind reine Gefechtsdinge geworden; ihre wesentlichen Eigenschaften sind die Möglichkeit oder Unmöglichkeit, sie vom Feinde aus einzusehen, der Schutz, den sie gegen Infanterie- und Artilleriewirkung geben, ihre Eigenschaften als Schußfeld, die Anzahl und Verteilung besonders geschützter und besonders gefährdeter Stellen, die Häufigkeit, mit der der Feind sie zu bestreichen pflegt, und die Art und Intensität ihrer augenblicklichen Gefährdung.

5. Die Gefechtsgebilde

Der Unterschied dieser Gefechtsdinge gegenüber den entsprechenden Friedensdingen ist tief genug, das Verhalten ihnen gegenüber entscheidend zu beeinflussen. An irgend ein Ding in dieser Zone Forderungen zu stellen, die man sonst nur Friedensdingen gegenüber erhebt, erscheint daher zunächst unsinnig. So erklärt sich mein starker Eindruck von Unnatürlichkeit, als ich das erstemal von einem zur Stellung gehörenden Felde Stroh zum Schlafen und ein andermal Kohlen aus einem zwischen der Artillerie- und Infanterielinie liegenden zerschossenen Dorfe holen sollte. Denn Gegenstände für den Lebensunterhalt schienen mir nicht in jenen Komplex von Häusern und Mauern zu gehören, deren Hauptcharakteristika gute Deckung gegen Sicht und einigermaßen guter Schutz vor Geschossen bilden.[5] Die phänomenologischen Unterschiede eines zerschossenen Dorfes innerhalb und außerhalb der Stellung machen sich auch darin bemerkbar, daß das Unangenehme der Zerstörung bei dem Dorfe in der Stellung aufgehoben oder doch stark herabgesetzt ist; es ist eben ein Gefechtsgebilde und kein zerstörter Friedensgegenstand.

Was innerhalb der Gefechtszone liegt, gehört dem Soldaten als sein rechtmäßiger Besitz, nicht weil es erobert ist – denn auf dem hinter der Stellung liegenden eroberten Gebiete verhält es sich anders –, sondern weil es als Gefechtsgebilde ein militärisches Ding ist, das naturgemäß für den Soldaten da ist. Selbst etwas so Barbarisches wie das Verbrennen von Fußböden, Türen und Möbeln ist völlig unvergleichbar mit einem derartigen Verbrauch von Möbeln in einem Hause nach Friedensbegriffen. Denn wenn auch diese Dinge ihre Friedensmerkmale nicht ganz verloren zu haben pflegen, so tritt doch sehr viel stärker der ihnen als Kriegsding zukommende Charakter in den Vordergrund, der sie häufig unter ganz andre Begriffskategorien zu ordnen veranlasst.[6]

5 Sehr bald wandelt sich allerdings der Begriff des Dorfes als Gefechtsdinges dahin, daß im ›Innern‹ der Häuser, die gleichwohl ihre militärischen Eigenschaften behalten, Proviant u. a. zu finden ist.

6 Es ist immer wieder auffallend, wie stark neu zur Front kommende Mannschaften und Offiziere noch den Friedenscharakter von Dingen und Handlungen empfinden und daher mit Gefühlsreaktionen antworten, die erfahrenen Soldaten völlig unangebracht erscheinen (›Schlachtfeldhyänen!‹ bei der Mitnahme von Proviant

Daß auch die Menschen eine Zugehörigkeit zu dieser Gefechtswelt bekommen, wird besonders an zwei Erscheinungen deutlich: Zivilisten, die ausnahmsweise nicht aus der Gefechtszone geflohen sind, werden trotzdem nicht zu Dingen der Gefechtswelt, es sei denn, daß man Spione in ihnen vermutet. Ihre Anwesenheit genügt sogar, auch dem betreffenden Haus oder Gehöft in der Stellungszone den Charakter als Stellungsgebilde zu nehmen; eine Beschießung derartiger Häuser wird daher als besonders hart, als eine Art Friedensstörung empfunden.

Daß der einzelne Soldat auch sich selbst als Gefechtsgebilde erlebt, wird besonders deutlich in dem Augenblick, wo er aus dem Verband der fechtenden Truppe ausscheidet, z. B., wenn er verwundet oder aus dem Felde abkommandiert wird. Die Reaktion auf dieses Phänomen des eignen Nichtmehrmitmachens äußert sich verschieden: Entweder scheint alle Gefahr für den nun ›Unbeteiligten‹ mit einem Schlage überwunden, oder aber er merkt jetzt, wo er eigentlich nicht mehr da zu sein brauchte, plötzlich neu und besonders eindringlich, daß ›der Krieg doch recht gefährlich ist‹, und spricht nun jedem Gefechtsvorgang einen ungewohnt starken Gefahrcharakter zu.

Die Stellung besteht nun aus reinen Gefechtsdingen und aus Dingen, die zum *Leben* des Soldaten im Stellungskriege gehören. Diesen Dingen fehlt der Gefechtscharakter nicht vollkommen, sie sind keine Friedensdinge, aber sie haben eine Beziehung zum Außer-Gefechts-Leben des Soldaten, die den reinen Gefechtsdingen nicht zukommt. So hat z. B. im Bewegungskriege schon das Zelt oder selbst die nackte Schlafstelle neben der Kanone einen kriegsferneren, beinah heimatlichen Charakter, der gerade wegen des unmittelbaren Beisammens mit reinen Gefechtsdingen besonders auffallend ist. Ähnlich verhält es sich mit dem Essen während des Gefechts an der Kanone.

Innerhalb der Stellung im Stellungskriege nimmt die Reinheit des Gefechtscharakters der Dinge von vorn nach hinten, z. B. von der Beobachtungsstelle im ersten Graben zu den Wohnunterständen ein paar hundert Meter zurück, ständig ab. Neben einem Geschütz, 300 m hinter dem ersten Graben kann man doch schon unter Um-

und Ausrüstung Gefallener). Es wäre falsch, hier von Gefühlsverrohung zu sprechen.

ständen eine Blume pflücken, woran man im vordersten Graben im allgemeinen nicht denkt. In den Laufgräben etwas weiter zurück bewegt man sich eben schon freier. Allerdings läßt eine wesentliche Steigerung der Gefechtstätigkeit auch bei diesen etwas zurückliegenden Stellungsteilen sogleich den Gefechtscharakter rein in Erscheinung treten.

Die Grenze zwischen Stellung und Land verläuft etwa dort, wo die täglich beschossene Zone aufhört, bei unserer Stellung in Frankreich etwa an der Grenze des Bereiches der französischen Minenwerfer. Weiter zurückliegende Artilleriestellungen können als *Stellungsinseln* im Lande liegen; sie gehören dann zur Stellung, ohne jedoch mit ihr in räumlicher Verbindung zu stehen. Fälle von Landinseln im Stellungsbereich sind bereits erwähnt.

Bei heftigeren Feuerüberfällen über den zusammenhängenden Stellungsbereich hinaus dehnt sich die Stellung zeitweise aus. Werden jedoch einzelne zurückliegende Gehöfte oder sonstige Geländepunkte unter Feuer genommen, so erfolgt keine Ausdehnung der Stellung; es bilden sich auch keine Stellungsinseln, sondern ›Stücke Landes‹ werden beschossen; der Feind schießt dann ›ins Land‹. Die Unnatur einer solchen Beschießung von Land statt Stellung – denn diese Punkte erhöhter Gefährdung sind nicht mit Stellungsinseln zu verwechseln – pflegt eine entsprechende Vergeltungswut wachzurufen, manchmal verbunden mit einer gewissen Achtung von der Leistung des Feindes und ein wenig Genugtuung über die Mahnung der Etappenleute an den Krieg.

6. Die Stellung im Bewegungskriege

Wird eine Stellung im Bewegungskriege abgebrochen, so verschiebt sich nicht nur die Grenze und der Gefahrzonencharakter wird aufgehoben, sondern: Mit Verwunderung nimmt man wahr, daß, wo eben noch Stellung war, nun Land ist. Aus der Zone, wo man sich gleichsam standig geduckt und abwehrbereit zu verhalten hatte, ist ein Teil jener Strecke Landes geworden, die man nun zu durchziehen haben wird. Ohne daß man eine eigentliche Wandlung erlebt hätte, sind plötzlich an der Stelle der Gefechtsdinge ein Acker, eine Wiese oder dergleichen entstanden, die nun nach allen Seiten landschaftliche Zusammenhänge zeigen zu den Feldern und Wäldern ringsum. An Stelle der durch die Front bestimmten Gerichtetheit haben die Äcker und Feldraine jetzt andere, ihnen an sich eignende Richtungen. Wege, die bis dahin nur ein unbequem festes Stück Untergrund für das Graben waren mit für die Gefechtszwecke angenehm oder unangenehm gerichteten Seitenfurchen, werden wieder zu richtigen Wegen, zu Verbindungen zwischen Ortschaften, zu Führern und Hilfsmitteln der Vorwärtsbewegung ›über das Land hin‹ oder irgend welchen Zielen zu.

Was von der Stellung zurückbleibt, sind die künstlichen Bauten, die Infanteriegräben und Artilleriedeckungen, die nun jedoch isoliert, ohne sinnvollen Zusammenhang mit der Umgebung dastehen. Damit verlieren sie ihre richtende Kraft für das Landschaftsbild und sinken zu bedeutungslosen oder direkt sinnlosen Gebilden ›im Lande‹ herab. Kommt man daher selbst nach kurzer Zwischenzeit zu Plätzen zurück, die man als Stellung gekannt hat, so kann das völlig neue Landschaftsbild das Wiedererkennen wesentlich erschweren. Das Fehlen der aus natürlichen und künstlichen Gefechtsdingen bestehenden Zone, an deren Stelle Stücke Landes mit vorwiegender Betonung landwirtschaftlicher Eigenheiten getreten sind, die Aufhebung des Gefahrcharakters, endlich das Fehlen der Grenze und damit der Anschluß des Landstreifens an die angrenzende ›runde‹, sich nach allen Seiten ins Unendliche ausdehnende Umgebung wirken zusammen, das Landschaftsbild von Grund auf zu verändern: Bodenerhebungen, die mit einem flächenhaften ›Anstieg‹ endeten, werden zu raumhaften, auf der Erde stehenden Hügelgebilden. Wo beim Gefecht der Wald*rand* mit der stark betonten Walddichte dahinter das Landschaftsbild bestimmte, ist nun ein Stück Wald vorhanden, dessen Ausdehnung wesentlich für seine Gestalt ist und dessen Kante daher auch ihre Richtung, die vorher z. B. übertrieben frontal parallel war, geändert hat; zugleich kann der Wald weniger dicht erscheinen, jedenfalls verliert die Dichte mit dem Aufhören ihres gefechtsmäßigen Schutzcharakters ihre Betontheit. Wo eine flache Vertiefung noch als gute Deckung aufgefallen war, sieht man nun ebenes, allenfalls leicht gewelltes Land ohne eigentliche Höhenunterschiede; und da die Gestalt solcher Vertiefungen als Gefechtsgebilde überwiegend von ihrer Durchschreitbarkeit bestimmt wird und da die Höhenunterschiede in den verschiedenen Richtungen dann ungleich betont sind, mag zusammenhängend erschienen sein, was jetzt als getrennte Mulden erlebt wird und umgekehrt. Felder, bei denen die Tatsache, daß sie vom Feinde einzusehen waren, eine Betonung und Vergrößerung ihrer Ausdehnung mit sich gebracht hat, schrumpfen zusammen u. ä. m.

Ist ein früherer Stellungsgraben noch nicht lange verlassen oder liegt er gar noch voller Toter und Kampf, so sinkt er in der Regel nicht zu einem sinnlosen Gebilde herab, sondern er bleibt als ›Kriegsgebilde‹ im Lande zurück; er hat zwar dann nicht mehr die Stellung eines *wirklichen Gefechtsgebildes,* aber er ist trotzdem nicht auf eine Stufe zu stellen mit toten Pferden und zerfahrenen Äckern, die schon wieder zu Friedensdingen geworden sind, wenn auch durch den Krieg verdorben. Im Gegensatz dazu bleibt ein noch nach Kampf aussehender Graben ein Kriegsding, *unter* dem sich das ›Land‹ hinzieht. Ähnliche Kriegsgebilde sind mitunter die abgebrannten Dörfer, die als ›Kriegsinseln‹ im Friedensland stehenbleiben, entweder *auf* dem Lande liegend und es überdeckend oder vom Lande umspült, das Land verdrängend.

Biobibliographische Angaben

Kurt Tsadek Lewin
* 9. 9. 1890 (Mogilno/Posen) – † 12. 2. 1947 (Newtonville, Massachusetts)

1905 zieht Lewins Familie nach Berlin; 1908 Abitur; 1909 Medizinstudium in Freiburg und München; ab 1910 in Berlin Studium der Biologie (Virchow), Psychologie (Stumpf) und Philosophie (Cassirer); 1914-1918 Wehrdienst, Verwundung; 1916 Promotion bei Stumpf; 1917 Heirat mit Maria Landsberg; 1919/1920 Vergleichende Untersuchungen zur Organisationsstruktur von Fabrik- und Landarbeitern; 1920 Habilitation, danach Privatdozent; ab 1927 a. o. Prof. in Berlin; 1929 Heirat mit Gertrud Weiss; 1932 Gastprofessur in Stanford; 1933 Emigration in die USA, Professor an der Cornell-University in Ithaka; 1935-1944 Professor an der State University Iowa; neben Heider, Koffka und Erikson Mitglied der *Topology Group* (1933-1964); 1938/1939 Lehrtätigkeit in Harvard; 1942 Präsident der *Society for the psychological studies of Social Issues*; 1944 Gründung des Instituts für Gruppendynamik am MIT; Mutter wird im Vernichtungslager ermordet; 1947 Einrichtung der *National Training Laboratories* zur Erforschung der Gruppendynamik.

Textnachweis

»Kriegslandschaft«, in: *Feldtheorie. Kurt-Lewin-Werkausgabe*, Bd. 4, hg. von Carl-Friedrich Graumann, Bern/Stuttgart: Huber/Klett-Cotta 1982, S. 315-325 [*Zeitschrift für angewandte Psychologie* 12/5-6 (1917), S. 440-447].

Weitere Texte zur Raumtheorie

1923: »Über die Umkehrung der Raumlage auf dem Kopf stehender Worte und Figuren in der Wahrnehmung«, in: *Psychologische Forschung* 4, S. 210-261.

1934: »Der Richtungsbegriff in der Psychologie. Der spezielle und allgemeine hodologische Raum«, in: *Psychologische Forschung* 19, S. 249-299.

1936: *Grundzüge der topologischen Psychologie*, Bern/Stuttgart: Huber 1969.

1951: *Feldtheorie in den Sozialwissenschaften*, hg. von Dorwin Cartwright, aus dem Amerikanischen von Alice Lang und Winfried Lohr, mit einem Verzeichnis der Schriften Lewins, Bern/Stuttgart: Huber 1963.

Sekundärliteratur

Heider, Fritz: »On Lewin's Methods and Theory«, in: *The Journal of Social Issues*, Supplement Series 13 (1959), S. 3-13.

Kruse, Lenelis/Carl F. Graumann: »Sozialpsychologie des Raumes und der Bewegung«, in: Kurt Hammerlich/Michael Klein (Hg.), *Materialien zur Soziologie des Alltags*, Opladen: Westdeutscher Verlag 1978, S. 177-219.

Lück, Helmut E.: *Kurt Lewin. Eine Einführung in sein Werk*, Weinheim/Basel 2001 [1996].

Mey, Harald: *Studien zur Anwendung des Feldbegriffs in den Sozialwissenschaften*, München: Piper 1965.

Tolman, Edward C.: »Kurt Lewin. 1890-1947«, in: *The Journal of Social Issues*, Supplement Series 1 (1949), S. 22-26.

Wittmann, Simone: *Das Frühwerk Kurt Lewins. Zu den Quellen sozialpsychologischer Ansätze in Feldkonzept und Wissenschaftstheorie*, Frankfurt am Main u. a.: Lang 1998.

7 Martin Heidegger
Die Räumlichkeit des Daseins[1]

§ 23. Die Räumlichkeit des In-der-Welt-seins

Wenn wir dem *Dasein* Räumlichkeit zusprechen, dann muß dieses ›Sein im Raume‹ offenbar aus der Seinsart dieses Seienden begriffen werden. Räumlichkeit des Daseins, das wesenhaft kein Vorhandensein ist, kann weder so etwas wie Vorkommen an einer Stelle im ›Weltraume‹ bedeuten, noch Zuhandensein an einem Platz. Beides sind Seinsarten des innerweltlich begegnenden Seienden. Das Dasein aber ist ›in‹ der Welt im Sinne des besorgend-vertrauten Umgangs mit dem innerweltlich begegnenden Seienden. Wenn ihm sonach in irgendeiner Weise Räumlichkeit zukommt, dann ist das nur möglich auf dem Grunde dieses In-Seins. Dessen Räumlichkeit aber zeigt die Charaktere der *Ent-fernung* und *Ausrichtung.*

Unter Entfernung als einer Seinsart des Daseins hinsichtlich seines In-der-Welt-seins verstehen wir nicht so etwas wie Entferntheit (Nähe) oder gar Abstand. Wir gebrauchen den Ausdruck Entfernung in einer aktiven und transitiven Bedeutung. Sie meint eine Seinsverfassung des Daseins, hinsichtlich derer das Entfernen von etwas, als Wegstellen, nur ein bestimmter, faktischer Modus ist. Entfernen besagt ein Verschwindenmachen der Ferne, das heißt der Entferntheit von etwas, Näherung. Dasein ist wesenhaft ent-fernend, es läßt als das Seiende, das es ist, je Seiendes in die Nähe begegnen. Ent-fernung entdeckt Entferntheit. Diese ist ebenso wie Abstand eine kategoriale Bestimmung des nicht daseinsmäßigen Seienden. Entfernung dagegen muß als Existenzial festgehalten werden. Nur sofern überhaupt Seiendes in seiner Entferntheit für das Dasein entdeckt ist, werden am innerweltlichen Seienden selbst in bezug auf anderes ›Entfernungen‹ und Abstände zugänglich.

1 [Anm d. Hg.] *Sein und Zeit*, Erster Teil, »Die Interpretation des Daseins auf die Zeitlichkeit und die Explikation der Zeit als des transzendentalen Horizontes der Frage nach dem Sein«, Erster Abschnitt, »Die vorbereitende Fundamentalanalyse des Daseins«, Drittes Kapitel, »Die Weltlichkeit der Welt«, C., »Das Umhafte der Umwelt und die ›Räumlichkeit‹ des Daseins«; ausgespart ist die Inhaltsübersicht von §§ 22 bis 24 sowie § 22, »Die Räumlichkeit des innerweltlich Zuhandenen«.

Zwei Punkte sind so wenig voneinander entfernt wie überhaupt zwei Dinge, weil keines dieser Seienden seiner Seinsart nach entfernen kann. Sie haben lediglich einen im Entfernen vorfindlichen und ausmeßbaren Abstand.

Das Ent-fernen ist zunächst und zumeist umsichtige Näherung, in die Nähe bringen als beschaffen, bereitstellen, zur Hand haben. Aber auch bestimmte Arten des rein erkennenden Entdeckens von Seiendem haben den Charakter der Näherung. *Im Dasein liegt eine wesenhafte Tendenz auf Nähe.* Alle Arten der Steigerung der Geschwindigkeit, die wir heute mehr oder minder gezwungen mitmachen, drängen auf Überwindung der Entferntheit. Mit dem ›Rundfunk‹ zum Beispiel vollzieht das Dasein heute eine in ihrem Daseinssinn noch nicht übersehbare Ent-fernung der ›Welt‹ auf dem Wege einer Erweiterung und Zerstörung der alltäglichen Umwelt.

Im Ent-fernen liegt nicht notwendig ein ausdrückliches Abschätzen der Ferne eines Zuhandenen in bezug auf das Dasein. Die Entferntheit wird vor allem nie als Abstand gefaßt. Soll die Ferne geschätzt werden, dann geschieht das relativ auf Entfernungen, in denen das alltägliche Dasein sich hält. Rechnerisch genommen mögen diese Schätzungen ungenau und schwankend sein, sie haben in der Alltäglichkeit des Daseins ihre *eigene* und durchgängig verständliche *Bestimmtheit.* Wir sagen: bis dort ist es ein Spaziergang, ein Katzensprung, »eine Pfeife lang«. Diese Maße drücken aus, daß sie nicht nur nicht ›messen‹ wollen, sondern daß die abgeschätzte Entferntheit einem Seienden zugehört, zu dem man besorgend umsichtig hingeht. Aber auch wenn wir uns fester Maße bedienen und sagen: »bis zu dem Haus ist es eine halbe Stunde«, muß dieses Maß als geschätztes genommen werden. Eine ›halbe Stunde‹ sind nicht 30 Minuten, sondern eine Dauer, die überhaupt keine ›Länge‹ hat im Sinne einer quantitativen Erstreckung. Diese Dauer ist je aus gewohnten alltäglichen ›Besorgungen‹ her ausgelegt. Die Entferntheiten sind zunächst und auch da, wo ›amtlich‹ ausgerechnete Maße bekannt sind, umsichtig geschätzt. Weil das Ent-fernte in solchen Schätzungen zuhanden ist, behält es seinen spezifisch innerweltlichen Charakter. Dazu gehört es sogar, daß die umgänglichen Wege zu entferntem Seienden jeden Tag verschieden lang sind. Das Zuhandene der Umwelt ist ja nicht vorhanden für einen dem Dasein enthobenen ewigen Betrachter, sondern begegnet in die umsichtig besorgende Alltäglichkeit des Daseins. Auf seinen Wegen durchmißt das Dasein nicht als vorhandenes Körperding eine Raumstrecke, es ›frißt nicht Kilometer‹, die Näherung und Ent-fernung ist je besorgendes Sein zum Genäherten und Ent-fernten. Ein ›objektiv‹ langer Weg kann kürzer sein als ein ›objektiv‹ sehr kurzer, der vielleicht ein ›schwerer Gang‹ ist und einem unendlich lang vorkommt. *In solchem ›Vorkommen‹ aber ist die jeweilige Welt erst eigentlich zuhanden.* Die objektiven Abstände vorhandener Dinge decken sich nicht mit Entferntheit und Nähe des innerweltlich Zuhandenen. Jene mögen exakt gewußt sein, dieses Wissen bleibt jedoch blind, es hat nicht die Funktion der umsichtig entdeckenden Näherung der Umwelt; man verwendet solches Wissen nur in und für ein nicht Strecken messendes besorgendes Sein zu der einen ›angehenden‹ Welt.

Man ist geneigt, aus einer vorgängigen Orientierung an der ›Natur‹ und den ›objektiv‹ gemessenen Abständen der Dinge solche Entfernungsauslegung und Schätzung für ›subjektiv‹ auszugeben. Das ist jedoch eine ›Subjektivität‹, die vielleicht das Realste der ›Realität‹ der Welt entdeckt, die mit ›subjektiver‹ Willkür und subjektivistischen ›Auffassungen‹ eines ›an sich‹ anders Seienden nichts zu tun hat. *Das umsichtige Ent-fernen der Alltäglichkeit des Daseins entdeckt das An-sich-sein der ›wahren Welt‹, des Seienden, bei dem Dasein als existierendes je schon ist.*

Die primäre und gar ausschließliche Orientierung an Entferntheiten als gemessenen Abständen verdeckt die ursprüngliche Räumlichkeit des In-Seins. Das vermeintlich ›Nächste‹ ist ganz und gar nicht das, was den kleinsten Abstand ›von uns‹ hat. Das ›Nächste‹ liegt in dem, was in einer durchschnittlichen Reich-, Greif- und Blickweite entfernt ist. Weil das Dasein wesenhaft räumlich ist in der Weise der Ent-fernung, hält sich der Umgang immer in einer von ihm je in einem gewissen Spielraum entfernten ›Umwelt‹, daher hören und sehen wir zunächst über das abstandmäßig ›Nächste‹ immer weg. Sehen und Hören sind Fernsinne nicht auf Grund ihrer Tragweite, sondern weil das Dasein als entfernendes in ihnen sich vorwiegend aufhält. Für den, der zum Beispiel eine Brille trägt, die abstandmäßig so nahe ist, daß sie ihm auf der ›Nase sitzt‹, ist dieses gebrauchte Zeug umweltlich weiter entfernt als das Bild an der gegenüber befindlichen Wand. Dieses Zeug hat so wenig Nähe, daß es oft zunächst gar nicht auffindbar wird. Das Zeug zum Sehen, desgleichen solches zum Hören, zum Beispiel der Hörer am Telephon, hat die gekennzeichnete Unauffälligkeit des zunächst Zuhandenen. Das gilt zum Beispiel auch von der Straße, dem Zeug zum Gehen. Beim Gehen ist sie mit jedem Schritt betastet und scheinbar das Nächste und Realste des überhaupt Zuhandenen, sie schiebt sich gleichsam an bestimmten Leibteilen, den Fußsohlen, entlang. Und doch ist sie weiter entfernt als der Bekannte, der einem bei solchem Gehen in der ›Entfernung‹ von zwanzig Schritten ›auf der Straße‹ begegnet. Über Nähe und Ferne des umweltlich zunächst Zuhandenen entscheidet das umsichtige Besorgen. Das, wobei dieses im vorhinein sich aufhält, ist das Nächste und regelt die Ent-fernungen.

Wenn das Dasein im Besorgen sich etwas in seine Nähe bringt, dann bedeutet das nicht ein Fixieren von etwas an einer Raumstelle, die den geringsten Abstand von irgendeinem Punkt des Körpers hat. In der Nähe besagt: in dem Umkreis des umsichtig zunächst Zuhandenen. Die Näherung ist nicht orientiert auf das körperbehaftete Ichding, sondern auf das besorgende In-der-Welt-sein, das heißt das, was in diesem je zunächst begegnet. Die Räumlichkeit des Daseins wird daher auch nicht bestimmt durch Angabe der Stelle, an der ein Körperding vorhanden ist. Wir sagen zwar auch vom Dasein, daß es je einen Platz einnimmt. Dieses ›Einnehmen‹ ist aber grundsätzlich zu scheiden von dem Zuhandensein an einem Platz aus einer Gegend her. Das Platzeinnehmen muß als Entfernen des umweltlich Zuhandenen in eine umsichtig vorentdeckte Gegend hinein begriffen werden. Sein Hier versteht das Dasein aus dem umweltlichen Dort. Das Hier meint nicht das Wo eines Vorhandenen, sondern das Wobei eines ent-fernenden Seins bei… in eins mit dieser Ent-fernung. Das Dasein ist gemäß seiner Räumlichkeit zunächst nie hier, sondern dort, aus welchem Dort es auf sein Hier zurückkommt und das wiederum nur in der Weise, daß es sein besorgendes Sein zu… aus dem Dortzuhandenen her auslegt. Das wird vollends deutlich aus einer phänomenalen Eigentümlichkeit der Ent-fernungsstruktur des In-Seins.

Das Dasein hält sich als In-der-Welt-sein wesenhaft in einem Entfernen. Diese Ent-fernung, die Ferne des Zuhandenen von ihm selbst, kann das Dasein *nie kreuzen.* Die Entferntheit eines Zuhandenen vom Dasein kann zwar selbst von diesem als Abstand vorfindlich werden, wenn sie bestimmt wird in Beziehung auf ein

Ding, das als an dem Platz vorhanden gedacht wird, den das Dasein zuvor eingenommen hat. Dieses Zwischen des Abstandes kann das Dasein nachträglich durchqueren, jedoch nur so, daß der Abstand selbst ein entfernter wird. Seine Ent-fernung hat das Dasein so wenig durchkreuzt, daß es sie vielmehr mitgenommen hat und ständig mitnimmt, *weil es wesenhaft Ent-fernung, das heißt räumlich ist.* Das Dasein kann im jeweiligen Umkreis seiner Ent-fernungen nicht umherwandern, es kann sie immer nur verändern. Das Dasein ist räumlich in der Weise der umsichtigen Raumentdeckung, so zwar, daß es sich zu dem so räumlich begegnenden Seienden ständig entfernend verhält.

Das Dasein hat als ent-fernendes In-Sein zugleich den Charakter der *Ausrichtung.* Jede Näherung hat vorweg schon eine Richtung in eine Gegend aufgenommen, aus der her das Ent-fernte sich nähert, um so hinsichtlich seines Platzes vorfindlich zu werden. Das umsichtige Besorgen ist ausrichtendes Ent-fernen. In diesem Besorgen, das heißt im In-der-Welt-sein des Daseins selbst ist der Bedarf von ›Zeichen‹ vorgegeben; dieses Zeug übernimmt die ausdrückliche und leicht handliche Angabe von Richtungen. Es hält die umsichtig gebrauchten Gegenden ausdrücklich offen, das jeweilige Wohin des Hingehörens, Hingehens, Hinbringens, Herholens. Wenn Dasein *ist,* hat es als ausrichtend-entfernendes je schon seine entdeckte Gegend. Die Ausrichtung ebenso wie die Ent-fernung werden als Seinsmodi des In-der-Welt-seins vorgängig *durch die Umsicht* des Besorgens geführt.

Aus dieser Ausrichtung entspringen die festen Richtungen nach rechts und links. So wie seine Ent-fernungen nimmt das Dasein auch diese Richtungen ständig mit. Die Verräumlichung des Daseins in seiner ›Leiblichkeit‹, die eine eigene hier nicht zu behandelnde Problematik in sich birgt, ist mit nach diesen Richtungen ausgezeichnet. Daher muß Zuhandenes und für den Leib Gebrauchtes, wie Handschuhe zum Beispiel, das die Bewegungen der Hände mitmachen soll, auf rechts und links ausgerichtet sein. Ein Handwerkszeug dagegen, das in der Hand gehalten und mit ihr bewegt wird, macht nicht die spezifische ›handliche‹ Bewegung der Hand mit. Daher gibt es, ob sie gleich mit der Hand gehandhabt werden, nicht rechte und linke Hämmer.

Zu beachten bleibt aber, daß die Ausrichtung, die zur Ent-fernung gehört, durch das In-der-Welt-sein fundiert ist. Links und rechts sind nicht etwas ›Subjektives‹, dafür das Subjekt ein Gefühl hat, sondern sind Richtungen der Ausgerichtetheit in eine je schon zuhandene Welt hinein. »Durch das bloße Gefühl eines Unterschieds meiner zwei Seiten«[2] könnte ich mich nie in einer Welt zurechtfinden. Das Subjekt mit dem »bloßen Gefühl« dieses Unterschieds ist ein konstruktiver Ansatz, der die wahrhafte Verfassung des Subjekts außer acht läßt, daß das Dasein mit diesem »bloßen Gefühl« je schon in einer Welt ist *und sein muß*, um sich orientieren zu können. Das wird aus dem Beispiel deutlich, an dem *Kant* das Phänomen der Orientierung zu klären versucht.

Angenommen, ich trete in ein bekanntes, aber dunkles Zimmer, das während meiner Abwesenheit so umgeräumt wurde, daß alles, was rechts stand, nunmehr links steht. Soll ich mich orientieren, dann hilft das »bloße Gefühl des Unterschieds« meiner zwei Seiten gar nichts, solange nicht ein bestimmter Gegenstand erfaßt ist, von dem *Kant* beiläufig sagt, »dessen Stelle ich im Gedächtnis habe«.[3] Was bedeutet das aber anderes als: ich orientiere mich notwendig in und aus einem je schon sein bei einer ›bekannten‹ Welt. Der Zeugzusammenhang einer Welt muß dem Dasein schon vorgegeben sein. Daß ich je schon in einer Welt bin, ist für die Möglichkeit der Orientierung nicht weniger konstitutiv als das Gefühl für rechts und links. Daß diese Seinsverfassung des Daseins selbstverständlich ist, berechtigt nicht, sie in ihrer ontologisch konstitutiven Rolle zu unterschlagen. *Kant* unterschlägt sie auch nicht, sowenig wie jede andere Interpretation des Daseins. Das ständige Gebrauchmachen von dieser Verfassung entbindet aber nicht von einer angemessenen ontologischen Explikation, sondern fordert sie. Die psychologische Interpretation, daß das Ich etwas »im Gedächtnis« habe, meint im Grunde die existenziale Verfassung des In-der-Welt-seins. Weil *Kant* diese Struktur nicht sieht, verkennt er auch den vollen Zusammenhang der Konstitution einer möglichen Orientierung. Ausgerichtetheit nach rechts und links gründet in der wesenhaften Ausrichtung des Daseins überhaupt, die ihrerseits wesenhaft durch das In-der-Welt-sein mitbestimmt ist. Allerdings liegt *Kant* auch nicht an einer thematischen Interpretation der Orientierung. Er will lediglich zeigen, daß jede Orientierung eines »subjektiven Prinzips« bedarf.

2 Immanuel Kant, »Was heißt: sich im Denken orientieren?« (1786), vgl. im vorliegenden Band, Text 3, S. 79 [Anm. d. Hg.].

3 [Anm. d. Hg.] Ebd.

›Subjektiv‹ wird aber hier bedeuten wollen: a priori. Das Apriori der Ausgerichtetheit auf rechts und links gründet jedoch im ›subjektiven‹ Apriori des In-der-Welt-seins, das mit einer vorgängig auf ein weltloses Subjekt beschränkten Bestimmtheit nichts zu tun hat.

Ent-fernung und Ausrichtung bestimmen als konstitutive Charaktere des In-Seins die Räumlichkeit des Daseins, besorgend-umsichtig im entdeckten, innerweltlichen Raum zu sein. Die bisherige Explikation der Räumlichkeit des innerweltlich Zuhandenen und der Räumlichkeit des In-der-Welt-seins gibt erst die Voraussetzungen, um das Phänomen der Räumlichkeit der Welt herauszuarbeiten und das ontologische Problem des Raumes zu stellen.

§ 24. Die Räumlichkeit des Daseins und der Raum

Dasein hat als In-der-Welt-sein jeweilig schon eine ›Welt‹ entdeckt. Dieses in der Weltlichkeit der Welt fundierte Entdecken wurde charakterisiert als Freigabe des Seienden auf eine Bewandtnisganzheit. Das freigebende Bewendenlassen vollzieht sich in der Weise des umsichtigen Sichverweisens, das in einem vorgängigen Verstehen der Bedeutsamkeit gründet. Nunmehr ist gezeigt: das umsichtige In-der-Welt-sein ist räumliches. Und nur weil Dasein in der Weise von Ent-fernung und Ausrichtung räumlich ist, kann das umweltlich Zuhandene in seiner Räumlichkeit begegnen. Die Freigabe einer Bewandtnisganzheit ist gleichursprünglich ein ent-fernend-ausrichtendes Bewendenlassen bei einer Gegend, das heißt Freigabe der räumlichen Hingehörigkeit des Zuhandenen. In der Bedeutsamkeit, mit der das Dasein als besorgendes In-Sein vertraut ist, liegt die wesenhafte Miterschlossenheit des Raumes.

Der so mit der Weltlichkeit der Welt erschlossene Raum hat noch nichts von der reinen Mannigfaltigkeit der drei Dimensionen. Der Raum bleibt bei dieser nächsten Erschlossenheit noch verborgen als das reine Worin einer metrischen Stellenordnung und Lagebestimmung. Woraufhin der Raum vorgängig im Dasein entdeckt ist, das haben wir schon mit dem Phänomen der Gegend angezeigt. Wir verstehen sie als das Wohin der möglichen Zugehörigkeit des zuhandenen Zeugzusammenhanges, der als ausgerichtet entfernter, das heißt platzierter soll begegnen können. Die Gehörigkeit bestimmt sich aus der für die Welt konstitutiven Bedeutsamkeit und artikuliert innerhalb des möglichen Wohin das Hier- und Dorthin. Das Wohin überhaupt wird vorgezeichnet durch das in einem Worum-willen des Besorgens festgemachte Verweisungsganze, innerhalb dessen das freigebende Bewendenlassen sich verweist. *Mit* dem, was als Zuhandenes begegnet, hat es je eine Bewandtnis bei einer Gegend. Zur Bewandtnisganzheit, die das Sein des umweltlich Zuhandenen ausmacht, gehört gegendhafte Raumbewandtnis. Auf deren Grunde wird das Zuhandene nach Form und Richtung vorfindlich und bestimmbar. Je nach der möglichen Durchsichtigkeit der besorgenden Umsicht ist mit dem faktischen Sein des Daseins das innerweltlich Zuhandene entfernt und ausgerichtet.

Das für das In-der-Welt-sein konstitutive Begegnenlassen des innerweltlich Seienden ist ein ›Raum-geben‹. Dieses ›Raum-geben‹, das wir auch *Einräumen* nennen, ist das Freigeben des Zuhandenen auf seine Räumlichkeit. Dieses Einräumen ermöglicht als entdeckende Vorgabe einer möglichen bewandtnisbestimmten Platzganzheit die jeweilige faktische Orientierung. Das Dasein kann als umsichtiges Besorgen der Welt nur deshalb um-, weg- und ›einräumen‹, weil zu seinem In-der-Welt-sein das Einräumen – als Existenzial verstanden – gehört. Aber weder steht die je vorgängig entdeckte Gegend, noch überhaupt die jeweilige Räumlichkeit ausdrücklich im Blick. Sie ist an sich in der Unauffälligkeit des Zuhandenen, in dessen Besorgen die Umsicht aufgeht, für diese zugegen. Mit dem In-der-Welt-sein ist der Raum zunächst in dieser Räumlichkeit entdeckt. Auf dem Boden der so entdeckten Räumlichkeit wird der Raum selbst für das Erkennen zugänglich.

Der Raum ist weder im Subjekt, noch ist die Welt im Raum. Der Raum ist vielmehr ›in‹ der Welt, sofern das für das Dasein konstitutive In-der-Welt-sein Raum erschlossen hat. Der Raum befindet sich nicht im Subjekt, noch betrachtet dieses die Welt, ›als ob‹ sie in einem Raum sei, sondern das ontologisch wohlverstandene ›Subjekt‹, das Dasein, ist in einem ursprünglichen Sinn räumlich. Und weil das Dasein in der beschriebenen Weise räumlich ist, zeigt sich der Raum als Apriori. Dieser Titel besagt nicht so etwas wie vorgängige Zugehörigkeit zu einem zunächst noch weltlosen Subjekt, das einen Raum aus sich hinauswirft. Apriorität besagt hier: Vorgängigkeit des Begegnens von Raum (als Gegend) im jeweiligen umweltlichen Begegnen des Zuhandenen.

Die Räumlichkeit des umsichtig zunächst Begegnenden kann für die Umsicht selbst thematisch und Aufgabe der Berechnung und Ausmessung werden, zum Beispiel beim Hausbau und in der Landvermessung. Mit dieser noch vorwiegend umsichtigen Thematisierung der Umwelträumlichkeit kommt der Raum an ihm selbst schon in gewisser Weise in den Blick. Dem so sich zeigenden Raum kann das reine Hinsehen nachgehen unter Preisgabe der vordem einzigen Zugangsmöglichkeit zum Raum, der umsichtigen Berechnung. Die ›formale Anschauung‹ des Raumes entdeckt die reinen Möglichkeiten räumlicher Beziehungen. Hierbei besteht eine Stufenfolge in der Freilegung des reinen, homogenen Raumes von der reinen Morphologie der räumlichen Gestalten zur *Analysis Situs* bis zur rein metrischen Wissenschaft vom Raum. Die Betrachtung dieser Zusammenhänge gehört nicht in diese Untersuchung.[4] Innerhalb ihrer Problematik sollte lediglich der phänomenale Boden ontologisch fixiert werden, auf dem die thematische Entdeckung und Ausarbeitung des reinen Raumes ansetzt.

Das umsichtsfreie, nur noch hinsehende Entdecken des Raumes neutralisiert die umweltlichen Gegenden zu den reinen Dimensionen. Die Plätze und die umsichtig orientierte Platzganzheit des zuhandenen Zeugs sinken zu einer Stellenmannigfaltigkeit für beliebige Dinge zusammen. Die Räumlichkeit des innerweltlich Zuhandenen verliert mit diesem ihren Bewandtnischarakter. Die Welt geht des spezifisch Umhaften verlustig, die Umwelt wird zur Naturwelt. Die ›Welt‹ als zuhandenes Zeugganzes wird verräumlicht zu einem Zusammenhang von nur noch vorhandenen ausgedehnten Dingen. Der homogene Naturraum zeigt sich nur auf dem Wege einer Entdeckungsart des begegnenden Seienden, die den Charakter einer spezifischen *Entweltlichung* der Weltmäßigkeit des Zuhandenen hat.

Dem Dasein wird gemäß seinem In-der-Welt-sein je schon entdeckter Raum, obzwar unthematisch, vorgegeben. Der Raum an ihm selbst dagegen bleibt hinsichtlich der in ihm beschlossenen reinen Möglichkeiten des puren Räumlichseins von etwas zunächst noch verdeckt. Daß der Raum sich wesenhaft *in einer Welt zeigt*, entscheidet noch nicht über die Art seines Seins. Er braucht nicht

4 Vgl. hierzu Oskar Becker, »Beiträge zur phänomenologischen Begründung der Geometrie und ihrer physikalischen Anwendungen«, in: *Jahrbuch für Philosophie und phänomenologische Forschung*, Bd. 6, hg. von Edmund Husserl, Halle: Niemeyer 1923, S. 385-560, hier S. 385 ff.

die Seinsart eines selbst räumlich Zuhandenen oder Vorhandenen zu haben. Das Sein des Raumes hat auch nicht die Seinsart des Daseins. Daraus, daß das Sein des Raumes selbst nicht in der Seinsart der *res extensa* begriffen werden kann, folgt weder, daß er ontologisch bestimmt werden muß als ›Phänomen‹ dieser *res* – er wäre im Sein nicht von ihr unterschieden – noch gar, daß das Sein des Raumes dem der *res cogitans* gleichgesetzt und als bloß ›subjektives‹ begriffen werden könnte, von der Fragwürdigkeit des *Seins* dieses Subjektes ganz abgesehen.

Die bis heute fortbestehende Verlegenheit bezüglich der Interpretation des Seins des Raumes gründet nicht so sehr in einer unzureichenden Kenntnis des Sachgehaltes des Raumes selbst, als in dem Mangel an einer grundsätzlichen Durchsichtigkeit der Möglichkeiten von Sein überhaupt und deren ontologisch begrifflicher Interpretation. Das Entscheidende für das Verständnis des ontologischen Raumproblems liegt darin, die Frage nach dem Sein des Raumes aus der Enge der zufällig verfügbaren und überdies meist rohen Seinsbegriffe zu befreien und die Problematik des Seins des Raumes im Hinblick auf das Phänomen selbst und die verschiedenen phänomenalen Räumlichkeiten in die Richtung der Aufklärung der Möglichkeiten von Sein überhaupt zu bringen.

Im Phänomen des Raumes kann weder die einzige, noch auch die unter anderen primäre ontologische Bestimmtheit des Seins des innerweltlichen Seienden gefunden werden. Noch weniger konstituiert er das Phänomen der Welt. Raum kann erst im Rückgang auf die Welt begriffen werden. Der Raum wird nicht allein erst durch die Entweltlichung der Umwelt zugänglich, Räumlichkeit ist überhaupt nur auf dem Grunde von Welt entdeckbar, so zwar, daß der Raum die Welt doch *mit*konstituiert, entsprechend der wesenhaften Räumlichkeit des Daseins selbst hinsichtlich seiner Grundverfassung des In-der-Welt-seins.

Biobibliographische Angaben

Martin Heidegger
* 26. 9. 1889 (Meßkirch) – † 26. 5. 1976 (Freiburg im Breisgau)

Ab 1903 Besuch des Gymnasiums in Konstanz, ab 1906 in Freiburg, ab 1909 ebenda Studium der Theologie; 1911 nach Krise Abbruch der Priesterausbildung und Studium der Philosophie; 1913 Promotion und 1915 Habilitation in Philosophie; 1915-1918 Wehrdienst; 1917 Eheschließung mit Elfride Petri, 1918-1923 Assistent von Husserl in Freiburg; 1923 a. o. Professur für Philosophie in Marburg; 1924 Beginn einer Affäre mit Hannah Arendt; ab 1928 Nachfolger auf dem Lehrstuhl von Husserl in Freiburg; ab 1933 Mitglied der NSDAP, 1933-1934 Rektor der Universität Freiburg, tritt für Durchsetzung des ›Führerprinzips‹ an deutschen Hochschulen ein; 1936-1940 Kritik an ›Philosophie‹ der Nazis, wird in Vorlesungen zu Nietzsche ausgetragen; 1944 Einzug zum Volkssturm; 1946-1949 Lehrverbot; 1951 Emeritierung und Wiederaufnahme der Lehrtätigkeit; ab 1953 Vorträge und Privatseminare, genießt große Popularität unter Pariser Philosophen; 1962 Griechenlandreise.

Textnachweis

Sein und Zeit, unveränderter Nachdruck der 15., anhand der Gesamtausgabe durchgesehenen Auflage mit den Randbemerkungen aus dem Handexemplar des Autors im Anhang, Tübingen: Niemeyer ^{18}2001, S. 104-113 [*Jahrbuch für Philosophie und phänomenologische Forschung*, Bd. 8, hg. von Edmund Husserl, Halle: Niemeyer 1927, S. 1-438].

Weitere Texte zur Raumtheorie

1952: »Bauen Wohnen Denken (1951)«, in: M. H., *Vorträge und Aufsätze*, Stuttgart: Klett-Cotta ^{10}2004 [1954], S. 139-156.
1964: *Bemerkungen zu Kunst – Plastik – Raum*, hg. von Hermann Heidegger, St. Gallen: Erker 1996
1969: »Die Kunst und der Raum«, in: M. H., *Aus der Erfahrung des Denkens 1910-1976*, *Gesamtausgabe*, Bd. 13, hg. von Hermann Heidegger, Frankfurt am Main: Klostermann ^{2}2002 [1983], S. 203-210.

Canan, Albert Carillo: »The Concept of ›Earth‹ in Heidegger: History and the ›Oblivion of Being‹«, in: Anna-Teresa Tymieniecka (Hg.), *Passions of the Earth in Human Existence, Creativity and Literature*, Dordrecht u. a.: Kluwer 2001, S. 101-110.

Elden, Stuart: *Mapping the Present. Heidegger, Foucault and the Project of a Spatial History*, London/New York: Continuum 2001.

Günzel, Stephan: »›Geschichtlicher Boden‹ – Nachphänomenologische Geophilosophie bei Heidegger und Deleuze«, in: *Phänomenologische Forschungen* 7 (2002), S. 51-85.

Pöggeler, Otto: »Heideggers Topologie des Seins« [1969], in: O. P., *Philosophie und Politik bei Heidegger*, Freiburg/München: Alber ^{2}1974 [1972], S. 71-104.

Tholen, Georg Christoph: »Einschnitte. Zur Topologie des offenen Raumes bei Heidegger«, in: Michael Scholl/G. C. T. (Hg.), *DisPositionen. Beiträge zur Dekonstruktion von Raum und Zeit* [= Kasseler Philosophische Schriften 33] (1996), S. 23-35.

Bibliographie (primär): ⟨http://www.heidegger.org/bibliographie.htm⟩

Sekundärliteratur/Ressourcen: ⟨http://www.ub.uni-freiburg.de/referate/02/heidegger/heidgg01.html⟩

8 Edmund Husserl
Kopernikanische Umwendung der Kopernikanischen Umwendung

Die Ur-Arche Erde[1]

Wir Kopernikaner,[2] wir Menschen der Neuzeit sagen: Die Erde ist nicht die ›ganze Natur‹, sie ist einer der Sterne im unendlichen Weltraum. Die Erde ist ein kugelförmiger Körper, freilich nicht auf einmal und von Einem wahrnehmbar in seiner Gänze, aber in einer primordialen Synthese als Einheit aneinandergeknüpfter Einzelerfahrungen. Doch ein Körper! Obschon für uns der Erfahrungsboden für alle Körper in der Erfahrungsgenesis unserer Weltvorstellung. Dieser ›Boden‹ wird zunächst nicht als Körper erfahren, in höherer Stufe der Konstitution der Welt aus Erfahrung wird er zum Boden-Körper, und das hebt seine ursprüngliche Boden-Form auf. Er wird zum Totalkörper: zum Träger aller bisher voll (normal) allseitig, empirisch zureichend erfahrbaren Körper, in der Weise, wie sie erfahren sind, solange die Sterne noch nicht als Körper mitrechnen. Nun aber ist die Erde der große Klotz, auf dem sie sind, und aus dem durch Abstückung oder Abgliederung kleinere Körper für uns immer auch geworden sind und hätten werden können.

Ist die Erde als Körper zur konstitutiven Geltung gekommen – und andererseits die Sterne aufgefasst als in Fernerscheinungen erscheinende, nur nicht vollkommen zugängliche Körper, so greift das die Vorstellungen von Ruhe und Bewegung an, die ihnen mit zukommen müssen. Auf der Erde, oder an der Erde, von ihr weg, auf sie hin findet Bewegung statt. Erde selbst in der ursprünglichen

1 [Anm. d. Hg.] Titel des Manuskriptumschlags. – Eigener Manuskripttitel: »›Umsturz‹ der kopernikanischen Lehre in der gewöhnlichen weltanschaulichen Interpretation. Die Ur-Arche Erde bewegt sich nicht. Grundlegende Untersuchungen zur transzendentalen Theorie der Natur, des Raumes, der Körperlichkeit. [...] Untersuchungen zum phänomenologischen Ursprung der Körperlichkeit, der Räumlichkeit der Natur im ersten naturwissenschaftlichen Sinne.«

2 [Anm. d. Hg.] Eine vorausgehende einleitende Passage enthält kurze Gedanken zur »Welt in der Offenheit der Umwelt« und der »Offenheit der Landschaft« als »Horizonthaftigkeit«.

Vorstellungsgestalt bewegt sich nicht und ruht nicht, in Bezug auf sie haben Ruhe und Bewegung erst Sinn. Nachher aber ›bewegt‹ sich oder ruht Erde – und ganz ebenso als eines unter ihnen die Gestirne. Wie gewinnen in der erweiterten oder neu gestalteten ›Weltanschauung‹ Bewegung und Ruhe rechtmäßigen Seinssinn – ihre erdenkliche bewährende Anschauung, Evidenz? Gewollte apperzeptive Übertragung ist es nicht, aber wie immer, sie muss sich ausweisen können.

Überhaupt die Ausarbeitung der Weltanschauung, der Anschauung einzelner Körper, der Raumanschauung, der Zeitanschauung, der Anschauung der Naturkausalität – das alles geht miteinander Hand in Hand.

Das Sichbewegen von Körpern in der ursprünglich anschaulichen Funktion der Erde als ›Boden‹, bzw. Körper in der Ursprünglichkeit verstanden, wirklich in möglicher Beweglichkeit und Veränderlichkeit. Emporgeworfenwerden, oder irgendwie, ich weiß nicht woher, Sichbewegen – in Bezug auf die Erde als Erdboden. Körper im Erdraum sind beweglich, haben einen Horizont möglicher Bewegung, und wenn Bewegung endet, so zeichnet doch Erfahrung die Möglichkeit weiterer Bewegung vor, eventuell in eins mit der Möglichkeit neuer Bewegungs-Kausalität durch einen möglichen Stoß usw. Körper sind wirklich in offenen Möglichkeiten, die sich in dem, was von ihnen wirklich wird, in ihrer Bewegung, Veränderung (Unveränderung als einzelne Möglichkeitsform von Veränderung) verwirklichen. Körper sind in wirklicher und möglicher Bewegung, und Möglichkeit immer offene Möglichkeit an Wirklichkeit, an Fortsetzung, an Richtungsveränderung etc. Körper sind auch ›unter‹ wirklichen und möglichen Körpern, und korrelativ Körper sind wirklich erfahren oder möglicherweise erfahren, in ihren wirklichen Bewegungen, Veränderungen etc. in ihren wirklichen ›Umständen‹. Möglichkeiten, die im Voraus, *a priori* offen sind; und als das, als seiende Möglichkeiten haben sie anschauliche Vorstellbarkeit, ihre anschauliche Ausweisung. Das haben sie als Modi, die zum Sein der Körper und der Körpermannigfaltigkeit gehören.

In aller Fortbildung der Weltapperzeption muss Einheit einer ›Weltanschauung‹ die Weltmöglichkeit bewähren – als die Möglichkeit, und Universum der offenen Möglichkeiten, die einen Grundbestand der Wirklichkeit der Welt ausmacht. Der Kern der aktuellen Erfahrung (ontisch das, was von der Welt in der und der Seite erfahren ist und eventuell schon aus Erfahrungssynthese in Einstimmigkeit als bekannte Wirklichkeit gilt) wird als Erfahrungskern von der Welt, Kern von dem, was durch ihn vorgezeichnet ist und vorgezeichnet ist als Spielraum von Möglichkeiten: und dies bedeutet einen Spielraum von iterativ fortzusetzenden einstimmigen Möglichkeiten. Welt konstituiert sich aufsteigend und ist schließlich – hinsichtlich der Natur als ihren abstrahierbaren Bestand – konstituiert in einer Horizonthaftigkeit, in welcher das Seiende als wirklich in den allzeit vorgezeichneten Seinsmöglichkeiten konstituiert ist; vorgezeichnet ist die von der Ontologie nachher mit ihnen ›bedachte‹, auf Begriffe und Urteile gebrachte Weltform, und innerhalb derselben bewegt sich alle relativ bestimmte induktive Vorzeichnung, das jeweils bestimmt Erwartungsmäßige und im Gang der wirklichen Erfahrung, der eigenen und kommunikativen, die als nun sich zeigende Wirklichkeit eintretende Bewährung oder Entwährung.

Wirkliche Erfahrung im Rahmen wirklicher sich induktiv vorzeichnender Möglichkeiten einstimmig synthetisch in den Horizont eindringend und ein Stück wirklich anschaulich und als bewährtes Sein sich bietendes Weltfeld erfassend – ergibt Körper in Ruhe oder Bewegung, in Unveränderung oder Veränderung mir und eventuell uns in einer aktuellen Vergemeinschaftung. Aber was sich da ergibt, ist ein Aspekt, in dem noch nicht alles entschieden ist, was von den noch horizonthaften Möglichkeiten her sinnbestimmend ist für die vollkonstituierte Welt. Hier gilt: Ruhe gibt sich als ein Entschiedenes und Absolutes, und ebenso Bewegung: nämlich auf der an sich ersten Stufe der Konstitution der Erde als Boden.

Aber Ruhe und Bewegung verlieren, sowie Erde zum Weltkörper geworden ist in der offenen Mannigfaltigkeit umgebender Körper ihre Absolutheit. Bewegung und Ruhe werden notwendig relativ. Und wenn darüber ein Streit sein konnte, so nur darum, weil die neuzeitliche Apperzeption der Welt als Welt der unendlichen kopernikanischen Horizonte nicht für uns aus wirklich durchgeführter Weltanschauung bewährte Weltapperzeption geworden ist.[3] Die ap-

3 [Randbemerkung Husserls] [Apperzeption] der Welt, Apperzeption überhaupt, das ist das Geltungsbewusstsein, mit dem Seinssinn Welt mit all den Stufen der Konstitution.

perzeptive Übertragung hat in einer Weise stattgefunden, dass sie nur Anweisung für eine bewährende Anschauung geblieben ist statt wirklich zu Ende konstruiert als Ausweisung.

Wie ist eigentlich ein Körper, sein Ort, seine Zeitstelle, seine Dauer und Gestalt, als in ihr so und so qualifizierter identifizierbar, wiedererkennbar, an sich bestimmt und somit als bestimmbar zu denken? Alle Ausweisung, alle Bewährung der sich fortbildenden und fortgebildeten Weltapperzeptionen (als fortschreitende apperzeptive Übertragungen, in denen von schon konstituierter Objektivität und Welt aus ›die‹ selbe Welt mit höherstufigem Sinn ausgestattet wird, bis zur letzt- und vollkonstituierten Welt in ihrem eigenen festen Stil sich fortkonstituierend), alle Ausweisung – wiederhole ich – hat ihren subjektiven Ausgangspunkt und letzten Ankergrund im Ich, dem ausweisenden. Die Bewährung der neuen ›Weltvorstellung‹, der des abgewandelten Sinnes, hat ihren ersten Anhalt und Kern an meinem Wahrnehmungsfeld und der orientierten Darstellung des Weltausschnittes, um meinen Leib als Zentralkörper unter den anderen, sie alle gegeben mit ihrem anschaulich eigenen Wesensgehalt in Ruhe oder Bewegung, in Veränderung oder Unveränderung. Eine gewisse Relativität von Ruhe und Bewegung ist hier schon ausgebildet. Relativ ist eine Bewegung notwendig, die erfahren ist in Bezug auf einen als ruhend erfahrenen ›Bodenkörper‹, mit dem mein körperlicher Leib eins ist. Dieser selbst kann in Bewegung sein als sich bewegend, aber kann jederzeit dann sich zur Ruhe bringen und sich dann als ruhend erfahren. Der relative Bodenkörper ist aber natürlich relativ ruhend und relativ bewegt in Bezug auf den Erdboden, der nicht als Körper erfahren ist – wirklich ursprünglich erfahren. Relative ›Bodenkörper‹: Ich kann im (fahrenden) Wagen sein, der dann mein Bodenkörper ist, ich kann auch getragen werden in einem Eisenbahnwagen, dann ist mein Bodenkörper zunächst der Körper, der der mich bewegt tragende ist, und für diesen wieder der Eisenbahnwagen etc. Der Wagen ist als ruhend erfahren. Wenn ich aber hinaussehe, sage ich, dass er sich bewegt, obschon ich sehe, dass die Landschaft draußen in Bewegung ist. Ich weiß, dass ich auf den Wagen gestiegen bin, ich habe solche Wagen in Bewegung gesehen mit Leuten darin, weiß, dass sie, wie ich, wenn ich darauf steige, die Umwelt in Bewegung sehen etc. Ich kenne die Umkehrung der Erfahrungsweise Ruhe und Bewegung von dem fahrenden Spielwagen her, auf den ich so oft gesprungen bin und wieder abgesprungen. Aber es ist doch alles zunächst auf den Boden aller relativen Bodenkörper, auf den Erdboden bezogen: Alle Mittelbarkeiten habe ich in der Apperzeption impliziert und kann bewährend auf sie in Einstimmigkeit rekurrieren.

Wenn ich nun die Erde als bewegten Körper ›denke‹ – dann brauchte ich, um sie als das, ja überhaupt als einen Körper denken zu können, im ursprünglichsten Sinne, d. i. für sie eine mögliche Anschauung gewinnen zu können, in der ihre Möglichkeit des Seins als ein Körper direkt evident werden kann, einen Boden, auf den alle Körpererfahrung, und damit alle Erfahrung von Verharrend-Sein in Ruhe und Bewegung bezogen ist.

Hier ist zu betonen: Ich kann auf meinem Erdboden immerfort weitergehen und sein ›körperliches‹ Sein in gewisser Weise immer voller erfahren; er hat seinen Horizont darin, dass ich auf ihm eben gehen und gehend von ihm und allem, was darauf ist, immer mehr erfahren kann. Ebenso mit anderen Menschen, die körperlich auf ihm gehen und ihn mit allem, was darauf und darüber ist, gemeinsam mit mir erfahren und zu Einstimmigkeit bringen können. Stückweise lerne ich die Erde kennen und erfahre auch die Abstückbarkeit von Teilen, die richtige Körper sind, abgestückt ihr Sein haben in Ruhe und Bewegung – relativ zu dem nun wieder fungierenden ruhenden Erdboden. Ich sage eventuell die »ruhende Erde« – aber die »Erde« als der einheitliche Erdboden kann nicht in dem Sinne ruhend und somit nicht in dem Sinne als ein Körper erfahren werden wie eben ›ein‹ Körper, der nicht nur seine Extension und seine Qualifizierung hat, sondern auch im Raume seinen ›Ort‹, aber als seinen Ort möglicherweise wechselnd und ruhend oder bewegt.

Und solange ich keine Vorstellung habe von einem neuen Boden, als einem solchen, von wo aus die Erde im zusammenhängenden und in sich zurückführenden Gehen als ein geschlossener Körper in Bewegung und Ruhe Sinn haben kann, und solange ich keine Vorstellung gewinne von einem Austausch der Böden und einem dadurch zum Körper Werden beider Böden, solange ist eben die Erde selbst Boden, aber kein Körper. Die Erde bewegt sich nicht – ich sage vielleicht doch, sie ruht, das kann aber nur sagen, jedes Erdstück, das ich abstücke oder Andere abstücken, oder sich von selbst abstückt, ruht oder bewegt sich – ist ein Körper. Die Erde ist ein Ganzes, dessen Teile – wenn sie für sich gedacht werden, wie sie es können als abgestückt, abstückbar, Körper sind, aber als ›Ganzes‹ ist sie kein Körper. Hier ist ein aus körperlichen Teilen ›bestehendes‹ Ganzes darum noch kein Körper. […][4]

Ursprünglich konstituiert sein kann nur ›der‹ Erdboden mit umgebendem Raum von Körpern, das setzt aber schon voraus, dass mein Leib konstituiert ist und bekannte Andere, und offene Horizonte von Anderen, verteilt im Raum – im Raum, der als offenes Nah-Fern-Feld von Körpern die Erde umgibt und den Körpern den Sinn von erdischen Körpern und dem Raum den von Erdraum gibt. Die Allheit des Wir, der Menschen, der ›Animalien‹ ist in diesem Sinne irdisch – und hat zunächst keinen Gegensatz in nicht-irdisch. Dieser Sinn ist verwurzelt und hat sein Orientierungszentrum in mir und einem engeren Wir miteinander Lebender.

Es ist aber auch möglich, dass der Erdboden sich erweitert, etwa in der Art, dass ich verstehen lerne, dass im Raum meines ersten Erdbodens große Luftschiffe sind, die in ihm längere Zeit fahren; auf einem bin ich geboren, lebt meine Familie, es war mein Seins-Boden, bis ich lernte, dass wir nur Schiffer sind auf der grösseren Erde etc. So kann eine Vielheit von Bodenstätten, Heimstätten zur Einheit einer Bodenstätte kommen. Aber darüber später notwendige Ergänzungen.

Zunächst: ist Erde mit Leiblichkeit und Körperlichkeit konstituiert, so ist auch »Himmel« notwendig als Feld des äußerst noch räumlich Erfahrbaren für mich und uns alle – vom Erdboden aus. Oder es ist konstituiert ein offener Horizont der erreichbaren Ferne; von jedem Raumpunkt aus, der für mich erreichbar ist, ein äußerster Horizont, Limes (Horizontkugel), worin das als Fern-Ding noch Erfahrbare mit der Entfernung schließlich verschwindet. Umgekehrt: ich kann mir natürlich vorstellen, dass sichtbar werdende ›Punkte‹ ferne Körper sind, die herangekommen sind und sich nun nähern können, bis sie den Erdboden erreichen etc. Nun aber auch: ich kann mir vorstellen, dass es Heimstätten sind.

Aber zu bedenken ist: jede hat ihre ›Historizität‹ vom jeweiligen Ich aus, das in ihr beheimatet ist. Bin ich als Schifferkind geboren, so habe ich ein Stück Entwicklung auf dem Schiff, und das wäre aber nicht als Schiff für mich charakterisiert in Bezug zur Erde –

4 [Anm. d. Hg.] Es folgen Reflexionen zum Verhältnis von Ganzem und Teil sowie der Körperbewegungswahrnehmung (Kinästhese) auf ruhendem und bewegtem Boden.

solange keine Einheit hergestellt worden ist – es wäre selbst meine ›Erde‹, meine Urheimat. Aber meine Eltern sind dann nicht auf dem Schiff urbeheimatet, sie hatten noch ein altes Zuhause, eine andere Urheimat. Im Wechsel der Heimstätten verbleibt allgemein gesprochen dies (wenn Heimstätte den gewöhnlichen Sinn meines jeweiligen, einzelnen oder familienmäßigen Territoriums hat), dass jedes Ich eine Urheimat hat – und diese gehört zu meinem Urvolk mit seinem Urterritorium. Aber jedes Volk und seine Historizität und jedes Übervolk (Übernation) ist selbst beheimatet letztlich natürlich auf der ›Erde‹ und alle Entwicklungen, alle relativen Historien haben insofern eine einzige Urhistorie, deren Episoden sie sind. Freilich ist es dabei möglich, dass diese Urhistorie ein Zusammen ist, völlig getrennt lebender und sich entwickelnder Völker, nur dass sie alle füreinander im offen unbestimmten Erdraumhorizont liegen.

Nehmen wir nun Sterne,[5] nachdem wir uns klargemacht haben die Möglichkeit von fliegenden Archen (das könnte auch ein Name sein für Urheimstätte), die sich herausstellen in der ›Erfahrung‹ (das ist in der Historizität, in der sich die Welt und in ihr körperliche Natur, naturaler Raum und Raumzeit, Menschheit und animalisches Universum konstituieren) als bloße ›Luftschiffe‹, ›Raumschiffe‹ der Erde, von ihr ausgegangen und wieder zurückkehrend, von Menschen bewohnt und geführt, die nach ihrem letztlichen generativen und für sie selbst historischen Ursprung auf dem Erdboden als ihrer Arche beheimatet sind. Dafür nehmen wir also jetzt ›Sterne‹ – zunächst Lichtpunkte, Lichtflecke. Im Lauf der sich ausbildenden Erfahrung apperzipiert als Fernkörper, aber ohne die je eintretende Möglichkeit der normalen Erfahrungsbewährung, derjenigen im ersten Sinne, im engeren einer direkten Ausweisbarkeit. ›Himmelskörper‹: wir behandeln sie gleich den nur zufällig faktisch für uns (aber eventuell für Andere) gegenwärtigen, zeitweilig unzugänglichen Körpern und machen in Bezug auf sie Erfahrungsschlüsse, empirisch unsere Ortsberechnungen, Berechnungen ihrer induzierten Bewegungen etc., als ob sie Körper wie andere wären. Alles das ist auf die Arche Erdboden und ›Erdkugel‹ relativ und auf uns, die erdischen Menschen, und die Objektivität ist auf die Allmenschheit bezogen. Wie die Arche Erde selbst? Sie ist nicht selbst schon Kör-

5 [Randbemerkung Husserls vor »Nehmen«] Arche = Urheimatstätte = ›Erde‹.

per, nicht ein Stern unter Sternen. Erst wenn wir unsere Sterne als sekundäre Archen uns vorstellen mit ihren eventuell Menschheiten etc., uns fingieren als dorthin versetzt und unter diese Menschheiten, dorthin etwa fliegend, wird es anders. Dann ist es wie mit Kindern, auf den Schiffen geboren, doch etwas abgewandelt. Die Sterne sind ja hypothetische Körper in einem bestimmten Als-ob-Sinne, und so ist auch die Hypothese, dass sie Heimstätten im erreichbaren Sinne sind, von besonderer Art.

Die Homogenisierung der Himmelsferne sogar unter Iteration bringt ihre phänomenologischen Fragen mit sich. Was ist da Wesensmöglichkeit und mit der irdischen Welt vorgegebene Möglichkeit, als mitkonstituierend deren Sein, durch ihre wesensmäßige Seinsart. Mit der hypothetischen Interpretation der sichtbaren Sterne als Fernkörper und durch die Wesensform des Limes der Fernerfahrbarkeit ist schon gegeben die offene Unendlichkeit der irdischen Welt als begabt mit einer Unendlichkeit möglicherweise seiender Fernkörper. Ohne weiteres wird die Homogenisierung von uns so verstanden, dass die Erde selbst ein Körper sei, auf dem wir zufällig herumkriechen.

Wir stehen mit den jetzt überlegten Problemen eigentlich in dem einen großen Problem des rechtmäßigen Sinnes einer universalen rein physischen ›Natur‹wissenschaft – einer astronomisch-physikalisch in der ›astronomischen‹ Unendlichkeit sich haltenden Wissenschaft (im weitesten Sinne Astrophysik ist unsere neuzeitliche Physik), und einer inneren Unendlichkeit, der Unendlichkeit des Kontinuums und der Weise, sich in offener Endlosigkeit oder Unendlichkeit zu atomisieren oder zu quanteln – die Atomphysik. In diesen Unendlichkeitswissenschaften von der Allnatur ist die Betrachtungsweise gewöhnlich die, dass Leiber nur zufällig besonderte Körper sind, die also denkbarerweise auch ganz fehlen könnten, dass also eine Natur ohne Organismen, ohne Tiere und Menschen möglich ist.[6] Wie man auch nachweisen zu können glaubt hinsichtlich der Erde, war auf ihr einmal kein ›Leben‹, es bedurfte langer

6 Es fehlt auch nicht viel, dass man meinte, und zeitweise meinte man so wohl auch reichlich: dass es eine bloße Faktizität sei, eine Tatsächlichkeit der in der Welt geltenden Naturgesetze, wenn mit gewissen Körpern oder Körpertypen der physischen Struktur animalischer Leib psychisches Leben (kausal) verbunden sei; danach wäre es denkbar, dass dieselben, dass eben so geartete Körper eben bloße Körper seien.

Zeiträume, bis die hochkomplizierten organischen Substanzen zur Bildung kamen und damit animalisches Leben auf der Erde auftrat. Und auch das gilt für selbstverständlich, dass Erde nur einer der zufälligen Weltkörper ist, einer unter den anderen, und fast wäre es lächerlich, nach Kopernikus meinen zu wollen, dass die Erde, ›bloß weil wir zufällig auf ihr leben‹, Mittelpunkt der Welt sei, bevorzugt sogar durch ihre ›Ruhe‹, in Bezug auf welche alles Bewegte bewegt sei. Es scheint, dass wir in die naturwissenschaftliche Naivität (nicht sofern wie theoretisiert, sondern sofern sie in ihren Theorien absolute Weltwahrheit zu gewinnen glaubt, wenn auch in relativen Vollkommenheits-Stufen) schon durch das Bisherige eine tüchtige Bresche geschossen haben. Vielleicht dass die Phänomenologie die kopernikanische Astrophysik gestürzt hat – aber auch den Antikopernikanismus, wonach Gott die Erde an einer Stelle des Raumes festgemacht hätte. Vielleicht ist es auf dem Niveau der Phänomenologie so, dass gleichwohl die Rechnungen und mathematischen Theorien der Kopernikus nachfolgenden Astrophysik damit in ihren Grenzen ein Recht behalten und so die gesamte Physik – ein anderes ist schon die Frage, ob eine rein physische Biologie – die dabei aber Biologie sein soll – Sinn und Recht behalten kann.

Also überlegen wir. Wie sollen wir Recht gewinnen, die Erde als einen Körper, als einen Stern unter Sternen gelten zu lassen? Zunächst auch nur als Möglichkeit. Fangen wir an mit einer anderen Möglichkeit. Der Naturforscher wird zugestehen, dass es ein bloßes Faktum sei, dass wir überhaupt Sterne sehen. Er wird sagen: sehr wohl könnten sie so weit sein, dass sie für uns nicht da wären – auch die Sonne? Sie könnte ja durch eine Nebelschicht unsichtig sein. So wäre es also gewesen in allen historischen Zeiten – wir lebten also in einer generativen Historizität und hätten unsere irdische Welt, unsere Erde und Erdräume, darin fliegende und schwebende Körper usw., alles wie bisher, nur ohne sichtbare, für uns erfahrbare Sterne. Vielleicht eine Atomphysik, Mikrophysik hätten wir, aber keine Astro-Physik, Makro-Physik. Aber es wäre zu überlegen, wiefern erstere geändert wäre. Wir hätten unsere Fernrohre, unsere Boloskope, unsere immer feineren Messinstrumente. Wir hätten unseren Newton und das Gravitationsgesetz, wir hätten entdecken können, dass Körper aufeinander Gravitation üben, dass Körper dabei als teilbar zugleich angesehen werden können, als Ganze von Teilkörpern, die dabei wie selbständige Körper ihre Gravitation üben und nach mechanischen Gesetzen wirken, Resultanten ergeben usw. Wir hätten schon entdeckt, dass die Erde eine ›Kugel‹ ist und teilbar ist in Körper, dass sie als totale Einheit von körperlichen Teilen eine Gravitation als Totalität übt in Bezug auf alle sich ablösenden Körper, die sichtbare und unsichtbare im Erdraum sind. Dass Körper darin sind, die wo möglich erst durch Fernrohre und immer bessere Fernrohre als immer weiter für unsere gewöhnliche Sichtbarkeit liegende sind, das alles wüssten wir. Wir werden uns dann sagen können; schließlich könnten natürlich beliebig große Körper in den unseren Sinnen noch nicht und nie zugänglichen Fernen sein. Ohne sie zu sehen, direkt von ihnen Kunde zu haben, wenn auch als hypothetisch den gewöhnlichen Körpern gleichzustellenden Fernkörpern, könnten wir Induktionen machen und aus Gravitationswirkungen etc. das Dasein solcher ›Sterne‹ berechnen. Die Erde wäre in allem Physikalischen schließlich ein Körper wie jeder andere und hätte eben auch Sterne um sich. Faktisch haben wir schon in Sicht Sterne und finden sie wissenschaftlich als in berechenbaren physikalischen Beziehungen zur Erde und diese als physikalisch ihnen gleichstehend ein Körper unter Körpern. Also an der Physik rühren wir gar nicht.

Aber worauf alles ankommt, ist: nicht die zum apodiktischen Ego, zu mir, zu uns gehörige Vorgegebenheit und Konstitution zu vergessen, als Quelle alles wirklichen und möglichen Seinssinnes, aller möglichen Erweiterungen, welche in der in Gang stehenden Historizität schon konstituierte Welt sich weiter konstitutiv ausbauen kann. Man darf nicht die Verkehrtheit, in der Tat Verkehrtheit, begehen, im Voraus und unbemerkt die naturalistische, die herrschende Weltauffassung vorauszusetzen und dann anthropologistisch und psychologistisch in der Menschengeschichte, die Speziesgeschichte, innerhalb der individuellen und Völkerentwicklung, die Ausbildung der Wissenschaft und der Weltinterpretation anzusehen als ein selbstverständlich zufälliges Geschehen auf der Erde, das ebensogut auf Venus oder Mars statthaben könnte. Aber die Erde und wir Menschen, ich mit meinem Leib und ich in meiner Generation, meinem Volk usw. Also auch diese ganze Geschichtlichkeit, das gehört zum Ego unabtrennbar, und das ist prinzipiell nicht wiederholbar, sondern alles, was ist, ist auf diese Historizität transzendentaler Konstitution als ständigen Kern und sich erweiternden Kern zurückbezogen – oder alles neu als Welt-Möglichkeit Entdeckte ist an den Seinssinn, der schon fertiger ist, gebunden. Man möchte danach denken, dass daraus folgendes zu entnehmen sei: die Erde kann ebensowenig ihren Sinn als »Urheimstätte«, als Arche der Welt verlieren, als mein Leib seinen ganz einzigen Seinssinn verlieren kann als Urleib, von dem jeder Leib einen Teil seines Seinssinnes ableitet und als wir Menschen in unserem Seinssinn den Tieren vorangehen usw. Daran aber, an dieser konstitutiven Dignität oder Wertordnung können alle sich notwendig mitkonstituierenden Gleichstellungen (Homogenisierungen) von Leib und Körper, oder körperlichem Leib als Körper gleich anderen, Menschheit als Tierspezies unter Tierspezies, und so schließlich Erde als Weltkörper unter Weltkörpern nichts ändern.

Ich kann mir sehr gut denken, dass ich auf den Mondkörper versetzt würde. Warum kann ich mir nicht den Mond als so etwas wie eine Erde, als so etwas wie eine tierische Wohnstätte denken? Ja, von der Erde aus kann ich mich sehr wohl als Vogel, der auf einen weiten Körper hinfliegt, denken oder als Pilot eines Flugzeuges auffahren und dort landen. Ja, ich kann mir denken, dass dort schon Menschen und Tiere wären. Aber fragte ich zufällig »wie sind sie da hinaufgekommen?« – so ähnlich, wie ich bei einer neuen Insel, auf der ich Keilinschriften finde, frage: wie sind die betreffenden Völker dahin gekommen? Alle Tiere, alle Lebewesen, alles Seiende überhaupt hat Seinssinn nur von meiner konstitutiven Genesis und diese ›irdische‹ geht voran. Ja, ein Bruchstück Erde (wie eine Eisscholle) kann sich vielleicht abgelöst haben, und das hat eine abgesonderte Geschichtlichkeit ermöglicht. Aber nicht sagt das, dass ebensogut der Mond oder die Venus eine selbst eigene Urheimstätte sein könnte oder daß Erde und Venus als Urstätten in Urtrennung denkbar wären und es nur ein Faktum sei, dass für mich und unsere irdische Menschheit eben die Erde ist. Es gibt nur eine Menschheit und eine Erde – ihr gehören auch alle Bruchstücke an, die sich lösen oder je abgelöst haben.

Aber wenn dem so ist, dürfen wir mit Galilei sagen: *e pur si muove*?[7] Und nicht im Gegenteil, sie bewegt sich nicht? Freilich nicht so, dass sie im Raume ruht, obschon sie sich bewegen könnte, sondern

7 [Anm. d. Hg.] »Eppur si muove« = »und sie [die Erde] bewegt sich doch« wurde Galileo Galilei als Aussage zugesprochen, die er nach dem Widerrufen seiner Thesen vor der Inquisition geäußert haben soll. Wahrscheinlich stammt der Satz aber von Giordano Bruno.

wie wir es oben darzustellen versuchten: sie ist die Arche, die aller Bewegung erst Sinn ermöglicht und aller Ruhe als Modus einer Bewegung. Ihr Ruhen aber ist kein Modus der Bewegung.[8]

Biobibliographische Angaben

Edmund Husserl
* 8. 4. 1859 (Proßnitz, Mähren) – † 27. 4. 1938 (Freiburg im Breisgau)

1876-1888 Studium der Mathematik, Physik und Philosophie in Leipzig, Berlin, Wien und Halle; 1883 Promotion; 1886 Konversion vom Judentum zum Christentum; 1887 Habilitation, Privatdozent in Halle; Heirat mit Malvine Steinschneider; 1901 Professor in Göttingen; 1916 Berufung nach Freiburg als Nachfolger von Heinrich Rickert, zweiter Sohn Wolfgang fällt in Verdun; 1918 Gründung der *Freiburger Phänomenologischen Gesellschaft*; 1928 Emeritierung; 1929 »Pariser Vorträge«, erscheinen 1931 als *Méditations cartésiennes* und werden prägend für die Phänomenologie in Frankreich; 1935 Vorträge in Wien und Prag; 1936 Entzug der Lehrbefugnis.

Textnachweis

Manuskript D17-2 vom 1.-9. Mai 1934, Umfang: 21 Blatt (© Kluwer-Verlag und Husserl-Archiv), erscheint in: *Späte Texte zur Raumkonstitution (D-Manuskripte). Gesammelte Werke. Husserliana*, hg. von Dieter Lohmar, Den Haag u. a.: Kluwer, Ms.-Blätter 3 [Rückseite]-8 [Rückseite] und 13 [Vorderseite]-20 [Vorderseite] [»Grundlegende Untersuchungen zum phänomenologischen Ursprung der Räumlichkeit der Natur«, in: *Philosophical Essay in Memory of Edmund Husserl*, hg. von Marvin Farber, Cambridge: Harvard University Press 1940, S. 307-325].

[Vorabdruck mit freundlicher Genehmigung von Prof. Dr. Rudolf Bernet, Direktor des Husserl-Archivs Löwen, unter Tilgung der diakritischen Zeichen und Varianten.]

8 [Anm. d. Hg.] Das Manuskript endet mit Überlegungen zur Vorrangigkeit des phänomenologischen Zugangs gegenüber naturwissenschaftlichen Erklärungen des Weltganzen.

Weitere Texte zur Raumtheorie

1886-1901: »Philosophische Versuche über den Raum«, in: E. H., *Studien zur Arithmetik und Geometrie, Gesammelte Werke. Husserliana*, Bd. 21, hg. von Ingeborg Strohmeyer, Den Haag u. a.: Nijhoff 1983, S. 261-310.

1907: *Ding und Raum* [= Vorlesung »Hauptstücke aus der Phänomenologie und Kritik der Vernunft«], hg. von Karl-Heinz Hahnengress und Smail Rapic, Text nach *Husserliana*, Bd. 16, Hamburg: Meiner 1991 [1973].

1931: »Die Welt der lebendigen Gegenwart und die Konstitution der ausserleiblichen Umwelt«, hg. von Alfred Schütz, in: *Philosophy and Phenomenological Research* 6/3 (1946), S. 323-343.

1934: »Notizen zur Raumkonstitution (Fortsetzung der Untersuchung zur phänomenologischen Interpretation der kopernikanischen Lehre)«, hg. von Alfred Schütz, in: *Philosophy and Phenomenological Research* 1 (1940), S. 21-37 und 217-226.

Sekundärliteratur

Claesges, Ulrich: *Edmund Husserls Theorie der Raumkonstitution*, Den Haag: Kluwer 1964.

Derrida, Jacques: *Husserls Weg in die Geschichte am Leitfaden der Geometrie. Ein Kommentar zur Beilage III der ›Krisis‹*, aus dem Französischen von Rüdiger Hentschel und Andreas Knop, München: Fink 1987.

Himanka, Juha: »Husserl's Argumentation for the Pre-Copernican View of the Earth«, in: *The Review of Metaphysics* 58/3, Nr. 231 (2005), S. 621-644.

Neumann, Günther: *Die phänomenologische Frage nach dem Ursprung der mathematisch-naturwissenschaftlichen Raumauffassung bei Husserl und Heidegger*, Berlin: Duncker & Humblot 1999.

Pradelle, Dominique: *L'archéologie du monde. Constitution de l'espace, idéalisme et intuitionnisme chez Husserl*, Dordrecht u. a.: Kluwer 2000.

Richir, Marc: *Au-delà du renversement copernicien. La question de la phénoménologie et de son fondement*, Den Haag: Nijhoff 1976.

Sommer, Manfred: »Husserl on ›Ground‹ and ›Underground‹«, in: Ernst Wolfgang Orth/Chan-Fai Cheung (Hg.), *Phenomenology of Interculturality and Life-World*, Freiburg i. Br./München: Alber 1998, S. 131-149.

Bibliographie (primär): ⟨http://www.husserlpage.com/hus_cbib.html⟩

9 Gaston Bachelard
Poetik des Raumes[1]

Einleitung

Im vorliegenden Buch hat unser Forschungsfeld den Vorzug, genau begrenzt zu sein. Wir wollen nämlich sehr einfache Bilder untersuchen, *die Bilder des glücklichen Raumes.* Dieser Einstellung gemäß verdienten unsere Forschungen den Namen *Topophilie.* Sie gehen darauf aus, den menschlichen Wert der Besitzräume zu bestimmen, der gegen feindliche Kräfte verteidigten Räume, der geliebten Räume. Aus Gründen, die oft sehr verschieden sind, und mit den Unterschieden der dichterischen Nuance, sind es *gepriesene Räume.* Zu ihrem ursprünglichen Schutzwert, der durchaus real sein kann, kommen noch imaginierte Werte hinzu, und diese Werte sind bald die dominierenden Werte. Der von der Einbildungskraft erfaßte Raum kann nicht der indifferente Raum bleiben, der den Messungen und Überlegungen des Geometers unterworfen ist. Er wird erlebt. Und er wird nicht nur in seiner Positivität erlebt, sondern mit allen Parteinahmen der Einbildungskraft. Im besonderen ist er fast immer anziehend. Er konzentriert Sein im Innern der Grenzen, die beschützen. Im Reiche der Bilder ist das Spiel der Außenwelt und der Intimität kein ausgewogenes Spiel. Andrerseits werden auf den folgenden Seiten die Räume der Feindseligkeit kaum erwähnt. Diese Räume des Hasses und des Kampfes können nur studiert werden, wenn es sich um brennende Themen, um apokalyptische Bilder handelt. In unserem gegenwärtigen Zusammenhang nehmen wir uns Bilder vor, die *anziehen.* Und was die Bilder betrifft, so wird sehr bald klar, daß Anziehen und Abstoßen keine entgegengesetzten Erfahrungen bringen. Die Worte sind entgegengesetzt. Wenn man von Magnetismus oder von Elektrizität spricht, kann man Abstoßung und Anziehung symmetrisch darstellen. Dazu genügt eine Veränderung von algebraischen Zeichen. Aber die Bilder entsprechen kaum den ruhigen Ideen, vor allem nicht den endgültigen

1 [Anm. d. Hg.] Im vorliegenden Text getilgt sind die Originalnummerierungen der einzelnen Unterabschnitte.

Ideen. Unaufhörlich imaginiert die Einbildungskraft und bereichert sich mit neuen Bildern. Diesen Reichtum imaginierten Seins wollen wir erforschen. […]

I. Das Haus. Vom Keller zum Dachboden[2]

[D]em Haus ist es zu danken, daß eine große Zahl unserer Erinnerungen ›untergebracht‹ sind, und wenn das Haus etwas kompliziertere Gestalt annimmt, wenn es Keller und Speicher, Winkel und Flure hat, dann bekommen unsere Erinnerungen mehr und mehr charakteristische Zufluchtsorte. Wir verwandeln dort unser ganzes Leben in Träumereien zurück. Ein Psychoanalytiker müßte also seine Aufmerksamkeit dieser einfachen Lokalisierung der Erinnerungen zuwenden. Wie wir in unserer Einführung andeuteten, würden wir gern dieser zusätzlichen Analyse, die zur Psychoanalyse hinzukäme, die Bezeichnung ›Topo-Analyse‹ geben. Die Topo-Analyse wäre also das systematische psychologische Studium der Örtlichkeiten unseres inneren Lebens. In diesem Theater der Vergangenheit, das unser Gedächtnis ist, erhält die Bühnenausstattung die handelnden Personen in ihrer vorrangigen Rolle. Manchmal glaubt man sich in der Zeit auszukennen, wenn man doch nur eine Folge von räumlichen Fixierungen des feststehenden Seins kennt, eines Seins, das nicht verfließen will, das sogar in der Vergangenheit, auf der Suche nach der verlorenen Zeit, den Flug der Zeit ›aufheben‹ will. In seinen tausend Honigwaben speichert der Raum verdichtete Zeit. Dazu ist der Raum da.

Und wenn man über die Geschichte hinauskommen will, ja selbst wenn man in der Geschichte bleibt oder unsere eigene Geschichte unterscheiden möchte von der stets zufälligen der fremden Wesen, mit denen sie überfüllt ist, dann müssen wir uns darüber klar sein, daß der Kalender unseres Lebens sich nur in seiner Bilderwelt aufstellen läßt. Um unser Sein in der Rangordnung einer Ontologie zu analysieren, um unser Unbewußtes, das in primitiven Erdhütten untergebracht ist, zu psychoanalysieren, müssen wir, am Rande der normalen Psychoanalyse, unsere großen Erinnerungen *entgesell-*

2 [Anm. d. Hg.] Die Überschrift enthält noch den Zusatz »Der Sinn der Hütte«. Der zugehörige Abschnitt ist hier jedoch ausgespart.

schaften und uns auf die Ebene der Träumereien erheben, denen wir in den Räumen unserer Einsamkeit folgten. Für solche Untersuchungen sind die Träumereien nützlicher als die Träume. Und solche Untersuchungen zeigen, daß die Träumereien sehr verschieden von den Träumen sein können.[3]

Diesen Einsamkeiten gegenübergestellt, fragt dann also der Topo-Analytiker: War das Zimmer groß? War der Speicher überfüllt? War der Winkel heiß? Und woher kam das Licht? Wie erkannte in diesen Räumen das menschliche Wesen die Stille? Wie schmeckten ihm diese verschiedenen, so besonders gearteten Formen der Stille in den verschiedenen Schlupfwinkeln der einsamen Träumerei? Hier ist der Raum alles, denn die Zeit lebt nicht im Gedächtnis. Das Gedächtnis – seltsam genug! – registriert nicht die konkrete Dauer, die Dauer im Sinne Bergsons. Die aufgehobene Dauer kann man nicht wieder aufleben lassen. Man kann sie nur denken, und zwar auf der Linie einer abstrakten, jeder Stofflichkeit beraubten Zeit. Nur mit Hilfe des Raumes, nur innerhalb des Raumes finden wir die schönen Fossilien der Dauer, konkretisiert durch lange Aufenthalte. Das Unbewußte hält sich auf. Die Erinnerungen sind unbeweglich, und um so feststehender, je besser sie verräumlicht sind. Eine Erinnerung in der Zeit zu lokalisieren, ist ein Geschäft des Biographen und hat eigentlich nur mit einer Art von externer Geschichte zu tun, einer Geschichte zum externen Gebrauch, die den andern mitgeteilt werden soll. Tiefer als die Biographie soll die Hermeneutik die Zentren des Schicksals bestimmen, indem sie die Geschichte aus ihrem verbindenden zeitlichen Gewebe herauslöst, das ohne Wirkung auf unser Schicksal ist. Dringlicher als die Bestimmung der Daten ist hier die Kenntnis der Intimität, jedenfalls die Lokalisierung in den Räumen unserer Intimität.

Die Psychoanalyse versetzt allzu oft die Leidenschaften ›in die Welt‹. In Wirklichkeit kochen und brodeln die Leidenschaften in der Einsamkeit. Eingeschlossen in die Einsamkeit bereitet das Wesen der Leidenschaft seine Ausbrüche oder seine Unternehmungen vor.

Und wenn alle Räume unserer Einsamkeit hinter uns zurückgeblieben sind, bleiben doch die Räume, wo wir Einsamkeit erlitten,

3 Wir werden die Unterschiede zwischen dem Traum und der Träumerei in einem demnächst erscheinenden Werk untersuchen. [Wahrscheinlich handelt es sich um einen Hinweis auf *La Poétique de la rêverie*, Anm. d. Hg.]

genossen, herbeigesehnt oder verraten haben, in uns unauslöschlich. Und genaugenommen will das Sein sie gar nicht auslöschen. Es weiß instinktiv, daß diese Räume der Einsamkeit zu seinen Grundlagen gehören. Selbst wenn diese Räume für immer aus der Gegenwart getilgt sind, fremd geworden allen Zukunftsverheißungen, selbst wenn man keinen Speicher mehr besitzt, selbst wenn man die Dachstube verloren hat, immer wird es wahr bleiben, daß man einen Speicher geliebt hat, in einer Dachstube gelebt hat. In den Träumen der Nacht kehrt man dahin zurück. Diese Zufluchtsorte haben den Wert einer Muschel. Und wenn man in den Labyrinthen des Schlafes bis ans Ende geht, wenn man zu den Regionen des Tiefschlafs hinabtaucht, kennt man vielleicht Zustände einer *vormenschlichen* Ruhe. Das Vormenschliche berührt sich hier mit dem Unvordenklichen. Aber sogar in der Träumerei des Tages werden die Erinnerungen an Zustände enger, schlichter, geschlossener Einsamkeit uns zu Erfahrungen eines tröstlichen Raumes, eines Raumes, der sich nicht auszudehnen wünscht, sondern der vor allem immer noch in Besitz genommen werden möchte. Früher konnte man gewiß die Dachstube zu eng finden, im Winter zu kalt, im Sommer zu heiß. Aber jetzt, in der Erinnerung, die in der Träumerei wiedergefunden wird, ist die Dachstube, wer weiß durch welchen Synkretismus, klein und groß, warm und kühl, doch immer tröstend. [...]

IX. Die Dialektik des Draußen und des Drinnen

Die feierlichen Geographien der menschlichen Grenzen …
(Paul Eluard)[4]

Denn wir sind oder wir sind nicht.
(Pierre Jean Jouve)[5]

Eine der praktischen Erziehungsmaximen, die meine Kindheit bestimmt haben: Iß nicht mit offenem Mund.
(Colette)[6]

Draußen und Drinnen bilden eine Zerstückelungsdialektik, und die offenkundige Geometrie dieser Dialektik verblendet uns, wenn wir sie in den metaphorischen Bereichen spielen lassen. Sie hat die scharfe Deutlichkeit der Dialektik des *Ja* und des *Nein*, die alles entscheidet. Ohne daß man es merkt, macht man daraus eine Basis von Bildern, die sämtliche Gedanken des Positiven und des Negativen beherrschen. Die Logiker zeichnen Kreise, die sich überschneiden oder ausschließen, und sofort sind alle ihre Regeln klar. Der Philosoph denkt, wenn er Drinnen und Draußen sagt, an Sein und Nichtsein. Die tiefste Metaphysik hat ihre Wurzel in einer unausgesprochenen Geometrie, und diese Geometrie – ob man es will oder nicht – verräumlicht den Gedanken; wenn der Metaphysiker nicht zeichnen würde, würde er dann denken? Das Offene und das Geschlossene sind für ihn Gedanken. Das Offene und das Geschlossene sind Metaphern, die er an alles heftet, sogar an seine Systeme. Jean Hyppolite hat in einem Vortrag die subtile Struktur der »Verleugnung« untersucht, die sehr verschieden ist von der einfachen Struktur der »Verneinung«, und in diesem Vortrag[7] hat er mit Recht

4 [Anm. d. Hg.] »Les yeux fertiles«, in: Paul Eluard, *Œuvres complètes*, Bd. 1, hg. von Lucien Schéler, Paris: Gallimard Pléiade, S. 499 [»À Pablo Picasso, II«].

5 [Anm. d. Hg.] »Sur un mystère …«, in: Pierre Jean Jouve, *Lyrique*, Paris: Mercure de France 1956, S. 59.

6 [Anm. d. Hg.] *Prisons et paradis*, in: Colette, *Œuvres*, Bd. 3, hg. von Claude Pichois, Paris: Gallimard Pléiade, S. 719 [»Le Feu sous la cendre«].

7 Jean Hyppolite, »Gesprochener Kommentar zur ›Verneinung‹ Freuds«, in: *La psychanalyse* 1 (1956), S. 35.

von einem »ursprünglichen Mythos des Draußen und des Drinnen« sprechen können. Hyppolite fügt hinzu: »Sie fühlen, welche Tragweite dieser Mythos von der Bildung des Draußen und Drinnen hat: es geht um die Entfremdung, die auf diesen beiden Begriffen beruht. Was sich in ihrer formalen Opposition äußert, wird darüber hinaus Entfremdung und Feindlichkeit zwischen beiden.« Schon die einfache geometrische Opposition färbt sich also mit Aggressivität. Die formale Opposition kann nicht in einem Ruhezustand bleiben. Der Mythos bearbeitet sie. Aber man soll diese Arbeit des Mythos nicht im falschen Lichte geometrischer Anschauungen betrachten, wenn man sie innerhalb des unermeßlichen Gebietes der Einbildungskraft und des Ausdrucks untersuchen will.[8]

Das Diesseits und das Jenseits wiederholen dumpf die Dialektik des Drinnen und des Draußen: alles läßt sich zeichnen, sogar das Unendliche. Man will das Sein fixieren, und indem man es fixiert, will man alle Situationen überwinden, um eine Situation aller Situationen anzugeben. Man konfrontiert dann das Sein des Menschen mit dem Sein der Welt und meint damit an eine ursprüngliche Gegebenheit zu rühren. Man erhebt die Dialektik des *Hier* und des *Dort* in den Rang eines Absolutums. Man verleiht diesen ärmlichen Adverbien der Ortsbestimmung eine kaum kontrollierte Macht ontologischer Bestimmung. Viele Metaphysiker würden sich eine Kartographie wünschen. Aber in der Philosophie rächt sich die Bequemlichkeit, und das philosophische Wissen wird nicht auf dem Boden schematisierter Erfahrungen gewonnen.

Diese geometrische Krebswucherung des sprachlichen Zellengewebes in der zeitgenössischen Philosophie wollen wir etwas eingehender untersuchen. In der Tat scheint eine künstliche Syntax die Adverbien und die Verben in einer Weise miteinander zu verschweißen, daß sie Auswüchse bilden. Diese Syntax häuft Bindestriche und gelangt dadurch zu Satz-Worten. Das, was dem Wort äußerlich ist, verschmilzt mit seinem Inneren. Die philosophische Sprache wird eine agglutinierende Sprache. Manchmal geschieht es, daß die Worte umgekehrt, anstatt miteinander zu verschmelzen, sich innerlich aufspalten. Vorsilben und Nachsilben – besonders aber die

8 Hyppolite bringt die tiefe psychologische Umkehrung der *Verneinung* in der *Verleugnung* ans Licht. Wir geben in der Folge auf der Ebene der Bilder Beispiele dieser Umkehrung.

Vorsilben – lösen sich voneinander: sie wollen selbständig denken. So kommt es, daß die Worte manchmal aus dem Gleichgewicht geraten. Wo ist das Hauptgewicht des *Da-Seins* [*être-là*],[9] im Sein oder im Da? Muß in dem ›Da‹ (das genauer ›Hier‹ heißen müßte) zuallererst mein Sein gesucht werden? Oder finde ich zunächst einmal in meinem Sein die Gewißheit meiner Fixierung in einem *Da*? Jedenfalls schwächt immer eines der beiden Grundworte das andere. Oft wird das *Da* mit einer solchen Energie gesagt, daß die geometrische Fixierung der Seinsform die ontologischen Aspekte der Probleme brutal verkürzt. Daraus folgt eine Dogmatisierung des Denkens durch die Rückwirkung des sprachlichen Ausdrucks. Im Klang der französischen Sprache ist das *là* energisch genug, um ein als *être-là* bezeichnetes Sein mit energisch erhobenem Zeigefinger aus der Innerlichkeit hinaus an einen draußen liegenden Ort zu verweisen.

Doch warum die gegebenen Voraussetzungen so rasch eingrenzen? Man könnte meinen, daß der Metaphysiker sich nicht mehr die nötige Zeit zum Denken nimmt. Für eine Studie des Seins wäre es besser, meinen wir, wenn man alle ontologischen Kreisläufe der verschiedenen Seins-Erfahrungen verfolgen würde. Im Grunde gehören die Seins-Erfahrungen, die eine geometrische Ausdrucksweise rechtfertigen, zu den dürftigsten... Man muß es sich zweimal überlegen, ehe man im Französischen das Wort *Da-Sein* gebraucht. Wenn man in das Sein eingeschlossen ist, wird es immer darauf ankommen, hinauszugelangen. Und kaum draußen, wird man wieder zurückkehren müssen. So ist im Sein alles Umlauf, alles Umweg, Wiederkehr, Umschreibung, alles ist ein Rosenkranz von Seinsformen, alles ist Kehrreim endloser Strophen.

Und welche Spirale ist das Sein des Menschen![10] Wie viele Bewegungsimpulse, die einander umkehren, gibt es in dieser Spirale! Man weiß nicht gleich, ob man sich zum Mittelpunkt hin oder vom

9 [Anm. d. Hg.] Im Anschluss an Heideggers Ausdruck *Dasein* ist der Begriff »être-là« in der französischen Debatte nachgebildet worden. Bachelard verwendet den Ausdruck zunächst in polemischer Absicht, um zu zeigen, dass auch der Raum des Da-Seins (herausgestellt durch den Bindestrich) noch euklidisch gedacht ist. Wenn er das existenzielle Sein positiv konnotieren will, spricht er schlicht von Sein [*être*].

10 Eine Spirale? Verjagt das Geometrische aus dem philosophischen Denken, und es wird im Galopp wiederkehren.

Mittelpunkt weg bewegt. Die Dichter kennen dieses Sein des Zauderns vor dem Sein. Jean Tardieu schreibt: »Um vorwärtszukommen, dreh ich mich um mich selbst / Ein Wirbelsturm vom Unbeweglichen bewohnt.«[11] In einem anderen Gedicht hatte Tardieu geschrieben: »Aber drinnen, keine Grenzen mehr!«[12]

So wird das spiralförmige Sein, das sich äußerlich so gut um seine Mitte geordnet darstellt, nie seinen Mittelpunkt erreichen. Das Sein des Menschen läßt sich nicht fixieren. Jeder Ausdruck hebt seine Fixierung auf. Im Reiche der Einbildungskraft gilt, daß das Sein, sobald ein Ausdruck vorgebracht ist, Bedürfnis nach einem andern Ausdruck hat, daß das Sein alsbald zum Sein eines andern Ausdrucks werden muß.

Unserer Ansicht nach sollten die Wortklitterungen vermieden werden. Die Metaphysik gewinnt nicht dadurch, daß sie ihre Gedanken in sprachliche Fossilien gießt. Sie muß aus der äußersten Beweglichkeit der modernen Sprachen Vorteil ziehen und dennoch in der Homogenität einer Muttersprache verharren, genauso wie es auch die echten Dichter zu tun pflegen.

Um aus allen Lehren der modernen Psychologie, allen Erkenntnissen über das Sein des Menschen, die von der Psychoanalyse errungen wurden, Vorteil zu ziehen, muß die Metaphysik entschlossen diskursiv sein. Sie muß der scheinbaren Evidenz der geometrischen Anschauung [*intuition*] mißtrauen. Der Anblick [*la vue*] sagt zuviele Dinge auf einmal. Das Sein sieht sich selbst nicht. Vielleicht hört es sich. Das Sein läßt sich nicht umreißen. Es wird nicht vom Nichts umsäumt. Man ist nie sicher, es als festen Körper zu finden oder wiederzufinden, wenn man sich einem Seinszentrum nähert. Und wenn es das Sein des Menschen ist, das man bestimmen möchte, dann ist man nie sicher, sich selbst näher zu kommen, wenn man in sich selbst ›heimkehrt‹, also sich zum Zentrum der Spirale hinbewegt; oft ist das Sein ein Schweifen auch und gerade im Herzen des Seins. Manchmal erfährt das Sein gerade dann Beständigkeit, wenn es außerhalb seiner selbst ist. Oft auch ist es, sozusagen, im Draußen eingeschlossen. [...]

Man könnte die Bilder vermehren, wenn man sie aus den Berei-

11 [Anm. d. Hg.] »Le Témoin invisible«, in: Jean Tardieu, *Le fleuve caché. Poesie 1938-1961*, hg. von Georges E. Clancier, Paris: Gallimard Poésie 1968, S. 50 [»Suite mineure«].

12 [Anm. d. Hg.] Ebd., S. 48.

chen des Lichtes und der Töne, der Wärme und der Kälte nähme. Dann würde man eine langsamere, aber zweifellos besser begründete Ontologie vorbereiten als jene, die auf den geometrischen Bildern beruht. Wir haben Wert auf diese allgemeinen Bemerkungen gelegt, weil vom Gesichtspunkt der geometrischen Ausdrücke gesehen die Dialektik des Drinnen und Draußen auf eine verhärtete geometrische Vorstellungsweise aufgebaut ist, wo die Grenzen zu Schranken werden. Wir müssen frei bleiben gegenüber jeder definitiven Anschauung [*intuition*] – und die Geometrie verzeichnet definitive Anschauungen –, wenn wir den Kühnheiten der Dichter folgen wollen, die uns zugespitzte Innerlichkeitserlebnisse, ›Fluchten‹ der Einbildungskraft bieten. Vor allem muß konstatiert werden, daß die beiden Begriffe Drinnen und Draußen in der metaphysischen Anthropologie Probleme aufwerfen, die nicht symmetrisch sind. Das Drinnen konkret und das Draußen weiträumig zu machen, sind, wie es scheint, Initial-Forderungen, es sind die ersten Probleme einer Anthropologie der Einbildungskraft. Die Opposition zwischen dem Konkreten und dem Weiträumigen ist nicht im Gleichgewicht. Bei der geringsten Berührung erscheint die Asymmetrie. Und so ist es immer: Das Drinnen und das Draußen empfangen die Bewertungen, die unser Verhaftetsein mit den Dingen bestimmen, nicht in gleicher Weise. Man kann nicht in der gleichen Weise die Bewertungen erleben, die an das Drinnen und die an das Draußen geknüpft werden. Alles, auch die Größe, ist ein menschlicher Wert, und wir haben gezeigt, daß sogar die Miniatur Größe zu speichern vermag. Sie ist auf ihre Art *weiträumig*. Jedenfalls können das Drinnen und das Draußen, wenn sie in der Phantasie erlebt sind, nicht mehr einfach als reziprok angesehen werden. Indem wir künftig nicht mehr über Geometrie reden, um die ersten Ausdrücke des Seins zu sagen, indem wir konkretere, phänomenologisch genauere Ausgangspunkte wählen, werden wir Klarheit darüber bekommen, daß die Dialektik des Drinnen und des Draußen sich in unzähligen Nuancen vervielfältigt und abwandelt. [...]

Sobald man die Dichtung als freies Ausdrucksfeld für die Aktivität der Sprache ansieht, wird man genötigt, die Anwendung erstarrter Metaphern zu kontrollieren. Wenn z. B. das Offene und das Geschlossene metaphorisch zu spielen beginnen, sollen wir dann die Metapher härter oder weicher machen? Sollen wir im Stil des Logikers wiederholen: »Eine Tür muß entweder offen oder geschlossen sein?« Und werden wir in dieser Sentenz ein Instrument der Analyse finden, das für eine menschliche Leidenschaft wirklich verwendbar wäre? In jedem Falle müssen solche Werkzeuge der Analyse bei jeder Gelegenheit nachgeschliffen werden. Man muß jeder Metapher die lebendige Oberflächlichkeit ihres gegenständlichen Seins wiedergeben, man muß sie aus der Ausdrucksgewohnheit zurückholen und wieder zur Ausdrucksunmittelbarkeit bringen. Wenn man Ausdrücke finden will, ist es gefährlich, zu tief ›an der Wurzel zu arbeiten‹.

Die Phänomenologie der dichterischen Einbildungskraft gestattet uns, das Sein des Menschen als das Sein einer Oberfläche zu erforschen, Oberfläche, welche die Region des Eigenen von der Region des Anderen trennt. Vergessen wir nicht: in dieser sensibilisierten Oberflächenzone gilt der Satz, daß das Sagen dem Sein vorhergeht. Sagen – wenn nicht zu dem andern, so doch wenigstens zu sich selbst. Und immer weiter voranschreiten. In dieser Ausrichtung beherrscht die Welt der Rede alle Erscheinungsweisen des Seins, genauer: alle neuen Erscheinungsweisen. Aus der dichterischen Sprache laufen Wellen von Neuheit über die Oberfläche des Seins. Und die Sprache trägt in sich die Dialektik des Geschlossenen und des Offenen. Durch die Bedeutung schließt sie sich, durch den dichterischen Ausdruck öffnet sie sich.

Unseren Untersuchungen entspräche es nicht, wenn wir sie in radikalen Formeln zusammenfassen wollten, etwa indem wir das Sein des Menschen als das Sein einer Doppeldeutigkeit definieren würden. Wir verstehen uns nur auf eine Philosophie des Details. An der Oberfläche des Seins, in jener Region, wo das Sein sich bekunden *will* oder sich verstecken *will*, sind die Bewegungen des Öffnens und des Schließens so zahlreich, so oft Umkehrungen unterworfen, so oft mit Zaudern beladen, daß wir mit dieser Formel schließen könnten: Der Mensch ist das halboffenstehende Sein. [...]

X. Die Phänomenologie des Runden

Wenn die Metaphysiker sich kurz fassen, können sie manchmal eine unmittelbare Wahrheit erreichen, eine Wahrheit, die sich durch Beweisführungen nur abnützen würde. Dann lassen sich die Metaphysiker mit den Dichtern vergleichen, ja, den Dichtern zugesellen, die uns in einem Vers eine Wahrheit des inneren Menschen enthüllen. So entnehme ich dem umfangreichen Buch von Jaspers, *Von der Wahrheit*, dieses kurze Urteil: »Jedes Dasein scheint in sich rund.«[13] Als Belege für diese Wahrheit ohne Beweis, die ein Metaphysiker formuliert, wollen wir einige Texte heranziehen, die aus völlig verschiedenen Einstellungen des metaphysischen Denkens entstanden sind.

So schreibt van Gogh ohne Kommentar: »Das Leben ist wahrscheinlich *rund*.«[14]

Und Joë Bousquet, der den Satz von van Gogh nicht gekannt hat, schreibt: »Man hat gesagt, das Leben sei schön. Nein, das Leben ist rund.«[15]

Schließlich sagt La Fontaine –: »Eine Nuß macht mich ganz rund.«[16] Mit diesen vier Texten so verschiedener Herkunft (Jaspers, van Gogh, Bousquet, La Fontaine) scheint mir das phänomenologische Problem genau umrissen. Man müßte es lösen, indem man es mit anderen Beispielen bereicherte, andere Gegebenheiten zusammenbrächte und sorgfältig darauf achtete, diesen Gegebenheiten den Charakter als ›innere Gegebenheiten‹ zu bewahren, unabhängig von allen Kenntnissen der äußeren Welt. Von der Außenwelt können solche Gegebenheiten nur Illustrationen empfangen. Man muß achtgeben, daß allzu lebhafte Farben der Illustration dem *Sein des Bildes* nicht seine ursprüngliche Beleuchtung verderben. Der gewöhnliche Psychologe kann hier nur Verzicht leisten, denn hier muß die Perspektive der psychologischen Forschung umgekehrt werden. Solche Bilder können nicht durch Wahrnehmungen gerechtfertigt werden. Man kann sie auch nicht als Metaphern betrachten, so als wenn man etwa von einem schlichten ehrlichen Menschen sagt, er sei ›rund‹. Jene Rundheit des Daseins [*être*], die

13 [Anm. d. Hg.] Karl Jaspers, *Von der Wahrheit. Philosophische Logik*, Bd. 1, München: Piper 1947, S. 54; im Original deutsch. – Der vollständige Satz lautet: »Jedes Dasein scheint in sich rund, jeweils geschlossen als dieses in seiner Welt, aber es ist ungeschlossen, weil nur durch anderes und in bezug auf anderes Dasein möglich, und weil selber in Verwandlung.«

14 [Anm. d. Hg.] Die Bemerkung stammt aus einem Brief, abgedruckt in: »Extraits de lettres à Émile Bernand (1887-1890)«, in: *Mercure de France* 8/41 (Mai 1893), S. 19.

15 Joë Bousquet, *Le meneur de lune*, Paris: Janin 1946, S. 174.

16 [Anm. d. Hg.] »Le vieux chat et la jeune souris«, in: Jean de la Fontaine, *Fables XII*, Paris: Bordas 1990, S. 325 f. [Fabel 5].

Jaspers meint, kann in ihrer unmittelbaren Wahrheit nur innerhalb der rein phänomenologischen Meditation erscheinen. Man kann solche Bilder auch nicht in jedes beliebige Bewußtsein versetzen. Zweifellos gibt es Leser, die den Wunsch haben werden, zu ›verstehen‹, wo es doch zunächst einmal darauf ankommt, das Bild in seinem Ausgangspunkt zu betrachten. Es wird auch solche geben, die hartnäckig erklären, daß sie nicht verstehen; das Leben, werden sie einwenden, ist gewiß keine Kugel. Sie werden sich wundern, daß man dieses Sein, das als innere Wahrheit gekennzeichnet werden soll, so unbefangen dem Geometer ausliefert, diesem Denker der äußeren Wahrheit. Von allen Seiten häufen sich die Einwände, die eigentlich die Debatte sofort zum Stillstand bringen müßten. Und doch sind die Ausdrücke da, die wir zitiert haben. Sie sind da und erheben sich über die übliche Sprache, weil sie eine besondere Bedeutung enthalten. Sie kommen nicht aus einer Maßlosigkeit der Sprache, ebensowenig aus einer sprachlichen Nachlässigkeit. Sie sind auch nicht aus der Absicht, zu verblüffen, entstanden. Obwohl sie außergewöhnlich sind, tragen sie doch das Merkmal einer Ursprünglichkeit. Sie entstehen mit einem Schlag, und schon sind sie vollendet. Deshalb sind diese Ausdrücke in meinen Augen phänomenologische Wunder. Um sie zu beurteilen, sie zu lieben, sie uns anzueignen, müssen wir die phänomenologische Einstellung annehmen.

Diese Bilder löschen die Welt aus. Sie haben keine Vergangenheit. Sie kommen aus keiner früheren Erfahrung. Man weiß mit Sicherheit, daß sie metapsychologisch sind. Sie geben uns eine Lektion der Einsamkeit. Man muß sie sich einen Augenblick lang aneignen. Wenn man sie einmal in ihrem plötzlichen Auftauchen erfaßt, dann merkt man, daß man eigentlich immer so denkt, daß man selbst ganz und gar im Wesen dieses Ausdrucks lebt. Wenn man sich der hypnotischen Kraft solcher Ausdrücke unterwirft, dann verbleibt man ganz und gar in der Rundheit des Seins, dann lebt man in der Rundheit des Lebens wie die Nuß, die sich in ihrer Schale rundet. Der Philosoph, der Maler, der Dichter und der Fabelerzähler haben uns ein Dokument reiner Phänomenologie vermacht. An uns ist es jetzt, den rechten Gebrauch davon zu machen und daraus zu lernen, wie sich das Sein um seinen Mittelpunkt sammelt. An uns ist es auch, das Dokument durch Vermehrung seiner Varianten überzeugender zur Wirkung zu bringen.

Biobibliographische Angaben

Gaston Bachelard
* 27. 6. 1884 (Bar-sur-Aube) – † 16. 10. 1962 (Paris)

Nach Ausbildung zum Postbeamten und Militärdienst ab 1907 Postbeamter in Paris und Studium der Mathematik (Diplom 1912); 1914 Heirat und Kriegsdienst; 1919-1930 Lehrer für Physik und Chemie in Bar-sur-Aube; 1920 Tod der Frau, Philosophiestudium in Dijon, Diplom; 1922 Promotion; 1930-1940 Professor für Philosophie an der Universität Dijon; 1940-1954 Professor für Wissenschaftsgeschichte und -theorie an der Sorbonne, Direktor des Instituts für Geschichte der Naturwissenschaften; 1955 nach Emeritierung Wahl in die *Académie des Sciences Morales et Politiques*; 1961 Großer Nationalpreis für Literatur und Geisteswissenschaft (*Grand Prix National des Lettres*).

Textnachweis

Poetik des Raumes, aus dem Französischen von Kurt Leonhard, Frankfurt am Main: Fischer 1987, S. 25, 34-36, 211-215, 220 und 229 f. [*La poétique de l'espace*, Paris: Presses Universitaires de France 1957].

[Übersetzung vom Herausgeber korrigiert.]

Weitere Texte zur Raumtheorie

1937: *L'Expérience de l'espace dans la physique contemporaine*, Paris: Alcan.

1938-48: [»Zyklus der Elemente«] *Die Psychoanalyse des Feuers*, aus dem Französischen von Simon Werle, Frankfurt am Main: Fischer 1990 [*La psychanalyse du feu*, Paris: Gallimard 1938].
L'eau et les rêves: essai sur l'imagination de la matière, Paris: Corti 1942.
L'air et les songes: essai sur l'imagination du mouvement, Paris: Corti 1943.
La terre et les rêveries du repos: essai sur les images de l'intimité, Paris: Corti 1948.
La terre et les rêveries de la volonté: essai sur l'imagination des forces, Paris: Corti 1948.

Sekundärliteratur

Baumann, Lutz: *Gaston Bachelards materialistischer Transzendentalismus*, Frankfurt am Main u. a.: Lang 1987.

Bollnow, Otto Friedrich: »Gaston Bachelard. Poetik des Raumes«, in: O. F. B., *Französischer Existentialismus*, Stuttgart: Kohlhammer 1965, S. 206-211 [1962].

Casey, Edward S.: *The Fate of Place. A Philosophical History*, Berkeley u. a.: University of California Press 1997, »Bachelard«, S. 287-296.

Castellana, Mario: »Spazio e tempo nell'epistemologia di Gaston Bachelard«, in: *Il Protagora* 24 (1984), S. 27-44.

Gagey, Jacques: *Gaston Bachelard. Ou la conversion à l'imaginaire*, Paris: Rivière 1969.

Vinti, Carlo: *Il soggetto qualunque. Gaston Bachelard fenomenologo della soggettività epistemica*, Neapel: Edizioni Scientifiche Italiane 1997, vor allem S. 335-358.

Bibliographie (primär): ⟨http://www.gastonbachelard.org/fr/biblio/corpus_bachelardien/corpusgb.htm⟩

10 Maurice Merleau-Ponty
Das Auge und der Geist

Wie überaus klar wäre doch alles in unserer Philosophie, wenn man jene Gespenster austreiben, sie zu Sinnestäuschungen oder gegenstandslosen Wahrnehmungen am Rande einer unzweideutigen Welt machen könnte! Descartes' *Dioptrique* ist ein solcher Versuch. Sie ist das Brevier eines Denkens, das sich dem Spuk des Sichtbaren entziehen will und entschlossen daran geht, es nach dem Modell zu rekonstruieren, das es sich davon macht. Es ist der Mühe wert, sich daran zu erinnern, worin dieser Versuch bestand und woran er scheiterte.

Nicht daß hier eine Besorgnis vorläge, am Sehen kleben zu bleiben. Es geht darum zu wissen, »wie es vonstatten geht«, aber nur insoweit es erforderlich ist, um notfalls einige »künstliche Organe«[1] zu erfinden, die es berichtigen. Man wird also nicht so sehr über das Licht, das wir sehen, nachdenken, als über das, was von außen her in unsere Augen dringt und das Sehen beherrscht. Darüber hinaus beschränkt man sich auf »zwei oder drei Vergleiche, die uns helfen, es zu begreifen«, und zwar so, daß seine bekannten Eigenschaften erklärt und andere daraus hergeleitet werden können.[2] Geht man so vor, dann stellt man sich am besten das Licht als eine Einwirkung durch Kontakt vor, wie diejenige der Dinge auf den Stock des Blinden. Die Blinden »sehen mit den Händen«, sagt Descartes.[3] Das Cartesische Modell des Sehens ist das Tasten.

Das entledigt uns sogleich jener Wirkung auf Entfernung und jener Ubiquität, die die ganze Schwierigkeit (aber auch die ganze Stärke) des Sehens ausmachen. Warum soll man jetzt noch über Reflexe und Spiegel nachsinnen? Diese unwirklichen Doubles sind eine Abart der Dinge, sind reale Wirkungen wie das Zurückprallen einer Kugel. Das Abbild ähnelt dem Ding nur deshalb, weil es ungefähr wie ein Ding auf die Augen einwirkt. Es täuscht das Auge,

1 René Descartes, *Dioptrique* [1637], zit. n. *Discours de la méthode & essais. Œuvres de Descartes*, Bd. 6, hg. von Charles Adam und Paul Tannery, Paris: Cerf 1902 [Nachdruck Paris: Vrin 1982], S. 165.

2 Ebd., S. 83.

3 Ebd., S. 84.

es ruft eine gegenstandslose Wahrnehmung hervor, die aber unsere Vorstellung von der Welt nicht beeinträchtigt. In der Welt gibt es das Ding selbst, und außerdem gibt es jenes andere Ding, den reflektierten Lichtstrahl, der mit dem ersten in einem geregelten Verhältnis steht, es gibt also zwei Einzeldinge, die durch die Kausalität von außen her miteinander verbunden sind. Daß das Ding und sein Spiegelbild einander ähnlich sind, ist für beide nur eine äußerliche Bezeichnung, die dem Denken angehört. Das unklare Verhältnis der Ähnlichkeit ist in den Dingen ein klares Verhältnis der Abbildung. Ein Cartesianer sieht nicht *sich* im Spiegel: Er sieht eine Gliederpuppe, ein ›Äußeres‹, von dem er mit Recht annimmt, daß die Anderen es in gleicher Weise sehen, das jedoch für ihn selbst ebensowenig ein Leib (*chair*) ist wie für die Anderen. Sein ›Bild‹ im Spiegel ist eine Wirkung der Mechanik der Dinge; wenn er sich in ihm wieder erkennt, wenn er es ›ähnlich‹ findet, so knüpft sein Denken dieses Band. Das Spiegelbild ist nichts *von* ihm.

Eine Macht der Bilder gibt es nicht mehr. So lebhaft ›uns‹ auch ein Kupferstich die Wälder, Städte, Menschen, Schlachten und Stürme ›vergegenwärtigt‹, so ähnelt er ihnen doch nicht: Er ist nur etwas Farbe, die hier und da aufs Papier gebracht wurde. Er hält von den Dingen kaum ihre Gestalt fest, eine Gestalt, die auf ein Maß reduziert wurde, die verformt wurde und die verformt werden *mußte* – das Viereck zum Rhombus, der Kreis zum Oval –, *um* den Gegenstand darzustellen. Er ist nur sein »Abbild«, wenn er »ihm nicht ähnelt«.[4] Wie kann er aber wirken, wenn nicht durch Ähnlichkeit? Er »regt unser Denken an« zu »verstehen«, wie es die Zeichen und Worte tun, »die in keiner Weise den Dingen, die sie bedeuten, ähnlich sind«.[5] Der Kupferstich gibt uns genügend Anzeichen, unzweideutige »Mittel«, damit wir uns eine Vorstellung von dem Ding bilden können, die nicht dem Bild entstammt, die vielmehr in uns auf seine »Veranlassung« hin entsteht. Die Magie der ›espèces intentionelles‹, die alte Idee von der wirksamen Ähnlichkeit, die durch Spiegel und Gemälde nahegelegt wurde, verliert ihr letztes Argument, wenn die ganze Macht des Bildes nichts anderes als die Macht eines Textes ist, der uns zur Lektüre vorgelegt wird, ohne jegliche Promiskuität von Sehendem und Sichtbarem. Wir müssen nicht mehr verstehen, wie das sich im Leib vollziehende Malen der Dinge sie der

4 Ebd., S. 112-114.
5 Ebd.

Seele zur Empfindung bringen könnte. Es wäre dies eine unmögliche Aufgabe, weil die Ähnlichkeit dieser Malerei mit den Dingen ihrerseits wieder gesehen werden müßte, weil wir »andere Augen in unserem Gehirn« brauchten, »mit denen wir sie wahrnehmen könnten«,[6] und weil das Problem des Sehens bestehen bleibt, wenn man Trugbilder schafft, die zwischen den Dingen und uns umherirren. Ebensowenig wie die Kupferstiche ähnelt der sichtbaren Welt, was das Licht in unseren Augen und von dort in unserem Gehirn aufzeichnet. Von den Dingen zu den Augen und von den Augen zum Sehen gelangt nicht mehr als von den Dingen zu den Händen des Blinden und von seinen Händen zu seinem Denken. Das Sehen ist nicht die Metamorphose der Dinge selbst in ihr Gesehenwerden, die doppelte Zugehörigkeit der Dinge zu einer großen Welt und zu einer kleinen, persönlichen Welt. Es ist vielmehr ein Denken, das streng die im Körper gegebenen Zeichen entziffert. Die Ähnlichkeit ist das Ergebnis der Wahrnehmung, nicht deren Triebfeder. Um so mehr schafft das geistige Bild, der Ausblick, der uns Abwesendes gegenwärtig macht, keinen Durchbruch zum Innersten des Seins: Es bleibt ein Gedanke, der sich auf – diesmal unzureichende – körperliche Anzeichen stützt, aus denen er mehr herausliest, als sie bedeuten. Nichts bleibt von der Traumwelt der Analogie übrig …

Diese berühmten Analysen machen deutlich – und eben deshalb interessieren sie uns –, daß jede Theorie der Malerei eine Metaphysik ist. Descartes hat nicht viel von der Malerei gesprochen, und man könnte meinen, daß der Bezug auf das, was er auf zwei Seiten über Kupferstiche sagt, unrechtmäßig sei. Aber schon, daß er nur beiläufig davon spricht, ist bedeutsam: Das Malen ist für ihn keine zentrale Tätigkeit, die dazu beiträgt, unseren Zugang zum Sein zu bestimmen; es handelt sich um einen Modus oder eine Variante des Denkens, das kanonisch durch das intellektuelle Besitzergreifen und die Evidenz bestimmt wird. In dem wenigen, was Descartes darüber sagt, kommt diese Einstellung zum Ausdruck, doch bei einem aufmerksameren Studium der Malerei würde sich eine andere Philosophie abzeichnen. Kennzeichnend ist auch, daß er bei der Behandlung der ›Bilder‹ die Zeichnung zum Vorbild nimmt. Zwar ist, wie wir sehen werden, die ganze Malerei in jedem ihrer Ausdrucksmittel gegenwärtig: Es gibt eine Zeichnung, einen Linien-

6 Ebd., S. 130.

zug, die alle ihre Kühnheiten in sich fassen. Was jedoch Descartes an den Kupferstichen gefällt, besteht darin, daß sie die Form der Gegenstände bewahren oder uns davon zumindest ausreichende Zeichen darbieten. Sie führen einen Gegenstand durch sein Äußeres oder seine Hülle vor. Hätte er jene andere und tiefere Offenheit zu den Dingen untersucht, die uns die sekundären Qualitäten, namentlich die Farbe, ermöglichen, so hätte er, da kein regelhaftes oder abbildendes Verhältnis zwischen ihnen und den wahren Eigenschaften der Dinge besteht und da ihre Botschaft von uns dennoch verstanden wird, vor dem Problem einer Universalität und einer Offenheit zu den Dingen gestanden, ohne Begriffe dafür zu besitzen. Er hätte herausfinden müssen, wie das unbestimmte Raunen der Farben uns Dinge, Wälder, Stürme, schließlich die Welt vergegenwärtigen kann. Und er hätte vielleicht die Perspektive als einen Einzelfall in ein umfassenderes ontologisches Vermögen integrieren müssen. Aber für ihn ist es selbstverständlich, daß die Farbe Schmuck und Kolorit ist, daß alle Macht der Malerei auf der der Zeichnung beruht, und die der Zeichnung in dem geregelten Verhältnis zwischen ihr und dem Raum an sich, wie es die perspektivische Projektion lehrt. Pascals bekanntes Wort über die Frivolität der Malerei, die uns für Bilder einnimmt, deren Gegenstand uns nicht rühren würde, ist ein cartesisches Wort. Für Descartes ist evident, daß man nur existierende Dinge malen kann, daß deren Existenz darin besteht, ausgedehnt zu sein, und daß die Zeichnung die Malerei möglich macht, indem sie die Darstellung der Ausdehnung ermöglicht. Die Malerei ist also nur ein Trick, der unseren Augen eine ähnliche Projektion darbietet wie die, welche die Dinge in der gewöhnlichen Wahrnehmung in sie einzeichnen würden und einzeichnen. Sie läßt uns in Abwesenheit des wirklichen Gegenstandes sehen, wie man den wirklichen Gegenstand im Leben sieht, und vor allem läßt sie uns Raum dort sehen, wo keiner ist.[7] Das Gemälde ist ein flacher Gegenstand, der uns durch einen Trick darbietet, was wir in Anwesenheit »unterschiedlich hervorgehobener« Dinge sehen würden, weil es uns nach der Höhe und Breite eine ausreichende Anzahl

7 Das System der Mittel, durch die sie uns sehen läßt, ist Gegenstand der Wissenschaft. Warum also sollten wir nicht perfekte Bilder der Welt mit Hilfe einer Methode hervorbringen, eine universelle Malerei, die von der persönlichen Kunst befreit wäre, so wie eine allgemeine Sprache uns aller verworrenen Beziehungen entheben würde, von denen die existierenden Sprachen voll sind?

diakritischer Zeichen der Dimension liefert, die ihm fehlt. Die Tiefe ist eine von den beiden anderen abgeleitete *dritte Dimension.*

Es lohnt sich, bei ihr zu verweilen. Sie hat zunächst etwas Paradoxes: Ich sehe Gegenstände, die sich verdecken, die ich also nicht sehe, da sie ja hintereinander stehen. Ich sehe sie, und sie ist doch nicht sichtbar, da sie sich durch die Entfernung zwischen unserem Körper und den Dingen ermessen läßt, wir aber ihm verhaftet sind ... Dieses Geheimnis ist keines, denn ich sehe sie nicht wirklich, oder wenn ich sie sehe, handelt es sich um eine andere Breite. Auf der Linie, die meine Augen mit dem Horizont verbindet, verdeckt der Vordergrund stets alle anderen Teile, und wenn ich von der Seite her die gestaffelten Gegenstände zu sehen glaube, liegt dies daran, daß sie sich nicht ganz und gar verdecken. Ich sehe sie also, den einen außerhalb des anderen, nach einer anders bemessenen Breite. Man ist immer diesseits oder jenseits der Tiefe. Niemals *sind* die Dinge eines hinter dem anderen. Das Überlagern und das Verbergen der Dinge gehen nicht in ihre Definition ein, sie bringen nur meine unbegreifliche Solidarität mit einem unter ihnen, meinem Körper, zum Ausdruck. In allem, was sie an Positivem haben, sind sie nur Gedanken, die ich bilde, nicht aber Attribute der Dinge: Ich weiß, daß im selben Augenblick ein anderer Mensch, von einem anderen Ort her – besser noch: Gott, der überall ist –, in ihr Versteck dringen könnte und sie voll entfaltet sehen würde. Was ich Tiefe nenne, ist nichts, oder ist meine Teilhabe an einem Sein ohne Einschränkung – und zunächst am Sein des Raumes jenseits jeden Gesichtspunktes. Die Dinge überlagern sich gegenseitig, *weil das eine außerhalb des anderen ist.* Der Beweis dafür ist, daß ich eine Tiefe sehen kann, wenn ich ein Gemälde betrachte, das, wie jedermann bestätigen wird, keine hat, und das für mich die Illusion einer Illusion hervorruft ... Jenes zweidimensionale Wesen, das mich eine andere Dimension sehen läßt, ist ein durchlöchertes Wesen oder, wie die Menschen der Renaissance sagten, ein Fenster ... Aber das Fenster öffnet sich letztlich nur auf die *partes extra partes*, auf die Höhe und Breite, die lediglich aus einem anderen Winkel gesehen sind, auf die uneingeschränkte Positivität des Seins.

Eben dieser Raum ohne Versteck, der in jedem seiner Punkte nicht mehr und nicht weniger als das ist, was er ist, jene Identität des Seins ist es, auf die sich die Analyse der Kupferstiche stützt. Der Raum ist an sich, oder vielmehr, er ist das An-sich par excellence, seine Bestimmung ist, an sich zu sein. Jeder Punkt des Raumes ist, und er wird dort gedacht, wo er ist, der eine hier, der andere dort, der Raum ist die Evidenz des Wo. Orientierung, Polarität, Umhüllung sind in ihm abgeleitete Phänomene, die an meine Gegenwart gebunden sind. Er dagegen ruht ganz und gar in sich, ist überall sich selbst gleich, homogen, und seine Dimensionen zum Beispiel sind *per definitionem* ersetzbar.

Wie alle klassischen Ontologien erhebt auch diese bestimmte Eigenschaften des Seienden zu Strukturen des Seins – und darin ist sie wahr und falsch. Man könnte mit einem umgedrehten Wort von Leibniz sagen: wahr in dem, was sie verneint, und falsch in dem, was sie bejaht. Mit Blick auf ein Denken, das sich der Empirie unterwirft und sich an keine Konstruktion wagt, ist der Raum von Descartes wahr. Zunächst galt es, den Raum zu idealisieren; es ging darum, jenes auf seine Art vollkommene, klare, handliche und homogene Wesen zu konzipieren, welches ein standpunktloses Denken überfliegt und das es als Ganzes auf drei rechtwinklige Achsen bezieht. Nur so konnte man eines Tages die Grenzen dieser Konstruktion finden, konnte man verstehen, daß der Raum nicht dreidimensional ist, nicht mehr und nicht weniger, wie ein Lebewesen zwei oder vier Beine hat; und nur so konnte man begreifen, daß die Dimensionen durch die verschiedenen Maßsysteme einer Dimensionalität, einem polymorphen Sein, entnommen sind, das sie alle rechtfertigt, ohne durch eine von ihnen vollständig ausgedrückt zu werden. Descartes hatte recht, als er den Raum befreite. Sein Fehler war, ihn zu einem ganz und gar positiv Seienden zu erklären, jenseits jedes Gesichtspunktes, jeder Verborgenheit und aller Tiefe, ohne jede wirkliche Dichte.

Er hatte auch darin Recht, sich von den Techniken der Perspektive in der Renaissance inspirieren zu lassen: Sie haben die Malerei ermutigt, in freier Weise Tiefenexperimente durchzuführen und allgemein Darstellungen des Seins hervorzubringen. Sie täuschte sich nur dort, wo sie vorgab, Forschung und Geschichte der Malerei zum Ende gebracht und eine exakte und unfehlbare Malerei begründet zu haben. Wie Panofsky es im Hinblick auf die Menschen der Renaissance gezeigt hat,[8] war dieser Enthusiasmus nicht ganz

8 Erwin Panofsky, »Die Perspektive als ›symbolische Form‹«, in: Fritz Saxl (Hg.), *Vorträge der Bibliothek Warburg*, Bd. 4, *1924-1925*, Leipzig/Berlin: Teubner, S. 258-330. – [Anm. d. Hg.: Wiederaufgenommen in: E. P., *Deutschsprachige Aufsätze*,

redlich. Die Theoretiker versuchten, das sphärische Gesichtsfeld der Antike und ihre Winkelperspektive zu vergessen, die die scheinbare Größe nicht von der Entfernung, sondern von dem Blickwinkel abhängig macht, unter dem wir den Gegenstand sehen. Das nannten sie verächtlich die *perspectiva naturalis* oder *communis*, im Gegensatz zu einer *perspectiva artificialis*, die prinzipiell geeignet sei, die Grundlage für eine exakte Konstruktion zu liefern. Um diesen Mythos glaubhaft zu machen, gingen sie so weit, Euklid zu reinigen, indem sie in ihren Übersetzungen das achte Theorem,[9] das sie störte, ausließen. Die Maler ihrerseits wußten aus Erfahrung, daß keine der Techniken der Perspektive eine exakte Lösung bietet, daß es keine Projektion der existierenden Welt gibt, die ihr in jeder Hinsicht gerecht würde; sie wußten, daß keine der Techniken es verdiente, als das Grundgesetz der Malerei bezeichnet zu werden; und sie wußten, daß die Linearperspektive um so weniger einen Endpunkt darstellt, als sie vielmehr der Malerei mehrere Wege öffnet: mit den Italienern den der Darstellung des Gegenstands, mit den Malern des Nordens den des *Hochraums*, des *Nahraums* und des *Schrägraums* … So regt die Flächenprojektion nicht immer unser Denken an, die wahre Form der Dinge wiederzufinden, wie es Descartes annahm: Sobald ein bestimmter Grad der Verformung überschritten wird, verweist sie uns vielmehr auf unseren Blickpunkt zurück; was die Dinge betrifft, so fliehen sie in eine Entfernung, die kein Denken überwindet. Irgend etwas im Raum entzieht sich unseren Versuchen des Überfliegens. Wahr ist, daß kein verbürgtes Ausdrucksmittel die Probleme der Malerei löst, sie zur Technik macht, weil keine symbolische Form jemals als Stimulus fungiert. Dort, wo sie operiert und agiert, geschieht es gemeinsam mit dem ganzen Kontext des Werkes und keineswegs durch die Mittel des Trompe-l'œil. Das *Stilmoment* befreit nie vom *Wertmoment*.[10] Die Sprache der Malerei ist nicht ›von der Natur eingerichtet‹. Sie muß geschaffen und wiedergeschaffen werden. Die Perspektive der Renaissance ist kein unfehlbarer ›Trick‹: Sie ist nur ein Einzelfall, ein

Bd. 2, hg. von Karen Michels und Martin Warnke, Berlin: Akademie 1998, S. 664-757. Merleau-Ponty bezieht sich im Folgenden auf ebd., S. 676 ff., 682, 741 ff. und 748.]

9 [Anm. d. Hg.] »Die gleichen parallelen Größen, die ungleich weit vom Auge entfernt sind, werden nicht proportional zu den Entfernungen gesehen.«

10 Vgl. Panofsky, »Die Perspektive als symbolische Form«, S. 689.

Datum, ein Augenblick in einer poetischen Ausformung der Welt, die nach ihr fortwirkt.

Descartes indessen wäre nicht Descartes, wenn er gemeint hätte, das Rätsel des Sehens zu *eliminieren*. Zwar gibt es kein Sehen ohne Denken, aber es *genügt* nicht, zu denken, um zu sehen: Das Sehen ist ein bedingtes Denken, das erzeugt wird »bei Gelegenheit« dessen, was im Körper geschieht, er ist es, der zum Denken »anregt«. Es hat weder die Wahl, zu sein oder nicht zu sein, noch dieses oder jenes zu denken. Es muß jene Schwere, jene Abhängigkeit im Innersten tragen, die ihm nicht durch ein Eindringen von außen zukommen können. Diese oder jene Vorkommnisse im Körper sind »von der Natur eingerichtet«, um uns dieses oder jenes sehen zu lassen. Das Denken des Sehens funktioniert nach einem Programm und einem Gesetz, das es sich nicht selbst gegeben hat; es ist nicht im Besitz seiner eigenen Prämissen, es ist kein ganz gegenwärtiges, ganz aktuelles Denken; es gibt in seinem Innern ein Geheimnis der Passivität. Die Situation ist demnach folgende: Alles, was man über das Sehen sagt und denkt, macht aus ihm ein Denken. Wenn wir zum Beispiel verstehen wollen, wie wir die räumliche Lage der Gegenstände sehen, so muß man annehmen, daß die Seele, weil sie weiß, wo sich die Teile ihres Körpers befinden, auch fähig ist, »von dort ihre Aufmerksamkeit« auf alle Punkte des Raumes »zu übertragen«,[11] die in der Verlängerung der Gliedmaßen liegen. Aber auch das ist nur ein »Modell« des Ereignisses. Denn woher kennt sie diesen Raum ihres Körpers, den sie auf die Dinge ausdehnt, woher kennt sie dieses erste *Hier*, von dem jegliches *Dort* abstammt? Er ist nicht wie jene ein beliebiger Modus, ein einzelnes Stück Ausdehnung, sondern vielmehr der Ort des Körpers, den sie den ›ihren‹ nennt, ein Ort, den sie bewohnt. Der Körper, den sie belebt, ist für sie kein Gegenstand unter anderen, sie gewinnt aus ihm nicht den übrigen Raum als implizierte Prämisse. Ihr Denken orientiert sich an ihm, nicht an sich selbst; und in dem natürlichen Pakt, der sie mit ihm vereinigt, sind auch der Raum, die äußere Entfernung festgelegt. Wenn die Seele durch einen bestimmten Anpassungs- und Übereinstimmungsgrad des Auges eine beliebige Entfernung wahrnimmt, ist das Denken, das das zweite Verhältnis aus dem ersten gewinnt, eine Art unvordenkliches Denken, das in unsere innere

11 Descartes, *Dioptrique,* S. 135.

Fabrik eingeschrieben ist: »Und das geschieht uns gewöhnlich, ohne daß wir darauf achten, ebenso wie wir, wenn wir irgendetwas in unserer Hand drücken, diese der Größe und Gestalt jenes Körpers anpassen und ihn dadurch spüren, ohne daß wir deshalb an ihre Bewegungen dächten.«[12] Der Körper ist für die Seele ihr Ursprungsraum und die Matrix jedes anderen wirklichen Raumes. So verdoppelt sich das Sehen: Auf der einen Seite gibt es das Sehen, über das ich nachdenke und das ich nicht anders denken kann, denn als Denken, als eine Inspektion des Geistes, ein Urteilen, eine Lektüre von Zeichen. Auf der anderen Seite gibt es das Sehen, das stattfindet, ein eingesetztes oder eingerichtetes Denken, das in seinen Körper eingezwängt ist, ein Sehen, von dem man nur eine Vorstellung haben kann, indem man es ausführt, und das zwischen den Raum und das Denken die autonome Ordnung eines aus Körper und Seele Zusammengesetzten einführt. Das Rätsel des Sehens ist nicht eliminiert: Es wird vom ›Denken des Sehens‹ auf das Sehen in actu verwiesen.

Dieses tatsächliche Sehen und das ›Es gibt‹, das es enthält, bringen jedoch die Philosophie von Descartes nicht zum Einsturz. Denn als ein mit einem Körper vereintes Denken, kann es definitionsgemäß nicht wahrhaft Denken sein. Man kann es praktizieren, ausüben und sozusagen zur Existenz bringen, aber man kann daraus nichts gewinnen, was als wahr bezeichnet werden kann. Wenn man, wie die Königin Elisabeth, um jeden Preis darüber nachdenken will, braucht man nur auf Aristoteles und die Scholastik zurückzugreifen und das Denken als körperlich vorzustellen, was zwar undenkbar, aber die einzige Art und Weise ist, vor dem Verstand die Vereinigung von Seele und Körper zu behaupten. Freilich ist es absurd, dem reinen Verstand die Vermischung des Verstandes mit dem Körper zu unterbreiten. Diese vorgeblichen Gedanken sind Sinnbilder der ›Lebenserfahrung‹, sprechende Wappen der Vereinigung und nur insofern legitim, als man sie nicht für Gedanken hält. Sie sind Kennzeichen einer Ordnung der Existenz – des existierenden Menschen, der existierenden Welt –, die zu denken wir nicht befugt sind. Auf unserer Karte des Seins markiert diese Ordnung keine *terra incognita*, sie schränkt die Reichweite unseres Denkens nicht ein, weil sie ebenso wie dieses von einer Wahrheit getragen wird, die ihre

12 Ebd., S. 137.

Dunkelheit und unser Wissen begründet. Bis hierhin muß man vordringen, um bei Descartes so etwas wie eine Metaphysik der räumlichen Tiefe zu finden: Denn der Entstehung dieser Wahrheit wohnen wir nicht bei, Gottes Wesen ist für uns ein Abgrund ... Aber dieses Beben ist rasch überwunden: Für Descartes ist es ebenso müßig, jenen Abgrund auszuloten, wie die Ausdehnung der Seele oder die räumliche Tiefe des Sichtbaren zu denken. Unsere Position disqualifiziert uns, über all diese Themen zu sprechen. Das ist das Geheimnis des Cartesischen Gleichgewichtes: eine Metaphysik, die uns die entscheidenden Gründe an die Hand gibt, keine Metaphysik mehr zu betreiben, die unseren Einsichten Geltung verschafft, indem sie sie begrenzt, die unser Denken öffnet, ohne es auseinanderzureißen.

Ein für immer verlorenes Geheimnis, wie es scheint: Wenn wir ein Gleichgewicht zwischen der Wissenschaft und der Philosophie, zwischen unseren Modellen und der Dunkelheit des ›Es gibt‹ wiederfinden, muß es ein neues Gleichgewicht sein. Unsere Wissenschaft hat sowohl die Rechtfertigungen als auch die Begrenzungen ihres Bereichs verworfen, die ihr Descartes auferlegte. Sie gibt nicht mehr vor, die Modelle, die sie erfindet, aus den Attributen Gottes herzuleiten. Die Tiefe der existierenden Welt und die des unergründlichen Gottes begleiten nicht mehr die Flachheit des ›technisierten‹ Denkens. Auf den Umweg über die Metaphysik, den Descartes wenigstens einmal in seinem Leben gemacht hatte, verzichtet die Wissenschaft: Sie beginnt dort, wo jener angelangt war. Unter dem Namen der Psychologie beansprucht das operative Denken den Bereich, worin sich der Kontakt mit sich selbst und der existierenden Welt ereignet, den Descartes noch einer blinden, aber irreduziblen Erfahrung vorbehielt. Es ist gegenüber einer Philosophie, die sich als denkende Erfahrung dieses Kontakts präsentiert, grundsätzlich feindlich eingestellt. Entdeckt sie aber deren Sinn, so geschieht es gerade durch das Übermaß ihrer Unbefangenheit, wenn sie nach der Einführung aller möglichen Begriffe, die für Descartes zum verworrenen Denken gehören würden – Qualität, skalare Struktur, wechselseitige Abhängigkeit von Beobachter und Beobachtetem –, plötzlich gewahr wird, daß man von allen diesen Entitäten nicht summarisch als von *constructa* sprechen kann. Unterdessen behauptet sich die Philosophie gegen dieses Denken, indem sie in jene Dimension des aus Seele und Körper Zusammengefügten, der existierenden Welt, des abgründigen Seins vordringt, das Descartes geöffnet und sogleich wieder verschlossen hatte. Unsere Wissenschaft und unsere Philosophie sind zwei treue und untreue Gefolgschaften der Cartesischen Lehre, zwei Ungeheuer, die ihrer Zerstückelung entsprungen sind.

Unserer Philosophie bleibt nur noch übrig, die wirkliche Welt zu erkunden. Wir *sind* das aus Körper und Seele Zusammengesetzte, es muß also ein Denken davon geben: Diesem Wissen um unsere Position oder Situation verdankt Descartes, was er darüber sagt, oder was er bisweilen von der Gegenwart des Körpers »wider die Seele« oder derjenigen der Außenwelt »am Ende« unserer Hände sagt. Hier ist der Körper nicht mehr ein Mittel des Sehens und Tastens, sondern ihr Verwahrer. Weit gefehlt, daß unsere Organe Instrumente wären, unsere Instrumente sind vielmehr ins Verhältnis gesetzte Organe. Der Raum ist nicht mehr der, von dem die *Dioptrique* spricht, ein Netz von Beziehungen zwischen Gegenständen, so wie ihn ein Dritter als Zeuge meines Sehens erblicken würde, oder ein Geometer, der ihn rekonstruiert und überfliegt. Es ist vielmehr ein Raum, der von mir aus als Nullpunkt der Räumlichkeit erfaßt wird. Ich sehe ihn nicht nach seiner äußeren Hülle, ich erlebe ihn von innen, ich bin in ihn einbezogen. Schließlich ist die Welt um mich herum, nicht vor mir. Das Licht wird wieder als eine Wirkung auf Entfernung entdeckt und nicht mehr auf eine Kontaktwirkung reduziert, mit anderen Worten, es wird begriffen, wie es von denjenigen begriffen werden kann, die es nicht sehen. Das Sehen gewinnt sein fundamentales Vermögen zurück, mehr als es selbst zu bekunden und zu zeigen. Und wie uns denn gesagt wird, daß ein wenig Farbe genügt, um Wälder und Stürme sehen zu lassen, muß es notwendig *sein* Imaginäres haben. Seine Transzendenz wird nicht mehr an einen lesenden Geist delegiert, der die Eindrücke eines Lichtdinges im Gehirn entziffert und der es ebensogut täte, wenn er niemals einen Körper bewohnt hätte. Es geht nicht mehr darum, vom Raum oder vom Licht zu sprechen, sondern den Raum und das Licht, die da sind, sprechen zu lassen: ein endloses Fragen, weil das Sehen, an das es sich richtet, selbst eine Frage ist. Alle Forschungen, die man für abgeschlossen hielt, öffnen sich von neuem. Was ist die räumliche Tiefe, was ist das Licht, τί το ὄν – was sind sie, nicht für den Geist, der sich vom Körper trennt, sondern für den, von dem Descartes gesagt hat, daß er im Körper ausgebreitet sei – und schließlich nicht nur für den Geist, sondern für sie selbst, da sie uns durchqueren, uns umfassen?

Diese Philosophie, die noch zu schaffen ist, beseelt den Maler – nicht, wenn er Ansichten über die Welt äußert, sondern in dem Augenblick, in dem sein Sehen zur Geste wird, wenn er, wie Cézanne sagt, »im Malen denkt«.[13]

Biobibliographische Angaben

Maurice Jean-Jacques Merleau-Ponty
* 14. 3. 1908 (Rochefort-sur-Mer, Charente-Maritime) – † 30. 3. 1961 (Paris)

Katholisch geprägtes Elternhaus; früher Tod des gesetzlichen Vaters; Umsiedelung nach Le Havre; 1924 Baccalauréat; Vorbereitung für die *École normale supérieure*, wo er 1927 aufgenommen wird; 1929 hört er Husserls Pariser Vorträge, Bekanntschaft mit Lévi-Strauss; 1930 Agrégation und Militärdienst, dann Gymnasiallehrer; 1933 Forschungsstipendium; 1935-1939 Repetitor an der *École normale supérieure*, mit Lacan und Breton hört er die Hegel-Vorlesungen Kojèves; 1935-1937 Journalist für *L'Esprit*; 1939 Forschung am Husserl-Archiv in Löwen; 1939-1940 Kriegsdienst; 1940-1944 Philosophielehrer in Paris, Mitglied der Gruppe *Socialisme et liberté*; 1945 Promotion, mit Sartre und Beauvoir Gründung der Zeitschrift *Les Temps Modernes*; ab 1945 Lehrbeauftragter für Philosophie in Lyon, dort ab 1948 Professor; 1949-1952 Lehrstuhl für Kinderpsychologie und Pädagogik an der Sorbonne; 1953 Berufung an das *Collège de France*.

Textnachweis

»Das Auge und der Geist«, in: M. M.-P., *Das Auge und der Geist. Philosophische Essays*, aus dem Französischen von Hans Werner Arndt, neu bearbeitet, kommentiert und mit einer Einleitung hg. von Christian Bermes, Hamburg: Meiner 2003, S. 275-317, hier S. 288-301 [»L'œil et l'esprit«, in: *Art de France. Revue anuelle de l'art ancien et moderne* 1 (1961), S. 187-208].

13 Bernard Dorival, *Paul Cézanne*, Paris: Tisné 1948, S. 103 f. [»Cezanne par ses lettres et ses temoins«].

Weitere Texte zur Raumtheorie

1945: *Phänomenologie der Wahrnehmung*, aus dem Französischen von Rudolf Boehm, Berlin: de Gruyter 1966, v. a. S. 123-177 und 284-346 [*Phénoménologie de la perception*, Paris: Gallimard].

1956-1960: *Die Natur. Aufzeichnungen von Vorlesungen am Collège de France*, aus dem Französischen von Mira Köller, München: Fink 2000 [*La nature: notes, Cours du Collège de France*, hg. von Dominique Séglard, Paris: Seuil 1995].

Sekundärliteratur

Dreyfus, Hubert L./Samuel J. Todes: »The Three Worlds of Merleau-Ponty«, in: *Philosophy and Phenomenological Research. A Quaterly Journal* 22/4 (1962), S. 559-565.

Günzel, Stephan: »Zur Rezeption von Merleau-Pontys Raumbegriff. Ein Literaturbericht«, in: *Phänomenologische Forschungen* 9 (2004), S. 253-315.

Oskui, Daniel: »L'espace sauvage: Merleau-Ponty et la pensée mécanique, picturale et poétique de l'espace«, in: Franck Hofmann/Jens E. Sennewald/Stavros Lazaris (Hg.): *Raum – Dynamik. Beiträge zu einer Praxis des Raums*, Berlin: Transcript 2004, S. 96-127.

Priest, Stephen: *Merleau-Ponty*, London/New York: Routledge 2003 [1998], Kap. 4, S. 101-118.

Schreiber, Alfred: »Methodenkritische Überlegungen zu Merleau-Pontys Phänomenologie der Raumerfahrung«, in: *Philosophia Naturalis* 18/4 (1981), S. 423-437.

Waldenfels, Bernhard: »Ortsverschiebungen. Zur Phänomenologie des Raumes im Anschluss an Merleau-Ponty«, in: Thomas Fecht/Dietmar Kamper (Hg.), *Umzug ins Offene. Vier Versuche über den Raum*, Wien/New York: Springer 2000, S. 148-156.

Bibliographie (primär und sekundär): Lapointe, François/Claire Lapointe: *Maurice Merleau-Ponty and His Critics. An International Bibliography (1942-1976). Preceded by a Bibliography of Merleau-Pontys Writings*, New York/London: Garland 1976.

Teil III
Körperliche, technische und mediale Räume

Einleitung

Ende des 18. Jahrhunderts gab Kant der philosophischen Diskussion, die sich bisher weit gehend mit der Frage beschäftigte, ob Raum vom Verhältnis der Körper zueinander unabhängig existiere, eine neue Richtung, indem er die Erfahrbarkeit von Raum an das wahrnehmende Subjekt zurückband.[1] Dass so Subjekt, Wahrnehmung und Raum zu voneinander abhängigen Variablen werden, entfaltet seine wirkliche Tragweite dann in den Wissenschaften des 19. Jahrhunderts, in denen das Konzept von Wahrnehmung einer entscheidenden Transformation unterzogen wird.[2] Wahrnehmung wird nicht mehr als neutraler Schematismus eines unabhängigen Beobachters verstanden, sondern als Effekt der Einwirkung der Umwelt auf den jeweiligen, kontingenten und Veränderungen in Zeit und Raum unterworfenen Körper. Mehr noch, der Körper selbst verliert seinen Status als Instanz einer subjektiven Entität und wird zum Feld artifizieller Manipulationen: Mittels technischer Prozesse erzeugte elektrische Signale lösen Wahrnehmung aus. Wenn Kant noch davon ausgehen konnte, dass er mit der Konzeption einer transzendentalen Räumlichkeit die Vorstellung eines absoluten Raums retten könnte, führen die Wissenschaften vom Körper nun zu einer völlig neuen Erkenntnis: Die Bedingungen von Wahrnehmung sind Variablen eines labilen Gefüges aus körperlichen und technischen Bedingungen, die sich in Signalen verdichten und stabilisieren.

Für diese Gefüge aus organischer und anorganischer Masse sowie Zeichen bürgert sich Mitte des 20. Jahrhunderts der Ausdruck ›Medien‹ ein, und nun beginnt man diese Erkenntnis aus dem 19. Jahrhundert, die bereits in der avantgardistischen Kunst Anfang des 20. Jahrhunderts erfahrbar gemacht wurde,[3] konzeptuell zu fassen.

1 Dies ist zwar der folgenreichste, aber nicht der einzige Aspekt der Theorien Kants zur Räumlichkeit, vgl. die differenzierte Darstellung der mehrmals grundlegend umgearbeiteten Thesen Kants in der Einleitung zu Teil I und in Text 3.

2 Zur fundamentalen Revolution der Wahrnehmung in ihren medialen, raumzeitlichen und subjektphilosophischen Implikationen siehe Jonathan Crary, *Techniken des Betrachters. Sehen und Moderne im 19. Jahrhundert*, Dresden/Basel: Verlag der Kunst 1996.

3 Zur Produktion einer multiplen Räumlichkeit in der modernen Kunst vgl. Ste-

Einen Kristallisationspunkt bilden dabei die Ausführungen Heideggers zum Raum,[4] die hervorheben, dass Raumstrukturen nicht einfach gegeben sind, sondern erst in der medialen Schematisierung eines offenen Raums entstehen.[5] Oder anders formuliert: Der Raum erscheint als ein Effekt der Medien.[6]

Es sind im Wesentlichen zwei Texte, die, ohne bereits von Medien zu sprechen, die Fundamente dieser theoretischen Erkenntnis legen: zum einen André Leroi-Gourhans Theorie der Anthropogenese und zum anderen Jacques Lacans Theorie der Genese des Subjekts. Beide beschreiben die Entstehung menschlicher Subjektivität als bestimmte Artikulation eines Gefüges aus physiologischen Bedingungen, raumzeitlichen Vektoren, technischen Gesten und Zeichenhandlungen.

Im ersten Band des zweibändigen Werkes über die Geste und das Wort beschreibt André Leroi-Gourhan, wie sich infolge bestimmter körperlicher Befreiungen – wesentlich ist dabei zunächst die der vorderen Extremitäten durch den aufrechten Gang und infolgedessen die Befreiung des Mundes von der Nahrungsbeschaffung – ein Relationsfeld zwischen dem Gesicht oder, um präziser zu sein, den Augen und dem Mund sowie der Hand eröffnet, das als wesentliches Charakteristikum des *homo sapiens sapiens* erscheint. Zentral ist dabei ein weiteres Faktum: Die Anthropogenese erfolgt in der gegenseitigen Adaptation von Werkzeugen und körperlichen Gegebenheiten. Nicht nur die spezifische Gestaltung der menschlichen Gliedmaßen, sondern insbesondere die des menschlichen Gehirns bzw. der Teile des Gehirns, welche dieses Relationsfeld koordinieren und kontrollieren, findet ihren Grund offensichtlich in den

phen Kern, *The Culture of Time and Space 1880-1918*, Cambridge/London: Harvard University Press ^{2}2003 [1983], S. 131-180.

4 Siehe Text 7.

5 Eine ausführliche Darstellung der Thesen Heideggers findet sich in: Georg Christoph Tholen, *Die Zäsur der Medien. Kulturphilosophische Konturen*, Frankfurt am Main: Suhrkamp 2002, S. 111-124.

6 Tatsächlich finden sich bereits im 19. Jahrhundert Arbeiten, welche tendenziell solche Konzepte entwickeln. So etwa die Untersuchung zur technischen Organprojektion beim Menschen von Ernst Kapp, *Grundlinien einer Philosophie der Technik*, Düsseldorf: Stern-Verlag Janssen & Co. 1978 [1877], sowie das Plädoyer zugunsten einer Verwendung von Luftschiffen im Postverkehr in Heinrich von Stephan, *Weltpost und Luftschifffahrt. Ein Vortrag im wissenschaftlichen Verein zu Berlin*, Berlin: Springer 1874.

Bedingungen und Erfordernissen des Werkzeuggebrauchs.[7] In Leroi-Gourhans Perspektive ist die Technik also nicht etwas, was einen bereits fertigen menschlichen Körper erweitert, sondern sie ist integraler Bestandteil der Konstitution des Menschen.

Im zweiten Band nun, dem Text 12 entnommen ist, richtet er den Fokus der Aufmerksamkeit auf die Soziogenese, also wie sich dieses körperlich-technische Gefüge in der objektalen und interindividuellen Umwelt einrichtet und größere Aggregate bildet. Dieser Phasenwechsel ereignet sich primär durch die Integration und Strukturierung von Zeit und Raum, die sowohl eine technische als auch eine symbolische Dimension aufweist. Grundlage der Strukturierung sind die rhythmischen Gesten, die der weit gehend ungeregelten »Rhythmizität der natürlichen Welt«[8] durch die Schaffung von geregelten Intervallen einen homogenen Rhythmus auferlegen. So entsteht Struktur als rhythmische Regularisierung von Körperlichem und Technischem in der Geste. Durch die ständige Wiederholung dieser rhythmisierten Gesten bilden sich »Operationsketten«[9] heraus, die zugleich Programme zur Koordination von Gesten darstellen. Zu den technischen Gesten der Hand kommen mehr oder weniger gleichzeitig technische Gesten des Mundes, sprich Laute, deren hauptsächliche Funktion darin besteht, diese und weitere Gesten zu ›programmieren‹. In der steten Wiederholung, später dann der Aufzeichnung dieser ›Programme‹ entstehen symbolische Strukturen, die eine Verfestigung von Gesten und die Anweisung zu deren Ausführung in einem darstellen. Zeichen und technische Gesten sind in ihrer Genese folglich untrennbar miteinander verwoben.[10] Ein Produkt dieser Verbindung ist die Konstruktion eines strukturierten Raumes; nicht zufällig erscheinen die ersten länger-

7 Vgl. dazu ausführlich Wolfram Nitsch, »Vom Mikrokosmos zum Knotenpunkt. Raum in der Kulturanthropologie Leroi-Gourhans und in Balzacs *Ferragus*«, in: Jörg Dünne/Hermann Doetsch/Roger Lüdeke (Hg.), *Von Pilgerwegen, Schriftspuren und Blickpunkten. Raumpraktiken in medienhistorischer Perspektive*, Würzburg: Königshausen & Neumann 2004, S. 175-185, und Ludwig Jäger, »Sprache als Medium. Über die Sprache als audio-visuelles Dispositiv des Medialen«, in: Horst Wenzel/Wilfried Seipel/Gotthart Wunberg (Hg.), *Audiovisualität vor und nach Gutenberg. Zur Kulturgeschichte der medialen Umbrüche*, Wien: Kunsthistorisches Museum/Skira 2001, S. 19-42.

8 Leroi-Gourhan, *Hand und Wort*, S. 390.

9 Ebd., S. 288-295.

10 Zur ›Ko-Evolution von Technik und Sprache‹ bei Leroi-Gourhan vgl. Tim In-

fristigen Behausungen zur gleichen Zeit, in der auch die ersten rhythmischen Darstellungen auftreten.

Raum entsteht also einerseits aus der Wiederholung von Grenzen und Differenz schaffenden technischen Gesten und Operationsketten, die den gegliederten Raum abgrenzen von einer chaotischen Räumlichkeit;[11] Gesten, die andererseits ihren Niederschlag in symbolischen Strukturen finden. Somit bildet die Konstruktion des Raumes die Bedingung der Möglichkeit von Gesellschaft, die sozusagen in einer gemeinsamen physikalischen Phase eingeräumt wird. Dies geschieht charakteristischerweise auf zwei Ebenen, in einer doppelten Artikulation.[12] Gesellschaft entsteht auf einer elementaren Ebene in der Einordnung des Einzelnen und der einzelnen Geste in eine größere rhythmische Einheit, die gleichzeitig räumliche Einheit ist. Diese einfache Versammlung des Disparaten hat aber gleichwohl einen komplexen Charakter, da sie immer schon bezogen ist auf eine Ebene der Kommunikation und Reflexion über die Gesten und deren Organisation, die durch die semiotischen Strukturen ermöglicht wird.

Während Leroi-Gourhan in anthropologischer Perspektive die Integration von Gesellschaft durch die Technisierung und Semiotisierung von Körperrhythmen beschreibt, konzentriert sich JACQUES LACAN auf die Entwicklung des einzelnen Subjekts, das mikrostrukturell ähnlichen Prozessen ausgesetzt ist wie die Menschheit als Ganzes. Lacan bezieht sich in seiner Darstellung über die »Topik des

gold, »André Leroi-Gourhan and the Evolution of Writing«, in: Françoise Audouze (Hg.), *Autour de l'homme. Contexte et actualité d'André Leroi-Gourhan*, Antibes: APDCA 2004, S. 109-123.

11 Eine ausführliche Beschreibung von Leroi-Gourhans Theorie der Konstitution von Raum und Zeit als Artikulation von rhythmischen Programmen bietet Bernard Stiegler, *La désorientation. Le technique et le temps*, Bd. 2, Paris: Galilée 1996, S. 81-116; vgl. auch Peter Gendolla, *Zeit. Zur Geschichte der Zeiterfahrung*, Köln: DuMont 1992, S. 22-24.

12 Die grundlegende Dimension der doppelten Artikulation, einerseits der Artikulation des Ausdrucks und andererseits des Inhalts, in der Bildung komplexer Strukturen arbeiten Gilles Deleuze/Félix Guattari, *Tausend Plateaus. Kapitalismus und Schizophrenie 2*, Berlin: Merve 1992 [1980], S. 59-103, heraus, indem sie den von André Martinet geprägten Begriff mithilfe der Sprachphilosophie Hjelmslevs präzisieren und ausdrücklich auf Leroi-Gourhans Darstellung des Relationsfeldes und dessen Erläuterung der Beziehung zwischen Geste und Zeichen beziehen.

Imaginären« auf Freuds Konzept der ›psychischen Topik‹. Im Anschluss an die Gehirnphysiologie des 19. Jahrhunderts, die vor allem in den Arbeiten von Franz Joseph Gall, Pierre Paul Broca und Carl von Wernicke bestrebt war, psychische Fähigkeiten und Prozesse in bestimmten Gehirnregionen zu lokalisieren,[13] entwirft Freud ein Modell der ›psychischen Lokalität‹,[14] das den psychischen Apparat als eine räumliche Relation zwischen Bewusstem, Vorbewusstem und Unbewusstem beschreibt. Dieses Modell hat Freud später in der so genannten »Zweiten Topik« überarbeitet, in welcher die psychischen Prozesse als dynamische Beziehung zwischen den Instanzen Ich, Über-Ich und Es dargestellt sind.[15] Lacan ersetzt diese drei Allegorien der Psyche durch drei ›Phasen‹ des Psychischen: das Reale, das Imaginäre und das Symbolische.

Es scheint also, als würde von Broca bis Lacan der räumliche Charakter zunehmend schwächer, bis die Räumlichkeit der psychischen Prozesse nur mehr rein metaphorischen Charakter hat. Doch hier entfaltet sich die Doppelbödigkeit der Argumentation Lacans, spielt doch die Metapher in dessen Theorie der Produktion von Sinn eine entscheidende Rolle. Sinn entsteht bei Lacan nämlich nicht durch die Zuweisung eines Signifikats zu einem Signifikanten, sondern immer nur als Sinn für ein Subjekt, wenn sich in den metonymischen Verschiebungen eines Textes zwei Signifikanten begegnen. Im Prozess der Substitution des einen Signifikanten durch den anderen kommt es zu bedeutungsvollen Verdichtungen, die gleichwohl die grundlegende Differenz zwischen beiden Signifikanten nicht aufheben. Metaphern nennt Lacan solche Verdichtungen von zwei ›virtuellen‹ Bedeutungen aus verschiedenen semantischen Feldern.[16] Wenn Lacan von Metapher spricht, meint er also den

13 Knappe Skizzen dieser Entwicklungen kann man nachlesen bei Jean-Pierre Changeux, *Der neuronale Mensch. Wie die Seele funktioniert: Die Entdeckungen der neuen Gehirnforschung*, Reinbek: Rowohlt 1984, S. 25-34, und Matt K. Matsuda, *The Memory of the Modern*, New York/Oxford: Oxford University Press 1996, S. 79-99

14 Sigmund Freud, *Die Traumdeutung* [1900]. *Studienausgabe*, Bd. 2, hg. von Alexander Mitscherlich, Angela Richards und James Strachey, Frankfurt am Main: Fischer 1972, S. 512 ff.

15 Eine detaillierte Darstellung von Freuds Topiken findet sich in: Jean Laplanche/Jean-Baptiste Pontalis, *Das Vokabular der Psychoanalyse*, Frankfurt am Main: Suhrkamp 1973 [1967], S. 503-509.

16 Lacans ausführlichste Formulierung seiner Theorie des metonymischen und me-

Prozess der Substitution durch ein Uneigentliches, das nicht mehr auf ein Eigentliches verweist. Lacans Subjektmodell ist also dezidiert räumlich, gerade weil es ›nur‹ eine räumliche Metapher ist.[17] Eine Topik des Subjekts stellt sich immer schon als Tropik des Subjekts heraus und umgekehrt.[18]

Dies gilt es zu beachten, will man Lacans Frage nach dem Ort des Subjekts in all ihrer Komplexität würdigen. Lacans Ausführungen zur »Topik des Imaginären« von 1954 beziehen sich dabei offen auf die Überlegungen zum Spiegelstadium als Bildner des Ich aus den Jahren 1936 und 1949.[19] Lacan erläutert dort die Formation der Ich-Funktion des Kleinkindes in Abhängigkeit vom Medium Spiegel und seiner damit bewerkstelligten Beherrschung des Raumes.[20] So bildet das noch nicht der Sprache und des aufrechten Gangs fähige Kind die erste Vorstellung von sich als körperlicher Ganzheit in der aktiven Betrachtung des eigenen Spiegelbildes aus, das ihm eine imaginäre Beherrschung des Raumes und des eigenen Körpers erlaubt, zu der es real noch nicht fähig ist. Das Ich entsteht, indem ein defizitärer, fragmentarischer Körper zu seinem ganzheitlichen virtuellen Spiegelbild in Beziehung gesetzt wird.

Das Experiment vom umgekehrten Blumenstrauß, das Text II präsentiert, stellt gleichzeitig eine Variante und eine Erweiterung dieses Modells vom Spiegelstadium dar. Lacan will damit die Probleme der Genese von Subjektivität demonstrieren, wie sie in einem Fall Melanie Kleins aufscheinen, den Lacan kommentiert: Welche

taphorischen Charakters der Signifikation findet sich in »Das Drängen des Buchstabens im Unbewussten oder die Vernunft seit Freud«, in: J. L., *Schriften*, Bd. 2, hg. von N. H., Weinheim/Berlin: Quadriga ²1986, S. 15-59; vgl. dazu die fundamentalen Kommentare von Philippe Lacoue-Labarthe/Jean-Luc Nancy, *Le titre de la lettre. Une lecture de Lacan*, Paris: Galilée 1990, S. 83-103, und Samuel Weber, *Rückkehr zu Freud. Jacques Lacans Ent-stellung der Psychoanalyse*, Wien: Passagen 1990, S. 83-100.

17 Zu diesem Paradox vgl. Juan-David Nasio, *Les yeux de Laure. Transfert, objet a et topologie dans la théorie de J. Lacan*, Paris: Flammarion 2000, S. 160-162.

18 Vgl. dazu Lacoue-Labarthe/Nancy, *Titre*, S. 88.

19 »Das Spiegelstadium als Bildner der Ichfunktion, wie sie uns in der psychoanalytischen Erfahrung erscheint« [1949], in: J. L., *Schriften*, Bd. 1, S. 61-70.

20 Zu einer mediologischen Interpretation von Lacans Ausführungen zum Spiegelstadium vgl. Andreas Mahler, »Semiosphäre und kognitive Matrix. Anthropologische Thesen«, in: Jörg Dünne/Hermann Doetsch/Roger Lüdeke (Hg.), *Von Pilgerwegen, Schriftspuren und Blickpunkten. Raumpraktiken in medienhistorischer Perspektive*, Würzburg: Königshausen & Neumann 2004, S. 57-69.

Schwierigkeiten treten auf, bis aus einer disparaten Wirklichkeit, die aus realen Objekten und virtuellen Bildern besteht, eine strukturierte Welt entsteht, in der das Ich seine Rolle und seinen genau bestimmten Platz gefunden hat? Was im Spiegelstadium noch unproblematisch war, da die Ich-Bildung den eigenen Körper betraf, dessen disparate Wirklichkeit sich im Imaginären zu einem Ganzen finden konnte, wird nun komplexer, da die Fragmente des Realen und die virtuellen Bilder selbst auseinander treten und das Moment von Einheit und Trennung auf ein Drittes bezogen ist: das Verhältnis von Behälter und Inhalt. Da das Andere also immer schon zwei ist, ist eine einfache imaginäre Identifikation mit dem medialen Anderen unmöglich geworden. Die technische Mediation des Körpers allein genügt offensichtlich nicht, um zu einem Selbst zu werden. Vielmehr muss das Subjekt lernen, Reales und Imaginäres miteinander zu vermitteln. Und hierfür muss es seinen Platz finden. Das virtuelle Bild des Blumenstraußes und das reale Bild der Vase treten unvereinbar auseinander, wenn das Subjekt nicht die richtige Position einnimmt. Denn wenn es sich an einem ganz anderen Platz befindet, sieht es nur verstreute Fragmente eines Realen. Nur an einem bestimmten Ort oder, präziser, innerhalb eines bestimmten Bereiches kann man beide zu einem Gesamtbild vereinigt sehen. Diesen Bereich erschafft die Sprache.

Es gibt Subjektivität also nur infolge einer doppelten Vermittlung, die einerseits technische Mediation und andererseits symbolische – d. h. für Lacan metaphorische – Substitution ist. So integriert das Symbolische die Heterogenität und Fragmentarität des Realen und die Bilder des Imaginären, indem es dem Subjekt einen bestimmten Ort in den Verschiebungen der Signifikanten zuweist. Es kommt also nicht darauf an, dass Melanie Kleins Symbolisierungen brutal und krude sind, sondern dass sie Substitutionen ermöglichen, die über die rein imaginäre Repräsentation hinausgehen, die stets nur das räumliche Verhältnis zwischen Behältnis und Inhalt ausagiert.[21] So wird deutlich, dass das imaginäre Ego noch nicht das Subjekt ist; das Subjekt entsteht erst dann, wenn dieses Ego durch die Rede des Anderen angesprochen wird und damit die Möglichkeit zur Kommunikation, also zur Substitution von Objekten und Projekten

21 Vgl. Shoshana Felman, *Jacques Lacan and the Adventure of Insight. Psychoanalysis in Contemporary Culture*, Cambridge/London: Harvard University Press 1987, S. 105-128.

durch Symbole zum Zwecke der Adressierung an den Anderen, eröffnet wird.[22]

Das Subjekt ist nicht dort, wo es ist, sondern immer nur dort, wo es nicht ist, denn es entsteht im Prozess der Substitution von Objekten und ›Projekten‹ durch Zeichen.[23] So ist das Subjekt real ein Ort, imaginär ein Bild und symbolisch ein Zeichen in einem. Die Wirklichkeit, welche sich das Subjekt aufbaut, wenn sie denn eine strukturierte Wirklichkeit sein und nicht nur aus Fragmenten und Affekten bestehen soll, stellt folglich immer schon ein Konstrukt aus Körpern sowie medialen und semiotischen Vermittlungen dar. Und dieses Konstrukt ist ein homogener, strukturierter Raum. So gesehen, erscheinen das Reale, das Imaginäre und das Symbolische als je verschiedene Perspektiven auf eine Situation, als verschiedene räumliche Vektoren, die sich im Kräftefeld eines medialen Artefakts auftun: das reale Bild des Straußes als konvergierende Vektoren, das virtuelle als divergierende Vektoren und das symbolische als Kreuzungsbereich dieser Vektoren. Lacans Beitrag zur Raumtheorie ist damit nicht hoch genug zu bewerten: Dass unsere Wirklichkeitskonstruktion auf einem räumlichen Apriori beruht, ist nicht neu. Neu allerdings ist die Tatsache, dass die Konstruktion des Raumes einen symbolischen Aspekt und insbesondere einen virtuellen Charakter beinhaltet. Wenn wir von Orten sprechen, sprechen wir also nicht von etwas, das einfach da und nicht anderswo ist, sondern von einem Gefüge realer, virtueller Räumlichkeit und deren symbolischen Substitutionen.

Luce Irigaray widmet ihre gesamte Aufmerksamkeit demjenigen, was die Medio-Logie Lacans in ihren medialen Simulationen und symbolischen Substitutionen aus dem Blick verliert, dem Körper. Anstelle von Lacans mediologischer Topologie präsentiert sie eine erotische Topik. Dabei konzipiert Irigaray den Körper nicht als sinnliche Letztinstanz, sondern als Produkt zweier unterschiedlicher Determinanten: eines nichtrepräsentierbaren Elementaren und der (technischen) Medien, die jenes in Gestalt von Körperbildern in einen (euklidischen) Raum stellen.

22 Zur Rolle des Anderen in der Herausbildung des Symbolischen vgl. Mikkel Borch-Jacobsen, *Lacan. Der absolute Herr und Meister*, München: Fink 1999 [1995], S. 111-137.

23 Offensichtlich aus diesem Grund bezeichnet Lacan seine topologischen Erläuterungen zum Ort des Subjekts mit dem rhetorischen *terminus technicus* ›Topik‹.

Irigarays zentrales philosophisches Anliegen besteht darin, die sexuelle Differenz als Differenz zu denken, die nicht etwa erst durch die semiotische Differenz erzeugt wird, sondern welche die Grundlage jeglicher semiotischen Differenz darstellt. Das heißt aber gerade nicht, die sexuelle Differenz als Differenz eines männlichen und eines weiblichen Körpers zu begreifen und damit die metaphysische und hierarchische Unterscheidung zwischen männlich und weiblich noch einmal zu bestätigen. Es soll auch nicht einfach männliches Substanzdenken durch die Konzeption einer weiblichen Substanz ersetzt werden, vielmehr geht es ihr darum, das Andere als Anderes zu verstehen. Und dies geht nur, wenn man die Bedingung der Möglichkeit von Differenz denkt. Für Irigaray wesentlich ist, dass diese transzendentale Bedingung eine ›sinnliche Transzendentalie‹ ist, also weder ideale Form noch rein materielle Substanz.[24] Dieses sinnlich Transzendentale, das also etwas Drittes, Vermittelndes ist, jenseits der Differenz steht, ohne gleichzeitig selbst differenzlos zu sein, ja diese begründet, das einen dämonischen Charakter hat wie der Eros in Platons *Symposion*, bildet das Elementare.[25] Irigaray knüpft hier an Derridas Lektüre des *Timaios* an, in welchem er den ambivalenten Charakter der *chora* als ›dritter‹ Gattung analysiert,[26] und beschreibt die sexuelle Differenz als Konstruktion eines bestimmten Raumes als Raum eines Überganges, als Zwischenraum, der Differenz und Berührung in einem ist.

Irigarays Kommentar zu Aristoteles' Erörterungen über den Raum (Text 13) veranschaulicht in paradigmatischer Weise diese Aspekte ihres Denkens. Wenn Aristoteles den Charakter des Räumlichen als Kontakt der Oberflächen zwischen dem Behältnis und dem darin Enthaltenen erläutert, hat er im Sinne Irigarays ein wesentliches Moment der Raumerfahrung erkannt. Was für Lacan, der letztendlich doch in der Tradition Descartes' steht, lediglich eine durch die symbolische Institution des Subjekts zu überwindende, redu-

24 Vgl. dazu das Kapitel »Zauberliebe. Eine Lektüre von Platon: *Das Gastmahl.* Die Liebe der Diotima«, in: L. I., *Ethik der sexuellen Differenz*, Frankfurt am Main: Suhrkamp 1991 [1984], S. 29-45.

25 Diese Konzeption des Sinnlichen arbeitet anhand von Irigarays Merleau-Ponty- und Lévinas-Rezeption detailliert heraus Cathryn Vasseleu, *Textures of Light. Vision and Touch in Irigaray, Lévinas and Merleau-Ponty*, New York/London: Routledge 1998.

26 Vgl. Jacques Derrida, *Chora*, Wien: Passagen ^{2}2005 [1993].

zierte Form der Wahrnehmung darstellt, begreift Irigaray im Anschluss an Aristoteles als entscheidenden Aspekt des Räumlichen. Sie geht noch darüber hinaus und zeigt, wie ein entscheidender Schritt in der Verdrängung des Weiblichen aus dem abendländischen Denken getan wurde, indem man diese Erfahrung der Berührung, die gleichwohl eine Erfahrung der Trennung darstellt, aus dem philosophischen Diskurs ausschloss.[27] So fügt sie ihrer Darstellung der aristotelischen Gedanken dasjenige hinzu, was Aristoteles in ihren Augen verschweigt: Die Erfahrung des Enthaltenseins und der Berührung verweist auf die pränatale Situation, die Mutter-Kind-Beziehung und den sexuellen Akt.[28] Während Aristoteles, der Raum auf die Körperortschaften zurückführt, also die Hypothese verwirft, Raum stelle ein Intervall dar, einen Zwischenraum zwischen den Körpern oder gar eine Leerstelle, die von Körpern gefüllt werde,[29] sieht Irigaray gerade im Intervall als Zwischenraum der Trennung und Berührung das Wesentliche der Raumerfahrung, die eine Erfahrung der sexuellen Differenz und des Kontaktes darstellt, des gegenseitigen Umschlingens zwischen zwei Anderen, welche nie zu einem Selben werden. Es ist dies der Ort des Elementaren, des Flüssigen, des Mukösen, das die Berührung vermittelt und gleichzeitig die Trennung aufhebt sowie markiert. So führt Irigarays Diskussion der Thesen von Aristoteles nachdrücklich ein der abendländischen Metaphysik inhärentes Vergessen vor Augen. Sie zeigt auf, wie im Nachdenken über die der Erscheinung zugrunde liegenden Prinzipien oder Schemata das Elementare als das Nichtdenkbare vergessen wurde[30] und wie dies wiederum zur Folge hatte, dass die der Existenz immer schon eingeschriebene Alterität zugunsten der

27 Irigarays Demonstration, dass die kanonischen Texte der abendländischen Philosophie sehr stark durch das Vergessen des Weiblichen geprägt sind, hat ausführlich dargestellt Tina Chanter, *Ethics of Eros. Irigaray's Rewriting of the Philosophers*, New York/London: Routledge 1995, vor allem S. 129-169.

28 Zu dieser Uminterpretation der Positionen des Aristoteles siehe ebd., S. 151-159.

29 Irigaray bezieht sich zwar ausdrücklich nur auf die Passage 211 b der *Physik*, der Kontext legt es aber nahe, die ausführliche Widerlegung der Theorie des leeren Raumes 213 a-217 b in die Argumentation mit einzubeziehen; vgl. Aristoteles, *The Physics. Books I-IV*, hg. von Philip H. Wicksteed/Francis M. Conford, Cambridge, Mass./London: Harvard University Press [6]1996 [1929], S. 302-371.

30 Paradigmatisch ausgearbeitet sind diese Gedanken in der langen Improvisation zu Heidegger: Luce Irigaray, *L'oubli de l'air. Chez Heidegger*, Paris: Minuit 1983, vor allem S. 9-25.

Identität des Selben in Vergessenheit geriet, dass insbesondere die erotische Erfahrung der Begegnung im Zwischenraum vernachlässigt wurde zugunsten einer Topologie, der Positionierung von Körpern im homogenen und abstrakten Raum.

Auch die beiden folgenden Texte, deren Fragestellungen und Behandlung des Themas sich quasi wie Spiegelbilder entsprechen, beschäftigen sich mit den Problemen, die sich für die Konstruktion des Raums aus der unauflösbaren Implikation von Körper und Technik im Mediengefüge ergeben. Die Ansätze Paul Virilios und Vilém Flussers unterscheiden sich aber insofern von Irigarays auf das Körperliche fokussierter Herangehensweise, als sie die Frage eher von der Seite des Technischen und des Medialen aus angehen. Während Virilio in den modernen Medien, welche Übertragung in Echtzeit ermöglichen, die Apokalypse einer Erfahrung der Nähe sieht, entdeckt Flusser in ihrer Manipulierbarkeit und Berechenbarkeit die Möglichkeit einer verantwortlichen Gestaltung des Raums.

In seiner ›Dromologie‹, der Wissenschaft von der Geschwindigkeit, beschreibt PAUL VIRILIO, wie die Kategorien Zeit, Raum und Subjekt von der jeweils durch das Medium induzierten Übertragungs- bzw. Transportgeschwindigkeit abhängig sind.[31] Er nimmt dabei Gedanken wieder auf, die von Harold A. Innis und Marshall McLuhan formuliert wurden.[32] So hat Innis, dessen Thesen durchaus mit denen Leroi-Gourhans kompatibel erscheinen, anhand eines Abrisses der Weltgeschichte gezeigt, wie die verschiedenen Imperien Raum jeweils in Abhängigkeit der zur Kommunikation und zum Transport benutzten Medien konstruierten oder vielmehr kontrollierten. Raum bedeutet für Innis beherrschbaren Raum, dessen Kontrolle im Wesentlichen abhängt von den materiellen Bedingungen der Techniken, die zur Kontrolle des Raums Verwendung finden, der Übertragungsgeschwindigkeit von Zeichen und der Transportgeschwindigkeit von Mensch und Material. Raum ist damit

31 Für eine Skizze der wesentlichen Thesen von Virilios Dromologie siehe Daniela Kloock, »Ästhetik der Geschwindigkeit. Paul Virilio«, in: D. K./Angela Spahr, *Medientheorien. Eine Einführung*, München: Fink 1997, S. 133-164.

32 Ich beziehe mich auf Harold A. Innis, »Das Problem des Raumes« [1951], in: H. A. I., *Kreuzwege der Kommunikation. Ausgewählte Texte*, hg. von Karlheinz Barck, Wien/New York: Springer 1997, S. 147-181, und Marshall McLuhan, *Die magischen Kanäle. Understanding Media*, hg. von Peter F. Drucker, Dresden/Basel: Verlag der Kunst ^{2}1995 [1964], vor allem S. 73-83.

immer schon politisch, wie jede Politik Medienpolitik ist. Hat Innis so die Grundlagen einer mediologischen Analyse von Gesellschaft und Politik gelegt, war es die Leistung McLuhans, das mediale Apriori des subjektiven Selbstverhältnisses und seines Verhältnisses zur Realität herausgearbeitet zu haben: In McLuhans Perspektive erscheinen Medien als Extensionen des Körpers, welche diesen in einer spezifischen Weise konfigurieren und so dessen Wahrnehmungen determinieren. Indem er nach den Auswirkungen der Medientechniken und der von diesen produzierten Geschwindigkeiten auf den Einzelnen und die Gesellschaft fragt, bringt Virilio die politische Fragestellung von Innis zusammen mit der anthropologischen Fragestellung McLuhans.

In »Die Auflösung des Stadtbilds« (Text 14) demonstriert Virilio, wie die politische Ordnung der Stadt, die insbesondere durch im Körperschema bedingte Unterscheidungen – wie die zwischen innen und außen – konstituiert wurde und so einen körperlichen, sinnlich erfahrbaren Raum bildete, durch moderne Medien wie Film, Fernsehen und Computer zerstört wird.[33] Indem diese Wahrnehmungen simulieren und – was insbesondere für die elektronischen Medien gilt – in Echtzeit übertragen, also durch die hohe Übertragungsgeschwindigkeit die Unmittelbarkeit der Wahrnehmungen suggerieren, manipulieren sie den Körper und ersetzen den Bezug des Menschen zu seiner Umwelt durch nicht mehr verortbare optische Illusionen. Da diese nur passiv hingenommen werden können, wird so eine wirkliche Interaktion zwischen selbstständigen politischen Subjekten verunmöglicht. Die auf der körperlichen Wahrnehmung basierende sinnliche Erfahrung von Raum und Zeit als Kategorien, die zwischen Nähe und Ferne, Vergangenheit und Gegenwart unterscheiden, wird abgelöst durch die ständige Gegenwart und falsche Unmittelbarkeit von Simulationen, in welchen Raum und Zeit nur mehr manipulierte Parameter einer entmaterialisierten Wahrnehmung darstellen. Die Kritik, dass Virilio hier Wahrnehmung an einen Körperstandard bindet und diese als nicht entfremdete Wahrnehmung im Gegensatz zu einer medialisierten

33 Damit widerspricht er nicht zuletzt auch McLuhan, der in ebendiesen Medien die utopische Rückkehr zu einer Näheerfahrung, gleichsam der Raumerfahrung tribaler Gesellschaften, sieht; vgl. Marshall McLuhan/Bruce Powers, *The Global Village. Der Weg der Mediengesellschaft in das 21. Jahrhundert*, Paderborn: Junfermann 1995 [1979].

und damit falschen Wahrnehmung beschreibt und so vergisst, dass die Standards unseres Körpers immer schon an die verwendeten technischen Artefakte und Medien gebunden sind, wie nicht zuletzt Leroi-Gourhan gezeigt hat, ist bereits mehrfach geäußert worden.[34] Nichtsdestoweniger ist es Virilio als Verdienst anzurechnen, die Prozesse der Virtualisierung des Raumes detailliert beschrieben zu haben.

Mit dezidiert anderen Vorzeichen versehen diese Virtualisierung und Hybridisierung des Raums Denker wie Serres oder Lévy, die in ihr die Chance zu einer Intensivierung und Diversifizierung von Erfahrungen erkennen. Sie sehen den Raum nicht mehr als die standardisierte und homogene Struktur, als den ihn das euklidische und kartesianische Zeitalter darstellen wollten, sondern als momentane Konfiguration innerhalb chaotischer Prozesse, als Aktualisierung virtueller Tendenzen, als dynamisches Netzwerk von Übergängen, in dem sich immer wieder neue Verknüpfungsmöglichkeiten eröffnen.[35]

Als beispielhaft für diese Tendenz, welche die Virtualisierung als Chance neuartiger Konstruktion und Gestaltung von Räumen begreift, soll hier VILÉM FLUSSERs kurze Skizze »Räume« (Text 15) präsentiert werden. Flusser macht deutlich, dass der von Virilio absolut gesetzte Körperraum nur eine Art der Erfahrung des Raumes darstellt, welche mit zwei anderen Weisen untrennbar verzahnt ist. Die, Flusser zufolge, im Prinzip nur zweidimensionale Orientierung des Körperraums, die zwischen links und rechts, hinten und vorne sowie kaum ansatzweise zwischen oben und unten unterscheidet, muss erweitert werden durch die vierdimensionale Raumzeit-Erfahrung des ›Weltraums‹ und die Erfahrung des ›virtuellen Raums‹, das heißt die Wirklichkeit der Teilchen und Quanten, die keinen Raum und keine Zeit im herkömmlichen Sinne mehr kennt. Diese beiden ›Räume‹ sind insbesondere dadurch gekennzeichnet, dass sie mit den Kategorien körperlicher Erfahrung, d. h. der Sprache, nicht mehr adäquat zu beschreiben sind. Sie können nach Flusser

34 Eine fundierte Auseinandersetzung mit Virilios Thesen findet man in Georg Christoph Tholen, »Geschwindigkeit als Dispositiv. Zum Horizont der Dromologie im Werk Paul Virilios«, in: Joseph Jurt (Hg.), *Von Michel Serres bis Julia Kristeva*, Freiburg i. Br.: Rombach 1999, S. 135-162.

35 Michel Serres, *Atlas*, Berlin: Merve 2005 [1994]; und Pierre Lévy, *Qu'est-ce que le virtuel?*, Paris: La Découverte 1998.

lediglich mit mathematischen Algorithmen gefasst werden. Aber genau darin liege auch die Chance für den Menschen, dessen körperschematische Raumkonstruktionen sich immer wieder in Aporien verfingen. Wenn technische Bilder oder Körper sich nur mehr dadurch unterscheiden, dass sie mehr oder weniger dichte Raffungen von Teilchen sind und diese Teilchen mittels Gleichungen adressiert und manipuliert werden können, dann hat man die Möglichkeit, andere Wirklichkeiten zu berechnen, andersartige Körper und Räume zu *designen*, welche andersartige Erfahrungen ermöglichen. Weit davon entfernt, die Wirklichkeit des Menschen zu entmaterialisieren, bieten die neuen Medien die Gelegenheit zur Gestaltung und Schaffung neuer und vielgestaltiger Wirklichkeiten.[36] Raum wird so von einem Apriori der Erfahrung zu einer manipulierbaren Variablen.

Die bis dato komplexeste Theorie zu Tendenzen der Virtualisierung hat Manuel DeLanda vorgelegt, der versucht, ein Konzept von Räumlichkeit zu entwickeln, das den neuesten Forschungsergebnissen in den Bereichen der Kybernetik, Chaostheorie und der mathematischen Topologie entspricht. Er bedient sich dazu der Unterscheidung, die Deleuze zwischen der Relation von Aktuellem und Virtuellem einerseits und von Wirklichem und Möglichem andererseits getroffen hat.[37] Während die Relation zwischen Wirklichem und Möglichem lediglich die Konkurrenz zwischen zwei Wirklichkeitsmodellen beschreibt, von denen das eine realisiert ist und das andere noch darauf wartet, realisiert zu werden, beschreibt die Relation zwischen Virtuellem und Aktuellem den dynamischen Prozess der Genese von Form in einem Kräftefeld verschiedener Tendenzen.[38] Der strukturierte und metrische Raum bildet somit das Produkt aus Prozessen der Differentiation und der Bifurkation, welche bestimmte Tendenzen von in dem virtuellen Kontinuum eines »space of spaces« enthaltenen n-dimensionalen Singularitäten ak-

36 Zur These, dass Flusser die technischen Medien damit als Instrumente der Negentropie, also zur Schaffung von Information, und nicht zur Zerstreuung von Teilchen darstellt, vgl. Bernd Rosner, »Telematik. Vilém Flusser«, in: Daniela Kloock/Angela Spahr (Hg.), *Medientheorien*, München: Fink, S. 77-98.

37 Gilles Deleuze, *Differenz und Wiederholung*, München: Fink [2]1997 [1968], S. 254-279.

38 Ich folge hier der prägnanten Präsentation von Deleuze' Thesen in: Lévy, *Virtuel*, S. 13 f.

tualisieren. Diese Prozesse sind reversibel, sodass jeweils aktualisierte Räume mit Hilfe der Aktualisierung von anderen Tendenzen der Singularitäten ihren Zustand ändern können.[39] Diese Theorie hat weit reichende Konsequenzen: Das, was wir mit dem Wahrnehmungsapparat unseres Körpers als Raum erfahren, stellt also lediglich die Aktualisierung von bestimmten Tendenzen einer Multiplizität dar, die jederzeit durch die Aktualisierung von anderen Tendenzen mit Hilfe anderer Apparate komplexer gestaltet werden kann. Raum wird somit zur Variablen verschiedener Aktualisierungsprozesse, abhängig von Verfahren und nicht zuletzt von technischen Medien. Die Theorie des virtuellen Raums verhindert somit eigentümliche Kurzschlüsse, welche die Körpererfahrung von der medial induzierten Erfahrung trennen und welche den körperlich erfahrbaren Raum als realen Raum in ontologischer Differenz etwa zu mittels optischer Medien erzeugten Räumen – das, was man dann Illusionen nennt – begreifen. Jeglicher Raum bildet die Aktualisierung einer virtuellen Räumlichkeit, jeder aktualisierte Raum enthält virtuelle Tendenzen einer Entgrenzung, die beispielsweise in der Telekommunikation erfahrbar wird. »Wo findet ein Telephongespräch statt?«, fragt Michel Serres: in Paris, in Florenz, irgendwo dazwischen oder in einem virtuellen Raum, der ebenso gut dort wie auch anderswo ist.[40] Wer in unserem medialen Zeitalter über Raum nachdenken will, kommt an der Frage nach dem virtuellen Raum nicht vorbei, und er kann es sich nicht so einfach machen, diesen als unwirklichen Raum abzutun. Nichts ist wirklicher als die Virtualität.

Hermann Doetsch

39 Manuel DeLanda, »The Actualization of the Virtual in Space«, in: M. DeL., *Intensive Science and Virtual Philosophy*, London/New York: Continuum 2002, S. 56-103.

40 Serres, *Atlas*, S. 10 f.

Auswahlbibliographie

Asendorf, Christoph: *Super Constellation – Flugzeug und Raumrevolution. Die Wirkung der Luftfahrt auf Kunst und Kultur der Moderne*, Wien/New York: Springer 1997.

Buci-Glucksmann, Christine: »Une esthétique du virtuel«, in: C. B.-G., *La folie du voir. Une esthétique du virtuel.* Paris: Galilée 2002, S. 191-270.

DeLanda, Manuel: »The Actualization of the Virtual in Space«, in: M. DeL., *Intensive Science and Virtual Philosophy*, London/New York: Continuum 2002, S. 56-103.

Derrida, Jacques: *Chora*, aus dem Französischen von Hans-Dieter Gondek, Wien: Passagen ²2005 [1987].

Großklaus, Götz: *Medien-Zeit, Medien-Raum. Zum Wandel der raumzeitlichen Wahrnehmung in der Moderne*, Frankfurt am Main: Suhrkamp ²1997 [1995].

Hasse, Jürgen: *Mediale Räume*, Oldenburg: bis/Uni Oldenburg 1997.

Innis, Harold A.: »Das Problem des Raumes« [1951], in: H. A. I., *Kreuzwege der Kommunikation. Ausgewählte Texte*, hg. von Karlheinz Barck, aus dem Amerikanischen von Friederike von Schwerin-High, Wien/New York: Springer 1997 [1964], S. 147-181.

Kaschube, Wolfgang: *Die Überwindung der Distanz. Zeit und Raum in der europäischen Moderne*, Frankfurt am Main: Fischer 2004.

Mahler, Andreas: »Semiosphäre und kognitive Matrix. Anthropologische Thesen«, in: Jörg Dünne/Hermann Doetsch/Roger Lüdeke (Hg.), *Von Pilgerwegen, Schriftspuren und Blickpunkten. Raumpraktiken in medienhistorischer Perspektive*, Würzburg: Königshausen & Neumann 2004, S. 57-69.

McLuhan, Marshall/Bruce R. Powers: *The global village. Der Weg der Mediengesellschaft in das 21. Jahrhundert*, aus dem Amerikanischen von Claus-Peter Leonhardt, Paderborn: Junfermann 1995 [1989].

Paetau, Michael: »Sozialität in virtuellen Räumen«, in: Barbara Becker/M. P. (Hg.): *Virtualisierung des Sozialen. Die Informationsgesellschaft zwischen Fragmentierung und Globalisierung*, Frankfurt am Main/New York: Campus 1997, S. 103-134.

Sassen, Saskia: »Cyber-Segmentierungen. Elektronischer Raum und Macht«, in: Stefan Münker/Alexander Roesler (Hg.): *Mythos Internet*, Frankfurt am Main: Suhrkamp ⁴2001 [1997], S. 215-235.

Schivelbusch, Wolfgang: *Geschichte der Eisenbahnreise. Zur Industrialisierung von Raum und Zeit im 19. Jahrhundert*, Frankfurt am Main: Fischer ³2004 [1977].

Seitter, Walter: *Physik der Medien. Materialien, Apparate, Präsentierungen*, Weimar: VDG, Kap. 26 »Der Raum«, S. 378-391.

Serres, Michel: *Atlas*, aus dem Französischen von Michael Bischoff, Berlin: Merve 2005 [1994].
Sloterdijk, Peter: *Sphären*, 3 Bde., Frankfurt am Main: Suhrkamp ^{3}2005 [1998-2004].
Tholen, Georg Christoph: *Die Zäsur der Medien. Kulturphilosophische Konturen*, Frankfurt am Main: Suhrkamp 2002.
Weigel, Sigrid: *Topographien der Geschlechter. Kulturgeschichtliche Studien zur Literatur*, Reinbek: Rowohlt 1990.
Zellner, Peter: *Hybrid Space. New Forms in Digital Architecture*, London: Thames & Hudson 2000.

11 Jacques Lacan
Die Topik des Imaginären

1

Um zu versuchen, Ihnen die Dinge ein wenig zu erklären, hab' ich ein kleines Schema für Sie ausgeheckt, einen Vertreter des Spiegelstadiums.[1]

Das Spiegelstadium, das habe ich oft unterstrichen, ist nicht einfach ein Moment der Entwicklung. Es hat auch eine exemplarische Funktion, weil es bestimmte Beziehungen des Subjekts zu seinem Bild als dem ›Urbild‹[2] des Ich enthüllt. Dieses Spiegelstadium nun, das zu verneinen unmöglich ist, hat eine optische Darstellung, auch das läßt sich nicht verneinen. Ist das ein Zufall?

Die Wissenschaften, und vor allem kreißende Wissenschaften wie die unsre, entleihen häufig anderen Wissenschaften ihre Modelle. Sie können sich nicht vorstellen, meine armen Freunde, was Sie der Geologie schulden. [...]

Auch die Optik könnte ein Wort mitreden. [...][3]

Etwas beinahe Kindliches wird uns heute helfen, ein optischer Apparat, der sehr viel einfacher ist als ein kompliziertes Mikroskop – nicht, als ob es nicht amüsant wäre, den fraglichen Vergleich zu verfolgen, aber das würde uns ein wenig weit führen.

Ich kann Ihnen die Meditation über die Optik nicht genug empfehlen. Eine seltsame Sache, man hat ein ganzes System der Metaphysik auf Geometrie und Mechanik gegründet und darin Verständnismodelle gesucht, doch es scheint nicht, als hätte man

1 [Anm. d. Hg.] Zum Spiegelstadium vgl. Jacques Lacan: »Das Spiegelstadium als Bildner der Ichfunktion, wie sie uns in der psychoanalytischen Erfahrung erscheint«, in: J. L.: *Schriften 1*, hg. von Norbert Haas, Weinheim/Berlin: Quadriga ²1986, S. 61-70.

2 [Anm. d. Hg.] Im Original deutsch.

3 [Anm. d. Hg.] Im Folgenden beruft sich Lacan für das Verfahren, nicht sichtbare psychische Prozesse mit Hilfe von Modellen technischer Apparate darzustellen, um so die Idee einer »psychischen Lokalität« zu veranschaulichen, auf Freud; vgl. Sigmund Freud: *Die Traumdeutung* [1900]. *Studienausgabe*, Bd. 2, hg. von Alexander Mitscherlich, Angela Richards und James Strachey, Frankfurt am Main: Fischer 1972, S. 512 ff.

bislang aus der Optik den ganzen durch sie möglichen Nutzen gezogen. Sie sollte gleichwohl zu einigen Träumen herhalten, diese wunderliche Wissenschaft, die sich befleißigt, mit Apparaten diese eigenartige Sache zu produzieren, die sich ›Bilder‹ nennt, im Unterschied zu anderen Wissenschaften, die einen Schnitt in die Natur legen, eine Abtrennung, eine Anatomie.

Ich versuche, wenn ich das sage, wohlverstanden, nicht, Ihnen ein X für ein U vorzumachen und die optischen Bilder nicht für diejenigen Bilder, die uns interessieren. Aber es ist doch nicht zufällig, daß sie denselben Namen tragen.

Die optischen Bilder weisen eigenartige Verschiedenheiten auf – einige sind rein subjektiv, das sind die, die man virtuell nennt, während andere real sind, das heißt, sich, von bestimmten Seiten, wie Objekte verhalten und als solche behandelt werden können. Noch viel eigenartiger – diese Objekte, die die realen Bilder sind, wir können von ihnen virtuelle Bilder geben. Das Objekt, das das reale Bild ist, bekommt in diesem Fall zu recht den Namen eines virtuellen Objekts.

Eine Sache ist tatsächlich noch überraschender, nämlich die, daß die Optik vollständig auf einer mathematischen Theorie beruht, ohne die es absolut unmöglich ist, sie zu strukturieren. Damit es eine Optik gebe, muß jedem gegebenen Punkt eines realen Raumes ein und nur ein Punkt in einem anderen Raum korrespondieren, der der imaginäre Raum ist. Das ist die grundlegende strukturelle Hypothese. Sie sieht außerordentlich einfach aus, aber ohne sie kann man nicht die geringste Gleichung schreiben, noch irgend etwas symbolisieren – ist die Optik unmöglich. Selbst diejenigen, die davon nichts wissen, könnten in der Optik nichts machen, wenn diese Hypothese nicht existierte.

Der imaginäre Raum und der reale Raum mischen sich auch hier. Das hindert nicht, daß sie als verschiedene gedacht werden müssen. In der Optik hat man häufig Gelegenheit, sich in bestimmten Unterscheidungen zu üben, die Ihnen zeigen, wieviel der symbolische Bereich in der Erscheinung eines Phänomens zählt.

Andererseits gibt es in der Optik eine Reihe von Phänomenen, die man ohne weiteres reale nennen kann, denn es ist die Erfahrung, die uns auch in diesem Bereich leitet, wo allerdings aber in jedem Augenblick die Subjektivität beteiligt ist. Wenn Sie einen Regenbogen sehen, sehen Sie etwas vollkommen Subjektives. Sie sehen ihn in einer bestimmten Entfernung, die zur Landschaft hinzukommt. Er ist nicht da. Das ist ein subjektives Phänomen. Und dennoch können Sie ihn mit einem photographischen Apparat vollkommen objektiv aufnehmen. Nun, was hat es damit auf sich? Wir wissen nicht mehr so recht, nicht wahr, wo das Subjektive, wo das Objektive ist. Oder sollte es nicht vielmehr so sein, daß wir die Angewohnheit haben, in unserm kleinen Gehirnkasten eine zu summarische Unterscheidung zwischen dem Objektiven und dem Subjektiven zu treffen? Sollte der photographische Apparat nicht ein subjektiver Apparat sein, ganz und gar mit Hilfe eines x und eines y konstruiert, die den Bereich bewohnen, wo das Subjekt lebt, das heißt den der Sprache?

Ich möchte diese Fragen offenlassen, um geradewegs zu einem kleinen Beispiel überzugehen, das ich versuchen will, Ihnen in den Kopf zu bringen, bevor ich es auf die Tafel bringe, denn es gibt nichts Gefährlicheres als die Sachen auf der Tafel – die sind immer ein bißchen platt.

Es handelt sich um ein klassisches Experiment, das zu der Zeit angestellt wurde, wo die Physik noch amüsant war, zur Zeit der wahren Physik.[4] Genauso leben wir in dem Moment, wo die Psychoanalyse wahrhaft Psychoanalyse ist. Je näher wir der amüsanten Psychoanalyse sind, um so mehr ist es wirklich die Psychoanalyse. Später wird sich das einschleifen, wird sich durch Annäherung und Tricks erledigen. Man wird absolut nicht mehr verstehen, was man macht, so wie es schon nicht mehr nötig ist, irgendetwas von Optik zu verstehen, um ein Mikroskop zu machen. Freuen wir uns also, wir machen noch Psychoanalyse.

Setzen Sie also an meinen Platz einen imposanten Kessel – der mich, an bestimmten Tagen, als Resonanzraum vorteilhaft vertreten könnte – einen Kessel, der einer Halbkugel so nah wie möglich kommt und innen blank poliert ist, kurz einen sphärischen Spiegel. Wenn er ungefähr bis zum Tisch rückt, können Sie sich darin nicht mehr sehen – so würde sich, wenn ich auch noch so sehr in einen Kessel verwandelt wäre, das Spiegelphänomen, das sich zuweilen zwischen mir und meinen Schülern herstellt, hier nicht herstellen. Ein sphärischer Spiegel produziert ein reales Bild. Jedem Punkt ei-

4 [Anm. d. Hg.] Wie er an anderer Stelle erläutert (»Remarque«, S. 672 f.), bezieht Lacan das Beispiel aus Henri Bouasse, *Optique et photométrie dites géométriques*, Paris: Delagrave [4]1947, S. 86.

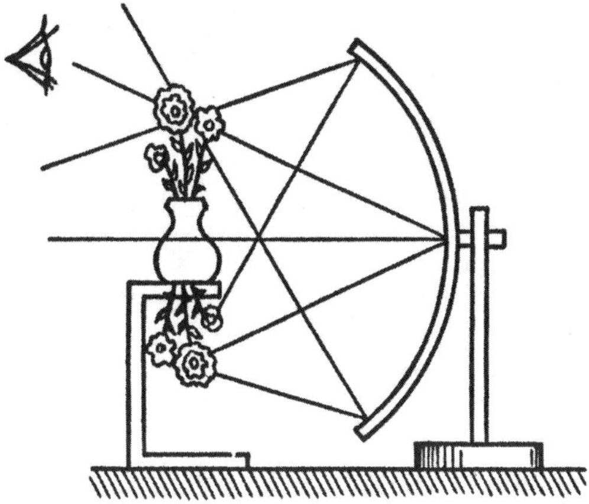

Das Experiment mit dem umgekehrten Blumenstrauß

nes Lichtstrahls, der von einem beliebigen Punkt eines in bestimmter Entfernung, am besten in der Zentralebene der Kugel aufgestellten Objekts ausgeht, entspricht auf derselben Ebene, durch Konvergenz der auf der Kugeloberfläche reflektierten Strahlen, ein anderer Lichtpunkt – was ein reales Bild des Objekts ergibt.

Ich bedaure, daß ich heute weder den Kessel, noch die Experimentierapparate habe mitbringen können. Sie müssen sie sich vorstellen.

Nehmen Sie an, das hier sei ein Kasten, der von dieser Seite hohl ist, und daß er im Zentrum der Halbkugel auf einen Fuß gestellt ist. Auf den Kasten setzen Sie eine Vase, eine reale. Darunter ist ein Blumenstrauß angebracht. Nun, was passiert?

Der Strauß reflektiert sich auf der sphärischen Oberfläche und gelangt an den zur Spiegelachse symmetrisch gelegenen Lichtpunkt. Sie müssen verstehen, daß sich sämtliche Strahlen genauso verhalten, und zwar vermöge der Eigenart der sphärischen Oberfläche – alle von einem gegebenen Punkt ausgehenden Strahlen gelangen an den dazu symmetrischen Punkt. Auf diese Weise kommt ein reales Bild zustande. Beachten Sie, daß sich die Strahlen in meinem Schema nicht ganz genau überschneiden, aber das ist auch in der Realität so, und zwar bei allen optischen Instrumenten – man hat nie mehr als eine Näherung. Die Strahlen setzen ihren Weg jenseits vom Auge fort und zerstreuen sich wieder. Aber für das Auge sind sie konvergent und ergeben ein reales Bild, denn das Charakteristikum von Strahlen, die in konvergenter Form auf das Auge treffen, ist, daß sie ein reales Bild ergeben. Konvergent, wenn sie ins Auge fallen, laufen sie auseinander, wenn sie daran vorbeigehen. Wenn die Strahlen in entgegengesetzter Richtung auf das Auge treffen, ergibt sich ein virtuelles Bild. Das passiert, wenn Sie ein Bild in einem Spiegel betrachten – sie sehen es dort, wo es nicht ist. In diesem Fall dagegen sehen Sie es dort, wo es ist – unter dieser einzigen Bedingung, daß Ihr Auge innerhalb des Feldes der Strahlen ist, die sich schon im Korrespondenzpunkt überschnitten haben.

In diesem Augenblick, während Sie den realen Strauß, der versteckt ist, nicht sehen, sehen Sie, wenn Sie sich im richtigen Feld befinden, wie ein sehr seltsamer imaginärer Strauß erscheint, der sich genau über dem Hals der Vase bildet. Da sich Ihre Augen entlang derselben Linie verschieben können, haben Sie ein Gefühl von Realität, obgleich Sie spüren, daß irgendetwas sonderbar, verschwommen ist, weil sich die Strahlen nicht genau überschneiden. Je weiter Sie entfernt sind, desto mehr spielt die Parallaxe hinein, desto vollkommener wird die Illusion sein.

Das ist ein Apolog, der uns sehr helfen wird. Sicher, dies Schema soll nichts von dem berühren, was substantiell mit dem in Beziehung steht, was wir in der Analyse behandeln, die real oder objektiv genannten Beziehungen, oder die imaginären Beziehungen. Aber es erlaubt uns, auf besonders einfache Weise das zu illustrieren, was aus der innigen Verschränkung der imaginären Welt und der realen Welt in der psychischen Ökonomie resultiert – Sie werden jetzt sehen, wie.

2

Dies kleine Experiment hat mir gefallen. Nicht ich hab' es erfunden, es ist seit langem unter dem Namen ›Experiment vom umgekehrten Blumenstrauß‹ bekannt. So, wie es ist, in seiner Unschuld – seine Urheber haben es nicht für uns angestellt – hat es für uns bis in seine zufälligen Details, die Vase und den Strauß, einen verführerischen Reiz.

Das dem ›Ur-Ich‹ oder ›Lust-Ich‹[5] eigene Gebiet konstituiert sich tatsächlich durch Spaltung, durch Unterscheidung von der Außenwelt – was im Innern eingeschlossen ist, unterscheidet sich von dem, was im Prozeß der ›Ausstoßung‹[6] und der Projektion abgewiesen worden ist. Wenn es deshalb Begriffe gibt, die in die vorderste Linie sämtlicher analytischer Konzeptionen des ersten Stadiums der Ich-Bildung gestellt werden, so sind es die von Behälter und Inhalt. Deshalb kann uns die Beziehung der Vase zu den Blumen, die sie enthält, als Metapher, und als eine der kostbarsten, dienen.

Sie wissen, daß der Vorgang der physiologischen Reifung es dem Subjekt, in einem bestimmten Augenblick seiner Geschichte, erlaubt, seine motorischen Funktionen wirklich zu integrieren und zu einer realen Beherrschung seines Körpers zu gelangen. Nur wird sich noch vor diesem Augenblick, wenn auch in entsprechender Form, das Subjekt seines Körpers als einer Totalität bewußt. Das ist es, worauf ich in meiner Theorie des Spiegelstadiums insistiere – der bloße Anblick der vollständigen Form des menschlichen Körpers verschafft dem Subjekt eine imaginäre Beherrschung seines Körpers, die gegenüber der realen Beherrschung verfrüht ist. Diese Bildung ist vom Vorgang der Reifung selbst abgelöst und vermischt sich mit ihm nicht. Das Subjekt antizipiert die Vollendung der psychologischen Beherrschung, und diese Antizipation wird ihren Stil jeder späteren Ausübung der wirklichen motorischen Beherrschung aufdrücken.

Das ist das ursprüngliche Abenteuer, in dem der Mensch zum erstenmal die Erfahrung macht, daß er sich sieht, sich reflektiert und sich als anders begreift als er ist – die wesentliche Dimension des Menschlichen, die sein ganzes Phantasieleben strukturiert.

Wir setzen die Existenz von all dem,[7] Objekte, Triebe, Begierden, Strebungen, usw. am Ursprung voraus. Das ist also schlicht und einfach die Realität, die sich in nichts begrenzt, die das Objekt irgendeiner Definition noch nicht werden kann, die weder gut ist, noch böse, aber zugleich chaotisch und absolut, ursprünglich. Das ist die

5 [Anm. d. Hg.] Im Original jeweils deutsch.

6 [Anm. d. Hg.] Im Original deutsch. Lacan/Miller schreiben tatsächlich ›Aufstoßung‹ – aus Versehen oder als Wortspiel?

7 [Anm. d. Hg.] Im Original »tous les ça«, wobei frz. ›ça‹ auch zur Übersetzung des Freud'schen ›Es‹ verwendet wird.

Ebene, auf die sich Freud in »Die Verneinung«[8] bezieht, wenn er von den Existenzurteilen spricht – entweder das ist oder aber das ist nicht. Und auf dieser Ebene gibt das Körperbild dem Subjekt die erste Form, die ihm erlaubt, das zu situieren, was Ich ist, und das, was es nicht ist. Nun, sagen wir, daß das Körperbild, wenn man es in unser Schema einsetzt, wie die imaginäre Vase ist, die den realen Blumenstrauß enthält. So also können wir uns das Subjekt vor der Geburt des Ich vorstellen und das Auftauchen dieses Ich.

Ich schematisiere, Sie spüren es wohl, aber die Entwicklung einer Metapher, eines Denkapparats, macht es nötig, daß man zu Anfang merken läßt, wozu das dient. Sie werden sehen, daß dieser Apparat hier eine Handlichkeit besitzt, die erlaubt, in allen Bewegungsarten auf ihm zu spielen. Sie können die Bedingungen des Experiments umkehren – der Topf könnte genauso gut unten sein und die Blumen oben. Sie können, nach Ihrem Belieben, das imaginär machen, was real ist, unter der einzigen Bedingung, daß Sie die Beziehung der Zeichen beibehalten, + – + oder – + –.

Damit sich die Illusion einstellt, damit sich, vor dem betrachtenden Auge, eine Welt konstituiert, in der das Imaginäre das Reale einschließt und, gleichzeitig, formen kann, in der auch das Reale das Imaginäre einschließen und, gleichzeitig, situieren kann, muß eine Bedingung erfüllt sein – das Auge muß, wie ich Ihnen gesagt habe, in einer bestimmten Position sein, es muß im Innern des Kegels sein.

Wenn es außerhalb des Kegels ist, wird es nicht mehr das sehen, was imaginär ist, aus dem einfachen Grund, daß nichts vom Rückstrahlkegel auf es treffen wird. Es wird die Dinge in ihrem realen Zustand sehen, das heißt das Innere des Mechanismus, und einen armen leeren Topf oder vereinsamte Blumen, je nachdem.

Sie werden mir sagen: »Wir sind kein Auge, was ist das für ein Auge, das da rumhängt?«

Der Kasten soll Ihren eigenen Körper bedeuten. Der Strauß, das sind die Triebe und Begierden, die umherspazierenden Objekte des Begehrens. Und der Kessel, was ist der? Der könnte ganz gut der Kortex sein. Warum nicht? Das wäre amüsant – davon sprechen wir ein andermal.

8 [Anm. d. Hg.] Im Original deutsch. »Die Verneinung« [1925], in: S. F., *Psychologie des Unbewussten. Studienausgabe*, Bd. 3 (1975), S. 371-377.

In der Mitte davon spaziert Ihr Auge nicht herum, es ist dort fixiert, wie ein kleiner Reizanhang des Kortex. Nun, warum erzähle ich Ihnen dann, daß es herumspaziert und daß das, je nach seiner Position, mal geht und mal nicht geht?

Das Auge ist hier, wie sehr oft, das Symbol des Subjekts.

Die ganze Wissenschaft beruht darauf, daß man das Subjekt auf ein Auge reduziert, und deshalb ist sie vor Sie hin projiziert, das heißt objektiviert – ich erkläre Ihnen das ein andermal. Im Zusammenhang mit der Triebtheorie, in einem anderen Jahr, hat jemand eine sehr schöne Konstruktion vorgeführt, die paradoxeste, die ich je vortragen gehört habe, die die Triebe vergegenständlichte. Am Ende blieb nicht ein einziger stehen, und insofern war das eine nützliche Demonstration. Um uns für einen kleinen Augenblick auf ein bloßes Auge zu reduzieren, müßten wir uns in die Position des Weisen versetzen, der dekretieren kann, daß er ein Auge ist, und einen Zettel an die Tür hängen mit der Aufschrift: »Den Experimentator nicht stören«. Im Leben liegen die Dinge ganz anders, denn wir sind kein Auge. Was soll dann aber das Auge da in dem Schema bedeuten?

Das soll bedeuten, daß in der Beziehung zwischen dem Imaginären und dem Realen und in der Konstitution der Welt, wie sie daraus resultiert, alles von der Stellung des Subjekts abhängt. Und die Stellung des Subjekts – Sie müßten es wissen, seit ich es Ihnen wiederhole – ist wesentlich durch seinen Platz in der symbolischen Welt charakterisiert, anders gesagt in der Welt des Sprechens. Dieser Platz ist das, wovon abhängt, ob jemand sich zu Recht oder Unrecht *Pedro* nennt. Je nachdem, ob dies der Fall ist oder jenes, befindet er sich im Feld des Kegels oder befindet sich nicht darin.

Das also müssen Sie im Kopf behalten, auch wenn es Ihnen ein wenig starr erscheint, um zu verstehen, was jetzt folgt.

3

[…][9] Ein gewisser Karl Bühler hat eine Sprachtheorie aufgestellt, die nicht die einzige ist und nicht die vollständigste, aber in ihr findet sich etwas, das nicht ohne Interesse ist – er unterscheidet drei Stufen in der Sprache. Unglücklicherweise hat er sie mit Kategorien belegt, durch die sie nicht sehr verständlich werden.[10]

Zuerst die Ebene der Aussage als solcher, die beinahe eine Ebene der Naturgegebenheit ist. Ich bin auf der Ebene der Aussage, wenn ich zu einer Person die einfachste Sache sage, ein Gebot zum Beispiel. Auf dieser Ebene der Aussage muß all das, was die Natur des Subjekts betrifft, angesiedelt werden. Ein Offizier, ein Lehrer wird seinen Befehl nicht in derselben Sprache geben wie ein Arbeiter oder ein Vorarbeiter. Auf der Ebene der Aussage, in ihrem Stil und bis in ihre Intonation hinein, bezieht sich alles, was wir erfahren, auf die Natur des Subjekts.

In jedem beliebigen Imperativ gibt es eine andere Ebene, die des Appells. Es geht um den Ton, in dem dieser Imperativ ausgesprochen wird. Derselbe Text kann, je nach dem Ton, vollkommen verschiedene Werte haben. Die einfache Aussage: »Halten Sie an« kann, je nach den Umständen, vollkommen verschiedene Appellwerte haben.

Der dritte Wert ist die eigentliche Mitteilung – das, worum's geht, und sein Bezug zur Gesamtheit der Situation.

Wir befinden uns bei Dick auf der Ebene des Appells. Der Appell bezieht seine Geltung aus dem Innern des Systems der schon erworbenen Sprache. Das nun, worum es sich hier handelt, ist, daß das Kind keinerlei Appell hervorbringt. Das System, durch das das Subjekt sich noch eben in der Sprache angesiedelt hat, ist unterbrochen,

9 [Anm. d. Hg.] Lacan erläutert die für ihn wesentlichen Aspekte des Falls von Dick in der Darstellung von Melanie Klein. Er bezieht sich dabei auf einen Artikel Kleins, den er für das Seminar von Mlle Gélinier hatte zusammenfassen lassen; vgl. Melanie Klein: »The Importance of Symbol-Formation in the Development of the Ego [1930]«, in: M. K., *Love, Guilt and Reparation and Other Works (1921-1945). Writings I*, hg. von Roger Money-Kyrle, London: Hogarth Press 1975, S. 219-232.

10 [Anm. d. Hg.] Karl Bühler, *Sprachtheorie: Die Darstellungsfunktion der Sprache*, Stuttgart/New York: Fischer/UTB 1982 [1934], bes. S. 24-33. Lacan reformuliert also die ›unglückliche‹ Terminologie Bühlers, der die drei Funktionen Ausdruck, Appell und Darstellung nennt, in strukturaler Perspektive.

auf der Ebene des Sprechens. Das ist nicht das gleiche, Sprache und Sprechen – dieses Kind beherrscht, bis zu einem gewissen Grad, die Sprache, aber es spricht nicht. Es ist ein Subjekt, das da ist und das, buchstäblich, nicht antwortet.

Das Sprechen ist nicht bis zu ihm vorgedrungen. Die Sprache hat sich nicht an sein imaginäres System geheftet, dessen Umfang extrem eng ist – Besetzung von Zügen, Türknöpfen, des dunklen Raumes. Seine Fähigkeiten, nicht der Mitteilung, sondern des Ausdrucks, sind darauf beschränkt. Für es sind Reales und Imaginäres äquivalent.

Melanie Klein muß hier also auf alle Technik verzichten. Sie hat ein Minimum an Material. Sie hat nicht einmal ein Spiel – dieses Kind spielt nicht. Wenn es ein wenig den kleinen Zug in die Hand nimmt, dann spielt es nicht, es macht das, wie wenn es durch Luft geht – als ob es ein Unsichtbarer wäre oder eher noch als ob alles, auf bestimmte Weise, unsichtbar für es wäre.

Melanie Klein geht hier, dessen ist sie sich lebhaft bewußt, zu keinerlei Deutung über. Sie geht, so sagt sie, von den Vorstellungen aus, die sie, und sie sind bekannt, von dem hat, was in diesem Stadium passiert. Ich geh' direkt darauf los und ich sag' ihm: »Dick kleiner Zug, großer Zug Papa-Zug.«

Daraufhin beginnt das Kind mit seinem kleinen Zug zu spielen und sagt das Wort *station*, das heißt ›Bahnhof‹. Kritischer Augenblick, in dem sich das Anheften der Sprache ans Imaginäre des Subjekts andeutet. Melanie Klein gibt ihm zurück: »Bahnhof ist Mutti. Dick fährt in die Mutti.« Von da an geht alles los. Sie macht ihm darüber nur Bemerkungen wie diese, keine anderen. Und sehr schnell macht das Kind Fortschritte. Das ist eine Tatsache.

Was hat sie also gemacht, Melanie Klein? – nichts andres als die Verbalisierung beizusteuern. Sie hat eine wirkliche Beziehung symbolisiert, die eines, benannten, Wesens zu einem andren. Sie hat die Symbolisierung des Ödipusmythos, um ihn bei seinem Namen zu nennen, angelegt. Von da an, nach einer ersten Zeremonie, die darin bestand, sich in den dunklen Raum zu flüchten, um den Kontakt mit dem Behälter zu suchen, erwacht für das Kind das Neue.

Das Kind verbalisiert einen ersten Appell – einen gesprochenen Appell. Es fragt nach seiner Nurse, mit der es gekommen war und die es hatte weggehen lassen, als wäre das nichts. Zum erstenmal produziert es eine Appell-Reaktion, die nicht einfach ein affektiver

Appell ist, wie er vom ganzen Wesen mimisch vollzogen wird, sondern ein verbalisierter Appell, der insofern auch eine Antwort enthält. Das ist, im eigentlichen, technischen Sinn des Begriffs, eine erste Mitteilung.

Die Dinge entwickeln sich weiter bis zu dem Punkt, an dem Melanie Klein alle anderen Elemente einer inzwischen organisierten Situation und sogar den Vater selbst ins Spiel bringt, der eine Rolle spielen soll. Außerhalb der Sitzungen, so sagt Melanie Klein, entwickeln sich die Beziehungen auf der Ebene des Ödipus. Das Kind symbolisiert die Realität, die es umgibt, von diesem Kern, von dieser kleinen pochenden Zelle der Symbolik her, die Melanie Klein ihm gegeben hat. Das ist es, wovon sie später sagt, sie habe »die Türen zu seinem Unbewußten geöffnet«.

Womit hat Melanie Klein, was es auch sei, getan, was irgendein Verständnis von ich weiß nicht welchem Vorgang beweist, der, in dem Subjekt, sein Unbewußtes wäre? Sie unterstellt es von Anfang an, aus Gewohnheit. Lesen Sie alle diese Beobachtung noch einmal und Sie werden die sensationelle Darstellung der Formel erkennen, die ich Ihnen immer wieder gebe: ›das Unbewußte ist der Diskurs des andren‹.

Das ein Fall, in dem das absolut manifest ist. Es gibt keinerlei Art von Unbewußtem in dem Subjekt. Es ist der Diskurs von Melanie Klein, der brutal die ersten Symbolisierungen der ödipalen Situation auf die anfängliche Ich-Trägheit des Kindes aufpfropft. Melanie Klein macht es mit ihren Patienten immer so, mehr oder weniger implizit, mehr oder weniger willkürlich.

In diesem dramatischen Fall, bei diesem Subjekt, das die menschliche Realität nicht erreicht hat, weil es keinen Appell hören läßt – wie sehen die Wirkungen der von der Therapeutin eingeführten Symbolisierungen aus? Sie determinieren eine Ausgangsposition, von der aus das Subjekt Imaginäres und Reales spielen lassen und seine Entwicklung meistern kann. Es stürzt sich in eine Reihe von Äquivalenzen, in ein System, in dem sich die Objekte einander substituieren. Es durchläuft eine ganze Folge von Gleichungen, die es von diesem Türzwischenraum, in den es sich wie in das absolute Dunkel des totalen Behälters geflüchtet hat, zu Objekten übergehen läßt, die es ihm substituiert – das Waschbecken zum Beispiel. Es entfaltet und artikuliert so seine ganze Welt. Vom Waschbecken geht es dann zum elektrischen Ofen über, zu immer komplizierteren Objekten. Es gelangt zu immer reicheren Inhalten wie zu der Fähigkeit, Inhalt und Nicht-Enthaltenes zu unterscheiden.

Warum in diesem Fall von Ich-Entwicklung sprechen? Das heißt, wie immer, Ego und Subjekt verwechseln.

Die Entwicklung findet nur in dem Maße statt, wie sich das Subjekt in das symbolische System integriert, sich darin übt, sich darin durch die Ausübung eines wahrhaften Sprechens bejaht. Es ist nicht einmal nötig, Sie werden das bemerken, daß dieses Sprechen das seine ist. In dem, wenngleich in seiner affektlosesten Form, augenblicklich gebildeten Paar von Therapeut und Subjekt kann ein wahrhaftes Sprechen beigebracht werden. Zweifellos nicht irgendeines – und darin sehen wir die Tauglichkeit der symbolischen Ödipussituation.

Das ist wirklich der Schlüssel – ein sehr reduzierter Schlüssel. Ich habe Ihnen schon angedeutet, daß es sich sehr wahrscheinlich um einen ganzen Schlüsselbund handelt. Vielleicht werde ich Ihnen eines Tages einen Vortrag darüber halten, was uns in dieser Hinsicht der Mythos der Primitiven geben kann – ich sage nicht ›der minderwertigen Primitiven‹, denn sie sind nicht minderwertig, sie wissen darüber viel mehr als wir. Wenn wir eine Mythologie studieren, diejenige zum Beispiel, die vielleicht im Zusammenhang einer Arbeit über einen sudanesischen Stamm erscheint, dann sehen wir, daß der Ödipuskomplex für sie bloß eine winzige Lächerlichkeit ist. Das ist ein ganz kleines Detail in einem immensen Mythos. Der Mythos erlaubt, eine Reihe von Beziehungen zwischen den Subjekten in einem Reichtum und einer Komplexität zu kollationieren, gegen den der Ödipus nur als eine derart gekürzte Ausgabe erscheint, daß er am Ende nicht immer brauchbar ist.

Aber das macht nichts. Was uns, die Analytiker betrifft, haben wir uns bislang damit zufrieden gegeben. Sicher, man versucht schon, ihn ein wenig auszuarbeiten, aber ziemlich ängstlich. Man fühlt sich immer fürchterlich befangen, weil man kaum zwischen Imaginärem, Symbolischem und Realem zu unterscheiden weiß.

Ich möchte Sie jetzt auf Folgendes hinweisen. Wenn Melanie Klein ihm das Ödipusschema liefert, ist die imaginäre Beziehung, die das Subjekt, wenn auch extrem dürftig, lebt, bereits genügend komplex, daß man sagen kann, es habe seine eigene Welt. Doch dieses primitive Reale ist für uns buchstäblich unaussprechlich. Sofern er uns darüber nichts sagt, haben wir überhaupt kein Mittel, da einzudringen, wenn nicht durch symbolische Extrapolationen, wie sie die ganze Zweideutigkeit aller Systeme wie desjenigen von Melanie Klein ausmachen – sie sagt uns zum Beispiel, daß das Subjekt im Innern des Reichs des mütterlichen Körpers mit all seinen Brüdern sich befindet, ganz zu schweigen vom Penis des Vaters usw. Wahrhaftig?

Es kommt nicht drauf an, denn wir können auf diese Weise jedenfalls begreifen, wie diese Welt in Bewegung kommt, wie Imaginäres und Symbolisches sich zu strukturieren beginnen, wie sich die aufeinanderfolgenden Besetzungen entwickeln, die die Verschiedenheit der menschlichen, das heißt der nennbaren Objekte umgrenzen. Dieser ganze Prozeß nimmt seinen Ausgang von diesem ersten Fresko, das ein bedeutsames Sprechen konstituiert, indem es eine fundamentale Struktur formuliert, die, im Gesetz des Sprechens, den Menschen zum Menschen macht.

Wie soll ich Ihnen das noch auf andere Weise sagen? Fragen Sie sich, was der Appell im Feld des Sprechens darstellt. Nun, das ist die Möglichkeit der Verweigerung. Ich sage die ›Möglichkeit‹. Der Appell impliziert die Verweigerung nicht, er impliziert keinerlei Dichotomie, keine Zweiteilung. Aber Sie können feststellen, daß sich in dem Augenblick, wo sich der Appell produziert, beim Subjekt Abhängigkeitsbeziehungen einstellen. Von nun an wird er seine Nurse mit offenen Armen empfangen, und wenn er sich hinter der Türe versteckt, absichtlich, so wird er ganz plötzlich gegenüber Melanie Klein das Bedürfnis artikulieren, sie als Gefährtin in seiner engen Ecke zu haben, die er für einen Augenblick bezogen hat. Die Abhängigkeit wird anschließend folgen.

In dieser Beobachtung sehen Sie also, wie sich beim Kind, unabhängig voneinander, die Reihen der präverbalen und der postverbalen Beziehungen abspielen. Und Sie werden bemerken, daß die Außenwelt – was wir die reale Welt nennen und was nichts anderes ist als die vermenschlichte, symbolisierte Welt, geschaffen durch die vom Symbol in die primitive Realität eingeführte Transzendenz – daß also die Außenwelt sich nur konstituieren kann, wenn, am rechten Platz, eine Reihe von Zusammentreffen stattgefunden haben.

Diese Positionen sind von derselben Ordnung wie diejenigen, die, in meinem Schema, eine bestimmte Strukturierung der Situation von einer bestimmten Position des Auges abhängig machen. Ich möchte mich dieses Schemas noch einmal bedienen. Ich wollte heute bloß einen Blumenstrauß einführen, aber man kann auch noch den anderen einführen.

Ausgehend von Dicks Fall und unter Verwendung der Kategorien des Realen, des Symbolischen und des Imaginären, habe ich Ihnen gezeigt, daß es möglich ist, daß ein Subjekt, das über alle Elemente der Sprache verfügt und die Möglichkeit hat, eine bestimmte Anzahl von imaginären Verschiebungen zu machen, die ihm erlauben, seine Welt zu strukturieren, nicht im Realen ist. Warum ist er nicht darin? – einzig und allein, weil die Dinge nicht in eine bestimmte Ordnung gekommen sind. Die Figur insgesamt ist entstellt. Kein Mittel, dieser Gesamtheit die geringste Entwicklung zu geben.

Handelt es sich um die Entwicklung des Ego? Nehmen Sie sich den Text von Melanie Klein noch einmal vor. Sie sagt, daß das Ego so sehr verfrüht sich entwickelt habe, daß das Kind einen zu realen Bezug zur Realität hat, weil sich das Imaginäre nicht einführen kann – und dann, im zweiten Teil ihres Satzes, sagt sie, daß es das Ego sei, das die Entwicklung aufhalte. Das will einfach besagen, daß das Ego als Apparat in der Strukturierung dieser Außenwelt nicht vollwertig brauchbar ist. Aus einem einfachen Grund – auf Grund der falschen Position des Auges kann das Ego, schlicht und einfach, nicht erscheinen.

Nehmen wir an, die Vase sei virtuell. Die Vase erscheint nicht, und das Subjekt bleibt in einer reduzierten Realität, mit einem gleichfalls reduzierten imaginären Gepäck.

Der Bezirk dieser Beobachtung, das ist es, was Sie verstehen müssen – die Eigenschaft des Sprechens, als Akt des Sprechens, ist ein Funktionieren, das einem schon bestehenden, typischen und bedeutungsvollen Symbolsystem koordiniert ist.

Biobibliographische Angaben

Jacques Lacan
* 13. 4. 1901 (Paris) – † 9. 9. 1981 (Paris)

Studium der Medizin mit Spezialgebiet Psychiatrie; ab 1927 klinische Tätigkeit in Psychiatrie und Neurologie; 1932 Doktortitel der Medizin mit Arbeit über Paranoia; ab 1934 Mitglied der *Société Psychanalytique de Paris*, die er 1953 verlässt, um Mitglied in der *Société Française de Psychanalyse* zu werden; 1964 gründet er dann die *École Freudienne de Paris*, die er 1980 auflöst, um *La Cause Freudienne* zu gründen; 1953-1980 hält er Seminare, die den Kern seiner im Wesentlichen mündlich vermittelten ›Lehre‹ bilden, zunächst im *Hôpital Sainte-Anne*, ab 1964 dann in den Räumen der *École Normale Supérieure* und schließlich ab 1969 in der *Faculté de Droit* am Panthéon.

Textnachweis

»Die Topik des Imaginären«, in: J. L., *Freuds technische Schriften. Das Seminar I*, aus dem Französischen von Werner Hamacher, Weinheim/Berlin: Quadriga ²1986, S. 97-116, hier S. 98-99, 100-107 und 111-116 [»La topique de l'imaginaire«, in: *Les écrits techniques de Freud: Séminaire I (1953/1954)*, hg. von Jacques-Alain Miller, Paris: Seuil 1975, S. 87-103; auf der Grundlage der Seminarsitzung vom 24. Februar 1954].

[Die Übersetzung wurde vom Herausgeber korrigiert.]

Weitere Texte zur Raumtheorie

1949: »Das Spiegelstadium als Bildner der Ichfunktion, wie sie uns in der psychoanalytischen Erfahrung erscheint«, in: J. L., *Schriften*, Bd. 1, hg. von Norbert Haas, aus dem Französischen von Peter Stehlin, Weinheim/Berlin: Quadriga ²1986, S. 61-70. [»Le stade du miroir comme formateur de la fonction du Je Telle qu'elle nous est révélée dans l'expérience psychanalytique«, in: J. L., *Écrits*, Paris: Seuil 1966, S. 93-100.]

1961: »Remarque sur le rapport de Daniel Lagache. Psychanalyse et structure de la personnalité«, in: J. L., *Écrits*, S. 647-684.

1964: *Das Seminar Buch XI. Die vier Grundbegriff der Psychoanalyse*, Weinheim/Berlin: *Quadriga ³1987 [*Le Séminaire livre XI. Les quatre con-*

cepts fondamentaux de la psychanalyse, hg. von Jacques-Alain Miller, Paris: Seuil 1973].
1972-1973: *Das Seminar Buch XX. Encore*, Weinheim/Berlin: Quadriga ²1991, vor allem »Fadenringe«, S. 127-147 [*Le Séminaire livre XX. Encore*, hg. von Jacques-Alain Miller, Paris: Seuil 1975, vor allem »Ronds de ficelle«, S. 107-123].

Sekundärliteratur

Blümle, Claudia/Anne von der Heiden (Hg.): *Blickzähmung und Augentäuschung. Zu Jacques Lacans Bildtheorie*, Zürich/Berlin: Diaphanes 2005.
Borch-Jacobsen, Mikkel: *Lacan. Der absolute Herr und Meister*, aus dem Französischen von Konrad Honsel, München: Fink 1999 [1995].
Felman, Shoshana: *Jacques Lacan and the Adventure of Insight. Psychoanalysis in Contemporary Culture*, Cambridge/London: Harvard University Press 1987.
Juranville, Alain: *Lacan und die Philosophie*, aus dem Französischen von Hans-Dieter Gondek, München: de Boer 1990 [1984].
Lacoue-Labarthe, Philippe/Jean-Luc Nancy: *Le titre de la lettre. Une lecture de Lacan*, Paris: Galilée 1990.
Mahler, Andreas: »Semiosphäre und kognitive Matrix. Anthropologische Thesen«, in: Jörg Dünne/Hermann Doetsch/Roger Lüdeke (Hg.), *Von Pilgerwegen, Schriftspuren und Blickpunkten. Raumpraktiken in medienhistorischer Perspektive*, Würzburg: Königshausen & Neumann 2004, S. 57-69.
Nasio, Juan-David: *Les yeux de Laure. Transfert, objet a et topologie dans la théorie de J. Lacan*, Paris: Flammarion 2000.
Tholen, Georg Christoph: »Der Ort des Unbewußten bei Freud und Lacan«, in: *RISS. Zeitschrift für Psychoanalyse* 14/46 (1999), S. 35-62.
Weber, Samuel: *Rückkehr zu Freud. Jacques Lacans Ent-stellung der Psychoanalyse*, Wien: Passagen 1990.

Bibliographie (primär): ⟨http://www.bregenznet.at/Lacan-Archiv/lacan.html⟩

12 André Leroi-Gourhan
Die symbolische Domestikation des Raums

Die technische Geste ist die Schöpferin von Formen, die aus der unbelebten Welt hervorgehen und mit Leben erfüllt werden können. Der Pfeil existiert nur im Bogenschuß oder in all den Bildern von Bewegung, die er suggeriert; die Agora ist mehr als bloß eine leere Fläche nur in dem Maße, wie die Gesellschaft in ihr den Raum findet, in dem sie ihre Integration ins Universum vollzieht. Der Mensch ist nur in dem Maße Mensch, wie er mit seinesgleichen zusammenkommt und sich mit den Symbolen seiner *raison d'être* umgibt. Nackt und bloß ist der Hohepriester wie der Vagabund nichts als der Kadaver eines höheren Säugetiers in einer Zeit und einem Raum ohne Bedeutung, denn sie sind nicht länger der Halt eines symbolisch menschlichen Systems. Die Totentänze des Mittelalters sind ein tiefgründiges Echo auf den Gegensatz zwischen der biologischen Realität, in der Spirituelles und Zoologisches ineinander verlaufen, und dem symbolischen Apparat des sozialen Lebens der Menschen. Das Leben der Tiere hängt am Faden der genetischen Art, das Leben der menschlichen Gruppen vermag den Ersatz der genetischen Ordnung durch die ethnische Ordnung nur unter der Hülle einer Zeit, eines Raumes und einer Gesellschaft zu verwirklichen, die vollkommen symbolischen Charakter tragen und wie die Gestade einer Insel zwischen der notwendigen Stabilität und der anarchischen Bewegung der natürlichen Welt liegen.

Die Domestikation von Zeit und Raum

Die menschliche Tatsache *par excellence* ist vielleicht weniger die Schöpfung des Werkzeugs als die Domestikation von Zeit und Raum, d. h. die Schöpfung einer menschlichen Zeit und eines menschlichen Raumes. In der Tat sind Werkzeug und Sprache die Attribute einer neuen zoologischen Gruppe, deren erste uns heute bekannte Stufe der Australanthropus bildet, der noch den ganzen Aufstieg bis hin zur *sapiens*-Stufe vor sich hat. Kurz bevor er dahin gelangt, treffen wir bei den letzten Paläanthropinen auf die ersten

Spuren eines graphischen Symbolismus. Zwischen dem Ende des Moustérien und dem Chatelperronien, also zwischen 50 000 und 30 000 vor unserer Zeit, erscheinen gleichzeitig die ersten Behausungen und die ersten gravierten Zeichen, zunächst nicht mehr als Reihen paralleler Striche oder Kerben.

Ohne jeden Zweifel wurden bereits sehr viel früher Schutzhütten gebaut, bedeutsam ist aber, daß die ersten längerfristig bewohnten Häuser mit dem Erscheinen der ersten rhythmischen Darstellungen zusammenfallen. Die Integration in einen konkreten Raum und eine konkrete Zeit haben alle Lebewesen gemein; ich habe hinsichtlich der physiologischen Ästhetik schon darauf hingewiesen. Bei den Tieren erfolgt diese Integration auf verschiedenen Wegen, insbesondere aber im Bereich des Zufluchts- und Sicherungsverhaltens; hierher gehören der Einschluß des Individuums in den Raum und den Rhythmus der Herde, die Reaktionen innerhalb des Sicherheitsbereiches und der Aufenthalt an einem permanenten oder zeitweiligen geschlossenen Zufluchtsort, etwa einem Nest oder Bau. Auch beim Menschen beruht das moralische und physische Wohlbefinden letztlich auf der gänzlich tierischen Wahrnehmung des Sicherheitsbereiches, des Zufluchtsortes oder der sozialisierenden Rhythmen. Es hat keinen Sinn, nach einem weiteren Schnitt zwischen dem Tier und dem Menschen zu suchen, um dadurch die Existenz von Gefühlen beim Menschen zu erklären, die eine Bindung an den Rhythmus des sozialen Lebens und an den bewohnten Raum zum Ausdruck bringen. Die Hand ist auch beim Affen schon vorhanden, ohne daß darum von Technizität im menschlichen Sinne die Rede sein könnte; lautliche Zeichen gibt es schon auf einem Niveau, auf dem man von Sprache noch gar nicht sprechen kann, und geradeso existiert die raum-zeitliche Wahrnehmung von allem Anfang an und folgt bruchlos allen Stufen der Menschwerdung. Wie wir in den Kapiteln III und VI gesehen haben, ist es, parallel zur Entwicklung des Werkzeugs, die uns aus den Resten der fossilen Industrie bekannt ist, möglich, den Entwicklungsrhythmus der Sprache der verschwundenen Anthropinen zu erschließen. Anders als bei der Sprache erscheint es recht leicht, im Boden die Spuren ausfindig zu machen, die den Übergang von einem passiv hingenommenen Raum zu einem konstruierten Raum erhellen können; in Wirklichkeit lassen sich die Stufen dieser Entwicklung weit schwerer nachzeichnen. Diese Schwierigkeit rührt zunächst daher, daß der Bau von Schutzgelegenheiten im Gegensatz zu Werkzeug und Sprache dem Menschen und zahlreichen Tieren gemeinsam ist. Sie beruht aber auch auf den Unzulänglichkeiten der archäologischen Quellen: die Zahl wohlerhaltener Wohnstätten aus der Zeit vor dem *homo sapiens* ist gering, und wenige von ihnen sind bislang so sorgfältig ausgewertet worden, daß wir über hinreichend detaillierte Dokumente verfügen. Das wenige, das wir wissen, reicht dennoch zu der Feststellung, daß in einem bestimmten Augenblick eine tiefgreifende Wandlung eintrat, in einem Augenblick, der mit der Entwicklung des Hirnapparates der dem *homo sapiens* nahestehenden Formen zusammenfällt und zugleich mit der Entwicklung des abstrakten Symbolismus und der raschen Diversifizierung der ethnischen Einheiten. Diese archäologischen Feststellungen gestatten es, die Phänomene der raum-zeitlichen Integration von der oberen Altsteinzeit an in einen Zusammenhang mit dem symbolischen Dispositiv zu bringen, dessen wichtigstes Instrument die Sprache ist; diese Phänomene bedeuten eine regelrechte, durch Symbole vermittelte Inbesitznahme von Zeit und Raum, eine Domestikation im strengsten Sinne des Wortes, denn sie führen mit dem Haus und ausgehend vom Haus zur Schöpfung eines beherrschbaren Raumes und einer beherrschbaren Zeit.

Diese symbolische ›Domestikation‹ führt auch zum Übergang von der natürlichen Rhythmik der Jahreszeiten, der Tage und der zu Fuß zu bewältigenden Distanzen zu einer Rhythmik, deren Regelmäßigkeit durch das symbolische Netz des Kalenders, der Uhr und der Längenmaße bestimmt wird – durch eben jene Symbole also, die den humanisierten Raum und die humanisierte Zeit zu einer Szene machen, auf der das Spiel der Natur unter die Herrschaft des Menschen gelangt. Der Rhythmus der regularisierten Kadenzen und Intervalle tritt an die Stelle der chaotischen Rhythmizität der natürlichen Welt und wird zum wichtigsten Element in der menschlichen Sozialisation, ja er wird gar schlechthin zum Bild der sozialen Integration, so daß die triumphierende Gesellschaft am Ende nur noch einen Rahmen kennt: das Koordinatensystem der Städte und Straßen, in dem die Bewegung der Individuen von der Uhrzeit beherrscht wird. Der enge Zusammenhang zwischen humanisierter Raum-Zeit und Gesellschaft ist dem Bewußtsein schon seit Jahrhunderten präsent, denn wer immer sein spirituelles Gleichgewicht wiederzufinden sucht, dem bietet sich in allen Zivilisationen kein anderer Ausweg als der Weg ins Kloster oder darüber hinaus in die Höhlen und Wüsten und letztlich doch der Weg des Säulenheiligen Simeon oder des Boddhidharma; die doppelte Verweigerung gegen die Zeit und den Raum in der kontemplativen Erstarrung. [...][1]

Der humanisierte Raum

Der Mensch gehört zu jener Gruppe von Säugetieren, die einen Teil ihres Lebens in künstlichen Schutzbauten verbringt. [...]

Wir besitzen genaue Aufzeichnungen über drei Wohnstätten des Moustérien, eine davon unter freiem Himmel in Molodowo am Dnjestr, zwei in Höhlen gelegen: in der Grotte de l'Hyène und in der Grotte du Renne von Arcy-sur-Cure im Yonne. In der Form unterscheiden sie sich beträchtlich, die Wohnstätte in der UdSSR ist eine kreisförmige Fläche von ungefähr acht Metern Durchmesser, offenbar die Stellfläche eines Zeltes oder einer Hütte; die Wohnstätte in der Hyänenhöhle liegt in einem Saal von fünf bis sechs Metern Durchmesser, die der Rentierhöhle liegt auf einem Galeriestück von zwei Metern Breite und fünf bis sechs Metern Länge. Trotz dieser Verschiedenheit weisen die drei Wohnstätten frappierende Übereinstimmung auf; sie bestehen aus einem Zentralbereich, in dem sich die Feuerstellen befinden und der relativ frei von Tierresten, aber reich an Steinwerkzeugen ist; umgeben ist dieser Zentralbereich von einem dichten Gürtel abgeschabter und zertrümmerter Knochen. Sieht man einmal von dem Bau ab, der in Molodowo existiert haben muß, so ergibt die Rekonstruktion ein recht ärmliches Bild: Der Neandertaler lebte umgeben von den Resten seiner Jagdbeute, die er ein wenig nach außen schob, um sich einen Raum zum Leben zu schaffen.

Vergleicht man dieses Bild mit den Wohnstätten aus der Zeit um 30 000, so ergibt sich ein frappierender Kontrast. Die ältesten unter ihnen sind die Wohnstätten aus dem Chatelperronien in der Rentierhöhle von Arcy; ein Vergleich läßt sich hier besonders leicht herstellen, weil sie sich am gleichen Ort befinden wie eine der früheren

1 [Anm. d. Hg.] In der Folge skizziert Leroi-Gourhan, wie die Wahrnehmung von Zeit dadurch entsteht, dass sich spezifische, die Tätigkeiten organisierende Rhythmen herausbilden.

Wohnstätten. Es handelt sich um die Stellflächen von Zelten, die am Eingang der Höhle errichtet waren. Jede von ihnen bildet einen Kreis von drei oder vier Metern Durchmesser mit einer zentralen Fläche aus von Steinen befreitem und angehäuftem Ton, die wiederum von einem Ring aus Steinplatten, einer Art Pflaster umgeben ist. An der Grenze des Kreises sind senkrechte Löcher angeordnet, in die große Mammutstoßzähne eingelassen waren, sie bildeten das Gerüst. Der ganze Raum ist sorgfältig gesäubert; außerhalb stößt man auf einige Haufen größeren Schutts und, über die Abhänge verstreut, auf die »Abfallhaufen«, kleine Ansammlungen von Asche, die mit Feuersteinabfällen und winzigen Knochenfragmenten durchsetzt ist. Der Zeitpunkt in der Evolution, zu dem die ersten bildlichen Darstellungen auftauchen, ist also zugleich der Punkt, da der Wohnraum gegen das Chaos der Umgebung abgegrenzt wird. Die Rolle des Menschen als Organisator des Raumes erscheint hier als dessen systematische Einrichtung. [...]

Die Organisation des bewohnten Raumes ist nicht nur eine Frage der technischen Ausstattung, sie ist im gleichen Sinne wie die Sprache der symbolische Ausdruck eines allgemein menschlichen Verhaltens. In allen bekannten menschlichen Gruppen ist die Wohnstätte Ausdruck einer dreifachen Notwendigkeit; des Erfordernisses, eine technisch effiziente Umgebung zu schaffen, der Notwendigkeit, dem sozialen System einen Rahmen zu geben, und des Erfordernisses, im umgebenden Universum von einem Punkt her eine Ordnung zu schaffen. Das erstgenannte Merkmal gehört in den Bereich der funktionellen Ästhetik und wurde oben bereits behandelt: jede Wohnstätte ist offensichtlich ein Instrument und daher den Regeln unterworfen, die für die Evolution des Verhältnisses von Funktion und Form gelten.

Der soziale Raum

Seit einem Jahrhundert vertritt die Soziologie den Gedanken, daß die Wohnstätte und weiter noch der Siedlungsraum das konkrete Symbol des sozialen Systems ist; klassische Beispiele sind die Niederlassungen der Buschmänner oder der Indianer des Südwestens, die Dörfer am Amazonas oder in Neu-Kaledonien; in ihrer topographischen Anordnung kommen die Einschnitte zwischen den Familien und Clans zum Ausdruck. Man braucht im übrigen nur ein Branchenverzeichnis durchzublättern, um sich klarzumachen, daß auch Paris noch dieser Regel in sehr hohem Maße entspricht.

Besonders interessant wäre es, nach dem Punkt zu suchen, an dem in der Wohnstätte die ersten Spuren des sozialen Funktionalismus auftreten, und insbesondere nach der möglichen Koinzidenz zwischen der sozio-geographischen Organisation und der techno-ökonomischen Evolution. Die Dokumente der frühen Vorgeschichte sind in dieser Hinsicht völlig dunkel: in den Unterkünften des Moustérien läßt sich kein Zug ausmachen, der sich vernünftig als Hinweis auf soziale Differenzierungen interpretieren ließe. Die Wohnstätten der oberen Altsteinzeit eröffnen da bessere Perspektiven: Trotz ihres oft recht mangelhaften Erhaltungszustandes müßten der organische Charakter ihrer Anlage und die Vielfalt der Objekte ein gewisses Licht in die Zusammenhänge bringen. Einen beinahe idealen Fall gibt es: den der Wohnstätten aus der oberen Altsteinzeit in Malta, Sibirien. Hier handelt es sich um außerordentlich gut erhaltene Stellflächen von Zelten, für die M. Gerasinow an mehreren Beispielen belegen konnte, daß die Feuerstellen auf der linken und der rechten Seite jeder Wohnstätte von verschiedenen Objekten umgeben waren: bei den einen lagen weibliche Statuetten, Nähnadeln und Schaber zur Bearbeitung von Häuten, bei den anderen Vogelstatuetten, Speere, Messer und Ahlen. Zumindest in einem Falle läßt sich feststellen, daß die beiden komplementären Fraktionen des Paares auf dem Niveau der primitiven Ökonomie in topographischer Hinsicht durch eine Trennung zwischen den Einrichtungs- und Ausrüstungsgegenständen des Mannes und der Frau zum Ausdruck kommen. Die Niederlassungen der heutigen Buschmänner reflektieren eine recht ähnliche sozio-funktionale Organisation: Die gemeinsamen Feuerstellen der Männer und die Feuerstellen jeder einzelnen Frau, die Hütten der Paare, der Mädchen und der jungen Männer. Auch die Topographie der Wohn-Iglus bei den Eskimos spiegelt aufs genaueste diese Abgrenzung zwischen den jeweiligen Bereichen des Mannes und der Frau. Den Grundmerkmalen der Gesellschaften mit primitiver Ökonomie entspricht eine räumliche Organisation, bei der die techno-ökonomischen Funktionen des Paares den dominierenden sozialen Einschnitt bilden.

[...] Was die nicht urbanisierten bäuerlichen Gesellschaften betrifft, so zeichnet sich aus den Grabungen in verschiedenen Teilen der Welt ein noch recht unbestimmtes Merkmal ab: die relative Gleichförmigkeit der Wohneinheiten innerhalb eines Dorfes, die Häufigkeit sehr großer Wohnbereiche mit getrennten Feuerstellen und die kollektiven Grabstätten ohne feststellbare soziale Hierarchie. Obgleich es zahlreiche Varianten gibt, lassen sich diese Tatsachen auch in den nicht-urbanisierten bäuerlichen Gesellschaften der heutigen Welt feststellen, insbesondere in Amerika, Ozeanien und Indonesien, d. h. an den Rändern der urbanisierten Welt. Sie entsprechen einem techno-ökonomischen Stadium, in dem die Bedeutung des Paares abnimmt und die Gesellschaft ihren Zusammenhalt in komplexen und vielfältigen Verwandtschaftssystemen sichert, deren Funktion es ist, nicht mehr Individuen, sondern Familieneinheiten durch matrimoniale und ökonomische Arrangements ins Gleichgewicht zu bringen. Wie in der Evolution des Gehirns oder bei der Entwicklung des Werkzeugs addieren sich die Strukturen, ohne einander auszuschließen; die neueren Entwicklungen gründen auf den früheren, so daß die Bedeutung des Paares als Infrastruktur fortexistiert, gerade so wie die erweiterte Familie in den späteren Phasen fortexistieren wird, indem sie sich an die vorausgegangene Familienform anschließt. Das räumliche System der frühen Bauern scheint schon sehr verschieden von dem der primitiven Jäger-Sammler zu sein, denn, wie wir in Kapitel V gesehen haben, verwandelt die Seßhaftwerdung nicht nur das soziale Dispositiv, sondern gerade auch das Bild, das man sich von der Welt macht.

Dynamischer und statischer Raum

Die Wahrnehmung der umgebenden Welt erfolgt auf zwei Wegen, der eine ist dynamisch und besteht darin, den Raum zu durchqueren und dabei von ihm Kenntnis zu nehmen, der andere Weg ist statisch und gestattet es, um sich herum die aufeinanderfolgenden Kreise anzuordnen, die sich bis an die Grenzen des Unbekannten erstrecken. Der erste Weg gibt das Bild der Welt als Strecke, die man zurücklegt oder die es zurückzulegen gilt, als Bahn, der zweite integriert das Bild in zwei einander gegenüberliegende Oberflächen, den Himmel und die Erde, die am Horizont zusammenlaufen. Diese beiden Wahrnehmungsmodi existieren, gemeinsam oder getrennt, bei allen Tieren; der Modus der Wegstrecke ist vor allem für die Landtiere charakteristisch, der Modus der strahlenförmigen Wahrnehmung insbesondere bei den Vögeln. Man wird auch sagen können, daß der erste Modus an ein Übergewicht der muskulären und olfaktorischen Wahrnehmungen gebunden ist, während der zweite vor allem die Arten mit hochentwickeltem Gesichtssinn betrifft; im übrigen ist diese Verteilung nur allzu summarisch, denn in Ruhe muß auch der Wolf die Welt in der Form »olfaktorischer Oberflächen« wahrnehmen. Beim Menschen bestehen die beiden Modi nebeneinander und sind grundsätzlich mit dem Gesichtssinn verknüpft; sie haben zu einer doppelten Repräsentation der Welt geführt, zu simultanen Modalitäten, die aber offenbar diesseits und jenseits der Seßhaftigkeit in umgekehrten Proportionen repräsentiert sind.

Die Mythologie der Jäger-Sammler enthält als wesentliches Element Bilder von Bahnen oder Fahrten, den Bahnen der Sterne oder den Fahrten der ordnungstiftenden Heroen. In zahlreichen Mythen aus allen Teilen der Welt und auch im prä-agrikulturellen Substrat der Mittelmeerkulturen ist das Universum zu Anfang ein Chaos, das von Monstren bevölkert ist. Und es ist eine Fahrt, eine Reise, in deren Verlauf der Held die Monstren besiegt, die Lage der Berge und Flüsse bestimmt und den Lebewesen ihren Namen gibt, das Universum also in ein symbolisch reguliertes Bild verwandelt, das vom Menschen aufgenommen und kontrolliert werden kann. Die Mythologien der Indianer Nordamerikas bieten sehr schöne Beispiele für solche ordnungstiftenden Reisen, unter den Beispielen aus dem Mittelmeerraum zeigt die Reise des Herakles, daß die ersten städtischen Zivilisationen wahrscheinlich die Überreste einer vorausgegangenen Ideologie aufgenommen haben.

Besonders wichtig wäre es, wenn wir uns das Bild vorstellen könnten, das die Menschen des Paläolithikums sich vom Universum machten. Die prähistorische Kunst müßte in dieser Hinsicht eine wertvolle Quelle sein. Die Höhlenkunst bietet uns aber eine Organisation und eine Bildwahl, die auf den ersten Blick verwirrend sind. Bis vor kurzem hat man in ihr eine wesentlich magische Kunst gesehen, aber es scheint, daß es sich um ein allgemeineres figuratives System mit mythologischem Gehalt handelt, ein System, das männliche und weibliche Figuren zu Paaren anordnet, dazu ein Tierpaar, in den meisten Fällen Bison und Pferd, und ein drittes Tier, in der

Regel Steinbock, Hirsch oder Mammut. Die Figuren sind im Ablauf der topographischen Anordnung über mehrere Säle verbreitet und zeigen eine Progression, die ans Ende, in den rückwärtigen Teil der Höhle, die großen Raubkatzen und Nashörner plaziert. Sobald die Figuren jene, die sie schufen, umgeben, enthält jede Anordnung etwas von dem Bild, das deren Schöpfer sich vom humanisierten Universum machten. Da in der Höhlenkunst vom statischen Wahrnehmungsmodus nichts aufzufinden ist und die Perspektive, die das Symbol der Oberflächen realisiert, völlig fehlt, erschien die Organisation der Figuren lange verwirrend, denn die Ordnung, die in ihnen existiert, ist der unseren fremd, und man hat in ihnen das Chaos zufällig hingeworfener Bilder gesehen. Im Schein der Lampe ordnen sich die Figuren von Lascaux nicht zu einem flächenförmigen Zusammenhang, sondern entlang einer Bahn; sie sind miteinander durch das Band eines Themas verknüpft, dessen Sinn wir nicht kennen, dessen Ablauf sich aber von Wand zu Wand wiederholt bis hin zu den Rhinozerosfiguren im Grund der Höhle. Noch deutlicher tritt dieser Umstand in Niaux hervor, dort reihen sich die Bilder in kleinen Gruppen über mehr als einen Kilometer; und noch deutlicher schließlich in La Cullalvera (Provinz Santander), wo auf zwei Kilometern ein und dieselbe Version des Themas Figur nach Figur in Intervallen von mehreren hundert Metern wiederkehrt. Handelt es sich bei der paläolithischen Kunst um eine echte Kosmogonie? Das Fehlen jeglicher Darstellung von Sternen in dem Sinne, wie wir es gewohnt sind, ist nicht unbedingt ein Gegenbeweis, umgekehrt gibt es jedoch auch keinen Beweis für diese Hypothese. Sicher ist aber, daß dieser Mythos, was immer seine Bedeutung sein mag, durch lineare Anordnung und Wiederholung gekennzeichnet ist.

Der statische Raum

Der nomadische Jäger-Sammler erfaßt die Oberfläche seines Territoriums über die Wege, auf denen er es durchwandert; der seßhafte Bauer konstruiert die Welt in Kreisen, die konzentrisch um seinen Speicher angeordnet sind. Das irdische Paradies ist ein Garten, der auf einem Berg liegt, im Zentrum steht der Baum der Erkenntnis, und vier Flüsse gehen in alle Himmelsrichtungen bis zu den Grenzen der Welt – ein Bild, das keinerlei Zusammenhang mit dem von Lascaux und auch nicht mit der Reise des Herakles hat; die Dinge sind vom Menschen benannt (sie sind also symbolisch existent), aber an Ort und Stelle, offenkundig im Zentrum von Eden selbst. Die Form, in der uns die Genesis überkommen ist, zeigt in idealer Weise die Darstellung der Welt in einer Gesellschaft, die bereits zu einem hohen Grad bäuerlicher Seßhaftigkeit gelangt ist; gleiches gilt praktisch für die Kosmogonien der Hochkulturen Amerikas und Chinas, sie konfrontieren uns mit Systemen, die bereits in hohem Maße vom Strom systematischer Aufarbeitung geprägt sind, einer Aufarbeitung, die auf die Schrift zurückgeht. Jenseits der ersten schriftlichen Dokumente ist es sehr schwierig, die Entwicklung zu fassen, die in den ersten fünf- oder sechstausend Jahren der landwirtschaftlichen Revolution erfolgte. [...] Im Jahre 1961 brachten die Ausgrabungen J. Mellaarts in Anatolien Teile eines frühneolithischen Dorfes zutage, das etwa um 6000 vor unserer Zeit datiert wurde; bei mehreren Häusern waren die Wände mit Fresken geschmückt. Diese ältesten uns bekannten Mauermalereien zeigen umfangreiche Szenen, in denen mit Bogen bewaffnete Menschen (Jäger oder Tänzer) im Kreis um Stier- und Hirschfiguren angeordnet sind. In Konstruktion und Sujet besteht eine gewisse Ähnlichkeit mit den minoischen Fresken auf Kreta, die etwa 3000 Jahre jünger sind. Diese außerordentliche Entdeckung macht deutlich, in welchem Maße die Seßhaftigkeit schon mit dem Beginn der Agrikultur dem Dispositiv des sozialen Lebens eine neue Form aufprägt. Die voneinander abgeschlossenen, viereckigen Häuser mit ihren dicken Mauern, mit ihren Innenhöfen und verzierten Räumen, die Gräber der Toten unter den Fußböden, auf denen die Lebenden geschlafen haben müssen, die in den Mauern eingeschlossenen Getreidevorräte, all dies bildet einen vollständig humanisierten Mikrokosmos, um den herum sich die Felder, dann der Wald und schließlich das Gebirge erstreckten.

Mikrokosmos und Makrokosmos

Obgleich die Dokumente keine detaillierte Aufschlüsselung der Entwicklung gestatten, konfrontieren uns die ersten Texte doch mit einem System der symbolischen Darstellung des Universums, das in seinen großen Zügen in Amerika, China, Indien, Mesopotamien, Ägypten und überall, wo eine Kultur die Schwelle zur Schrift überschreitet oder überschritten hat, überraschende Ähnlichkeiten aufweist. Diese Konzeption enthält zwei Momente: die Fixierung der Hauptstadt am Kreuzungspunkt der wichtigsten Linien und die Konstruktion eines Korrespondenzcodes, der nach und nach die gesamte Schöpfung in sein Netz hereinzieht.

Mit der städtischen Zentralisierung erhalten die symbolischen Daten, die sich auf Raum und Zeit beziehen, eine überragende Bedeutung, und wir haben gesehen, daß die techno-ökonomische Evolution zur gemeinschaftlichen Herausbildung der Feuerhandwerke (Metallurgie, Glasherstellung und Keramik), der Schrift, der Monumentalarchitektur und einer hierarchisch in sehr breiten Schichten strukturierten Gesellschaft führt, die aus der Hauptstadt der ethnischen Gruppe den vollkommen humanisierten Kern eines Territoriums macht, aus dem diese die lebensnotwendigen Rohstoffe und Nahrungsmittel bezieht. Dieser techno-ökonomische Prozeß ist seit der bäuerlichen Seßhaftwerdung hunderte Male abgelaufen, gelegentlich eingebunden in die Entwicklung eines bestimmten historischen Zusammenhanges, gelegentlich sozusagen isoliert. Seine Ursachen liegen im technischen Determinismus, und es ist deshalb theoretisch gleichermaßen vergeblich, darin nach den Spuren eines historischen Zusammenhanges zwischen Mesopotamien und den Mayas zu suchen oder einen automatischen Konvergenzeffekt zu vermuten: Beides ist jeweils alternativ richtig. Das gleiche gilt für die Kosmogonien, also die Metaphysiken, die allen bäuerlichen Zivilisationen auf dem techno-ökonomischen Niveau der frühen Urbanisierung eigen und gemein sind. Der erste, der Seßhaftigkeit entsprechende Zugriff auf die Ordnung des Universums ist außerordentlich logisch und rational, alles ist hier Ordnung und Korrespondenz, und die gleiche Verführungskraft geht von den Mutmaßungen über die geheimnisvolle Wissenschaft der Ägypter, der Chinesen, der Atlanten und der Mayas aus. Es wäre interessant, der Frage nachzugehen, warum diese ›Wissenschaft‹ zur gleichen Zeit entsteht wie die ersten Strafrechtskodizes, die öffentlichen, baulich gestalteten Plätze und die durch Unterschrift beglaubigten Darlehen.

Die Existenz einer vollkommen humanisierten Fläche und die Integration dieser Fläche in das umgebende Universum stellen ebenso präzise Probleme wie die räumliche Integration des Individuums: Der kollektive Organismus muß seine Raumintegration in der Bewegung realisieren. Die Integration der Individuen in den städtischen Organismus wird durch Rhythmen gewährleistet, die die kollektive Konditionierung bestimmen. Wie wir gesehen haben, ist die städtische Zeit eine humanisierte Zeit *par excellence*, aber die Integration des Kerns, den die Menschen und ihre techno-ökonomische Umwelt bilden, kann nur in der Suche nach einer geordneten Kontinuität zwischen diesem humanisierten Kern und der umgebenden natürlichen Welt erfolgen.

Diese ideale Kontinuität wird durch die Bewegung des Himmels gewährleistet, die den Kreuzungspunkt der wichtigsten Linien oder alle anderen, als fix empfundenen astralen Bezugspunkte liefert. Die Stadt steht so im Zentrum der Welt, und ihre Unverrückbarkeit garantiert gewissermaßen die Drehung des Himmels um sie herum. Als Zentralpunkt des Himmels und der Erde ist sie in ein Universum integriert, dessen Bild sie reflektiert: gleich weit entfernt von ›ihr‹ geht die Sonne in ›ihrem‹ Osten auf und in ›ihrem‹ Westen unter, und ihre Einwohner werden zu der Vorstellung gedrängt, daß es jenseits ihres Kreises weniger begünstigte Zentren gibt, die näher zum Westen und dem Land des Schattens oder näher zum Ausgangspunkt der aufgehenden Sonne gelegen sind. ›Ihr‹ Westen und ›ihr‹ Osten sind Westen und Osten schlechthin, denn sie bezeichnen den Eintritts- und den Austrittspunkt des Gestirns in einem vollkommen humanisierten und symbolischen Mikrokosmos.

Aus Gründen, die zwischen Architektur, Schrift und räumlicher Integration einen Zusammenhang herstellen, wird die Stadt zum Bezugspunkt der Metrologie. Der Feldmeßkunst kommt darin eine zentrale Rolle zu, die symbolischen Strahlen der Windrose stellen einen Zusammenhang zwischen den Grenzen der Welt her. Man gelangt so zu einem geometrischen Bild der Welt und der Stadt, in dem ein elementares Netz räumlicher Korrespondenzen mitschwingt. Die Stadttore fallen mit den wichtigsten Punkten zusammen, und wenn man das Nordtor als *Tor des Winters* bezeichnet, so reichert sich die Raumsymbolik mit der ganzen Dynamik der Zeit an. Wenn man die verschiedenen Jahreszeiten, den Frühling oder den Sommer, jeweils an einem anderen Stadttor empfängt, so erwächst daraus nicht nur die raum-zeitliche Integration, sondern in gewisser Weise auch die mechanische Kontrolle über die Maschinerie des Universums. Dieser hier als fortschrittliches Phänomen beschriebene Prozeß ist lediglich die Anpassung einer Eigenschaft der Sprache oder allgemeiner noch der Fähigkeit zur Symbolisierung an die Nabelfunktion der Stadt. Nach dieser absolut generellen Eigenschaft regiert das Symbol den Gegenstand, existiert eine Sache nur, wenn sie benannt ist, hat man Macht über einen Gegenstand, wenn man nur sein Symbol besitzt. Diese Einstellung, die man gewöhnlich dem ›magischen‹ Verhalten ›primitiver Gesellschaften‹ zuschreibt, ist auch in einem hochwissenschaftlichen Verhalten nicht minder wirksam, denn wir haben über die Erscheinungen nur in dem Maße Macht, wie das Denken durch die Worte hindurch auf sie Einfluß nehmen kann, indem es ein symbolisches Bild konstruiert, das dann materiell verwirklicht wird.

Der Zusammenhang zwischen dem geographischen Osten und dem Osttor ist daher der ganz normale Zusammenhang zwischen einem Gegenstand und seinem Symbol, und die fundamentale Eigenschaft der Städte liegt darin, ein geordnetes Bild vom Universum zu entwerfen. Ordnung wird hier als Geometrie und in den Maßen von Zeit und Raum realisiert. Das Leben erfolgt in der Assimilation von Symbolen der Sternenbewegung an diese Bewegung selbst oder über das Symbol einer Wiedergeburt der Pflanzen, das deren wirkliches Wachstum auslöst. [...]

Die Bewegung des Universums ist in der Tat nicht nur eine Rotation, sondern auch Wechsel und Opposition der Gegensätze: die Kälte des Nordens – die Hitze des Südens; die Jugend des Ostens – das Alter des Westens, usw. So entsprechen die Teile des Universums (und der Stadt) sowohl Qualitäten als auch Situationen. Damit hält der Mensch die Schlüssel zum Universum in Händen, und in vielfältigen, aber letztlich konvergenten Formen entsteht ein außerordentliches Korpus von Wissen, das gänzlich auf dem Spiel von Identitäten und Gegensätzen beruht, die den gesamten Bereich des Bekannten umspannen, von den Zahlen bis zur Medizin, von der Architektur bis zur Musik. Den vier Hauptpunkten und dem Zentrum entsprechen im alten China die fünf Elemente, die fünf Himmel, die fünf Arten von Tieren, von Musiknoten, von Gerüchen und Zahlen, die fünf verschiedenen Arten von Opferplätzen, Körperorganen, Farben, die fünf Geschmacksarten und die fünf Arten von Gottheiten. Auf diese Weise wird es evident, daß der Süden, der Sommer, die Vögel, der Geruch von Verbranntem, der

Herd, die Lunge, die Farbe Rot, das Bittere, die Zahl sieben, die Note *choy* gleiche Eigenschaften haben und daß man eines durch das andere beeinflussen kann. Die raum-zeitliche Integration ist damit vollkommen und die Sicherheit des Menschen total geworden, denn alles ist erklärt, begriffen, festgelegt. Zwar wird man den Mond nicht hindern können, zuweilen die Sonne zu verfinstern, aber um den Himmel verändern zu können, indem man die Handlungen der Bewohner des humanisierten Mikrokosmos verändert, ist es wichtig zu wissen, daß diese Finsternis auf einen übermäßigen Einfluß des weiblichen Prinzips zurückgeht. Solche Systeme haben bei den Azteken ebenso wie bei den Griechen oder den Ägyptern bestanden; sie beherrschten auch das europäische Denken noch im 16. Jahrhundert, und einige afrikanische Gesellschaften haben bis heute eine Philosophie bewahrt, die auf diesen Prinzipien gründet. [...] Die jahrtausendealte Weisheit der Ägypter oder der Tibetaner wird zusammen mit den Überlieferungen der Kabbala, mit dem Pythagoräismus, dem Geheimnis der Pyramiden oder der Kathedralen in Erinnerung bleiben, weil sie wirklich Weisheit war, d. h. Reflexion und Suche einer Erklärung, mit der sich die Angst des Menschen beruhigen ließ, als Schöpfer von Ordnung allein inmitten einer chaotischen Natur zu leben. Historisch ist dieses Denken verehrungswürdig, weil die Zivilisation mit ihm die Entwicklung der Wissenschaft begann; auch ist es uns noch vollkommen zugänglich, wie wir ja auch die Sichel aus der gleichen Zeit noch heute handhaben können; nur läßt sich schwerlich zugestehen, daß die Sichel die blasse Erinnerung an wunderbare automatische Dreschmaschinen sei, derer sich die Einwohner von Atlantis bedient hätten, um ihre unwiederbringlich versunkenen Felder abzuernten. Eine gewisse historische Kohärenz besteht für die Wissenschaft geradeso wie für die Techniken.[2]

2 [Anm. d. Hg.] Im Folgenden beschreibt Leroi-Gourhan die weitere Entwicklung der symbolischen Konstruktion der Stadt bis zu deren Auflösung in der expansiven Bewegung, die die industrielle Revolution mit sich bringt.

Biobibliographische Angaben

André Leroi-Gourhan
* 25. 8. 1911 (Paris) – † 19. 2. 1986 (Paris)

Prähistoriker und Anthropologe, Studium bei Marcel Granet und Marcel Mauss, der seine geisteswissenschaftliche Doktorarbeit zur Archäologie im nordpazifischen Raum betreut; ab 1933 Arbeit als Ethnologe u. a für das *British Museum* in London und am *Musée de l'Homme* in Paris, 1937-1938 zweijähriger Forschungsaufenthalt in Japan; nach Mitwirkung in der Résistance 1946 stellvertretender Leiter des *Musée de l'Homme*; 1954 Einreichung einer zweiten, naturwissenschaftlichen Doktorarbeit unter dem Titel *Traces d'équilibres mécaniques du crâne des vertèbres terrestres*; 1956 Professor für Ethnologie an der *Sorbonne*; 1969-1982 Professor am *Collège de France*.

Textnachweis

»Soziale Symbole«, in: A. L.-G., *Hand und Wort. Die Evolution von Technik, Sprache und Kunst*, aus dem Französischen von Michael Bischoff, Frankfurt am Main: Suhrkamp 1995, S. 387-412, hier S. 387-390 und 395-412 (mit kleineren Kürzungen) [»Les symboles de la société«, in: *Le geste et la parole 2. La mémoire et les rythmes*, Paris: Albin Michel 1965, S. 138-167].

[Der Titel des Textauszugs wurde vom Herausgeber verändert, die Übersetzung korrigiert. Die Abbildungen der Originalausgabe werden hier nicht reproduziert, die Verweise darauf sind aus dem Text getilgt.]

Weitere Texte zur Raumtheorie

1943: *Évolution et techniques 1. L'homme et la matière*, Paris: Albin Michel 1971, vor allem »Les transports«, S. 115-164.

1945: *Évolution et techniques 2. Milieu et techniques*, Paris: Albin Michel 1973, vor allem »Les techniques de consommation«, S. 146-302.

1983: *Les chasseurs de la préhistoire*, Paris: Métailié 1992.

Sekundärliteratur

André Leroi-Gourhan ou les voies de l'homme (actes du colloque du CNRS, mars 1987), Paris: Albin Michel 1988 [mit ausführlicher Bibliographie der Schriften, S. 231-255].

Audouze, Françoise (Hg.): *Autour de l'homme. Contexte et actualité d'André Leroi-Gourhan*, Antibes: APDCA 2004.

Groenen, Marc: *Leroi-Gourhan. Essence et contingence dans la destinée humaine*, Paris u. a.: de Boeck 1996, vor allem »Le social et le culturel«, S. 100-132.

Nitsch, Wolfram: »Vom Mikrokosmos zum Knotenpunkt. Raum in der Kulturanthropologie Leroi-Gourhans und in Balzacs *Ferragus*«, in: Jörg Dünne/Hermann Doetsch/Roger Lüdeke (Hg.), *Von Pilgerwegen, Schriftspuren und Blickpunkten. Raumpraktiken in medienhistorischer Perspektive*, Würzburg: Königshausen & Neumann 2004, S. 175-185.

13 Luce Irigaray
Der Ort, der Zwischenraum
Eine Lektüre von Aristoteles: *Physik* IV, 2-5

Ferner wenn er [der Ort] ebenfalls eines der seienden Dinge ist, wo wird er selbst sein? denn die von Zeno erhobene Schwierigkeit verlangt nach einer Begründung; wenn nämlich alles Seiende in einem Ort ist, so ist klar, daß es auch einen Ort des Ortes geben wird, und dies so fort ins Unbegrenzte geht. (*Physik* IV, 209 a)[1]

Wenn die Matrix[2] ausdehnbar ist, kann sie den *Ort des Ortes* darstellen. In einer Progression, die ins Unendliche geht, ist sie der erste jemals bestimmbare Ort. Daher die Sehnsucht? Daher der Eintritt in x Orte? Daher die Suche nach dem einzigen Ort durch Demultiplikation der Orte? Daher der Glaube an einen bestimmten Gott – um den Fall oder die unmittelbare Ausdehnung ins Unendliche aufzuhalten, die jegliche Form von Dauer, eines Zeit-Raums, zunichte macht.

Der Körper hat mir als Ort gedient. der mich umschlossen hat, ich suche ihn in x Körpern, in der Natur, in Gott. Für den Mann ist das Problem die Trennung zwischen dem ersten und dem letzten Ort. Dies kann eine zweifache Demultiplikation zur Folge haben: in der Beziehung zu der einzigen Mutter und in der Beziehung zu dem einzigen Gott. Können beide Wege zusammentreffen? Kann die unendliche Suche nach der Mutter über die Frauen zu der Suche nach dem Unendlichen Gottes führen? Oder kreuzen sie sich unablässig? Wobei der Ort fortwährend umschlägt, sich von Augenblick zu Augenblick verändert. Sich aus einer Umschließung in die andere wandelt? Werde ich für Gott die Umschließung, das Gefäß, der Ort, den ich suche? Aber das Problem der Trennung zwischen dem ersten und dem letzten Ort bleibt bestehen.

Was die Frau angeht, so ist sie der Ort. Muß sie sich in immer grö-

1 [Anm. d. Übers.] Deutsche Übersetzung nach: Aristoteles, *Acht Bücher der Physik. Werke,* Bd. 1, hg. von Karl Prantl, Leipzig: Engelmann 1854 (Neudruck Darmstadt: Wissenschaftliche Buchgesellschaft 1978).

2 [Anm. d. Übers.] Frz. *matrice* von lat. *matrix*: Gebärmutter, aber auch: Keimschicht, Prägeform, Grundsubstanz, aus der etwas entsteht.

ßere Orte einfügen? Aber sie muß diesen Ort, der sie selbst ist, auch in sich finden, in sich situieren. Wenn sie diesen Ort, der sie ist, nicht in sich konstituieren kann, verläuft ihr Weg zu sich selbst weiterhin über das Kind. Sie umkreist ein Objekt, um zu sich zurückzufinden. Das fesselt das andere in ihre Interiorität. Damit dies nicht geschieht, muß sie den Wechsel zwischen dem *unendlichen Großen* und dem *unendlichen Kleinen* akzeptieren. Letztlich sind diese beiden Orte nicht wirklich erfaßbar. Außer zuweilen als *Sandkorn* in der Argumentation des Mannes? Oder als *Nest in ihr für sie*? Für sie bleibt der Wechsel von einem Ort zum anderen das Problem des Ortes schlechthin, aber das Problem liegt in der Mobilität seiner Konstitution. Sie bewegt sich als Ort im Ort. In der Verfügbarkeit des Ortes. Ihr Problem besteht darin, selbst Begrenzungen entwerfen zu müssen, um sich in ihnen situieren und den anderen in ihnen aufnehmen zu können. Um umschließen zu können, ist es notwendig, daß sie selbst eine Umschließung hat. Nicht nur verführerische Kleider oder Schmuck, sondern ihre Haut. Und daß ihre Haut ein Receptaculum umschließt. Ihr darf
– weder Körper,
– noch innerer Raum,
– noch äußere Ausdehnung
fehlen, andernfalls wird sie für sich und für den anderen zum Abgrund.
Und das setzt sich ins Unendliche fort, wenn es keine Begrenzung gibt:
– die undurchführbare oder unmögliche Rückkehr zur Mutter,
– die Welt hier unten, das Leben und der eigene Tod im Verhältnis zu Gott?
– das Irreduzible der sexuellen Differenz. [...][3]

Wenn aber der Ort in dem Gegenstande selbst liegt – denn das müßte er, falls er entweder Form oder Stoff wäre – so wird der Ort in einem Ort sein, denn es verändert sich und bewegt sich zugleich mit dem Gegenstand sowohl die Form als auch das Unbestimmte (d. h. der Stoff), aber nicht

3 [Anm. d. Hg.] In der Folge kommentiert Irigaray Aristoteles' Argument, dass der Ort weder Stoff noch Form sein kann, und Aristoteles' gegen Platon gerichtete Erläuterung von der Nichtidentität zwischen Ort und Zahlen und Ideen. Erstmals tauchen hier später explizierte Gedanken zu einer nichtidealistischen Konstitution des Geschlechterverhältnisses als ›komplexes‹ räumliches Verhältnis auf.

immer an der nämlichen Stelle, sondern eben da, wo der Gegenstand ist, so daß es einen Ort des Ortes gäbe. (*Physik* IV, 210 a)[4]

Wenn der Ort in dem Gegenstand ist – was notwendig ist –, so ist der Ort in einem Ort. Es gibt einen *Ort des Ortes.* Die Form und das Unbestimmte verändern sich tatsächlich und bewegen sich mit dem Gegenstand; sie bleiben nicht an der gleichen Stelle, sondern sind eben da, wo der Gegenstand ist.

Der Ort ist in dem Gegenstand und der Gegenstand ist in dem Ort. *Der Ort ist innen und außen und er begleitet die Bewegung;* er ist deren Ursache und begleitet sie, in einer Ausdehnung, die ins Unbegrenzte geht. Jeder Ort umschließt den ihm vorhergehenden. Bleibt nur die Frage, wo der *Übergang*, die *Schwelle* ist, so daß die Ausdehnung stattfinden kann. Ist sie ohne Umkehr oder Rückwendung jederzeit möglich? Ohne die Sache unablässig zur Explosion zu bringen? Oder aber kehrt jede(r) an seinen Ort zurück, um seine/ihre Ursache wiederzufinden, und wendet sich dann wieder dem anderen Ort, dem Ort des anderen zu? Es gäbe dann zu jedem Zeitpunkt zwei Orte, die sich gegenseitig bestimmen und ineinanderfügen. Zwei Bewegungsantriebe des Orts? Zwei Ursachen des Orts? Und ihr Zusammentreffen. Zwei Pulsationen und ihre Transformationen. Die des einen, die des anderen und ihre wechselseitigen Bestimmungen. Zumindest zwei ... Dann unendlich viele?

Fügen sich diese beiden Pulsationen immer in gleicher Richtung ineinander? Die eine innen, die andere außen? Oder bald innen, bald außen? Wenn der Ort zugleich innen und außen ist, dann ist vorstellbar, daß es nicht immer dieselbe Ursache ist, die innen bzw. außen wirkt. Daß es eine Vertauschung der Umschließung gäbe? Das setzt voraus, daß die Teleologie nicht immer einem vorwärtsgerichteten Tropismus entspräche, sondern daß sie auch Umkehrung, Rückwendung, Überkreuzung in sich einschließt. Verflechtung, Umschlingung auch der Ziele oder des Impulses der Ursachen. Der Dinge und ihrer Lokalisierung? Der Gefäße? Der Ort würde sich umformen, vom einen in den anderen, von innen nach außen, von außen nach innen. Der Ort drehte und wendete sich um sich selbst.

4 [Anm. d. Übers.] Die Übersetzung von Karl Prantl ist hier entsprechend der Übersetzung von Hans Wagner (*Physikvorlesung. Werke in deutscher Übersetzung*, Bd. 11, Darmstadt: Wissenschaftliche Buchgesellschaft [4]1983) verändert, um der von der Autorin verwendeten Version besser folgen zu können.

Während er durch den anderen hindurchgeht? Zwischen Vergangenheit und Zukunft, unaufhörlich?

Was die Frau angeht, sie hätte, wenn sie innerhalb ihrer selbst sein könnte, zumindest zwei Dinge in sich, nämlich sich und das, dessen Receptaculum sie ist: den Mann und manchmal das Kind. Es scheint, daß sie Receptaculum nur einer Sache sein kann, wenn es ihre Funktion ist, Behältnis zu sein. Nach einer bestimmten Moralvorstellung soll sie lediglich Behältnis für das Kind sein. Sie kann Behältnis des Mannes sein. Aber nicht ihrer selbst.

Sicher, das, wodurch sie Behältnis des Kindes und des Mannes ist, ist nicht das gleiche. Es ist nicht das gleiche ›Gefäß‹. Aber auch hier ist die Bestimmung des Gefäßes zu undifferenziert. Es konkurrieren

– das Behältnis für das Kind,
– das Behältnis für den Mann,
– das Behältnis für sie selbst.

In diesem Streit ist der erste Ort gewissermaßen der einzige. Der zweite eine Art Perforation zum ersten: ein Durchgang, nicht wirklich ein Ort. Der dritte ein Verbot oder etwas durch die Trennung von der *hyle* Unmögliches? Sie muß sich, schreibt Freud, von ihrer Mutter abwenden, um in das Begehren des Mannes einzutreten. Wenn sie in Empathie mit ihrer Mutter bleibt, bleibt sie in ihrem Ort. Ihre Mutter bleibt eine Hohlform für sie? Sie kehrt in ihre Mutter (und sich) selbst zurück. Sie verinnerlicht ihre Mutter als Umschließung in sich als Umschließung. Zwischen diesen beiden existiert sie. Ist das nur durch eine Idealisierung der Umschließung möglich? *Des Ortes*? Nicht nur des Seienden oder des Dings, sondern des Ortes. Aber der Ort ist hier immer ein Inneres. Wie soll man ein Inneres erinnern, wie es sublimieren?

Da ist auch das Problem des Werdens, des Werdens zum Gegenstand für sich und für den anderen. Der Mann und die Frau scheinen nicht zur gleichen Zeit Gegenstand zu werden. Die Frau wird es vor der *Hochzeit,* der Mann danach? Das Werden der Frau geschieht von innen, das des Mannes von außen?

Ferner, wenn aus Luft Wasser wird, müßte dann der Ort untergegangen sein, denn der neu entstehende Körper ist nicht in demselben Ort, – und welcherlei soll nun das Vergehen des Ortes sein? – Demnach also haben wir Gründe angegeben, aus welchen der Ort notwendig Etwas sein muß, und hinwiederum jene, aus welchen man in Betreff seines Wesens in Schwierigkeiten geriete. (*Physik* IV, 210 a)

In diesem Zusammenhang stellt sich das Problem
– der Detumeszenz,
– der Ejakulation,
– der Erzeugung des Kindes
im Verhältnis zum sexuellen Akt. Es gibt in der Tat beim Übergang zu einem anderen Ort ein Vergehen des Ortes. Wie aber ließe sich die Problematik des Ortes ausarbeiten, so daß das Verhältnis zum Ort nicht durch Einschnitt, durch Vernichtung, sondern durch ein skandierendes Werden bestimmt wird? Rückkehr zu sich, um dann wieder zum anderen aufzubrechen? Sammlung, um die Spannung wiederzufinden, das Streben zu, die Ausdehnung...

Der Ort also existiert tatsächlich, aber verändert er sich? Sein Wesen ist schwer zu bestimmen. Das Wesen bliebe der Zeugung, der Erzeugung und seiner Matrix vorbehalten, nicht aber dem Ort und seinen Ortsveränderungen?

Das aber ist augenfällig, daß, da das Gefäß Nichts von dem in ihm Befindlichen ist (denn verschieden ist zunächst ursprünglich dasjenige, was darin ist, und dasjenige, in welchem es ist), der Ort weder Stoff noch Form, sondern etwas von diesen Verschiedenes ist; denn dieses, nämlich sowohl der Stoff als die Form, ist etwas von dem im Orte Befindlichen. (*Physik* IV, 210 b)

Stoff und Form sind also nicht der Ort. Wenn ich die Analogie zu der Beziehung zwischen den Geschlechtern wieder aufnehme (sofern das Denken nicht überhaupt nur Analogie dieser Beziehung ist? Nach Freud ist alles Sexualität und das Denken kann nur Sublimierung der Sexualität oder Streben nach dieser Sublimierung sein), so ist die Matrix Umschließung für das Kind (das in ihr Form annimmt?), das weibliche Geschlecht Umschließung für das Geschlecht des Mannes, das in ihm seine Form annimmt, bewahrt und verändert.

Das weibliche Geschlecht ist weder Stoff noch Form, sondern *Gefäß*. Die Form dieses Gefäßes kann verändert werden, auch durch die Frau. Sie ist als Frau also auch Stoff und Form. Für das Kind gilt das nicht unbedingt. Es ist das Kind, das über die Ausdehnung der Matrix bestimmt. Die sexuelle Beziehung wird noch oft als Beziehung des Kindes zur Matrix imaginiert, das Kind, das ein Gewebe ausdehnt, um sich darin einzunisten (mit der Angst, nicht genug oder zu viel Platz zu haben).

Auf seiten des Mannes gäbe es Verführung, Liebkosung, Formgebung, Verausgabung und Zurückfallen ins Formlose oder Regression in die fötale Position. In der Liebe wäre er *er und* das *Zusätzliche*: das Kind?

Auf seiten der Frau wäre der sexuelle Akt. Sie verleiht dem Geschlecht des Mannes Form und formt es von innen. Sie wird das Umschließende, der aktive Ort des sexuellen Akts. Die Mutterschaft ist etwas Zusätzliches. Gebunden an die Verschmelzung beider: jenseits der Form. Und jenseits der Genetik? Akt, passiver als jede Passivität? Immer verwechselt mit der Sexuierung des weiblichen Körpers, der seinerseits nicht sonderlich passiv zu sein braucht. Im Imaginären scheint eine Verkehrung zu bestehen, eine Verkehrung des weiblichen und des mütterlichen sexuellen Akts. Eine Vertauschung der Modi. Oder ein Vergessen der Empfängnis und des Pränatalen. Die Mutter soll ›aktiv‹ sein, weil sie nach der Geburt des Kindes als versorgende Mutter vorgestellt wird. Was die Frau betrifft, sollte sie nur deshalb als passiv imaginiert werden, weil der Mann um die Herrschaft in jenem Akt fürchtet? Daher manchmal seine Gewalttätigkeit? Die Funktionen Mutter und Frau, aber auch die Funktionen Mann und Frau wären also unter dem Gesichtspunkt des Ortes vertauscht.

Wir stellen nämlich wenigstens die Zumutung auf, daß der Ort erstens jenes umfasse, dessen Ort er ist, und daß er Nichts von dem Dinge selbst sei; ferner, daß der zunächst ursprüngliche Ort weder kleiner noch größer als das Ding sei; ferner, daß er von einem jeden Ding ablasse und trennbar sei. (*Physik* IV, 211 a)

Es fällt schwer, nicht an die Umhüllungen des Fötus zu denken. Da die Umhüllung während der Schwangerschaft nicht exakt der Größe des Dings entspricht, stehen sie, die Umhüllung und auch er (der Fötus), in einem fortwährend zwischen größer und kleiner wechselnden quantitativen Verhältnis zueinander.

Man kann auch an die Haut denken. Aber sie ist Bestandteil des Dings und wir können uns nicht von ihr trennen.

Und wie läßt es sich vermeiden, nicht auch auf den sexuellen Akt und insbesondere auf das weibliche Geschlecht als Ort hinzuweisen? In seiner eventuellen Verwechslung mit dem ersten ›Haus‹ des Mannes, aber auch mit seiner *Haut.* Das weibliche Geschlecht sollte in gewisser Weise dem Geschlecht des Mannes, dem Mann selbst als Haut dienen. Ohne Öffnung zu jener anderen Dimension: dem

Mukösen. Der eigentlichen Dimension des sexuellen Akts? Des Zugangs zu ihm, seiner Ökonomie, der Vereinigung jenseits der Haut.

Zu jedem Ort gehört das Oben und Unten. Es ist verwunderlich, daß hier nicht auch ein sphärischer Ort einbezogen wird, in dem der Gegensatz Oben und Unten weniger eindeutig ist. Wie auch immer, die Sexualität hat jedenfalls teil am Oben und Unten, an Aufsteigen und Zurückfallen. Die Körper sind dabei bald leichter, bald schwerer, bald heißer, bald kälter usw. Aber sie haben auch das Problem, sich ineinander einzufügen, ohne die anderen Dimensionen zu verändern. Kann dies als gemeinsames Herausbilden einer sphärischen oder quasi-sphärischen Form verstanden werden?

Die Untersuchungen über den Ort gehen immer von der Ortsbewegung aus. Vom Himmelsgebäude wird mehr als von allem anderen angenommen, daß es ›in einem Ort‹ sei, weil es ›immer in Bewegung ist‹. Bewegung entsprechend der räumlichen Bewegung, dem ›Transport‹ und entsprechend dem ›Zu- und Abnehmen‹. Das letztere bedeutet in der Tat eine Veränderung des Orts. Obwohl es in der Matrix bleibt, verändert das Kind seinen Ort. Obwohl er in der Frau bleibt, verändert der Mann seinen Ort. Kleiner oder größer im Verhältnis zur Umhüllung, in der sie sind – und die sie im übrigen auch sind –, und das Verhältnis beider zueinander. [...]

So wird man dann, wenn der umfassende Körper nicht abgetrennt, sondern mit dem Ding kontinuierlich ist, nicht sagen, das Ding sei in ihm als einem festen Ort, sondern eben als Teil im Ganzen. (*Physik* IV, 211 a)

Läßt sich das auch vom *Körper* im Verhältnis zur *Haut* sagen? Im Unterschied zum Fötus und dessen Verhältnis zu den ersten Umhüllungen und zur Nabelschnur. Auch wenn der Fötus in Kontinuität mit dem ihn umschließenden Körper ist und durch bestimmte Flüssigkeiten – das Blut, die Milch – von einer Art Kontinuität zur anderen übergeht ... Der Fötus hat einen besonderen Status, der bewirken kann, daß das Kind sich als Teil des Ganzen, des mütterlichen Körpers phantasiert. Es stimmt, daß es bis zur Geburt diesem Körper zugehört und von ihm genährt wird. Dieses Teil-eines-Ganzen-Sein, eines Ganzen, das der Fötus teilweise ist, wird auch für den Penis phantasiert. Daher die Kastrationsphantasmen? Wenn der Penis nicht als Teil eines anderen Ganzen phantasiert würde, würde er nicht als abgetrennt imaginiert, abgetrennt von einem Ganzen, zu dem er ›gehört‹. Sicher, seine Bewegung ist teilweise mit einem anderen Ganzen verknüpft. Ist er doppelt? Für sich und für den anderen. Aber warum das vorläufige Ende einer Bewegung oder ihre Suspendierung Kastration oder Abtrennung von einem Körper nennen, wenn nicht aus dem Begehren, wieder Teil des mütterlichen Körpers zu sein? Was nicht möglich ist. Andererseits wird in der Beziehung zwischen den Orten, im sexuellen Akt, manchmal die Überschreitung der Umschließung erlebt – durch Porosität, sinnliche Wahrnehmung des anderen, Fluidität. So daß die Vorstellung möglich wird, eine bestimmte Art der Zeugung würde sich durch Durchlässigkeit der Membrane und durch Teilhabe an den Körperflüssigkeiten des anderen herstellen.

Hingegen wenn jener [der umfassende Körper] abgetrennt ist und das Ding nur berührt, so ist das Ding in der nächsten äußersten Grenze des umfassenden, welche dann weder ein Teil des darin befindlichen Dinges, noch auch größer als die Ausdehnung desselben, sondern ihr gleich ist, denn es treffen ja die äußersten Grenzen der sich berührenden Körper in dem nämlichen zusammen; und ist es kontinuierlich, so wird das Ding nicht in jenem, sondern mit jenem bewegt; ist es aber abgetrennt, dann wird es in jenem bewegt, und zwar um Nichts weniger, mag das Umfassende bewegt werden oder nicht. (*Physik* IV, ebd., 211 b)

Wenn der umfassende Körper abgetrennt ist und das Ding nur berührt, so ist das Ding in der nächsten äußersten Grenze des umfassenden Körpers, der dann weder Teil des in ihm befindlichen Dinges noch größer als die Ausdehnung desselben, sondern ihm gleich ist; denn die äußersten Grenzen der sich berührenden Körper treffen zusammen.

Was wiederum die Beziehung des Fötus zum Ort (von Anfang bis Ende seines Wachstums?) und die des männlichen Geschlechts zum weiblichen Geschlecht ausmacht, gehört zu dieser Problematik der Angleichung des Körpers an seine Umschließung. Angeglichen und getrennt, wäre das der Horizont für die Begegnung zwischen den Geschlechtern in ihren verschiedenen Dimensionen? Mit Umkehrungen der Umschließungen und Umhüllungen bis nahezu ins Unendliche.

Oder auch:

– Man kann hier an die genetische (?) Ausstattung und an die Haut denken; an die mit dieser genetischen Ausstattung verbundenen Häute. ›Meine‹ Haut entspricht im Prinzip meinem Wachstum.
– In der Schwangerschaft wird es immer Diskrepanz und Zwi-

schenraum zwischen dem umschlossenen Körper und der Umschließung geben. Die Umhüllung wird diesem Körper immer mehr oder weniger angeglichen sein und die amniotische Flüssigkeit trennt sie von ihm.

– Die Umschließung, so wie sie hier definiert wird, kann sich auch auf einen ›idealen‹ sexuellen Akt beziehen. Die Elastizität des Gewebes läßt es zu, nach einem solchen Ideal zu streben. (Aber es gibt Umwandlungen, Sublimierungen, Übertragungen, die die Physiologie der Umschließungen betreffen, die unaufhaltsam wachsen und sich entfalten...).

Was ist der Ort? Form? Stoff? Zwischenraum zwischen beiden? Äußerste Grenze? »Vier Dinge sind es so ziemlich, von welchen der Ort Eines sein muß« (*Physik* IV 211 b). Drei Lösungen sind unzulässig:

– *Der Ort ist nicht die Form.* Durch ihre Fähigkeit zu umschließen scheint die Form der Ort zu sein: die äußersten Grenzen des Umfassenden und des Umfassten fallen zusammen. Tatsächlich sind da zwei Grenzen, aber es sind nicht die Grenzen ein und desselben. Die Form ist die Grenze des Dings; der Ort die Grenze des umschließenden Körpers.

– *Der Ort ist nicht der Zwischenraum.* Während der umschließende Körper verharrt, ändert der umschlossene Körper seine Stelle. Der Zwischenraum, der *zwischen den Grenzen* liegt, scheint etwas Eigenes zu sein, insofern er unabhängig von dem verlagerten Körper ist. Dem ist aber nicht so; er gelangt vielmehr *an die Stelle des nächstbesten Körpers*, vorausgesetzt, dieser kann sich verlagern und seiner Natur nach mit etwas in Berührung treten.

Die Ortsveränderung des Körpers und die Veränderung des Zwischenraums stellen eine wichtige Frage in der Ökonomie des Begehrens dar. Die *Bewegung hin zu und die Reduzierung des Zwischenraums* sind die Bewegungen des Begehrens (sogar durch Expansion und Retraktion). Je größer das Begehren ist, desto mehr ist es bestrebt, den Zwischenraum zu überwinden, dabei ihn dennoch zu erhalten. Zwischenraum, der von dem veränderten Körper ausgefüllt wird? Den Zwischenraum zu überwinden ist das Ziel des Begehrens, der Grund seiner Bewegung. In der Berührung der Haut geht er gegen Null, er ist größer als Null, wenn es einen Übergang zum Mukösen gibt. Oder wenn die Berührung über die Haut hinausgeht. Das Problem des Begehrens liegt darin, den Zwischenraum zu beseitigen, ohne den anderen zu vernichten. Denn das Begehren kann den Ort verschlingen und entweder (auf intrauterine Art) in den anderen regredieren oder auf verschiedene Weisen die Existenz des anderen auslöschen. Damit das Begehren fortbesteht, bedarf es eines doppelten Orts, einer doppelten Umschließung. Oder eines Gottes als Subsistenz des Zwischenraums, als dessen Verlagerung ins Unendliche. Irreduzibel. Das Universum und sein Jenseits entfaltend. In diesem Sinn würde der Zwischenraum den Ort erzeugen.

Hingegen deswegen, weil das umfaßte und abgetrennte Ding oft die Stelle ändert, während das Umfassende bleibt (wie z. B. aus dem Gefäße das Wasser), scheint der Ort die dazwischenliegende Ausdehnung zu sein, als wäre er neben dem anderswohin tretenden Körper etwas eigenes; dem ist aber nicht so, sondern es fällt ja der nächste beste Körper unter demjenigen, was die Stelle ändert und seiner Natur nach mit etwas in Berührung treten kann, in das Gefäß hinein. (*Physik* IV, 211 b)

Könnte es sein, daß die Sexualität auf diese Aporie oder dieses Problem stößt und damit in Rivalität mit der Frage nach Gott gerät?

Tatsächlich ist der Zwischenraum in der Erotik der verschiedenen Sinne oder Schwellen des Körpers als Ort oder als Möglichkeit des Orts immer im Spiel, aber auf besonders eindringliche Weise insistiert er in allem, was die *Lippen* (und auch die Lider?) betrifft. Und in allem, was beim weiblichen Geschlecht als Abgrund erscheint. Oszillationen zwischen dem unendlichen Kleinen und dem unendlichen Großen?

Was die Matrix angeht, so scheint sie eher den Ort darzustellen. Es stimmt, daß das, was sich in ihr entfaltet, sich in Verbindung mit einem Zwischenraum, abhängig von einem nie außer Kraft gesetzten Band[5] entfaltet. Daher die unendliche Sehnsucht nach dieser ersten Stätte? Der Zwischenraum aber kann in ihr nicht aufgehoben werden.[6] [...]

Der Ort ist die Grenze des umfassenden Körpers, wobei ich unter dem von ihm umfaßten Körper das in der Raumbewegung Bewegbare verstehe. (*Physik* IV, 212 a)

Als Grenze des umfassenden Körpers kann auch die der Matrix verstanden werden. Wenn sie keine Begrenzung hat, geht das Begehren

5 [Anm. d. Übers.] Frz. *cordon*: Schnur, Strang; *cordon ombilical*: Nabelschnur.

6 [Anm. d. Hg.] Vgl. Luce Irigaray, »Der Glaube selbst«, in: L. I., *Genealogie der Geschlechter*, Freiburg: Kore 1989, S. 47-92.

ins Unendliche. So wie das Begehren Gottes, das kein Außen des Universums kennt?

Aber das sexuelle Begehren, das sich auf die Matrix richtet und doch nicht mehr zu ihr zurückkehrt, geht auch ins Unendliche, da es niemals die Grenze des umfassenden Körpers berührt. Statt den Körper wahrzunehmen, der es *hier und jetzt* umschließt, strebt es zu einer anderen Umschließung. Statt die derzeitige Umschließung zum anderen hin – durch das Poröse – zu überwinden, verharrt es in seiner Sehnsucht nach einer anderen Bleibe.

Dabei wird nicht in Betracht gezogen, daß die Grenze des umschließenden Körpers die Haut sein könnte, durch das Muköse, den Körper und das Fleisch hindurch. Die Grenze des umschließenden Körpers könnte die körperliche Identität der Frau sein, neu erstanden oder erneuert durch die innere Vereinigung und nicht zerstört durch Sehnsucht nach einer Regression *in utero.* In diesem Fall wäre es ziemlich sinnlos, Liebe und Begehren trennen zu wollen, ebenso wenig wie dem Sexuellen einen amoralischen oder unethischen Charakter zuzuschreiben. Im Gegenteil, der sexuelle *Akt* wäre das, wodurch der andere mir noch einmal Form, Leben, Inkarnation verleiht. Statt den Verfall des Körpers herbeizuführen, nimmt er an seiner Wiedergeburt teil. Und kein anderer Akt kommt ihm darin gleich. Göttlicher Akt. Der Mann läßt die Frau ihren Körper als Ort erfahren. Nicht nur ihr Geschlecht und ihre Matrix, sondern ihren Körper. Er situiert sie in ihrem Körper und in einem Makrokosmos und befreit sie durch das Teilhaben an einer Mikrosozietät aus ihrem möglichen Verhaftetsein im Kosmischen.

Indem der Mann die Frau von außen, von innen und außen neu erschafft, re-situiert er sich außen, er agiert, erschafft außen. Indem er sich außen aktiv verhält, formt er sich einen Körper. Mit Hilfe eines Instruments? Er rekonstruiert sich einen Körper durch die Erschaffung des Körpers des anderen. Sich seiner Hand, seines Geschlechts bedienend. Geschlecht nicht nur für die Lust, sondern wirklich ›nützlich‹ als Instrument der Allianz, der Inkarnation, der Erzeugung.

Die Frau als Umschließung ist immer offen. Der Ort ist niemals verschlossen. Die Grenzen berühren sich und bleiben doch geöffnet. Und sie berühren einander, ohne zwangsläufig die des umschlossenen Körpers zu berühren? Es gibt zwei Grenzberührungen; es sind nicht dieselben: Berührung ihres eigenen Körpers innen-außen, an der Schwelle; Berührung des Körpers des umschlossenen anderen. Es gibt auch die innere Berührung des Körpers des Kindes, wobei die Mutter und das Kind durch eine oder mehrere Umhüllungen getrennt sind. In diesen Umhüllungen bewegt sich das Kind. Kann man hier von einer Bewegung *hin zu,* von einem Transport sprechen? Es scheint nicht so. Wohin würde das Kind sich bewegen? Zu dem Ort seiner Nahrung, zum Ausgang des Ortes, um in einen anderen einzutreten? Und wie ist es mit der Wachstumsbewegung innerhalb des Orts?

Danach ist der Ort die zunächst ursprüngliche unbewegbare Grenze des umfassenden Körpers. (*Physik* IV, 212 a)

Derjenige Körper also nun, welcher außerhalb seiner einen ihn umfassenden Körper hat, ist in einem Orte, und derjenige, welcher dies nicht hat, ist nicht in einem Orte. (*Physik* IV, 212 a)

Der Fötus wäre in einem Ort. Und das Geschlecht des Mannes auch, solange es in der Frau ist. Die Frau ist im Haus, aber das ist nicht die gleiche Art Ort wie ein lebendiger Körper. Dagegen ist der Ort in ihr in einem Ort, nicht nur in Form von Organen, sondern als Gefäß oder Receptaculum. Er ist es *zweifach*: als Mutter und als Frau.

Hat aber etwas, auch wenn es Wasser oder fließend wäre, nichts mehr außer sich, so könnte man sagen, es ist ohne Ort. (*Physik* IV, 212 a)[7]

Es gibt eine bestimmte Darstellung der weiblichen Lust, die diesem ›fließend werden‹ entspricht. Vom Mann erstrebte Verdoppelung eines weiblichen ›Ortlosen‹? Sie soll der Ort sein, ohne ihn zu bewohnen. Durch sie stünde der Ort zur Verfügung des Mannes, ohne daß sie selbst über ihn verfügen könnte. Ihre Lust soll einem Zerfließen »gleichen«, einem Ergießen dessen, was in dem Ort wäre, der sie ist, wenn sie (sich) umschließt. ›Wein‹, den der Mann im sexuellen Akt vergießt? Göttliches Elixier, und Elixier des Ortes selbst.

Gibt es eine andere Lust als die des Ortes? Ist es nicht die Lust, die vom Elementarsten zum Sublimsten führt? Von *in utero* zum Himmel, von der Erde zum Himmel, von der Unterwelt zum Himmel usw.? Und selbst auf der Ebene der Nahrung, handelt es sich nicht auch hierbei darum, sie in einen Ort einzulassen und sie dort zurückbehalten oder nicht zurückbehalten zu können? Der Körper

7 [Anm. d. Übers.] Die Übersetzung von Karl Prantl ist hier entsprechend der von der Autorin verwendeten Übersetzung (*Physique*, 2 Bde., Paris: Les Belles Lettres/collection Budé 1926 ff.) verändert.

und die Nahrung spielen eine Rolle, die dem ›Subjekt‹ weitgehend entgeht.

Die Reduktion auf das Fließende wäre also die zeugungsunfähige Seite der weiblichen Lust. Trennung des Orts von dem, was er enthielt? Vom Ort. Trennung des Behältnisses von seinem Inhalt, um es als leeres Behältnis zurückzulassen? Für den anderen. Auch für den ›festen‹ anderen: das Kind. Zweiteilung der Frau: in der Beziehung zum Fließenden oft abgewertet; aufgewertet in der Beziehung zum Festen. Aber diese Aufwertung ist ambivalent, sie nimmt ihr das Subtilste ihrer selbst: den Ort als solchen, den Ort, den sie unsichtbar enthält. Und der meistens verbreitet wird, ohne überhaupt wahrgenommen zu werden? Oder durch Profanierung verbreitet wird. Selbst unbewußt oder unfreiwillig.

Dieser Ort, der die Intimität herstellt, ist gewissermaßen eine Verwandlung von Erde in Himmel, hier und jetzt. Unter der Bedingung, daß sie sich erinnert? Alchimistin des Sexuellen, die versucht, es der Repetition, der Degradierung zu entziehen, es zu bewahren und zu sublimieren. *Zwischen.* Im Zwischenraum der Zeit(en). Den Schleier der Zeit webend, das Gewebe der Zeit; die Zeit mit dem Raum, die Zeit im Raum verwebend. Zwischen Vergangenheit und Zukunft, Zukunft und Vergangenheit, Ort im Ort. Unsichtbar. Sein Gefäß? Seine Umschließung? Die Seele der Seele?

Zweite Umschließung, nicht wahrnehmbar und dennoch da, in der sexuellen Beziehung dem Mann gegeben. Sie müßte ihr als eine Art äußere Ausstrahlung ihrer inneren ›Begnadung‹[8] zurückgegeben werden. Sie würde wieder umschlossen sein von einem Ort im Ort. Dank ihres Partners. In einer Art permanenter ›Erhöhung‹[9]? Oder kommt der Ort, den sie in ihrem Schoß gewoben hat, zu ihr als Ort ihrer Gestaltung zurück? Sie wäre wieder umschlossen von diesem Zeit-Raum-Gewebe, das sie im Verborgenen entworfen hat.

Es gibt in dieser Hinsicht nichts Spirituelleres als die weibliche Sexualität. Immer im Begriff, einen Ort der Transzendenz des Sinnlichen herzustellen, der zu einem zerstörerischen Netz werden oder aber sich in einem fortwährenden Werdensprozeß befinden kann. Der kosmischen Zeit folgend. Zwischen der Zeit des Menschen und

8 [Anm. d. Übers.] Frz. *grâce*: Gnade, auch Grazie.

9 [Anm. d. Übers.] Frz. *assomption* von lat. *assumptio*: Aufnahme. Im Katholizismus: leibliche Aufnahme Marias in den Himmel.

der des Universums. Noch der einen treu und gleichzeitig einen Rhythmus in der anderen suchend?

Unglücklicherweise aber besteht häufig ein Bruch zwischen beiden. Die beiden Rhythmen stimmen nicht nur nicht überein, sie sind voneinander getrennt. Ist es das, was die falschen Götter und die falschen Infernos entstehen läßt? Damit es nicht so ist, bedarf es einer Alchimie des weiblichen Begehrens.

Daher werden [...] die Teile desselben [des Ganzen] in Bewegung sein (denn sie werden gegenseitig von einander umfaßt), das Ganze aber wird einerseits in Bewegung sein, andererseits nicht. (*Physik* IV, 212 b)

Umfassen sich die Teile des Ganzen gegenseitig? Zerstört einer den anderen? Umfassen sich die Teile des Körpers? Zerstört einer den anderen? In der Liebe sollten die Teile des Ganzen – die Vereinigung von Mann und Frau – sich *gegenseitig* umschließen, nicht ihre Umschließungen zerstören. Die Hin- und Rückwege des einen zum anderen sollten Orte der Umschließung werden. Die Teile des Ganzen, die durchquert werden, um sich zu entfernen und um zurückzukehren, sollten Zeit-Räume werden, die einander wieder umhüllen statt ausgelöscht, zerstört oder für andere ›Transporte‹ benutzt zu werden. Verwandelt in Leere, in Trennungen, keine Verbindungswege mehr. Es müßte zwischen beiden ein wechselseitiges Umschließen in der Bewegung geben. Denn beide verändern ihren Ort innerhalb eines Ganzen. Häufig zerstört der eine den Ort des anderen, in dem Glauben, das Ganze zu haben; aber sie besitzen oder konstruieren nur ein illusorisches Ganzes und zerstören das Gemeinsame und den Zwischenraum (der Anziehung) zwischen beiden. Die Welt wird in ihrem grundlegenden Symbol zerstört: der Kopula des sexuellen Akts. Sie öffnet sich zu einem Abgrund und wird nicht für die Zeugung, die Fortführung der Schöpfung aufgeschlossen.

Nämlich als Ganzes ändert es seinen Ort nicht und zugleich doch wird es im Kreise bewegt, denn dies ist der Ort der Teile, und Einiges derselben wird zwar nicht nach oben und unten bewegt, wohl aber im Kreise, anderes aber, was mit Verdichtung und Verdünnung behaftet ist, wird sowohl nach oben als auch nach unten bewegt. (*Physik* IV, 212 b)

Das Ganze ändert seinen Ort nicht, aber es bewegt sich im Kreis. Dreht sich das Universum im Kreis? Bewegt es sich im Kreis? Und auch die Liebe zwischen Mann und Frau, wenn sie nicht brutal in zwei Hälften zerteilt worden wären (vgl. *Das Gastmahl* von Platon)?[10] Anfangs nämlich sollen sie vereinigt gewesen sein, derart, daß sie sich als Paar verkoppelt im Kreise bewegten. Dann wurden sie getrennt, aber sie ruhten nicht, bis sie einander wiedergefunden und vereinigt hatten. Ausgenommen, wenn der eine oder der andere vorgab, das Ganze zu sein? Und seine Welt als geschlossenen Kreis entwarf. Abgeschlossen gegen den anderen. Im Glauben, die Öffnung nach außen könne nur durch Gewalt wiederhergestellt werden. Ohne sich an der Konstruktion der Liebe, der Schönheit und der Welt zu beteiligen.

Bewegt sich im Kreis, was sich im Verhältnis zueinander bewegt? Hin und Her? Mit einem Ort, von dem die Anziehung ausgeht. Einem Ort des Ortes. Da, wo die Körper sich vereinigen? Im selben und nicht im selben Ort: der eine ist im anderen, der ihn umschließt. Aber indem er/sie geben will, konstituiert er/sie ihn als Receptaculum? Außer er verweigert sich (vgl. Nietzsches »Von der großen Sehnsucht« im *Zarathustra*: ich gab dir alles, aber wer von uns hat zu danken? Derjenige, der akzeptiert hat zu empfangen, derjenige, der sich als Ort konstituiert hat. »O meine Seele, ich gab dir Alles. […] Und mich lass danken!«, da ich empfangen habe, dir Ort gewesen bin.)[11]

Macht sich der Mann zum Ort, um zu empfangen, und zum Ort, der die weibliche Lust empfangen hat? Wie? Macht sich die Frau zum Ort, der die männliche Lust empfangen hat? Wie? Wie vom Physischen zum Metaphysischen übergehen? Von der physischen Umschließung des Geschlechts zur Umschließung eines Receptaculums, das weniger berührbar oder sichtbar, aber Ort ist?

10 [Anm. d. Hg.] Irigaray bezieht sich auf die bekannte Erzählung des Aristophanes in Platon, *Das Gastmahl*, 189c-193d.

11 [Anm. d. Hg.] Damit bezieht sich Irigaray auf den gleichnamigen Abschnitt aus Nietzsches *Also sprach Zarathustra. Kritische Studienausgabe*, Bd. 4, hg. von Giorgio Colli und Mazzino Montinari, München: dtv/de Gruyter 1988, S. 279-281.

Biobibliographische Angaben

Luce Irigaray
* 1930 (Blaton, Belgien)

Psychoanalytikerin, Philosophin und Linguistin, Studium und 1955 literaturwissenschaftliche Arbeit über Paul Valéry in Louvain; lebt seit 1960 in Frankreich; 1962 Diplom als Psychopathologin, 1968 Doktorarbeit in Linguistik; bis zu ihrem Ausschluss 1974 Mitglied der *École Freudienne* von Jacques Lacan; unterrichtet 1970-1974 an der *Université Paris VIII* in Vincennes; 1974 erscheint mit *Speculum de l'autre femme* ihre zweite Doktorarbeit in Philosophie; seit 1964 Forscherin am CNRS in Paris; zahlreiche Gastdozenturen in Europa und den USA.

Textnachweis

»Der Ort, der Zwischenraum. Eine Lektüre von Aristoteles *Physik* IV, 2-5«, in: L. I., *Ethik der sexuellen Differenz*, aus dem Französischen von Xenia Rajewsky, Frankfurt am Main: Suhrkamp 1991, S. 46-70, hier S. 46-48 und 53-70 (mit kleineren Kürzungen) [»Le lieu, l'intervalle. Lecture d'Aristote *Physique* IV, 2, 3, 4, 5«, in: *Éthique de la différence sexuelle*, Paris: Minuit 1984, S. 41-59].

[Übersetzung vom Herausgeber korrigiert.]

Weitere Texte zur Raumtheorie

1974: *Speculum. Spiegel des anderen Geschlechts*, aus dem Französischen von Xenia Rajewski, Frankfurt am Main: Suhrkamp [6]1996 [*Speculum, de l'autre femme*, Paris: Minuit].

1977: *Das Geschlecht, das nicht eins ist*, aus dem Französischen von Eva Mayer u. a., Berlin: Merve 1979 [*Ce sexe qui n'en est pas un*, Paris: Minuit].

1980: *L'Amante marine. De Friedrich Nietzsche*, Paris: Minuit.

1982: *Passions élémentaires*, Paris: Minuit.

1983: *L'Oubli de l'Air. Chez Martin Heidegger*, Paris: Minuit.

1987: *Genealogie der Geschlechter*, Freiburg i. Br.: Kore 1989 [*Sexes et parentés*, Paris: Minuit].

Sekundärliteratur

Burke, Carolyn/Naomi Schor/Margaret Whitford (Hg.): *Engaging with Irigaray,* New York: Columbia University Press 1994.

Butler, Judith: *Das Unbehagen der Geschlechter*, aus dem Amerikanischen von Katharina Menke, Frankfurt am Main: Suhrkamp 1991 [1990], vor allem S. 24-62.

Chanter, Tina: *Ethics of Eros. Irigaray's Rewriting of the Philosophers*, New York/London: Routledge 1995.

Schor, Naomi: »Dieser Essentialismus, der keiner ist. Irigaray begreifen«, aus dem Amerikanischen von Hans-Dieter Gondek, in: Barbara Vinken (Hg.), *Dekonstruktiver Feminismus. Literaturwissenschaft in Amerika*, Frankfurt am Main: Suhrkamp 1992, S. 219-246.

Vasseleu, Cathryn: *Textures of Light. Vision and Touch in Irigaray, Lévinas and Merleau-Ponty*, New York/London: Routledge 1998.

Whitford, Margaret: *Luce Irigaray. Philosophy in the Feminine,* New York/London: Routledge 1991.

Bibliographie: ⟨http://www.nottingham.ac.uk/modern-languages/Irigaray/french-version.html⟩ [Link »Bibliographie«/»Bibliography«]

14 Paul Virilio
Die Auflösung des Stadtbildes[1]

Der Begriff der Grenze hat seit den Einfriedungen der Urzeit einige Veränderungen durchgemacht, die sowohl ihre Oberfläche [*façade*] als auch ihr Gegenüber betreffen. Vom Palisadenzaun über steinerne Befestigungsmauern zum Bildschirm war die oberflächliche Begrenzung [*surface-limite*] ständig merklichen und unmerklichen Umformungen unterworfen. Wahrscheinlich letztes Produkt dieses Umformungsprozesses bildet das *Interface*. Es empfiehlt sich also, die Frage, wie man zur Stadt Zugang bekommt, auf neuartige Weise anzugehen und sich zu fragen: Besitzen großstädtische Ansiedlungen überhaupt noch eine Fassade? … *Wann, zu welchem Zeitpunkt kann man sagen, dass man sich der Stadt gegenüber befindet, sie betrachten kann?* … Der umgangssprachliche Ausdruck *aller en ville* (›in die Stadt gehen‹), der an die Stelle des im 19. Jahrhundert gebräuchlichen *aller à la ville* (›zur Stadt gehen‹) getreten ist, verrät gleichsam etwas von der Unsicherheit hinsichtlich des Gegenübers (wie wenn wir nie mehr ›vor‹ der Stadt, sondern immer schon ›in‹ ihr wären). Wenn die moderne Großstadt überhaupt noch einen Ort, eine geographische Position hat, dann darf man diese nicht mit dem alten Gegensatz zwischen Stadt und Land verwechseln und auch nicht mit dem zwischen Zentrum und Peripherie. Dass die städtischen Gefüge einen bestimmten Ort und eine bestimmte Ausrichtung haben, ist schon seit Langem alles andere als selbstverständlich. Dabei wurden die Konturen der Stadt nicht nur durch das bekannte Phänomen der Wucherung der Vorstädte aufgelöst, insbesondere wurde die Opposition *intra muros/extra muros* mit der Revolution im Transportwesen und der Entwicklung neuer Kommunikations- und Telekommunikationsmedien wie von selbst neu-

1 [Anm. d. Hg./Übers.] Der Originaltitel »La ville surexposée« stellt ein im Deutschen kaum nachbildbares Wortspiel mit der Morphologie des französischen Wortes *surexposé* dar, das im Deutschen mit ›überbelichtet‹ wiederzugeben ist. Mit dessen Wurzel *exposer* sind Kollokationen wie *exposer sa vie*, ›sein Leben gefährden‹, und *s'exposer à un danger*, ›sich einer Gefahr aussetzen, sich gefährden‹, verbunden. Der Titel wäre also sowohl mit »Die überbelichtete Stadt« als auch »Die überaus gefährdete Stadt« zu übersetzen.

tralisiert, eine Entwicklung, die zu einer undurchsichtigen Verstädterung [*conurbation*] der städtischen Randgebiete führte. Wir beobachten nun tatsächlich ein paradoxes Phänomen: *die Opazität der Bau-Werkstoffe geht gegen null.* Zurzeit tauchen am Bau tragende Strukturen wie die Sichtblende[2] auf, bei denen durchsichtige und leichte Werkstoffe wie Glas, verschiedene Kunststoffe etc. das Mauerwerk der Fassaden ersetzen; gleichzeitig beginnen in Projektstudien Lichtpausen, Transparentpapier und Plexiglas das dichte Trägermedium Papier abzulösen.

Andererseits wird mit den *Bildschirm-Interfaces*, wie sie beim Computer, beim Fernsehen oder bei Telekonferenzen usw. Verwendung finden, gerade das, was soeben noch jeglicher Dichte entbehrte – die Einschreibungsfläche –, zum distanzierenden Moment, zur Schärfentiefe einer neuartigen Repräsentationsform, einer Sichtbarkeit ohne Augenschein, in der das alte Gegenüber der Straßen und der Avenuen schwindet, gleichsam verlöscht … Hiermit verschwinden Positionsunterschiede, was über kurz oder lang zu Fusionen und Konfusionen führen wird. *So ihrer objektalen Grenzen beraubt, beginnen die architektonischen Elemente ziellos in einem elektronischen Äther vor sich hinzutreiben, der keinerlei räumliche Dimensionen mehr besitzt, dessen einzige Dimension vielmehr die einer Zeitlichkeit ist, die alles unmittelbar durchsetzt.* Von nun an muss sich keiner mehr als von den anderen durch ein gegenständliches Hindernis oder zu große ›zeitliche Distanzen‹ getrennt vorkommen … mit der *Interfassade*, welche die Monitore und die Kontrollbildschirme aufbauen, beginnt das Anderswo hier – und umgekehrt … Diese plötzliche Veränderbarkeit von Grenzen und Gegensätzen bringt in den nun gemeinsamen Raum Aspekte ein, welche bisher zur Ordnung des Mikroskopischen gehörten: Die Vorstellung von Fülle hat abgedankt, an ihrer Stelle erstreckt sich in falscher Perspektive eine grenzenlose Fläche, die von den Lichtemissionen der Apparate erleuchtet wird. Seitdem ist der bebaute Raum Teil einer ›elektronischen Topologie‹, in der die Rahmungen der Blickpunkte und die Raster der digitalen Bilder den städtischen Raum in neue Parzellen einteilen. Anstelle der alten Verdunkelungstaktik, welche Privates von Öffentlichem, die Wohnung von der Zirkulation des Verkehrs

2 [Anm. d. Hg./Übers.] Das französische Original bezeichnet dieses Phänomen mit dem ungleich anschaulicheren Ausdruck *mur-rideau*, wörtlich übersetzt: ›Vorhangmauer‹.

trennte, hat sich nun so etwas wie eine Überbelichtung etabliert, die den Abstand zwischen ›nah‹ und ›fern‹ kassiert, ebenso wie bei der Abtastung durch Elektronenmikroskope der Unterschied zwischen ›mikro‹ und ›makro‹ verschwindet.

Die Vorstellung von der zeitgenössischen Stadt wird also nicht mehr durch die Zeremonie des Öffnens der Stadttore, durch Rituale wie Prozessionen und Paraden, die Fluchten von Straßen und Boulevards bestimmt, die Stadtarchitektur muss sich von nun an mit der Öffnung eines ›technologischen Zeit-Raums‹ abfinden. Die ›telematischen‹ *access protocols* ersetzen nun das Zeremoniell der Öffnung der Portale. Anstelle eines Trommelwirbels an den Stadttoren gibt es nun Magnettrommelspeicher voll mit Datenbanken – Bestandteile der Übergangsrituale einer technischen Kultur, die voranschreitet und sich dabei mit der vermeintlichen Immaterialität ihrer Bestandteile, ihrer verschiedenen Wege und Netze maskiert, deren Raster sich nicht mehr in den Raum eines handwerklich hergestellten Gewebes einschreiben,[3] sondern in die Sequenzen einer unmerklichen Verplanung der Zeit, in der das Interface Mensch/Maschine die Fassaden der Gebäude und die Oberflächen der Siedlungen ersetzt.

Wenn einst das Öffnen der Stadttore an den Wechsel von Tag und Nacht gebunden war, müssen wir nun bemerken, dass sich auch das Verhältnis zwischen Tag und Licht geändert hat, seitdem man nicht mehr nur die Fensterläden öffnet, sondern auch den Fernseher anschaltet: zum Sonnenlicht, das die astronomische Zeit misst, dem Zwielicht der Kerzen, dem elektrischen Licht gesellt sich nun ein ›falsches elektronisches Licht‹ [*faux-jour électronique*], in dessen Schein ohne jede Beziehung zu Echtzeit oder Kalender lediglich Informationen verschaltet werden. Auf die chronologische und historische Zeit, die ›vergeht‹, folgt also das Konzept einer Zeit, die ›sich im Augenblick exponiert‹. Auf dem Bildschirm des Terminals wird die Dauer buchstäblich zum ›Oberflächen-Material‹ [*support-surface*], in das sich die Information einschreibt – oder vielmehr kinematisch ausgedrückt: *die Zeit wird zur Oberfläche.* Dank der Kathodenröhre und dem kaum wahrnehmbaren Material, aus dem sie besteht, können die Dimensionen des Raumes nicht mehr unabhängig von ihrer Übertragungsgeschwindigkeit wahrgenommen

3 [Anm. d. Hg./Übers.] Virilio spielt hier mit den spezifischen Bedeutungen von *trame*, technisch: ›Raster‹, textil: ›Einschlag‹.

werden. Die Stadt, die Einheit des Ortes ist, ohne Einheit der Zeit zu sein, verschwindet also in der Heterogenität des Zeitregimes der modernsten Technologien. Die Form der Stadt kann nicht mehr an einer bestimmten Demarkationslinie, die das hier vom dort trennt, abgelesen werden, sie wird vielmehr durch die Programmierung von Zeitplänen bestimmt. Der Zugang erfolgt auch nicht mehr über einen Raum, der den Übertritt regelt, sondern mittels eines audiovisuellen ›Protokolls‹, in dem das Zuschauen und die Einschaltquoten den Ersatz bieten für den öffentlichen Empfang und das gesellschaftliche Ereignis. In dieser Welt des allumfassenden *trompe-l'œil*, in der das Management der Transport- und Übermittlungsdauer die Politik der Bevölkerung des Raumes und der Wohnstätten ersetzt, *feiert tendenziell die alte Sesshaftigkeit, die auf dem Prinzip des Bestandes urbaner Stätten beruhte, in der Form der physikalischen Trägheit ihre Neugeburt*. In Medien wie Satelliten, TV, Glasfaserkabel, Telematik usw., die eine unmittelbare Kommunikation ermöglichen, *ersetzt die Ankunft die Abfahrt*: Alles kommt an, ohne dass es nötig ist, von irgendwo wegzufahren. Wenn die städtische Ansiedlung faktisch gestern noch eine Bevölkerung *intra muros* von einer Bevölkerung *extra muros* schied, erfolgt heute in den Metropolen die Differenzierung tatsächlich nur noch über verschiedene Zeitphasen: Es gibt einerseits die markante Dauer [*longue durée*] der historischen Perioden, die im Zentrum der Stadt immer weniger wahrzunehmen ist, lediglich in einigen Monumenten ihren Niederschlag findet, und andererseits die *maßlose technische Phase*, die keinen in Zeitabschnitte gegliederten Arbeitsplan, kein kollektives Gedächtnis – mit Ausnahme desjenigen des Computers – mehr umfasst, sondern die ihren Beitrag dazu leistet, eine permanente Gegenwart zu etablieren, deren zukunftslose Intensität die Rhythmen einer immer schnelllebigeren Gesellschaft zerstört. Wenn es noch Denkmäler gibt, dann sind dies nicht so sehr sorgfältig bearbeitete Säulengänge oder monumentale Alleen, die von prächtigen Gebäuden gesäumt werden, *monumental ist bloß noch die Untätigkeit, das Warten auf Dienstleistungen vor den Apparaten*, den Kommunikations- oder Telekommunikationsmaschinen, vor denen jeder geschäftig ansteht: Warteschlangen vor den Mautstationen der Autobahnen, Checklisten der Piloten, Nachttische für Konsolen der Teleinformatik. Tore und Türen sind schließlich zu etwas geworden, das wegbringt: nichts weiter als Fahrzeuge bzw. verschiedene Vektoren, deren Kontinuitätsbrüche weniger zur Bildung eines Raums führen, als vielmehr einen Count-down bilden, bei dem die notwendige Arbeitszeit das *Zentrum der Zeit* bildet und die freie Zeit der Ferien, der Arbeitslosigkeit die Peripherie, die *Vorstadt der Zeit*: eine Zeit, die von den Tätigkeiten freigeräumt ist, wo jeder gezwungen wird, sich in ein Privatleben zurückzuziehen, das eher einem Verlust des Lebens gleicht.

Wenn trotz aller Beteuerungen von postmodernen Architekten die Stadt von nun an keine Tore mehr hat, dann weil die städtischen Umfassungsmauern schon seit Längerem eine unendliche Anzahl an Öffnungen hervorgebracht haben; diese Einbrüche in den Einfriedungsbereich sind zwar weniger offensichtlich als in der Antike, aber ebenso zweckdienlich, ebenso zwingend und trennend. Wir haben uns durch das Trugbild von der industriellen Revolution des Transportwesens über die Grenzenlosigkeit des Fortschritts täuschen lassen. Die industrielle Regulierung der Zeit hat dabei unmerklich den Verlust durch die Deregulierung der ländlichen Gebiete ausgeglichen. Wenn im 19. Jahrhundert das *Attraktionspotenzial der Stadt* dem landwirtschaftlichen Raum seine (kulturelle und gesellschaftliche) Substanz entzogen hat, so hat Ende des 20. Jahrhunderts wiederum der städtische Raum seine geopolitische Relevanz ausschließlich an Systeme verloren, deren technologische Intensität unablässig die gesellschaftlichen Strukturen zerstört; an Systeme, die es ermöglichen, Objekte unmittelbar von einem Ort zum anderen zu transportieren oder vielmehr zu deportieren: eine Deportation, die zum einen Deportation von Personen innerhalb der Verlagerung von Produktionsstätten ist und zum anderen Deportation der Aufmerksamkeit vom menschlichen Augenkontakt und dem städtischen Sichtkontakt hin zum Interface zwischen Mensch und Maschine. Das alles ist eben Teil einer anderen Art von Konzentration, einer ›posturbanen‹ und transnationalen Konzentration, deren Heraufkunft von einer Vielzahl kürzlich stattgehabter Ereignisse angekündigt wird.

Trotz des beständigen Steigens der Energiepreise verlässt die amerikanische Mittelklasse die großstädtischen Ansiedlungen im Osten des Landes. *Nach dem Verfall der zu Ghettos verkommenen Innenstädte verlieren nun die Städte ihren Wert als regionale Zentren*. [...]

Dieser Exodus ist Vorläufer der ›postindustriellen‹ Entstädterung, die jedes der entwickelten Länder erfassen wird. Obwohl sie seit vierzig Jahren vorherzusehen war, wurde diese Deregulierung der Raumgestaltung von der ökonomischen und politischen Illusion genährt, dass die Einrichtungen, die in der Epoche des (automobilen) Zeitregimes geplant und gebaut wurden, auch in der Epoche der (audiovisuellen) Techniken, die auf dem Prinzip des Nachbilds beruhen, überdauern.

[…] Auf dem Interface des Bildschirms ist immer schon alles unmittelbar da, weil es im selben Augenblick übertragen wurde. […]

Dank der Satellitentechnik bringen Bildröhre und Bildschirm›fenster‹ jedem Einzelnen mit dem Tageslicht auch die Antipoden ins Blickfeld. *Wenn der Raum das ist, was verhindert, dass alles am selben Platz ist*, bringt diese plötzliche optische Konzentration alles – und wirklich alles – an ebendiesen ›Platz‹, der nichts weiter ist als ein ortloser Ort; so kommt die Ausschaltung des natürlichen Reliefs und der zeitlichen Distanz als Übertragungshindernis jeglicher Ortung und Positionsangabe zuvor. Indem man Ereignisse live überträgt, werden die Orte nach Belieben austauschbar.

Die Vorstellung, dass alles im selben Augenblick überall sein kann, nährt die Utopie, die gleichzeitig Atopie ist, von einem einzigen Interface. Nach den räumlichen und zeitlichen Distanzen schafft die Geschwindigkeit-Distanz [*distance vitesse*] den Begriff der physikalischen Dimension ab. Plötzlich wird die Geschwindigkeit wieder zu einer *einfachen Größe* diesseits der Messbarkeit der Zeit wie auch des Raumes. Diese Entleerung des Raumes findet im Trägheitsmoment der Umgebung ihr Äquivalent. Die alte Ansiedlung verschwindet so in der intensiven Beschleunigung durch die Telekommunikation, um eine neue Art von Zusammenballung hervorzubringen: die Konzentration eines wohnungslosen Wohnens, bei dem die Eigentumsgrenzen, die Einfriedungen und Begrenzungen nicht mehr so sehr ein dauerhaftes materielles Hindernis bedeuten als vielmehr die Unterbrechung einer Übertragung oder einen elektronischen *Schattenbereich*, der das Pendant bildet zu den Sonnen- und Schattenplätzen, wie sie durch die Sonneneinstrahlung auf die Gebäude der Stadt entstehen … Eine seltsame Topologie verbirgt sich hier in der Klarheit der Fernsehbilder. Auf die Pläne der Architekten folgen die Plansequenzen einer unsichtbaren Bildmontage. […]

»Die Kamera ist zu unserem besten Aufseher geworden«,[4] erklärte

4 [Anm. d. Hg.] Tatsächlich hat Kennedy im Dezember 1962 gesagt: »The camera,

John F. Kennedy, kurz bevor er in einer Straße in Dallas erschossen wurde … – und tatsächlich erlaubt uns heute die Kamera, live oder zeitversetzt an politischen Ereignissen teilzunehmen, Zeuge bestimmter Phänomene optischer Brechung zu werden, in denen man die Stadt, wie bei einem Einbruch, in all ihren Teilen sehen kann, oder auch von Brechungsphänomenen, bei denen ihr Bild über die Atmosphäre hinaus bis zu den Randgebieten des Raumes geworfen wird; und das alles zu dem Zeitpunkt, an dem das Endoskop und der Scanner die Randgebiete des Lebens sichtbar machen. Diese *Überbelichtung* erregt unsere Aufmerksamkeit genau in dem Maße, wie sie das Bild einer Welt ohne Antipoden, ohne verborgene Gesichter bestimmt, bei dem die Opazität nur ein momentanes ›Zwischenspiel‹ darstellt. Dennoch können wir beobachten, dass die Illusion von Nähe kaum andauert; dort, wo die *Polis* einst mit der *Agora*, dem Forum, Politik wie Theater inszeniert hatte, gibt es heute nichts mehr weiter als Bildröhre und Bildschirm, auf dem sich Schatten bewegen, welche die Gespenster einer im Verschwinden begriffenen Gemeinschaft vorstellen, auf dem *die Bewegung der Kinematographie den letzten Anschein von urbaner Raumgestaltung bildet*, das letzte Bild eines Urbanismus ohne Urbanität, bei dem Takt und körperlicher Kontakt dem Einschlag der Fernsehbilder gewichen sind. Das gilt nicht nur für ›Telekonferenzen‹, die es erlauben, auf Distanz miteinander zu konferieren, und so genau den Fortschritt darstellen, dem man gemeinhin der Tatsache zuschreibt, dass man sich nicht vom Fleck bewegen muss; sondern das gilt auch für die ›Tele-Verhandlungen‹, die es, ganz im Gegensatz dazu, gestatten, Abstand zu halten, miteinander zu sprechen, ohne seine Gesprächspartner in Gesellschaft zu treffen, wo es zu einer augenblicklichen und unmittelbaren physischen Nähe kommt – das ist ein bisschen wie beim Telephonterror, bei dem die Anonymität den Verrückten einen Vorwand für verbale Entgleisungen, sozusagen eine ferngesteuerte Aggression bietet.

[…] *Angesichts der durch die Verstädterung angerichteten Schäden, kann man sich zu Recht fragen, ob Raumplanung und Architektur im Begriff sind, zu einer Technologie zu werden, die genauso altmodisch ist wie die extensive Bodenbewirtschaftung in der Landwirtschaft.*

I think, is actually going to be our best inspector.« Vgl. ⟨http://www.jfklink.com/speeches/jfk/publicpapers/1962/jfk551_62.html⟩.

Und ist das Bauwesen nichts weiter als eine minderwertige Form der Bodenbeherrschung mit denselben Folgen, wie sie die übermäßige Ausbeutung der Rohstoffe mit sich brachte ...?

Ist der Verfall einer Vielzahl von Metropolen nicht gerade zum Zeichen des Niedergangs der Industrie und zu dem der Zwangsarbeitslosigkeit geworden, zum Symbol des Scheiterns des wissenschaftlichen Materialismus? ... Hier stellt der Rückgriff auf die Geschichte mit einem großen ›G‹,[5] wie ihn die Verfechter einer ›Postmoderne‹ vorschlagen, nichts weiter dar als eine Ausflucht, die es erlaubt, dem Problem der Zeit, d. h. dem Regime einer ›transhistorischen‹ Zeitlichkeit, auszuweichen, wie es aus den technischen Ökosystemen hervorgegangen ist. Wenn es heute eine Krise gibt, dann wohl eher eine Krise der (ethischen und ästhetischen) Referenzsysteme: *Es herrscht die Unfähigkeit, in einer Umwelt, in der die Erscheinungen gegen uns sind, das wahre Ausmaß der Ereignisse abschätzen zu können.* Das steigende Ungleichgewicht zwischen direkter und indirekter Information, das ein Produkt der Entwicklung und Ausdifferenzierung der Kommunikationsmedien darstellt und das tendenziell die medialisierte Information zum beträchtlichen Nachteil der durch die Sinne gelieferten Information favorisiert, führt offenbar dazu, dass die unmittelbare Wahrnehmung der Wirklichkeit durch die Simulation von Realität[6] ersetzt wird. Die Krise der großen Erzählungen der Moderne, von der Lyotard spricht,[7] stellt eine der Auswirkungen der neuen Technologien dar, die nunmehr eher auf ›Mittel‹ als auf ›Ziele‹ Wert legen.

Auf die *großen Erzählungen* als Produkte des theoretischen Prinzips von Ursache und Wirkung sind so die *kleinen Erzählungen* gefolgt, die vom praktischen Nutzen des Handelns berichteten, und

5 [Anm. d. Hg./Übers.] Im Französischen beginnt die Geschichte, die Gegenstand der Geschichtsschreibung ist, mit einem Großbuchstaben [*Histoire*] im Gegensatz zur erzählten Geschichte [*histoire*].

6 [Anm. d. Hg.] Virilio bezieht sich hier auf das Konzept des *effet de réel*, das Roland Barthes zur Erläuterung bestimmter Beschreibungsverfahren im realistischen Roman entwickelt hat, in welchen die Erzeugung von Bedeutsamkeit zurücktritt zugunsten der optischen Konstruktion bzw. Simulation von Wirklichkeit. Vgl. Roland Barthes, »L'effet de réel«, in: R. B. u. a., *Littérature et réalité*, Paris: Seuil 1988 [1968], S. 81-90.

7 [Anm. d. Hg.] Zur Theorie vom Verschwinden der großen Erzählungen in der Postmoderne vgl. Jean-François Lyotard, *Das postmoderne Wissen*, hg. von Peter Engelmann, Graz/Wien: Böhlau 1988.

schließlich die *Mikro-Erzählungen*, die nur noch von der Unabhängigkeit sprechen. Es stellt sich also nicht so sehr die Frage der ›Krise der Moderne‹ als die des Verfalls gemeinsamer Ideale, welche die unerschütterlichen Fundamente des historischen Sinns bildeten, zugunsten von mehr oder weniger beschränkten Erzählungen, die von der Entwicklung von voneinander unabhängigen Individuen handeln, als vielmehr die Frage von der Krise des ›Erzählens‹ an sich, d. h. der Krise eines von der Renaissance geerbten Diskurses oder Darstellungsmodus, der auf der Annahme beruhte, dass es eine allgemeine Fähigkeit gibt zu sprechen, zu beschreiben und das Wirkliche in Texte einzuschreiben. Auf diese Weise scheint die Krise des Begriffs ›Erzählung‹ die andere Seite der Krise des Begriffs ›Dimension‹ darzustellen, der selbst sozusagen eine geometrische Erzählung bildet, den Diskurs von der Messbarkeit eines allen gemeinsam gegebenen sichtbaren Wirklichen.

Die Krise der großen Erzählungen zugunsten der Mikro-Erzählungen erweist sich letztendlich als Krise der Erzählung vom ›Großen‹ wie vom ›Kleinen‹, sie kündet von der Ankunft des Zeitalters der Desinformation, deren Übermaß, Nichtmessbares, sich zur ›Postmoderne‹ verhält wie einst das philosophische Problemlösen und die Auflösung von (gemalten, architektonischen …) Bildern zur Geburt der Aufklärung.

Die Krise des Dimensionsbegriffs ist folglich der Ausdruck einer Krise der Vorstellung vom Ganzheitlichen, anders ausgedrückt, einer Krise des substanziellen, homogenen Raums, der seit der archaischen griechischen Geometrie überliefert wurde, zugunsten eines akzidentellen, heterogenen Raums, in dem die Teile und Brüche wieder zum Wesentlichen werden. Die Zertrümmerung und Auflösung der Figuren und der optischen Orientierungspunkte erlauben zwar alle möglichen Transmigrationen und Transfigurationen, doch trug die städtische Topographie ohne Unterlass deren Kosten, genauso wie die Landschaft und der Boden die Kosten der Mechanisierung der landwirtschaftlichen Betriebe zu tragen hatten. Dieses plötzliche Aufbrechen ganzheitlicher Formen, diese durch die Industrialisierung verursachte Zerstörung des Eigentümlichen und Einzigartigen, ist trotz der strukturellen Auflösung, die die Zersiedelung durch die Vorstädte mit sich brachte, dennoch im städtischen Raum weniger spürbar als in der Zeit, in der deutlich wahrnehmbaren Sequenzialisierung der städtischen Erscheinungen. *Und tatsächlich hat die*

›Transparenz‹ schon lange den Platz eingenommen, an dem sich früher die ›Erscheinungen‹ befanden, die Schärfentiefe der klassischen Perspektiven wurde schon seit Anfang des 20. Jahrhunderts von der Zeittiefe der fortschrittlichen Techniken abgelöst. Der Aufschwung der Kino-Industrie und der Raumfahrt fand nur wenig nach dem Durchbruch der großen Boulevards statt. Auf Haussmanns Häuserfluchten folgten die Bilderfluchten der Brüder Lumière, der *Esplanade des Invalides* folgte die Invalidierung der städtischen Raumplanung, der Bildschirm wurde plötzlich zum Platz, zur Kreuzung der Massenmedien.

Von der Ästhetik der Erscheinung eines ›stabilen und dauerhaften Bildes‹, das gerade durch seine Statik gegenwärtig ist, zu einer Ästhetik des Verschwindens eines ›instabilen Bildes‹, das nur in seiner (kinematischen und kinematografischen) Flüchtigkeit gegenwärtig ist, haben wir einer regelrechten Zertrümmerung der Formen der Darstellung beigewohnt. Auf Formen und Volumen, die dazu bestimmt waren, im Rahmen der Lebenszeit ihrer Trägermaterialien fortzudauern, folgten Bilder, deren einzige Dauer die des Nachbildes auf der Netzhaut ist ... Viel eher als das Las Vegas Venturis verdiente es Hollywood, Gegenstand einer Dissertation in der Urbanistik zu werden; denn nach den Theaterstädten der Antike und der italienischen Renaissance war es diese erste Cinecittà, die Stadt der lebenden und sich bewegenden Bilder, wo Dekor und Realität, die Pläne des Grundbuchamtes und die Plansequenzen, die Lebenden und die lebenden Toten bis zur ultimativen Konsequenz miteinander verschmolzen sind. *Hier haben die fortschrittlichen Technologien mehr als anderswo zusammengearbeitet, um eine künstliche Raumzeit zu gestalten.* Als wahres Babylon der filmischen Entwirklichung, als Industriegebiet der Illusion wurde Hollywood Stadtteil für Stadtteil, Avenue für Avenue auf der Götterdämmerung der Erscheinungen, dem Erfolg von Illusionstechniken, dem Aufschwung von Megaproduktionen wie denen von D. W. Griffith errichtet, bis schließlich die Megalomanie in der Stadtplanung in Disneyland, Disneyworld und dem Epcot-Center Gestalt angenommen hat.

Wenn Francis Coppola heute *One from the Heart* (1982) dreht, indem er seine Schauspieler mit Hilfe eines elektronischen Verfahrens in die Aufnahmen der Kulissen eines Las Vegas hineinmontiert, das in Originalgröße in den Studios der Zoetrope Company in Hollywood nachgebaut wurde, *nur weil dieser Regisseur sich beim Dreh sei-*

nes Films nicht der wirklichen Stadt anpassen wollte, sondern weil er wollte, dass diese sich dem Film anpasst, dann übertrifft er bei Weitem Venturi; denn er stellt nicht die Ambiguität der zeitgenössischen Architektur heraus, sondern bringt vielmehr das ›gespenstische‹ Wesen der Stadt und ihrer Einwohner als solches zur Anschauung.[8]

Zur ›Papierarchitektur‹ der Utopisten der 60er-Jahre ist die videoelektronische Architektur der Spezialeffekte eines Harryhausen oder eines Trumbull gekommen – und das genau zu dem Zeitpunkt, als der Computer seinen Einzug in die Planungsbüros der Architekten hielt … »*Video* heißt nicht Ich sehe, sondern Ich fliege«, erklärte Nam June Paik.[9] Mit dieser Technik ist der Überflug nicht mehr die Frage der theoretischen Höhe, d. h. eine Frage der Einstellungsgröße, sondern stellt ein optisches und elektronisches Interface dar, das in Echtzeit funktioniert und so unweigerlich eine Neudefinition des Bildbegriffs mit sich bringt. Wenn die Flugtechnik, die bemerkenswerterweise zur selben Zeit auf der Bühne erschienen ist wie der Film, mit dem Wechsel des Blickpunkts in die Vertikale einen radikalen Wandel in der Wahrnehmung der Welt ausgelöst hat, so werden die infografischen Techniken ihrerseits eine Neubewertung des Wirklichen und seiner Darstellungen nach sich ziehen. Das kann man übrigens anhand des *Tactical Mapping System* nachprüfen, einer von der *Defense Advanced Research Projects Agency* des amerikanischen Verteidigungsministeriums herausgegebenen Videodisk, die es ermöglicht, die Stadt Aspen in ihrer Gesamtheit zu betrachten, indem man den Ablauf der 54 000 Einzelbilder beschleunigt oder verlangsamt, die Richtung sowie die Jahreszeit ändert, so wie man beim Fernsehen den Kanal wechselt. Auf diese Weise verwandelt sich die Stadt zu einer Art ballistischem Tunnel, in dem die Funktionen der Waffe und die des Auges eins werden …

8 [Anm. d. Hg.] Francis Ford Coppola (1939), Regisseur (*The Godfather*, 1972-1990, *Apocalypse Now*, 1979) und Produzent. Robert Venturi (1925), Architekt, der in seinem mit anderen geschriebenen Buch *Learning from Las Vegas* (1972) Las Vegas als Modellfall zeitgenössischer Architektur beschrieben hat. D. W. Griffith (1875-1948), Regisseur (*The Birth of a Nation*, 1915), gilt als ›Erfinder‹ der filmischen Montage.

9 [Anm. d. Hg.] Ray Harryhausen (1920) entwickelte in Filmen wie *The Beast from 20,000 Fathoms* (1953) zahlreiche neuartige Verfahren für Spezialeffekte. Douglas Trumbull (1942), Verantwortlicher für die Spezialeffekte u. a. in *2001: A Space Odyssey* (1968) und *Blade Runner* (1982). Nam June Paik (1932-2006), Pionier der Videokunst.

Wenn die Architektur sich also bisher an der Geologie, der Tektonik des natürlichen Bodenreliefs maß, indem sie Pyramiden, Türme und weitere neugotische Verzierungen konstruierte, misst sie sich von nun an nur noch an den *Spitzentechnologien*, deren schwindelerregende Meisterleistungen uns alle vom Horizont der Erde vertreiben.

Die Metropole ist so eine Art ›Neogeologie‹ oder ›Monument Valley‹ einer Pseudo-Steinzeit, nichts weiter als eine gespenstische Landschaft oder das Fossil von vergangenen Gesellschaften, in denen die Techniken noch eng mit der sichtbaren Veränderung der Materialien verbunden waren und von denen die Wissenschaften uns nach und nach entfremdet haben.

Biobibliographische Angaben

Paul Virilio
* 4. 1. 1932 (Paris)

Studium der Architektur mit Schwerpunkt Urbanismus; Militärdienst als Kartograph, u. a. im Algerienkrieg; jahrelange Beschäftigung mit Bunkerarchitektur im Zweiten Weltkrieg, woraus 1975 die Ausstellung *Bunker Archéologie* hervorgeht; 1969-1998 Professor an der *École Spéciale d'Architecture* in Paris; Herausgeber der Reihe *L'espace critique* beim Verlag Galilée; Organisation einer Reihe weiterer Ausstellungen zur Geschichte der Raumwahrnehmung, darunter: *Vitesse* (1991), *Ce qui arrive* (2003); lebt in La Rochelle.

Textnachweis

»La ville surexposée«, in: P. V.: *L'espace critique*, Paris: Bourgois 1984, S. 9-31, hier: S. 12-21 (mit kleinen Kürzungen) und 26-31 [Erstübersetzung in: Karl Gerbel, Peter Weibel (Hg.), *Intelligente Ambiente*. Katalog *Ars electronica* 1994, Bd. 1, ⟨http://www.aec.at/de/archives/festival_archive/festival_catalogs/festival_artikel.asp?iProjectID=8678⟩].

[Neuübersetzung von Hermann Doetsch.]

1975: *Bunker-Archäologie*, aus dem Französischen von Bernd Wilczek, München: Hanser 1992 [*Bunker Archéologie*, Paris: Éditions du Demi-Cercle].
1976: *L'insécurité du territoire*, Paris: Galilée ²1993.
1980: *Ästhetik des Verschwindens*, aus dem Französischen von Marianne Karbe und Gustav Roßler, Berlin: Merve 1986 [*Esthétique de la disparition*, Paris: Galilée].
1984: *Der negative Horizont. Bewegung, Geschwindigkeit, Beschleunigung*, aus dem Französischen von Brigitte Weidmann, München/Wien: Hanser 1989 [*L'horizon négatif. Essai de dromoscopie*, Paris: Galilée].
1984: *Krieg und Kino. Logistik der Wahrnehmung*, aus dem Französischen von Frieda Grafe und Enno Patalas, München/Wien: Hanser 1986 [*Guerre et Cinéma I. Logistique de la perception*, Paris: Cahiers du Cinéma].
1993: *Die Eroberung des Körpers. Vom Übermenschen zum überreizten Menschen*, aus dem Französischen von Bernd Wilczek, München/Wien: Hanser 1994 [*L'art du moteur*, Paris: Galilée].

Sekundärliteratur

Armitage, John (Hg.): *Paul Virilio. From Modernism to Hypermodernism and Beyond*, London: Sage 2000.
Kirchmann, Kay: *Blicke aus dem Bunker. Paul Virilios Zeit- und Medienphilosophie aus der Sicht einer Philosophie des Unbewussten*, Stuttgart: Klett-Cotta 1998.
Kloock, Daniela: »Ästhetik der Geschwindigkeit. Paul Virilio«, in: D. K./ Angela Spahr, *Medientheorien. Eine Einführung*, München: Fink 1997, S. 133-164.
Marzocca, Ottavio: »Virilio. La sparizione nella luce«, in: O. M.: *Filosofia dell'incommensurabile. Temi e metafore oltre-euclidee in Bachelard, Serres, Foucault, Deleuze, Virilio*, Mailand: Franco Angeli 1989, S. 193-220.
Redhead, Steve: *Paul Virilio. Theorist for an Accelerated Culture*, Edinburgh: Edinburgh University Press 2004.
Tholen, Georg Christoph: »Geschwindigkeit als Dispositiv. Zum Horizont der Dromologie im Werk Paul Virilios«, in: Joseph Jurt (Hg.), *Von Michel Serres bis Julia Kristeva*, Freiburg i. Br.: Rombach 1999, S. 135-162.

15 Vilém Flusser
Räume

Wir (nämlich jene Lebewesen, die ›Organismus‹ heißen) sind Röhren, durch deren eine Öffnung die Welt hereinfließt, um durch die andere wieder hinauszufließen. Das heißt: es gibt für uns ein Vorne (Schlund) und ein Hinten (After). Die meisten von uns sind symmetrisch gebaut, aber nicht eigentlich rund um die Röhre, sondern entlang der Röhre. Das heißt: die meisten von uns können zwischen rechts und links unterscheiden (allerdings gilt dies nicht für die vielseitigen Seesterne und die einseitigen Schnecken, um nur zwei Beispiele zu nennen). Ursprünglich sind wir wohl alle im Sand der Brandung eines kambrischen Meers nach vorn und nach hinten, und nach rechts und nach links gekrochen: der Name für lebende Röhren ist ja ›Würmer‹. Von den Dimensionen ›oben und unten‹ ist bei so einem Kriechen eigentlich keine Rede. Nur haben sich einige von uns vom Boden abgestoßen (zum Beispiel Vögel und Insekten), und andere haben sich aufgerichtet, obwohl sie am Boden blieben (zum Beispiel Kopffüßler und Menschen). Für die sich abgestoßen habenden Würmer haben sich aus ›vorn-hinten‹ und ›rechts-links‹ Fächer von zusätzlichen Dimensionen geöffnet, zum Beispiel ›rechts unten‹ oder ›oben vorn‹. Für die aufgerichteten, kleben gebliebenen Würmer sind es nicht Dimensionsfächer, sondern eher Dimensionsachsen, die sich geöffnet haben: ein Achsenkreuz eben. Und damit ist der sogenannte Lebensraum beschrieben. Alle anderen Räume sind Abstraktionen davon.

Tatsächlich haben wir die eigentümliche Fähigkeit, zu abstrahieren. Wir können uns (mehr oder weniger) aus unserem Lebensraum hinausziehen und anderswohin versetzen. Zum Beispiel können wir uns vorzustellen versuchen (und noch besser zu begreifen versuchen), in welch einem Raum sich etwa Spiralnebel befinden könnten, (die sich ja in Wirklichkeit gar nicht befinden können, sondern nur von uns selbst gefunden werden können). Was das für ein Raum ist, kann nicht gut in Worten, sondern besser in Zahlen ausgedrückt werden, weil Worte zu sehr am Lebensraum kleben, während Zahlen abstrakter zu sein scheinen. Wir können demnach den Spiralnebelraum (problematisch) berechnen und dann versuchen, dies in

Worte zu übersetzen, um es uns vorzustellen. Was dabei herauskommt, sind verkrüppelte oder chimärische Worte wie ›gekrümmter Raum‹ oder ›Raumzeit‹. Das kommt, weil die Algorithmen, die den Spiralnebelraum zu begreifen versuchen, mit vier Dimensionen arbeiten müssen, während unsere Lebensraumworte eigentlich nur Zweidimensionales fassen und mit Mühe in die dritte hinausreichen können. Der Spiralnebelraum (kurz: Weltraum) ist zwar nicht ganz unsäglich, aber unbequem sagbar. Aber er ist nicht nur berechenbar, sondern diese Algorithmen können auch als synthetische Bilder in Schirmen sichtbar gemacht werden. Und tatsächlich haben einige wenige von uns aufgrund dieser Algorithmen begonnen, aus dem Lebensraum in die naheliegendsten Ränder des Weltraums zu kriechen.

Dabei wird immer peinlicher deutlich, daß Raum mit Zeit unentwirrbar vorgestellt und begriffen zu sein hat. Das ist peinlich, weil bisher diese beiden (sagen wir einmal) Dimensionen als miteinander verbunden (und nicht als ineinander verworren) erlebt und angesehen wurden. Zum Beispiel sah man die Zeit als eine Strömung im Raum, welche die sich dort befindlichen Dinge ordnet (mythische Sehart). Oder man sah den Raum als einen Kahn, der im Strom der Zeit in Richtung Zukunft getrieben wird, und daß dabei alle Dinge mitgerissen werden (historische Sehart). Oder aber man hielt den Raum für ein nach allen Seiten hin offenes Achsenkreuz (für unendlich) und die Zeit für einen zwar eindeutig aus der Vergangenheit zur Zukunft fließenden Strom, aber ohne Quelle und Mündung (für ewig). Dieses sonderbare Weltbild rechtfertigte man durch die Tatsache, daß etwas ›jenseits von Raum und von Zeit‹ unvorstellbar ist (so, als ob andererseits eine grenzenlose Zeit und ein grenzenloser Raum vorstellbar wären). Zwar wußte man selbstredend, daß der Lebensraum begrenzt ist, aber dies erklärte man dadurch, daß auch die Lebenszeit begrenzt ist: wir haben nicht genügend Zeit zur Verfügung, um den ganzen Lebensraum zu erfahren. Damit war die Grenze des Lebensraums (wie der Lebenszeit) der Tod, aber nur der eigene; andere überleben mich und werden wieder von anderen überlebt, also ist der gemeinsame Lebensraum unendlich und die gemeinsame Lebenszeit ewig.

Es wird immer peinlicher deutlich, daß wir angesichts der Berechnungen des Weltraums all diese Vorstellungen, Weltanschauungen und Erfahrungen (also sowohl das mythische wie das historische

Bewußtsein) aufzugeben haben. Es stellt sich nämlich bei den Weltraumberechnungen heraus, daß die Welt ein sich mit der Zeit ausdehnender Raum oder eine sich mit dem Raum zusammenziehende Zeit ist. Das läßt sich so in Worte fassen: die Welt ist genau so groß wie alt, weil nämlich beide Messungen (Dimensionen) ein und dasselbe messen. Aber es läßt sich auch dramatischer sagen: die Welt ist zeitlich und räumlich begrenzt (sie hat einen quantifizierbaren Durchmesser, ein quantifizierbares Gewicht und ein quantifizierbares Alter), weil der Tod in der Raumzeit in Form der Gleichung des Zweiten Grundsatzes der Thermodynamik vorprogrammiert ist. Gegen so eine scheinbar hochtrabende Behauptung läßt sich einwenden, daß uns das hier und jetzt nichts angeht. Wir sind im Lebensraum, nicht im Weltraum, und pfeifen auf (und im Rande vom) Weltraum. Aber so ist das leider nicht abzuräumen: der Weltraum ist nämlich nicht nur eine Abstraktion aus dem Lebensraum, sondern der Lebensraum ist ebenso eine Konkretion aus dem Weltraum. Wir können zwar sagen, daß bei uns zu Hause die Zeit durch den Raum weht, oder der Raum mit der Zeit schwimmt, aber dieses ›Zuhause‹ muß leider als eine Krümmung im Weltraum angesehen werden, sonst ist es nicht mehr verständlich. Anders gesagt: seit wir den Weltraum berechnen, erfahren wir den Lebensraum anders.

Es gibt jedoch außer dem Weltraum noch mindestens einen anderen Raum, der ebenso ungemütlich ist wie dieser. Wir können uns nämlich nicht nur in Spiralnebel, sondern ebensogut (oder schlecht) in die Teilchen versetzen, aus denen wir aufgebaut sind, und fragen, wie der Raum aussieht, in welchem sich diese Teilchen befinden würden, falls sie sich überhaupt befinden könnten. Auch bei dieser Frage werden wir auf Worte zugunsten von Zahlen verzichten müssen, und dabei leider feststellen, daß derartige Gleichungen sich weigern, in Worte übersetzt zu werden. Es kommen nämlich bei Übersetzungsversuchen solche Monstren heraus wie ›stehende Wahrscheinlichkeitswelle‹ oder ›quantische Sprünge‹. Bedenken wir einmal, was das zweite Monstrum da aussagt. Daß es Teilchen gibt, die Abstände überspringen, ohne dabei Zeit zu brauchen, daß sie also an zwei verschiedenen Orten gleichzeitig sind. Das können wir uns nicht nur nicht vorstellen, sondern auch nicht wörtlich und buchstäblich begreifen. Wir können es eben nur berechnen. Das kommt, weil Gleichungen raum- und zeitlos sind und sich daher gegen Raum- und Zeitbegriffe und Vorstellungen nicht stoßen. Gleichungen sind raum- und zeitlos, denn es hat keinen Sinn, fragen zu wollen, ob ›1 + 1 = 2‹ auch um vier Uhr nachmittags in Semipalatinsk wahr ist. Übersetzen wir aus derartigen Algorithmen in Worte, dann müssen wir leider sagen, daß der Teilchenraum (und die Teilchenzeit) noch nicht (oder schon nicht mehr) real ist, sondern daß er noch (oder schon wieder) virtuell ist. Es ist jener Raum, worin sich Teilchen befinden würden, wenn sie sich befinden könnten und wenn sie wirklich wären. Da mit dem Wort ›virtueller Raum‹ so leichtsinnig umgegangen wird, ist es gut, sich seinen Ursprung ins Gedächtnis zu rufen: das Wort meint jenen Noch-nicht-Raum, in welchem Noch-nicht-Wirklichkeiten ihre Noch-nicht-Zeit verbringen.

Es geht uns mit dem virtuellen Raum wie mit dem Weltraum: man kann darauf nicht pfeifen. Und zwar nicht, weil aus dem virtuellen Raum Nuklearbomben und Tschernobyls explodieren (etwa wie in den Weltraum Sonden fahren), sondern weil wir den Lebensraum anders erfahren, seit wir den virtuellen Raum kalkulieren. Der Hauptgrund ist in diesem Fall, daß die Rechnungen im virtuellen Raum anders als im Lebensraum aussehen. Es geht im virtuellen Raum noch nicht (oder nicht mehr) um tatsächlich Kalkulierbares (um harte Steinchen = calculi), sondern nur um Möglichkeiten, also um mehr oder weniger große Wahrscheinlichkeiten. Eleganter gesagt: die Mathesis des virtuellen Raums ist die Wahrscheinlichkeitsrechnung. Und das heißt: dort ist nichts wahr oder falsch, sondern alles ist dort mehr oder weniger wahrscheinlich. Das muß auf die Lebenswelt zurückschlagen, ob wir dies wollen oder nicht wollen. Wir können nicht anders als fortan die Wahrheit als einen unerreichbaren Grenzwert der Wahrscheinlichkeit ansehen. Wodurch auch unser konkreter Lebensraum etwas Virtuelles in sich saugt: wir sind nicht mehr so überzeugt, daß der Lebensraum tatsächlich konkret ist.

Erschwerend kommt hinzu, daß diese drei hier besprochenen Räume nicht etwa eine Leiter bilden: oben der Weltraum, unten der virtuelle Raum und dazwischen der Lebensraum, den wir bewohnen. Aber sie bilden leider auch keine russische Puppe: der Weltraum enthält den Lebensraum, und darin ist der virtuelle Raum enthalten. Sondern sie bilden eine verzwickte Schleife: der Weltraum wird vom virtuellen enthalten und der virtuelle vom Weltraum, und der Lebensraum ist ein Sonderfall sowohl des Weltraums wie des virtuellen Raumes. Also sind nicht nur die beiden Nichtlebensräume unvorstellbar, sondern ebenso unvorstellbar ist, wie diese drei Räume ineinandergreifen. Vielleicht hat dies mit dem Paradox zu tun, daß das Gehirn die Welt enthält, von der es enthalten wird, weil im Gehirn Prozesse des virtuellen Raums (quantische Sprünge über Synapsen) vor sich gehen. Jedenfalls muß sich jeder, der gegenwärtig den Raum zu bedenken versucht, zuerst einmal dieser mehr als verzwickten Lage bewußt sein. Man kann zum Beispiel nicht mehr so naiv an die Raumgestaltung herangehen, wie dies uns vorangegangene Architekten und Urbanisten tun konnten. Und es sieht so aus, als ob man angesichts der erwähnten (und nicht erwähnten) biologischen, kosmologischen und kernphysikalischen Probleme überhaupt nicht mehr an die Raumgestaltung herangehen könnte, ohne eine ganze Herde von Spezialisten mitziehen zu müssen. Die folgenden Überlegungen werden zugunsten einer Alternative zur sogenannten ›trans-spezialisierten‹ Raumgestaltung argumentieren.

Unser Lebensraum (also der Raum der sich empörenden, aber am Boden kleben gebliebenen Würmer) ist Tausende von Kilometern lang und breit, aber seine Höhe übertrifft kaum einige Meter. Diese lange und breite, aber niedrige Kiste teilen unsere Raumgestalter in Unterräume auf, etwa in den Arbeits-, den Freizeit- und den Wohnraum. Bei der Niedrigkeit der Kiste ist es nicht zu verwundern, daß diese Gestalter nicht eigentlich räumlich (topologisch), sondern flächenartig (geometrisch) denken, und daß sie die Zeit in Funktion des Kriechens von Unterraum zu Unterraum betrachten. Die Raumgestalter sind eigentlich Feldmesser (Geometer), und sie teilen das Feld in Flächen, die hintereinander (chronologisch) aufgesucht werden. Gegenwärtig jedoch beginnt sich unter dem Einfluß der im Weltraum und im virtuellen Raum gewonnenen Erkenntnisse der Deckel des Lebensraums aufzulösen, und wir beginnen, mitten im Lebensraum obdachlos zu werden. Der sich empörende Wurm beginnt sich vom Boden abzukleben, bodenlos zu werden. Das wird die Raumgestalter zwingen, in raumzeitlichen statt in geometrisch-chronologischen Kategorien zu denken. Bevor dies eintritt, ist ein schneller Überblick über die bisherige Raumgestaltung geboten.

Homo sapiens hat die weitaus längste Zeit seiner Gegenwart hienieden (ungefähr 60 000 Jahre) nomadisch verbracht: er ist den großen Grasfressern nachgelaufen. Damals hatte er keine Raumgestalter nötig: der Lebensraum teilte sich spontan in einen Jagdraum (die Steppe) und einen Verdauungs- und Fortpflanzungsraum (die Hütte[1]). Seit ungefähr 10 000 Jahren wird es dramatisch wärmer, der Wald (dieser Todfeind des Menschen) ist in die Steppe gedrungen, die großen Grasfresser sind ausgestorben oder in ungastliche Gegenden ausgewandert, und wir mußten uns dazu herablassen, selber das Gras zu essen, statt es den Tieren überlassen zu können. Diese Herablassung nennt man Niederlassung oder Seßhaftigkeit, denn man muß darauf warten, bis die Gräser reifen, bevor man sie essen kann, und das tut man besser sitzend. Nun ist die Niederlassung, das Dorf, die Stadt, dadurch gekennzeichnet, daß man dort einerseits sitzt und wartet, und auf der anderen Seite die Gräser sammelt, speichert, verteilt und behütet. Der Sitz- und Warteraum heißt der Privatraum, und der Gräserraum (das Kornhaus) heißt der öffentliche. Seither sind die Raumgestalter leider nötig geworden, denn die Einteilung des Lebensraums in Privatraum und öffentlichen, republikanischen, politischen (oder wie immer man das Kornhaus nennen will) ist und bleibt problematisch. Es gibt immer wieder Einbrüche aus dem Privatraum in die Republik und aus der Politik in den Privatraum, und Raumgestalter sind dazu da, den Verkehr zwischen privat und öffentlich zu regeln. Zu diesem Zweck eben entwerfen sie Mauern, Fenster und Türen, und Straßen, Plätze und Tore. Privat und öffentlich sind die beiden großen Lebensraumkategorien, und alle übrigen Räume sind dort einzuräumen.

Man kann nicht behaupten, daß die Raumgestalter den Verkehr zwischen privat und politisch gut geregelt haben: Einbrüche, Diebstähle, Sklaverei, Unterdrückung der Frau, Kriege, Revolutionen und Polizeiübergriffe sprechen dagegen. Aber das raumgestalterische Denken und Handeln ist im Verlauf der letzten 10 000 Jahre dennoch von dieser Dialektik ›privat/öffentlich‹ gekennzeichnet. Und ›Zeit‹ ist dabei das Pendeln zwischen Öffentlichem und Privatem, wobei dieses Pendeln als der eigentliche Lebenslauf angesehen wird. Hegel hat gezeigt, warum die Raumgestalter scheitern mußten: Gehe ich aus dem Privatraum hinaus in die Welt, um sie zu erobern, dann verliere ich mich darin, und kehre ich heim, um mich wiederzufinden, dann muß ich die Welt verlieren. Das nennt Hegel

1 [Anm. d. Hg.] Im Typoskript ›Hütte‹.

bekanntlich das »unglückliche Bewusstsein«,[2] und die Raumgestaltung ist bisher aus diesem Bewußtsein entstanden.

Das beginnt nun anders zu werden. Vieles spricht dafür, daß wir die 10 000 Jahre der Seßhaftigkeit abgesessen haben. Das ist oberflächlich daran erkenntlich, daß der öffentliche Raum (die Politik, die Republik) keine Funktion mehr hat und unter dem immer dichter werdenden Netz von sichtbaren und unsichtbaren Kabeln verschwindet. Die Trennung zwischen privat und publik wird immer weniger sinnvoll, wenn die sogenannten Politiker durch Kabel hindurch in der Küche uneingeladen auftauchen können. Das zwingt die künftigen Raumgestalter auch oberflächlich (und noch nicht tatsächlich räumlich) gesehen, nicht mehr über Dinge wie Mauern, Fenster und Türen, und auch nicht über Straßen, Plätze und Tore, sondern eher über Dinge wie Kabel, Netze und Information nachzudenken. Geht man der Sache jedoch ein wenig nach, das heißt taucht man ein wenig unter die Oberfläche und überschaut man sie ein wenig von etwas höher, dann beginnt sich zu zeigen, was bei dieser Umgestaltung des Lebensraums tatsächlich im Spiel ist. So nämlich: der virtuelle Raum und der Weltraum beginnen, in den Lebensraum einzubrechen, ihn teilweise zu überdecken (*overlap*), und einander zu überdecken. Dadurch werden wir vom Boden (aus dem Hier und Jetzt) gerissen und gezwungen, vogelfrei zu werden. Dazu einige Beispiele, um die Sache vor Augen zu führen:

Beim Berechnen des Virtuellen (also jener Teilchen, die noch nicht eigentlich wirklich sind) sind neue Raum- und Zeitbegriffe aufgetaucht, die wir anwenden können, auch wenn wir sie uns nicht vorstellen können. Vorläufig beschränkt sich diese Anwendung auf ein einziges der vier Möglichkeitsfelder, auf das elektromagnetische, aber die Folgen sind dennoch gewaltig. Denn dank dieser Anwendung sind wir alle (und jeder von uns) virtuell überall gleichzeitig zugegen, und alles wird von überall gleichzeitig bei jedem von uns gegenwärtig. Das heißt nicht nur, daß wir alle virtuell passiv im Golfkrieg gegenwärtig sind, sondern auch (und das ist entscheidender), daß wir (jeder von uns) aktiv mit jedem von uns etwa Schach

2 [Anm. d. Hg.] Flusser bezieht sich offensichtlich auf das Kapitel »Freiheit des Selbstbewusstseins: Stoizismus, Skeptizismus und das unglückliche Bewusstsein«, in: Georg Wilhelm Friedrich Hegel, *Phänomenologie des Geistes* [1807], *Werke*, Bd. 3, hg. von Eva Moldenhauer und Karl Markus Michel, Frankfurt am Main: Suhrkamp 1986, S. 155-177.

spielen können, wobei geographische Entfernungen keinerlei Rolle spielen. Also ist virtuell (elektromagnetisch) der geographische Raum (eigentlich die Fläche) und die historische Zeit (eigentlich die Chronologie) überwunden, und wir sind virtuelle Bewohner einer virtuellen Raumzeit geworden.

Die Berechnungen im virtuellen Raum und im Weltraum stimmen darin überein, daß das, was wir ›Körper‹ nennen, Raffungen sind (oder, wie man gegenwärtig sagt, ›Komputationen‹). Vom Standpunkt der virtuellen Teilchen ist ein Körper eine Ballung von Teilchen, wodurch die Teilchen ›wirklicher‹ im Sinn von eben ›körperlicher‹ werden. Vom Standpunkt der Kosmologie sind Körper jene Orte im Raum, wo Energiefelder dichter werden, also etwa Täler im sich krümmenden Weltraum. Diese beiden Erkenntnisse (die im Grunde die gleichen sind) beginnen wir anzuwenden und aus möglichen Streuungen ›wirkliche‹ Raffungen zu komputieren. Fotos, Filme, Videobilder, synthetische Bilder und Hologramme sind als aufeinanderfolgende Stufen auf der Leiter zur Komputation aus Möglichem in Wirkliches anzusehen. Über das Hologramm hinaus wird es technisch immer machbarer, Körper zu komputieren, die in nichts der Wirklichkeit der Körper nachstehen, die den Lebensraum füllen.

Die sich dadurch öffnenden neuen, virtuellen, ›alternativen‹, Lebensräume, die sich ontologisch in nichts vom gegebenen Lebensraum unterscheiden müssen, bringen eine zwar traditionelle, aber nicht ausgearbeitete Raumzeit-Kategorie ins Spiel, nämlich die Nähe. (Die sich damit beschäftigende Disziplin heißt ›Proxemik‹.) ›Nähe‹ meint sowohl zeitlich wie räumlich interessant, und ›nähernd‹ meint, aus der Ferne in die Gegenwart rücken. Das Wort ›annähernd‹ meint, Entferntes beinahe im Griff zu haben, also bei›nahe‹. Die Technik des Annäherns heißt ›Telematik‹, wobei die Vorsilbe ›Tele-‹ jene Ferne meint, die nahezubringen sie vorhat. Ein Teleskop ist ein Apparat zum Näherbringen, und ebenso ein Telephon, ein Telepath oder ein Telex. Im neu sich öffnenden alternativen Lebensraum geht es zu wie im Weltraum: es entstehen dort Wellentäler, in denen Fernen telematisch aneinanderrücken. Nur sind es diesmal nicht virtuelle Teilchen, die aneinanderrückend Körper bilden, sondern Menschen, die einander näher rückend Gemeinschaften bilden. Über geographische und zeitliche Abstände hinweg bilden sich miteinander vernetzte und verkabelte Gruppen aus, die mit den hergebrachten Raumkategorien wie ›Familie‹, ›Volk‹ oder ›Stand‹ nicht mehr gefaßt werden können. Vor allem, weil es nicht mehr möglich ist, Grenzen zu ziehen. Ein Netz aus intersubjektiven Relationen ist im Entstehen, worin die adäquate Kategorie die existenzielle Nähe ist, und dieses Netz schwingt in einem Raum und einer Zeit, von denen sich die Raumgestalter bisher nichts haben träumen lassen, aber von denen sie werden künftig träumen müssen.

Diese drei eben angeführten armseligen (aber dennoch atemberaubenden) Beispiele müssen hier genügen, um den Einbruch des Weltraums und des virtuellen Raums in den Lebensraum des sich empörenden Wurms vor Augen zu führen. Dem werden sich die künftigen Raumgestalter wohl oder übel zu stellen haben. Sie werden dabei dennoch keine Molekularbiologen, Neurophysiologen, Kernphysiker, Elektroniker, Kosmologen und Mathematiker zu Hilfe rufen müssen. Im Gegenteil: sie werden beim Entwerfen der neuen Räume über dem Gewimmel dieser Spezialisten zu stehen haben. Denn worum es ihnen ja gehen wird, ist nicht selbst Kabel zu legen, alternative Welten zu komputieren und intersubjektive Anziehungskräfte zu mobilisieren, sondern eben Räume für derartige vorerst nicht recht vorstellbare Aktivitäten zu öffnen. Das ist die Aufgabe alles Raumgestaltens: Räume zu öffnen, innerhalb welcher etwas hingestellt wird, was vorher nicht vorgestellt werden konnte. Bisher haben sich die Raumgestalter (die Architekten, Urbanisten und Landschaftsdesigner) darum bemüht, Räume für das Pendeln zwischen Privatem und Öffentlichem zu öffnen, und daher einem historisch bewußten Leben Raum zu gewähren. Jetzt müssen sie sich um eine andere, noch nicht deutlich erkennbare, posthistorische Lebensform bemühen.[3]

So undeutlich diese Aufgabe auch sein mag, eins ist daran dennoch erkenntlich. ›Raum‹ kann nicht mehr eine niedrige Kiste sein, die auf dem Boden sitzt und durch welche die Zeit in Richtung Zukunft durchbläst. Eher hat ›Raum‹ eine Blase zu sein, die sich in die Zukunft hinausdehnt. Und ›Raum‹ hat nicht mehr ein Gerüst zu sein, innerhalb dessen sich Leben ereignet, oder ein Skelett, auf das sich das Leben stützt, um nicht zu zerfließen. Eher hat ›Raum‹

3 [Anm. d. Hg.] Weiter ausgeführt hat Flusser dies in *Vom Subjekt zum Projekt. Menschwerdung*, hg. von Stefan Bollmann und Edith Flusser, Frankfurt am Main: Fischer 1998.

eine lebende Haut zu sein, die Informationen aufnimmt, sie speichert, verarbeitet, um sie weiterzugeben. Mit anderen Worten: so undeutlich die Aufgabe der Raumgestalter gegenwärtig noch sein mag, deutlich ist bereits, daß der künftige Raumbegriff nicht mehr kartesisch sein wird, kein starres Achsenkreuz mehr. Daher kann damit gerechnet werden, daß der künftige Mensch nicht mehr in Kisten wohnen, arbeiten und sich die Zeit vertreiben wird, ob diese Kisten nun einzeln gesetzt sind wie Eier, aufeinandergeschichtet wie Bienenwaben, oder aneinandergeklebt wie Ketten.

Wenn nun die beiden Raumkategorien ›privat und öffentlich‹ aufgegeben sein werden (und sie sind ja bereits zerfallen), dann wird das Wohnen, das Arbeiten und der Zeitvertreib (die lange und kurze Weile) unter dem Zeichen der Informatik ins Zentrum des Raumproblems treten. ›Wohnen‹ wird dann wohl bedeuten, Gewohnheiten dem Geräusch entgegensetzen, um Information zu ergeben, und Wohnraum wird jener Raum zu sein haben, in welchem Redundanzen in Geräusche eingeführt werden. ›Arbeiten‹ wird dann wohl bedeuten, Informationen auf Stoff zu drücken, und da dieses Drücken mechanisierbar ist (von Maschinen besser als vom Menschen durchgeführt werden kann), wird Arbeitsraum jener Raum zu sein haben, in welchem Informationen zwecks Aufdrücken programmiert werden können. ›Zeitvertreib‹ wird dann wohl bedeuten, die von allen Seiten heranstürmende Zukunft durch Raster zu sieben (da ja die Zeit nicht mehr aus der Vergangenheit in Richtung Zukunft, sondern als Vergegenwärtigung der Zukunft, also räumlich, erkannt und erlebt werden wird[4]), und Freizeitraum wird daher jener Raum zu sein haben, in welchem die Zukunft vorweggenommen wird (futuriert wird), um die Gegenwart zu informieren. Daraus ist ersichtlich, daß die drei wahrscheinlich künftig grundlegenden Räume einander ebenso überschneiden werden, wie dies mit den drei umfassenden Räumen ›Lebensraum‹, ›Weltraum‹, ›virtueller Raum‹ der Fall ist.

Und damit ist wahrscheinlich das entscheidende Merkmal der künftigen Raumgestaltung (und aller künftiger Raumbegriffe) zu Worte gekommen. Da wir bisher den Raum vom Boden her, also geometrisch, erlebt und verstanden haben, war bisher das Merkmal

4 [Anm. d. Hg.] Der von den ursprünglichen Herausgebern offensichtlich trunkierte Satz wurde nach dem Typoskript ergänzt.

alles Räumlichen die Definition, die Grenze. Und jetzt, da wir den Raum von innen her, also topologisch, zu erleben und zu verstehen beginnen, wird das Merkmal alles Räumlichen das Überschneiden, das Überdecken, das Ineinandergreifen werden; und die Frage, die dann im Interessenzentrum stehen wird, wird diese vierdimensionalen grauen Zonen betreffen. Und das ist der Grund, warum im vorliegenden Aufsatz angenommen wird, die künftige Raumgestaltung werde nicht eine Spezialisation, sondern eine Generalisation sein. Sie wird nämlich eine Vielzahl von ineinandergreifenden, sich im Raum und in der Zeit verschiebenden grauen Zonen zu öffnen haben, innerhalb welcher die Spezialisten der einzelnen Sphären gemeinsam Informationen schaffen, speichern und verteilen werden. Dieser Utopie, also diesem Nichtraum für einander gegenseitig befruchtende Schaffende, die einander immer näher rücken um einander anzuerkennen, ist dieser Aufsatz gewidmet.

Biobibliographische Angaben

Vilém Flusser
* 12. 5. 1920 (Prag) – † 27. 11. 1991 (bei Prag)

Philosoph und Medienwissenschaftler; emigriert 1939 über England nach Brasilien, arbeitet zunächst im Import/Export und in der Industrie (Radio- und Transformatorenfabrik Stabivolt); 1964-1970 Professor für Kommunikationstheorie an der Fundação A. A. Penteado in São Paulo; 1972 Übersiedlung nach Europa, wo Flusser und seine Frau sich schließlich in der Provence niederlassen; 1983 veröffentlicht Flusser, der in vier Sprachen schreibt, mit *Für eine Philosophie der Photographie* sein erstes deutsches Buch; zahlreiche Gastprofessuren und -dozenturen in Europa und den USA; kommt 1991 bei einem Autounfall auf dem Weg von Prag nach Deutschland ums Leben.

Textnachweis

»Räume«, in: Heidemarie Seblatnig (Hg.), *außen räume innen räume. Der Wandel des Raumbegriffs im Zeitalter der elektronischen Medien*, Wien: Universitätsverlag 1991, S. 75-83.

Weitere Texte zur Raumtheorie (Auswahl)

1991: »Raum und Zeit aus städtischer Sicht«, in: Martin Wentz (Hg.), *Stadt-Räume. Die Zukunft des Städtischen*, Bd. 1, Frankfurt am Main/New York: Campus, S. 19-24.

1993: *Lob der Oberflächlichkeit.* Für eine Phänomenologie der Medien, Mannheim: Bollmann [2]1995, vor allem »Das Abstraktionsspiel«, S. 9-59.

1993: *Vom Stand der Dinge. Eine kleine Philosophie des Designs*, hg. von Fabian Wurm, Göttingen: Steidl 1997, vor allem »Gebilde und Gebäude«, S. 57-96.

1993: *Medienkultur*, hg. von Stefan Bollmann, Frankfurt am Main: Fischer [4]2005, vor allem »Der städtische Raum und die neuen Technologien«, S. 172-174, »Die Stadt als Wellental in der Bilderflut«, S. 175-182.

1993: »Vom Virtuellen«, in: Florian Rötzer/Peter Weibel (Hg.), *Cyberspace. Zum medialen Gesamtkunstwerk*, München: Boer 2002, S. 65-71.

1994: *Vom Subjekt zum Projekt. Menschwerdung*, hg. von Stefan Bollmann und Edith Flusser, Frankfurt am Main: Fischer 1998, vor allem »Städte entwerfen«, S. 43-60, »Häuser entwerfen«, S. 61-74, »Technik entwerfen«, S. 133-146.

Sekundärliteratur

Guldin, Rainer: *Philosophieren zwischen den Sprachen. Vilém Flussers Werk*, München: Fink 2005.

Hauser, Susanne: *Spielsituationen: Über das Entwerfen von Städten und Häusern*, International Flusser Lecture 10, Köln: König 2003.

Jäger, Gottfried (Hg.): *Fotografie denken. Über Vilém Flussers Philosophie der Medienmoderne*, Bielefeld: Kerber 2001.

Kamper, Dietmar: *Körper-Abstraktionen: Das anthropologische Viereck von Raum, Fläche, Linie und Punkt*, International Flusser Lecture 1, Köln: König 1999.

Neswald, Elizabeth: *Medien-Theologie. Das Werk Vilém Flussers*, Köln u. a.: Böhlau 1998.

Rosner, Bernd: »Telematik. Vilém Flusser«, in: Daniela Kloock/Angela Spahr: *Medientheorien: Eine Einführung*, München: Fink/UTB 1997, S. 77-98.

Rapsch, Volker (Hg.): *überflusser. Die Fest-Schrift zum 70. von Vilém Flusser*, Düsseldorf: Bollmann 1990.

Bibliographie (primär und sekundär): 〈http://flusser.khm.de/stories/storyReader$5〉

Teil IV
Soziale Räume

Einleitung

Gegen Ende des 19. Jahrhunderts stellt sich im Zuge der zunehmenden Ausdifferenzierung der Humanwissenschaften die Frage nach dem Zusammenhang von sozialer Ordnung und Raum mit neuer Dringlichkeit. Während einerseits Friedrich Ratzel als Geograph einen Kausalzusammenhang zwischen Territorium und Staatsentwicklung sucht, dessen politische Implikationen und Folgen Gegenstand von Teil V dieses Bandes sind, stellt in unmittelbarer Reaktion auf Ratzels *Politische Geographie* der französische Soziologe Émile Durkheim 1897 skizzenhaft einen Gegenentwurf vor, den er »soziale Morphologie« nennt. Durkheim verwahrt sich ausdrücklich dagegen, das räumliche Substrat sozialer Organisation allein als unveränderlichen physischen Raum zu definieren: »Es geht in der Tat darum, nicht die Formen des Bodens zu untersuchen, sondern die Formen der Gesellschaften, die sich auf dem Boden niederlassen – das ist etwas ganz Anderes.«[1] Damit erhebt er einen Anspruch auf strukturale Beschreibbarkeit sozialer Formen, nach welcher der Raum nicht bedingend ist, sondern vielmehr dasjenige, was die Strukturen ›zur Sichtbarkeit bringt‹ – Durkheim eröffnet somit eine Traditionslinie genuin sozialer Raumbeschreibung, die sich zunehmend vom geographischen Substrat zu lösen versucht.[2]

In der zweiten Hälfte des 20. Jahrhunderts machen die Sozialwissenschaften einen noch grundlegenderen Anspruch geltend, der nicht einfach sozialen vom geographischen Raum abkoppelt, sondern eine soziale Konstruktion von Raum überhaupt durch individuelles und soziales Handeln postuliert – eine Perspektive, die bemerkenswerterweise auch die Ausdifferenzierung der Geographie in physische Geographie und Sozial- bzw. Humangeographie an den Punkt führt, an dem Selbstbegründungsversuche Letzterer denen der Sozialwissenschaften näher stehen als denen des ›physischen‹

1 Émile Durkheim, »Note sur la morphologie sociale«, in: *Journal sociologique*, hg. von Jean Duvignaud, Paris: Presses Universitaires de France 1969 [1897], S. 181 f., hier S. 182 [Übers. d. Hg.].

2 Vgl. dazu Markus Schroer, *Räume, Orte, Grenzen. Auf dem Weg zu einer Soziologie des Raums*, Frankfurt am Main: Suhrkamp 2006, S. 48-60.

Teils ihrer Disziplin: Geographie nach der von der Disziplin vollzogenen kulturellen Wende ist demnach nicht etwas naturräumlich Gegebenes, sondern wird »gemacht«.[3] Die jeder räumlichen Beschreibung von Gesellschaft zu Grunde liegende Doppelheit von strukturalem Ordnungs- und prozessualem Handlungsaspekt[4] verschiebt sich dabei zunehmend von der Akzentuierung des Pols der Raumordnung zur Hervorhebung des Pols der raumkonstitutiven Praxis – diese skalierbare Entwicklung soll auch für die Vorstellung der Texte, die in diesem Teil des Bandes versammelt sind, als Leitfaden dienen.

Einen im Vergleich zu Durkheim deutlich weiter reichenden Anspruch auf sozialwissenschaftliche Kompetenz in Raumfragen erhebt nur kurze Zeit später GEORG SIMMEL, der 1903 an verschiedenen raumtheoretischen Überlegungen arbeitet.[5] Der hier gewählte Text »Über räumliche Projektionen sozialer Formen« (Text 16) folgt zwar dem Projekt einer sozialen Morphologie, indem Simmel eine typologische Beschreibung von sozialen Raumformen skizziert, die die ganze mikro- und makrosoziologische Palette von der häuslichen bis zur staatlichen Raumorganisation umfassen. Besonders zugespitzt erscheint das Prinzip in den abschließenden Aussagen zur sozialen Formung von neutralen Grenzzonen, die selbst die ›Leere‹ als sozial geformten Raum erscheinen lassen und damit der traditionellen Newton'schen Vorstellung eines präexistierenden Raumbehälters, der erst noch mit Objekten *im* Raum gefüllt werden müsste, eine Absage erteilt.[6] Erst in den alpinen Regionen des ewigen Eises erblickt Simmel in einem anderen Text eine Art Nullpunkt der so-

3 Vgl. dazu, im Anschluss an Wolfgang Hartke, Benno Werlen, *Sozialgeographie alltäglicher Regionalisierungen*, 2 Bde., Stuttgart: Steiner 1995/1997. Vgl. auch bereits Dieter Bartels' – allerdings noch nicht mit handlungstheoretischen Konzepten der Sozialwissenschaften begründete – wissenspolitische Empfehlung, die Humangeographie klar von der physischen Geographie zu trennen (*Zur wissenschaftstheoretischen Grundlegung einer Geographie des Menschen*, Wiesbaden: Steiner 1968, hier S. 182). Stellvertretend für die klar kulturwissenschaftlich inspirierte angelsächsische Humangeographie vgl. Mike Crang/Nigel Thrift (Hg.), *Thinking Space*, London/New York: Routledge 2000.

4 Indem ich diese beiden Aspekte als Gliederungsprinzip der folgenden Überlegungen aufgreife, folge ich der wegweisenden Studie von Martina Löw, *Raumsoziologie*, Frankfurt am Main: Suhrkamp 2001, vor allem S. 131.

5 Vgl. die biobibliographischen Angaben zu Text 16.

6 Vgl. dazu die Einleitung zu Teil I dieses Bandes.

zialen Formung von Raum, was erkennen lässt, dass er nicht völlig auf die Vorstellung eines Naturraums als Substrat des Sozialen verzichtet.[7]

Doch darüber hinaus kommt bereits im Titel des hier gewählten Aufsatzes zum Ausdruck, dass Simmel ein Programm formuliert, das eine schärfere antigeographische Wendung impliziert als dasjenige Durkheims, indem er das Kausalitätsverhältnis zwischen physischem Territorium und sozialer Form nicht einfach unterbricht, sondern in einer spezifischen Weise umkehrt: Es geht Simmel nicht nur darum, dass sich verschiedene Gesellschaftsformen unterschiedlich *im* Raum manifestieren, sondern – wie auch der in das Raumkapitel seiner *Soziologie* eingefügte »Exkurs über die Soziologie der Sinne«[8] erkennen lässt – um die historische Veränderung von Raumwahrnehmung schlechthin: Erst soziale Organisation schafft nach Simmel überhaupt eine als solche wahrnehmbare Raumorganisation. Mit diesem Ansatz stellt Simmel auch sein an sich kantisch gedachtes Verständnis des Raums als Wahrnehmungsform, das er per Analogie auf soziale Verhältnisse überträgt, buchstäblich auf den Kopf, indem er der bei Kant[9] durch die Synthese des Verstandes überformten empirischen Welt ein aktives Potenzial zur Formenschaffung attestiert.[10] Simmels Ansatz nimmt damit die Veränderbarkeit von – hier speziell räumlich gedachten – Wahrnehmungsformen vorweg, die erst Jahrzehnte später Foucault als »historisches Apriori« bezeichnet.[11] Insofern kann Simmels Vorläuferrolle für das Denken des *spatial turn*, der in Anschluss an

7 Georg Simmel, »Die Alpen« [1918], in: G. S., *Hauptprobleme der Philosophie. Philosophische Kultur. Gesamtausgabe*, Bd. 14, hg. von Otthein Rammstedt, Frankfurt am Main: Suhrkamp 1996, S. 296-303. Vgl. zu diesem naturräumlichen Letztbezug von Simmels Raumbegriff Dieter Läpple, »Essay über den Raum. Für ein gesellschaftswissenschaftliches Raumkonzept«, in: Hartmut Häußermann u. a. (Hg.), *Stadt und Raum. Soziologische Analysen*, Pfaffenweiler: Centaurus 1991, S. 157-207, hier S. 167.

8 *Soziologie. Untersuchungen über die Formen der Vergesellschaftung Gesamtausgabe XI*, hg. von Otthein Rammstedt, Frankfurt am Main: Suhrkamp 1992, S. 698-702.

9 Vgl. zu den verschiedenen Raumentwürfen Kants Text 3 sowie die Einleitung zu Teil I des vorliegenden Bandes.

10 Vgl. dazu Löw, *Raumsoziologie*, S. 58-63, vor allem S. 62.

11 Michel Foucault, *Die Archäologie des Wissens*, Frankfurt am Main: Suhrkamp 2003 [1969], S. 183-190.

Foucaults Proklamation eines anbrechenden »Zeitalter des Raumes«[12] ausgerufen wurde, kaum hoch genug eingeschätzt werden.

Doch während Simmel dem Raum immerhin mehrere Texte gewidmet hat, beruht die Renaissance des Raumdenkens in Anschluss an MICHEL FOUCAULT auf der späten Wiederentdeckung eines scheinbar marginalen Vortrags von 1967, der erst 1984 publiziert wurde:[13] Die stürmische Rezeption[14] seiner Ausführungen über »Andere Räume« (Text 17) lässt jedoch in der Rückschau die fundamentale implizite Bedeutung von Raumfragen in Foucaults Denken überhaupt deutlich werden. So ist das historische Apriori, das in seiner Diskursarchäologie nicht explizit als Wahrnehmungsform, sondern als diskursive Ordnung gedacht wird, *de facto* immer schon auf einer räumlichen (wie auch zeitlichen) Grundlage zu verstehen.

Nach Foucault konstituiert sich eine soziale Wissensordnung generell topologisch durch die Ausgrenzung eines – historisch veränderlichen – Anderen,[15] d. h. durch etwas, das zu einem bestimmten Zeitpunkt nicht diskursivierbar ist und damit zum »Außen des Denkens« wird – seine Konzeption des »Draußen« bezieht sich dabei vor allem auf das ontologische Transgressionsdenken bei Georges Bataille.[16] Foucault führt mit dem Begriff der Heterotopie

12 Michel Foucault, »Von anderen Räumen«, S. 931. So ist Foucault zusammen mit Henri Lefebvre zum Stichwortgeber für Edward Sojas Begriff des »Thirdspace« sowie dessen Proklamation eines »Spatial Turn« geworden (vgl. *Thirdspace. Journeys to Los Angeles and Other Real-and-Imagined-Places*, Oxford: Blackwell 1996; zu Foucault vgl. S. 145-163).

13 Vgl. das informative Nachwort von Daniel Defert, »Foucault zum Hören«, in: Michel Foucault, *Die Heterotopien. Der utopische Körper*, Frankfurt am Main: Suhrkamp 2005, S. 67-92.

14 Diese Aufmerksamkeit ist zu einem beträchtlichen Teil seiner ästhetischen Rezeption geschuldet (vgl. z. B. Reinhold Görling, *Heterotopia. Lektüren einer interkulturellen Literaturwissenschaft*, München: Fink 1997). Diese Lektüre Foucaults liegt insofern nahe, als die Heterotopie zunächst von einem Text von Jorge Luis Borges aus konzipiert und erst sekundär auf soziale Räume übertragen wurde; davon zeugen neben den Bemerkungen im »Vorwort« von *Die Ordnung der Dinge*, Frankfurt am Main: Suhrkamp [14]1997 [1966], S. 14-28, auch die kürzlich als Audio-CD publizierten Vorträge *Die Heterotopien. Der utopische Körper*.

15 Zur bei Foucault nicht näher ausgeführten topologischen Kategorie der »Grenze« siehe insbesondere J. Lotman (Text 30) und die Einleitung zu Teil VI.

16 Vgl. dazu u. a. »Das Denken des Draußen« [1966], in: M. F., *Schriften in vier Bänden*, Bd. 1, hg. von Daniel Defert und François Ewald, Frankfurt am Main: Suhrkamp 2001 [1994], S. 670-697.

eine Kategorie ein, die zwischen den diskursgeschichtlichen Studien zur »Außengrenze« der Ordnung in *Wahnsinn und Gesellschaft*[17] und zu deren Innen in *Die Ordnung der Dinge* vermittelt. In seiner Unterscheidung von Utopie und Heterotopie als zwei Typen ›anderer‹ Räume stellt für ihn jedoch nur Letztere die eigentlich sozial relevante Kategorie dar – nur sie beschreibt nämlich einen real existierenden Ort, auch wenn es Mischformen zwischen Utopie und Heterotopie gibt, die er am Beispiel des Spiegels erläutert und die vor allem unter dem Aspekt ihrer Medialität interessant sind.

Über die abstrakt topologische Frage nach der räumlichen Struktur von Ordnung überhaupt hinaus skizziert Foucault in seinem Vortrag jedoch auch eine kurze Geschichte des sozialen Raums, die die jeweilige Funktion heterotoper Orte in ihrem historischen Kontext erst verständlich macht und darüber hinaus auf einer Meta-Ebene auch die Unterscheidung von Ansätzen des Raumdenkens erlaubt.

In enger Anlehnung an sein epistemologisches Schichtenmodell nimmt Foucault für das Mittelalter den Raumtyp der »Verortung«, der in einer transzendenten religiösen Ordnung verankert ist, als dominant an. Wichtigstes Instrument der Verortung ist dabei die Unterscheidung von heiligen und profanen Räumen, bei der sich Foucault an Mircea Eliades Konzeption der »Räume des Heiligen« anlehnt.[18] Eliade versteht die Räume des Heiligen in strenger Opposition zum Profanen als Fixpunkte, die traditionelle soziale Ordnung nicht nur zentrieren, sondern überhaupt erst soziale Ordnung als einen geordneten »Kosmos« gegen das drohende »Chaos« einer profanen Welt schaffen, die nicht Ordnung sein kann.[19]

Als Schwellenfigur zum folgenden Raumtyp der »Ausdehnung« setzt Foucault Galileo Galilei an – es geht ihm jedoch nicht nur um die Frage des Geo- bzw. Heliozentrismus, sondern vor allem um die

17 *Wahnsinn und Gesellschaft*, Frankfurt am Main: Suhrkamp 2003 [1972].

18 Mircea Eliade, »Der heilige Raum und die Sakralisierung der Welt«, in: M. E., *Das Heilige und das Profane*, Frankfurt am Main: Insel 1998, S. 23-60.

19 Allerdings hat bereits die Ritualforschung im Anschluss an Anold van Gennep, *Les rites de passage*, Paris: Picard 1981 [1909], gezeigt, dass auch in traditionellen Gesellschaften die polare Entgegensetzung von Heiligem und Profanem, auf der Eliades Strukturmodell aufruht, auf einen ›Übergangsraum‹ geöffnet werden kann, in dem performativ ein Kontakt mit dem Heiligen hergestellt wird – hiermit werden »Krisenheterotopien«, von denen Foucault in Bezug auf die traditionellen Gesellschaften spricht, bereits vorweggenommen.

Tatsache der zunehmenden »Geometrisierung« des neuzeitlichen Raums, nicht zuletzt durch kartographische Techniken.[20] Allgemein setzt sich damit die Konzeption eines absoluten Raums durch, in dem sich Verortung nicht mehr durch Transzendenzbezug, sondern durch die Annahme das Raums als umfassenden ›Behälter‹ von Ordnung konstituiert.[21] Bemerkenswerterweise ordnet Foucault dieser Raumordnung keinen spezifische Heterotopietyp zu – und angesichts seiner Annahme, dass die klassische Episteme, die für ihn mit dem absoluten Raum der Ausdehnung zusammenfällt, ›restlos‹ das Andere ausschließt, fällt es auch schwer, sich einen solchen vorzustellen.

Die Annahme einer Absolutsetzung der klassisch-aufklärerischen Vernunft ist jedoch in der Kulturwissenschaft, und vor allem im Rahmen der *Postcolonial Studies*, kritisch diskutiert worden. Übernimmt Edward Said noch im Wesentlichen Foucaults Annahme des Ausschlusses eines Anderen der westlichen Vernunft zur Konstitution eines diskursiven Stereotyps des Orientalismus,[22] wird die Ausschließlichkeit dieser Grenzziehung in neueren Ansätzen in Frage gestellt, und auch in kolonialen Machtbeziehungen wird die prinzipielle Möglichkeit der Schaffung eines Zwischenraums zwischen dem kolonialen Subjekt und dem kolonisierten Anderen hervorgehoben.[23]

Die Episteme der Moderne schließlich steht für Foucault im Zeichen der »Lage«, also der relationalen Konstitution sozialer Ordnung: Parallele Überlegungen zu denen Foucaults finden sich in der Sozialgeographie beispielsweise in der Frage, wie die Herausbildung eines »sense of place« in regionalgeographischen Zusammenhängen dialektisch mit der Dynamik der Globalisierung verbunden ist, wie

20 Vgl. David Woodward, »Maps and the Rationalization of Geographic Space«, in: Jay Levinson (Hg.), *Circa 1492: Art in the Age of Exploration*, London/New Haven: Yale University Press 1991, S. 83-87.

21 Vgl. zur Diskussion um den absoluten bzw. relativen Raum die Einleitung von Teil I.

22 Vgl. Edward W. Said, *Orientalismus*, Frankfurt am Main: Ullstein 1981 [1978].

23 Vgl. Homi Bhabha, *Die Verortung der Kultur*, Tübingen: Stauffenburg 2000 [1994]. Zur grundlegenden Dekonstruktion des Foucault'schen Ausschlussprinzips der klassischen Vernunft vgl. Jacques Derrida, »Cogito und die Geschichte des Wahnsinns«, in: J. D., *Die Schrift und die Differenz*, Frankfurt am Main: Suhrkamp 2003 [1967], S. 53-101.

also Nah- und Fernräume über technische und politische Mediationen miteinander interagieren.[24]

Anzunehmen ist dabei, dass die Grenze zwischen den ›normalen‹ und den heterotopen Orten in einer Raumordnung, deren relationales Raumgefüge weder religiös prästabiliert ist noch in einen transparenten Repräsentationsraum eingepasst werden kann, immer prekärer wird: Dies hat den Ethnologen Marc Augé in seiner gegenwartsbezogenen Fortschreibung der Foucault'schen Geschichte von sozialen Räumen und ihren Gegen-Räumen zur Diagnose einer Zunahme von so genannten »Nicht-Orten« der »Übermoderne« geführt.[25]

Augés Ansatz unterscheidet sich dabei insofern von dem Foucaults, als sein Kriterium für die Konstitution eines sozialen Ortes nicht, wie bei diesem, auf einer diskursgeschichtlichen Basis aufruht, sondern als ortskonstitutiv Pierre Noras Konzept der »Erinnerungsorte« ansetzt.[26] In Relation dazu konstatiert Augé ein schnelles Anwachsen der »Nicht-Orte« – darunter versteht er infolge der modernen Beschleunigung der Raumerfahrung[27] Durchgangsorte und Orte, an denen Medien und Körper unauflöslich miteinander verkoppelt sind. Augés Konzeption des Nicht-Ortes ist zeitabhängig oder, mit Michail Bachtin gesprochen, ein »Chronotopos«[28] im starken Sinn, d. h. ein Typ von Räumen, der sich erst in der (Über-) Moderne verstärkt manifestiert. – Hieraus erwächst die Frage nach dem grundsätzlichen Charakter sozialer ›Raumzeitlichkeit‹.

Eine Raumgeschichte nach Foucault'schem Muster, die in ihrer Grundstruktur relativ stabile raumzeitliche archäologische ›Schichten‹ isoliert und voneinander abtrennt, hat den Vorteil, dass sie frei von teleologischen Annahmen operiert, sie ist jedoch bezüglich der Denkbarkeit von Veränderung zu starken Vereinfachungen ge-

24 Vgl. Doreen Massey/Pat Jess (Hg.), *A Place in the World? Places, Cultures and Globalization*, Oxford: The Open University 1995.

25 Marc Augé, *Orte und Nicht-Orte: Vorüberlegungen zu einer Ethnologie der Einsamkeit*, Frankfurt am Main: Fischer 1994 [1992].

26 Pierre Nora, »Entre mémoire et Histoire. La problématique des lieux«, in: P. N. (Hg.), *Les lieux de mémoire*, Paris: Gallimard 1984, S. XVII-XLII. Noras Projekt basiert auf Maurice Halbwachs, *Das kollektive Gedächtnis*, Frankfurt am Main: Fischer 1991 [1950].

27 Vgl. hierzu Paul Virilios Text 14 sowie die Einleitung zu Teil III dieses Bandes.

28 Vgl. *Formen der Zeit im Roman: Untersuchungen zur historischen Poetik*, hg. von Edward Kowalski und Michael Wegner, Frankfurt am Main: Fischer 1989 [1975].

zwungen. In Foucaults Epistemologie sind Übergänge von einer zu einer anderen Ordnung oder ›Schicht‹ nur in Form harter Brüche möglich. Dem gegenüber steht eine dynamisch-relativistische Raumgeschichtsschreibung, die die soziale Koppelung von Raum und Zeit aneinander selbst der Veränderung unterwirft. Allerdings operiert dieses Modell allzu oft mit teleologischen Annahmen wie der zunehmenden Auflösung von raumzeitlichen Bindungen an bestimmte Sozialformen – so beispielsweise die marxistische Entfremdungsthese, aber z. B. auch Augés kulturanthropologische Prämisse eines drohenden Verlusts des kulturellen Gedächtnisses. Es ist die Frage, wie man eine historisch variable ›Bindung‹ von Raum an bestimmte soziale Formen beschreiben kann, ohne auf strukturale oder teleologische Vereinfachungen zurückzugreifen.

Auf diese Frage versuchen Theorien der Autopoiesis von Systemen bzw. der sozialen Strukturierung zu antworten. Doch verzichtet beispielsweise die Systemtheorie Luhmann'scher Prägung zugunsten eines sich in der Zeit ausdifferenzierenden Modells sozialen Handelns bzw. sozialer Kommunikation weit gehend auf die Beobachtung des Raums in seiner sozialen Konstituiertheit.[29] Weiter führt hierbei unter Umständen Anthony Giddens' strukturierungstheoretisches Konzept der »time-space-distanciation«,[30] mit dem er die zunehmende Ausdehnung über Raum und Zeit als Grundmerkmal sich entwickelnder sozialer Strukturen kennzeichnet. Allerdings bleiben Raum und Zeit in dieser Sicht nur als relativ abstrakte Formen von Strukturierung überhaupt, deren Operationalisierbarkeit zur Analyse konkreter historischer Formierungen von sozialem Raum begrenzt bleibt.

29 Zur Vernachlässigung des Raums in der Systemtheorie vgl. Rudolf Stichweh, »Raum, Region und Stadt in der Systemtheorie«, in: R. S., *Die Weltgesellschaft*, Frankfurt am Main: Suhrkamp 2000, S. 184-206. Vgl. allerdings zu einer sozialgeographischen Aneignung der Systemtheorie Roland Lippuner, *Raum, Systeme, Praktiken: zum Verhältnis von Alltag, Wissenschaft und Geographie*, Stuttgart: Steiner 2005, vor allem Kap. 6, S. 117-149. Auf der Handlungstheorie von Parsons basiert der Ansatz von Benno Werlen, *Gesellschaft, Handlung und Raum: Grundlagen handlungstheoretischer Sozialgeographie*, Wiesbaden: Steiner ²1988.

30 Vgl. Anthony Giddens, *Central Problems in Social Theory: Action, Structure and Contradiction in Social Analysis*, London: Macmillan 1979, vor allem S. 110-144 (zum Begriff der »Raum-Zeit-Geographie«, den er in Auseinandersetzung mit dem schwedischen Geographen Torsten Hägerstrand entwickelt).

Die soziale Konstitution von Raum wird konkreter beschreibbar durch Theorien der (räumlichen) ›Praxis‹, die sich in den 1970er-Jahren im gegenseitigen Dialog miteinander in Frankreich entwickeln und denen die verbleibenden Texte dieses Teils gewidmet sind. Der Praxisbegriff hat zunächst eine spezifische Tradition in der marxistischen Theoriebildung, auf die der in Deutschland (zumindest, was sein Spätwerk zu Raumfragen betrifft) wenig rezipierte französische Philosoph HENRI LEFEBVRE aufbaut, der mit seiner Studie zur *Produktion des Raums* zum Impulsgeber oder zumindest Resonanzverstärker einer ganzen Generation neomarxistischer Sozialgeographen, allen voran David Harvey und Edward Soja, geworden ist.[31] Lefebvres Grundgedanke, den er in einer eigenwilligen Konfrontation von marxistischem Traditionsbestand mit den neuesten nichtmarxistischen Theorietrends in Frankreich als ständiges *work in progress* entwickelt hat, besteht darin, Raum teilweise aus der Tradition marxistischen Denkens zu lösen. Lefebvre begreift Raum nicht nur als Teil der Produktionsmittel, z. B. als Rohstofflieferant, und somit der ökonomischen Infrastruktur zugehörig, sondern gleichzeitig auch als Produkt einer sozialen Praxis. Weitgehend offen bleibt dabei allerdings, wie genau die Beziehung zwischen physischem und sozialem Raum zu denken ist – Lefebvre schwankt zwischen der Feststellung eines kategorialen Unterschieds zwischen Natur- und Sozialraum, der es überhaupt ermöglicht, Raum als ›herstellbar‹ zu denken, und einem nostalgisch gefärbten Ursprungsdenken, das ›Kultur‹ als graduelle Entfremdung von der ›Natur‹ auffasst und den Gipfel dieser Entfremdung in der kapitalistischen Produktionsweise ansetzt.

Was nun die ›Produktion‹ sozialer Räume selbst betrifft, siedelt sie sich wiederum auf verschiedenen Ebenen an, die für Lefebvre in einer spezifisch dialektischen Weise zusammenwirken – und hier erfolgt seine zweite Verschiebung gegenüber einer traditionellen marxistischen Denkbewegung, bei der es ihm vor allem um eine Kritik an der Urbanismus-Diskussion seiner Zeit und insbesondere an der Städteplanung geht:[32] In Text 18 ist erstmals in deutscher Übersetzung die entscheidende Passage der *Production de l'espace* wiederge-

31 Vgl. David Harvey, *The Condition of Postmodernity*, Oxford: Basil Blackwell 1989; zu Soja siehe unten.

32 Vgl. dazu u. a. das 1985 verfasste Vorwort zur zweiten Auflage von *La production de l'espace*, S. XVII-XXVIII.

geben, in der Lefebvre eine Trias von Ebenen sozialer Räumlichkeit einführt.

Diese Trias lässt sich in doppelter Weise begreifen, nämlich einmal als Abwandlung des Modells von These, Antithese und Synthese zu einer prozessualen, nie zum Stillstand kommenden Dialektik. Die Dreistelligkeit hat jedoch gleichzeitig eine semiotische Basis: Die erste Ebene der »sozialen Praxis« entspricht der materiellen Seite des Zeichens (Lefebvre nennt sie auch »perçu«, also Wahrgenommenes), die zweite Ebene der so genannten »Raumrepräsentation« entspricht der Bedeutungsseite (nach Lefebvre »conçu«, also das gedanklich auf den Begriff Gebrachte); entscheidend ist für Lefebvre der dritte Begriff der so genannten »Repräsentationsräume«, das heißt der Räumlichkeit von Repräsentation selbst.

Lefebvre zieht jedoch nicht allein die bei seinem zeichentheoretischen Grundschema nahe liegende Konsequenz, »Repräsentationsräume« als mediale Räume zu beschreiben,[33] sondern er bezeichnet sie gleichzeitig als »gelebte« Räume (»vécu«). Verständlich wird diese Verbindung von Repräsentation und ›Leben‹, wenn man das Modell Lefebvres für die scheinbare Paradoxie von ›gelebten Repräsentationsräumen‹ berücksichtigt, nämlich ein bestimmtes Kunstverständnis: Lefebvre privilegiert eine emphatische Konzeption der Kunst als Gesamtkunstwerk und übernimmt das Projekt eines Kurzschlusses zwischen Repräsentations- und Lebensraum von der Avantgardebewegung des Situationismus um Guy Debord, der er zeitweise nahe steht.[34] Dialektisch oder – einem Neologismus von Edward Soja folgend – »trialektisch«[35] ist das Zusammenspiel der drei Raumtypen für Lefebvre insofern, als die ›materiellen‹ Raumpraktiken des (›proletarischen‹) Alltags in Widerspruch zu den

33 Vgl. Bernhard Siegert, »Repräsentationen diskursiver Räume: Einleitung«, in: Hartmut Böhme (Hg.), *Topographien der Literatur. DFG-Symposion 2004*, Stuttgart/Weimar: Metzler 2005, S. 3-11, hier: S. 7.

34 Die situationistische städtische Aktionskunst unter dem Label »dérive« [Sich-treiben-Lassen] verlegt den Bezug zum Unbewussten, den beispielsweise der Surrealismus im automatischen Schreiben gesucht hat, auf die äußere Spur einer »Psychogeographie« in der nicht funktionalisierten Bewegung durch die Stadt. Vgl. insbesondere Guy Debord, »Théorie de la dérive«, in: *Internationale situationniste*, Paris: Fayard 1997 [1958], S. 51-55.

35 Vgl. dazu Soja, *Thirdspace*, S. 53-82. Die Übersetzung dieses Kapitels findet sich in Robert Stockhammer (Hg.), *TopoGraphien der Moderne. Medien zur Repräsentation und Konstruktion von Räumen*, München: Fink 2005, S. 93-123.

Raumkonzepten der ›kapitalistischen‹ Raumplaner und -theoretiker treten. Da unter kapitalistischen Bedingungen der Entfremdung ihre Synthese in einem gemeinsamen Repräsentationsraum unmöglich ist, kann eine solche Leistung nur in punktueller Weise, d. h. durch experimentelle Verschiebung bestehender Raumpraktiken, der Kunst zukommen, die – so zumindest die vom späten Pathos der Avantgarde getragene Hoffnung Lefebvres – einen Vorgriff auf die mögliche Synthese von Raumpraktiken und Raumrepräsentationen in einer so genannten ›differenziellen‹ Gesellschaft[36] darstellt.

Eine weitaus weniger emphatische Praxistheorie entwirft etwa zeitgleich MICHEL DE CERTEAU. Diese hat zwar auch, wie Lefebvre, als Bezugspunkt eine Untersuchung des Alltagslebens,[37] baut aber ohne marxistische Vorannahmen auf einer semiotischen Grundlage auf. Certeau ist dabei weniger dem herrschenden Paradigma des Strukturalismus als vielmehr der *Ordinary Language Philosophy* verpflichtet – er kann somit als einer der Wegbereiter der seither vollzogenen Neuausrichtung der Kulturwissenschaften an Theorien des Performativen gelten. Diese Wende ist bei Certeau, der ansonsten vor allem durch seine Studien zur Mystik bekannt wurde,[38] unlösbar mit dem Raum verbunden, was, wenn auch in kritischer Absetzung, zu dem räumlichen Modell gesellschaftlicher Ordnung nach Michel Foucault zurückführt.

Grundlegend für Certeaus eigene Konzeption ist jedoch nicht so sehr Foucaults Diskursanalyse als vielmehr das in dessen machtanalytischen Schriften, vor allem in *Überwachen und Strafen*, implizierte Raummodell der visuellen Kontrolle. Der strategischen Raumkontrolle ›von oben‹, die Certeau in der Eingangspassage seiner Ausführungen zu den Raumpraktiken mit dem Blick vom Dach des »World Trade Center« gleichsetzt, stellt er die Raumpraxis ›von unten‹ entgegen, die er mit der Tätigkeit des Laufens durch die Stadt identifiziert.[39] Text 19 zeigt, wie Raumpraktiken für Certeau

36 Vgl. die historischen Kapitel IV bis VI seiner Studie (*La production de l'espace*, S. 265-460).

37 Vgl. zum Vergleich von Lefebvre und Certeau als Theoretiker des Alltags Michael E. Gardiner, *Critiques of Everyday Life*, London/New York: Routledge 2000.

38 Vgl. vor allem *La fable mystique*, Paris: Gallimard 1987.

39 Vgl. Michel de Certeau, *Kunst des Handelns*, aus dem Französischen von Ronald Voullié, Berlin: Merve 1988, S. 179-182. Rückblickend kommt man allerdings nicht um die Frage herum, inwiefern spätestens der Einsturz der »Twin Towers«

in seiner Terminologie einen relationalen Raum der Erfahrung (»espace«) konstituieren, während die Bestimmung eines Ortes (»lieu«) für ihn Ausdruck einer von einer vorgegebenen, z. B. geometrischen Ordnung abhängigen Lagebestimmung ist. Dieser Opposition lässt sich ein zweites Gegensatzpaar zuordnen, bei dem Certeau sich auf die Grundlagen der linguistischen Kognitionspsychologie beruft.[40] Damit bezieht er die – mit Maurice Merleau-Ponty[41] gedachte – primäre Raumkonstitution durch Erfahrung auf den Begriff des »Raums«, während er den »Ort« erst als sekundäres Ergebnis einer technischen Fixierung im geometrischen Raum versteht. Er unterscheidet einen »parcours«, der auf relativen Bezügen beruht und somit einen praktizierten »Raum« konstituiert, von einer »carte«, die sich auf ein übergreifendes externes Ordnungssystem wie Himmelsrichtungen, konventionell stabilisierte Ortsnamen etc. stützt und deshalb bestimmte »Orte« adressierbar macht. Der Konstitutionsaspekt des »parcours« wird von Certeau klar gegenüber dem Ordnungsaspekt aufgewertet: Er wendet die Raumpraktiken dekonstruktiv gegen die Foucault'sche Diskurs- und Machtanalyse, indem er ihnen eine Kraft zur praktischen Umformung, wenn nicht gar Destabilisierung diskursiver bzw. machtbestimmter Raumordnung zuweist.

Auf Lefebvres dreistellige Konzeption der Räumlichkeit in ihrer gleichsam an die Kunst delegierten Hoffnung auf eine Überwindung der Widersprüche zwischen Alltags- und Planungsräumen antwortet Certeau mit einem zweistelligen Modell, das den Alltagspraktiken selbst eine keineswegs utopische, sondern faktische Funktion des Aufbrechens von Macht- und Wissensordnungen im Bereich des ›normalen‹ Lebens zuspricht. Allerdings lässt sich kritisch fragen, ob sich alltägliche Raumpraktiken einzig als Widerlager zu bestehenden Ordnungen auffassen lassen oder ob ihnen nicht zumindest auch eine konstitutive Funktion in Bezug auf räumliche Ordnung zukommt.[42]

am 11. September 2001 den bei Certeau stets friedlichen Taktiken emblematisch wieder ihre ursprüngliche militärische Brisanz zurückgegeben hat – man kann sich ihrer eben durchaus auch zu terroristischen Zwecken bedienen.

40 Kevin Lynch, *The Image of the City*, Cambridge, Mass: MIT Press ^{3}2002 [1960], sowie Roger M. Downs/David Stea, *Maps in Minds – Reflections on Cognitive Mapping*, New York: Harper & Row 1977.

41 Vgl. dazu Text 10 und die Einleitung zu Teil II dieses Bandes.

42 Vgl. zu dieser Kritik im Vergleich mit Pierre Bourdieu Jeremy Ahearne, *Michel de*

Dieser Aspekt einer Praxistheorie des Raums wird von PIERRE BOURDIEU eingebracht, der seine Theorie des sozialen Raums zwischen den beiden Schlüsselbegriffen des Habitus und des Feldes aufbaut. Ausgehend von seinen frühen, aus ethnologischen Feldforschungen entstandenen Studien in Algerien,[43] versteht er den so genannten »Habitus« als Brücke zwischen individuellem Handeln und sozialer Struktur, der individuelles Handeln nach kollektiven Regeln organisiert[44] und ihm so eine gewisse beobachtbare und von anderen sozialen Handlungstypen unterscheidbare Konstanz verleiht. Bourdieus Habitus wohnt eine Tendenz zur ›Fixierung‹ sozialer Relationen inne, die den habitualisiert Handelnden nicht notwendig bewusst ist. Michel de Certeau hat dies zum Anlass genommen, Bourdieu vorzuwerfen, er weise dem Habitus im Gegensatz zu den Taktiken des Alltags keinerlei reflexives und strukturveränderndes Potenzial zu.[45] Zwar gibt es nach Bourdieu tatsächlich keine direkte Möglichkeit, den Habitus als gegen eine bestehende Ordnung gerichtet zu denken, dafür ist sein Ordnungsbegriff aber selbst schon relational, genauer: als unaufhörlicher Kampf um soziale Distinktion zu verstehen.[46] Motor des Differenzierungskampfes zwischen habitualisierten Handlungsformen ist dabei der Erwerb von materiellem wie auch von so genanntem symbolischem Kapital – in Text 20 gibt Bourdieu einen klaren Abriss seiner Distinktionstheorie.[47] Sozialer Raum ist für Bourdieu nun genau das Kräftefeld, das sich durch die Relationen zwischen nach Abgrenzung voneinander strebenden habitualisierten Handlungsformen eröffnet. Allein aus diesen permanenten Unterscheidungen lässt

Certeau. Interpretation and its Other, Stanford: Stanford University Press 1995, S. 184-189.

43 Hieraus ist insbesondere sein *Entwurf einer Theorie der Praxis auf der ethnologischen Grundlage der kabylischen Gesellschaft*, Frankfurt am Main: Suhrkamp 1979 [1972], hervorgegangen.

44 Zum Regelbegriff mit Bezug auf Wittgenstein vgl. Jacques Bouveresse, »Was ist eine Regel?«, in: Gunter Gebauer/Christoph Wulf (Hg.), *Praxis und Ästhetik. Neue Perspektiven im Denken Pierre Bourdieus*, Frankfurt am Main: Suhrkamp 1993, S. 14-32.

45 Vgl. Certeau, *Kunst des Handelns*, S. 113-130.

46 Vgl. hierzu Markus Schwingel, *Analytik der Kämpfe. Macht und Herrschaft in der Soziologie Bourdieus*, Hamburg: Argument 1993.

47 Vgl. insbesondere *Die feinen Unterschiede. Kritik der gesellschaftlichen Urteilskraft*, Frankfurt am Main: Suhrkamp 1987 [1979].

sich seiner Ansicht nach in Absetzung von der marxistischen Theorie des Klassenkampfes ein der Komplexität sozialer Kämpfe adäquater Klassenbegriff gewinnen.[48]

Bourdieus sozialer Raum als Feld bleibt weitgehend abstrakt und ist, zumindest im vorliegenden Text, nicht mit einem wie auch immer gedachten physischen Raum vermittelt.[49] Allerdings hat Martina Löw in ihrer *Raumsoziologie* unter Berufung auf Bourdieus Feldtheorie hervorgehoben, dass sich erst auf dieser Basis eine konsequente Sozialtheorie des Raums entwickeln lässt, die sich endgültig aus der Bindung an das physische Substrat des Naturraums gelöst hat. Löw plädiert für eine komplette Überwindung der Dualität von Naturraum und Sozialraum zugunsten des Monismus eines sozialen Interaktionsraums, der sich dynamisch aus den Beziehungen zwischen Akteuren und Gegenständen konstituiert.[50]

Abschließend bleibt die Frage, ob die Sozialwissenschaft hiermit endgültig den Ausweg aus der »Raumfalle«[51] gefunden hat, die ihr eine bloße Zweitrangigkeit gegenüber einem bestimmenden physischen Raum zuweist, oder ob nicht ihre in den letzten Jahren immer deutlichere Insistenz auf der praktischen sozialen »Gemachtheit« des Raums selbst wiederum in die Gefahr eines Voluntarismus gerät,[52] wenn sie die Dauer und Stabilität bestehender Raumordnungen unterschätzt, die nicht nur naturräumlich, sondern auch durch mediale und politische Dispositive gestützt werden. Bei all der stürmischen Emanzipation der sozialwissenschaftlichen Raumforschung in den letzten Jahren scheint hier ein wichtiger Ansatzpunkt für weitere Diskussionen zu liegen.

Jörg Dünne

48 Vgl. hierzu auch »Sozialer Raum und Klassen« [1984], in: P. B., *Sozialer Raum und ›Klassen‹. Leçon sur la leçon. Zwei Vorlesungen*, Frankfurt: Suhrkamp 1985, S. 7-46.

49 Allerdings ist Bourdieus Konzeption des Raums durchaus schwankend: So vertritt er in einem anderen Beitrag eine eher ›dualistische‹ Position, bei der die Praxis zwischen dem physischen und dem sozialen Raum vermittelt: »Physischer, sozialer und angeeigneter physischer Raum«, in: Martin Wentz (Hg.), *Stadt-Räume*, Frankfurt am Main/New York: Campus 1991, S. 25-34.

50 Löw, *Raumsoziologie*, vor allem Kap. 7, S. 263-273.

51 Vgl. Roland Lippuner/Julia Lossau, »In der Raumfalle. Eine Kritik des *spatial turn* in den Sozialwissenschaften«, in: Georg Mein/Markus Rieger-Ladich (Hg.), *Soziale Räume und kulturelle Praktiken*, Bielefeld: Transcript 2004, S. 47-64.

52 Vgl. zu dieser Kritik Schroer, *Räume, Orte, Grenzen*, S. 177.

Auswahlbibliographie

Buttimer, Anne: *Geography and the Human Spirit*, mit einem Vorwort von Yi-Fu Tuan, Baltimore/London: Johns Hopkins University Press 1993.

Dürrenberger, Gregor: *Menschliche Territorien. Geographische Aspekte der biologischen und kulturellen Evolution*, Zürich: vdf/ETH Zürich 1989.

Elden, Stuart: *Mapping the Present: Heidegger, Foucault, and the Project of a Spatial History*, New York: Continuum 2001.

Giddens, Anthony: »The Role of Space in the Constitution of Society«, in: Dieter Steiner/Carlo Jaeger/Pierre Walther (Hg.), *Jenseits der mechanistischen Kosmologie – neue Horizonte für die Geographie?* Zürich: ETH Zürich 1988, S. 167-180.

Gottdiener, Mark: »Floating Paradigms: The Debate on the Theory of Space«, in: M. G., *Social Production of Urban Space*, Austin: University of Texas Press 1985, S. 110-156.

Hamedinger, Alexander: *Raum, Struktur und Handlung als Kategorien der Entwicklungstheorie. Eine Auseinandersetzung mit Giddens, Foucault und Lefebvre*, Frankfurt am Main: Campus 1998.

Konau, Elisabeth: *Raum und soziales Handeln. Studien zu einer vernachlässigten Dimension soziologischer Theoriebildung*, Stuttgart: Enke 1977.

Läpple, Dieter: »Essay über den Raum. Für ein gesellschaftswissenschaftliches Raumkonzept«, in: Hartmut Häußermann/Detlev Ipsen/Thomas Krämer-Badoni (Hg.), *Stadt und Raum*, Pfaffenweiler: Centaurus ²1992 [1991], S. 157-207.

Ley, David: »Social Geography and the Taken-For-Granted World«, in: Stephen Gale/Gunnar Olsson (Hg.), *Philosophy in Geography*, Dordrecht: Reidel 1979, S. 215-236.

Lippuner, Roland: *Raum – Systeme – Praktiken. Zum Verhältnis von Alltag, Wissenschaft und Geographie*, Stuttgart: Steiner 2005.

Löw, Martina: *Raumsoziologie*, Frankfurt am Main: Suhrkamp 2001.

Relph, Edward: *Place and Placelessness*, London: Pion 1976.

Schroer, Markus: *Räume – Orte – Grenzen. Auf dem Weg zu einer Soziologie des Raums*, Frankfurt am Main: Suhrkamp 2006.

Soja, Edward W.: *Postmodern Geographies. The Reassertion of Space in Critical Social Theory*, London: Verso 1989.

–, *Thirdspace. Journeys to Los Angeles and Other Real-and-Imagined-Places*, Oxford: Blackwell 1996.

Sturm, Gabriela: *Wege zum Raum*, Opladen: Leske + Budrich 2000.

Werlen, Benno: *Gesellschaft, Handlung und Raum: Grundlagen handlungstheoretischer Sozialgeographie*, Stuttgart: Steiner ³1997 [1987].

16 Georg Simmel
Über räumliche Projektionen sozialer Formen

Wenn man von den Beziehungen zwischen Raumgestaltungen und sozialen Vorgängen spricht, so pflegt es sich um die Wirkungen zu handeln, die von der Weite oder Enge des Gebietes, der Zerrissenheit oder Arrondierung der Grenzen, dem Flächen- oder Gebirgscharakter des Territoriums auf die Form und das Leben der gesellschaftlichen Gruppe ausgehen.[1] Der Gegenstand der nachfolgenden Untersuchungen ist, umgekehrt, die Einwirkung, die die räumlichen Bestimmtheiten einer Gruppe durch ihre sozialen Gestaltungen und Energien erfahren. [...][2]

B. Die Herrschaftsübung über Menschen dokumentiert ihre Eigenart oft in der besonderen Beziehung zu ihrem räumlichen Gebiete. Wir erblicken die Gebietshoheit als Folge und Ausdruck der Hoheit über Personen. Der Staat herrscht über sein Gebiet, weil er sämtliche Bewohner desselben beherrscht. Gewiß könnte man scheinbar erschöpfender sagen, daß im Gegenteil das letztere der Fall sei, weil das erstere gelte; denn da es gar keine ausnahmslosere Umfassung einer Menschenzahl gibt als die für den Raum derselben geltende – gerade wie die geometrischen Sätze, eben weil sie für den Raum gelten, für alle Gegenstände im Raum gelten müssen – so scheint die Hoheit über das Gebiet die erste und allein zulängliche Ursache der Hoheit über die Menschen in demselben zu sein. Aber dennoch ist diese Gebietshoheit eine bloße Abstraktion, eine nachträgliche Formulierung der Personenherrschaft, indem sie außer der Herrschaft über die jeweiligen Personen an ihren jeweiligen Orten besagt: an

1 [Anm. d. Hg.] Eine spätere Fassung dieses Textes geht als Kap. 9, »Der Raum und die räumlichen Ordnungen der Gesellschaft«, in Simmels *Soziologie* von 1908 ein. (Vgl. *Gesamtausgabe,* Bd. 11, hg. von Otthein Rammstedt, Frankfurt am Main: Suhrkamp 1992, S. 687-790.)

2 [Anm. d. Hg.] Ausgelassen sind hier Simmels einleitende Ausführungen zur Entstehung von politischer und wirtschaftlicher Ordnung, die der gängigen Annahme von der territorialen Lokalisiertheit prähistorischer Siedlungsformen das Argument entgegenhält, dass sich erst mit der staatlichen bzw. wirtschaftlichen Rationalisierungsdynamik eine bestimmte Raumorganisation verbindet, die eine Zäsur zu dem Raum gegenüber weitgehend indifferenten Stammesverbünden darstellt.

welchen Orten dieses Gebietes sich auch diese oder andere Personen befinden werden, sie werden immer in gleicher Weise untertan sein. Aus dieser Unendlichkeit sozusagen punktueller Möglichkeiten macht der Begriff der Gebietshoheit ein Kontinuum, er antizipiert mit der lückenlosen Form des Raumes, was als konkreter Inhalt immer nur hier und dort realisiert werden kann. Denn die Staatsfunktion kann immer nur Beherrschung von Personen sein, und die Herrschaft über das Gebiet in demselben Sinne wäre ein Nonsens. Diese ist begrifflich angesehen nur der Ausdruck und als juristische Tatsache die Folge der Ausnahmslosigkeit, mit der der Staat die wirklichen und möglichen Subjekte innerhalb seiner Grenzen beherrscht. Es hat natürlich genug historische Formationen gegeben, in denen eine staatliche oder individuelle Gewalt den Boden besitzt und daraus die Herrschaft über seine Bewohner herleitet: so in feudalen und patrimonialen Verhältnissen, in denen die Menschen nur Pertinenzen des Bodens sind, sodaß der privatrechtliche Verkauf des letzteren auch sie zu Untertanen des neuen Besitzers macht; so die russischen Gutsherrschaften, bei denen zu dem Gut als solchem so und so viele ›Seelen‹ gehörten; dasselbe Motiv überträgt sich auf ein partielleres Gebiet, wo der Satz »cuius regio, eius religio« gilt. Allein in Wirklichkeit folgt doch niemals die Herrschaft über Menschen dem Besitz des Gebietes in demselben Sinne, wie aus ihm die Verfügung über den Früchteertrag des Bodens folgt. Vielmehr der Zusammenhang zwischen beiden muß immer erst durch besondere Normen oder Machtübungen hergestellt werden, d. h. die Personenbeherrschung muß immer ein besonderer Zweck sein, eine ausdrückliche Absicht, keine selbstverständliche Kompetenz. Ist das aber der Fall, so ist die Hoheit über das Land als Gebiet jener Menschen unvermeidlich etwas Sekundäres, eine Technik oder ein zusammenfassender Ausdruck für die Personenherrschaft, um die allein es sich unmittelbar handelt, im Gegensatz zu der Verfügung über das Land um seiner Früchte oder sonstigen Ausnutzung willen. Im letzteren Falle ist der Besitz des Landes das unmittelbar Wesentliche, weil die Fruktifizierung dieser selbstverständlich folgt. Nur die Verwechslung dieser beiden Bedeutungen der Gebietsherrschaft kann verkennen lassen, daß hier die soziologische Formung, das bestimmte Untertänigkeitsverhältnis innerhalb einer Gruppe, den Raumbegriff bestimmt. Darum finden wir auch da, wo nicht wie im Feudalismus die privatrechtliche Bodennutzung im Vordergrund des Bewußtseins steht, sehr häufig den König keineswegs als König des Landes, sondern nur seiner Bewohner bezeichnet, z. B. im älteren semitischen Königtum. Aber nicht nur die allgemeine Tatsache der Herrschaft, sondern auch ihre speziellen Formungen münden in einen räumlichen Ausdruck. Infolge der funktionellen Zentralisiertheit, die das Wesen des römischen Staates so gut wie später das des französischen und englischen bildete, konnte das römische Weltreich bis an sein Ende als von der Stadt abhängiges Gebiet und konnten in Frankreich und England Paris und London als die festen Sitze jener zentralisierenden Macht gelten. Den konsequentesten Ausdruck im Räumlichen gewinnt diese soziologische Form in dem tibetanischen Kirchenstaat: die Hauptstadt Lhassa hat genau in ihrem Mittelpunkt ein großes Kloster, auf das sämtliche Landstraßen zuführen, und in dem die Regierung ihren Sitz hat. Andrerseits nun: der germanische Staat konnte, als nach den Karolingern die Umbildung in einen föderativen Reichsverband entschieden war, überhaupt kein dinglich-räumliches Zentrum mehr haben, sondern nur ein labiles und persönliches. Der Mangel einer festen Hauptstadt und das fortwährende Umherziehen des Königs war die logische lokale Folge jener politischen Struktur. Der formale Charakter dieses Zusammenhanges wird noch stärker betont, wenn eine Änderung der staatlichen Verhältnisse, bloß weil sie eben eine Änderung ist, die Verlegung der Hauptstadt zur Folge hat; der alte Zustand ist mit der Hauptstadt so eng assoziiert, sei es verwaltungstechnisch, sei es bloß psychologisch, daß der neue zweckmäßigerweise eine Verlegung derselben verlangt, und zwar insofern gleichgültig wohin, nur anderswo als an dem alten Orte muß sie sein. So wurde mehrfach in den skandinavischen Reichen die Hauptstadt verlegt, als das Christentum eingeführt wurde, so hat insbesondere im Orient die Thronbesteigung eines neuen Herrschers oft einen Wechsel der Hauptstadt zur Folge gehabt: die räumliche Projektion der funktionellen Änderung. Gerade im kleinsten Maßstabe ist dies am bezeichnendsten, weil sehr geringe räumliche Verschiebungen sachlich nicht das Geringste ausmachen, sondern nur die Tatsache der Veränderung überhaupt markieren. So häufig bei afrikanischen Stämmen: die Häuptlingswohnung ist dort oft die einzige einigermaßen stadtähnliche Siedlung, und um die Abhängigkeit dieses Gebildes von der Person des Fürsten recht fühlbar zu machen, wird sie, wenn der Herrscher wechselt, um einige Kilometer verlegt. In solchen Fällen erscheint die Stadt des Herrschers wie ein Gewand, das seine Person umgibt, und gleich diesem, nur in derselben Richtung weitergehend, als eine Erweiterung der Persönlichkeit selbst, als ein Ausstrahlen seiner Bedeutung, deren Schicksalen also die jener Lokalität folgen müssen. Daß diese Lokalisierung der Herrschermacht eine relative ist, d. h. ihren Sinn an ihrem Verhältnis zu dem Wohnplatz der Untertanen hat, drückt sich recht gut in einer etwas paradoxen Erscheinung aus, die von den Betschuanen berichtet wird: wenn die Familien mit ihrem Häuptling unzufrieden sind, so verjagen sie ihn nicht, sondern verlassen ihrerseits das Dorf, sodaß es vorkommt, daß der Häuptling sich eines Morgens ganz allein im Dorf findet – eine negative Form der lokalen Gestaltung, die aus dem Herrschaftsverhältnis hervorgeht. In der Art, wie der Raum zusammengefaßt oder verteilt wird, wie die Raumpunkte sich fixieren oder sich verschieben, gerinnen gleichsam die soziologischen Beziehungsformen der Herrschaft zu anschaulichen Gestaltungen.

C. Daß sich gesellschaftliche Vereinheitlichungen in bestimmte räumliche Gebilde umsetzen, findet sein alltägliches Beispiel darin, daß die Familie und der Klub, das Regiment und die Universität, die Gewerkschaft und die religiöse Gemeinde ihre festen Lokalitäten, ihr ›Haus‹ haben. Alle Vereinigungen, die ein eigenes Haus besitzen, so weltweit unterschieden ihre Inhalte sein mögen, zeigen damit einen gemeinsamen soziologischen Charakterunterschied gegen die gewissermaßen freischwebenden Verbindungen, wie Freundschaften oder Unterstützungsvereine, Genossenschaften zu vorübergehenden oder zu illegalen Zwecken, politische Parteien und alle jene in die Praxis selten übergreifenden Vergesellschaftungen, die im bloßen Bewußtsein gemeinsamer Überzeugungen und paralleler Bestrebungen bestehen. Einen dritten Charaktertypus der gleichen soziologischen Kategorie machen diejenigen größeren Gebilde aus, die zwar nicht als solche fest domizilierte sind, deren einzelne Elemente aber je ein Haus besitzen: so die Gesamtarmee aus den Cadres, deren jedes eine Kaserne hat, so die Kirche als Vereinigung aller Gleichgläubigen, die in Kirchengemeinden zerfallen, so die Familien im weiteren Sinne gegenüber ihren einzelnen Hausständen, und unzähliges andere. Gewiß ist dies nur eine unter den vielen Bestimmungen, in denen sich der Aggregatzustand einer Vergesellschaftung ausdrückt, und die ihn rückwirkend prägen helfen. Allein es ist wichtig, sich klar zu machen, nicht nur daß der zentrale Zusammenhalt sich an so vielen peripherischen Punkten ausspricht, sondern daß die Wichtigkeit jenes und dieser oft kontinuierlich in einander übergeht: die wirkliche Struktur einer Vergesellschaftung wird keineswegs durch ihr soziologisches Hauptmotiv allein bestimmt, sondern durch eine sehr große Anzahl von Verbindungsfäden und Verknotungen derselben, von Verfestigungen und Flüchtigkeiten, die alle in Bezug auf das soziologisch Entscheidende: die Bildung einer Einheit aus einer Vielheit – nur graduelle Unterschiede der Wirksamkeit aufweisen.

Das ›Haus‹ der Gemeinschaft ist nun nicht in dem Sinne des bloßen Besitzes gemeint, wie sie auch ein zweites oder ein Stück Land als juristische Person besitzen kann; sondern als die Lokalität, die als Wohn- oder Versammlungsstätte der räumliche Ausdruck ihrer soziologischen Energien ist. In diesem Sinne *hat* sie nicht eigentlich das Haus, denn als ökonomischer Wertgegenstand kommt es hier nicht in Betracht, sondern sie *ist* es, das Haus stellt den Gesellschaftsgedanken dar, indem es ihn lokalisiert. Der Sprachgebrauch deutet das an, wenn er eine Familie ein Haus nennt, wenn die ›Kirche‹ gleichmäßig den Sinn des Gebäudes und der ideellen Vereinigung hat, wenn die Universität, der Klub usw. dieselbe Doppeldeutigkeit zeigen. Mit dem Wort Sippe hängt das altindische *sabha* zusammen, das ursprünglich die Versammlung der Dorfgemeinde bedeutet, dann aber das Gemeindehaus, in dem diese Versammlungen stattfanden. Am entschiedensten tritt der solidarische Zusammenhang zwischen der Vereinigung selbst und ihrem Hause an den Gemeinschaften der unverheirateten Männer hervor, die eine der frühesten klassenmäßigen Organisationen darzustellen scheinen und sich jetzt noch in Mikronesien und Melanesien sowie bei einigen Indianern und Eskimos finden. Es ist eine Lebensgemeinschaft vor der familiären, die zwar individuelle Tätigkeiten der einzelnen nicht ausschließt, aber ihrem Essen und Schlafen, ihren Spielen und Liebesabenteuern eine gemeinsame Stätte gibt und die Männer, die eben nur in ihrem Unverheiratetsein ihren Berührungspunkt haben, zu einer sozialen Einheit zusammenschließt – wozu höhere Verhältnisse kaum eine Analogie besitzen. Von dieser Vergemeinsamung ist offenbar das Haus, das ›Männerhaus‹, die unumgängliche Verkörperung, diese Art der Klassenbildung kann überhaupt nicht stattfinden, wenn sie nicht an einem gemeinsamen Hause ihren

Anhalt, ihren Kristallisationspunkt und sichtbaren Ausdruck gewinnt. Obgleich in dieser Hinsicht der Vergleich früherer und entwickelterer Zeiten unüberwindlichen Schwierigkeiten begegnet, so scheint es mir, als ob die ersteren mit ihrer naiv-sinnlichen, dem Abstrakten fremden Art ein vergleichsweise regeres Bedürfnis gehabt hätten, die Zusammengehörigkeit derartiger Gemeinsamkeiten und ihren Abschluß gegen die umgebenden Gebilde durch die Geschlossenheit eines Hauses anschaulich zu machen. Das gemeinsame Haus ist die Darstellung und sinnliche Vereinheitlichung jener äußerlich-lokalen Berührung, ohne die primitive Epochen sich überhaupt kein innerliches Zusammensein denken können. Der gemeinsame Begräbnisplatz liegt in derselben formalen Richtung. Während das Interesse an diesem jetzt höchstens die engste Familie einschließt, haben die mittelalterlichen Gesellenverbände stets die Vorstände der Kirche, mit der sie in Verbindung standen, um einen gemeinsamen Begräbnisplatz gebeten, und schließlich gehört die Kultstätte, wo der Mensch sich dauernd mit seinem Gott zusammenfindet, unter dieselbe Rubrik. Der Tempel ist doch nicht nur der Sammelplatz der Gläubigen und insofern Ergebnis und Träger ihrer Zusammengehörigkeit; sondern er ist auch die Sicherung und Projizierung der Tatsache, daß die Gottheit mit ihren Gläubigen eine örtliche Gemeinschaft hat. Darum hat man auch mit Recht hervorgehoben, daß der Kultus von Pfählen und Steinen, die Menschen hergerichtet haben, zwar unpoetischer und scheinbar roher ist als die Verehrung einer Quelle oder eines Baumes, daß aber in Wirklichkeit das erstere eine vertraulichere Nähe zwischen dem Gott und dem Gläubigen einschließt. Denn in dem Naturobjekt wohnt der Gott sozusagen von sich aus und ohne Rücksicht auf den Menschen, der sich ihm erst nachträglich und zufällig nähert; wenn er aber einwilligt, in dem Werke von der Hand eines Menschen zu wohnen, so ist damit eine ganz neue Beziehung beider geknüpft, das Menschliche und das Göttliche hat eine gemeinsame Stätte gefunden, die eben beider Faktoren bedarf, das soziologische Verhältnis des Gottes und seiner Verehrer hat sich in einem räumlichen Gebilde investiert. […][3]

3 [Anm. d. Hg.] Auf den folgenden, hier ausgelassenen Seiten relativiert Simmel sein Argument von der im Zuge sozialer Organisation zunehmenden räumlichen Bindung insofern, als er am Beispiel von verschiedenen Stadtrechten im ausgehenden 12. Jahrhundert demonstriert, wie eine gesicherte soziale Ordnung der phy-

D. Endlich gewinnt der leere Raum als leerer eine Bedeutung, in der sich bestimmte soziologische Beziehungen negativer wie positiver Art ausdrücken. Es handelt sich dabei also nicht um die Folgen eines gegebenen Raumintervalls für die Wechselwirkungen derer, zwischen denen es besteht; sondern um derartige räumliche Bestimmtheiten als Folgen anderweitiger gesellschaftlicher Bedingungen. In frühen Zeiten haben Völker oft das Bedürfnis, daß ihre Grenze nicht unmittelbar auch die eines anderen Volkes sei, sondern daß an sie zunächst ein wüster Landstrich sich anschließe. Unter Augustus suchte man die Reichsgrenze auch dadurch zu sichern, daß man z. B. den Landstrich zwischen dem Rhein und dem Limes entvölkerte: Stämme wie die Usipier und Tenkterer mußten teils auf das linke Ufer übersiedeln, teils sich tiefer in das Land hineinziehen. Während der wüste Strich hier noch Reichsgebiet war, sollte von Nero an auch jenseits der römischen Grenzen zunächst unbewohntes Land liegen. So hatten schon früher die Sueven eine Wüste um ihr Gebiet geschaffen, so lag zwischen Dänen und Deutschen das Isarnholt, zwischen Slaven und Deutschen der Sachsenwald usw. Auch indianische Stämme hielten darauf, daß zwischen je zweien ein weiter, niemandem gehöriger Landstrich läge. Das Schutzbedürfnis der einzelnen Gruppen ist natürlich die Veranlassung hiervon, und kaum in irgend einer anderen Beziehung wird der Raum so als reine Distanz, als qualitätlose Ausdehnung ausgenutzt. In der Regel treibt eine Schwäche oder Unbehilflichkeit zu dieser Maßnahme, genau wie sie gelegentlich den einzelnen in die Einsamkeit treibt. Das soziologisch Bezeichnende ist, daß die so gewonnene Defensive mit dem ganz entsprechenden Verzicht auf Offensive bezahlt wird und die Idee des Ganzen sich in der Redensart ausdrückt: »tu' mir nichts, ich tu' dir auch nichts!« Dieses Schema herrscht nicht nur zwischen Personen, die sich überhaupt nichts angehen, sondern bestimmt auch als durchaus positive und bewußte Maxime unzählige Verhältnisse solcher Menschen, die vielerlei mit einander teilen, bei denen gerade Anreize und Ansätze zu vielerlei Reibungen vorhanden sind. Im äußeren Effekt ordnet sich dies der anderen allgemeinen Maxime ein: »wie du mir, so ich dir« – während es innerlich genau entgegengesetzten Wesens ist. Das letz-

sisch-lokalen Bindung ihrer Bürger an das städtische Gebiet entbehren kann, die zu ihrer Konstitution freilich notwendig war.

tere Prinzip, obgleich nach ihm das Verhalten der redenden Partei sich nach dem der anderen richten will, zeigt noch aggressiven Charakter, mindestens Gerüstetheit für jede Eventualität. Jenes erstere dagegen, obgleich es die Initiative ergreift, beweist gerade das Gegenteil der Offensive und Gerüstetheit, indem es durch eigenes Waffenniederlegen den andern, wie auch seine Stimmung sei, zu eben demselben veranlassen will. Unter den vielfachen Fällen, in denen die Maxime: »tu' mir nichts, ich tu' dir auch nichts« – das Benehmen bestimmt, gibt es keinen reineren und anschaulicheren als den des wüsten Gebietes, das eine Gruppe um ihre Grenze legt; hier hat sich das Prinzip völlig in die Raumform hinein verkörpert.

Das Prinzip, das dem der Grenzwüste entgegengesetzt ist, vertritt auch die entgegengesetzte Gesinnung: »quaeque terrae vacuae«, so drückt es Tacitus aus, »eas publicas esse«;[4] das ist ebenso gelegentlich von den Germanen wie neuerdings von den amerikanischen Ansiedlern den Indianern gegenüber behauptet worden. Es zeigt offenbar einen fundamentalen Unterschied in den Beziehungsformen zweier Gruppen, ob der leere Raum zwischen ihnen keinem gehören soll oder potentiell beiden, indem jeder, der es will, die Hand darauf legen kann und damit freilich oft den Streit entfesseln wird, den der andere Modus gerade vermeiden will. Diese Unterschiedsform ist von typischer Bedeutung. Daß ein Objekt von vornherein keiner von verschiedenen Parteien gehört, kann sich konsequenterweise sowohl zu rechtlicher Fixierung entwickeln, sodaß sich keine an ihm vergreifen darf, als auch dazu, daß es jede darf bzw. daß die zuerst zugreifende besitzberechtigt sein soll. Diese Differenz bezeichnet schon ganz feine persönliche Beziehungen. Zwischen zwei Menschen besteht oft ein Gebiet oder Gegenstand theoretischen oder gefühlsmäßigen Interesses, den sie wie auf eine stillschweigende Verabredung hin nicht berühren, sei es weil diese Berührung schmerzlich wäre, sei es, weil sie einen Konflikt davon befürchten. Dies entspringt keineswegs immer aus bloßer Zartheit der Empfindung, sondern auch aus Feigheit und Schwäche. Die Personen lassen hier gleichsam ein Gebiet zwischen sich leer und wüst, während ein kräftiges Zugreifen, das den ersten Choc nicht scheut, dasselbe zu Fruchtbarkeiten und neuen Verknüpfungen entwickeln könnte. Deshalb liegt eine ganz andere Nuance vor, wo dies letztere beider-

4 [Anm. d. Hg.] »Ungenutztes Gebiet ist Gemeinbesitz.« Tacitus, *Annales* XIII, 55/2.

seitig gefühlt und deshalb dem ersten Beschreiten des vermiedenen Gebietes ein Vorsprung, eine Anerkennung, eine begünstigtere Fruktifizierung desselben als Lohn des Mutigen folgt. Im Spiel von Kindern ist das gleichfalls zu beobachten: daß irgend ein Gegenstand für alle Tabu ist, daß Wetteifer oder Kooperation sich auf ihn nicht erstrecken darf, sozusagen ein öffentliches Nichteigentum, im Gegensatz zu denjenigen, die als öffentliches Eigentum gelten, und deren sich der erste, der will, oder dem es gelingt, bemächtigen kann. Wirtschaftende Persönlichkeiten lassen manchmal gewisse Möglichkeiten unverwirklicht – in der Ausnutzung der Arbeiter, der Ausdehnung der Geschäftszweige, der Anlockung der Abnehmer – weil sie einen allzu heftigen Zusammenstoß, dem sie ihre Kräfte nicht gewachsen fühlen, davon befürchten; während stärkere Konkurrenz, diesen Schutz durch Resignation preisgebend, alle irgend bereit liegenden Kräfte und Chancen ihres Gebietes aktualisiert und alles bisher Unausgenutzte für ein öffentliches Eigentum in dem Sinne ansieht, daß jeder, der zuerst kommt, davon soviel nehmen oder soviel daraus machen darf, wie er imstande ist. Endlich auf dem Gebiet des Handelns überhaupt, insoweit es unter der Kategorie des Sittlichen angesehen wird. Da eine soziale Organisation niemals über hinreichende Gesetze und Kräfte verfügt, das sittlich erwünschte Verhalten ihrer Mitglieder durchgehends zu erzwingen, ist sie darauf angewiesen, daß diese sich freiwillig die Ausnutzung der Lücken ihrer Gesetze versagen. Den anständigen Menschen umgibt eine Sphäre von gegen andere geübten Reserven, von Resignationen auf egoistische Handlungen, die der Gewissenlose ohne weiteres ausübt, weil sie überhaupt nur durch innere sittliche Impulse untersagt werden können. Daher eben die häufige Wehrlosigkeit des moralischen Menschen; er will eben nicht mit denselben Waffen und um dieselben Preise kämpfen wie der Schurke, der alle bereit liegenden Vorteile ergreift, sobald er es ohne äußeres Risiko kann. So besteht zwischen gewissenhaften Menschen sozusagen ein ideelles Vakuum, in das der Unsittliche eindringt, und von dem er profitiert. Das inhaltliche wie soziologische Wesen ganzer gesellschaftlicher Kreise bestimmt sich danach, inwieweit jener Verzicht auf egoistische Chancen sich zwischen die einzelnen schiebt, jeden gegen Angriffe eines jeden sichernd, oder ob das allgemeine Verhalten sich nach dem Wahlspruch: was nicht verboten ist, ist erlaubt – richtet. Unter der unendlichen Verschiedenheit all dieser Erscheinungen wird so eine formale Gleichheit im Unterschied der Verhaltungsarten fühlbar. Jener Gegensatz zwischen dem Prinzip der Grenzwüste und dem, daß das von niemandem besessene Terrain für jeden okkupierbar wäre, wird so seiner Grundidee nach des zufälligen und äußerlichen Charakters entkleidet; es zeigt sich als die anschauliche Verkörperung, als das am Raum realisierte Beispiel eines typischen funktionellen Gegenseitigkeitsverhältnisses zwischen Individuen oder Gruppen.

Einen ganz anderen Sinn gewinnt die Neutralität des unbewohnten Raumes, indem sie ihn zu positiven Diensten befähigt: seine Funktion, die bisher eine trennende war, kann auch eine verbindende werden. Begegnungen von Personen, die auf dem Gebiet der einen oder dem der anderen untunlich wären, können manchmal doch auf neutralem Gebiet stattfinden, und die Dauerform eines solchen wird besonders in primitiven Epochen ein unbewohnter, niemandem gehöriger Landstrich sein. Denn wo Bewohner sind, ist deren Unparteilichkeit und damit die Sicherheit jeder der zusammenkommenden Parteien nie dauernd gewährleistet, und vor allem kann eine geistige Verfassung, die noch ganz am Sinnlich-Konkreten haftet, sich die Neutralität eines Territoriums wohl nicht besser vorstellen, als daß eben niemand darauf wohnt; zu der Neutralität als allgemeiner, ganz positiver Verhaltungsweise ist von hier, wo sie ein bloßes Manko bezeichnet, ein weiter Weg, und deshalb wird sie zunächst auf Raumteilen haften, die zwar ganz bestimmte Möglichkeiten von Beziehungen geben, aber doch von sich aus völlig indifferent sind. Von allen Potenzen des Lebens ist der Raum am meisten die zur Anschauung gewordene Unparteilichkeit; alle anderen Inhalte und Formen unseres Milieus haben durch ihre spezifischen Eigenschaften irgendwie andere Bedeutungen und Chancen für die eine als für die andere Person oder Partei, und nur der Raum eröffnet sich jeglichem Dasein ohne irgend ein Präjudiz. Und dieser Neutralität des Raumes überhaupt nähert sich für die praktischen Verwertungen am meisten das unbewohnte, niemandem gehörige Terrain, das eben sozusagen bloß Raum und weiter nichts ist. So ist dieses der gegebene Ort für den wirtschaftlichen Tauschverkehr primitiver Gruppen, die eigentlich in stetem allenfalls latentem Kriegszustande und Mißtrauen gegen einander leben. Der Wirtschaftsverkehr als Austausch objektiver Werte ist ja von vornherein ein Prinzip der Neutralität und der Stellung jenseits sonstiger Parteiung; selbst bei indianischen Stämmen, die auf Kriegsfuß stehen, darf der Händler ungehemmt von einem zum andern kursieren. Die neutrale Zone, die man sich nicht anders denn als die unokkupierte vorstellen konnte, findet sich deshalb als Korrelat des neutralen Warenaustausches allenthalben, wird z. B. im frühesten England ausdrücklich hervorgehoben. Hier ist zwar die Rede von »the *boundary* place between two or more marks«, dies sei anerkannt worden als »a neutral territory where men might meet«, zum Tauschverkehr, »if not on friendly terms, at least without hostility«. Eigentlich also handelt es sich hier um die Grenzlinie, an der die Begegnung stattfindet, sodaß keine der Parteien ihr eigenes Gebiet zu verlassen braucht; allein wie, wenn wir von der ›Gegenwart‹ sprechen, wir nicht die genaue Gegenwart meinen, sondern sie diesseits und jenseits dieses bloßen Punktes aus einem Stückchen Vergangenheit und einem Stückchen Zukunft zusammensetzen – so dürfte der Grenzstrich für die Praxis wohl allenthalben als eine schmälere oder breitere Zone aufgetreten sein oder sich zu einer solchen gedehnt haben, sodaß jede Partei, wenn sie die Grenze der eigenen Mark überschritt, darum noch nicht die der Gegenpartei betrat. Damit ordnet sich der neutrale Raum in einen bedeutsamen soziologischen Typus ein. Wo auch immer zwei Parteien sich im Konflikt befinden, wird es für dessen Entwicklung wichtig sein, wenn jede der Parteien der anderen entgegenkommen kann, ohne auf ihr Gebiet einzutreten, und zwar in dem doppelten Sinne des feindlichen Angriffs wie des Sichergebens. Ist eine solche Möglichkeit des Begegnens gegeben, ohne daß im übrigen einer von beiden seinen Standpunkt zu verlassen braucht, so ist damit jene Objektivation und Differenzierung eingeleitet, die das Streitobjekt im Bewußtsein der Parteien von denjenigen Interessen trennt, die jenseits jenes liegen, bezüglich deren eine Verständigung oder Gemeinsamkeit möglich ist, und die rohere oder impulsivere Geistesverfassungen in jene Feindseligkeit mit hineinreißen. Dahin gehören z. B. ganz allgemein auf der Stufe hoher innerer Kultur die persönlichen Seiten der Individuen bei prinzipiellen Antagonismen und die prinzipiellen Interessen bei persönlicher Feindschaft. Dahin gehören insbesondere die Sphären der Geselligkeit, der Kirche, des Staatslebens, der Kunst und der Wissenschaft, soweit in ihnen Burgfriede herrscht, und zwar anhebend von ihrem Umkreis im geistigen Sinn bis zu den Lokalitäten, die ihnen geweiht sind. Eine unabsehbare Zahl von Beispielen zeigt uns Gebiete, auf denen Verkehr, Entgegenkommen, sachliche Berührung zwischen gegensätzlichen Parteien möglich ist, derart, daß hier der Gegensatz nicht zu Worte kommt, ohne daß er doch aufgegeben zu werden braucht, daß man sich zwar aus den Grenzen, die uns sonst vom Gegner scheiden, hinausbegibt, aber ohne in die seinen überzutreten, sondern sich vielmehr jenseits dieser Scheidung hält. Indem der leere, unokkupierte Grenzbezirk zwischen zwei Stämmen als neutrale Zone für den Tausch- oder sonstigen Verkehr funktioniert, ist er das einfachste, in seinem reinen Negationscharakter anschaulichste solcher Gebilde, die jener eigentümlich differenzierten Verhältnisform antagonistischer Elemente zum Mittel dienen, und in denen sie sich verkörpert; sodaß sich schließlich selbst der leere Raum als Träger und Ausdruck soziologischer Wechselwirkung enthüllt.

Biobibliographische Angaben

Georg Simmel
* 1. 3. 1858 (Berlin) – † 28. 9. 1918 (Straßburg)

Simmels Familie war jüdischer Abstammung, er selbst evangelisch getauft; ab 1867 Studium der Geschichte, Ethnologie, Völkerpsychologie, Philosophie und Kunstgeschichte in Berlin; 1881 Ablehnung der ersten Dissertationsschrift, Promotion in Philosophie, 1884 zunächst Scheitern des Habilitationsantrags; 1885 Abschluss des Habilitationsverfahrens (jeweils mit Arbeiten zu Kant); 1900 Ernennung zum Extraordinarius an der Philosophischen Fakultät in Berlin, im selben Jahr erscheint die *Philosophie des Geldes*; 1908 Erscheinen von *Soziologie. Untersuchungen über die Formen der Vergesellschaftung*; 1911 *Philosophische Kultur*; 1908 aus antisemitischen Gründen Scheitern eines Rufs nach Heidelberg, 1909 Mitbegründer der deutschen Gesellschaft für Soziologie, 1914 Berufung auf einen philosophischen Lehrstuhl der Universität Straßburg.

Textnachweis

»Über räumliche Projektionen sozialer Formen«, in: G. S., *Aufsätze und Abhandlungen 1901-1908/1. Gesamtausgabe*, Bd. 7, hg. von Otthein Rammstedt, Frankfurt am Main: Suhrkamp 1995, S. 201-220, hier: S. 201, 206-211 und 214-220 [zuerst in: *Zeitschrift für Socialwissenschaft* 6/5 (1903), S. 287-302]

[Die Orthographie wurde in der vorliegenden Fassung modernisiert.]

Weitere Texte zur Raumtheorie

1903: »Die Großstädte und das Geistesleben«, in: G. S., *Aufsätze und Abhandlungen 1901-1908/1. Gesamtausgabe*, Bd. 7, S. 116-131.

1903: »Soziologie des Raumes«, in: G. S., *Aufsätze und Abhandlungen 1901-1908/1. Gesamtausgabe*, Bd. 7, S. 132-183.

1908: »Der Raum und die räumlichen Ordnungen der Gesellschaft«, in: G. S., *Soziologie. Untersuchungen über die Formen der Vergesellschaftung. Gesamtausgabe*, Bd. 11 (1992), S. 687-790.

1909: »Brücke und Tür«, in: *Aufsätze und Abhandlungen 1909-1918/1. Gesamtausgabe*, Bd. 12 (2001), S. 55-61.

Sekundärliteratur

Frisby, David: *Georg Simmel*, London: Routledge 2002.

Lechner, Frank J.: »Simmel on Social Space« [1991], in: David Frisby (Hg.), *Georg Simmel. Critical Assessments*, Bd. 3, London/New York: Routledge 1994, S. 96-101.

Löw, Martina: *Raumsoziologie*, Frankfurt am Main: Suhrkamp 2001, »Simmel und die Form«, S. 58-63.

Schroer, Markus: *Räume, Orte, Grenzen: Auf dem Weg zu einer Soziologie des Raums*, Frankfurt am Main: Suhrkamp 2006, »Raumqualitäten und Raumgebilde – Georg Simmel«, S. 60-81.

Weinstein, Deena und Michael A.: »Simmel and the Dialectic of the Double Boundary: The Case of the Metropolis and Mental Life«, in: *Sociological Inquiry* 59/1 (1989), S. 48-59.

Ziemann, Andreas: *Die Brücke zur Gesellschaft: Erkenntniskritische und topographische Implikationen der Soziologie Georg Simmels*, Konstanz: UVK 2000.

Sämtliche Schriften Simmels online: ⟨http://www.socio.ch/sim/simmel_pub.htm⟩

17 Michel Foucault
Von anderen Räumen

Die große Obsession des 19. Jahrhunderts war bekanntlich die Geschichte: Themen wie Entwicklung und Stillstand, Krise und Zyklus, die Akkumulation des Vergangenen, die gewaltige Zahl der Toten, die bedrohliche Abkühlung des Erdballs. Das wichtigste Reservoir, aus dem das 19. Jahrhundert seine Mythen schöpfte, war der Zweite Hauptsatz der Thermodynamik. Unsere Zeit ließe sich dagegen eher als Zeitalter des Raumes begreifen. Wir leben im Zeitalter der Gleichzeitigkeit, des Aneinanderreihens, des Nahen und Fernen, des Nebeneinander und des Zerstreuten. Die Welt wird heute nicht so sehr als ein großes Lebewesen verstanden, das sich in der Zeit entwickelt, sondern als ein Netz, dessen Stränge sich kreuzen und Punkte verbinden. Vielleicht könnte man sagen, einige der ideologischen Konflikte hinter den aktuellen Auseinandersetzungen werden zwischen den frommen Abkömmlingen der Zeit und den hartnäckigen Bewohnern des Raumes ausgetragen. Der Strukturalismus oder zumindest das, was man unter dieser recht allgemeinen Bezeichnung zusammenfasst, ist der Versuch, zwischen Elementen, die über die Zeit verteilt sein mögen, eine Reihe von Beziehungen herzustellen, die sie als ein Nebeneinander, als ein Gegenüber, als etwas ineinander Verschachteltes, kurz als Konfiguration erscheinen lassen. Genau besehen, geht es hier nicht darum, die Zeit zu leugnen. Es geht vielmehr um eine bestimmte Art der Behandlung dessen, was man Zeit oder Geschichte nennt.

Dennoch ist anzumerken, dass der Raum, der heute den Horizont unserer Bemühungen, Theorien und Systeme bildet, keine Neuerung darstellt. In der abendländischen Erfahrung hat der Raum selbst eine Geschichte, und diese fatale Kreuzung der Zeit mit dem Raum können wir nicht übersehen. Diese Geschichte des Raumes lässt sich in groben Zügen etwa so nachzeichnen: Im Mittelalter war der Raum eine hierarchisierte Menge von Orten, von heiligen und profanen Orten, von geschützten und freien oder schutzlosen Orten, von städtischen und ländlichen Orten (so viel zum realen Leben der Menschen). Für die kosmologische Theorie gab es Orte oberhalb des Himmels und solche im Himmel, denen wiederum die irdischen Orte gegenübergestellt wurden. Es gab Orte, an denen die Dinge sich befanden, weil sie gewaltsam von ihrem eigentlichen Ort entfernt worden waren, und es gab Orte, an denen die Dinge ihren natürlichen Platz und ihre natürliche Ruhe fanden. Diese Hierarchie, diesen Gegensatz, diese Kreuzung unterschiedlicher Orte könnte man in groben Zügen als den mittelalterlichen Raum bezeichnen, der einen Raum der Lokalisierung darstellte.

Dieser Raum der Lokalisierung öffnete sich mit Galilei, denn der eigentliche Skandal an Galileis Werk lag nicht so sehr in der Entdeckung oder Wiederentdeckung, dass die Erde sich um die Sonne dreht, sondern in der Konstitution eines unendlichen und unendlich offenen Raumes, in dem der mittelalterliche Ort sich auflöste, so dass der Ort eines Dings nun nur noch ein Punkt auf seiner Bahn war und Ruhe nur noch unendlich verlangsamte Bewegung bedeutete. Anders gesagt, seit Galilei und seit dem 17. Jahrhundert tritt die Ausdehnung an die Stelle der Lokalisierung.

Heute tritt die Lage an die Stelle der Ausdehnung, welche einst die Lokalisierung ersetzte. Die Lage wird bestimmt durch Nachbarschaftsbeziehungen zwischen Punkten oder Elementen, die man formal als mathematische Reihen, Bäume oder Gitter beschreiben kann. Andererseits wissen wir, welche Bedeutung Probleme der Lage oder Platzierung in der heutigen Technik haben. Man denke etwa an die Speicherung von Information oder von Teilergebnissen einer Rechnung im Speicher einer Maschine, an die zufallsbestimmte Zirkulation diskreter Elemente (zum Beispiel von Autos im Straßenverkehr oder von Tönen in einer Telephonleitung), an das Auffinden markierter oder codierter Elemente innerhalb einer Menge, die entweder eine Zufallsverteilung aufweist oder durch eindeutige bzw. mehrdeutige Zuordnungen geordnet ist.

Noch konkreter stellt sich das Problem des Platzes oder der Lage für die Menschen auf dem Gebiet der Demographie. Und dabei geht es nicht nur um das – wahrhaftig sehr wichtige – Problem, ob die Menschen genug Platz auf der Erde haben, sondern auch um die Frage, welche Nachbarschaftsbeziehungen, welche Form der Speicherung, der Zirkulation, des Auffindens und der Klassifikation der menschlichen Elemente in bestimmten Situationen eingesetzt werden sollten, wenn man bestimmte Ziele erreichen will. Wir leben in einer Zeit, in der sich uns der Raum in Form von Relationen der Lage darbietet.

Jedenfalls glaube ich, dass die Beunruhigung heute ganz fundamental den Raum betrifft und weit weniger die Zeit. Die Zeit erscheint wahrscheinlich nur noch als eine der möglichen Verteilungen der über den Raum verteilten Elemente.

Trotz all der Techniken, die dem Raum gelten, und trotz des umfangreichen Wissens, das ihn zu bestimmen und zu formalisieren erlaubt, kann der heutige Raum noch nicht als vollkommen entsakralisiert gelten – im Unterschied zur Zeit, die schon im 19. Jahrhundert jeden sakralen Charakter verlor. Natürlich hat es eine gewisse theoretische Entsakralisierung des Raumes gegeben (jene nämlich, zu der Galileis Werk das Signal gab), aber in praktischer Hinsicht ist solch eine Entsakralisierung wohl noch nicht erfolgt. Und vielleicht wird unser Leben immer noch von diversen Gegensätzen beherrscht, an die wir nicht rühren können und die weder die Institutionen noch die Praxis bislang anzurühren wagen. Von Gegensätzen, die wir als Gegebenheiten hinnehmen, etwa zwischen privatem und öffentlichem Raum, zwischen familiärem und gesellschaftlichem Raum, zwischen dem Raum der Kultur und dem der Nützlichkeit, zwischen dem Raum der Freizeit und dem der Arbeit. All diese Räume unterliegen immer noch einer blinden Sakralisierung. Bachelards gewaltiges Werk und die Beschreibungen der Phänomenologen haben gezeigt, dass wir nicht in einem leeren, homogenen Raum leben, sondern in einem Raum, der mit zahlreichen Qualitäten behaftet ist und möglicherweise auch voller Phantome steckt. Der Raum unserer unmittelbaren Wahrnehmung, unserer Träumereien und unserer Leidenschaften besitzt eigene Qualitäten. Er ist leicht, ätherisch, transparent oder schwer, holprig, voll gestopft. Es ist ganz oben, auf dem Gipfel. Oder ganz unten, im Schmutz. Er kann fließen wie Wasser, er kann fest und starr sein wie Stein oder Kristall.

Doch diese für das heutige Denken durchaus grundlegenden Analysen gelten vor allem dem inneren Raum. Ich möchte hier dagegen über den äußeren Raum sprechen.

Der Raum, in dem wir leben und der uns anzieht, so dass wir aus uns selbst heraustreten, der Raum, in dem die eigentliche Erosion unseres Lebens, unserer Zeit und unserer Geschichte stattfindet, dieser Raum, der uns zerfrisst und auswäscht, ist seinerseits heterogen. Anders gesagt, wir leben nicht in einer Leere, die wir mit Menschen und Dingen füllen könnten. Wir leben nicht in einer Leere, die verschiedene Farben annähme. Wir leben vielmehr innerhalb einer Menge von Relationen, die Orte definieren, welche sich nicht aufeinander reduzieren und einander absolut nicht überlagern lassen.

Natürlich könnte man die verschiedenen Orte beschreiben, indem man die Relationsmenge bestimmt, über die sie jeweils definiert sind. Zum Beispiel könnte man die Relationsmenge beschreiben, die Durchgangsorte wie Straßen oder Eisenbahnzüge definiert. (Ein Zug ist ein außergewöhnliches Bündel von Relationen, denn man kann durch einen Zug gehen, man kann mit ihm von einem Punkt zu einem anderen gelangen, und schließlich bewegt sich der Zug auch noch selbst.) Durch das Relationsbündel, das den Ort definiert, kann man auch vorübergehende Halteplätze wie Cafés, Kinos oder Strände beschreiben. Und auch geschlossene oder teilweise geschlossene Ruheplätze wie das Haus, das Zimmer, das Bett usw. Unter all diesen Orten interessieren mich hier jedoch jene, denen die merkwürdige Eigenschaft zukommt, in Beziehung mit allen anderen Orten zu stehen, aber so, dass sie alle Beziehungen, die durch sie bezeichnet, in ihnen gespiegelt und über sie der Reflexion zugänglich gemacht werden, suspendieren, neutralisieren oder in ihr Gegenteil verkehren. Diese Räume, wie man sie nennen könnte, die in Verbindung und dennoch im Widerspruch zu allen anderen Orten stehen, lassen sich in zwei Gruppen einteilen.

Da sind erstens die Utopien. Utopien sind Orte ohne realen Ort. Es sind Orte, die in einem allgemeinen, direkten oder entgegengesetzten Analogieverhältnis zum realen Raum der Gesellschaft stehen. Sie sind entweder das vervollkommnete Bild oder das Gegenbild der Gesellschaft, aber in jedem Fall sind Utopien ihrem Wesen nach zutiefst irreale Räume.

Dann gibt es in unserer Zivilisation wie wohl in jeder Kultur auch reale, wirkliche, zum institutionellen Bereich der Gesellschaft gehörige Orte, die gleichsam Gegenorte darstellen, tatsächlich verwirklichte Utopien, in denen die realen Orte, all die anderen realen Orte, die man in der Kultur finden kann, zugleich repräsentiert, in Frage gestellt und ins Gegenteil verkehrt werden. Es sind gleichsam Orte, die außerhalb aller Orte liegen, obwohl sie sich durchaus lokalisieren lassen. Da diese Orte völlig anders sind als all die Orte, die sie spiegeln und von denen sie sprechen, werde ich sie im Gegensatz zu den Utopien als Heterotopien bezeichnen. Und ich glaube, dass es zwischen den Utopien und diesen völlig anderen Orten, den Heterotopien, eine gemeinsame, gemeinschaftliche Erfahrung gibt, für die der Spiegel steht. Denn der Spiegel ist eine Utopie, weil er ein Ort ohne Ort ist. Im Spiegel sehe ich mich dort, wo ich nicht bin, in einem irrealen Raum, der virtuell hinter der Oberfläche des Spiegels liegt. Ich bin, wo ich nicht bin, gleichsam ein Schatten, der mich erst sichtbar für mich selbst macht und der es mir erlaubt, mich dort zu betrachten, wo ich gar nicht bin: die Utopie des Spiegels. Aber zugleich handelt es sich um eine Heterotopie, insofern der Spiegel wirklich existiert und gewissermaßen eine Rückwirkung auf den Ort ausübt, an dem ich mich befinde. Durch den Spiegel entdecke ich, dass ich nicht an dem Ort bin, an dem ich bin, da ich mich dort drüben sehe. Durch diesen Blick, der gleichsam tief aus dem virtuellen Raum hinter dem Spiegel zu mir dringt, kehre ich zu mir selbst zurück, richte meinen Blick wieder auf mich selbst und sehe mich nun wieder dort, wo ich bin. Der Spiegel funktioniert als Heterotopie, weil er den Ort, an dem ich bin, während ich mich im Spiegel betrachte, absolut real in Verbindung mit dem gesamten umgebenden Raum und zugleich absolut irreal wiedergibt, weil dieser Ort nur über den virtuellen Punkt jenseits des Spiegels wahrgenommen werden kann.

Wie könnte man nun die Heterotopien im eigentlichen Sinne beschreiben? Welche Bedeutung haben sie? Ich will nicht von einer Wissenschaft sprechen, denn dieser Begriff ist heute allzu abgenutzt, aber man könnte sich eine systematische Beschreibung vorstellen, die es sich zur Aufgabe machte, in einer bestimmten Gesellschaft diese andersartigen Räume, diese anderen Orte, diesen zugleich mythischen und realen Gegensatz zu dem Raum, in dem wir leben, zu erforschen, zu analysieren, zu beschreiben und zu ›lesen‹, wie man heute gerne sagt. Diese Beschreibung könnte man Heterotopologie nennen. Der erste Grundsatz lautet, dass es wahrscheinlich keine einzige Kultur gibt, die keine Heterotopien hervorbrächte. Es handelt sich hier um eine Konstante aller menschlichen Gruppen. Aber offensichtlich nehmen die Heterotopien ganz unterschiedliche Formen an, und wahrscheinlich lässt sich keine einzige Form finden, die als absolut universell gelten könnte. Wir können sie jedoch in zwei Hauptgruppen einteilen.

In den so genannten ›primitiven‹ Gesellschaften gibt es eine Form von Heterotopie, die ich als Krisenheterotopie bezeichnen möchte.

Das heißt, es gibt privilegierte, heilige oder verbotene Orte, die solchen Menschen vorbehalten sind, welche sich im Verhältnis zu der Gesellschaft oder dem Milieu, in denen sie leben, in einem Krisenzustand befinden. Dazu gehören etwa Heranwachsende, Frauen während der Monatsblutung, Frauen im Kindbett, Greise usw.

In unserer Gesellschaft sind diese Krisenheterotopien im Verschwinden begriffen, auch wenn man noch einige Überreste finden kann. Zum Beispiel das Gymnasium in seiner aus dem 19. Jahrhundert stammenden Form, wo der Militärdienst für junge Männer offensichtlich die Funktion einer Krisenheterotopie hatte, da die ersten Äußerungen männlicher Sexualität nicht in der Familie, sondern ›anderswo‹ erfolgen sollten. Für junge Frauen gab es bis Mitte des 20. Jahrhunderts eine alte Tradition, die man als ›Hochzeitsreise‹ bezeichnete. Die Defloration der jungen Frau sollte in einem ›Nirgendwo‹ stattfinden, und damals war die Eisenbahn oder das eigens für Hochzeitsreisen bestimmte Hotel dieses Nirgendwo, diese geographisch nicht weiter bestimmbare Heterotopie.

Doch die Krisenheterotopien sind heute im Verschwinden begriffen und werden durch Heterotopien ersetzt, die man als Abweichungsheterotopien bezeichnen könnte: Orte, an denen man Menschen unterbringt, deren Verhalten vom Durchschnitt oder von der geforderten Norm abweicht. Dazu gehören Sanatorien und psychiatrische Anstalten, sicher auch die Gefängnisse, aber ohne Zweifel auch die Altersheime, die gleichsam an der Grenze zwischen Krisen- und Abweichungsheterotopien stehen, da das Alter letztlich eine Krise darstellt, aber auch eine Abweichung, denn in unserer Freizeitgesellschaft gilt Untätigkeit als Abweichung.

Der zweite Grundsatz der Beschreibung von Heterotopien besagt, dass eine Gesellschaft im Laufe ihrer Geschichte bestehende und auch weiter fortbestehende Heterotopien in ganz anderer Weise funktionieren lassen kann. Jede Heterotopie hat eine ganz bestimmte, innerhalb der betreffenden Gesellschaft genau festgelegte Funktionsweise, aber je nach der Synchronie der Kultur, in der sie sich befindet, kann dieselbe Heterotopie eine ganz andere Funktionsweise erhalten.

Als Beispiel sei hier die merkwürdige Heterotopie des Friedhofs genannt. Der Friedhof ist gewiss ein anderer Ort als die üblichen kulturellen Räume, und dennoch steht er mit allen Orten der Stadt, der Gesellschaft oder des Dorfes in Verbindung, denn jeder Einzelne, jede Familie hat Eltern auf dem Friedhof liegen. In der abendländischen Kultur hat es immer schon Friedhöfe gegeben. Aber er hat beträchtliche Veränderungen erfahren. Bis Ende des 18. Jahrhunderts lag der Friedhof mitten in der Stadt, gleich neben der Kirche. Unter den Gräbern bestand eine ausgeprägte Hierarchie. Da gab es die Gemeinschaftsgräber, in denen die Leichen jede Spur von Individualität verloren. Es gab einige Einzelgräber. Und dann gab es noch die Grabstätten, die innerhalb der Kirche lagen. Diese Grabstätten unterteilten sich wiederum in zwei Gruppen: einfache Grabplatten mit einem Namenszug und Mausoleen mit Statuen. Dieser Friedhof, der neben dem geheiligten Ort der Kirche lag, nahm in den modernen Zivilisationen einen ganz anderen Charakter an, und ausgerechnet zu einer Zeit, als die Zivilisation, grob gesagt, ›atheistisch‹ wurde, entwickelte die abendländische Kultur den so genannten Totenkult.

Es ist nicht weiter verwunderlich, dass man zu einer Zeit, als die Menschen wirklich noch an die Auferstehung der Toten und die Unsterblichkeit der Seele glaubten, den sterblichen Überresten keine besondere Bedeutung beimaß. Wenn man dagegen nicht mehr ganz sicher ist, ob man eine Seele besitzt, und wenn man nicht recht weiß, ob man wieder auferstehen wird, muss man vielleicht größere Aufmerksamkeit auf die sterblichen Überreste verwenden, die letztlich die einzige Spur unseres Daseins in der Welt und unter den Worten darstellt.

Jedenfalls hatte ab dem 19. Jahrhundert jeder ein Anrecht auf eine eigene kleine Kiste für seine ganz persönliche Zersetzung. Andererseits begann man erst im 19. Jahrhundert, die Friedhöfe an den Stadtrand zu verlegen. Zusammen mit dieser Individualisierung des Todes und der Aneignung des Friedhofs durch das Bürgertum geriet der Tod in den Geruch einer ›Krankheit‹. Man nahm an, die Toten brächten den Lebenden Krankheiten, die Anwesenheit und Nähe der Toten gleich neben den Häusern, neben der Kirche, fast schon mitten auf der Straße, sorge für die Ausbreitung des Todes. Das große Thema der von den Friedhöfen ausgehenden und durch Ansteckkung verbreiteten Krankheit findet sich bis Ende des 18. Jahrhunderts. Und erst im Laufe des 19. Jahrhunderts beginnt man, die Friedhöfe an die Außengrenzen der Stadt zu verlegen. Die Friedhöfe sind nun nicht mehr der heilige und unsterbliche Geist der Stadt, sondern die ›andere Stadt‹, in der jede Familie ihre dunkle Bleibe besitzt.

Dritter Grundsatz. Heterotopien besitzen die Fähigkeit, mehrere reale Räume, mehrere Orte, die eigentlich nicht miteinander verträglich sind, an einem einzigen Ort nebeneinander zu stellen. So bringt das Theater auf dem Rechteck der Bühne nacheinander eine ganze Reihe von Orten zur Darstellung, die sich gänzlich fremd sind. Und das Kino ist ein sehr sonderbarer rechteckiger Saal, an dessen Ende man auf eine zweidimensionale Leinwand einen dreidimensionalen Raum projiziert. Aber das älteste Beispiel einer Heterotopie aus widersprüchlichen Orten dürfte der Garten sein. Wir sollten nicht vergessen, dass der Garten, diese erstaunliche, jahrtausendealte Schöpfung, im Orient sehr tiefe Bedeutungen besaß, die einander gleichsam überlagerten. Der traditionelle Garten der Perser war ein heiliger Raum, dessen viergeteiltes Rechteck für die vier Teile der Welt stand, wobei sich im Zentrum ein Raum befand, der noch heiliger war als die anderen und den Nabel der Welt darstellte (dort stand die Brunnenschale mit dem Wasserspeier). Und die ganze Vegetation des Gartens verteilte sich auf diesen Raum, der gleichsam einen Mikrokosmos bildete. Die Teppiche waren ursprünglich Nachbildungen des Gartens. Der Garten ist ein Teppich, auf dem die ganze Welt in symbolischer Vollkommenheit erscheint, und der Teppich ist gewissermaßen der im Raum bewegliche Garten. Der Garten ist die kleinste Parzelle der Welt und zugleich ist er die ganze Welt. Der Garten ist seit der frühesten Antike eine geglückte, universalisierende Heterotopie (dort liegt der Ursprung unserer zoologischen Gärten).

Vierter Grundsatz. Heterotopien stehen meist in Verbindung mit zeitlichen Brüchen, das heißt, sie haben Bezug zu Heterochronien, wie man aus rein symmetrischen Gründen sagen könnte. Eine Heterotopie beginnt erst dann voll zu funktionieren, wenn die Menschen einen absoluten Bruch mit der traditionellen Zeit vollzogen haben. So wird auch deutlich, dass der Friedhof tatsächlich ein hochgradig heterotoper Ort ist, denn er beginnt mit jener seltsamen Heterotopie, die der Verlust des Lebens für den Einzelnen darstellt, und mit jener Scheinewigkeit, in der er sich unablässig auflöst und verschwindet.

In Gesellschaften wie der unsrigen sind Heterotopien und Heterochronien generell vergleichsweise komplex organisiert. Da gibt es zunächst die Heterotopien der Zeit, die sich endloser Akkumulation hingeben, zum Beispiel Museen und Bibliotheken. Museen und Bibliotheken sind Heterotopien, in denen die Zeit unablässig angesammelt und aufgestapelt wird, während sie im 17. Jahrhundert und bis zum Ende des 17. Jahrhunderts Ausdruck einer individuellen Wahl waren. Der Gedanke, alles zu sammeln, gleichsam ein allgemeines Archiv aufzubauen, alle Zeiten, Formen und Geschmacksrichtungen an einem Ort einzuschließen, einen Ort für alle Zeiten zu schaffen, der selbst außerhalb der Zeit steht und dem Zahn der Zeit nicht ausgesetzt ist, und auf diese Weise unablässig die Zeit an einem Ort zu akkumulieren, der sich selbst nicht bewegt, all das gehört unserer Moderne an. Museum und Bibliothek sind Heterotopien, die eine Eigentümlichkeit der westlichen Kultur des 19. Jahrhunderts darstellen.

Neben den auf die Akkumulation der Zeit ausgerichteten Heterotopien gibt es auch solche, die mit den flüchtigsten, vergänglichsten, prekärsten Aspekten der Zeit verbunden sind, und zwar in Gestalt des Festes. Diese Heterotopien sind nicht mehr auf die Ewigkeit, sondern vollkommen aufs Zeitliche ausgerichtet. Das gilt etwa für Jahrmärkte, diese völlig leeren Plätze am Stadtrand, die sich nur ein oder zwei Mal im Jahr füllen mit Buden, Ständen, den unterschiedlichen Gegenständen, mit Faustkämpfern, Schlangenfrauen und Wahrsagerinnen. Erst kürzlich ist eine neue zeitweilige Heterotopie entstanden, die Feriendörfer, diese polynesischen Dörfer, die den Städtern drei kurze Wochen ständiger ursprünglicher Nacktheit bieten. Wir sehen auch, dass sich hier die zwei Formen von Heterotopien, die des Festes und die der endlos akkumulierten Zeit, miteinander vereinen: Die Strohhütten von Djerba sind in gewisser Weise verwandt mit Bibliotheken und Museen, weil man dort durch die Rückkehr zum polynesischen Leben die Zeit aufhebt, aber zugleich findet die Zeit sich auch wieder, die ganze Geschichte der Menschheit steigt hinab zu ihren Quellen wie zu einem großen unmittelbaren Wissen.

Fünfter Grundsatz. Heterotopien setzen stets ein System der Öffnung und Abschließung voraus, das sie isoliert und zugleich den Zugang zu ihnen ermöglicht. Einen heterotopen Ort betritt man nicht wie eine Mühle. Entweder wird man dazu gezwungen wie im Fall der Kaserne oder des Gefängnisses, oder man muss Eingangs- und Reinigungsrituale absolvieren. Man darf sie nur mit Erlaubnis betreten und nachdem man eine Reihe von Gesten ausgeführt hat. Anderswo gibt es sogar Heterotopien, die ganz der Reinigung dienen, einer halb religiösen, halb hygienischen Reinigung wie im Fall des muslimischen Hammam oder einer scheinbar ausschließlich hygienischen Reinigung wie im Fall der skandinavischen Sauna.

Andere Heterotopien wirken dagegen vollkommen offen, sind aber in Wirklichkeit auf seltsame Weise verschlossen. Jeder hat Zutritt zu diesen heterotopen Orten, aber das ist letztlich nur Illusion. Man glaubt, den Ort zu betreten, und ist gerade deshalb schon ausgeschlossen. Ich denke etwa an die berühmten Kammern in großen Landgütern in Brasilien und in ganz Südamerika. Diese Kammer hatte keine Verbindung zu den eigentlichen Zimmern der Familie, und jeder, der vorbeikam, jeder Reisende durfte die Tür öffnen und in die Kammer treten, um dort eine Nacht zu schlafen. Aber diese Kammern waren so gebaut, dass man von dort nicht zu den inneren Räumen der Familie gelangen konnte. Wer dort eintrat, blieb ein durchreisender Gast und war im Grunde nicht einmal eingeladen worden. Diese Art von Heterotopie, die heute aus unseren Zivilisationen praktisch verschwunden ist, findet sich vielleicht noch in den berüchtigten Zimmern amerikanischer Motels, in die man mit dem Auto und mit seiner Geliebten fährt. Sie bieten ungesetzlicher Sexualität besten Unterschlupf, sorgen aber zugleich dafür, dass man sie im Geheimen und abseits praktizieren kann, ohne deshalb im Freien bleiben zu müssen.

Das letzte Merkmal der Heterotopien schließlich liegt darin, dass sie gegenüber dem übrigen Raum eine Funktion ausüben, die sich zwischen zwei extremen Polen bewegt. Entweder sollen sie einen illusionären Raum schaffen, der den ganzen realen Raum und alle realen Orte, an denen das menschliche Leben eingeschlossen ist, als noch größere Illusion entlarvt. Vielleicht war das lange Zeit die Aufgabe jener Freudenhäuser, die es heute nicht mehr gibt. Oder sie schaffen einen anderen Raum, einen anderen realen Raum, der im Gegensatz zur wirren Unordnung unseres Raumes eine vollkommene Ordnung aufweist. Das wäre dann keine illusorische, sondern eine kompensatorische Heterotopie, und ich frage mich, ob das nicht in Teilen die Funktion mancher Kolonien gewesen ist.

In manchen Fällen haben Kolonien auf der Ebene der allgemeinen Organisation des irdischen Raums die Rolle von Heterotopien gespielt. Ich denke etwa an die erste Kolonisierungswelle im 17. Jahrhundert, an die von Engländern in Amerika gegründeten puritanischen Gesellschaften, die vollkommen andere Orte darstellten.

Ich denke auch an die außergewöhnlichen Jesuitenkolonien, die in Südamerika gegründet wurden: großartige, vollkommen geregelte Kolonien, in denen tatsächlich menschliche Vollkommenheit erreicht wurde. Die Jesuiten in Paraguay schufen Kolonien, in denen das Leben bis in alle Einzelheiten hinein geregelt war. Das Dorf war nach einem strengen Grundriss um einen rechteckigen Platz gebaut. Eine Seite des Rechtecks nahm die Kirche ein, daran schloss sich auf der einen Seite das Kloster und auf der anderen der Friedhof an. Gegenüber der Kirche, auf der anderen Seite des Platzes, begann eine Straße, die von einer zweiten Straße im rechten Winkel gekreuzt wurde. An diesen beiden Straßen durften die Familien ihre Hütten bauen. Die ganze Anlage reproduzierte das Zeichen des Kreuzes Christi. So markierte das Christentum den Raum und die Geographie der amerikanischen Welt mit seinem fundamentalen Zeichen.

Das tägliche Leben der Menschen wurde nicht mit der Trillerpfeife, sondern mit der Glocke geregelt. Alle mussten zur selben Zeit aufstehen und begannen ihre Arbeit zur selben Zeit. Gegessen wurde mittags und um fünf Uhr nachmittags. Dann ging man schlafen, und um Mitternacht ertönte die Eheglocke, das heißt, wenn die Glocke des Klosters ertönte, erfüllte jeder seine Pflicht.

Freudenhäuser und Kolonien sind die beiden Extremformen der Heterotopie, und wenn man bedenkt, dass Schiffe letztlich ein Stück schwimmenden Raumes sind, Orte ohne Ort, ganz auf sich selbst angewiesen, in sich geschlossen und zugleich dem endlosen Meer ausgeliefert, die von Hafen zu Hafen, von Wache zu Wache, von Freudenhaus zu Freudenhaus bis in die Kolonien fahren, um das Kostbarste zu holen, was die Gärten dort zu bieten haben, dann werden Sie verstehen, warum das Schiff für unsere Zivilisation vom 16. Jahrhundert bis heute nicht nur das wichtigste Instrument zur wirtschaftlichen Entwicklung gewesen ist (darüber will ich heute gar nicht sprechen), sondern auch das größte Reservoir für die Phantasie. Das Schiff ist die Heterotopie *par excellence.* In den Zivilisationen, die keine Schiffe haben, versiegen die Träume. An die Stelle des Abenteuers tritt dort die Bespitzelung und an die Stelle der Freibeuter die Polizei.

Biobibliographische Angaben

Michel Foucault
* 15. 10. 1926 (Paris) – † 25. 6. 1984 (Paris)

Studium der Philosophie und Psychologie als Schüler der Pariser *Ecole Normale Supérieure*; 1951 Agrégation; 1954-1960 Auslandsaufenthalte in Uppsala, Warschau und Hamburg (Leiter des dortigen *Institut Français* von 1959 bis 1960); 1961 Doktorarbeit unter dem Titel *Folie et déraison* bei Georges Canguilhem; 1962 Philosophie-Professur in Clermont-Ferrand; zunehmende Bekanntheit durch *Die Ordnung der Dinge* (1966) und *Die Archäologie des Wissens* (1969); 1970 Antrittsvorlesung am *Collège de France* am neugegründeten Lehrstuhl für Geschichte der Denksysteme; 1975 *Überwachen und Strafen*, 1976 *Geschichte der Sexualität I*; neben den Kursen am *Collège de France* häufige Aufenthalte in den USA, vor allem in Berkeley; 1984 erscheinen posthum Band II und III der *Geschichte der Sexualität*.

Textnachweis

»Von anderen Räumen«, aus dem Französischen von Michael Bischoff, in: M. F., *Schriften in vier Bänden. Dits et Ecrits*, Bd. 4, hg. von Daniel Defert/François Ewald, Frankfurt am Main: Suhrkamp 2005, S. 931-942 [»Des espaces autres« [1967/1984], in: M. F., *Dits et Ecrits*, Bd. 4, Paris: Gallimard 1994, S. 752-762, zuerst in: *Architecture, mouvement, continuité* 5 (1984), S. 46-49].

[Ursprünglich Vortrag im *Cercle d'études architecturales* am 14. März 1967. Foucault genehmigte die Veröffentlichung des 1967 in Tunesien geschriebenen Textes erst im Frühjahr 1984.]

Weitere Texte zur Raumtheorie

1966: »Das Denken des Draußen«, aus dem Französischen von Michael Bischoff, in: M. F., *Schriften*, Bd. 1 (2001), S. 670-697 [»La pensée du dehors, in: *Dits et Ecrits I*, S. 518-539].

1966: »Vorwort«, in: M. F., *Die Ordnung der Dinge*, aus dem Französischen von Ulrich Köppen, Frankfurt am Main: Suhrkamp [14]1997, S. 17-28 [»Préface«, in: *Les mots et les choses*, Paris: Gallimard, S. 7-16].

1966: *Die Heterotopien. Der utopische Körper*, aus dem Französischen von Michael Bischoff, Frankfurt am Main: Suhrkamp 2005 [*Utopies et hétérotopies*, Paris: INA 2004 (Audio-CD)].

1976: »Fragen an Michel Foucault zur Geographie (Gespräch)«, aus dem Französischen von Hans-Dieter Gondek, in: M. F., *Schriften*, Bd. 3 (2003), S. 38-54 [»Questions à Michel Foucault sur la géographie«, in: *Dits et Ecrits III*, S. 13-27].

1977-1978: *Sicherheit, Territorium, Bevölkerung: Vorlesung am Collège de France*, aus dem Französischen von Claudia Brede-Konersmann und Jürgen Schröder, Frankfurt am Main: Suhrkamp 2004 [*Sécurité, territoire, population. Cours au Collège de France, 1977-1978*, Paris: Gallimard/Seuil 2004].

1982: »Raum, Wissen und Macht«, aus dem Französischen von Michael Bischoff, in: M. F., *Schriften*, Bd. 4 (2005), S. 324-340 [»Espace, savoir et pouvoir (entretien avec P. Rabinow)«, in: *Dits et Ecrits IV*, S. 270-285].

Sekundärliteratur

Defert, Daniel: »Nachwort« [2004], aus dem Französischen von Michael Bischoff, in: Michel Foucault, *Die Heterotopien. Der utopische Körper*, Frankfurt am Main: Suhrkamp 2005, S. 67-92.

Elden, Stuart: *Mapping the Present: Heidegger, Foucault, and the Project of a Spatial History*, New York: Continuum 2001.

Hörster, Reinhard: »Bildungsplazierungen. Räume, Möglichkeiten und Grenzen der Heterotopologie«, in: Jutta Ecarius/Martina Löw (Hg.), *Raumbildung – Bildungsräume. Über die Verräumlichung sozialer Prozesse*, Opladen: Leske + Budrich 1997, S. 93-121.

Monod, Jean-Claude: »Structure, spatialisation et archéologie, ou: ›L'époque de l'Histoire‹ peut-elle finir?«, in: Jocelyn Benoist/Fabio Merlini (Hg.), *Historicité et Spatialité. Recherches sur le problème de l'espace dans la pensée contemporaine*, Paris: Vrin 2001, S. 55-76.

Soja, Edward W.: »Heterotopologies: Foucault and the Geohistory of Otherness«, in: E. W. S., *Thirdspace. Journeys to Los Angeles and Other Real-and-Imagined-Places*, Oxford: Blackwell 1996, S. 145-163.

Teyssot, Georges: »Eterotopia e storia degli spazi«, in: Franco Rella (Hg.): *Il dispositivo Foucault*, Venezia: Cluva 1981 [engl. Übers.: »Heterotopias and the History of Spaces«, in: Barry Smart (Hg.): *Michel Foucault. Critical Assessments*, Bd. 7, London/New York: Routledge 1995, S. 57-91].

Bibliographie (primär): ⟨http://www.foucault.info/foucault/bibliography.html⟩

18 Henri Lefebvre
Die Produktion des Raums

In Form einer programmatischen Ankündigung des Folgenden lassen sich bereits jetzt einige Implikationen und Folgen der eingangs aufgestellten Behauptung nennen, nach der *der (soziale) Raum ein (soziales) Produkt* ist.[1]

Erste Implikation: Der (physische) Naturraum rückt unwiderruflich auf Distanz. Natürlich ist und bleibt er gemeinsamer Ausgangspunkt: der Ursprung [*l'origine*], das Urspüngliche [*l'originel*] des sozialen Prozesses, vielleicht Grundlage jeder ›Ursprünglichkeit‹ [*originalité*]. Natürlich verschwindet er nicht schlicht und einfach von der Bildfläche. Er bleibt als Bildhintergrund, als Dekor, das mehr als bloßes Dekor ist, bestehen, und jedes Detail, jeder Naturgegenstand erfährt eine Aufwertung, indem er symbolisch wird (das kleinste Tier, der Baum, das Gras usw.). Als Quelle und als Rohstoff umlagert einen die Natur, wie die Kindheit und die Spontaneität, durch den Filter der Erinnerung. Wer möchte sie nicht schützen oder retten? Die Echtheit wiederfinden? Wer möchte sie zerstören? Natürlich niemand. Und doch hat sich alles zu ihrem Schaden verschworen. Der Naturraum tritt zurück wie ein rückwärtiger Horizont für diejenigen, die zurückblicken. Er entzieht sich dem Denken. Was ist die Natur? Wie soll man sie überhaupt vor dem Eingriff und dem Auftauchen der Menschen und ihrer verheerenden Werkzeuge denken? Die Natur, dieser mächtige Mythos, verwandelt sich in eine Fiktion, in eine negative Utopie: Sie ist bloß noch der *Rohstoff* [*matière première*], auf den die Produktivkräfte der verschiedenen Gesellschaften eingewirkt haben, um ihren Raum zu produzieren. Sie widersetzt sich zwar und zeigt ihre unendliche Tiefe, ist aber schon besiegt bzw. im Begriff, entleert, zerstört zu werden …

Zweite Implikation: Jede Gesellschaft (also jede Produktionsweise mit den ihr eigenen Besonderheiten, die spezifischen Gesellschaften, in denen man den Begriff von Gesellschaft überhaupt erkennen

1 [Anm. d. Hg./Übers.] Bei dem gewählten Textauszug handelt es ich um einen Teil des Einleitungskapitels: »Dessein de l'ouvrage« [Ziel der Studie], in dem thesenhaft die Argumentation Lefebvres vorgestellt wird.

kann) produziert einen ihr eigenen Raum. Die antike Polis lässt sich nicht als eine Ansammlung von Menschen und Dingen *im Raum* verstehen; sie lässt sich ebenso wenig von einer bestimmten Anzahl von Texten und Reden *über den Raum* her begreifen, wenn auch manche dieser Texte, wie der *Kritias* oder der *Timaios* von Platon oder das Buch A der aristotelischen *Metaphysik*, dazu unersetzliche Kenntnisse beisteuern. Die Polis hatte ihre Raumpraxis; sie hat ihren eigenen Raum geschaffen, d. h. ihn *angeeignet*. Daher rührt die neue Aufgabe, diesen Raum so zu untersuchen, dass er als solcher erscheint, in seiner Genese und seiner Form, mit seiner spezifischen Zeit bzw. seinen Zeiten (die Rhythmen des Alltagslebens), mit seinen Zentren und seinem Nebeneinander vieler Zentren (die Agora, der Tempel, das Stadion usw.).

Die griechische Polis soll hier nur als Wegmarke dienen. In programmatischer Hinsicht bietet sich in jeder Gesellschaft, insofern sie ihren eigenen Raum hat, dieses ›Objekt‹ für die Analyse wie für die allgemeine theoretische Darstellung an. In jeder Gesellschaft? Ja, jede Produktionsweise [*mode de production*], die bestimmte Produktionsverhältnisse [*rapports de production*] beinhaltet, mit den dabei beobachtbaren Unterschieden. Dabei ergeben sich gewisse Schwierigkeiten – viele von ihnen werden in der Folge deutlich werden. Hindernisse, Löcher, Leerstellen werden auftauchen. Was wissen wir in Europa mit Hilfe unserer westlichen Begriffe von der Produktionsweise in Asien, vom Raum dort, von den Städten, von der Beziehung zwischen Stadt und Land? Kennen wir die Ideogramme, die offensichtlich diese Beziehung ausdrücken, indem sie sie bildlich darstellen?

Noch allgemeiner widersetzt sich schon allein der Begriff des *sozialen Raums* der Untersuchung aufgrund seiner Neuigkeit und aufgrund der Komplexität seiner realen und formalen Aspekte. Der soziale Raum enthält, indem er ihnen ihre (mehr oder weniger) geeigneten Orte zuweist, die *sozialen Reproduktionsverhältnisse* [*rapports sociaux de reproduction*], d. h. die bio-physiologischen Beziehungen zwischen den Geschlechtern, den Altersstufen sowie die jeweilige Organisation der Familie, und die *Produktionsverhältnisse*, d. h. die Aufteilung und Organisation der Arbeit, also die hierarchisierten sozialen Funktionen. Diese beiden Stränge der Produktion und der Reproduktion lassen sich nicht voneinander trennen: Die Arbeitsteilung schlägt sich in der Familie nieder und setzt sich dort fort; umgekehrt greift die Familienorganisation in die Arbeitsteilung ein. Dennoch unterscheidet der soziale Raum diese Aktivitäten und ›verortet‹ sie, wenn auch nicht ohne gelegentliches Scheitern. Diese Ebenen der biologischen Reproduktion und der sozioökonomischen Produktion greifen, genauer gesagt, bis hin zum Kapitalismus ineinander und umfassen somit auch die soziale Reproduktion, d. h. das Fortleben der Gesellschaft selbst, die sich über Generationen hinweg trotz aller Konflikte, Auseinandersetzungen, Kämpfe und Kriege erhält. Es wird zu zeigen sein, dass der Raum in dieser Kontinuität eine entscheidende Rolle spielt.

Mit dem Kapitalismus und vor allem dem ›modernen‹ Neokapitalismus gestaltet sich die Lage noch komplizierter. Drei Ebenen greifen hierbei ineinander, die der *biologischen Reproduktion* (die Familie), die der *Reproduktion der Arbeitskraft* (die Arbeiterklasse als solche) – und diejenige der *sozialen Produktionsverhältnisse*, d. h. der für die kapitalistische Gesellschaft grundlegenden Beziehungen, die zunehmend stärker so geplant und immer besser so durchgesetzt werden. Die Rolle des Raums in dieser dreifachen Verknüpfung bedarf eingehender Untersuchung.

Was die Situation noch komplizierter macht, ist, dass der Raum auch bestimmte Repräsentationen dieser doppelten bzw. dreifachen Interferenz der sozialen (Produktions- und Reproduktions-)Verhältnisse enthält. Durch symbolische Repräsentationen hält er sie in einem Zustand der Koexistenz und des Zusammenhalts. Er stellt sie aus, indem er sie überträgt, d. h. indem er sie auf symbolische Weise verbirgt, mit Hilfe von und auf Grundlage der Natur. Die Repräsentationen der Reproduktionsverhältnisse bestehen in Sexualsymbolen männlicher wie weiblicher Art, die die verschiedenen Altersstufen, d. h. Jugend und fortgeschrittenes Alter, beinhalten oder auch nicht. Diese Symbolisierung verbirgt insofern mehr, als sie zeigt, als sich diese Beziehungen in frontale, öffentliche, absichtliche und also kodifizierte Beziehungen sowie in verborgene, heimliche und unterdrückte Beziehungen aufteilen lassen; Letztere stellen Transgressionen nicht so sehr im Bereich der Sexualität selbst als vielmehr im Bereich der sexuellen Lust mit all ihren Bedingungen und Folgen dar.

So enthält der Raum seine vielfältigen Überkreuzungen an dafür bestimmten Orten und Plätzen. Auch die Repräsentationen der Produktionsverhältnisse, die Machtbeziehungen beinhalten, finden im Raum statt, und der Raum enthält solche Repräsentationen in den Gebäuden, den Denkmälern und den Kunstwerken. Die frontalen und daher oft brutalen Beziehungen schließen nicht völlig heimliche und unterirdische Beziehungen aus: Es gibt keine Macht ohne Komplizen und ohne Polizei.

So bildet sich eine Dreiheit, auf die noch oft zurückzukommen sein wird:

a) *Die räumliche Praxis* [*pratique spatiale*]: Sie umfasst die Produktion und Reproduktion, spezielle Orte und Gesamträume, die jeder sozialen Formation eigen sind, und sichert die Kontinuität in einem relativen Zusammenhalt. Dieser Zusammenhalt impliziert in Bezug auf den sozialen Raum und den Bezug jedes Mitglieds dieser Gesellschaft zu seinem Raum sowohl eine gewisse *Kompetenz* als auch eine bestimmte *Performanz*.[2]

b) *Die Raumrepräsentationen* [*représentations de l'espace*]: Sie sind mit den Produktionsverhältnissen verbunden, mit der ›Ordnung‹, die sie durchsetzen, und folglich auch mit Kenntnissen, Zeichen, Codes und ›frontalen‹ Beziehungen.

c) *Die Repräsentationsräume* [*espaces de représentation*]: Sie weisen (ob kodiert oder nicht) komplexe Symbolisierungen auf, sind mit der verborgenen und unterirdischen Seite des sozialen Lebens, aber auch mit der Kunst verbunden, die man möglicherweise nicht als Raumcode, sondern als Code der Repräsentationsräume auffassen kann. [...][3]

Die Entfaltung einer weiteren Implikation der vorgeschlagenen Hypothese verlangt eine noch größere Anstrengung. Wenn der Raum ein Produkt ist, dann muss die Erkenntnis diese Produktion reproduzieren und darstellen. Das Erkenntnisinteresse und das ›Objekt‹ verschieben sich von den Dingen im Raum zur Produktion des Raums selbst – ein Ausdruck, der noch vieler Erläuterungen bedarf. Die *im Raum* verorteten Teilprodukte, die Dinge, einerseits und das Reden [*les discours*] *über den Raum* andererseits dienen nur

2 Die Begriffe wurden der Linguistik (Noam Chomsky) entlehnt, was jedoch die Raumtheorie in keinster Weise der Linguistik unterordnet.

3 [Anm. d. Hg./Übers.] In der Folge ausgelassen ist das Kapitel I, 16, in dem Lefebvre eine spekulative Kritik an Lacans Fundierung der strukturalen Psychoanalyse auf der Priorität der Sprache vor dem Raum äußert und dagegen ein Unbewusstes postuliert, das sich im Raum des Sozialen, insbesondere in der Stadt manifestiert.

noch als Hinweise und als Zeugnisse für diesen Produktionsprozess – der, ohne darauf zu beschränkt zu bleiben, Bezeichnungsprozesse [*processus signifiants*] enthält. Es geht also nicht mehr um den so oder so näher bestimmten Raum, sondern um den Raum als Totalität oder als Globalität, den man folglich nicht nur analytisch untersuchen muss (was das Risiko von ins Unendliche reichenden Fragmentierungen und Aufteilungen beinhaltet, die dem Ziel der Analyse gehorchen); vielmehr muss man ihn durch die und in der theoretischen Erkenntnis erst hervorbringen. Die Theorie *reproduziert* in einer Verkettung von Begriffen in einem sehr starken Sinn den Hervorbringungsprozess, nämlich von innen heraus und nicht nur von außen (d. h. beschreibend) – als Globalität, indem sie ständig vom Vergangenen zum Aktuellen übergeht und umgekehrt. In der Tat schreiben sich die Geschichte und ihre Folgen, die ›Diachronie‹, die Etymologie der Orte, d. h. all das, was dort geschehen ist und dabei Orte und Plätze verändert hat, in den Raum ein. Die Vergangenheit hat ihre Spuren hinterlassen, ihre Inschriften, die Schrift der Zeit. Aber dieser Raum ist immer noch, heute wie früher, ein gegenwärtiger, als ein aktuelles Ganzes gegeben, mit seinen gerade wirksamen Verbindungen und Vernetzungen. So stellen sich die Produktion und das Produkt als zwei untrennbare Seiten und nicht als zwei trennbare Repräsentationen dar.

Ein Einwand: Zu irgendeinem Zeitpunkt, in einer antiken Sklavenhalter- oder einer mittelalterlichen Feudalgesellschaft haben die dort arbeitenden Gruppen ihren Raum nicht wie ein ›Produkt‹, eine Vase, ein Möbelstück, ein Haus, einen Obstbaum ›produziert‹. Wie haben sie es also angestellt? Diese höchst treffende Frage deckt die hier behandelten Themenbereiche ab. In der Tat produzieren auch der Neo- oder Organisationskapitalismus, auch die technokratischen Raumplaner und -programmierer keinen Raum in vollständiger Kenntnis der Ursachen, der Folgen, der Gründe und der Implikationen. Die Spezialisten verschiedener ›Disziplinen‹ können auf diese Frage eine Antwort geben bzw. es zumindest versuchen. So wird der Ökologe von den natürlichen Ökosystemen ausgehen; er wird zeigen, wie die Einwirkung menschlicher Gruppen das Gleichgewicht dieser Ökosysteme durcheinander bringt und wie sich ein solches Gleichgewicht in der Regel wieder herstellt, sofern es sich um ›vortechnische‹ Gesellschaften handelt oder solche, die am Beginn der Technisierung stehen; er wird dann die Beziehungen zwischen Stadt und Land untersuchen, die Störungen, die durch die Stadt ausgelöst werden, die Möglichkeit oder Unmöglichkeit eines neuen Gleichgewichts. Er kann so von seinem Standort aus die Entstehung des modernen sozialen Raums beleuchten und sogar erklären. Die Historiker werden anders vorgehen, abhängig von ihrer Methode und ihrer Ausrichtung: Diejenigen, die die Ereignisse untersuchen, werden eine Zeittafel der Entscheidungen aufstellen, die das Verhältnis der Städte [*cités*] zu ihrem geographischen Raum [*territoire*] sowie die Errichtung von Bauwerken betreffen; andere werden den Aufstieg und den Fall der Institutionen untersuchen, die zum Bau von Gebäuden geführt haben; wieder andere werden den wirtschaftlichen Austausch zwischen Stadt [*cités*] und geographischem Raum [*territoires*], zwischen Städten untereinander, Staaten und Städten usw. untersuchen.

Um über solche Ansätze hinauszukommen, wollen wir die bereits erwähnten Begriffe wieder aufgreifen und ihre Ausarbeitung fortsetzen.

a) Die *räumliche Praxis* einer Gesellschaft sondert ihren Raum ab; in einer dialektischen Interaktion setzt sie ihn und setzt ihn gleichzeitig voraus: Sie produziert ihn langsam, aber sicher, indem sie ihn beherrscht und ihn sich aneignet. In der Analyse lässt sich eine räumliche Praxis entdecken, indem man ihren Raum entziffert.

Worin besteht die räumliche Praxis im Neokapitalismus? Sie verknüpft im wahrgenommenen Raum [*espace perçu*] die Alltagswirklichkeit (den Zeitplan) und die städtische Wirklichkeit (die Wegstrecken und die Verkehrsnetze, welche Arbeitsplätze, Orte des Privatlebens und der Freizeit miteinander verbinden) eng miteinander. Das ist eine überraschende Verknüpfung, denn sie enthält in sich die allerschärfste Trennung zwischen den Orten, die sie miteinander verbindet. Die räumliche Kompetenz und Performanz, die jedem Mitglied dieser Gesellschaft eigen sind, lassen sich nur empirisch würdigen. Die ›moderne‹ räumliche Praxis wird somit vom bedeutsamen Grenzfall des Alltagslebens eines Sozialwohnungsbewohners bestimmt; aber auch die Autobahnen und die Politik des Luftverkehrs dürfen dabei nicht unberücksichtigt gelassen werden. Eine räumliche Praxis muss einen gewissen Zusammenhalt besitzen, was nicht unbedingt Kohärenz (im Sinn einer verstandesmäßigen, d. h. begrifflichen und logischen Ausgeformtheit) bedeutet.

b) Die *Raumrepräsentationen*, das heißt der konzipierte Raum [*espace conçu*],[4] der Raum der Wissenschaftler, der Raumplaner, der Urbanisten, der Technokraten, die ihn ›zerschneiden‹ und wieder ›zusammensetzen‹, der Raum bestimmter Künstler, die dem wissenschaftlichen Vorgehen nahe stehen und die das Gelebte und das Wahrgenommene mit dem Konzipierten identifizieren (dieses Vorgehen wird von den gelehrten Spekulationen über die Zahlen auf Dauer gestellt: der Goldene Schnitt, die Module und ›Kanones‹). Dies ist der in einer Gesellschaft (einer Produktionsweise) dominierende Raum. Die Raumkonzeptionen tendieren offensichtlich (mit einigen Einschränkungen, auf die zurückzukommen sein wird) zu einem System verbaler, also verstandesmäßig geformter Zeichen.

c) Die *Repräsentationsräume*, d. h. der *gelebte Raum* [*espace vécu*], vermittelt durch die Bilder und Symbole, die ihn begleiten, also ein Raum der ›Bewohner‹, der ›Benutzer‹, aber auch bestimmter Künstler, vielleicht am ehesten derjenigen, die *beschreiben* und nur zu beschreiben glauben: die Schriftsteller und die Philosophen. Es ist der beherrschte, also erlittene Raum, den die Einbildungskraft zu verändern und sich anzueignen sucht. Er legt sich über den physischen Raum und benutzt seine Objekte symbolisch – in der Form, dass diese Repräsentationsräume offensichtlich (mit den gleichen Einschränkungen wie eben) zu mehr oder weniger kohärenten nonverbalen Symbol- und Zeichensystemen tendieren.

Die aus einem langen Prozess hervorgegangene (relative) Verselbstständigung des Raums als ›Wirklichkeit‹ – vor allem im Kapitalismus und im Neokapitalismus (bzw. Organisationskapitalismus) – bringt neue Widersprüche hervor. Die Widersprüche des Raums werden in der Folge deutlich werden. Hier soll nur auf die dialektische Beziehung innerhalb dieser Dreiheit von Wahrgenommenem, Konzipiertem und Gelebtem hingewiesen werden.

Eine Dreiheit mit drei Stellen und nicht zwei. Eine zweistellige Beziehung lässt sich auf eine Opposition, einen Gegensatz, eine Widerstrebigkeit reduzieren; sie definiert sich durch einen Bezeichnungseffekt, der ein Echo-, Resonanz- oder Spiegeleffekt ist. Die Philosophie ist nur schwer über diese zweistelligen Beziehungen

4 [Anm. d. Hg./Übers.] Das französische ›conçu‹, das hier, so nahe wie möglich am Original, als Partizip übersetzt wird, verweist gleichzeitig auf *concept*, den Begriff – es geht also (im Unterschied zur Wahrnehmung beim ›perçu‹) um verstandesmäßig auf den Begriff gebrachte Räume.

hinausgekommen: das Subjekt und das Objekt, die *res cogitans* und die *res extensa* von Descartes, das Ich und Nicht-Ich der Kantianer, Nachkantianer und Neokantianer. Der ›Binarismus‹ hat nichts mehr mit den manichäischen Konzeptionen des verbissenen Kampfs zwischen zwei kosmischen Prinzipien zu tun; ist er einmal geistig geworden, zieht er aus dem Leben, dem Denken, der Gesellschaft (aus dem Körperlichen, dem Geistigen, dem Sozialen, dem Gelebten, dem Wahrgenommenen, dem Konzipierten) all das ab, was die lebendige Tätigkeit ausmacht. Nach der titanischen Anstrengung von Hegel und Marx ist die Philosophie in die angeblich ›zutreffenden‹ Oppositionen zurückgefallen. Sie hat dabei verschiedene Spezialwissenschaften mitgerissen (oder wurde selbst von ihnen mitgerissen) und hat unter dem Vorwand, *Transparenz* zu schaffen, die intelligible Welt in Oppositionen und Oppositionssystemen festgelegt. Ein solches System besitzt angeblich weder eine Materialität, noch lässt es einen Rest; es ist das perfekte System, das sich der geistigen Prüfung als rationale Evidenz darbietet. Dem Paradigma wird eine Zauberkraft nachgesagt, die darin bestünde, das Dunkle in die Transparenz zu überführen, das ›Objekt‹ aus dem Schatten ins Licht zu holen, ohne es dabei zu verformen, allein durch seine Formulierung. In einem Wort: es geht um Entzifferung. Das Wissen tritt mit einer bewundernswerten Unbewusstheit in den Dienst der Macht und unterdrückt dabei die Widerstände, die Schatten und ihre ›Wesen‹.

Um den sozialen Raum als dreistellig zu verstehen, kann man sich dem Körper zuwenden, und zwar insofern, als das Verhältnis eines ›Subjekts‹, das Mitglied einer Gruppe oder einer Gesellschaft ist, das Verhältnis zu seinem eigenen Körper impliziert und umgekehrt. Die soziale Praxis setzt, global gesagt, den Einsatz des Körpers voraus: den Gebrauch der Hände, der Gliedmaßen, der Sinnesorgane, die Gesten der Arbeit und der nicht als Arbeit zu verstehenden Tätigkeiten. Das ist das *Wahrgenommene* (die praktische Grundlage der Wahrnehmung der Außenwelt im Sinn der Psychologie). Die *Körperrepräsentationen* kommen nun von erworbenen wissenschaftlichen Kenntnissen her, die mit Ideologien vermischt verbreitet werden: die Anatomie, die Physiologie, die Krankheiten und Heilmittel, der Bezug des menschlichen Körpers zur Natur, seine Umgebung und das ›Milieu‹. Das körperlich *Gelebte* erreicht seinerseits einen hohen Grad an Komplexität und Fremdheit, weil die ›Kultur‹

hier hinter einer illusionären Unmittelbarkeit am Werk ist, d. h. in den Symbolismen und der langen jüdisch-christlichen Tradition, von denen die Psychoanalyse bestimmte Aspekte aufdeckt. Das gelebte ›Herz‹ (bis hin zu seinen Leiden und Krankheiten) unterscheidet sich in eigenartiger Weise vom gedachten und wahrgenommenen Herzen. Das gilt in noch stärkerem Maße für die Sexualität. Die Verortungen sind nicht einfach, und der *gelebte* Körper gelangt unter dem Druck der Moral zur Fremdheit des organlosen (*corps sans organes*), gezüchtigten und kastrierten Körpers.

Die Dreiheit von Wahrgenommenem, Konzipiertem und Gelebtem (räumlich gesprochen: von Raumpraxis, Raumrepräsentation und Repräsentationsräumen) verliert ihre Tragweite, wenn man ihr den Status eines ›abstrakten‹ Modells zuweist. Wenn sie keine konkreten Dinge erfasst (die allerdings nicht ›unmittelbar‹ sind), dann hat sie nur eine eingeschränkte Bedeutung, nämlich diejenige einer ideologischen Vermittlung wie viele andere auch.

Die Einsicht, dass das Gelebte, das Konzipierte und das Wahrgenommene sich in der Weise verbinden, dass das ›Subjekt‹, das Mitglied einer bestimmten sozialen Gruppe, von einem zum anderen gelangen kann, ohne dabei die Orientierung zu verlieren, drängt sich auf. Bilden sie aber eine kohärente Einheit? Möglicherweise unter günstigen Umständen. Wahrscheinlich gibt es in diesem Fall eine gemeinsame Sprache, einen Konsens, einen Code. Man kann annehmen, dass die Stadt in der westlichen Welt von der italienischen Renaissance bis zum 19. Jahrhundert dieses Glück hatte. Die Raumrepräsentation dominierte und ordnete sich den ursprünglich religiösen, auf symbolische Figuren wie den Himmel und die Hölle, den Teufel und die Engel reduzierten Repräsentationsraum unter. Maler, Architekten und Theoretiker aus der Toskana haben damals mit der Perspektive eine Raumrepräsentation aus einer sozialen Praxis heraus geschaffen. Diese Praxis war selbst, wie wir sehen werden,[5] das Ergebnis eines historischen Wandels, der das Verhältnis

5 [Anm. d. Hg./Übers.] Vorverweis auf den historischen Teil des Buchs in Kapitel IV bis VI; dort entwickelt Lefebvre, gestützt auf ein variiertes marxistisches Geschichtsmodell, die mehr oder weniger lineare Entwicklung vom absoluten Raum der Religion zum abstrakten Raum der Neuzeit (für den die Erfindung der Perspektive in Italien das seiner Ansicht nach paradigmatische Ereignis darstellt) und zum widersprüchlichen, gleichzeitig homogenisierenden und fragmentierenden Raum des (Neo-)Kapitalismus. In einem letzten Schritt setzt Lefebvre an die

von Stadt und Land verändert hat. Gleichzeitig hat der mehr oder weniger zum Schweigen gebrachte gemeine Menschenverstand aber ohne größere Veränderungen über die Jahrhunderte des Römischen Reichs und der Christenheit hinweg einen Repräsentationsraum bewahrt, der von den Etruskern stammt. Die Horizontlinie, der Fluchtpunkt und der ins Unendliche verlagerte Schnittpunkt der Parallelen legten eine intellektuelle und zugleich visuelle Repräsentation fest, die den Vorrang des Blicks in eine Art ›Logik der Visualisierung‹ hineinzog. Diese Repräsentation, die über Jahrhunderte hinweg entstand, wurde in die architektonische und urbanistische Praxis eingebracht: *die Perspektiven*, der Code.

Um diese Untersuchung zu Ende zu führen und so weit als möglich die dabei entwickelte Theorie unter Beweis zu stellen, müsste man die vorgeschlagenen Unterscheidungen verallgemeinern und sie auf alle Gesellschaften, Epochen und ›Produktionsweisen‹ ausweiten. Wir werden uns hier mit einigen wenigen Argumenten begnügen und hoffen nicht darauf, diese Aufgabe abschließen zu können. Die *Raumrepräsentationen* sind, so wäre zu zeigen, von einem stets relativen und sich verändernden *Wissen* (einer Mischung aus Erkenntnis und Ideologie) durchdrungen. Sie sind also objektiv und dennoch korrigierbar. Wahr oder falsch? Diese Frage hat nicht immer einen genau bestimmbaren Sinn. Ist die Perspektive wahr oder falsch? Mit Sicherheit sind Raumrepräsentationen abstrakt, und als solche bilden sie einen Teil der sozialen und politischen Praxis, wobei die Beziehungen zwischen den Objekten und den Menschen im repräsentierten Raum einer Logik gehorchen, die sie früher oder später aus Gründen ihrer Inkohärenz sprengen. Die eher gelebten als konzipierten *Repräsentationsräume* sind nie zur Kohärenz und auch nicht zum Zusammenhalt verpflichtet. Sie sind vom Imaginären und vom Symbolismus durchdrungen und haben ihren Ursprung in der Geschichte eines Volkes sowie jedes Individuums, das zu diesem Volk gehört. Die Ethnologen, Anthropologen und die Psychoanalytiker untersuchen – ob ihnen das bewusst ist oder nicht – diese Repräsentationsräume und vergessen dabei meistens, sie mit den Raumrepräsentationen zu konfrontieren, die mit ihnen

Stelle des utopischen Raums der klassenlosen Gesellschaft, in dem alle Widersprüche der kapitalistischen Raumordnung aufgehoben werden, einen »differenziellen« Raum, in dem die kapitalistischen Widersprüche aus sich heraus Freiräume der Differenz eröffnen sollen.

gemeinsam existieren, übereinstimmen oder in Wechselwirkung treten; noch mehr vernachlässigen sie die räumliche Praxis. Diese Wissenschaftler finden dort problemlos das, was sie interessiert: Kindheitserinnerungen, Träume, uterine Bilder und Symbole (Löcher, Gänge, Labyrinthe). Der Repräsentationsraum wird erlebt, gesprochen; er besitzt einen Kern oder ein affektives Zentrum, das Ich, das Bett, das Zimmer, die Wohnung oder das Haus bzw. den Platz, die Kirche oder den Friedhof. Er enthält die Orte des Leidens/der Leidenschaft [*passion*] und des Handelns, die der früher erlebten Situationen, d. h., er impliziert unmittelbar die Zeit. So kann er auf verschiedene Weise charakterisiert werden: als gerichtet, situiert, relational, weil er wesenhaft qualitativ, im Fluss und dynamisch ist.

Wollte man die Unterscheidung verallgemeinern, würde sie einen neuen Blick auf die Geschichte nötig machen. Dann müsste man nicht nur die Geschichte des Raums untersuchen, sondern die der Repräsentationen und der Verbindungen verschiedener solcher Repräsentationen untereinander, mit der Praxis und mit der Ideologie. Eine solche Geschichte würde also die Entstehung der Räume selbst beinhalten, aber vor allem die ihrer Verbindungen, Verzerrungen, Verschiebungen, Interferenzen und ihrer Bezüge zur räumlichen Praxis der Gesellschaften (oder Produktionsweisen). Man kann davon ausgehen, dass die Raumrepräsentationen eine praktische Bedeutung haben, dass sie sich in räumliche *Texturen* einfügen, die von wirksamen Kenntnissen und Ideologien geprägt sind, und sie dabei verändern. Die Raumrepräsentationen hätten somit eine beträchtliche Bedeutung und einen spezifischen Einfluss auf die Produktion des Raums. Inwiefern? Durch das Bauen, d. h. durch die Architektur, sofern diese nicht als Errichtung einer bestimmten isolierten ›Immobilie‹, eines Palastes oder Denkmals verstanden wird, sondern als Projekt, das sich in einen räumlichen Kontext und eine Textur einfügt, was ›Repräsentationen‹ nötig macht, die sich nicht im Symbolischen oder im Imaginären verlieren.[6]

6 [Anm. d. Hg./Übers.] Der hier anklingende Sonderstatus der Architektur im städtischen Raum als Verbindung von Repräsentationsraum und Raumrepräsentation kommt auch an anderer Stelle zum Ausdruck, wenn Lefebvre die ursprünglich ›gelebte‹ Architekturkonzeption des Bauhauses, allen voran von Le Corbusier, gegenüber dem bloß konzeptuellen Kontrollbestreben in der Realität moderner Raumplanung verteidigt (vgl. dazu »Préface« [Vorwort], S. XVII-XXVIII).

Biobibliographische Angaben

Henri Lefebvre
* 16. 6. 1901 (Hagetmau, Frankreich) – † 29. 6. 1991 (Pau, Frankreich)

Philosophiestudium in Aix-en Provence und Paris, danach diverse Tätigkeiten in Paris und Mitgliedschaft in der Kommunistischen Partei; ab 1929 Philosophielehrer mit Unterbrechung in den Kriegsjahren, zu dieser Zeit Mitglied der Résistance in den Pyrenäen; 1947 Erscheinen des ersten Bandes der *Kritik des Alltagslebens* (der letzte und dritte Band erscheint 1981); ab 1948 Forscher am *CNRS*, 1960 Directeur de Recherche, in dieser Zeit zahlreiche Schriften zum philosophischen Marxismus, daneben auch zu literaturwissenschaftlichen und soziologischen Themen; 1954 Doktortitel an der *Sorbonne* mit Arbeit zum Leben in ländlichen Gemeinschaften in den Pyrenäen; 1957 Ausschluss aus der Kommunistischen Partei; ab 1961 Professor für Soziologie in Straßburg und ab 1965 in Nanterre, dort zunehmende Hinwendung zu Fragen von Urbanismus und Raum, Leitung des *Centre de recherches d'urbanisme* und Gründung der Zeitschrift *Espace et société*; 1971-1973 Unterricht an der *Ecole Nationale Supérieure des Beaux-arts*.

Textnachweis

»Dessein de l'ouvrage«, in: H. L., *La production de l'espace*, Paris: Anthropos ^{4}2000 [1974], S. 7-82, hier: S. 39-43 (Kap. I, 14/15) und S. 46-53 (Kap. I, 17).

[Erstübersetzung: Jörg Dünne]

Weitere Texte zur Raumtheorie

1968: *Le droit à la ville*, Paris: Anthropos.
1970: »Réflexions sur la politique de l'espace«, in: *Espace et société* 1, S. 3-12.
1970: *Die Revolution der Städte*, aus dem Französischen von Ulrike Roeckl, München: List 1972 [*La révolution urbaine*, Paris: Gallimard].
1972: *Die Stadt im marxistischen Denken*, Ravensburg: Maier 1975 [*La pensée marxiste et la ville*, Paris/Tournai: Casterman].
1973: *Espace et politique. Le droit à la ville 2*, Paris: Anthropos.
1996: *Writings on Cities*, hg. u. aus dem Französischen ins Englische übersetzt von Eleonore Kofman und Elizabeth Lebas, Oxford: Blackwell [englischsprachiger Reader mit Texten Lefebvres zur Stadt].

Sekundärliteratur

Elden, Stuart: »Space and History«, in: S. E., *Understanding Henri Lefebvre. Theory and the Possible*, London/New York: Continuum 2004, S. 169-210.

Harvey, David: »Afterword«, in: H. L., *The Production of Space*, Oxford: Basil Blackwell 1991, S. 425-432.

Schmid, Christian: *Stadt, Raum und Gesellschaft. Henri Lefebvre und die Theorie der Produktion des Raumes*, Stuttgart: Steiner 2005.

Shields, Rob: »The Production of Space«, in: R. S., *Lefebvre, Love and Struggle. Spatial Dialectics*, London/New York: Routledge 1999, S. 141-185.

Soja, Edward: »Modern Geography, Western Marxism, and the Restructuring of Critical Social Theory«, in: Richard Peet/Nigel Thrift (Hg.), *New Models in Geography. The Political-Economy Perspective*, London: Unwin Hyman 1989, S. 318-347.

Bibliographie (primär): ⟨http://http-server.carleton.ca/~rshields/lefbib.txt⟩

19 Michel de Certeau
Praktiken im Raum

Die Wiederkehr der Praktiken

Die Konzept-Stadt verfällt.[1] Bedeutet das, daß die Krankheit, unter der die Ratio, die sie geschaffen hat, und ihre professionellen Vertreter leiden, auch die städtischen Bevölkerungen befallen hat? Vielleicht verfallen die Städte zugleich mit den Prozeduren, die sie organisiert haben. Aber man muß unseren Analysen mißtrauen. Die Diener des Wissens haben schon immer befürchtet, daß das Universum von Veränderungen bedroht wird, die ihre Ideologien und ihre Stellungen erschüttern. Sie verwandeln das Unglück ihrer Theorien in Unglückstheorien. Wenn sie ihre Irrtümer zu ›Katastrophen‹ machen, wenn sie das Volk in die ›Panik‹ ihrer Diskurse einschließen wollen, müssen sie dann, fragen wir abermals, recht haben?

Anstatt sich an einen Diskurs zu klammern, der sein Privileg aufrechterhält, indem er seinen Inhalt ins Gegenteil verkehrt (also von Katastrophe spricht und nicht mehr von Fortschritt), kann man einen anderen Weg einschlagen: man kann die mikrobenhaften, einzigartigen und vielfältigen Praktiken untersuchen, die ein urbanistisches System regeln oder unterdrücken muß und die seinen Untergang überleben; man kann die Zunahme jener Handlungsweisen verfolgen, die sich – weit davon entfernt, von der panoptischen Verwaltung kontrolliert oder eliminiert zu werden – in einer wuchernden Gesetzwidrigkeit verstärkt und entwickelt haben und dabei in die Netze der Überwachung eingesickert sind, indem sie sich durch nicht lesbare, aber stabile Taktiken derartig miteinander verbunden haben, daß sie zu alltäglichem Ablauf und unauffälliger Kreativität geworden sind, welche bloß von den heute kopflosen

1 [Anm. d. Hg.] Beim Beginn des gewählten Textauszugs handelt es sich um den Theorie-Abschnitt des 7. Kapitels: »Gehen in der Stadt«, das der Kontrollphantasie der Städteplaner (emblematisch ausgedrückt durch den Blick vom Dach des New Yorker »World Trade Center«) die Raumpraxis der *Wandersmänner* (im Orig. deutsch) gegenüberstellt, die den Raum buchstäblich ›von unten‹ erfahren.

Dispositiven und Diskursen der überwachenden Organisation verborgen werden.

Dieser Weg könnte als eine Fortsetzung oder auch als ein Gegenstück zu Foucaults Analyse der Machtstrukturen verstanden werden. Er verlegte den Schwerpunkt der Analyse auf die Dispositive und technischen Prozeduren, die »kleineren Instrumentalitäten«, die ausschließlich durch die Organisation von »Details« dazu in der Lage sind, die menschliche Vielfältigkeit in eine »Disziplinar«-Gesellschaft zu verwandeln und alle Abweichungen in den Bereichen der Lehre, des Gesundheitswesens, der Justiz, der Armee oder der Arbeit zu verwalten, zu differenzieren, zu klassifizieren und zu hierarchisieren.[2] »Diese oft winzigen Listen der Disziplin«, »kleine, aber unfehlbare« Maschinerien, beziehen ihre Wirksamkeit aus dem Verhältnis zwischen den Prozeduren und dem Raum, den sie neu aufteilen, um ihn zu einem »Operator« zu machen. Aber welche *Umgangsweisen mit dem Raum* [*pratiques de l'espace*] entsprechen diesen einen disziplinären Raum erzeugenden Apparaten, wenn man (mit der) Disziplin spielt? Bei dem gegenwärtigen Widerspruch zwischen dem Modus einer kollektiven Verwaltung und dem individuellen Modus einer Wiederaneignung ist diese Frage gerade dann wichtig, wenn man davon ausgeht, daß die Umgangsweisen mit dem Raum tatsächlich die determinierenden Bedingungen des gesellschaftlichen Lebens schaffen. Ich möchte einige dieser – vielgestaltigen, resistenten, listigen und hartnäckigen – Vorgehensweisen verfolgen, die der Disziplin entkommen, ohne jedoch ihren Einflußbereich zu verlassen, und die zu einer Theorie der Alltagspraktiken, des Erfahrungsraumes und der *unheimlichen Vertrautheit* mit der Stadt führen müßten. [...][3]

2 Michel Foucault, *Überwachen und Strafen*, Frankfurt am Main: Suhrkamp 1976.

3 [Anm. d. Hg.] Ausgelassen sind hier das kurze 8. Kapitel »Schiff und Kerker« sowie der Auftakt des 9. Kapitels: »Berichte von Räumen«, dem die folgenden Textpassagen angehören. In diesem Auftakt erläutert Certeau sein sprach- bzw. handlungstheoretisches Konzept des Raums am Beispiel des griechischen Ausdrucks für öffentliche Transportmittel (*metaphorai*) – die Transportmitteln zukommende Funktion der Raumorganisation weist er (unter Freilegung des räumlichen, d. h. ›über-tragenden‹ *proprium* des Begriffs ›Metapher‹) jeglicher Erzählung von der Bewegung im Raum zu.

›Räume‹ und ›Orte‹

Zum Beginn unterscheide ich zwischen Raum [*espace*] und Ort [*lieu*], um den Untersuchungsbereich einzugrenzen. Ein *Ort* ist die Ordnung (egal, welcher Art), nach der Elemente in Koexistenzbeziehungen aufgeteilt werden. Damit wird also die Möglichkeit ausgeschlossen, daß sich zwei Dinge an derselben Stelle befinden. Hier gilt das Gesetz des ›Eigenen‹: die einen Elemente werden *neben* den anderen gesehen, jedes befindet sich in einem ›eigenen‹ und abgetrennten Bereich, den es definiert. Ein Ort ist also eine momentane Konstellation von festen Punkten. Er enthält einen Hinweis auf eine mögliche Stabilität.

Ein *Raum* entsteht, wenn man Richtungsvektoren, Geschwindigkeitsgrößen und die Variabilität der Zeit in Verbindung bringt. Der Raum ist ein Geflecht von beweglichen Elementen. Er ist gewissermaßen von der Gesamtheit der Bewegungen erfüllt, die sich in ihm entfalten. Er ist also ein Resultat von Aktivitäten, die ihm eine Richtung geben, ihn verzeitlichen und ihn dahin bringen, als eine mehrdeutige Einheit von Konfliktprogrammen und vertraglichen Übereinkünften zu funktionieren. Im Verhältnis zum Ort wäre der Raum ein Wort, das ausgesprochen wird, das heißt, von der Ambiguität einer Realisierung ergriffen und in einen Ausdruck verwandelt wird, der sich auf viele verschiedene Konventionen bezieht; er wird als Akt einer Präsenz (oder einer Zeit) gesetzt und durch die Transformationen verändert, die sich aus den aufeinanderfolgenden Kontexten ergeben. Im Gegensatz zum Ort gibt es also weder eine Eindeutigkeit noch die Stabilität von etwas ›Eigenem‹.

Insgesamt *ist der Raum ein Ort, mit dem man etwas macht*. So wird zum Beispiel die Straße, die der Urbanismus geometrisch festlegt, durch die Gehenden in einen Raum verwandelt. Ebenso ist die Lektüre ein Raum, der durch den praktischen Umgang mit einem Ort entsteht, den ein Zeichensystem – etwas Geschriebenes – bildet.

Bereits Merleau-Ponty unterschied einen »geometrischen« Raum (eine »homogene und isotrope Räumlichkeit«, die analog zu unserem ›Ort‹ ist) von einer anderen »Räumlichkeit«, die er als einen »anthropologischen Raum« bezeichnete. Diese Unterscheidung ergab sich aus einer anderen Problemstellung, bei der es darum ging, die »geometrische« Eindeutigkeit von der Erfahrung eines »Außen« zu trennen, die in Form des Raumes vorgegeben ist und für die »der

Raum existenziell« und »die Existenz räumlich« ist. Diese Erfahrung ist das Verhältnis zur Welt; im Traum und in der Wahrnehmung (und sozusagen vor ihrer Unterscheidung) drückt sie »dieselbe wesenhafte Struktur unseres Seins als Sein im Verhältnis zu einer Umgebung« aus – ein Sein, das durch ein Begehren gesetzt ist, das untrennbar von einer »Richtung der Existenz« ist und das in den Raum einer Landschaft versetzt worden ist. Aus dieser Sicht »gibt es ebensoviele Räume wie unterschiedliche Raumerfahrungen«.[4] Diese Sichtweise wird durch eine ›Phänomenologie‹ des Zur-Welt-Seins bestimmt.

Untersucht man Alltagspraktiken, die diese Erfahrung artikulieren, wird der Gegensatz zwischen ›Ort‹ und ›Raum‹ – etwa in Erzählungen – eher auf zweierlei Bestimmungen zurückführen: einmal durch die Objekte, die letztlich auf das *Dasein* von etwas Totem, auf das Gesetz eines ›Ortes‹ reduziert werden könnten (vom Kieselstein bis zum Leichnam scheint im Abendland ein Ort immer durch einen reglosen Körper begründet zu werden und die Gestalt eines Grabes anzunehmen); und zum anderen durch die *Handlungen,* die – an einem Stein, einem Baum oder einem menschlichen Wesen vorgenommen – die ›Räume‹ durch die Aktionen von historischen *Subjekten* abstecken (die Erzeugung eines Raumes scheint immer durch eine Bewegung bedingt zu sein, die ihn mit einer Geschichte verbindet). Zwischen diesen beiden Bestimmungen gibt es Übergänge, wie zum Beispiel die Tötung (oder Verbannung) von Helden, die Grenzen überschreiten und die, da sie schuldig sind, gegen das Gesetz des Ortes verstoßen zu haben, durch ihr Grab zur Wiederherstellung des Gesetzes beitragen; oder auch, im Gegensatz dazu, das Erwachen von unbewegten Gegenständen (ein Tisch, ein Wald, eine Person aus der Umgebung), die durch das Aufgeben ihrer Stabilität den Ort verändern, an dem sie in der Fremdheit ihres eigenen Raumes geruht haben.

Die Erzählungen führen also eine Arbeit aus, die unaufhörlich Orte in Räume und Räume in Orte verwandelt. Sie organisieren auch das Spiel der wechselnden Beziehungen, die die einen zu den anderen haben. Diese Spiele sind sehr zahlreich. Sie reichen von der Errichtung einer unbeweglichen und quasi mineralogischen Ord-

4 Maurice Merleau-Ponty, *Phänomenologie und Wahrnehmung,* unveränderter fotomechanischer Nachdruck der Erstausgabe 1966, Berlin: de Gruyter 1974, S. 284-346.

nung (nichts bewegt sich hier, außer dem Diskurs selber, der wie beim *travelling* das Panorama durchläuft), bis zur beschleunigten Aufeinanderfolge von Handlungen, die die Räume vervielfältigen (wie im Kriminalroman oder in bestimmten Volksmärchen, aber dieser Rausch der Raumbildung bleibt dennoch durch den Ort des Textes begrenzt). Es wäre möglich, von all diesen Erzählungen eine Typologie zu erstellen, um Orte zu identifizieren und Räume zu aktualisieren. Aber um die Arten und Weisen zu beschreiben, in denen sich all diese verschiedenen Operationen kombinieren, braucht man Kriterien und Untersuchungskategorien – eine Notwendigkeit, die zu den einfachsten Reiseberichten zurückführt.

Wegstrecken und Karten

Die mündlichen Ortsbeschreibungen, die Erzählungen von Wohnräumen und die Berichte über die Straße sind ein erstes und sehr umfangreiches Material. In einer sehr genauen Untersuchung der Beschreibungen von New Yorker Appartements durch ihre Bewohner haben C. Linde und W. Labov zwei Typen ausfindig gemacht, die sie zum einen als »Karte« [*map*] und zum anderen als »Wegstrecke« [*tour*][5] bezeichnet haben. Der erste Typus ist folgender Art: »Neben der Küche ist das Mädchenzimmer.« Der zweite: »Du wendest dich nach rechts und kommst ins Wohnzimmer.« In dem New Yorker Material gehörten nur drei Prozent zum Typus der ›Karte‹. Der ganze Rest, also beinahe alles, gehörte zum Typus der ›Wegstrecke‹: »Dann gehst du durch eine kleine Tür«, etc. Diese Beschreibungen bestehen hauptsächlich aus *Handlungs*-Anweisungen und zeigen, »wie man jedes Zimmer findet«. Zum zweiten Typus merken die Autoren an, daß ein Rundgang oder »eine Wegstrecke« ein *speech-act* (ein Äußerungsakt) ist, der »eine minimale Reihe von Pfaden angibt, auf denen man in jedes Zimmer gelangt«; und daß der »Pfad« [*path*] aus einer Reihe von Einheiten besteht, die entweder die Form von »statischen« (»nach rechts«, »vor Ihnen« etc.) oder

5 [Anm. d. Hg.] Die vom Übersetzer gewählte Übertragung von *parcours* als »Wegstrecke« rechtfertigt sich insofern, als sie die Unterscheidung zwischen dem gebauten Weg, Pfad etc. und dem von einer Person zurückgelegten Weg erlaubt. Sie ist allerdings insofern missverständlich, als die »Strecke« eine Konnotation der Messbarkeit beinhaltet, die nach Certeau der »Karte« vorbehalten ist.

von »mobilen« (»wenn Sie sich nach links wenden« etc.) Vektoren haben.[6]

Anders gesagt, die Beschreibung schwankt zwischen den Alternativen: entweder *sehen* (das Erkennen einer Ordnung der Orte) oder *gehen* (raumbildende Handlungen). Entweder bietet sie ein *Bild* an (»es gibt« ...) oder sie schreibt *Bewegungen* vor (»du trittst ein, du durchquerst, du wendest dich« ...). Von diesen beiden Möglichkeiten haben die New Yorker Erzähler massiv die zweite bevorzugt.

Ich lasse hiermit die Studie von Linde und Labov beiseite (sie ist hauptsächlich auf Interaktionsregeln und gesellschaftliche Konventionen gerichtet, denen die ›natürliche Sprache‹ gehorcht, also auf ein Problem, auf das wir später zu sprechen kommen[7]) und möchte mit Hilfe dieser New Yorker – und anderer, ähnlicher[8] – Erzählungen versuchen, die Beziehungen zwischen den Indikatoren der ›Wegstrecke‹ und der ›Karte‹ dort genauer zu bestimmen, wo sie in ein und derselben Beschreibung gemeinsam vorkommen. Worin besteht der Zusammenhang zwischen dem *Tun* und dem *Sehen* in der Alltagssprache, in der das erste so offensichtlich vorherrschend ist? Auf der Grundlage dieser alltäglichen Erzählweisen richtet sich die Frage schließlich auf das Verhältnis zwischen der Wegstrecke (eine diskursive Reihe von Handlungen) und der Karte (eine totalisierende Planierung der Beobachtungen), das heißt zwischen den beiden, den symbolischen und anthropologischen Sprachen des Raumes. Zwei Erfahrungspole. Es hat den Anschein, daß man sich beim Übergang von der ›alltäglichen‹ Kultur zum wissenschaftlichen Diskurs vom einen zum anderen bewegt.

Bei den Beschreibungen von Wohnungen oder Straßen überwie-

6 Charlotte Linde/William Labov, »Spatial Networks as a Site for the Study of Language and Thought«, in: *Language* 51 (1975), S. 924-939. Über das Verhältnis des *Tuns* zum *Raum* vgl. auch die Gruppe 107 (M. Hamahd u. a.), *Sémiotique de l'espace*, Paris: DGRST 1973, S. 28 f.

7 [Anm. d. Hg.] Tatsächlich führt Certeau seinen Bezug auf die *Ordinary language philosophy* und auf Wittgensteins Überlegungen zum Sprachspiel vor allem im ersten Kapitel: »Die Umgangssprache: Ein Gemeinplatz« [»Un lieu commun: Le langage ordinaire«] aus.

8 Vgl. u. a. Catherine Bidou/Francis Ho Tham Kouie, *Le vécu des habitants dans leur logement à travers soixante entretiens libres*, Paris: CEREBE 1974; Alain Médam/Jean-François Augoyard, *Situations d'habitat et façons d'habiter*, Paris: École spéciale d'architecture 1976.

gen die Umgangsweisen mit dem Raum (oder ›Wegstrecken‹). Meist bestimmt diese Form der Beschreibung den ganzen Stil der Erzählung. Wenn die andere Form auftritt, wird sie von der ersten *bedingt* oder *vorausgesetzt.* Beispiele von Wegstrecken, die eine Karte bedingen: »Wenn du dich nach rechts wendest, gibt es …« oder, in einer ähnliche Formulierung: »Wenn du geradeaus gehst, siehst du …« In beiden Fällen erlaubt ein Tun ein Sehen. Aber es gibt auch den Fall, wo eine Wegstrecke eine Ortsangabe voraussetzt: »Dort ist eine Tür, du nimmst dann die nächste« – ein Element der Karte ist die Voraussetzung für eine Route. Das narrative Gewebe, in dem die Deskriptoren von Routen überwiegen, wird also von Deskriptoren vom Typus Karte punktuell unterbrochen, deren Aufgabe es ist, entweder auf eine *Wirkung* hinzuweisen, die durch Wegstrecken erreicht wird (»du siehst«), oder auf eine *Gegebenheit*, die als Grenze (»dort ist eine Mauer«), beziehungsweise als Möglichkeit postuliert wird (»dort ist eine Tür«), oder auf eine Verpflichtung (»das ist eine Einbahnstraße«), etc. Die Kette von raumschaffenden Handlungen scheint also mit Bezugspunkten markiert zu sein, die auf das hinweisen, was sie produziert (eine Vorstellung von Orten) oder was sie beinhaltet (eine lokale Ordnung). Somit hat man also die Struktur des Reiseberichtes: die Geschichten von Wanderungen oder von Gebärden werden durch die ›Zitierung‹ von Orten markiert, die sich daraus ergeben oder die sie autorisieren.

Durch diesen Umweg kann man nun die Kombination von ›Wegstrecken‹ und ›Karten‹ in den Alltagserzählungen mit der Art und Weise vergleichen, in der sie sich seit fünf Jahrhunderten in den literarischen und wissenschaftlichen Darstellungen des Raumes verschachtelt und später dann geschieden haben. Insbesondere wenn man die ›Karte‹ in ihrer heutigen geographischen Form nimmt, hat es den Anschein, daß sie sich im Verlaufe der Periode, die durch die Geburt des modernen wissenschaftlichen Diskurses gekennzeichnet ist (15.-17. Jahrhundert), langsam von den Routen abgelöst hat, die die Bedingung ihrer Möglichkeit waren. Die ersten mittelalterlichen Karten enthielten nur geradlinige Verläufe von Wegstrecken (Handlungsanweisungen, die vor allem Pilgerreisen betrafen), unter Erwähnung der zurückzulegenden Etappen (Städte, wo man vorbeigehen, anhalten, verweilen oder beten sollte) und der Entfernungsangabe in Tagen oder Stunden,

d. h. in Gehzeiten.[9] Jede von ihnen ist ein Memorandum, das Handlungen vorschreibt. Dabei dominiert die zurückzulegende Wegstrecke. Sie umfaßt die Elemente der Karte, etwa so wie die Beschreibung eines zurückzulegenden Weges heute von einer flüchtigen Skizze begleitet wird, die bereits auf dem Papier, durch die Zitierung von Orten, Tanzschritte durch die Stadt vorzeichnet: »zwanzig Schritte geradeaus, dann links abbiegen, dann noch vierzig Schritte…« Die Skizze enthält die Praktiken, die den Raum gliedern, so wie die Pläne von städtischen Routen, diese Künste der Gebärden und Erzählungen der Schritte, die den Japanern als ›Adressenhefte‹[10] dienen, oder wie die bewundernswerte aztekische Karte (15. Jahrhundert), die den Auszug der Totomihuacas mit einer Linie beschreibt, die keine Nachzeichnung einer ›Straße‹ ist (es gab keine), sondern ein ›Wegtagebuch‹ – eine Linie, die durch Fußabdrücke in regelmäßigen Abständen und durch bildliche Darstellungen der im Verlaufe der Reise vorgekommenen Ereignisse (Pausen, Kämpfe, Fluß- oder Gebirgsüberquerungen etc.) gegliedert wird: keine ›geographische Karte‹, sondern ein ›Geschichtsbuch‹.[11]

Vom 15. bis zum 17. Jahrhundert verselbständigt sich die Karte. Zweifellos hat die Verbreitung von ›narrativen‹ Figuren, mit denen die Karte lange Zeit geschmückt war (Schiffe, Tiere und Personen aller Art), immer noch die Aufgabe, auf kriegerische, bauliche, politische oder geschäftliche Aktivitäten, die die Herstellung eines geographischen Planes möglich machen, während der Reise hinzuweisen.[12] Weit davon entfernt, ›Illustrationen‹ oder bildliche Kommentare zu sein, bezeichnen diese Abbildungen wie die Bruchstücke von Erzählungen auf der Karte die historischen Aktivitäten,

9 Vgl. u. a. George H. T. Kimble, *Geography in the Middle Ages*, London: Methuen 1938.

10 Roland Barthes, *Das Reich der Zeichen*, Frankfurt am Main: Suhrkamp 1981, S. 51-55.

11 Diese Karte wurde reproduziert und analysiert von Pierre Janet, *L'évolution de la mémoire et la notion du temps*, Paris: A. Chahine 1928, S. 284-287. Das Original befindet sich in Cuauhtinchan, Puebla, Mexiko.

12 Z. B. Louis Marin, *Utopiques: jeux d'espace*, Paris: Minuit 1973, S. 257-290 [Kap. »Le portrait de la ville dans ses utopiques«] über das Verhältnis von Figuren (ein ›Diskurs-Parcours‹) und Karte (ein ›System-Text‹) in drei Stadtdarstellungen aus dem 17. Jahrhundert – das Verhältnis zwischen einem ›narrativen‹ und einem ›geometrischen‹ Element.

aus denen sie hervorgegangen ist. Das auf das Meer gemalte Segelschiff verweist demzufolge auf die See-Expedition, die die Darstellung der Küsten ermöglicht hat. Es ist damit einem Deskriptoren vom Typus ›Wegstrecke‹ gleichzusetzen. Aber die Karte siegt immer mehr über die Abbildungen; sie kolonisiert ihren Raum; sie eliminiert nach und nach die bildlichen Darstellungen derjenigen Praktiken, die sie hervorgebracht haben. Die Karte, die durch die euklidische und später die darstellende Geometrie transformiert und als eine Gesamtformel von abstrakten Orten angefertigt wurde, ist ein ›Theater‹ (so nannte man die Atlanten), in dem ein und dasselbe Projektionssystem dennoch zwei völlig verschiedene Elemente nebeneinanderstellt: die von der Tradition überlieferten Gegebenheiten (die *Geographie* des Ptolemäus zum Beispiel) und diejenigen, die von den Seefahrern stammten (die mittelalterlichen Portulane zum Beispiel). Die Karte bringt also auf derselben Ebene heterogene Orte zusammen, die einmal von einer Tradition *übernommen* und ein andermal durch Beobachtungen *erzeugt* werden. Wesentlich ist dabei die Beseitigung der Routen, die, indem sie das eine voraussetzen und das andere bedingen, tatsächlich den Übergang vom einen zum anderen sichern. Die Karte, dieser Gesamt-Schauplatz, auf dem die ursprünglich disparaten Elemente vereint sind, um ein Bild vom ›Stand‹ des geographischen Wissens zu geben, verbirgt mit ihren Voraussetzungen und Folgen, wie hinter den Kulissen des Theaters, diejenigen Handlungen, deren Ergebnis oder deren künftige Möglichkeit sie ist. Sie allein bleibt übrig. Die Deskriptoren von Wegstrecken sind verschwunden.

Die in den Erzählungen erkennbare Organisation des Raumes der Alltagskultur wird also durch eine Arbeit auf den Kopf gestellt, die ein System von geographischen Orten herausgelöst hat. Der Unterschied zwischen den beiden Beschreibungsformen liegt offensichtlich nicht in dem Vorhandensein oder Fehlen von Praktiken begründet (sie sind überall am Werk), sondern in der Tatsache, daß die Karten, die einen eigenen Ort bilden, an dem die *Produkte* des Wissens *ausgestellt* sind, Schaubilder mit *lesbaren* Resultaten bilden. Die *Erzählungen vom Raum* heben im Gegensatz dazu die Aktivitäten hervor, die es erlauben, den Raum an einem aufgezwungenen und nicht ›eigenen‹ Ort trotzdem zu ›verändern‹, so wie eine Bewohnerin über die Zimmer ihres Appartements sagt: »Man kann sie durchkneten [*triturer*].«[13] Von den Volksmärchen bis zu den Beschreibungen von Wohnungen werden die Erzählungen durch eine Steigerung des ›Handelns‹ (und somit der Äußerung) belebt; sie erzählen von Wegstrecken an Orten, für die es vom antiken Kosmos bis zur modernen Sozialbauwohnung charakteristisch ist, verschiedene Formen einer aufgezwungenen Ordnung zu sein.

Von einer vorgegebenen Geographie, die sich (wenn man beim Haus bleiben will) von den Zimmern, die so klein sind, daß »man in ihnen nichts machen kann«, bis zu dem legendären, verschwundenen Dachboden, »auf dem man alles Mögliche machen kann«,[14] erstreckt, berichten die Alltagserzählungen trotz allem von dem, was man in ihnen und mit ihnen machen kann. Auf diese Weise wird der Raum gestaltet.

Biobibliographische Angaben

Michel de Certeau
* 17. 5. 1925 (Chambéry) – † 9. 1. 1986 (Paris)

Stammt aus streng katholischer Familie; zunächst Studium der Literatur; ab 1944 Priesterseminar in Paris und Lyon; 1950 Eintritt in den Jesuitenorden und umfassende, vor allem philosophische Zusatzausbildung; 1956 Priesterweihe und Beginn seiner Studien zur Mystik in der Ordensgeschichte; 1960 Promotion an der *Sorbonne* über den Jesuiten Pierre Favre; Gründungsmitglied der französischen Vereinigung von Psychoanalytikern *École freudienne*; ab 1963 Redakteur von jesuitischen Zeitschriften, nach 1968 zunehmende Distanzierung vom Orden; nach verschiedenen Lehraufträgen ab 1978 Lehrtätigkeit in San Diego an der *University of California*; 1984 Forschungstätigkeit als Historiker an der *Ecole des Hautes Études en Sciences Sociales.*

Textnachweis

»Praktiken im Raum«, in: M. d. C., *Kunst des Handelns*, aus dem Französischen von Ronald Voullié, Berlin: Merve 1988, S. 179-238, hier: S. 186-187 und 217-226 [»Pratiques d'espace«, in: *L'invention du quotidien 1. Arts de*

13 Zit. in Bidou/Ho Tham Kouie, *Le vécu des habitants*, S. 55.
14 Ebd., S. 57 und 59.

faire, Paris: Gallimard folio 1990, S. 139-191, zuerst in: *Arts de faire*, Paris: Union générale d'Éditions 1980, S. 175-227].

[Die Übersetzung wurde vom Herausgeber korrigiert.]

Weitere Texte zur Raumtheorie

1975: »Produktion des Ortes«, in: M. d. C., *Das Schreiben der Geschichte*, aus dem Französischen von Sylvia M. Schomburg-Scherff, Frankfurt am Main/New York: Campus 1991, S. 29-133 [»Productions du lieu«, in: *L'écriture de l'histoire*, Paris: Gallimard, S. 25-120].

1977: »Die See schreiben«, aus dem Französischen von Dirk Naguschewski, in: Robert Stockhammer (Hg.), *Topographien der Moderne: Medien zur Repräsentation und Konstruktion von Räumen*, Paderborn: Fink 2005, S. 127-143 [»Écrire la mer. Introduction«, in: Jules Verne, *Les grands navigateurs du XVIIIe siècle* (1879), Paris: Ramsay, S. I-XIX].

1982: »Un lieu pour se perdre«/»Une topique«, in: M. d. C., *La fable mystique. XVIe-XVIIe siècle*, Paris: Gallimard, S. 45-99 und 101-208.

1987: »Les revenants de la ville«, in: *Traverses* 40, S. 74-85.

Sekundärliteratur

Ahearne, Jeremy: »Turns and Diversions«, in: J. A., *Michel de Certeau. Interpretation and its Other*, Stanford: Stanford University Press 1995, S. 157-189.

Buchanan, Ian: »Heterophenomenology, or de Certeaus Theory of Space«, in: *Social Semiotics* 6/1 (1996), S. 111-132.

Dosse, François: »Le quotidien réinventé«, in: F. D., *Michel de Certeau. Le marcheur blessé*, Paris: La Découverte 2002, S. 443-520.

Wagner, Kirsten: »›Wanderung‹ und ›Karte‹ als epistemologische Begriffe der Aneignung und Repräsentation von Räumen«, in: Hartmut Böhme (Hg.), *Topographien der Literatur. DFG-Symposion 2004*, Stuttgart/Weimar: Metzler 2005, S. 177-206.

Weidner, Daniel: »Lesen im Land des Anderen. Schriften von Michel de Certeau«, in: *Weimarer Beiträge* 45 (1999), S. 112-120.

Bibliographie (primär und sekundär): ⟨http://www.certeau.de/biblio.htm⟩

20 Pierre Bourdieu
Sozialer Raum, symbolischer Raum

Meine ganze wissenschaftliche Arbeit lebt [...] von der Überzeugung,[1] daß sich die innerste Logik der sozialen Welt nur erfassen läßt, wenn man ganz in die Besonderheit einer empirischen, in der Geschichte räumlich und zeitlich bestimmbaren Realität eindringt, aber nur um sie als »besonderen Fall des Möglichen« zu konstruieren, wie Gaston Bachelard das nannte,[2] also als Einzelfall in einem endlichen Universum von möglichen Konfigurationen. Konkret bedeutet dies, daß eine Analyse des sozialen Raums, wie ich sie am Beispiel Frankreich in den 1970er Jahren entwickelt habe, eine auf die Gegenwart angewandte vergleichende Geschichtswissenschaft ist oder eine mit einem besonderen kulturellen Raum befaßte vergleichende Anthropologie, die den Zweck verfolgt, das Invariante, die Struktur, in der beobachteten Variante zu erfassen.

Ich bin überzeugt, daß ein Vorgehen, das in der Anwendung eines nach dieser Logik konstruierten Modells auf eine andere soziale Welt besteht, den historischen Realitäten (und Personen) trotz seines scheinbaren Ethnozentrismus eher gerecht werden und vor allem wissenschaftlich fruchtbarer sein dürfte als das bei den augenfälligen Besonderheiten ansetzende Interesse des Liebhabers von Exotika, der sich in erster Linie mit den pittoresken Unterschieden befaßt (ich denke zum Beispiel an all das, was über Japans ›Genußkultur‹ gesagt und geschrieben wird). Der Wissenschaftler ist zugleich bescheidener und anspruchsvoller als der Kuriositätensammler, ihm geht es darum, Strukturen und Mechanismen zu erfassen, die sich, wenn auch aus unterschiedlichen Gründen, dem Blick des Einheimischen ebenso entziehen wie dem des Fremden, etwa die Prinzipien der Konstruktion des sozialen Raums oder die Mechanismen der Reproduktion dieses Raums, und diese in einem

1 [Anm. d. Hg.] Einleitung und Schluss des Vortrags sowie längere Beispiele, die sich vor allem auf das japanische Publikum beziehen, sind hier ausgelassen.

2 [Anm. d. Hg.] Der genaue Wortlaut des Zitats konnte nicht identifiziert werden. Vgl. sinngemäß zur euklidischen Geometrie als »cas particulier« der Geometrie im Allgemeinen Gaston Bachelard, *Le nouvel esprit scientifique*, Paris: PUF [4]1991 [1934], S. 31.

Modell darzustellen, das Anspruch auf *universelle Gültigkeit* erhebt. Und auf diese Weise kann er die wirklichen Unterschiede ausmachen, an denen sich Strukturen wie Dispositionen (Habitus) scheiden und deren Ursprung nicht in den Einmaligkeiten der Naturen – oder ›Seelen‹ – zu suchen ist, sondern in den Besonderheiten unterschiedlicher *Kollektivgeschichten.*

Das Reale ist relational

In diesem Sinne also möchte ich nun das Modell vorstellen, das ich in *Die feinen Unterschiede* konstruiert habe, und gleich als erstes versuchen, Sie vor der ›substantialistischen‹ Ausdeutung von struktural oder, besser gesagt, relational zu verstehenden Analysen zu warnen. (Ich beziehe mich hier, ohne im einzelnen darauf eingehen zu können, auf Ernst Cassirers Gegensatz von »substantiellen Begriffen« und »funktionalen oder relationalen Begriffen«.[3]) [...] [D]ie substantialistische Denkweise, die auch die des *common sense* – und des Rassismus – ist, [geht] mit der Neigung einher [...], die Aktivitäten oder die Vorlieben, die für bestimmte Individuen oder Gruppen einer bestimmten Gesellschaft zu einem bestimmten Zeitpunkt kennzeichnend sind, als substantielle, ein für allemal in irgendeinem biologischen oder – was auch nicht besser ist – kulturellen *Wesen* angelegte Merkmale zu behandeln, auch beim Vergleich nun nicht mehr zwischen verschiedenen Gesellschaften, sondern zwischen aufeinanderfolgenden Zeitabschnitten derselben Gesellschaft. Man hat eine Widerlegung des vorgeschlagenen Modells – bildhaft-synoptisch mit dem Diagramm[4] wiedergegeben, das die Korrespondenz zwischen dem Raum der konstruierten Klassen und dem Raum der Praktiken zeigt – darin sehen wollen, daß heute zum Beispiel Tennis und selbst Golf nicht mehr so ausschließlich wie früher mit den herrschenden Positionen verknüpft sind. Das ist ein etwa so ernst zu nehmender Einwand, wie wenn man mir entgegenhalten wollte, adlige Sportarten wie Reiten oder Fechten (und in Japan Kampfsport) seien nicht mehr wie in ihren Anfängen nur dem Adel vorbehalten ... Eine ursprünglich dem

3 Vgl. Ernst Cassirer, *Substanzbegriff und Funktionsbegriff*, Darmstadt: WBG 1994 [Nachdruck der 1. Auflage Berlin 1910].

4 Vgl. *Die feinen Unterschiede,* Frankfurt am Main: Suhrkamp 1987, S. 212 f.

Adel vorbehaltene Praxis kann von den Adligen aufgegeben werden – und wird auch meist aufgegeben –, wenn sie von einer immer größer werdenden Fraktion der Bürger und Kleinbürger, wenn nicht gar der unteren Volksschichten übernommen wird (wie in Frankreich das Boxen, das Ende des 19. Jahrhunderts noch ein beliebter Aristokratensport war); umgekehrt kann eine ursprünglich dem Volk vorbehaltene Praxis eine Zeitlang von den Adligen aufgegriffen werden. Kurz, man hüte sich, zu notwendigen und intrinsischen Merkmalen irgendeiner sozialen Gruppe (Adel, Samurais, aber auch Arbeiter oder Angestellte) zu erklären, was in Wirklichkeit Merkmale sind, die ihr zu einem bestimmten Zeitpunkt aufgrund ihrer Position in einem bestimmten sozialen Raum und bei einem bestimmten Stand des *Angebots* an möglichen Gütern und Praktiken zukommen. Zu jedem Zeitpunkt jeder Gesellschaft hat man es also mit einem Ensemble von sozialen Positionen zu tun, das über eine Relation, eine Homologie, mit einem selber wiederum relational bestimmten Ensemble von Tätigkeiten (Golf oder Klavierspielen) oder Gütern (Zweitwohnsitz oder Werk eines berühmten Malers) verbunden ist.

Diese möglicherweise ziemlich abstrakt und dunkel klingende Formulierung enthält die erste Bedingung für eine adäquate Interpretation der Analyse des Verhältnisses zwischen der *sozialen Position* (relationaler Begriff), den *Dispositionen* (oder dem Habitus) und der *Position, die jemand bezieht*, der ›Wahl‹, die die sozialen Akteure in den unterschiedlichsten Praxisbereichen treffen, beim Essen oder beim Sport, bei der Musik oder in der Politik usw. Sie erinnert daran, daß ein Vergleich nur *zwischen Systemen* möglich ist und daß bei der Suche nach direkten Äquivalenten zwischen isoliert gesehenen Merkmalen, ob sie nun auf den ersten Blick unterschiedlich, aber ›funktional‹ oder sachlich äquivalent (wie Pernod und *shochu* oder *sake*) oder nominell identisch (wie Golf in Frankreich und Golf in Japan) sind, immer die Gefahr besteht, daß strukturell unterschiedliche Merkmale unzulässigerweise gleichgesetzt oder strukturell gleiche Merkmale fälschlich unterschieden werden. Schon der Titel des Buchs soll ein Hinweis darauf sein, daß das, was man gemeinhin einen Unterschied nennt, also ein bestimmtes, meist als angeboren betrachtetes Einstellungs- oder Verhaltensmerkmal (man spricht gern von einem ›natürlichen Unterschied‹), in Wirklichkeit nur eine *Differenz* ist, ein Abstand, ein Unterscheidungs-

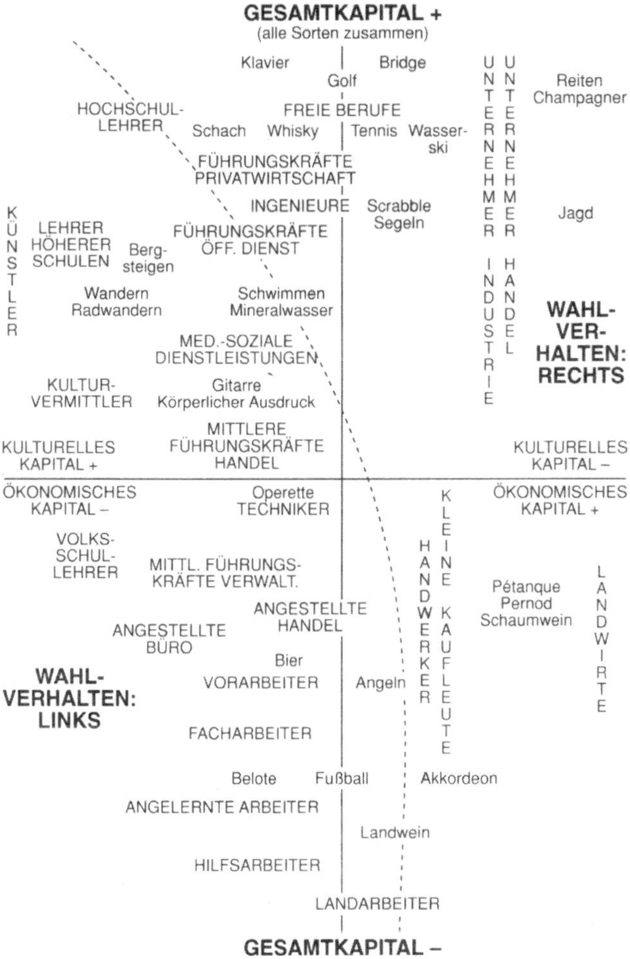

Raum der sozialen Positionen und Raum der Lebensstile (Schema aus *Die feinen Unterschiede*, S. 212 f., vereinfacht und auf einige signifikante Indikatoren für Getränke, Sport, Musikinstrumente oder Gesellschaftsspiele verkürzt). Die gepunktete Linie zeigt den Verlauf der Grenze zwischen einer eher linken bzw. eher rechten politischen Orientierung an.

merkmal, kurz, ein *relationales* Merkmal, das nur in der und durch die Relation zu anderen Merkmalen existiert.

Diese Idee von Differenz, Abstand, liegt ja bereits dem Begriff des *Raums* zugrunde, dieses Ensembles von Positionen, die distinkt und koexistent sind, einander äußerlich, bestimmt durch ihr jeweiliges Verhältnis zu allen anderen, durch ihre *wechselseitige Äußerlichkeit* und durch Relationen von Nähe und Nachbarschaft bzw. Entfernung wie auch durch Ordnungsrelationen wie über, unter und *zwischen* – viele Merkmale der Angehörigen des Kleinbürgertums zum Beispiel lassen sich daraus ableiten, daß sie eine Zwischenposition zwischen den beiden Extrempositionen einnehmen, ohne mit einer von ihnen objektiv identifizierbar oder subjektiv identifiziert zu sein.

Der soziale Raum ist so konstruiert, daß die Verteilung der Akteure oder Gruppen in ihm der Position entspricht, die sich aus ihrer statistischen Verteilung nach *zwei Unterscheidungsprinzipien* ergibt, die in den am weitesten entwickelten Gesellschaften wie den Vereinigten Staaten, Japan oder Frankreich die zweifelsohne wirksamsten sind, nämlich das ökonomische Kapital und das kulturelle Kapital. Daraus folgt, daß die Akteure um so mehr Gemeinsamkeiten aufweisen, je näher sie einander diesen beiden Dimensionen nach sind, und um so weniger Gemeinsamkeiten, je ferner sie sich in dieser Hinsicht stehen. Den räumlichen Distanzen auf dem Papier entsprechen soziale Distanzen. Genauer gesagt, und dies soll das Diagramm aus den *Feinen Unterschieden* zum Ausdruck bringen, mit dem ich den sozialen Raum darzustellen versucht habe, die Akteure verteilen sich in einer ersten Dimension nach dem Gesamtvolumen des Kapitals, das sie besitzen, und in einer zweiten Dimension nach der Struktur dieses Kapitals, das heißt nach dem relativen Gewicht, das die verschiedenen Kapitalsorten – ökonomisch und kulturell – im Gesamtvolumen ihres Kapitals haben.

So bilden in der ersten, zweifellos wichtigeren Dimension die Besitzer eines umfangreichen Gesamtkapitals, etwa Unternehmer, Angehörige freier Berufe und Hochschullehrer, als Ganzes einen Gegensatz zu den am schlechtesten mit ökonomischem und kulturellem Kapital versehenen Gruppen, etwa den ungelernten Arbeitern; unter einem anderen Gesichtspunkt aber, das heißt unter dem Gesichtspunkt des relativen Gewichts des in ihrem Besitz befindlichen ökonomischen und kulturellen Kapitals, besteht zwischen den

Hochschullehrern (relativ reicher an kulturellem als an ökonomischem Kapital) und den Unternehmern (relativ reicher an ökonomischem als an kulturellem Kapital) ein ganz ausgeprägter Gegensatz, und zwar vermutlich in Japan genauso wie in Frankreich – das wäre zu prüfen.

Wie der erste Gegensatz ist auch der zweite der Ursprung von Unterschieden bei den Dispositionen der Akteure und damit bei den Positionen, die sie beziehen: Politisch schlägt sich der Gegensatz zwischen Intellektuellen und Unternehmern oder, auf einer niedrigeren Stufe der sozialen Hierarchie, zwischen Volksschullehrern und kleinen Kaufleuten im Nachkriegsfrankreich wie im Nachkriegsjapan als Gegensatz von links und rechts nieder. (Wie im Diagramm angedeutet, hängt die Wahrscheinlichkeit einer politischen Rechts- bzw. Linksorientierung mindestens ebenso stark von der Position in der horizontalen wie von der Position in der vertikalen Dimension ab, das heißt mindestens ebenso stark vom relativen Gewicht des kulturellen und des ökonomischen Kapitals innerhalb des im Besitz einer Person befindlichen Gesamtkapitals wie vom Umfang dieses Gesamtkapitals selbst.)

Allgemeiner: Vermittelt über den Raum der Dispositionen (oder Habitus) der Akteure, wird der Raum der sozialen Positionen in einen Raum der von ihnen bezogenen Positionen rückübersetzt; oder, mit anderen Worten, dem System der differentiellen Abstände, über das sich die unterschiedlichen Positionen in den beiden Hauptdimensionen des sozialen Raums definieren, entspricht ein System von differentiellen Abständen bei den Merkmalen der Akteure (oder der konstruierten Klassen von Akteuren), das heißt bei ihren Praktiken und bei den Gütern, die sie besitzen. Jeder Positionenklasse entspricht eine Habitus- (oder *Geschmacks-*) Klasse, ein Produkt der mit der entsprechenden Position verbundenen Konditionierungen, und, vermittelt über diese Habitus und ihre generativen Kapazitäten, ein systematisches Ensemble von Gütern und Eigenschaften, die untereinander durch Stilaffinität verbunden sind.

Der Begriff Habitus hat unter anderem die Funktion, die stilistische Einheitlichkeit zu erklären, die die Praktiken und Güter eines einzelnen Akteurs oder einer Klasse von Akteuren miteinander verbindet (und die Balzac und Flaubert durch Beschreibungen des Dekors andeuten – der Pension Vauquer in *Vater Goriot* oder der von den verschiedenen Protagonisten der *Erziehung des Gefühls* verzehrten Speisen und Getränke – und als Mittel zur Schilderung der darin lebenden Personen benutzen[5]). Der Habitus ist das generative und vereinheitlichende Prinzip, das die intrinsischen und relationalen Merkmale einer Position in einen einheitlichen Lebensstil rückübersetzt, das heißt in das einheitliche Ensemble der von einem Akteur für sich ausgewählten Personen, Güter und Praktiken.

Die Habitus sind differenziert wie die Positionen, deren Produkt sie sind; aber auch differenzierend. Sie sind unterschiedlich und unterschieden und sie machen Unterschiede: Sie wenden unterschiedliche Unterscheidungsprinzipien an, oder sie wenden die gewöhnlichen Unterscheidungsprinzipien unterschiedlich an.

Die Habitus sind Prinzipien zur Generierung von unterschiedlichen und der Unterscheidung dienenden Praktiken – was der Arbeiter ißt und vor allem, wie er es ißt, welchen Sport er treibt und wie er ihn treibt, welche politischen Meinungen er hat und wie er sie zum Ausdruck bringt, unterscheidet sich systematisch von den entsprechenden Konsum- und Verhaltensgewohnheiten der Unternehmer in der Industrie; es sind dies aber auch unterschiedliche Klassifikationsschemata, unterschiedliche Klassifizierungsprinzipien, Wahrnehmungs- und Gliederungsprinzipien, Geschmacksrichtungen. Mit ihrer Hilfe werden Unterschiede zwischen gut und schlecht, gut und böse, distinguiert und vulgär usw. gemacht, aber eben nicht die gleichen Unterschiede. So kann zum Beispiel das gleiche Verhalten oder das gleiche Gut dem einen distinguiert erscheinen, dem anderen aufgesetzt oder angeberisch, einem dritten vulgär.

Das Wesentliche aber ist, daß diese unterschiedlichen Praktiken, Besitztümer, Meinungsäußerungen, sobald sie mit Hilfe der entsprechenden sozialen Wahrnehmungskategorien, Wahrnehmungs- und Gliederungsprinzipien wahrgenommen werden, zu symbolischen Unterschieden werden und eine regelrechte *Sprache* bilden. In jeder Gesellschaft funktionieren die mit den unterschiedlichen Positionen verknüpften Unterschiede, das heißt die Praktiken und vor allem die *Stile,* auf die gleiche Weise wie die Unterschiede, aus denen die symbolischen Systeme bestehen, etwa die Gesamtheit der Phoneme einer Sprache oder die Gesamtheit der Unterscheidungs-

5 [Anm. d. Hg.] Vgl. hierzu ausführlich P. B., *Die Regeln der Kunst: Genese und Struktur des literarischen Feldes*, Frankfurt am Main: Suhrkamp 1999.

merkmale und differentiellen Abstände, die ein Mythensystem bilden, das heißt als *Unterscheidungsmerkmale.*

Hier möchte ich einen Einschub machen, um ein sehr häufiges und ganz unseliges Mißverständnis über den Titel *Die feinen Unterschiede* auszuräumen, den manche so verstanden haben, als ließe sich der ganze Inhalt des Buchs auf die Aussage reduzieren, der Antrieb allen menschlichen Verhaltens sei die Suche nach dem Unterschied. Was keinen Sinn ergibt und obendrein auch nichts Neues wäre, man denke nur an Veblen und seinen »demonstrativen Konsum« (*conspicous consumption*).[6] In Wirklichkeit ist der zentrale Gedanke, daß in einem Raum existieren, ein Punkt, ein Individuum in einem Raum sein, heißt, sich unterscheiden, unterschiedlich sein; oder wie Benveniste von der Sprache gesagt hat: »Sich unterscheiden und etwas bedeuten ist ein und dasselbe«,[7] bedeuten im Gegensatz zu keine Bedeutung haben – in mehr als einem Sinne. Genauer gesagt – Benveniste macht da allzu kurzen Prozeß –, ein Unterschied, ein Unterscheidungsmerkmal, weiße Hautfarbe oder schwarze Hautfarbe, Taille oder Bauch, Volvo oder 2CV, Rotwein oder Champagner, Pernod oder Whisky, Golf oder Fußball, Klavier oder Akkordeon, Bridge oder Skat (ich arbeite mit Gegensatzpaaren, weil es eben meist so funktioniert – es ist aber komplizierter), wird nur dann zum sichtbaren, wahrnehmbaren, nicht indifferenten, sozial *relevanten* Unterschied, wenn es von jemandem wahrgenommen wird, der in der Lage ist, *einen Unterschied zu machen* – weil er selber in den betreffenden Raum gehört und daher nicht *indifferent* ist und weil er über die Wahrnehmungskategorien verfügt, die Klassifizierungsschemata, den *Geschmack*, die es ihm erlauben, Unterschiede zu machen, Unterscheidungsvermögen an den Tag zu legen, zu unterscheiden – zwischen einem bunten Bildchen und einem Gemälde oder zwischen Van Gogh und Gauguin. Der Unterschied wird erst dann zum Zeichen und zum Zeichen des Distinguierten (oder Vulgären), wenn man ein Wahrnehmungs- und Gliederungsprinzip auf ihn anwendet, das, da es das Ergebnis der Inkorporierung der Struktur der objektiven Unterschiede ist (zum Beispiel der Distributionsstruktur von Klavier oder Akkordeon

6 [Anm. d. Hg.] Vgl. Thorstein Veblen, *Theorie der feinen Leute*, Frankfurt am Main: Fischer [6]2000.

7 [Anm. d. Hg.] Vgl. Émile Benveniste, »L'homme dans la langue«, in: E. B., *Problèmes de linguistique générale II*, Paris: Gallimard 1974, S. 215-229, hier S. 223.

oder ihrer jeweiligen Liebhaber im sozialen Raum), bei allen Akteuren vorhanden ist, ob Klavierbesitzer oder Akkordeonliebhaber, und ihre Wahrnehmungen von Klavierbesitzern oder Akkordeonliebhabern strukturiert. (Diese Analyse der Logik – der Logik der symbolischen Gewalt –, die bestimmt, daß die Lebensstile der Beherrschten fast immer, sogar noch von denen, die sie leben, vom destruktiv-reduzierenden Standpunkt der herrschenden Ästhetik aus wahrgenommen werden, müßte eigentlich präziser ausgeführt werden.)

Die Logik der Klassen

Konstruiert man den sozialen Raum, diese unsichtbare, nicht herzeigbare und nicht anfaßbare, den Praktiken und Vorstellungen der Akteure Gestalt gebende Realität, gewinnt man damit zugleich auch die Möglichkeit, *theoretische Klassen* von größtmöglicher Homogenität in bezug auf die beiden Hauptdeterminanten der Praktiken und aller sich aus ihnen ergebenden Merkmale zu konstruieren. Das so angewendete Klassifizierungsprinzip ist wirklich *explikativ*: Es beläßt es nicht bei einer Beschreibung der Gesamtheit der klassifizierten Realitäten, sondern setzt, wie jede gute naturwissenschaftliche Taxonomie, bei den bestimmenden Merkmalen an, von denen aus im Gegensatz zu den schlechten, von den scheinbaren Unterschieden ausgehenden Klassifikationen eine Vorhersage weiterer Merkmale und die Unterscheidung und Zusammenfassung von Akteuren möglich ist, die einander so ähnlich wie möglich und von den Mitgliedern der anderen Klassen, ob näher oder ferner stehend, so verschieden wie möglich sind.

Eben diese Trennschärfe der Klassifikation aber birgt die Gefahr, daß man theoretische Klassen, fiktive Gruppierungen, die nur *auf dem Papier* bestehen, kraft einer im Kopfe gefällten Wissenschaftlerentscheidung als *reale* Klassen wahrnimmt, als reale, in der Realität als solche bestehende Gruppen. Eine Gefahr, die um so größer ist, als ja die Forschung ergeben hat, daß den in den *Feinen Unterschieden* beschriebenen Gliederungen durchaus reale Unterschiede in den verschiedensten, ja, abwegigsten Bereichen der Praxis entsprechen. So fügt sich, um ein eher bizarres Merkmal als Beispiel zu nehmen, die Distribution der Hunde- und der Katzenbesitzer durchaus in das Modell ein, denn die Hundeliebhaber sind eher bei den selbständigen Kaufleuten (rechts im Schema), die Katzenliebhaber eher bei den Intellektuellen (links im Schema) anzutreffen.

Das Modell bezeichnet also die Distanzen, aus denen sich Begegnungen, Affinitäten, Sympathien oder selbst Wünsche *vorhersagen* lassen: Konkret bedeutet das etwa, daß bei Menschen, die sich oben im Raum befinden, wenig Chancen für eine Heirat mit Menschen bestehen, die unten im Raum sind, erstens weil die Chancen, daß sie sich physisch begegnen, gering sind (es sei denn an ›gewissen‹ Örtlichkeiten, das heißt um den Preis einer Überschreitung der mit den räumlichen Distanzen einhergehenden sozialen Grenzen); sodann weil es, sollten sie sich beiläufig doch bei irgendeiner Gelegenheit und mehr durch Zufall begegnen, ›zu keiner Verständigung kommt‹, weil sie einander nicht verstehen und nicht gefallen werden. Umgekehrt prädisponiert die Nähe im sozialen Raum zur Annäherung: Menschen, die einem verhältnismäßig kleinen Sektor des Raums angehören, stehen einander zugleich näher (nämlich durch ihre Merkmale und ihre Dispositionen, *ihren Geschmack*) und sind eher geneigt, sich einander zu nähern; lassen sich einander auch eher näherbringen, mobilisieren. *Dies bedeutet aber nicht, daß sie eine Klasse im Sinne von Marx bilden, das heißt eine für gemeinsame Ziele und vor allem gegen eine andere Klasse mobilisierte Gruppe.*

Die von mir konstruierten theoretischen Klassen sind stärker als jede andere theoretische Gliederung dazu prädisponiert, zu Klassen im Sinne des Marxismus zu werden, stärker zum Beispiel als Gliederungen, die nach dem Geschlecht, der Volkszugehörigkeit usw. vorgenommen werden. Wäre ich ein führender Politiker und faßte den Plan zur Gründung einer großen Sammlungspartei für Arbeitgeber und Arbeitnehmer zugleich, hätte ich wenig Aussicht auf Erfolg, weil sie im sozialen Raum sehr weit voneinander entfernt sind; unter bestimmten Bedingungen, im Zuge einer nationalen Krise etwa und auf einer nationalistisch-chauvinistischen Basis mögen sie sich annähern, aber ein solcher Zusammenschluß wird ziemlich oberflächlich bleiben und von kurzer Dauer sein. Was umgekehrt nicht heißt, daß die Nähe im sozialen Raum automatisch Einheit schafft: Sie bezeichnet ein objektives Potential an Einheit oder, um mit Leibniz zu sprechen, etwas, das zur Existenz als Gruppe ›drängt‹, eine *wahrscheinliche Klasse.* Die marxistische Theorie begeht einen ganz ähnlichen Irrtum, wie er von Kant im ontologischen Argument kritisiert oder von Marx selber Hegel angekreidet wird: Sie vollzieht einen ›Salto mortale‹ von der Existenz in der Theorie zur Existenz in der Praxis oder, wie Marx sagt, »von den Dingen der Logik zur Logik der Dinge«.[8]

Marx, dessen *Theorieeffekt* – also jene genuin politische Wirkung, die darin besteht, eine ›Realität‹ anschaulich zu machen (*theorein*), die solange nicht vollständig existiert, wie sie nicht erkannt und anerkannt wird – größer als der irgendeines anderen Theoretikers war, hat es paradoxerweise versäumt, diesen Effekt in seine Theorie zu integrieren. Von der nur auf dem Papier existierenden Klasse zur ›realen‹ Klasse kommt man nur um den Preis einer politischen Mobilisierungsarbeit: Die ›reale‹ Klasse, sofern überhaupt jemals eine Klasse ›real‹ existiert hat, ist immer nur die realisierte, das heißt mobilisierte Klasse, Ergebnis des *Klassifizierungskampfs* als eines genuin symbolischen (und politischen) Kampfs um die Durchsetzung einer Sicht der sozialen Welt oder besser einer Art und Weise ihrer Konstruktion in der Wahrnehmung und in der Realität und einer Konstruktion der Klassen, in die sie zu unterteilen ist.

Die theoretische und vor allem reale Existenz der Klassen ist etwas, um das gekämpft wird, wie jedermann aus Erfahrung weiß. Und hierin liegt auch das Haupthindernis für eine wissenschaftliche Erkenntnis der sozialen Welt und für die Lösung – denn *es gibt eine Lösung* – des Problems der sozialen Klassen. Leugnet man die Existenz der Klassen, wie es die konservative Tradition so hartnäckig und mit Argumenten getan hat, die keineswegs alle und immer absurd waren (jede unvoreingenommene Forschung muß auf sie stoßen), leugnet man letzten Endes die Existenz von Unterschieden und Unterscheidungsprinzipien überhaupt. Das wiederum tun, wenn auch in eher paradoxer Form, denn sie behalten den Terminus Klasse bei, all diejenigen, die behaupten, die heutige amerikanische, japanische oder selbst französische Gesellschaft stelle nur noch eine einzige riesige ›Mittelklasse‹ dar (wie ich gesehen habe, sagen laut einer Umfrage 80 % der Japaner von sich, sie gehörten den ›Mittelklassen‹ an), eine offenkundig unhaltbare Position. Meine ganze Arbeit zeigt, daß in einem Land, von dem man auch gesagt hat, es

8 [Anm. d. Hg.] In seiner *Kritik des Hegelschen Staatsrechts* spricht Marx im Hinblick auf Hegel davon, dass diesen »nicht die Logik der Sache, sondern die Sache der Logik« interessiere (Karl Marx/Friedrich Engel, *Werke*, Bd. 1, hg. von Institut für Marxismus-Leninismus beim ZK der SED, Berlin: Dietz 1981, S. 217).

habe sich homogenisiert, demokratisiert usw., der Unterschied überall ist. In den Vereinigten Staaten von heute vergeht kein Tag, ohne daß eine neue Untersuchung erscheint, die Vielfalt nachweist, wo man Homogenität sehen *wollte*, Konflikt, wo man Konsensus sehen *wollte*, Reproduktion und Konservierung, wo man Mobilität sehen *wollte*. Es gibt also *Unterschiede* (und genau das meine ich, wenn ich von sozialem *Raum* spreche) und wird sie weiter geben. Muß man aber deshalb schon die Existenz von Klassen akzeptieren oder behaupten? Nein. Es existieren keine sozialen Klassen (auch wenn die an der Theorie von Marx orientierte politische Arbeit in bestimmten Fällen dazu beigetragen haben mag, ihnen eine Existenz zumindest in Gestalt von Mobilisierungsinstanzen und Mandatsträgern zu geben). Was existiert, ist ein sozialer Raum, ein Raum von Unterschieden, in denen die Klassen gewissermaßen virtuell existieren, unterschwellig, nicht als gegebene, sondern als *herzustellende*.

Derartige Konstruktionen aber, mag die soziale Welt mit ihren Gliederungen auch etwas sein, das die sozialen Akteure individuell und vor allem *kollektiv*, in Kooperation und Konflikt, herzustellen und zu konstruieren haben, vollziehen sich dennoch nicht in einem sozialen Vakuum, wie manche Ethnomethodologen zu glauben scheinen: Die Position, die jemand im sozialen Raum einnimmt, das heißt in der Distributionsstruktur der verschiedenen Kapitalsorten, die auch Waffen sind, bestimmt auch seine Vorstellungen von diesem Raum und die Positionen, die er in den Kämpfen um dessen Erhalt oder Veränderung bezieht.

Um diese komplexe, jenseits der gewöhnlichen Alternativen von Objektivismus und Subjektivismus, Strukturalismus und Konstruktivismus und selbst Materialismus und Idealismus bestehende Relation zwischen den objektiven Strukturen und den subjektiven Konstruktionen in aller Kürze zu charakterisieren, habe ich mir angewöhnt, in leicht abgewandelter Form eine berühmte Formulierung von Pascal zu zitieren: »Die Welt erfasst mich und verschluckt mich wie einen Punkt, aber ich erfasse sie.«[9] Die soziale Welt um-

9 [Anm. d. Hg.] Das genaue Zitat, in dem Pascal mit der Doppelbedeutung von ›comprendre‹ (umfassen/verstehen) spielt, lautet: »Par l'espace, l'univers me comprend et m'engloutit comme un point; par la pensée, je le comprends.« [Im Raum umfasst mich die Welt und verschluckt mich wie einen Punkt, im Denken umfasse/verstehe ich sie.] (*Pensées* 146, hg. von Philippe Sellier, Paris: Bordas 1991, S. 204.)

faßt mich als einen Punkt. Aber dieser Punkt ist ein *Standpunkt*, das Prinzip einer Sichtweise, zu der man von einem bestimmten Punkt im sozialen Raum aus kommt, eine *Perspektive*, die ihrer Form und ihrem Inhalt nach von der objektiven Position bedingt ist, von der aus man zu ihr kommt. Der soziale Raum ist eben doch die erste und letzte Realität, denn noch die Vorstellungen, die die sozialen Akteure von ihm haben können, werden von ihm bestimmt.

Biobibliographische Angaben

Pierre Bourdieu
* 1. 8. 1930 (Denguin) – † 23. 1. 2002 (Paris)

Kindheit in einfachen Verhältnissen in den Pyrenäen; 1948-1951 Besuch des *Lycée Louis-le-Grand* in Paris; 1951-1954 Studium der Philosophie an der Ecole Normale Supérieure in Paris, 1954 Agrégation, danach zunächst Lehrer in Moulins; 1958-1960 nach zwischenzeitlichem Militärdienst im Algerienkrieg Lehrtätigkeit an der Universität von Algier und Feldforschungen in der Kabylei (Nordalgerien) – aus ihnen geht neben zahlreichen eher empirischen Studien u. a. auch seine *Skizze einer Theorie der Praxis* hervor; nach soziologischer Lehrtätigkeit an der Sorbonne und an der Universität von Lille ab 1964 Forscher an der *École des Hautes Études en Sciences Sociales* in Paris, dort 1968 Gründung des *Centre de Sociologie Européenne*; 1979 erscheint mit *Die feinen Unterschiede* das wohl einflussreichste Werk; 1981 Lehrstuhl für Soziologie am *Collège de France*; ab 1992 zunehmende politische Aktivität als Kritiker des Neoliberalismus – vgl. den Interviewband *Das Elend der Welt* von 1993.

Textnachweis

»Sozialer Raum, symbolischer Raum«, in: P. B., *Praktische Vernunft. Zur Theorie des Handelns*, Frankfurt am Main: Suhrkamp 1998, S. 13-27, hier S. 14-15 und 16-27 [»Espace social et espace symbolique«, in: *Raisons pratiques. Sur la theorie de l'action,* Paris: Seuil 1994, S. 15-29].

[Es handelt sich um die Schriftfassung eines ursprünglich im Oktober 1989 an der japanischen Universität Todaï gehaltenen Vortrags, der die Konzeption von Bourdieus *Die feinen Unterschiede* erläutert.]

Weitere Texte zur Raumtheorie (Auswahl)

1972: *Entwurf einer Theorie der Praxis auf der ethnologischen Grundlage der kabylischen Gesellschaft*, Frankfurt am Main: Suhrkamp 1979 [*Esquisse d'une théorie de la pratique, précédé de trois études d'ethnologie kabyle*, Genf: Droz].

1979: *Die feinen Unterschiede. Kritik der gesellschaftlichen Urteilskraft*, aus dem Französischen von Bernd Schwibs und Achim Russer, Frankfurt am Main: Suhrkamp 1982, vor allem Kapitel 2-4, S. 171-399 [*La distinction. Critique sociale du jugement*, Paris: Minuit, S. 109-288].

1984: »Sozialer Raum und Klassen«, aus dem Französischen von Bernd Schwibs, in: P. B., *Sozialer Raum und ›Klassen‹. Leçon sur la leçon. Zwei Vorlesungen*, Frankfurt am Main: Suhrkamp 1985, S. 7-46 [»Espace social et genèse des ›classes‹«, in: *Actes de la Recherche en Sciences Sociales* 52/53, S. 3-15, nach einer Vorlesung an der Universität Frankfurt im Februar 1984].

1986: »Sozialer Raum und symbolische Macht«, in: P. B., *Rede und Antwort*, Frankfurt am Main: Suhrkamp 1992, S. 135-154 [»Espace social et pouvoir symbolique«, in: P. B., *Choses dites*, Paris: Minuit 1987, S. 155-166, nach einem Vortrag an der Universität San Diego].

1991: »Physischer, sozialer und angeeigneter physischer Raum«, in: Martin Wentz (Hg.), *Stadt-Räume*, Frankfurt am Main/New York: Campus, S. 25-34 [überarbeitete französische Fassung: »Effets de lieu«, in: P. B. u. a. (Hg.), *La misére du monde*, Paris: Seuil 1993, S. 159-167; deutsche Übersetzung dieser Fassung: »*Ortseffekte*«, in: P. B. u. a. (Hg.), *Das Elend der* Welt, Konstanz: UVK 1997, S. 159-168].

Sekundärliteratur

Löw, Martina: »Bourdieu und der Raum«/»Abweichung und Veränderung«, in: M. L., *Raumsoziologie*, Frankfurt am Main: Suhrkamp 2001, S. 179-191.

Schroer, Markus: »Der physische und der soziale Raum – Pierre Bourdieu«, in: M. S., *Räume, Orte, Grenzen: Auf dem Weg zu einer Soziologie des Raums*, Frankfurt am Main: Suhrkamp 2006, S. 82-106.

Lippuner, Roland: *Raum – Systeme – Praktiken. Zum Verhältnis von Alltag, Wissenschaft und Geographie*, Stuttgart: Steiner 2005, vor allem Kap. 7 und 8, S. 157-206.

Certeau, Michel de: »Foucault und Bourdieu«, in : M. d. C., *Kunst des Handelns*, aus dem Französischen von Ronald Vouillé, Berlin: Merve 1988, S. 105-130 [1980].
Reed-Danahay, Deborah, *Locating Bourdieu*, Bloomington/Indianapolis: Indiana University Press 2005, vor allem Kap. 5, S. 129-150.

Bibliographie (primär): ⟨http://hyperbourdieu.jku.at⟩

Teil V
Politisch-geographische Räume

Einleitung

Im Spannungsfeld von Politik und Geographie geht es nicht nur um die Frage, wie sich politische Institutionen im geographischen Raum verorten, sondern auch darum, dank welcher räumlichen Rahmenbedingungen sie sich überhaupt konstituieren. Die Beiträge dieses Teils diskutieren, wie sich im politischen Denken in besonderer Weise die Bedeutung von »Permanenzen des Raums«[1] in seiner physischen Dimension niederschlägt, aber auch davon, wie sich politisches Denken und Handeln nicht als bloße Funktion von, sondern in Spannung mit dem Substrat einer geographischen Räumlichkeit konstituiert. Sie greifen damit die bereits in Teil IV aufgeworfene Frage nach dem Verhältnis sozialer und physischer Räume unter der speziellen Perspektive politischer Relationen auf, die jedoch nicht allein an der Bezugsgröße des Staats festzumachen sind.

Die Theorie politischen Denkens, aber auch die Anthropologie legen früh die Grundlage der hier interessierenden Diskussion. Ganz abgesehen von der – in mehreren Texten dieses Teils zentralen – Frage, inwiefern der Ursprung politischen Handelns seit der Antike mit der Einnahme eines Territoriums verknüpft ist, bildet sich vor allem mit dem Beginn der territorialen Expansion der frühen Neuzeit Bewusstsein von imperialer Macht heraus, die zunehmend territorial gebunden ist.[2]

Anthropologische Überlegungen zum Einfluss naturräumlicher Bedingungen auf individuelles bzw. kollektives Handeln haben ebenfalls eine lange Tradition, die in der hippokratischen Annahme einer Beeinflussung sozialer wie individueller Dispositionen durch klimatische Gegebenheiten begründet ist. In neuzeitliche politische Theorien findet die Klimatheorie vor allem durch Montesquieu Eingang;[3] in ihrer Rezeption durch Herder und Rousseau lässt sich

1 Rudolf Maresch/Niels Werber, »Permanenzen des Raums«, in: R. M./N. W. (Hg.), *Raum – Wissen – Macht*, Frankfurt am Main: Suhrkamp 2002, S. 7-30.

2 Vgl. den Überblick bei John Agnew, *Geopolitics*, London/New York: Routledge 1998, der allerdings, wie im angelsächsischen Raum verbreitet, den Begriff ›Geopolitik‹ sehr weit fasst und von seiner hier im Vordergrund stehenden historischen Genese zu Beginn des 20. Jahrhunderts ablöst.

3 Vgl. zu Montesquieu und Herder Stephan Günzel, »Geographie der Aufklärung.

eine zunehmende historische Dynamisierung feststellen, wobei die klimatischen Vorgaben als Auslöser politischer Ordnungskonstitution überhaupt angenommen werden.

Gleichzeitig mit der zunehmenden Lösung menschlichen Handelns aus naturräumlichen Vorgaben, wie sie z. B. Reinhart Koselleck darstellt,[4] kommt jedoch ab dem 19. Jahrhundert eine explizite Diskussion darüber auf, ob bzw. inwiefern sich eine aktuelle politische Handlungsdimension aus geographischen Bedingungen ableiten lässt. Die historisch folgenreichste Antwort auf diese Frage ist die Entwicklung der so genannten ›Geopolitik‹, die sich zu Beginn des 20. Jahrhunderts konstituiert und nicht zuletzt als Grundlage der nationalsozialistischen deutschen Expansionspolitik gedient hat. Aus diesem Grund blieben ›geopolitische‹ Debatten im Deutschland der Nachkriegszeit zumindest bis in die 1980er-Jahre weitgehend tabu – auch der Historikerstreit mit der scharfen Kritik von Jürgen Habermas an der Wiederaufnahme des alten geopolitischen Arguments von der deutschen »Mittellage« als Element einer umfassenden geschichtsrevisionistischen Strategie hat dieses Verdikt zunächst noch einmal bestätigt.[5] Demgegenüber haben sich anderswo geopolitische Schulen etabliert, die den Begriff entweder einer positiven, in Kombination mit (post)marxistischen Ansätzen stehenden Umwertung unterzogen haben – so Yves Lacoste,[6] der Gründer der geopolitischen Zeitschrift *Hérodote* – oder aber zu einer durch die angelsächsische Spielform der Dekonstruktion hindurchgegangenen »Critical Geopolitics« umgeformt haben, der es vor allem um

Klimapolitik von Montesquieu zu Kant (Teil I)«, in: *Aufklärung und Kritik* 22 (2004), S. 66-91, URL: ⟨http://www.gkpn.de/guenzel_klima1.pdf⟩.

4 Reinhart Koselleck, »Raum und Geschichte« [1986], in: R. K., *Zeitschichten*, Frankfurt am Main: Suhrkamp 2000, S. 78-96.

5 Vgl. Habermas' Interpretation des »Tamtam« von der deutschen Mittellage als Warnsignal für eine damit amalgamierte Leugnung der Singularität der Judenvernichtung (»Eine Art Schadensabwicklung. Die apologetischen Tendenzen in der deutschen Zeitgeschichtsschreibung«, in: *Historikerstreit. Die Dokumentation der Kontroverse um die Einzigartigkeit der nationalsozialistischen Judenvernichtung*, München: Piper 1987, S. 62-76 [zuerst in: *Die Zeit*, 11. 7. 1986]). Zur neueren Diskussion des Verhältnisses von Raum und Geschichte jenseits dieser Kontroverse vgl. Jürgen Osterhammel, »Die Wiederkehr des Raumes: Geopolitik, Geohistoire und historische Geographie«, in: *Neue politische Literatur* 43/3 (1998), S. 374-397.

6 Vgl. insbesondere Yves Lacoste, *La géographie, ça sert, d'abord, à faire la guerre*, Paris: Maspero 1976.

die Meta-Reflexion auf die geographische Gebundenheit jeglichen politischen Handelns im physischen Raum geht.[7]

Der Ausdruck ›Geopolitik‹ stammt von dem schwedischen Geographen Rudolf Kjellén und wurde zum ersten Mal 1900 verwendet.[8] Eine Zuspitzung erfährt er nach dem Ersten Weltkrieg durch den deutschen Gründer der *Zeitschrift für Geopolitik* Karl Haushofer, der unter Geopolitik eine Wissenschaft nicht zur Beobachtung, sondern im Dienst der Politik versteht.[9] Unabhängig von der höchst umstrittenen historischen Bewertung von Haushofers persönlichem Einfluss auf Hitlers Expansionspolitik[10] profiliert sich in der Zeit von 1915 bis 1944 ein umfassender geopolitischer Diskurs,[11] dessen Kennzeichen vor allem darin besteht, dass die vorgebliche politische Legitimität einer deutschen Expansion explizit mit der Theorie rassischer Überlegenheit eines »Volks ohne Raum«[12] verbunden wird – Haushofer drückt dies in Theatermetaphorik so aus: »Bei der großen Frage des Zusammenbaus von Blut und Boden im Raum zu Staat kommt es bei allem Primat des Blutes doch entscheidend darauf an, daß die Träger des Blutes und des Volksstaatwillens die Bühne erkennen, auf der sie zu spielen haben.«[13] Diese Überlegenheit würde das deutsche Volk dazu befähigen, aktiv Besitz vom Territorium anderer Völker zu ergreifen, die nicht dazu in der Lage seien, sich auf ihrem Gebiet zu behaupten.

7 Vgl. stellvertretend Gearóid Ó'Tuathail, der den Begriff »Critical Geopolitics« geprägt hat: *Critical Geopolitics. The Politics of Writing Global Space*, Minneapolis: University of Minnesota Press 1996.

8 Rudolf Kjellén, *Der Staat als Lebensform*, Leipzig: Hirzel 1917 [1900].

9 Vgl. Michel Korinman, *Quand l'Allemagne pensait le monde. Grandeur et décadence d'une géopolitique*, Paris: Fayard 1990, S. 157. Zu den Unterschieden zwischen Geopolitik und politischer Geographie aus geopolitischer Sicht vgl. Karl Haushofer, »Politische Erdkunde und Geopolitik« [1925], in: Josef Metznetter (Hg.), *Politische Geographie*, Darmstadt: Wissenschaftliche Buchgesellschaft 1972, S. 138-161.

10 Die Positionen reichen von einer unhaltbaren Rehabilitierung Haushofers (Frank Ebeling, *Geopolitik. Karl Haushofer und seine Raumwissenschaft 1919-1945*, Berlin: Akademie-Verlag 1994) als missbrauchter Wissenschaftler bis hin zu einer ebenso problematischen These der Hauptverantwortung.

11 Vgl. hierzu Rainer Sprengel: *Kritik der Geopolitik: ein deutscher Diskurs: 1914-1944*, Berlin: Akademie-Verlag 1996.

12 Vgl. den gleichnamigen Roman von Hans Grimm, 2 Bde., München: Langen 1926.

13 Karl Haushofer, »Staat, Raum und Selbstbestimmung«, in: K. H. (Hg.), *Raumüberwindende Mächte*, Leipzig/Berlin: Teubner 1934, S. 63-65.

Die Zuspitzung zu einem explizit rassegeprägten Diskurs unterscheidet die Geopolitik von ihrer Vorläuferin, der ›Politischen Geographie‹, die sich vor allem mit dem Namen des Geographen FRIEDRICH RATZEL und seiner gleichnamigen Hauptschrift[14] verbindet. Obwohl Ratzel ebenfalls eine organizistische Konzeption des Staates[15] als eines Lebewesens vertritt, das Raum beansprucht, und in seiner Theorie auch ein Zug dazu erkennbar ist, höher entwickelten Kulturen mehr Lebensraum zuzugestehen, verweigert er sich dennoch einer – zumindest direkten – Instrumentalisierung seiner suggestiv so genannten räumlichen »Gesetze« staatlichen Wachstums[16] für eine Politik, welche die Überlegenheit bestimmter Raumbesetzungsstrategien auf eine jenseits des Staatlichen liegende rassische Überlegenheit zurückführt.

Mit der Formulierung wissenschaftlicher Gesetze geographischer Entwicklung bringt Ratzel sich selbst in einen bei ihm nie offen ausgetragenen Widerspruch zwischen quasinaturwissenschaftlicher Methode und seiner gleichzeitigen Verwurzelung in der Tradition einer qualitativen Erfassung von Raum als ›Landschaft‹ durch die Erdkunde von Carl Ritter sowie Alexander von Humboldt.[17] Signifikant für dieses qualitative Interesse ist Ratzels weitgehender Verzicht auf Karten, während die zeitgleiche, stärker positivistisch ausgerichtete französische Geographie in der Tradition von Paul Vidal de la Blache nicht auf kartographische Hilfsmittel verzichtet und der Einsatz von Karten in der Geopolitik sogar zum strategisch eingesetzten Propagandainstrument wird.[18]

14 Friedrich Ratzel, *Politische Geographie*, München/Berlin: Oldenbourg ³1923 [1897].

15 Zum Organizismus Ratzels und dessen Verhältnis zu den Rassentheorien des 19. Jahrhunderts vgl. Claude Raffestin/Dario Lopreno/Yvan Pasteur, *Géopolitique et histoire*, Lausanne: Payot 1995, vor allem S. 55-60.

16 Vgl. insbesondere Friedrich Ratzel, »Die Gesetze des räumlichen Wachstums der Staaten«, in: *Petermanns Mitteilungen* 42 (1896), S. 97-107.

17 Vgl. hierzu insbesondere Franco Farinelli, »Friedrich Ratzel and the Nature of (Political) Geography«, in: *Political Geography* 19/8 (2000), S. 943-955.

18 Vgl. zum Umgang mit Karten bei Ratzel und Haushofer Korinman, *Quand l'Allemagne pensait le monde*, S. 50 und 158. Karten als privilegiertes Medium geografischer Raum-Repräsentation bilden allerdings Raum nicht nur (wahrheitsgetreu oder verfälschend) ab, sondern sind wesentlich an der Konstitution einer verräumlichten Wissensordnung überhaupt beteiligt – vgl. hierzu paradigmatisch Wolfgang Schäffner, »Operationale Topographie. Repräsentationsräume in den

In dieser Perspektive kann Ratzel auch als eine der Gründerfiguren der heutigen Human- bzw. Sozialgeographie gesehen werden, wobei diese sich jedoch, anders als Ratzel dies beabsichtigt, deutlich von der Physischen Geographie ablöst.[19] Die jüngste Wiederaneignung Ratzels als möglicher Vorläufer der aktuellen Wende zum Raum in den Humanwissenschaften[20] verdankt sich nun – jenseits der Widersprüchlichkeit seines eigenen Denkens im Spannungsfeld zwischen Natur- und Sozialwissenschaft – vor allem denjenigen seiner Überlegungen, in denen er einen ›dritten‹ Weg erkennen lässt und die ›Dynamisierung‹ naturräumlicher Vorgaben beispielsweise durch Verkehrswege und Medientechniken thematisiert. Grundlegend drückt sich die Dynamisierbarkeit geographischer Bedingungen in dem aus, was Ratzel in Abgrenzung von »Raum« als »Lage« bezeichnet (vgl. Text 21): Erst die Lage verschafft einem bestimmten (bei Ratzel als Staat gedachten) Raum in Bezug auf benachbarte Räume eine Relationalität, die nicht in reiner Quantifizierung aufgeht.

Allerdings bleibt sein Denken der dynamischen Relationalität allein auf naturräumliche Gegebenheiten beschränkt, was ihm von französischen Geographen und Historikern den Vorwurf eines geographischen Determinismus eingebracht hat. Mit Lucien Febvre ist es zunächst einer der zentralen Vertreter der französischen *Annales*-Schule, der sich gegen diese Form des Determinismus zur Wehr setzt[21] und damit, gemäß dem interdisziplinären Ethos der *Annales*, das Verhältnis von Historiographie und Geographie jenseits einer Vereinnahmung durch Letztere zu bestimmen versucht. In weniger polemischer Form wird eine ähnliche Abgrenzung erneut von Febvres Schüler FERNAND BRAUDEL in seiner großen Studie zum Mittelmeer vorgetragen (vgl. Text 22). Wie Febvre nimmt zwar auch Braudel in *La Méditerranée* einen geographischen Raum als Ausgangspunkt, vermeidet jedoch die deterministische Artikulation naturräumlicher Gegebenheiten mit staatlichem Handeln sowie die Suggestion von Naturgesetzlichkeiten, die *de facto* aber schon bei

Niederlanden um 1600«, in: Hans-Jörg Rheinberger u. a. (Hg.), *Räume des Wissens. Repräsentation, Codierung, Spur*, Berlin: Akademie-Verlag 1997, S. 63-90.

19 Vgl. dazu auch die Einleitung zu Teil IV dieses Bandes.

20 Vgl. insbesondere Karl Schlögel, *Im Raume lesen wir die Zeit. Über Zivilisationsgeschichte und Geopolitik*, München/Wien: Hanser 2003.

21 Lucien Febvre, *La terre et l'évolution humaine*, Paris: Albin Michel 1980 [1922].

Ratzel immer wieder zu Widersprüchen führen. Was Braudel im Rahmen seiner so genannten »Géohistoire« als Gegenentwurf zu Ratzel unter Possibilismus versteht, resultiert vor allem aus dem Zusammenspiel verschiedener historischer Zeitlichkeiten,[22] von denen nur eine ein spezifisch geographisches Substrat hat, nämlich die »lange Dauer«, während die mittlere und kurze Dauer als konkurrierende Zeitserien auf politisch-sozialen Prozessen bzw. der individuellen Lebenszeit aufruhen. In seiner Untersuchung des Mittelmeerraums als Handelszone etabliert Braudel eine räumliche Dynamik, die insofern über Ratzels Überlegungen zur »Lage« hinausgeht, als er nicht nur geographische Relationen dynamisiert, sondern überhaupt differenziertere Faktoren politischer Geschichte betrachtet und miteinander in Beziehung setzt. Geographischer Raum ist nicht als statischer, sondern als relationaler und somit auch selbst veränderbarer Ermöglichungsrahmen einer politischen und ökonomischen Praxis zu verstehen, die nicht an eine organizistische Vorstellung vom Staat gebunden ist, sondern die territoriale Bindung staatlicher Politik ihrerseits auf einen transnationalen Rahmen von Handelsbeziehungen hin überschreitet.[23]

Die emphatischste Verknüpfung von Raum mit der politischen Organisationsform des Staats kommt in Schriften zum Ausdruck, die sich nicht unmittelbar an eine geographische Tradition anschließen lassen, nämlich in den rechts- und staatstheoretischen Schriften von Carl Schmitt. Zwar gehört sein Ansatz nicht nur aufgrund seiner zeitweisen expliziten Nähe zum Nationalsozialismus,[24] sondern auch diskursgeschichtlich ins Umfeld der deutschen Geopolitik,[25] zeichnet sich jedoch anstelle des Operierens mit vagen Organismus-Analogien durch die Konsequenz eines genealogisch-rechtsphilosophischen Ursprungsdenkens aus, in dem der Raum die Funktion eines »Urgrunds« politischen Handelns überhaupt ein-

22 Vgl. dazu Fernand Braudel, »Die lange Dauer« [1958], in: Theodor Schieder/Kurt Gräubig (Hg.): *Theorieprobleme der Geschichtswissenschaft*, Darmstadt: Wissenschaftliche Buchgesellschaft 1977, S. 164-204.

23 Zur Fortführung dieser Forschungsperspektive vgl. insbesondere Immanuel Wallerstein, *Das moderne Weltsystem*, 3 Bde., Nachdr., Wien: Promedia 1998-2004 [1974-1989].

24 Vgl. dazu ausführlich Raphael Gross, *Carl Schmitt und die Juden*, Frankfurt am Main: Suhrkamp 2000.

25 Vgl. dazu Sprengel, *Kritik der Geopolitik*, vor allem Kap. 3, S. 51-69.

nimmt.[26] Der originäre Charakter des Raums, auf den die Etymologie des Wortes hinweist, besteht für Schmitt in der ursprünglichen »Einheit von Ordnung und Ortung«, der der gewählte Textausschnitt vom Beginn des *Nomos der Erde* gewidmet ist und die einen Knotenpunkt seines Denkens darstellt (vgl. Text 23). Demnach ist es die »Landnahme«, die seiner Darstellung nach in der archaischen Bedeutung des Wortes *nomos* aufscheint und die die Möglichkeit einer positiven Rechtsordnung allererst begründet.[27] Schmitts Hauptaugenmerk bei seinem ›territorialen‹ Verständnis staatlicher Ordnung ist dabei die Abgrenzung nach außen, d. h. die Etablierung einer kontrollierten Freund-Feind-Beziehung, wie dies für ihn exemplarisch seit der frühen Neuzeit das europäische Völkerrecht schafft. Durch dieses Völkerrecht wird eine »Hegung« innereuropäischer Kriege möglich, allerdings um den Preis einer »Entlastung«[28] dieser Ordnung durch weniger geordnete, kolonisierbare Land- bzw. völlig rechtsfreie See-Räume. Dieses von Schmitt positiv beurteilte Gleichgewicht bricht spätestens mit dem Ende des Ersten Weltkriegs zusammen.

Schmitts Vorstellung politischer Stabilität im *Jus Publicum Europaeum* beruht auf der ungebrochenen Rechtfertigung kolonialen Annexionsdenkens und somit auf einer positiv bewerteten Logik territorialer Machtausweitung des christlichen Abendlandes.[29] Demgegenüber konstatiert Schmitt als Zeitdiagnose für das

26 Entsprechend wird der Begriff Raum zum »Urwort« – vgl. die das *Nomos*-Buch ergänzenden etymologischen Überlegungen Schmitts in »Recht und Raum«, in: *Tymbos für Wilhelm Ahlmann. Ein Gedenkbuch, herausgegeben von seinen Freunden*, Berlin: De Gruyter 1951, S. 241-251. Als Replik auf Schmitts (bereits in der 1940er-Jahren begonnenen) Überlegungen lässt sich der von Gerhard Storz verfasste und anonym publizierte Artikel »Raum (Aus dem Wörterbuch des Unmenschen XVI)«, in: *Die Wandlung* 2/8 (1947), S. 721-725, lesen, wo dieser, ebenfalls etymologisch begründet, den Raum zum »Unwort« erklärt und damit sozusagen *totum pro parte* nicht nur die Geopolitik, sondern das Raumdenken überhaupt zu tabuisieren versucht; vgl. dazu auch Werner Köster, *Die Rede über den ›Raum‹: Zur semantischen Karriere eines deutschen Konzepts*, Heidelberg: Wissenschafts-Verlag der Autoren 2002.

27 Zur Kritik dieser Annahme vgl. Friedrich Balke, *Der Staat nach seinem Ende: die Versuchung Carl Schmitts*, München: Fink 1996, S. 317-320.

28 Schmitt, *Der Nomos der Erde*, S. 62.

29 Zur Kritik der dabei implizierten binären Logik des Freund-Feind-Denkens vgl. die »Postcolonial Studies«, insbes. Homi Bhabha, *Die Verortung der Kultur*, Tübingen: Stauffenburg 2000 [1994].

20. Jahrhundert, insbesondere in *Land und Meer*, zunehmend eine ›vertikale‹ Destabilisierung territorialer Kontrolle durch die militärische Besetzung des Luft- und Unterseeraums.[30] Und selbst zu Land zwingt die Figur des Partisanen, so Schmitt, den Feind »in einen anderen Raum hinein«,[31] in welchem die territoriale Kontrolle durch politische Souveränität löchrig wird und dessen Beschreibung angesichts des Problems des Terrorismus in den letzten Jahren erneut an Brisanz gewonnen hat.

Die unbestreitbare Aktualität von Schmitts Denken lässt sich sicherlich nicht aus seinem Versuch der territorialen Rechtfertigung europäischer Zivilisation vor dem Hintergrund seiner apokalyptischen politischen Theologie begründen, in der sich politische Ordnung als »Aufhalter« gegen das Ende der Welt und die Ankunft des Antichristen zu stemmen hat.[32] Bedenkenswert bleibt aber, dass sein *Nomos*-Denken gleichsam wider Willen auf die komplexen territorialen und machtpolitischen Implikationen aktueller politischer Konflikte verweist, die sich, anders als viele (neo)liberale Globalisierungstheorien dies annehmen,[33] mitnichten zu einer ent-territorialisierten globalen Weltordnung auflösen lassen.[34]

Insofern haben sich von Schmitts Sensibilität für die Verwerfungen der politischen Räume in der Moderne auch nichtkonservative Denker anregen lassen.[35] Die prominenteste neuere Auseinandersetzung mit Schmitt stammt von Giorgio Agamben, dem es aller-

30 Stuttgart: Klett-Cotta [4]2001 [1942]. Aufgegriffen werden Schmitts Überlegungen vor allem in der polemologischen Beschleunigungstheorie von Paul Virilio (vgl. Text 14 sowie die Einleitung zu Teil III).

31 *Theorie des Partisanen*, Berlin: Duncker & Humblot [5]2002 [1963], S. 72.

32 Vgl. hierzu Heinrich Meier, *Die Lehre Carl Schmitts: Vier Kapitel zur Unterscheidung politischer Theologie und politischer Philosophie*, Stuttgart/Weimar: Metzler [2]2004 [1994]. Zur Dekonstruktion von Schmitts ›Lehre‹ angesichts der politischen Dynamik der Moderne vgl. Balke, *Der Staat nach seinem Ende.*

33 Vgl. zu einer In-Bezug-Setzung von staatsgebundenem und universalistisch-liberalen Ansätzen nach dem Modell einer agonalen Spannung Chantal Mouffe, »Carl Schmitt and the Paradox of Liberal Democracy«, in: C. M., *The Democratic Paradox*, London/New York: Verso 2000, S. 36-59.

34 Vgl. hierzu stellvertretend Niels Werber, »Von der Bagatellisierung des Raums. ›Neue Medien‹ als ›raumüberwindende Mächte‹«, in: Alexandra Budke/Detlef Kanwischer/Andreas Pott (Hg.), *Internetgeographien. Beobachtungen zum Verhältnis von Internet, Raum und Gesellschaft*, Stuttgart: Steiner 2004, S. 23-40.

35 Besonders bei italienischen Philosophen ist Schmitt zuletzt auf große Resonanz gestoßen. Vgl. auch Massimo Cacciari, *Der Archipel Europa*, Köln: DuMont 1998

dings nicht primär um den sich nomothetisch konstituierenden Raum des Staates, sondern um eine bei Schmitt ausgeblendete Kehrseite geht, die sich, so die These, in der Moderne im Raum des Lagers zu erkennen gibt. Agamben zufolge bleibt im souveränen Akt der Konstitution politischer Existenz, den er, in Engführung mit einer anderen Grundthese Schmitts,[36] als Ausnahmezustand (von *ex-ceptio*: ›Herausnahme‹) bezeichnet, das Ausgeschlossene, wenn auch versteckt, enthalten.[37] Diese topologische Gedankenfigur der »einschließenden Ausschließung«[38] konkretisiert er insofern, als er, über Schmitt hinausgehend, annimmt, dass sich die Etablierung jeglicher politischer Ordnungen auf den biologischen Körper als deren Träger bezieht, was nach Michel Foucault in der Moderne programmatisch zu einer »Biopolitik« ausgebaut wird[39] – das Lager wird dabei zur extremsten Form der biopolitischen Ausschließung und begleitet die Ausübung jeglicher moderner staatlicher Souveränität zumindest virtuell.[40]

Agambens Analysen stützen sich, was die Unterscheidung eines politischen und eines ›nackten‹ Körpers betrifft, auf die Überlegungen HANNAH ARENDTs zur Konstitution des Politischen in ihrer Schrift *Vita activa* (vgl. Text 24). Dort untersucht sie die Konstitution der attischen Demokratie aus der strikten Unterscheidung zwischen der auf Gleichheit basierenden politischen Öffentlichkeit der *polis* und dem privatem Leben des *oikos*, das den ›nackten‹ körperlichen Bedürfnissen gilt.

Anders als Agamben, der seine Aufmerksamkeit auf die Ränder und Ausschlusszonen politischen Handelns richtet, geht es Arendt jedoch um dessen Kern, nämlich um die Konstitution demokratischer Gleichheit in der Polis durch Abtrennung eines öffentlichen

[1997], der Schmitts Warnung vor einem unkontrollierbaren Großraum die positive Vision eines archipelartigen Europas entgegensetzt.

36 Vgl. dazu *Der Begriff des Politischen*, Berlin: Duncker & Humblot ^{6}1996 [1932].

37 Vgl. dazu auch Giorgio Agamben, *Ausnahmezustand. Homo Sacer II.1*, Frankfurt am Main: Suhrkamp 2004 [2003].

38 Vgl. in ähnlicher Weise Jacques Derrida, *Gesetzeskraft: der ›mystische Grund der Autorität‹*, Frankfurt am Main: Suhrkamp 1996 [1994].

39 Vgl. insbes. Michel Foucault, *Die Geburt der Biopolitik: Vorlesung am Collège de France, 1978-1979*, Frankfurt am Main: Suhrkamp 2004.

40 Zu einer differenzierten Verteidigung von Agambens These gegen den Vorwurf der historischen Nivellierung des Holocaust vgl. Eva Geulen, *Giorgio Agamben zur Einführung*, Hamburg: Junius 2005, S. 95-102.

Raums von einem privaten Raum des *oikos*. Den Versuch einer Bestimmung des systematischen Kerns des Politischen aus seiner Genealogie heraus teilt Arendt mit Schmitt. Anders als er leitet sie die Entstehung des Politischen aber nicht aus einer territorialen Abgrenzung staatlicher Macht nach außen her, in der das archaische Gewaltmoment der territorialen Besetzung als Ausgangspunkt dient, sondern aus einer inneren, nicht genuin territorialen Unterscheidung, die den Ort des demokratischen Handelns als Befreiung von physischen Zwängen in demselben Raum konstituiert, in dem sich auch das alltägliche Leben abspielt.

Damit ist Arendt zum Bezugspunkt einer Erneuerung der politischen Philosophie im angelsächsischen Raum, aber auch in Kontinentaleuropa geworden, wenngleich meist in kritischer Auseinandersetzung mit ihrer Emphase der ›Reinheit‹ des Politischen. Dieses grenzt sich für Arendt nämlich nicht nur vom Privaten ab, sondern zu dieser binären Opposition tritt in der Moderne für sie noch das Soziale als die entpolitisierte Sphäre der Massengesellschaft hinzu, gegen die sie – und mit ihr konservative Denker wie Leo Strauss – das Politische in Schutz zu nehmen versucht.[41] Arendt entwickelt kein positives Modell für das Funktionieren einer repräsentativen Demokratie oder gar einer Politik über staatliche Grenzziehungen hinaus; für sie beruht politisches Handeln stets auf der körperlicher Präsenz einer Elite, die die Gesellschaft zu ihrer Bühne macht.[42] Diese Unmittelbarkeit geht für sie in der modernen Massengesellschaft verloren und bricht nur in revolutionären Momenten wieder auf.[43]

Claude Lefort insistiert dagegen in Auseinandersetzung mit Arendt darauf, dass die Konstitution einer demokratischen Ordnung immer schon aus einer konkreten sozialen Situation hervorgegangen sein muss.[44] Vor diesem Hintergrund lässt sich die von

41 Die Unterscheidung von Politischem und Sozialem entwickelt Arendt in Auseinandersetzung mit der gängigen – und ihrer Meinung nach irreführenden – Rezeption des Aristotelischen Begriffs vom *zoon politikon* als ›animal sociale‹ (vgl. *Vita activa*, S. 33-38).

42 Vgl. dazu Peter J. Euben, »Arendt's Hellenism«, in: Dana Villa (Hg.), *The Cambridge Companion to Hannah Arendt*, Cambridge: Cambridge University Press 2000, S. 151-164.

43 Vgl. Hannah Arendt, *On Revolution*, New York: Viking Press 1963.

44 Claude Lefort, »Hannah Arendt et la question du politique«, in: C. L., *Essais sur le politique, XIXe-XXe siècles*, Paris: Seuil 1986, S. 64-78, hier S. 75. Vgl. zur Kritik der

Arendt analysierte ›Erfindung‹ demokratischer Gleichheit[45] auch raumtheoretisch anders als ein in seiner elitären Reinheit zu verteidigender Freiraum beschreiben, was Jacques Rancières differenztheoretische Überlegungen zum Ursprung der Demokratie auf den Punkt bringen.[46] Das Politische ist für Rancière nicht absolut, sondern nur relational als eine Verschiebung beschreibbar, die durch Loslösung eines Konflikts aus einer gegebenen sozialen Ungleichheit bzw. einer räumlichen Abgrenzung heraus vorübergehend einen ›anderen‹, heterotopen Raum der Gleichheit schafft.[47]

Die bislang skizzierten Positionen im Spannungsfeld von Geographie und Politik reichen von der Annahme einer Determinierung politischen Handelns durch geographische Bedingungen über die Raumbesetzung als genuiner Ausdruck des Politischen bis zu Konzeptionen des Politischen, die eher auf Loslösung aus geographischer bzw. sozialer Determiniertheit insistieren. Die Überlegungen von GILLES DELEUZE und FÉLIX GUATTARI hierzu lassen sich in gewisser Weise als Metatheorie der Räumlichkeit des Politischen zwischen geographischer Bindung und Lösung aus dieser Bindung verstehen.

Aufbauend auf das von Deleuze in seinen philosophischen Schriften entwickelte Verständnis von Virtualität und Aktualität,[48] lösen die beiden Autoren in dem von ihnen gemeinsam entwickelten Konzept der »Geophilosophie«[49] Räumlichkeit von der Materialität des geographischen ›Bodens‹. Dies geschieht durch die aufeinander

strikten Trennung beider Bereiche auch Seyla Benhabib, *The Reluctant Modernism of Hannah Arendt*, Thousand Oaks: Sage 1996, S. 166.

45 Vgl. Lefort, »Hannah Arendt«, S. 72.

46 Vgl. insbes. Rancières grundlegende Kritik der politischen Philosophie in *Das Unvernehmen: Politik und Philosophie*, Frankfurt am Main: Suhrkamp 2002 [1995].

47 Zum Politischen als Heterotopie des Sozialen in Anschluss an Foucault (vgl. Text 17) vgl. Jacques Rancière, *La haine de la démocratie*, Paris: La fabrique 2005, vor allem S. 52. Rancières differenzielle räumliche Konzeption des Politischen kommt in diesem Punkt ungeachtet sonstiger Unterschiede mit der von Claude Lefort zur Deckung, der die Demokratie ebenfalls als ›leeren‹ Ort betrachtet, der aus der situativen Aufhebung einer gegebenen Machtsituation erwächst (vgl. Claude Lefort, »Die Frage der Demokratie« [1986], in: Ulrich Rödel (Hg.), *Autonome Gesellschaft und libertäre Demokratie*, Frankfurt am Main: Suhrkamp 1990, S. 281-297).

48 Vgl. dazu allgemein Gilles Deleuze, *Differenz und Wiederholung*, München: Fink ^{2}1997 [1968], S. 264-271.

49 Zum Begriff und seiner Bildung in Anlehnung an Braudels weiter oben bespro-

bezogenen Prozesse der »De-« und »Reterritorialisierung«: Bewegungen und Intensitäten, deren Träger weder die Vernunft noch ein Trieb im psychoanalytischen Sinn, sondern ein »organloser« Körper ist,[50] aktualisieren sich zwar in Form einer »doppelten Artikulation« sowohl im geographischen Raum als auch in einer symbolischen Ordnung,[51] gehen jedoch nicht deterministisch in dieser Aktualität auf, sondern bleiben immer auf eine sie überschreitende, d. h. »deterritorialisierende« Dynamik bezogen, die die jeweils aktuellen Konstellationen wieder auf ihre virtuellen Implikationen öffnet.

Historischer Ausgangspunkt dieses Denkens des Werdens[52] ist dabei für Deleuze und Guattari ihre in einem zentralen Kapitel von *Tausend Plateaus* entfaltete »Nomadologie«, mit der Analyse nomadischer Kriegstechniken als etwas, das der staatlichen ›Verortung‹ von Gewalt vorausgeht und sie stets potenziell überschießt. Der besondere Reiz, aber auch die Schwierigkeit des Textes besteht dabei darin, dass sich die Nomadologie genauso wenig wie jedes andere der verschiedenen ›Plateaus‹ oder wie jeder der historisch-thematischen Bereiche, die Deleuze und Guattari abgrenzen, als historischer ›Ursprung‹, sondern selbst nur als eine von vielen möglichen Aktualisierungen verstehen lässt, in denen Werden überhaupt beschreibbar ist.

Jedenfalls lässt sich die in *Mille plateaux* implizite Theorie des politischen Raums als eine Umwertung des von Schmitt vorausgesetzten Primats der Ortsgebundenheit des Politischen verstehen: Die Autoren heben – in genauer Umkehrung der Schmitt'schen Behauptung – die etymologische Nähe des *nomos* zum ›Nomaden‹ hervor[53] und gehen damit vom Nichtsesshaften und der Bewegung statt von der Landnahme aus. Bezeichnend für diese Nichtfestlegbarkeit auf territoriales Denken ist auch, dass sie das zentrale Oppositionspaar zur Beschreibung von Räumen, dem der gewählte Textausschnitt gewidmet ist (Text 25), nämlich das deterritorialisierte, nomadische

chenes Konzept der »Géohistoire« vgl. Gilles Deleuze/Félix Guattari, *Was ist Philosophie?*, Frankfurt am Main: Suhrkamp 2002 [1991], S. 97-131, vor allem S. 109.

50 Vgl. dazu Gilles Deleuze/Félix Guattari, *Tausend Plateaus*, Berlin: Merve 1992, Kap. 6, S. 205-228.

51 Vgl. dazu André Leroi-Gourhan (Text 12) sowie die Einleitung zu Teil III.

52 Vgl. hierzu *Tausend Plateaus*, Kap. 10, S. 317-422.

53 Vgl. dazu bereits Gilles Deleuze, *Differenz und Wiederholung*, München: Fink ²1997, S. 59 f., sowie Manola Antonioli, *Géophilosophie de Deleuze et Guattari*, Paris: L'Harmattan 2003, S. 24.

»Glatte« und das reterritorialisierte, sesshafte »Gekerbte«, einem musiktheoretischen Text von Pierre Boulez entlehnen, um so einen ästhetisch verwendeten topologischen Begriff in Spannung zu Fragen der politischen Geographie zu setzen.[54] Historischer Ausgangspunkt ihrer Ausführungen zum Glatten und Gekerbten sind mit dem Jahr 1440 die Anfänge der Kerbung des »glatten« Raums *par excellence*, nämlich des Meeres durch die portugiesischen Seefahrer, die um diese Zeit beginnen, die Küste Afrikas zu erforschen.

In ihrer Verkoppelung von Topologie des Glatten bzw. des Gekerbten und topographischer Geschichte der Seefahrt lösen Deleuze und Guattari den Raum von seinem materiellen Substrat, ohne ihn gleichzeitig in bloßer Spiritualität aufgehen zu lassen. Ein solches Denken schließt natürlich nicht die Möglichkeit geopolitischer Relektüren aus, wie dies beispielsweise Michael Hardt und Antonio Negri in ihrer Studie *Empire* unternommen haben.[55] Sie begreifen darin die gegenwärtige Globalisierung als ein Wechselspiel von Deterritorialisierung durch ökonomische Ströme sowie lokale Effekte der Reterritorialisierung, die aber ihrerseits nicht originär, d. h. nicht unabhängig von diesen Strömen, sind. Hardt und Negri stützen sich dabei auf Manuel Castells' Konzeption von »spaces of flows«,[56] die ihrerseits territoriale Effekte vor allem im Bereich der Urbanisierung haben.[57]

Im Zuge einer geophilosophischen Dynamik wird die territoriale Basis klassischer staatlicher Politik überschritten, ohne jedoch einfach in einem differenzlosen Raum der Globalisierung aufzugehen oder sich unter die binäre Struktur eines »clash of civilizations«[58]

54 Pierre Boulez, *Musikdenken heute*, Mainz: Schotts Söhne 1963, S. 72-83.

55 Michael Hardt/Antonio Negri, *Empire. Die neue Weltordnung*, Frankfurt am Main/New York: Campus 2003 [2000]. Genauso sind aber von Deleuze und Guattari aus im Sinn ihres Konzepts der »doppelten Artikulation« Lektüren möglich, die De- und Reterritorialisierungsstrategien nicht auf den physischen Raum, sondern auf die symbolische Ordnung beziehen – vgl. Michaela Ott, *Vom Mimen zum Nomaden: Lektüren des Literarischen im Werk von Gilles Deleuze*, Wien: Passagen 1998.

56 Manuel Castells: »Informatisierte Stadt und soziale Bewegungen« [1989], in: Martin Wentz (Hg.), *Stadt-Räume*, Frankfurt am Main/New York: Campus 1991, S. 137-146.

57 Vgl. auch, allerdings mit deutlich globalisierungskritischerem Akzent, Saskia Sassen, *Machtbeben. Wohin führt die Gobalisierung?*, München: DVA 2000 [1998].

58 Vgl. Samuel Huntington, *Der Kampf der Kulturen*, München u. a.: Europa Verlag 1997 [1993].

subsumieren zu lassen. Ebenso hört auch die physische Gegebenheit der Erde für eine Kulturgeographie auf, ein bloßes Faktum zu sein, das politisches Handeln mehr oder weniger determiniert. Politisches Handeln und geographische Raumkonstitution durchdringen sich auch gerade in der Gegenwart, womit die Spielräume wie auch die Gefahren geopolitischer Vereinnahmung nicht geringer werden, sich aber die Orte, an denen sich Raum und Politik artikulieren, unaufhörlich verschieben.

Jörg Dünne

Auswahlbibliographie

Agnew, John A.: *Geopolitics. Re-visioning World Politics*, London/New York: Routledge ²2003 [1998].

Bhabha, Homi: *Die Verortung der Kultur*, aus dem Amerikanischen von Michael Schiffmann und Jürgen Freundl, mit einem Vorwort von Elisabeth Bronfen, Tübingen: Stauffenburg 2000 [1994].

Dodds, Klaus/David Atkinson (Hg.): *Geopolitical Traditions. A Century of Geopolitical Thought*, London/New York: Routledge 2000.

Farinelli, Franco: *Pour une théorie générale de la géographie*, Genf: Université de Genève 1989.

Gugerli, David/Daniel Speich: *Topographien der Nation. Politik, kartographische Ordnung und Landschaft im 19. Jahrhundert*, Zürich: Chronos 2002.

Korinman, Michel: *Quand l'Allemagne pensait le monde. Grandeur et décadence d'une géopolitique*, Paris: Fayard 1990.

Koselleck, Reinhart: »Raum und Geschichte« [1986], in: R. K., *Zeitschichten*, mit einem Beitrag von Hans-Georg Gadamer, Frankfurt am Main: Suhrkamp 2000, S. 78-96.

Köster, Werner: *Die Rede über den ›Raum‹: Zur semantischen Karriere eines deutschen Konzepts*, Heidelberg: Wissenschafts-Verlag der Autoren 2002.

Lacoste, Yves: *La géographie, ça sert, d'abord, à faire la guerre*, Paris: Maspero 1976.

Maresch, Rudolf/Niels Werber: »Permanenzen des Raums«, in: R. M./N. W. (Hg.), *Raum – Wissen – Macht*, Frankfurt am Main: Suhrkamp 2002, S. 7-30.

Osterhammel, Jürgen: »Die Wiederkehr des Raumes: Geopolitik, Geohistorie und historische Geographie«, in: *Neue politische Literatur* 43/3 (1998), S. 374-397.

Ó'Tuathail, Gearóid: *Critical Geopolitics. The Politics of Writing Global Space*, Minneapolis: University of Minnesota Press 1996.
Raffestin, Claude/Dario Lopreno/Yvan Pasteur: *Géopolitique et histoire*, Lausanne: Payot 1995.
Rössler, Mechtild: »Der andere Diskurs zu Raum und Geschichte: Wechselbeziehungen zwischen *École des Annales* und früher deutscher Geographie 1920-1950«, in: *Geographische Zeitschrift* 3 (1991), S. 153-168.
Schlögel, Karl: *Im Raume lesen wir die Zeit. Über Zivilisationsgeschichte und Geopolitik*, München/Wien: Hanser 2003.
Sprengel, Rainer: *Kritik der Geopolitik. Ein deutscher Diskurs 1914-1944*, Berlin: Akademie-Verlag 1996.
Wolkersdorfer, Günter: *Politische Geographie und Geopolitik zwischen Moderne und Postmoderne*, Heidelberg: Geographisches Institut der Uni Heidelberg 2001.

21 Friedrich Ratzel
Über die geographische Lage

Das Wesen der politisch-geographischen Lage

Im Leben der Völker gibt es Stetigeres und Vergänglicheres.[1] Wenn wir unseren Blick über Taten und Leiden einer Reihe von Generationen desselben Volkes hinschweifen lassen, gemahnt es uns an die Bewegung eines Stromes. Welle für Welle geht ihren Weg, mit gleicher, unaufhaltsamer Kraft folgt die eine der anderen, der Faden der Bewegung in der grünen, klaren Tiefe reißt nie ab. Aber zeitweilig trübt es sich, Blasen steigen auf, und es wallt wie kochend empor, um gleich darauf wieder mit beharrlicher Kraft klar und eben weiterzuschreiten. Die nächste Welle erfährt dieselbe Veränderung und so alle folgenden und jede an derselben Stelle. Eine Unebenheit, eine Klippe im Strombett, die sich dem gleichförmigen Fließen entgegenstellt, ist die Ursache der Veränderung, die überwunden wird, um jeder neuen Welle mit gleicher Kraft sich entgegenzustellen. Der Strom wird immer neu, denn er fließt weiter; aber die Gestalt seines Bettes bleibt dieselbe und bewirkt, daß am gleichen Orte er immer wieder gleichen Einflüssen unterworfen wird. So gehen die Geschlechter der Menschen über die Erde hin, deren Boden, unveränderlich oder wenig veränderlich, auf ihre Bewegungen an gleicher Stelle gleichen Einfluß übt. In den beiden Wörtlein *Geographische Lage* fassen wir dieses Beständige in der Bewegung zusammen, das dem Erdboden angehört und in allem Leben an der Erdoberfläche zum Ausdruck kommt, da es über dessen Boden, Klima, Grenzen, Ausdehnung und Zahl entscheidet und daher in alle Lebensäußerung übergeht. Die Frage: Wo befindet es sich? ist eine der wesentlichsten bei der Beurteilung irdischer Dinge. Vor allem ist diese Frage in der Geographie die erste; das geographische Studium muß darauf abzielen, daß man für jeden wichtigen Gegenstand der Erd-

1 [Anm. d. Hg.] Der vorliegende Beitrag Ratzels umreißt in der Kürze eines Gelegenheitstextes, der ursprünglich 1894 für eine Festschrift zum 80. Geburtstag des niederländischen Ostindienforschers Pieter Johannes Veth verfasst wurde, die Grundlagen der beiden Kapitel »Lage« und »Raum« seiner drei Jahre später veröffentlichten *Politischen Geographie*, München/Berlin: Oldenbourg ^{3}1923 [1897].

oberfläche darauf Antwort zu geben vermag, und in der geographischen Forschung muß die Beachtung der Lage eine Denkgewohnheit werden. Besonders wenn ich an ein Land denke, so muß es mir unwillkürlich auf der Erdkugel an seiner bestimmten Stelle erscheinen; die Erde muß mir wie ein vielflächiger Körper sein: jedes Land, jeder Meeresteil eine Facette, die die Erdkugel mir zukehrt. Die Lage ist das Bleibende, besonders in der politischen Erscheinungen Flucht; aber sie stellt auch im Verlauf größerer geschichtlicher Prozesse gleichsam das Sammelbecken dar, in das die zur Ruhe strebenden Wellen nach raschem Aufwallen zurückeilen. Indem ein Volk sein Land erhält, erhält es sich selbst. Sein Land zu behalten, es in jedem Sinne zu genießen, sich in seinen Grenzen auszuleben, sieht ein Volk als seinen nächsten Zweck an, zu dessen Verfolgung es zu seinem Heile aus den Versuchen zurückkehrt, sein Leben in einem fremden Berufe aufgehen zu lassen. Die Römer kannten das Land der Deutschen zwischen Rhein und Weichsel, zwischen Donau und Nordsee. »Germania omnis a Gallis Raetisque et Pannoniis Rheno et Danubio fluminibus, a Sarmatis Dacisque mutuo metu aut montibus separatur«, heißt es im Eingang zur *Germania* des Tacitus,[2] und das ist trotz Völkerwanderungen, die weite Teile dieses Landes aufgaben, und trotz der Tendenz des römischen Kaisertums deutscher Nation, im Süden und Westen sich auszubreiten, Deutschland im wesentlichen geblieben. Aber freilich nur in Kämpfen hielt das deutsche Volk an dem einmal besessenen Lande fest. Durch die deutsche Geschichte geht lange ein Zug der Zwiespältigkeit zwischen Festhalten an diesem sicheren Besitz und Hinausstreben nach Ungewissen, erst zu hoffenden Erwerbungen. Der Anschluß an das von der Natur Gegebene hat sich aber jeweils als das Beste gezeigt, und den Deutschen ist es, wie jedem Volk doch immer am wohlsten geworden, wenn sie am festesten ihren angestammten Besitz zusammenhielten und seiner sich erfreuten.

Die Bedeutung der Lage liegt ferner darin, daß jedes Ding Anregungen, Anstöße von den Nachbardingen empfängt und an sie austeilt. Die näheren und ferneren kommen hierbei in Betracht. Von allen diesen Beziehungen bestimmt aber die Lage das Wie? und das Wieviel? Dieser *Anteil eines weiteren Bezirkes an dem Leben eines in ihm gelegenen Ortes oder Landes* gibt der Vorstellung von der Lage

2 [Anm. d. Hg.] C. Cornelius Tacitus, *Germania*, I.

einen Inhalt, der weit über die topographische Eigenschaft auf die Frage Wo? hinausgeht. Die Lage bedeutet in diesem Sinne ein *Verhältnis*, eine in Einnehmen und Ausstrahlen lebendige Beziehung, ist also auch nicht als ein totes Nebeneinanderliegen der Nachbargebiete aufzufassen, sondern als eine Aneinandergliederung. Es gibt keine noch so fernen Glieder des politischen Körpers oder der Menschheit, die für absolut isoliert gelten könnten. Für jeden Punkt der Erde sind viele solche Beziehungen der Lage möglich. Die wichtigsten sind bei jeder geographischen Beschreibung anzuführen, wobei selbstverständlich die größten d. h. die umfassendsten voranzustellen sind.

Da die Lage eines Landes zugleich *Zugehörigkeit* zu einem bestimmten Teile der Erdoberfläche bedeutet, spricht sich in ihr immer eine Anzahl von natürlichen Eigenschaften aus, die das Land durch seine Lage gleichsam mitbekommt. Jede Seite der Erde und jeder Erdteil, auch jedes Meer gibt dem Lande, das darin oder daran liegt, von seinen Eigenschaften. Das gleiche gilt von den weitverbreiteten Völkereigenschaften der Rasse, der Religion, der Kultur. Es gibt Negerstaaten, Staaten des Islam, Staaten der Naturvölker in dem Negergebiet, im Verbreitungsgebiet des Islam und in den Gebieten der Naturvölker. In der Lage liegt aber auch ferner die *Zugehörigkeit zu Staatengruppen*, die aus benachbarten Staaten sich zusammensetzen. Frei von allen diesen Wirkungen der Umgebung ist endlich die *Lage* an sich eine Eigenschaft eines Ortes oder Landes im Vergleich zu anderen. So kommt in Mitteleuropa die mittlere Lage, an den West- und Ostgrenzen Frankreichs die äußere und innere Lage zur Geltung.

Lage und Raum

In der geographischen Lage ist die *Größe* oder schärfer ausgedrückt die *Flächenausdehnung* ein wesentlicher Bestandteil. Was die Größen verändert, bringt auch in der Lage Veränderungen hervor. Wird die Lage durch feste Linien begrenzt, wie die ›Zonenlage‹, dann wird natürlich nach jeder Größenveränderung die Lage durch andere Linien zu begrenzen sein. Frankreich gewann in der Ausdehnung seines Gebietes bis zur Elbe (1806) viel mehr an Lage als an Raum, weil es sich damit an den Südrand der Nordsee legte. Polen verlor in der ersten Teilung nicht nur ein Viertel seines Flächenraumes (3125 von etwa 12 600 m²), sondern zugleich auch seine Lage an der Ostsee; und in der zweiten verlor es nicht bloß vom Rest mehr als die Hälfte, sondern erhielt zugleich durch Zusammendrängung von Westen und Osten her eine engere, entschiedener an die Weichsel gelehnte oder vielmehr gedrängte Lage.

Vom Raum eines Volkes ist aber die Lage auch aus anderen Gründen als notwendiges ergänzendes Element der Beschreibung und wahrheitsgemäßen Abschätzung des politischen Gewichtes eines Landes nicht zu trennen. Wenn man heute ein Königreich Polen aus Russisch-Polen und Galizien zusammensetzen würde, könnte man ein Land viermal so groß wie die Niederlande und Belgien und 14 Millionen zählend, während diese beiden Königreiche nur 10 Millionen umschließen, erhalten. Aber dieses Land, abgeschlossen vom Meere, zwischen Rußland, Österreich und Deutschland eingeschlossen, würde weder die Selbständigkeit dieser Königreiche noch ihr wirtschaftliches, damit auch nicht ihr politisches Gewicht erreichen. Seine Lage wäre von vornherein eine der ungünstigsten, welche in Europa zu denken sind, sowohl wegen der Abschließung von den Meeren als auch wegen der Entfernung von dem bevorzugten Rande Europas, dem atlantischen, und weil es als kleines Land zwischen lauter viel größeren Nachbarn läge. Die Tschechen in Böhmen mögen uns immerhin ihre Zahl vorrechnen – wir bedenken, daß sie eine Insel im Deutschtum sind und daß Prag eine Station an der Eisenbahn von Berlin nach Wien, den Hauptstädten des nördlichen und des südlichen Deutschtums, ist. Gewisse nationale Bestrebungen kleineren Formates erscheinen uns erst in der rechten Perspektive, wie z. B. die der Slowenen in Steiermark und Krain, wenn wir mit der ungünstigen Lage des Völkchens, das sich kristallisieren will, auch noch die Geringfügigkeit der Größe in Betracht ziehen. In jedem politischen Ganzen findet man eine Landschaft ausgezeichnet vor anderen. Gewöhnlich erblickt man eine rein geschichtliche Tatsache in der hervorragenden Stellung Brandenburgs, Nordhollands, Kastiliens, deren geographische Gründe sicherlich nicht im Raum, der ja klein ist, wohl aber deutlich in der Lage liegen. In Nordholland verdichten sich in peninsularer, zwischen Schelde und Ems mittlerer, durch die Mündungsarme des Rheines begünstigter Lage alle die eigentümlichen, geschichtlich so wirksamen Tatsachen der niederländischen Landesnatur in einer

Weise, welche diese Provinz gleichsam zum Extrakt aller anderen macht. Ganz Holland erkennt sich mit verschärften Umrissen im Spiegel dieser Provinz. Deshalb aber auch die weitgehende Bevorzugung dieses Landesteiles in den allgemeineren Darstellungen des Landes. In Kastiliens mittlerer Lage, in Brandenburgs Lage an der Ausmündung der natürlichen Ausgänge Norddeutschlands tritt der Raum ebenfalls hinter der Bedeutung der Lage zurück, er unterstützt sie gewissermaßen nur. Wenn wir aber die Lage hervorragender Städte, Inseln, Gebirgsübergänge und dgl. betrachten, sehen wir Lagen, die die Geltung des Raumes zum Teil überhaupt ausschließen, in denen die Lage die ganze Bedeutung ausmacht.

Der politische Raum hat endlich etwas Abstraktes, während der politischen Lage im Vergleich zu ihm ein begrenzter, organischer Charakter zukommt. Dadurch werden diese Konstanten der politischen Geographie noch entschiedener aufeinander angewiesen. Die Lage wird durch die Eigenschaften der Erdoberfläche in höherem Maße bestimmt als der Raum. Große Veränderungen des Raumes verschieben immer die Lage und können dabei doch die Grundtatsachen der Lage wesentlich unverändert lassen. Bei allen seinen räumlichen Veränderungen hat Frankreich stets seine Lage zwischen Ozean und Mittelmeer, zwischen Pyrenäen und Alpen festgehalten. Viele politischen Raumveränderungen sind nichts anderes als Wachstumserscheinungen von einer festen Grundlage aus und lassen so natürlich den Raum als eine weniger wichtige Eigenschaft als die Lage erscheinen. Auch der gewaltige Vorsprung der insularen Lage bei beschränktem Raum vor der in der Fülle des Raumes schwelgenden kontinentalen Lage deutet in dieser Richtung.

Die Bestimmung der politisch-geographischen Lage

Der scheinbar einfache Begriff der Lage ist also in der politischen Geographie ein mannigfaltiger, und so ist er auch nicht in einfacher Weise zu *bestimmen*. Kleine Räume, wie Städte, Berge, Flußmündungen, sind auf Punkte zurückzuführen, die nach ihrer geographischen Breite und Länge bestimmt werden. Davon kann die politische Geographie wenig Gebrauch machen, die es in der Regel mit größeren und unregelmäßig gestalteten Räumen zu tun hat, deren Zurückführung auf einen Punkt der Erdoberfläche zu ganz unwahren, wertlosen Abstraktionen führen würde. Zu Desmarests oder Buffons Zeit wurde der Bestimmung der Mittelpunkte eines Reiches, Erdteils und dgl. mehr Aufmerksamkeit geschenkt. Man findet in den Lehrbüchern jener Zeit das Zentrum der Alten Welt bei 16-18° nördlicher Breite, das der Neuen bei ebensoviel südlicher Breite gegeben. Dies ist eine von den Übertragungen geodätischer Auffassungen auf die Geographie, die der Betrachtung der geographischen Lage gar keinen Vorteil bringen. Nur auf einen verdeutlichenden Wert darf eine solche Bestimmung Anspruch erheben, die dazu dienen kann, die Lage der zentralen Räume bestimmter auszusprechen; sie kann aber einer Wissenschaft wie der Geographie gegenüber, die es nur mit Räumen zu tun hat, keinen unmittelbaren Nutzen bringen. Der Punkt kann höchstens den Raum verdeutlichen, nach Lage und Ausdehnung, und gewinnt damit einen symbolischen Wert. Z. B.: Mißt man Orient und Okzident in der Erstreckung von Lissabon bis Delhi, so liegt Jerusalem, die heilige Stadt der Christen wie der Moslemin und der höchste Preis der Kämpfe beider Hälften der Alten Welt, in der Mitte. So liegt Mekka ungefähr in der Mitte der muselmännischen Welt. Für die politische Geographie wird die Lage eines Landes immer nur durch eine Anzahl von Angaben zu bestimmen sein, wobei vereinfachend die Voraussetzung wirkt, daß bestimmte Lagen, Zonen, Erdteile, Meere, Hauptgebirge bekannt sind, auf die nun die gesuchte Lage bezogen werden kann. Deutschland liegt in der gemäßigten Zone der Osthalbkugel zwischen 48° und 55°nördlicher Breite, in Mitteleuropa, zwischen den Alpen und Nord- und Ostsee. Mit dieser Lage kann die Frankreichs in der Weise verglichen werden, daß die Hauptaussagen dieselben bleiben, auch die Lage zwischen Alpen und Nordsee, während als die bezeichnenden Unterschiede die Lage am atlantischen Rande Mitteleuropas und die Verschiebung um 5° nach Süden (43 und 51° nördlicher Breite) erscheinen.

Die Angaben über die geographische Lage eines Landes sind also insofern immer *klassifikatorisch*, als sie eine Zugehörigkeit zu Räumen von verschiedener Größe aussagen. So wie ich sage: *Rosa canina* gehört zum Typus der Phanerogamen, zur Familie der Rosaceen und zur Gattung *Rosa*, so sage ich: Deutschland gehört zu den Ländern der Osthalbkugel (oder der Alten Welt), der gemäßigten Zone, zu Europa und hier wieder zu Mitteleuropa. Ich könnte noch andere Zugehörigkeiten aufführen, wie: Deutschland gehört zu den europäischen Ländern, die sich an die Alpen anlehnen, es gehört zu den Ostsee- und Nordseeländern. Jede Aussage spricht meinem Lande eine Fülle von Eigenschaften zu, und mit jeder Aussage wird das Bild des Landes schärfer gezeichnet.

Es ist ebendeshalb wichtig, daß diese klassifikatorischen Aussagen in der naturgemäßen Folge, vom Umfassenden zum Engeren absteigend, sich aneinanderreihen und daß nur die wesentlichen angegeben werden. Hemisphäre, Zone, Erdteil, Meer sind selbstverständlich in ihrer Aufeinanderfolge. Unter den anderen ist die Reihenfolge nach Anleitung der politischen Geographie zu bestimmen. Wenn wir Frankreich das westlichste mitteleuropäische Land nennen, das von den Alpen zur Nordsee zieht und zugleich am Nordrand des Mittelmeeres liegt, so glauben wir Wesentlicheres gesagt zu haben als mit sonst beliebten Angaben, wie: Frankreich liegt zwischen dem Rhein und dem Ozean, zwischen Pyrenäen und Nordsee[3] oder: Frankreich ist ein Glied der lateinischen Staatengruppe oder: Frankreich ist ein westeuropäisches Land. Im allgemeinen werden die natürlichen Lagemerkmale den geschichtlichen und ethnographischen vorangehen.

Diese Betrachtungen haben eine unmittelbare Beziehung zum geographischen Unterricht, der gerade gegenüber der politisch-geographischen Lage die Erfahrung macht, daß das Einfachste auch das Größte und deswegen oft schwieriger zu erfassen ist als das Verwickelte.[4] Zu den gewöhnlichen Erfahrungen, die ich seit Jahren in den geographischen Prüfungen mache, gehört es, daß die einfachste geographische Eigenschaft der Länder, ihre *Lage*, am wenigsten klar erfaßt zu werden pflegt. Wenn ich nach der geographischen Lage Griechenlands frage, so erhalte ich entweder die Antwort: Griechenland liegt im Mittelmeer oder: Griechenland liegt auf der Balkanhalbinsel oder: Griechenland liegt östlich von Italien und west-

3 Daß die Angaben über die Lage nicht auch Angaben über die Grenzen umschließen sollten, ist im Interesse der Klarheit wohl zu beachten, wenn auch beide dort zusammenfallen mögen, wo große Naturzüge, wie Meere oder Gebirge, zugleich Grenzen sind.

4 [Anm. d. Hg. der *Kleinen Schriften*] Vgl. »Die Lage im Mittelpunkt des geographischen Unterrichtes«, der Abteilung C des VII. Internat. Geographen-Kongresses, vorgetragen am 29. Sept. 1899 und am folgenden Tag an die *Geographische Zeitschrift* gesandt; gedruckt hier in Nr. 6 (1900), S. 20-27; dort in: *Verhandlungen des 7. Internationalen Geographenkongresses*, Berlin: Kühl 1901, 2. Teil, S. 931-940; mit Diskussion: ebd., 1. Teil, S. 140-142.

lich von der Türkei. Das Erste und Größte wird übersehen, das ist die Lage auf der Erdkugel, in der Zone und die Lage zu den großen Erd- und Meeresteilen. Griechenland liegt auf der Nordseite der östlichen Halbkugel, es liegt südlich in der gemäßigten Zone, im südöstlichen Winkel Europas, ist deshalb ganz nahe an Asien und ziemlich nahe an Afrika herangerückt. Diese Lage ist keine rein europäische mehr, sondern eine europäisch-asiatische Rand- oder Grenzlage. Haben wir die Lage in der Zone, d. h. auf der Erdkugel und zu Asien und Europa, bestimmt, so können wir dann weitergehen und die Lage im Mittelmeer als östlichste der drei Mittelmeerhalbinseln in einer Reihe mit Spanien und Italien betonen. Und so haben wir jedem Land gegenüber vorzugehen. Auf welcher Seite der Erdkugel? In welcher Zone? Wie zum Erdteil, dem das Land angehört? Wie zu dem Meere, dessen Wellen seine Ufer bespülen? Wie zu den Nachbarländern? Das sind die Fragen, die wir uns vorzulegen haben, wenn wir von der geographischen Lage eines Landes Einsicht nehmen wollen. Es ist ein klassifizierendes, vom Größeren zum Kleineren führendes Denken, dessen Reihenfolge nie ohne Schaden für die Klarheit der Einsicht und des Urteils umgekehrt wird.

Biobibliographische Angaben

Friedrich Ratzel
* 30. 8. 1844 (Karlsruhe) – † 9. 8. 1904 (Ammerland)

Nach Apothekerlehre und Tätigkeit in diesem Beruf 1866 Beginn eines Studiums der Naturwissenschaften mit Schwerpunkt Zoologie in Karlsruhe; 1868 Promotion in Heidelberg mit einer Arbeit zur Zoologie; 1873 Habilitation an der TH München mit einer Arbeit über chinesische Auswanderer; 1874-1875 Amerika-Reise; 1875 Privatdozent am Geographischen Institut der TH München; 1876 Ernennung zum außerordentlichen Professor; 1886 Berufung an die Universität Leipzig, wo er bis zu seinem frühen Tod tätig ist.

Textnachweis

»Über die geographische Lage«, in: F. R., *Kleine Schriften*, Bd. 2, hg. von Hans Helmholt, München/Berlin: Oldenbourg 1906, S. 284-290 [zuerst in: *Feestbundel van taal-, letter-, geschied- en aardrijkskundige bijdragen ter gelegenheid ran zijn tüchtigsten geboortedag aan Dr. P J. Veth, oud-hoogleeraar, door eenige vrienden en oud-leerlingen aangeboden*, Leiden: Brill 1894, S. 257-261].

Weitere Texte zur Raumtheorie (Auswahl)

1882: *Anthropogeographie oder Grundzüge der Anwendung der Erdkunde auf die Geschichte*, Stuttgart: Engelhorn.
1891: *Anthropogeographie 2 – Die geographische Verbreitung der Menschen*, Stuttgart: Engelhorn.
1896: »Die Gesetze des räumlichen Wachstums der Staaten«, in: *Petermanns Mitteilungen* 42, S. 97-107.
1897: *Politische Geographie oder die Geographie der Staaten, des Verkehrs und des Krieges*, München/Berlin: Oldenbourg ^{3}1923.
1901: *Der Lebensraum. Eine biogeographische Studie*. Darmstadt: Wissenschaftliche Buchgesellschaft 1966 [Reprint].
1907: »Der Raum«, in: Paul Barth (Hg.), *Raum und Zeit in Geographie und Philosophie*, Leipzig: Barth, S. 1-32.

Sekundärliteratur

Buttmann, Günther: *Friedrich Ratzel, Leben und Werk eines deutschen Geographen*, Stuttgart: Wissenschaftliche Verlagsgesellschaft 1977.
Farinelli, Franco: »Friedrich Ratzel and the Nature of (Political) Geography«, in: *Political Geography* 19/8 (2000), S. 943-955.
Korinman, Michel: *Quand l'Allemagne pensait le monde. Grandeur et décadence d'une géopolitique*, Paris: Fayard 1990, vor allem 1. Teil, S. 31-85.
Parker, Geoffrey: »Ratzel, the French School and the Birth of Alternative Geopolitics«, in: *Political Geography* 19/8 (2000), S. 956-969.
Raffestin, Claude/Dario Lopreno/Yvan Pasteur: *Géopolitique et histoire*, Lausanne: Payot 1995, vor allem »La géographie ratzelienne: transition vers la géopolitique?«, S. 29-76.

Bibliographie (primär): Hantzsch, Viktor: *Ratzel-Bibliographie 1867-1905. Verzeichnis der selbständigen Werke, Abhandlungen und Bücherbesprechungen Friedrich Ratzels*, München/Berlin: Oldenbourg 1906.

22 Fernand Braudel
Géohistoire und geographischer Determinismus

I.

Géohistoire: Verdiente unser Essay, diesen Terminus im Titel zu führen,[1] wenn es uns jemals gelingen sollte, diesen für uns so fremd klingenden Begriff im Französischen heimisch zu machen? Er ruft Assoziationen an *Geopolitik* wach, einem Wort, das in unseren Ohren übrigens viel angenehmer klingt. Wenn wir aber das Bedürfnis verspüren, einen von diesem deutschen Wort, das einige Franzosen übernommen haben, abweichenden Begriff zu formen, dann deshalb, weil wir mit *Géohistoire* etwas anderes bezeichnen wollen als das, was *Geopolitik* umfaßt, etwas, das historischer und zugleich weiter gefaßt ist, das nicht nur die Anwendung einer schematisierten und zumeist auch schon im vorhinein in einem bestimmten Sinn verbogenen Geschichte eines Raumes auf den gegenwärtigen und zukünftigen Zustand der Staaten bedeutet.

Mithin ein zweifaches Anliegen. Die menschlichen Probleme so zu stellen, wie sie eine intelligente Humangeographie sieht, verbreitet im Raum und nach Möglichkeit kartographiert – ja gewiß, aber sie sollen nicht nur für die Gegenwart und in der Gegenwart aufgeworfen werden, sondern ihre Anwendung in der Vergangenheit finden, indem man der Zeit Rechnung trägt. Wir wollen die Geographie von dieser gedanklichen Fortführung der aktuellen Realitäten losreißen, mit denen sie sich ausschließlich, oder doch beinahe ausschließlich, beschäftigt, sie zwingen, mit ihren Methoden und ihrem Geiste die Realitäten der Vergangenheit und damit auch das, was man die Zukunft der Geschichte nennen könnte, neu zu durchdenken. Aus der traditionellen historischen Geographie eines Lognon, die fast ausschließlich auf die Untersuchung von Staatsgrenzen und von administrativen Einheiten gerichtet war, ohne sich mit der Erde selbst zu befassen, mit dem Klima, dem Boden, den Pflanzen und Tieren, den Lebensweisen und gewerblichen Aktivitäten, gilt es, wenn man so will, eine wirkliche retrospektive Humangeogra-

1 [Anm. d. Übers.] Der erste Absatz des Textes, der lediglich den Anschluss an die vorausgegangenen Abschnitte herstellt, wird hier nicht wiedergegeben.

phie zu entwickeln. Folglich sind die Geographen zu verpflichten (was relativ leicht sein dürfte), der Zeit größere Aufmerksamkeit zu schenken, und die Historiker (was schon schwieriger sein dürfte) zu veranlassen, sich intensiver mit dem Raum auseinanderzusetzen und mit dem, was er trägt, was er hervorbringt, was er den Menschen erleichtert und wo er ihre Pläne durchkreuzt – mit einem Wort, sie dazu zu bringen, seiner beeindruckenden Permanenz in ausreichendem Maße Rechnung zu tragen. Dies wäre der Anspruch jener *Géohistoire*, deren Namen wir kaum auszusprechen wagen; darin besteht ganz sicher der Anspruch dieses Buches und in unseren Augen auch seine wahre Existenzberechtigung, die Rechtfertigung für sein Eintreten zugunsten einer Annäherung zweier Sozialwissenschaften, der Geschichte und der Geographie, die voneinander zu trennen keinerlei Nutzen bringt. Ganz im Gegenteil, denn alle Sozialwissenschaften haben über ihre unterschiedlichen Hilfsmittel und Forschungsfelder hinaus nur ein Ziel. Und dieses Ziel ist der Mensch, stets der Mensch, den es letzten Endes zu begreifen gilt. Der Mensch, das bedeutet die Gesellschaft, die Staaten. Man bedient sich dabei der Untersuchung von Zeit und Raum; Zeit und Raum sind aber nur Mittel.

II.

Unser Unternehmen wird keinen Erfolg haben, wenn wir nicht im Dunkel der Zeit und trotz des Dunkels die Vergleiche suchen, jene stützenden Pfeiler, ohne die gar nichts ginge und die man nutzbringend einsetzen muß, um – dank der Zeit selbst – über die Erfahrungen zu verfügen, diese annähernden und zweifellos unvollkommenen Versuche, außerhalb derer es freilich Wissenschaft, oder sagen wir wissenschaftliche Untersuchungen, nicht geben kann. Das Mittelmeer eignet sich für solche vergleichenden Untersuchungen besonders gut. Ist es nicht ein Verbund halbautonomer Welten, eine Föderation lebenskräftiger, unverwechselbarer und doch stets miteinander vergleichbarer Mittelmeerräume? Die Erfahrungen folgen hier in geschwisterlich erlebter Eintracht aufeinander.

Nehmen wir die ›Goldene Muschel‹ von Palermo, ganz gewiß eine der bezauberndsten Landschaften einer kultivierten Ebene, die man sich in der mediterranen Welt nur denken kann. An ihrem Ursprung stand die arabische Eroberung des 8. und 9. Jahrhunderts, über die vieles im dunkeln liegt. Doch in der Nähe von Algier hat sich das gleiche Wunder ereignet, aber unter unseren Augen, gestern, in den schmalen Ebenen und auf den Anhöhen der Sahel, in einem vergleichbaren natürlichen Rahmen wie dem der Ebene von Palermo, die in das Relief der Insel eingefügt ist. Ist diese kleine Region von Fahs nicht sizilianischer als Sizilien, toskanischer als die Toskana, deutlicher an Mallorca gemahnend als die Gärten und fruchtbaren Landstriche von Soller? In diesem Rahmen hat sich also über eine Distanz von Jahrhunderten das gleiche Wunder ereignet: die Errichtung von Gärten, windgeschützt durch ein Flechtwerk aus Schilf, bewässert durch eine ausgeklügelte Hydrologie, fruchtbar gemacht von Gärtnern, die aus Sizilien und aus Mahón von der Insel Menorca kamen ... Und das alles hat sich im schöpferischen Schatten einer großen Stadt ereignet ... Denn ohne Algier? Ohne das einst mächtige Palermo? Kann man nicht zu Recht beide Erfahrungen in einen Zusammenhang stellen, so weit sie auch zeitlich auseinanderliegen, so fälschlich fremd sie einander sind?

Eine gefährliche Methode? Es ist jedoch die Methode, die eines der schönsten Bücher über die Geschichte Marokkos, die *thèse* von Robert Montagne[2] über das Hochland von Sous, erhellt, die noch gelungener wäre, wenn der Vergleich zwischen Sous und den anderen Hochgebirgsebenen Nordafrikas und des übrigen Mittelmeerraumes ausführlicher vorgenommen worden wäre. Ganz im Gegensatz zu den oft wiederholten und mittlerweile aus der Mode gekommenen Lehren, die besagen, daß es Geschichte nur gibt auf der Grundlage geschriebener, datierter und signierter Dokumente. Die Geographen, die Erforscher des Sozialen haben ausführlich und häufig in bewundernswerter Weise am Buch der Mittelmeere geschrieben. Warum profitieren wir nicht von dieser Arbeit, um unsere Leitlinien aufeinander abzustimmen? Um unsere Schlußfolgerungen mit Hilfe räumlicher Sprünge zu überprüfen, die sich in Zeit und Raum durchsetzen? Darin liegen unverzichtbare Berührungspunkte.

In der Arbeit des Agronomen Alonso de Herrera,[3] von der eine

2 [Anm. d. Hg.] *Les Berbères et le Makhzen dans le sud du Maroc, essai sur la transformation politiques des Berbères sédentaires*, Paris: Alcan 1930.

3 [Anm. d. Hg.] Alonso de Herrera, *Agricultura general*, 4 Bde., Madrid: Imprenta Real 1818-1819 [1513].

Ausgabe 1598 erschienen ist, liest man, daß die kastilischen Bauern seit dem 13. Jahrhundert darangingen, die traditionellen Ochsengespanne aufzugeben und ihre Felder mit Mauleseln zu bestellen. Im 16. Jahrhundert ist diese Entwicklung abgeschlossen. Ein fürchterliches Unglück, wie Herrera berichtet, denn die frühere Art zu pflügen grub den Boden tiefer um und war besser. Die Bodennutzung mit Ochsen war weniger kostenaufwendig, da die Ochsen nicht wie die Maulesel ihre regelmäßige Getreideration forderten, sondern sich auf den Weideflächen der Dorfgemeinden ernährten, die die Bauern nun aber beackern und mit Getreide bestellen. Träumen wir vom Kastilien der Zeit der Ochsengespanne, einer Zeit, da das Land sein Getreide in die Randgebiete der Halbinsel exportierte und das Leben erschwinglich war: von der ›guten alten Zeit‹ Spaniens...

Schauen wir auf das französische Oran um 1890, auf einen Landstrich, den mit den einsamen Weiten Kastiliens zu vergleichen keineswegs gewagt ist: ähnliche Hochebenen, ähnliche Trockenheit, ja sogar bisweilen ähnliche Schneefälle im Winter. Im Oran der neunziger Jahre des 19. Jahrhunderts verschwand der Ochse ebenfalls. Der Maulesel löst ihn ab, ohne daß sich die Historiker, soviel ich weiß, mit diesem zu vernachlässigenden Ereignis beschäftigt hätten. Man findet den Maulesel noch heute dort, trotz der Traktoren, aber das ist eine andere Geschichte ...

Begeben wir uns nun an der Seite eines erfahrenen Geographen in das Mittelanatolien der Zeit zwischen 1920 und 1930.[4] Wird man abstreiten wollen, daß die Landschaft an Oran oder Kastilien erinnert? Die gleichen Hochebenen, dieselbe Abgeschiedenheit, derselbe Frost und dieselbe Trockenheit. Und der Ochse räumte auch hier seinen Platz; daß diesmal das Pferd und nicht das Maultier an seine Stelle tritt, ist dabei von untergeordneter Bedeutung. Wir fragen uns lediglich, ob diese drei Kapitel der Geschichte, unterschiedlich angeordnet in Raum und Zeit, nicht in einer für uns nützlichen Weise miteinander in Verbindung gebracht werden sollten? Der Ochse verschwindet jedesmal, weil er zu langsam ist, um den An-

4 [Anm. d. Hg.] Hermann Wenzel, »Agrargeographische Wandlungen in der Türkei«, in: *Geographische Zeitschrift* (*G. Z.*) 43 (1937), S. 393 ff. [Literaturangabe fehlt in der deutschen Übersetzung; das französische Original verweist irrtümlich auf das Jahr 1935 (Nummer 41) der *G. Z.*; gemeint sein könnte jedoch evtl. auch die Besprechung von Wenzels *Forschungen in Inneranatolien* I, Kiel: Schriften des Geographischen Instituts der Universität Kiel 1935, in *G. Z.* 42 (1936), S. 314 ff.]

sprüchen einer expandierenden Getreidekultur zu genügen, die zumeist durch demographisches Wachstum notwendig wird. Dies festgehalten und, gestützt auf die drei unterschiedlichen Erfahrungen, das kastilische Beispiel wieder aufgegriffen – muß man letzteres dann unbedingt mißdeuten und falsch interpretieren?

III.

Nicht nur der Raum bietet sich für fruchtbare Vergleiche an, sondern auch die Zeit selbst, die stets in direkter Auseinandersetzung mit den Dingen steht. Denn die Zeit erscheint nicht immer in ihrer handelnden, bewegten Form, von der die Historiker sprechen. Oft ist sie ein ruhender Wert. Wenige Gegenden bieten einen besseren Eindruck davon als die Mittelmeerregion. Durch ihre isolierten, abgeschiedenen Räume zu reisen, bedeutet das nicht, eine Reise ohne Ende durch ihre verschiedenen Vergangenheiten zu unternehmen, die auf wundersame Weise bruchstückhaft und zuweilen auch in ihrer Gesamtheit am Leben geblieben sind?

Der deutsche Archäologe Sachau begegnete 1897 im Indischen Ozean den gleichen kleinen arabischen Segelbooten mit den schlecht zusammengefügten Planken, auf die schon Vasco da Gama bei seiner ersten Reise nach Indien Jagd gemacht hatte. Aber schwimmen sie nicht immer noch am Archipel, die ägäischen Barken, wie auch die Barken mit quadratischen Segeln auf dem Nil, die auf den Fresken der ägyptischen Grabmäler zu finden sind? Schlakke der Geschichte, wird man sagen, die ganze Welt ist übersät davon … Doch ob sie nun hier zahlreicher auftreten als anderswo, in den Bergen häufiger als in der Ebene, eher auf Inseln als in offenen Landstrichen – wirft nicht der Sachverhalt, gebührend verifiziert, eine Frage auf? Stellt er nicht die Frage nach der Verantwortlichkeit des Milieus, des geographischen vielleicht, aber mindestens ebenso des menschlichen Milieus? Und muß man diese Verantwortlichkeit nicht auf ihr tatsächliches Gewicht prüfen?

Das Mittelmeer, um zu ihm zurückzukehren, ist eine Sammlung von Museen des Menschen, des Menschen von früher, der aber noch und auf immer der Mensch von heute ist. Wir finden hier ein menschliches Milieu, eine Anhäufung von Menschen, die wirklich tiefgehend anzugreifen auch die tobendsten und spektakulärsten

Eroberungszüge nicht vermocht haben, seien es die Mongolenstürme oder die Eroberungen der Araber. Hettner hat dies über den Nahen Osten und besonders über den islamischen Bereich gesagt. Der Nahe Osten ist nicht von den Arabern erobert worden; er ist es, der sie erobert, der sie assimiliert hat. Er geht mit ihnen um wie jene Blumen mit den Insekten, die so unvorsichtig waren, sich in den Blütenkelchen niederzulassen: sie schließen sich und verschlingen die Insekten.

Begeben wir uns in eine Gegend, die nicht gerade eine typische Mittelmeergegend ist, nach Georgien. Das Land besitzt allerdings eine Verbindung zum Binnenmeer, ähnlich der Lombardei. Wie diese ist Georgien geschützt, aber auch von Kälte umgeben durch Hochgebirgszüge, die sie von der äußeren Welt abzuschließen scheinen. Dies ist freilich eine Täuschung: die Berge besitzen ihre Straßen und diese Straßen ihre Einfalltore, und die georgische Ebene führt zum Meer. Über diese seit langer Zeit schon sehr fruchtbare Ebene mit ihren Weinstöcken und Oliven-, Orangen- und Pfirsichbäumen, von Bächen durchzogen und mit ihren Palmenhainen schon tropisch zu nennen, sind mehrere Wellen der unruhigsten, bewegendsten historischen Vergangenheit hinweggegangen. Erst die Sassaniden, später die Chasaren und die Araber. Nach einer Atempause und der Unabhängigkeit im 10. und 11. Jahrhundert folgten die Seldschuken, danach folgte die kurze Blütezeit eines unabhängigen georgischen Staates, der sich vom Kaspischen bis zum Schwarzen Meer erstreckte. Im 13. Jahrhundert fielen die Mongolen ein, die über zwei Jahrhunderte im Land verweilten. Ihnen folgten die Perser, später die Türken. Seit dem 18. Jahrhundert bis heute gehört das Land den Russen. All das sind politische Eroberungen, die aber durch kulturelle Eroberungen, Entlehnungen der Eroberer und Vermischung ergänzt wurden. Die Georgier, feine, liebenswürdige Menschen, die verträglichsten von allen Christen des Orients, wie bereits Tavernier geschrieben hatte, entlehnen immer wieder von ihren Nachbarn, den Armeniern, Persern, Mongolen, Türken, Russen oder Mingreliern, denen sie ihre Bohnen verkaufen und Soldaten stellen. Sie schmuggeln Lebensmittel. Sie erwerben weit entfernt Edelmetalle, um ihre Münzen zu prägen. Ihre Kaufleute bereisen die Seidenstraße und -märkte. Ihr Blut wie ihre Religion sind eine Mischung aus armenischen und griechischen Elementen. Doch die Invasionen gehen vorüber, das georgische Volk bleibt. Es bewahrt seinen Boden, seine Bräuche und Riten, es sichert seinen Fortbestand und rettet sein Gleichgewicht. Es bleibt jenes lebendige Volk, das Tavernier uns geschildert hat, ein Volk der Krieger und Bauern, der Wein- und Schnapstrinker, das die Zwiebeln roh verzehrt, »wie man sie aus dem Garten bringt«. Sombart hatte recht, es gibt kein besseres Beispiel für die Beständigkeit der erdverbundenen Völker, dieser *Grundvölker*,[5] die eine Anhäufung, eine Aufschichtung von unerschöpflichem Humus menschlicher Generationen im Verlaufe der Geschichte zu sein scheinen… Aber resultiert diese Beständigkeit nicht aus der kontinuierlichen Wirkung eines gleichermaßen physischen und menschlichen Milieus? Ist sie nicht ein Beleg für diese Kontinuität? Victor Bérard hat ein ganzes Leben lang in der mediterranen Welt seiner Zeit die Landschaften der Odyssee gesucht. Eine begeisternde Suche: aber sollten wir nicht den Menschen der antiken Heldendichtung im Menschen von heute wiederentdecken? Odysseus in Person und nicht nur die wechselnde Dekoration seiner erstaunlichen Reisen?

IV.

Man träumt von einer Methode, die es gestatten würde, auf diesen Inseln, auf denen das Leben stehengeblieben ist, in diesen seltsam unwandelbaren Schichten der Menschheit die Vergangenheit gründlich und tiefgehend zu erfassen. Gerade das will die Arbeit von Robert Montagne. Aber meist muß sich der eilige Reisende, der vorbeiziehende Forscher mit flüchtigen Visionen begnügen.

Noch gestern konnte man in Sidi Bou Said, einem Zentrum des tunesischen Tourismus, beim Zwischenhalt eine Karawane kleiner drahtiger Esel beobachten, die mit kupferbereiften Tonnen beladen waren: die Trinkwasserversorgung der Gebirgsdörfer. Dies ruft Assoziationen wach. Auf diese Weise wurde im 16. Jahrhundert das kostbare Naß auf dem Landweg oder zu Wasser von Valencia oder den Balearen zu den spanischen Vorposten in Afrika transportiert. Ein Volk von Wasserträgern machte sich in den Städten und auch auf dem Land zu schaffen, in Sardinien, in der Provence und

5 [Anm. d. Übers.] Deutsch im Original.

anderswo. Und man steckte sich vertraulich Rezepte für gute Konservierung von Süßwasser an Bord der Schiffe zu …

Wechseln wir das Szenarium: Ragusa im Dezember 1935. Eine mit Brennholz beladene Barke hat gerade im alten Hafen festgemacht, vor den noch intakten Mauern des antiken Arsenals. Eine ziemlich bescheidene Barke, ohne Deck, die bestimmt aus dem kleinen Nachbarhafen San Giovanni di Medua gekommen ist. Mit ihrer Fracht erinnert sie sogleich an jene Zeit vor der Kohle, da Brennholz eines der großen Seehandelsgüter war. Victor Bérard beobachtete um 1890 in Tekirowo, dem antiken Phaselis, in einer kleinen Bucht inmitten des Golfs von Pamphylien ein ganz ähnliches Schauspiel: »die Kajiks von Makri und Castellorizo laden an dieser Küste das Brennholz für Alexandria auf …« Auch hier noch das Szenarium des 16. Jahrhunderts. Bandello schildert einen Menschen, der gut und reichlich von den Einkünften eines Waldes lebt, dessen Holz er in der Stadt verkauft. Eine Region, Monte Gargano zum Beispiel, verdankt ihre Berühmtheit ihrem Waldreichtum. Oder die Provinz Massa Trabaria, die 1213 nicht ohne Mühe der päpstlichen Domäne einverleibt worden war. Aus ihrem Holz sind die Balkengerüste der romanischen Kirchen gefertigt. Das Holz wird zunächst auf Karren bis zum Bocca-Trabaria-Paß gefahren und anschließend in Flößen auf dem Tiber transportiert …

Über Holzmangel wurde immer wieder geklagt. Wir wissen von den venezianischen Gesandten, daß man in Spanien, mit Ausnahme Kataloniens und der Biscaya, mit Rosmarin oder sogar mit Mist Feuer machte. In Konieh, wie uns Belon du Mans berichtet, verbrannte man mangels besserer Ressourcen Wacholdersträuche und Zwergzedern. In Ägypten fehlte selbst das Holz für die Goldschmelze. Man mußte es auf ganzen Flotten (und selbst mit Hilfe von Galeeren) nach Alexandria kommen lassen. Eine geradezu wunderbare Fügung für die runden Schiffe, die ohne diese Fracht die Ägyptenreise hätten leer antreten müssen. Natürlich war das weitgereiste Holz ein Produkt für Reiche. Für den häuslichen Gebrauch verbrannte man die Zweige der Kaffeesträucher, Tamarinden, Maulbeerfeigen oder Zuckerrohrstroh. All das waren verbreitete Praktiken im Mittelmeerraum. Noch im 17. Jahrhundert brachten die ›schwarzen Segelschiffe‹ von Kap Korsika in ununterbrochener Folge Holz und Kohle von den mageren Waldbeständen der Insel nach Genua, wo sie die Patrizierhäuser kärglich erwärmten und die Küchenherde unterhielten. Saragossa versorgte sich dagegen im Bergmassiv von Daroca vor den Toren des Königreichs Valencia, hinter den Gebieten Teruels …

So sieht der Historiker in jedem Augenblick die Vergangenheit lebendig vor seinen Augen auferstehen, selbst mitten in den Städten. Der Mittelmeerraum verbleibt auf der Stufe des Werkzeuges, wie André Siegfried sagt, des Werkzeuges von gestern und nicht der Maschine von heute. Zwischen Vergangenheit und Gegenwart klafft kein so tiefer Einschnitt wie im europäischen Norden. Es ist ein Land ohne Zäsuren, das seine alten Lieder singt, die *chansons de toile* der Spinnerinnen auf dem Balkan, die Kriegslieder, die beinahe überall Frauen ihren Kindern beibringen, oder die Romanzen des mittelalterlichen Spaniens, monotone, von Rezitativen unterbrochene Gesänge, die die Juden, als sie die spanische Halbinsel verließen, in das nahe gelegene Marokko oder in die Ferne nach Saloniki brachten.

V.

Wenn wir von der Geschichte und ihrem Kontakt zum Boden sprechen, wird man letzten Endes der weitreichenden Debatte über den geographischen Determinismus nicht entgehen können. Läßt sich darauf so im Vorübergehen antworten?

Die von Vidal de la Blache begründete französische Schule der Geographie hat sich nahezu vollständig auf die soliden Positionen des *Possibilismus* zurückgezogen. Um sie dazu anzuregen und darauf einzuschwören, war die Einmischung eines Historikers notwendig, der sich gegen einen simplifizierten Determinismus wendet, der den geographischen *Fatalismus* eines Ratzel, der bei uns nicht ohne Echo geblieben war, bis zu seinen Wurzeln zurückverfolgt… Wenige Bücher waren erhellender und von größerer Bedeutung für das französische Denken als *La Terre et l'évolution humaine*,[6] das Lucien Febvre 1922 publizierte. Nein, die Geographie erklärt nicht das ganze Leben und auch nicht die ganze Geschichte der Menschen. Das Milieu, in dem sie leben, so wichtig es auch sein mag (es bleibt, während die Menschen gehen), bestimmt nicht alles. Außerhalb sei-

6 [Anm. d. Hg.] Paris: La renaissance du livre 1922.

nes Einflusses wächst unablässig die Arbeit des Menschen an der Umwelt und die Arbeit des Menschen am Menschen, »die mächtige Aufgabe des Ich am Ich [*soi sur soi*]«, von der bereits Michelet sprach, wobei er die grob fatalistischen, nicht deterministischen Anschauungen eines Victor Cousin aufgegriffen hat. Michelet war der erste, der nachdrücklich die Einwirkung des Milieus auf den Menschen postuliert hat.

Aber entscheiden wir uns nicht willkürlich zwischen dem Menschen und seiner Umgebung ...

Das östliche Kreta, das der Archäologe und Geograph P. Lehmann untersucht, ist die unwirtlichste, am meisten eingezwängte, ärmste Region der Insel. Man stelle sich inmitten der Berge, die zum größten Teil aus Kalkstein und selten aus Schiefer bestehen – beides ist im übrigen unfruchtbar –, einige schmale Täler vor, oft wie mit der Lochstanze in die Berge getrieben. Im Talkessel etwas lockere Erde, einige Weizen- oder Gerstenfelder, Gemüsegärten und vor allem Weinstöcke. Alles Inseln des Lebens inmitten wahrhaftiger Wüsten, wie es im Mittelmeerraum häufig vorkommt. Wenn man nun die Grenzen dieser Ebenen nachzeichnet, wird man feststellen, daß in ihnen, wie in Reusen gefangen, alle sukzessiven Besiedlungen der Insel stattfanden, von der minoischen Kultur bis in unsere Tage. Die Schlußfolgerungen liegen auf der Hand. Doch bleiben wir mißtrauisch. Die aufeinanderfolgenden Siedlungsgruppen waren gewiß in diesen engen Kreisen eingeschlossen, aber nicht das ganze Leben und die gesamte Geschichte der Insel.

Jenseits der fruchtbaren Flecken erstreckt sich die steinige Insel mit ihren Hirten und Herden, mit ihren Banditen, ihren ›ehrenhaften‹ Gaunern und Flüchtigen, den Kämpfern aller Art und den Piraten, die die Abenteuer des Meeres locken. Am Kreuzungspunkt der Bergstraßen liegen die Befestigungen der Venezianer, die Land und Meer überwachen. Da ist schließlich die Insel selbst mit ihren räumlichen Zwängen, der Ursache zahlreicher Theatercoups, denn das Meer bringt die Erfordernisse der Außenwelt mit sich. Es bietet Abenteuer an: so fahren die Bewohner Kretas im 16. Jahrhundert bis an die englischen Küsten und noch häufiger nach der Türkei. Schließlich bringt das Meer auch die wirtschaftlichen Anforderungen von außen heran: den Großexport von Öl oder *uve passe* (getrockneten Rosinen). Diese großen Unternehmen Kretas sind der Insel von außen aufgezwungen worden, aus Gründen, die ihr zum

Teil fremd waren. Die Geschichte der Kreter hat sich also unabhängig von den Determinismen der fruchtbaren Ebenen entwickelt, obgleich die Realität dieser Täler schwer genug auf den Menschen lastet und diese ständig mit ihnen rechnen und fast immer einen Kompromiß finden müssen.

Wir dürfen den Anteil dieses geographischen Determinismus nicht überschätzen, doch auch nicht unterschätzen. Geben wir noch ein besseres Beispiel. Die Seefahrt im Mittelmeer wurde stets vom schlechten Wetter im Winter behindert, von den gefährlichen Windstößen, die von Oktober bis April so häufig auftreten und auf atlantische Tiefdruckgebiete zurückgehen.

Es ist daher ein wichtiges Ereignis, daß um die Mitte des 16. Jahrhunderts ein nordischer Schiffstyp im Mittelmeer auftaucht, der aus dem Baltikum stammt und durch die wieder einmal fruchtbare Vermittlung der Biscayer bis in die südlichen Meere gelangt ist: die *Kogge* der Hansestädte oder, wie unsere Texte berichten, *la nave.* Dieses große und schwere runde Schiff ist an sich durchaus eine Revolution: dank seiner solide verfugten Planken (sie überlappen sich wie Dachziegel), dank seiner Transportkapazität und seinem Sieg über den Winter – denn die Äquinoktialstürme werden mit seinem stabilen Gerippe nicht fertig – setzt es sich schließlich gegen die anderen Schiffe durch, besonders gegen die venezianische Galeone, dieses lange Handelsschiff mit Rudern...

Ist damit nun gesagt, daß der geographische Determinismus in diesem Fall überwunden wurde, daß der Mensch nach 1450 über die Natur gesiegt hat, indem er sich zum Herr über den Winter machte? Es war zweifellos ein Triumph, aber zwei Bemerkungen seien hinzugefügt: Zunächst, sind wir denn sicher, daß, wie Peter Lane und andere meinten, es nur das schlechte Wetter war, das einstmals die Fahrt dieser Schiffe behindert hat? Es spielte gewiß eine Rolle, eine sehr wichtige Rolle, wie uns die Dokumente immer wieder sagen. Aber erhob sich nicht auch die Frage der Ladung, der Frachtmöglichkeit, die – über einen Umweg – auf den Rhythmus der Jahreszeiten und den Erntekalender verweist?

Eine zweite Bemerkung: Der Sieg der Koggen über den Winter war nicht ohne Aufwand und ein für allemal erreicht worden. Diesen Sieg galt es immer wieder neu zu erringen. Eine Anstrengung, die eine ganze Kette von Ereignissen nach sich zog: Schiffe bauen, das bedeutet, das notwendige Holz zu finden und zu transportieren;

sie auszurüsten und zu bewaffnen, zu lenken und zu verwalten … Auf der einen Seite das natürliche Hindernis, auf der anderen Seite die menschliche Anstrengung, die diesem Hindernis entgegenwirkt, sich aber daran ausrichtet. Worin besteht nun der Determinismus, worin der Anteil des geographischen Milieus, wenn nicht zumeist in solchen fortgesetzten Abfolgen menschlicher Anstrengungen, die das Milieu durch seine Widerspenstigkeit hervorruft?

Indem wir die allzu eindeutigen, allzu einfachen und allgemeinen Erklärungen in Zweifel gezogen haben, die für gewöhnlich nur wenig und das auch noch schlecht erklären, haben wir nicht gezögert, das Bild dieses ersten Teils[7] in großen Zügen zu umreißen, ohne uns über Gebühr mit widersprüchlichen Details aufzuhalten. Unsere Aufmerksamkeit galt den großen Linien, auf denen man sich übrigens auch völlig verirren kann.

Die Gelehrten des 16. Jahrhunderts haben uns darin hinterlistig bestärkt: ein Jean Bodin, ein Loys le Roy, ein Acosta, ein Giovanni Botero. Von der Humangeographie sahen sie damals nur die großen Probleme und zögerten nicht, umfassende Antworten zu geben. Muß man hinzufügen, daß man ihnen nur in den seltensten Fällen folgen kann?

Möge der Leser dennoch einwilligen, einen Augenblick eine recht eigenartige Passage von Botero[8] zu verfolgen und sie, wenn er möchte, selbst zu kritisieren. Mit dieser Passage wollen wir schließen: »Die Bewohner der Ebenen sind, durch die Bequemlichkeiten, über die sie verfügen, durch die Leichtigkeit für Handel und Verkehr, gewöhnlich weise und vorsichtig. Dagegen sind diejenigen, die in Gebirgsregionen wohnen, durch den rauhen Charakter der Stätten, die sie bewohnen, und die Roheit ihrer Sitten … mutig und kühn. Dies sind in Spanien die Bewohner der Biscaya, von Aragón und die anderen Völker der kärgsten Bergregionen der Halbinsel. Über ihnen steht der König, aber in Wahrheit besitzen sie so umfangreiche Privilegien, als lebten sie in Freiheit in einer Republik. Die Kastilier und die Andalusier, die in ebenen und milderen Regionen leben, unterwerfen sich hingegen freiwillig dem

7 [Anm. d. Übers.] Die Bemerkung bezieht sich auf den ersten Teil des Mittelmeerbuches.

8 [Anm. d. Hg.] Braudel zitiert in Übersetzung eine Passage aus dem Unterkapitel »Del valore« im »Proemio« des 2. Teils der *Relationi universali* (1591-1596) von Giovanni Botero [hier verwendete italienische Ausgabe: Venetia: Giunti 1640, S. 263].

Willen des Monarchen …« Und er fährt fort: wenn Neapel unruhig ist, dann wohl wegen seiner verschiedenen geologischen Stufen und der daraus resultierenden Mischung von »ungeschliffenen und fast wilden« und »friedlichen und zivilisierten« Menschen; letztere bewohnen die fruchtbaren Ebenen, die anderen sind Kinder der Berge. In Neapel vollzieht sich wegen der Lage eine unaufhörliche Mischung starker und gegensätzlicher Menschenströme. Botero bestätigt, daß Mailand in dieser Hinsicht aufgrund der unterschiedlichen natürlichen Bedingungen eine weniger bewegte Geschichte besitzt als die Toskana, *distinta in monti e in valli.* Insgesamt also Weisheit der Ebenen und Wahnsinn der wilden Bergwelt. Ist dieses Bild so fragwürdig?

Biobibliographische Angaben

Fernand Braudel
* 24. 8. 1902 (Luméville-en-Ornois) – † 28. 11. 1985 (Cluses)

Studium der Geschichte an der Sorbonne in Paris; Geschichts- und Geographielehrer in Algerien (1923-1932), Paris (1932-1935) und Brasilien (1935-1938); 1940-1945 Kriegsgefangenschaft in Deutschland und Arbeit an *La Méditerranée*, 1947 Verteidigung der Studie als Doktorarbeit an der *Sorbonne*; 1949 Professor am *Collège de France*; 1956-1972 Präsident der VI. sozialwissenschaftlichen Sektion der *École Pratique des Hautes Études* in Paris; 1956-1968 Herausgeber der Zeitschrift *Annales*; 1963 Gründung der *Maison des Sciences de l'Homme* (MSH); 1979 Erscheinen der dreibändigen *Sozialgeschichte des 15.-18. Jahrhunderts.*

Textnachweis

»*Géohistoire* und geographischer Determinismus«, in: Matthias Middell/Steffen Sammler (Hg.), *Alles Gewordene hat Geschichte. Die Schule der »Annales« in ihren Texten*, aus dem Französischen von M. M. und S. S., Leipzig: Reclam 1994, S. 233-246 [»Conclusion (de la première partie): Géohistoire et déterminisme«, in: F. B., *La Méditerranée et le monde méditerranéen à l'époque de Philippe II*, Paris: Armand Colin 1949, S. 295-304].

[Es handelt sich um den Schlussteil aus dem ersten Band der ersten, 1949 bei Armand Colin erschienenen Ausgabe von *La Mediterranée et le Monde méditerranéen à l'epoque de Philippe II,* der in die nachfolgenden Ausgaben nicht übernommen wurde und daher auch in der 1990 erschienenen deutschen Übersetzung nicht zu finden ist.]

Weitere Texte zur Raumtheorie

1941-1944: »L'Histoire, mesure du monde«, in: F. B., *Les ambitions de l'Histoire. Les écrits de Fernand Braudel II*, hg. von Roselyne de Ayala/Paule Braudel, Paris: Editions de Fallois 1997, S. 11-83 [posthum publizierte, von Braudel überarbeitete Vorträge].

1951: »La géographie face aux sciences humaines«, in: *Annales* 6, S. 485-492.

1958: »Die lange Dauer«, in: Theodor Schieder/Kurt Gräubig (Hg.): *Theorieprobleme der Geschichtswissenschaft*, Darmstadt: Wissenschaftliche Buchgesellschaft 1977, S. 164-204 [»Histoire et sciences sociales. La longue durée«, in: *Annales* 13, S. 725-753].

1977/1978 (hg. mit Georges Duby, Maurice Aymard u. a.): *Die Welt des Mittelmeeres: Zur Geschichte und Geographie kultureller Lebensformen*, aus dem Französischen von Markus Jakob, Frankfurt am Main: Fischer 1993 [*La Méditerranée*, 2 Bde., Paris: Arts et métiers graphiques].

Sekundärliteratur

Baker, Alan R. H.: »Reflections on the Relations of Historical Geography and the *Annales* School of History«, in: A. R. H. B./Derek Gregory (Hg.), *Explorations in Historical Geography: Interpretive Essays*, Cambridge: Cambridge University Press 1984, S. 1-27.

Clark, Stuart (Hg.): *Fernand Braudel, The Annales School. Critical Assessments*, Bd. 3, London/New York: Routledge 1999 [Aufsätze zu *La Méditerranée* von Lucien Febvre, Bernard Bailyn, H. R. Trevor-Roper, J. H. Hexter, Hans Kellner, Peter Burke und Samuel Kinser].

Grataloup, Christian: »L'appel des grands espaces«, in: *EspacesTemps* 34-35 (1986) [= Themenheft »Braudel dans tous ses états«], S. 71-76.

Kronsteiner, Barbara: *Zeit, Raum, Struktur: Fernand Braudel und die Geschichtsschreibung in Frankreich*, Wien: Geyer 1989.

Parker, Geoffrey: »Ratzel, the French School and the Birth of Alternative Geopolitics«, in: *Political Geography* 19/8 (2000), S. 956-969.

Bibliographie (primär und sekundär): Ebner, Paulus/Lydia Marinelli: »Fernand Braudel. Bibliographie der Werkausgaben und zur Rezeptionsgeschichte im deutschen Sprachraum«, in: *Frühneuzeit-Info* 3/1 (1992), S. 51-64.

23 Carl Schmitt
Das Recht als Einheit von Ordnung und Ortung

Die *Erde* wird in mythischer Sprache die Mutter des Rechts genannt.[1] Das deutet auf eine dreifache Wurzel von Recht und Gerechtigkeit.

Erstens birgt die fruchtbare Erde in sich selbst, im Schoße ihrer Fruchtbarkeit, ein inneres Maß. Denn die Mühe und Arbeit, Saat und Bestellung, die der Mensch an die fruchtbare Erde verwendet, wird von der Erde durch Wachstum und Ernte gerecht belohnt. Jeder Bauer kennt das innere Maß dieser Gerechtigkeit.

Zweitens zeigt der vom Menschen gerodete und bearbeitete Boden feste Linien, in denen bestimmte Einteilungen sinnfällig werden. Sie sind durch die Abgrenzungen der Äcker, Wiesen und Wälder eingefurcht und eingegraben. In der Verschiedenheit der Fluren und Felder, des Fruchtwechsels und der Brachen werden sie sogar eingepflanzt und eingesät. In diesen Linien werden die Maße und Regeln der Bewirtschaftung erkennbar, nach denen die Arbeit des Menschen an der Erde vor sich geht.

Drittens endlich trägt die Erde auf ihrem sicheren Grunde Umzäunungen und Einhegungen, Grenzsteine, Mauern, Häuser und andere Bauwerke. Hier werden die Ordnungen und Ortungen menschlichen Zusammenlebens offenkundig. Familie, Sippe, Stamm und Stand, die Arten des Eigentums und der Nachbarschaft, aber auch die Formen der Macht und der Herrschaft werden hier öffentlich sichtbar.

So ist die Erde in dreifacher Weise mit dem Recht verbunden. Sie birgt es in sich, als Lohn der Arbeit; sie zeigt es an sich, als feste Grenze; und sie trägt es auf sich, als öffentliches Mal der Ordnung. Das Recht ist erdhaft und auf die Erde bezogen. Das meint der

1 [Anm. d. Hg.] Bei dem Text handelt es sich um das erste der »fünf einleitenden Corollarien« von *Der Nomos der Erde*. Eine um einleitende spekulative Überlegungen zur Etymologie von »Raum« erweiterte Fassung des Textes findet sich unter dem Titel »Recht und Raum«, in: *Tymbos für Wilhelm Ahlmann. Ein Gedenkbuch*, Berlin: de Gruyter 1951, S. 241-251.

Dichter, wenn er von der allgerechten Erde spricht und sagt: *justissima tellus.*[2]

Das *Meer* kennt keine solche sinnfällige Einheit von Raum und Recht, von Ordnung und Ortung. Zwar werden auch die Reichtümer des Meeres, Fische, Perlen und andere Dinge, von Menschen in harter Arbeit gewonnen, aber nicht, wie die Früchte des Erdbodens, nach einem inneren Maß von Saat und Ernte. In das Meer lassen sich auch keine Felder einsäen und keine festen Linien eingraben. Die Schiffe, die das Meer durchfahren, hinterlassen keine Spur. »Auf den Wellen ist alles Welle.« Das Meer hat keinen Charakter in der ursprünglichen Bedeutung des Wortes Charakter, das von dem griechischen Wort *charassein*, eingraben, einritzen, einprägen kommt. Das Meer ist frei. Das bedeutet nach dem neueren Völkerrecht, daß das Meer kein Staatsgebiet ist und daß es für drei sehr verschiedenartige Bereiche menschlicher Aktivität, nämlich für die Fischerei, für die friedliche Schiffahrt und für die Kriegsführung, allen in gleicher Weise offenstehen soll. So steht es wenigstens in den Lehrbüchern des Völkerrechts gedruckt zu lesen. Man kann sich leicht ausmalen, was aus diesem gleichen Recht auf freie Benutzung des Meeres praktisch wird, wenn eine räumliche Kollision entsteht, wenn z. B. das Recht auf freie Fischerei oder das Recht eines Neutralen auf friedliche Schiffahrt mit dem Recht einer starken Seemacht auf freie Kriegführung zusammenstößt. Dann soll ein und dieselbe Fläche des für alle drei Dinge gleich freien Meeres zu ein und derselben Zeit der Schauplatz und das Betätigungsfeld sowohl friedlicher Arbeit wie auch kriegerischer Aktion eines modernen Seekrieges werden. Dann darf der friedliche Fischer ebendort friedlich fischen, wo die kriegführende Seemacht ihre Minen legen darf, und der Neutrale darf dort frei fahren, wo die Kriegführenden sich mit Minen, Unterseebooten und Flugzeugen gegenseitig vernichten dürfen.

Das betrifft jedoch bereits Fragen eines komplizierten modernen Zustandes. Ursprünglich, vor der Gründung großer Seereiche, besagt der Satz von der Freiheit des Meeres etwas sehr Einfaches. Er besagt nämlich nichts anderes, als daß das Meer ein freies Feld freier Beute ist. Hier konnte der Seeräuber, der Pirat, sein böses Handwerk mit gutem Gewissen treiben. Hatte er Glück, so fand er in

2 [Anm. d. Hg.] Vergil, *Georgica* 2, V. 460.

einer reichen Beute den Lohn für das gefährliche Wagnis, auf das freie Meer hinausgefahren zu sein. Das Wort ›Pirat‹ kommt vom griechischen *peiran,* das heißt von Erproben, Versuchen, Wagen. Keiner der Helden Homers hätte sich geschämt, der Sohn eines solchen wagemutigen, sein Glück erprobenden Piraten zu sein. Denn auf dem offenen Meer gab es keine Hegungen und keine Grenzen, keine geweihten Stätten, keine sakrale Ortung, kein Recht und kein Eigentum. Viele Völker hielten sich auf den Bergen, weit von der Küste entfernt und hatten die alte, fromme Scheu vor dem Meere niemals verloren. Virgil prophezeit in der 4. Ekloge, daß es im kommenden glücklichen Zeitalter keine Seefahrt mehr geben wird. Ja, in einem heiligen Buch unseres christlichen Glaubens, in der Apokalypse des hl. Johannes, lesen wir über die neue, von Sünden gereinigte Erde, daß es ein Meer auf ihr nicht mehr geben wird: ἡ θάλασσα οὐκ ἔστιν ἔτι. Auch viele Juristen terraner Völker kennen diese Scheu vor dem Meere. Bei manchen spanischen und selbst portugiesischen Autoren des 16. Jahrhunderts ist das noch zu erkennen. Ein berühmter italienischer Jurist und Humanist dieser Zeit, Alciatus, sagt, daß die Piraterie ein Verbrechen mit mildernden Umständen ist. »Pirata minus delinquit, quia in mari delinquit.« Auf dem Meere gilt kein Gesetz.

Erst als große See-Reiche, maritime Imperien oder, nach einem griechischen Ausdruck, Thalassokratien entstanden, wurde auch auf dem Meere Sicherheit und Ordnung hergestellt. Die Störer der so geschaffenen Ordnung sanken jetzt zu gemeinen Verbrechern herab. Der Pirat wurde zum Feinde des Menschengeschlechts, zum *hostis generis humani* erklärt. Das besagt, daß er von den Machthabern der See-Reiche geächtet und ausgestoßen, recht- und friedlos gelegt wurde. Solche Ausdehnungen des Rechts in den Raum des freien Meeres hinein sind weltgeschichtliche Ereignisse von umwälzender Bedeutung. Wir wollen sie als *Seenahmen* bezeichnen. Die Assyrer, die Kreter, die Griechen, die Karthager und die Römer haben auf diese Weise im Mittelmeer, die Hanseaten in der Ostsee, die Engländer auf den Weltmeeren ›die See genommen‹. »The Sea must be kept«, die See muß genommen werden, heißt es bei einem englischen Autor.[3] Seenahmen werden aber erst in einem späten Stadium

3 Thomas W. Fulton, *The Sovereignty of the Sea*, London: Blackwood & Sons 1911.

menschlicher Machtmittel und menschlichen Raumbewußtseins möglich.

Die großen Ur-Akte des Rechts dagegen bleiben erdgebundene Ortungen. Das sind: Landnahmen, Städtegründungen und Gründungen von Kolonien. In einer mittelalterlichen Definition der *Etymologiae* des Isidor von Sevilla, die in den ersten Teil des berühmten *Decretum Gratiani* (um 1150) aufgenommen worden ist, wird das Wesen des Völkerrechts sehr konkret angegeben: »Jus gentium est sedium occupatio, aedificatio, munitio, bella, captivitates, servitutes, postliminia, foedera pacis, induciae, legatorum non violandorum religio, connubia inter alienigenas prohibita.« Das heißt wörtlich: Völkerrecht ist Landnahme, Städtebau und Befestigung, Kriege, Gefangenschaft, Unfreiheit, Rückkehr aus der Gefangenschaft, Bündnisse und Friedensschlüsse, Waffenstillstand, Unverletzlichkeit der Gesandten und Eheverbote mit Fremdgeborenen. Die Landnahme steht an erster Stelle. Vom Meer ist hier nicht die Rede. Im *Corpus Juris Justiniani* (z. B. *Dig. de verborum significatione* 118) finden sich ähnliche Definitionen, in denen von Krieg, Verschiedenheit der Völker, Reichen und Abgrenzungen, vor allem von Handel und Verkehr (*commercium*) als dem Wesen des Völkerrechts die Rede ist. Es wäre der Mühe wert, die einzelnen Bestandteile solcher Definitionen zu vergleichen und geschichtlich zu betrachten. Das wäre jedenfalls sinnvoller als die abstrakten und auf sog. Normen abgestellten Begriffsbestimmungen moderner Lehrbücher. Jene mittelalterliche Inhaltsangabe und Aufzählung aber ist bis auf den heutigen Tag aufschlußreich, als die konkreteste Bestimmung dessen, was man Völkerrecht nennt. Mit Landnahmen und Städtegründungen ist nämlich stets eine erste Messung und Verteilung des nutzbaren Bodens verbunden. So entsteht ein erstes Maß, das alle weiteren Maße in sich enthält. Es bleibt erkennbar, solange die Verfassung erkennbar dieselbe bleibt. Alle folgenden Rechtsbeziehungen zum Boden des von dem landnehmenden Stamm oder Volk eingeteilten Landes, alle Einrichtungen der durch eine Mauer geschützten Stadt oder einer neuen Kolonie sind von diesem Ur-Maß her bestimmt, und jedes ontonome, seinsgerechte Urteil geht vom Boden aus. Bleiben wir deshalb zunächst bei einer Betrachtung der Landnahme als eines rechtsbegründenden Ur-Aktes.

Eine Landnahme begründet Recht nach doppelter Richtung, nach Innen und nach Außen. Nach Innen, das heißt innerhalb der landnehmenden Gruppe, wird mit der ersten Teilung und Einteilung des Bodens die erste Ordnung aller Besitz- und Eigentumsverhältnisse geschaffen. Ob durch diese erste Landteilung nur öffentliches oder nur privates, ob Kollektiv- oder Individualeigentum oder beides entsteht, ob katastermäßige Vermessungen vorgenommen und Grundbücher angelegt werden oder nicht, das alles ist eine spätere Frage und betrifft Unterscheidungen, die den Akt der gemeinsamen Landnahme schon voraussetzen und erst aus ihm abgeleitet werden. In der geschichtlichen Wirklichkeit kommen alle denkbaren Möglichkeiten und Verbindungen von Rechts- und Besitztiteln vor. Aber auch dann, wenn schon die erste Landteilung ein rein individualistisches Privat-Eigentum oder ein verbandsmäßiges Sippen-Eigentum begründet, bleibt dieses Eigentum von der gemeinsamen Landnahme abhängig und leitet es sich rechtlich aus dem gemeinschaftlichen Ur-Akt ab. Insofern schafft jede Landnahme nach Innen stets eine Art *Obereigentum* der Gemeinschaft im Ganzen, auch wenn die spätere Verteilung nicht beim reinen Gemeinschaftseigentum bleibt und völlig ›freies‹ Privateigentum des einzelnen Menschen anerkennt.

Nach Außen steht die landnehmende Gruppe andern landnehmenden oder landbesitzenden Gruppen und Mächten gegenüber. Hier stellt die Landnahme auf zwei verschiedene Weisen einen völkerrechtlichen Titel dar. Entweder wird ein Stück Boden aus einem Raum herausgenommen, der bis dahin als *frei* galt, d. h. für das Außenrecht der landnehmenden Gruppe keinen anerkannten Herrn und Gebieter hatte; oder es wird ein Stück Boden dem bisherigen, *anerkannten* Besitzer und Gebieter weggenommen und an den neuen Besitzer und Gebieter gebracht. Es ist nicht schwer zu begreifen, daß der Erwerb bisher freien, herrenlosen Bodens ein anderes, einfacheres rechtliches Problem bedeutet, als der Erwerb eines in anerkanntem Besitz stehenden Gebietes.

In jedem Falle ist die Landnahme nach Innen und Außen der erste Rechtstitel, der allem folgenden Recht zugrunde liegt. Landrecht und Landfolge, Landwehr und Landsturm setzen Landnahme voraus. Die Landnahme geht auch der Unterscheidung von privatem und öffentlichem Recht vorher. Sie schafft überhaupt erst die Bedingungen dieser Unterscheidung. Insofern hat die Landnahme einen, wenn man es so nennen will, in rechtlicher Hinsicht kategorialen Charakter. Kant hat das in seiner Rechtsphilosophie mit großer

Klarheit dargelegt. Er spricht[4] von der *Landesherrschaft* oder, was er für den besseren Ausdruck hält, vom *Obereigentum am Boden*, und betrachtet dieses Obereigentum als die »oberste Bedingung der Möglichkeit des Eigentums und allen weiteren, öffentlichen wie privaten Rechts«. Freilich konstruiert er es ganz ungeschichtlich als eine bloß logische »Idee des bürgerlichen Vereins«. Auch scheinen mir seine beiden Ausdrücke *Obereigentum* und *Landesherrschaft* für unsere Erörterung nicht ganz zweckmäßig zu sein, weil sie zu sehr von der (erst später eintretenden) Trennung öffentlichen und privaten Rechts beherrscht sind. Heute werden die meisten Juristen das »Obereigentum« zunächst nur als Eigentum (*dominium*) in einem nur privatrechtlichen, die »Landesherrschaft« dagegen nur als öffentliche Macht und Herrschaft (*imperium*) in einem nur öffentlichrechtlichen Sinne verstehen. Es kommt hier aber auf ein Doppeltes an: Wir müssen erstens die Landnahme als eine rechtsgeschichtliche Tatsache, als großes historisches Ereignis und nicht als eine bloß gedankliche Konstruktion erkennen, mag es auch bei solchen Landnahmen in der geschichtlichen Wirklichkeit bisher etwas tumultuarisch zugehen und manches Mal in überflutenden Völkerwanderungen und Eroberungszügen, ein anderes Mal in erfolgreich defensiven Behauptungen eines Landes gegenüber Fremden das Recht an dem Land entstehen. Und wir müssen zweitens im Auge behalten, daß dieser nach Innen und Außen grundlegende Vorgang einer Landnahme auch der Unterscheidung von öffentlichem und privatem Recht, von Herrschaft und Privateigentum, von *Imperium* und *Dominium* vorausgeht. So ist die Landnahme für uns nach Außen (gegenüber andern Völkern) und nach Innen (für die Boden- und Eigentumsordnung innerhalb eines Landes) der Ur-Typus eines konstituierenden Rechtsvorganges. Sie schafft den radikalsten Rechtstitel, den es gibt, den *radical title* im vollen und umfassenden Sinne des Wortes.

Dieser bodenhafte Urgrund, in dem alles Recht wurzelt und Raum und Recht, Ordnung und Ortung zusammentreffen, ist von großen Rechtsphilosophen wohl bemerkt worden. Das erste Recht, sagt G. Vico, erhielten die Menschen durch die Heroen in der Form

4 [Anm. d. Hg.] »Metaphysische Anfangsgründe der Rechtslehre«, in: Immanuel Kant, Die *Metaphysik der Sitten* [1797], hg. von Wilhelm Weischedel, Frankfurt am Main: Suhrkamp 1977, Anm. B zu § 49, S. 443-446.

der ersten Agrargesetze. Für Vico ist die Teilung und Abgrenzung des Bodens – *la Divisione dei Campi* – neben Religion, Ehe und Asyl eines der vier Ur-Elemente allen menschlichen Rechts und aller menschlichen Geschichte. Um aber nicht den Eindruck zu erwecken, als handle es sich hier nur um mythologische Rechtsaltertümer, zitiere ich zwei neuere, moderne Rechtsphilosophen des 17. und 18. Jahrhunderts, John Locke und Immanuel Kant. Nach *Locke* ist das Wesen politischer Macht in erster Linie Jurisdiktion über das Land. Unter Jurisdiktion (Gerichtsbarkeit) versteht er nach mittelalterlichem Sprachgebrauch die Hoheit und Herrschaftsgewalt überhaupt. Die Besitzergreifung eines Landes ist für ihn Unterwerfung unter denjenigen, dessen Jurisdiktion der Boden untersteht. Die Herrschaft ist in erster Linie Herrschaft nur über das Land und erst in der Folge davon Herrschaft über die Menschen, die im Lande wohnen.[5] Hier sind die Nachwirkungen der Landnahme Englands durch die Normannen unter Wilhelm dem Eroberer (1066) auch in der rein theoretischen, rechtsphilosophischen Formulierung noch erkennbar. Der Engländer Locke, der oft als moderner Rationalist bezeichnet wird, steht in Wirklichkeit noch tief in der Tradition des mittelalterlichen, feudalen Bodenrechts, das aus dem rechtsbegründenden Vorgang jener Landnahme des Jahres 1066 weitergeführt wurde.[6] Aber auch die Rechtslehre *Kants* geht, wie das schon seine eben erwähnte Lehre vom *Obereigentum am Boden* zeigt, in philosophischer Grundsätzlichkeit davon aus, daß alles Eigentum und jede rechtliche Ordnung vom Boden her bedingt ist und aus einer ursprünglichen Erwerbung des Bodens der ganzen Erde stammt. Kant sagt wörtlich: »Die erste Erwerbung einer Sache kann keine andere

5 John Locke, *Civil Government* (= *The Second Treatise of Government*) II, § 121: »[G]overnment has a direct jurisdiction only over the Land.«

6 Den Nachweis, daß die angeblich so ›rationalistische‹ Philosophie Lockes in typisch englischem Pragmatismus durch die feudale Tradition bestimmt ist, hat die Berliner rechtswissenschaftliche Dissertation von Emil Roos, *Naturzustand und Vertrag in der Staatsphilosophie Lockes*, Berlin 1943, in anschaulicher Weise erbracht. Die gründliche, ein größeres geschichtliches Material verarbeitende und aus diesem Grunde sehr verdienstliche Arbeit von Walter Hamel, *Das Wesen des Staatsgebietes*, Berlin: Liebmann 1933, ist in manchen Begriffen zu sehr zerdacht; sie leidet daran, daß sie statt von ›raumhaften‹ nur von »dinglichen« und »sachlichen« Begriffen spricht. An der Geschichte des Territorialitätsprinzips im Internationalen Privat- und im Strafrecht geht sie vorüber; auf die Gebietstheorie Lockes geht sie nicht ein.

als die des Bodens sein«.[7] Dieses, wie er es nennt, »austeilende Gesetz des Mein und Dein eines jeden am Boden« ist natürlich kein positives Gesetz im Sinne späterer staatlicher Kodifikationen oder des Legalitätssystems einer späteren staatlichen Verfassung; es ist und bleibt der wirkliche Kern eines ganz konkreten, geschichtlichen und politischen Ereignisses, nämlich der Landnahme.

Am Anfang der Geschichte jedes seßhaft gewordenen Volkes, jedes Gemeinwesens und jedes Reiches steht also in irgendeiner Form der konstitutive Vorgang einer Landnahme. Das gilt auch für jeden Anfang einer geschichtlichen Epoche. Die Landnahme geht der ihr folgenden Ordnung nicht nur logisch, sondern auch geschichtlich voraus. Sie enthält die raumhafte Anfangsordnung, den Ursprung aller weiteren konkreten Ordnung und allen weiteren Rechts. Sie ist das Wurzelschlagen im Sinnreich der Geschichte. Aus diesem *radical title* leiten sich alle weiteren Besitz- und Eigentumsverhältnisse ab: Gemeinschafts- oder Individualeigentum, öffentlich- oder privatrechtliche, sozial- und völkerrechtliche Besitz- und Nutzungsformen. Aus diesem Ursprung *nährt* sich – um das Wort Heraklits zu gebrauchen – alles folgende Recht und alles, was dann später noch an Setzungen und Befehlen ergeht und erlassen wird.

Auch die bisherige Geschichte des Völkerrechts ist eine Geschichte von Landnahmen. Zu ihnen kommen in bestimmten Zeiten die *Seenahmen* hinzu. Dann beruht der Nomos der Erde auf einem bestimmten *Verhältnis* von festem Land und freiem Meer. Heute werden beide, festes Land und freies Meer, durch ein neues Raum-Ereignis, die Möglichkeit einer *Herrschaft im Luftraum*, sowohl jedes in sich, wie auch beide in ihrem gegenseitigen Verhältnis, aufs stärkste verändert. Es ändern sich nicht nur die Dimensionen der Gebietshoheit, nicht nur die Wirkungskraft und die Geschwindigkeit der menschlichen Macht-, Verkehrs- und Nachrichtenmittel, sondern auch die Inhalte der *Effektivität.* Diese hat immer eine räumliche Seite und bleibt sowohl für Landnahmen und Besetzungen wie auch für Sperren und Blockaden immer ein völkerrechtlich wichtiger Begriff. Darüber hinaus ändert sich infolgedessen auch die Relation von Schutz und Gehorsam und damit die Struktur der politischen und sozialen Macht selbst und ihre Beziehung zu an-

7 »Metaphysische Anfangsgründe der Rechtslehre«, I. Teil, § 12: »Die erste Erwerbung einer Sache kann keine andere als die des Bodens sein«, S. 372, und § 16: »Exposition des Begriffs einer ursprünglichen Erwerbung des Bodens«, S. 378 f.

dern Mächten. So beginnt ein neues Stadium menschlichen Raumbewußtseins und globaler Ordnung.

Alle vorglobalen Ordnungen waren wesentlich *terran,* auch wenn sie Seeherrschaften und Thalassokratien in sich enthielten. Die ursprünglich terrane Welt wurde im Zeitalter der Entdeckungen verändert, als die Erde zum erstenmal von dem globalen Bewußtsein europäischer Völker erfaßt und gemessen wurde. Damit entstand der erste Nomos der Erde. Er beruhte auf einem bestimmten Verhältnis der Raumordnung des festen Landes zu der Raumordnung des freien Meeres und trug für 400 Jahre ein europa-zentrisches Völkerrecht, das *jus publicum Europaeum.* Damals, im 16. Jahrhundert, war es England, das den Schritt von einer terranen zu einer maritimen Existenz wagte. Ein weiterer Schritt folgte mit der industriellen Revolution, in deren Verlauf die Erde von neuem erfaßt und von neuem gemessen wurde. Es ist wesentlich, daß die industrielle Revolution von dem Lande ausging, das den Schritt zur maritimen Existenz vollzogen hatte. Hier liegt der Punkt, an dem wir uns dem Geheimnis des neuen Nomos der Erde nähern können. Bisher ist nur ein einziger Autor dem Arcanum nahe gekommen, *Hegel,* dessen Wort wir zum Abschluß dieses Corollariums zitieren: »Wie für das Prinzip des Familienlebens die Erde, fester Grund und Boden Bedingung ist, so ist für die Industrie das nach außen sie belebende natürliche Element das Meer.«[8]

Dieses Zitat ist für weitere Prognosen voller Bedeutung. Zunächst aber müssen wir uns eines elementaren Unterschiedes bewußt werden. Es ist nicht dasselbe, ob das Gerüst einer industrialisierten und technisierten Welt, das der Mensch mit Hilfe der Technik auf der Erde errichtet, eine terrane oder eine maritime Existenz zur Basis nimmt. Heute scheint es allerdings bereits denkbar, daß die Luft das Meer und vielleicht sogar auch noch die Erde frißt und daß die Menschen ihren Planeten in eine Kombination von Rohstofflager und Flugzeugträger verwandeln. Dann werden neue Freundschaftslinien gezogen, jenseits deren dann die Atom- und Wasserstoffbom-

8 [Anm. d. Hg.] G. W. F. Hegel, *Grundlinien der Philosophie des Rechts,* hg. von Johannes Hoffmeister, Hamburg: Meiner ^{4}1955, § 247, S. 202. In einer von 1981 stammenden Nachbemerkung zu *Land und Meer. Eine weltgeschichtliche Betrachtung,* Stuttgart: Klett-Cotta 1993 [1942], S. 108, behauptet Schmitt, sein gesamter Essay könne als der Versuch verstanden werden, auf diesem Satz eine nichtmarxistische Hegelinterpretation zu gründen.

ben fallen. Trotzdem hegen wir noch die Hoffnung, daß es gelingt, das Sinnreich der Erde zu finden, und daß es die Friedfertigen sein werden, die das Erdreich besitzen.

Biobibliographische Angaben

Carl Schmitt
* 11. 7. 1888 (Plettenberg/Sauerland) – † 7. 4. 1985 (Plettenberg)

Studium der Rechtswissenschaft in Berlin, München und Straßburg, dort 1910 Promotion und 1916 Habilitation (Thema der Habilitationsschrift: *Der Wert des Staates*); nach Dozentur in München 1921 Professor in Greifswald und ab 1922 in Bonn, Erscheinen der *Politischen Theologie*; 1928 Professor an der *Handels-Hochschule Berlin*, Erscheinen der *Verfassungslehre*; 1933 nach Zwischenstation in Köln Wechsel an die Universität Berlin, Eintritt in die NSDAP und Mitglied im *Bund Nationalsozialistischer Deutscher Juristen*, 1936 Verlust der Parteiämter, 1942 Distanzierung von Hitlers Reichsbegriff; 1945-1946 knapp einjährige Lagerhaft, Verlust des Lehrstuhls; 1947 Verhör in Zusammenhang mit dem Nürnberger Prozess, darauf Rückzug nach Plettenberg.

Textnachweis

»Das Recht als Einheit von Ordnung und Ortung«, in: C. S., *Der Nomos der Erde – im Völkerrecht des Jus Publicum Europaeum*, Berlin: Duncker & Humblot [4]1997 [1950], S. 13-20.

Weitere Texte zur Raumtheorie

1916-1969: *Staat, Großraum, Nomos. Arbeiten aus den Jahren 1916-1969*, hg. von Günter Maschke, Berlin: Duncker & Humblot 1995.
1942: *Land und Meer. Eine weltgeschichtliche Betrachtung*, Stuttgart: Klett-Cotta 1993.
1951: »Recht und Raum«, in: *Tymbos für Wilhelm Ahlmann. Ein Gedenkbuch herausgegeben von seinen Freunden*, Berlin: de Gruyter, S. 241-251.
1955: »Der Nomos der Erde«, in: Heinz Friedrich (Hg.), *Lebendiges Wissen. Berichte aus Natur- und Geisteswelt*, Stuttgart: Kröner, S. 281-288.
1958: »Nehmen / Teilen / Weiden. Ein Versuch, die Grundfragen jeder So-

zial- und Wirtschaftsordnung vom *Nomos* her richtig zu stellen«, in: C. S., *Verfassungsrechtliche Aufsätze aus den Jahren 1924-1954. Materialien zu einer Verfassungslehre*, Berlin: Duncker & Humblot [4]2003, S. 489-504.
1963: *Theorie des Partisanen*. Berlin: Duncker & Humblot [5]2002.

Sekundärliteratur

Balke, Friedrich: *Der Staat nach seinem Ende. Die Versuchung Carl Schmitts*, München: Fink 1996, vor allem Kap. 5, S. 317-374.
Cacciari, Massimo: »Der unheimliche Gast«, in M. C., *Gewalt und Harmonie. Geo-Philosophie Europas*, München: Hanser 1995 [1994], S. 109-134.
Köster, Werner: »Carl Schmitts Raumtheorie«, in: W. K.: *Die Rede über den »Raum«: Zur semantischen Karriere eines deutschen Konzepts*, Heidelberg: Wissenschafts-Verlag der Autoren 2002, S. 209-232.
Meier, Heinrich: *Die Lehre Carl Schmitts*, Stuttgart: Metzler [2]2004 [1988].
Mouffe, Chantal: »Carl Schmitt and the Paradox of Liberal Democracy«, in: C. M.: *The Democratic Paradox*, London/New York: Verso 2000, S. 36-59.

Bibliographie (primär): Benoist, Alain de: *Carl Schmitt. Bibliographie seiner Schriften und Korrespondenzen*, Berlin: Akademie Verlag 2003.

24 Hannah Arendt
Der Raum des Öffentlichen und der Bereich des Privaten

Die Polis und der Haushalt

Obwohl das Mißverständnis, das das Politische dem Sozialen gleichstellt,[1] so alt ist wie die Übersetzung griechischer Begriffe ins Lateinische und ihre Anpassung an römisch-christliches Denken, so hat doch die Neuzeit mit ihrem modernen Begriff der Gesellschaft diese Dinge noch einmal entscheidend kompliziert. Die einfache Unterscheidung zwischen privat und öffentlich entspricht dem Bereich des Haushalts auf der einen, dem Raum des Politischen auf der anderen Seite, und diese Bereiche haben als unterschiedene, genau voneinander getrennte Einheiten zum mindesten seit Beginn des antiken Stadt-Staates existiert. Neu hingegen ist das Aufkommen eines im eigentlichen Sinne gesellschaftlichen Raumes, dessen Erscheinen mit der Geburt der Neuzeit zusammenfällt und der seine politische Form im Nationalstaat gefunden hat.

Wir müssen uns in diesem Zusammenhang erst einmal darüber klar werden, welche außerordentlichen Schwierigkeiten wir infolge der neuzeitlichen Entwicklung haben, diese entscheidenden Trennungen und Unterschiede zwischen öffentlich und privat, zwischen dem Raum der Polis und dem Bereich des Haushalts und der Familie, schließlich zwischen den Tätigkeiten, die der Erhaltung des Lebens dienen, und denjenigen, die sich auf eine allen gemeinsame Welt richten, überhaupt zu verstehen, wobei wir nicht aus den Augen verlieren dürfen, daß diese Trennungen und Unterscheidungen die selbstverständliche und axiomatische Grundlage des gesamten

1 [Anm. d. Hg.] Zwischen dem Sozialen und dem Politischen differenziert Arendt in dem unmittelbar dem Textausschnitt vorausgehenden Unterkapitel 4, »Der Mensch, ein gesellschaftliches oder ein politisches Lebewesen«, das ihre Überlegungen über den Raum des Öffentlichen und des Privaten einleitet. Arendt nimmt, ausgehend von der aristotelischen Bestimmung des Menschen als ζῷον πολιτικόν, in der Antike allein eine Dichotomie zwischen Politischem und Privatem an. Erst in der Neuzeit tritt zu diesen beiden Konstituenten für sie die gesellschaftliche Sphäre hinzu.

politischen Denkens der Antike bilden. Uns ist es selbstverständlich, diese Dinge nicht genau voneinander zu trennen, weil wir seit dem Beginn der Neuzeit jeden Volkskörper und jedes politische Gemeinwesen im Bild der Familie verstehen, dessen Angelegenheiten und tägliche Geschäfte wie ein ins Gigantische gewachsener Haushaltsapparat verwaltet und erledigt werden. Das wissenschaftliche Denken, das dieser Entwicklung entspricht, heißt nicht mehr politische Wissenschaft, sondern ›National-Oekonomie‹ oder Volks-Wirtschaft oder ›social economy‹, und alle diese Ausdrücke weisen darauf hin, daß wir es in der Tat mit einer Art ›kollektiven Haushaltens‹ zu tun haben.[2] Was wir heute Gesellschaft nennen, ist ein Familienkollektiv, das sich ökonomisch als eine gigantische Über-Familie versteht und dessen politische Organisationsform die Nation bildet.[3] Wir können uns daher nur mit Mühe vorstellen, daß antikem Denken zufolge ein Begriff wie politische Ökonomie in sich selbst widerspruchsvoll gewesen wäre: was immer ›ökonomisch‹ war, nämlich zugehörig zum schieren Leben des Einzelnen und zum Überleben der Gattung, war dadurch bereits als nicht-politisch identifiziert und definiert.[4]

Historisch ist es sehr wahrscheinlich, daß das Entstehen des Stadt-Staates und des öffentlichen Bereichs auf Kosten der Macht

2 Siehe die außerordentlich aufschlußreiche Untersuchung von Gunnar Myrdal, *The Political Element in the Development of Economic Theory*, aus dem Deutschen von Paul Streeten, London: Routledge and Kegan 1953, der ›Volkswirtschaft‹ mit »Social Economy« oder »collective housekeeping« übersetzt (vgl. xl).

3 Damit soll nicht geleugnet werden, daß der Nationalstaat und seine Gesellschaft aus dem mittelalterlichen Königtum und dem Feudalismus entstanden sind, in deren Rahmen der Familie und der Haushaltseinheit bereits eine allgemeine Bedeutung zukam, die das Altertum nicht kannte. Dennoch ist der Unterschied zwischen Feudalismus und Neuzeit nicht zu übersehen. Innerhalb des Feudalismus waren die Familien und Haushaltungen voneinander so gut wie unabhängig; daher konnte der königliche Haushalt, der das Land als Ganzes repräsentierte und sich zu den Feudalherrn als *primus inter pares* verhielt, auch nicht im Sinne eines absoluten Herrschers prätendieren, das Haupt einer einzigen Riesenfamilie zu sein. Die mittelalterliche ›Nation‹ bestand aus einem Konglomerat von Familie; ihre Mitglieder hielten sich nicht für Glieder einer einigen Familie, welche als Nation die gesamte Bevölkerung umfaßte.

4 Der Unterschied wird sehr klar in den ersten Abschnitten der pseudo-aristotelischen *Oikonomika*, wo die despotische Mon-archie (Ein-Herrschaft) des Haushalts mit der ganz anders gearteten Organisation der Polis ausdrücklich konfrontiert wird.

und der Bedeutung des Privaten, der Familie und des Haushalts, stattgefunden hat.[5] Dennoch blieb die uralte Heiligkeit des häuslichen Herdes selbst in Griechenland, das in der Auflösung der Familienbande zugunsten des politischen Verbands viel weiter ging als die römische Republik, immer erhalten. Und es war nicht so sehr der Respekt vor Privatbesitz in unserem Sinne, der die Polis daran hinderte, den privaten Bereich ihrer Bürger zu ruinieren, als das Gefühl dafür, daß ohne ein gesichertes Eigentum niemand sich in die Angelegenheiten der gemeinsamen Welt mischen konnte,[6] weil er ohne eine Stätte, die er wirklich sein eigen nennen konnte, in ihr gleichsam nirgends lokalisiert war. Selbst Plato, der politisch in der Abschaffung des Privateigentums zugunsten einer ungeheuren Ausdehnung des öffentlichen Bereichs so weit ging, daß man von einer wirklichen Vernichtung des Privatlebens sprechen kann, hat noch mit größter Verehrung von Zeus Herkeios gesprochen, dem Schützer der Grenzen, und er nennt die ὅροι, die Grenzpfähle, welche zwischen den Besitzungen der Bürger aufgerichtet sind, heilig, ohne darin einen Widerspruch zu seinen utopischen Plänen zu sehen.[7]

Die Sphäre des Haushalts war dadurch ausgezeichnet, daß das

5 Der Wendepunkt in Athen dürfte in der Gesetzgebung des Solon liegen. Coulanges sieht mit Recht in dem athenischen Gesetz, das die Unterstützung der Eltern zur gesetzlich einklagbaren Pflicht der Kinder macht, den Beweis für einen Verlust der elterlichen Macht (Numa Denis Fustel de Coulanges, *La Cité antique*, Paris: Hachette 1957, S. 374). Jedoch limitierte der Staat die gesetzliche Macht der Eltern nur, insofern sie mit seinen eigenen Interessen in Konflikt geriet, und nicht etwa um der Freiheit oder der Rechte der individuellen Familienmitglieder willen. Dafür ist bezeichnend, daß Kinder nicht das uns so selbstverständlich scheinende Recht auf Leben besaßen, sondern daß der Verkauf und die Aussetzung von Säuglingen bis zum Jahre 374 unserer Zeitrechnung anhielt, als andere Rechte der väterlichen *potestas* längst veraltet waren (siehe Reginald Haynes Barrow, *Slavery in the Roman Empire*, London: Methuen 1928, S. 8).

6 Typisch für diesen Unterschied zwischen Besitz und Eigentum ist, daß es griechische Städte gab, wo die Bürger gesetzlich verpflichtet waren, die Ernte zu teilen und gemeinsam zu verzehren, daß aber in den gleichen Städten ein jeder Bürger das absolut unbestrittene Eigentumsrecht auf seinen Grund und Boden hatte. Vgl. Coulanges, *La Cité antique*, S. 63, der diesen Zustand eine »contradiction bien remarquable« nennt, weil er nicht sieht, daß Eigentum und Besitz in antiker Auffassung nichts miteinander zu tun hatten.

7 Siehe Plato, *Gesetze*, 842.

Zusammenleben in ihr vornehmlich von den menschlichen Bedürfnissen und Lebensnotwendigkeiten diktiert war. Die Kraft, welche die Menschen hier zusammentrieb, war das Leben selbst, das Leben des Einzelnen wie das der Gattung, und die Penaten, die römischen Haushaltsgötter, waren demnach für Plutarch »die Götter, die unser Leben erhalten und unsern Körper ernähren«.[8] Daß die Sorge für die Erhaltung des Einzelnen dem Manne und die für die Erhaltung der Gattung der Frau oblag, schien von der Natur selbst vorgezeichnet, und die beiden natürlichsten Funktionen des Menschen, das Arbeiten des Mannes, das der Nahrung dient, und das Gebären der Frau, das der Fortpflanzung dient, waren gleicherweise dem Drang und Trieb des Lebens untertan. Das natürliche Zusammenleben im Haushalt hatte daher seinen Ursprung in der Notwendigkeit, und Notwendigkeit durchherrschte alle Tätigkeiten, die in diesen Bereich fielen.

Im Gegensatz hierzu war der Raum der Polis das Reich der Freiheit, und sofern es überhaupt einen Bezug zwischen diesen beiden Bereichen gab, so galt für ihn natürlicherweise, daß die Beherrschung der Lebensnotwendigkeiten innerhalb eines Haushaltes die Bedingungen für die Freiheit in der Polis bereitstellte. Auf keinen Fall konnte man daher unter Politik etwas verstehen, was für das Wohlergehen der Gesellschaft notwendig war – ob es sich nun um eine Gesellschaft der Gläubigen handelte wie im Mittelalter, oder eine Gesellschaft von Eigentümern wie bei Locke, oder eine Erwerbsgesellschaft wie bei Hobbes, oder eine Gesellschaft von Produzenten wie bei Marx, oder eine Gesellschaft von *jobholders* wie in der modernen Gesellschaft der westlichen Länder, oder eine Gesellschaft von Arbeitern wie in sozialistischen oder kommunistischen Ländern. In all diesen Fällen ist es die Freiheit der Gesellschaft, die eine Beschränkung der politischen Machtvollkommenheit verlangt

8 Zitiert nach Coulanges, *La Cité antique*, S. 105, aus Plutarchs *Quaestiones Romanae*, 51. Es scheint sonderbar, daß Coulanges bei seiner einseitigen Hervorhebung der Götter der Unterwelt in der griechischen und römischen Religion hat übersehen können, daß diese Götter nicht nur Götter der Toten und der Kult nicht ein bloßer Todeskult war, sondern daß diese frühe, erdgebundene Religion dem Leben und dem Tode als den beiden Aspekten eines in sich einheitlichen Prozesses diente. Das Leben kommt aus der Erde und kehrt in sie zurück; Geburt und Tod sind nur zwei verschiedene Stadien desselben biologischen Prozesses, der den unterirdischen Göttern untersteht.

und rechtfertigt. Freiheit hat ihren Sitz im Gesellschaftlichen, während Zwang und Gewalt im Politischen lokalisiert sind und so das Monopol des Staates werden. [...][9]

Der private Bereich: Eigentum und Besitz

Auf diese vielfältige Bedeutung des öffentlichen Raumes[10] ist der Begriff des Privaten in seinem ursprünglich privativen Sinne bezogen. Nur ein Privatleben führen heißt in erster Linie, in einem Zustand leben, in dem man bestimmter, wesentlich menschlicher Dinge beraubt ist. Beraubt nämlich der Wirklichkeit, die durch das Gesehen- und Gehörtwerden entsteht, beraubt einer ›objektiven‹, d. h. gegenständlichen Beziehung zu anderen, die sich nur dort ergeben kann, wo Menschen durch die Vermittlung einer gemeinsamen Dingwelt von anderen zugleich getrennt und mit ihnen verbunden sind, beraubt schließlich der Möglichkeit, etwas zu leisten, das beständiger ist als das Leben. Der privative Charakter des Privaten liegt in der Abwesenheit von anderen; was diese anderen betrifft, so tritt der Privatmensch nicht in Erscheinung, und es ist, als gäbe es ihn gar nicht. Was er tut oder läßt, bleibt ohne Bedeutung, hat keine Folgen, und was ihn angeht, geht niemanden sonst an.

In der modernen Welt haben diese Beraubungen und der ihnen inhärente Realitätsverlust zu jener Verlassenheit geführt, die nachgerade ein Massenphänomen geworden ist, in welchem menschliche Beziehungslosigkeit sich in ihrer extremsten und unmenschlichsten Form äußert.[11] Der Grund, warum es zu diesem Äußersten

9 [Anm. d. Hg.] In der Folge wendet sich Arendt der Nichtexistenz des »weltlich-öffentlichen Bereichs« in der griechischen Welt zu und beschreibt im daran anschließenden Unterkapitel 6, »Das Entstehen der Gesellschaft«, wie sich der neuzeitliche Siegeszug des Gesellschaftlichen zwischen die ursprünglich getrennten Bereichen des Öffentlichen und des Privaten schiebt und in einer von ihr kritisch beurteilten »Massengesellschaft« kulminiert.

10 [Anm. d. Hg.] Der öffentliche Raum ist Gegenstand des vorhergehenden Unterkapitels 7, »Der öffentliche Raum: Das Gemeinsame«, dessen wichtigste Charakteristika in dem folgenden Textauszug auch noch einmal im direkten Vergleich mit dem Raum des Privaten hervortreten.

11 Für die Verlassenheit als ein modernes Massenphänomen siehe David Riesman, *The Lonely Crowd. A Study of the Changing American Character*, New Haven: Yale University Press 1950.

gekommen ist, liegt wohl darin, daß die Massengesellschaft nicht nur den öffentlichen Raum, sondern auch den privaten Bereich zerstört, daß sie also die Menschen nicht nur ihres Platzes in der Welt beraubt, sondern ihnen auch die Sicherheit ihrer eigenen vier Wände nimmt, in denen sie sich einst vor der Welt gerade geborgen fühlten und wo jedenfalls auch diejenigen, welche die Öffentlichkeit ausgeschlossen hatte, einen Wirklichkeitsersatz an der Wärme des eigenen Herdes innerhalb der Grenzen der Familie finden konnten. Die volle Entwicklung eines Familienlebens an Haus und Herd zu einem Innenraum mit eigenständigem Recht und eigenständigen Gesetzen verdanken wir dem außerordentlichen Sinn des römischen Volkes für das Politische; denn die Römer, anders als die Griechen, haben niemals das Private dem Öffentlichen geopfert, sondern verstanden, daß diese beiden Bereiche in ihrer Existenz voneinander abhängen. Und obwohl die tatsächlichen Lebensbedingungen der Sklaven in Athen kaum schlechter waren als in Rom, ist es doch charakteristisch, daß gerade ein römischer Autor meinte, für die Sklaven sei der Haushalt des Herrn dasselbe wie die *res publica* für den Bürger.[12] Wie erträglich jedoch das Privatleben innerhalb der Familie auch gewesen sein mag, es konnte doch nie mehr sein als ein Ersatz; die Beraubung blieb bestehen, auch wenn in Rom wie in Athen der Privatbereich Raum genug bot für Tätigkeiten, die wir heute sogar höher einschätzen mögen als die politischen – wie etwa das Erwerbsleben in Griechenland oder die Pflege von Kunst und Wissenschaft in Rom. Diese ›liberale‹ Einstellung, die es ermöglichte, daß unter besonders günstigen Umständen Sklaven es zu großem Wohlstand und hoher Bildung bringen konnten, besagte nur, daß Reichtum innerhalb der griechischen Polis kein öffentliches Ansehen genoß und daß es in der römischen Republik nicht viel besagte, ein Philosoph zu sein.[13] Das Gefühl dafür, daß ein nur in der Enge

12 So Plinius Junior, zitiert nach William L. Westermann, »Sklaverei«, in: August-Friedrich Pauly/Georg Wissowa (Hg.), *Realencyclopädie der classischen Altertumswissenschaft*, Supplement Band 6, München: Druckenmüller 1935, S. 1045.

13 Die verschiedene Bewertung von Reichtum und Bildung in Rom und Griechenland bedarf keiner Belege. Aber es ist amüsant zu beobachten, wie sich diese verschiedenen Bewertungen für die jeweilige Position der Sklaven auswirkte. So spielten die Sklaven eine recht ansehnliche Rolle im römischen Kulturleben, während sie in Griechenland eine wichtige Stellung im Erwerbsleben einnahmen (siehe Westermann, »Sklaverei«, S. 984).

des Familienhaushalts verbrachtes Leben wesentlicher menschlicher Möglichkeiten beraubt ist, ist bereits in den letzten Jahrhunderten des Römischen Reiches immer schwächer geworden, um dann durch das Christentum vollends zu verlöschen. Die christliche Moral, die mit den fundamentalen christlich religiösen Lehren nicht unbedingt identisch ist, hat immer betont, daß man sich nur um das Eigene kümmern solle, daß politische Verantwortung eine Last sei und daß man die Bürde des Politischen ausschließlich um der Nächstenliebe willen auf sich nehmen dürfe, nämlich um die um ihr Seelenheil besorgten Gläubigen von der Sorge um die öffentlichen Angelegenheiten zu befreien.[14] Es ist erstaunlich, daß diese Einstellung zum Politischen die Säkularisierung der Neuzeit überlebt hat, und dies in einem solchen Maße, daß Marx – der in dieser Hinsicht wie in vielen anderen nur die noch unausgesprochenen Voraussetzungen der Neuzeit begrifflich gefaßt und programmatisch ausgesprochen hat – schließlich das Absterben des gesamten öffentlichen Raumes nicht nur vorhersagen, sondern erhoffen konnte. Vom Politischen her gesehen, ist der Unterschied zwischen Christentum und Sozialismus nicht erheblich, weil er nicht in einer verschiedenen Bewertung des Öffentlichen und der Welt besteht, sondern lediglich der menschlichen Natur, deren Sündhaftigkeit in dem einen Fall den Staat als ein notwendiges Übel erscheinen läßt für die kurze Dauer des irdischen Lebens, während man im anderen Falle hoffen darf, ihn schon auf Erden abzuschaffen. Zudem bezog Marx seine Prophezeiung, daß der Staat absterben würde, aus der ihm vielleicht kaum bewußten Erkenntnis, daß der öffentliche Raum bereits am Absterben war, beziehungsweise zurückgedrängt in den engen Bezirk des Staatsapparats; ein weiteres Absterben des Staats- und Regierungsapparats hatte bereits zu Marx' Zeit begonnen, insofern das Regieren selber immer mehr als ein sich über die

14 Nach Augustin setzt die Pflicht zur Nächstenliebe dem *otium* und der Kontemplation die Grenze. Die *Vita activa* entspringt der Nächstenliebe; und in ihr »dürfen wir nicht trachten nach Ehren oder Macht in diesem Leben, […] sondern nach dem Heile derer, die uns unterstellt sind« (*De Civitate Dei* XIX, 19). Offenbar hat dies mehr zu tun mit der Verantwortlichkeit eines Familienvaters für seine Familie als mit politischer Verantwortlichkeit. Das christliche Gebot, sich um seine eigenen Angelegenheiten zu kümmern, das sich meist auf 1. Thess. 4, 11 beruft: »Daß ihr stille seid und das Eure schafft«, ist im Gegensatz zu politischer Betätigung gemeint; dem πράττειν τὰ ἴδια steht das geläufige πράττειν τὰ κοινά, sich in öffentlichen Angelegenheiten betätigen, entgegen.

ganze Nation erstreckendes Haushalten verstanden wurde, bis schließlich in unserem Jahrhundert auch der Staatsapparat im Begriff steht, sich in einen noch begrenzteren und ganz und gar unpersönlichen Verwaltungsapparat aufzulösen.

Es scheint im Wesen der zwischen den Bereichen des Privaten und des Öffentlichen obwaltenden Bezüge zu liegen, daß das Absterben des Öffentlichen in seinen Endstadien von einer radikalen Bedrohung des Privaten begleitet ist. Soweit diese Dinge in der Neuzeit überhaupt erörtert wurden, hat die Diskussion stets die Frage des Privateigentums betroffen; und dies ist kein Zufall, denn selbst für antikes politisches Denken verliert das Wort ›privat‹ seinen privativen Charakter und steht nicht mehr unbedingt im Gegensatz zum Öffentlichen, wenn es im Zusammenhang mit Eigentum, eben als Privateigentum auftritt. Offenbar besitzt das Eigentum gewisse Eigenschaften, die, wiewohl privater Natur, dennoch äußerst wesentlich für das Politische sind.

Die modernen, uns selbstverständlichen Gleichsetzungen von Eigentum mit Besitz und Reichtum, von Eigentumslosigkeit mit Armut und Elend erschweren ein wirkliches Verständnis des einzigen positiven Bezugs des Öffentlichen zum Privaten, wie er sich in der Pflicht der Staaten kundgibt, Privateigentum zu schützen. Die moderne Identifizierung von Eigentum und Besitz ist um so störender, als nicht nur Eigentum, sondern auch Besitz und Reichtum geschichtlich immer eine größere Rolle im Politischen gespielt haben als irgendein anderes nur privates Anliegen oder Interesse. Bis zum Ende des neunzehnten Jahrhunderts waren bekanntlich Besitz- und Vermögensqualifikationen die unerläßliche Bedingung für Zulassung zum politischen Raum und für den Genuß der vollen Bürgerrechte. Dies legt es nahe, den Unterschied zwischen Eigentum und Besitz, bzw. Reichtum, die nicht nur nicht dasselbe, sondern ganz verschiedener Natur sind, zu übersehen. Andererseits ist ja gerade in der heutigen Gesellschaft nur zu deutlich, wie wenig diese beiden Dinge etwas miteinander zu tun zu haben brauchen, daß nämlich eine außerordentliche Steigerung des Reichtums der Gesellschaft durchaus mit einem Schwinden des Privateigentums zusammengehen kann, sofern nämlich der Einzelne nicht mehr besitzt als den Anteil, der aus dem wachsenden Nationaleinkommen auf ihn entfällt.

In dem Streit zwischen Kapitalismus und Sozialismus wird meist vergessen, daß es der Kapitalismus war, der mit Enteignungen angefangen hat, und daß der Sozialismus in dieser Hinsicht nur dem Gesetz folgt, nach dem die gesamte Wirtschaftsentwicklung der Neuzeit angetreten ist. Vor der Enteignung der unteren Schichten der Bevölkerung zu Beginn der Neuzeit ist die Heiligkeit des Privateigentums immer etwas Selbstverständliches gewesen; aber erst der enorme Zuwachs an Besitz, Reichtum und eben Kapital in den Händen der enteignenden Schichten hat dazu geführt, privaten Besitz überhaupt für sakrosankt zu erklären. Eigentum war ursprünglich an einen bestimmten Ort in der Welt gebunden und als solches nicht nur ›unbeweglich‹, sondern identisch mit der Familie, die diesen Ort einnahm.[15] Deshalb konnte auch noch im Mittelalter die Verbannung die Vernichtung und nicht nur die Konfiskation des Eigentums nach sich ziehen.[16] Kein Eigentum zu haben hieß, keinen angestammten Platz in der Welt sein eigen zu nennen, also jemand zu sein, den die Welt und der in ihr organisierte politische Körper nicht vorgesehen hatte. Dies war natürlich der Fall von ansässigen Fremden und Sklaven, bei denen weder Besitz noch Reichtum das fehlende Eigentum ersetzen konnten,[17] so wie umgekehrt

15 Coulanges schlägt vor, das Wort *familia* mit Eigentum zu übersetzen, da es den Grund und Boden, das Haus, das Geld und die Sklaven bezeichne (vgl. Coulanges, *La Cité antique*, S. 118). Mommsen übersetzt *familia* gelegentlich auch einfach mit Knechtschaft, was natürlich im Grunde auf das Gleiche hinausläuft. Wichtig ist, daß dies Eigentum kein Besitz ist, den etwa die Familie oder ihr Oberhaupt mit sich nehmen könnte; das Eigentum ist vielmehr ein räumlicher Bezirk, »die Familie ist an den Herd, der Herd ist an den Boden gebunden« (vgl. ebd., S. 64). Das Eigentum ist unbeweglich wie der Herd und das Grab, zu dem es gehört. »C'est l'homme qui passe. C'est l'homme qui, à mesure que la famille déroule ses générations, arrive à son heure marquée pour continuer le culte et prendre soin du domaine« (ebd., S. 78).

16 Levasseur, *Histoire des classes ouvrières et de l'industrie en France avant 1789*, Paris: A. Rousseau 1900, Bd. 1, S. 240 und Anm. 3, berichtet von der Gründung einer mittelalterlichen Gemeinde wie folgt: »Il ne suffisait pas d'habiter la ville pour avoir droit à cette admission. Il fallait [...] posséder une maison.« Daraus folgt: »Toute injure proférée contre la commune entraînait la démolition de la maison et le bannissement du coupable.«

17 Der Unterschied zwischen Eigentum und Besitz wird ganz deutlich im Falle der Sklaven, die zwar kein Eigentum, d. h. kein eigenes Heim, haben durften, aber keineswegs eine besitzlose Klasse im modernen Sinn bildeten. Das *peculium*, der römische Privatbesitz eines Sklaven, konnte sich auf beträchtliche Summen belaufen und sogar eigene Sklaven umfassen (*vicarii*). Barrow (*Slavery in the*

Armut nicht der Bürgerrechte, der Zugehörigkeit zu dem politischen Körper, berauben konnte, solange das Eigentum, der angestammte Platz in der Welt, intakt blieb. Mit dem Verlust dieses Eigentums wiederum war in älterer Zeit auch der Verlust des Schutzes der Gesetze verbunden.[18] Das Eigentum selbst wiederum war mehr als eine Wohnstätte; es bot als Privates den Ort, an dem sich vollziehen konnte, was seinem Wesen nach verborgen war, und seine Unantastbarkeit stand daher in engster Verbindung mit der Heiligkeit von Geburt und Tod, mit dem verborgenen Anfang und dem verborgenen Ende der Sterblichen, die wie alles Lebendige aus dem Dunkel kommen und in das Dunkel eines unterirdischen Reiches zurückkehren.[19] Als dieser Ort der Verborgenheit, in dessen Obhut Menschen vor dem Licht des Öffentlichen geschützt geboren werden und sterben, aber nicht ihr Leben verbringen, wo also das vor sich geht, wohin kein menschliches Auge und kein menschliches Wissen dringt,[20] als der Ort von Geburt und Tod war der Bereich

Roman Empire, S. 122) spricht von »property which the humblest of his class possessed«.

18 Coulanges gibt eine Bemerkung von Aristoteles wieder, daß in alten Zeiten der Sohn zu Lebzeiten des Vaters nicht Bürger werden konnte und daß nach seinem Ableben nur der älteste Sohn das Bürgerrecht erhielt. So bestand auch der Unterschied zwischen der römischen *Plebs* und dem *populus Romanus* darin, daß die *Plebs* von Leuten ohne Haus und Herd gebildet war (Coulanges, *La Cité antique*, S. 275 und 277-282).

19 »Toute cette religion était renfermée dans l'enceinte de la maison. [...] Tous ces dieux, Foyer, Lares, Mânes, on les appelait les dieux cachés ou les dieux de l'intérieur. Pour tous les actes de cette religion il fallait le secret, *sacrificia occulta*, dit Cicéron.« (Coulanges, *La Cité antique*, S. 36.)

20 Es scheint die Aufgabe der Eleusinischen Mysterien gewesen zu sein, dies Verborgene, das, wiewohl alle Menschen gemeinsam, doch jeden gerade in seiner Singularität trifft, den Eingeweihten so zu vermitteln, daß es in der ihm zukommenden Aura des Geheimnisses noch einmal zu einer Art gemeinsamen Erfahrung werden konnte, die dann aber, obwohl so viele an ihr teilhatten, niemals öffentlich besprochen werden durfte. Das Prinzip der Mysterien war, daß jeder in sie eingeweiht werden und an ihnen teilnehmen, aber niemand über sie sprechen durfte, und zwar weil sie das Unaussprechliche betrafen; Erfahrungen aber, die unaussagbar waren, lagen jenseits des Politischen, wie sie jenseits der Sprache lagen. Daß die Mysterien das Geheimnis von Geburt und Tod betrafen, scheint ein Fragment von Pindar zu belegen: οἶδε μὲν βίου τελευτάν, οἶδεν δὲ διόσδοτον ἀρχάν (Fragm. 137 a): Der Eingeweihte »weiß um des Lebens Ausgang und den von Zeus gegebenen Anfang« (siehe Karl Kerenyi, *Die Geburt der Helena samt humanistischen Schriften aus den Jahren 1943-45*, Zürich: Rhein-Verlag 1945, S. 48 ff.).

des Haushalts und des Eigentums ›privat‹ in einem nicht privativen Sinne. Seine unantastbare Verborgenheit vor dem Öffentlichen und der allen gemeinsamen Welt entsprach der nüchternen Tatsache, daß der Mensch nicht weiß, woher er kommt, wenn er geboren wird, und nicht weiß, wohin er geht, wenn er stirbt. Das Geheimnis des Anfangs und des Endes sterblichen Lebens kann nur da gewahrt werden, wo die Helle der Öffentlichkeit nicht hindringt.

So ist es nicht das Innere dieses Bereichs, dessen Geheimnis die Öffentlichkeit nichts angeht, sondern seine äußere Gestalt, dasjenige nämlich, was von außen errichtet werden muß, um ein Inneres zu bergen, was von politischer Bedeutung ist. Innerhalb des Öffentlichen erscheint das Private als ein Eingegrenztes und Eingezäuntes, und die Pflicht des öffentlichen Gemeinwesens ist es, diese Zäune und Grenzen zu wahren, welche das Eigentum und Eigenste eines Bürgers von dem seines Nachbarn trennen und gegen ihn sicherstellen. Was wir heute Gesetz nennen, bedeutete zumindest bei den Griechen ursprünglich so etwas wie eine Grenze,[21] die in früher Zeit ein sichtbarer Grenzraum war, eine Art Niemandsland,[22] das jeden, der überhaupt ein Jemand war, umschloß und einhegte. Zwar ist das Gesetz der Polis über diese uralten Vorstellungen weit hinausgegangen, aber auch ihm haftet noch deutlich eine räumliche Bedeutung an. Denn das Gesetz der griechischen Stadtstaaten war weder der Gehalt und das Resultat politischen Handelns (daß politische Tätigkeit in erster Linie Gesetzgebung ist, ist römischen Ursprungs und dann eine wesentlich moderne Vorstellung, die ihren größten Ausdruck in Kants politischer Philosophie gefunden hat), noch stellte es eine Aufzählung von Verboten im Sinne moderner Gesetze dar, die alle noch auf dem »Du sollst nicht« der Zehn Gebote beruhen. Das griechische Gesetz war wirklich eine ›Gesetzesmauer‹ und

21 Νόμος, das griechische Wort für Gesetz, kommt wohl von νέμειν, verteilen, besitzen, was verteilt worden ist, und wohnen. Daß das Gesetz ursprünglich ein ›Zaun des Gesetzes‹ ist, kommt in einem Heraklitfragment deutlich zum Ausdruck: »Das Volk muß für das Gesetz kämpfen wie für eine Mauer.« Die römische *Lex* hingegen bedeutet das, was Menschen verbindet, nicht das, was sie trennt oder einschließt. Aber die Grenze und der Grenzgott Terminus, der den *agrum publicum a privato* trennte (Livius), stand in höheren Ehren als die entsprechenden Gottheiten in Griechenland, die θεοὶ ὅροι.

22 So berichtet Coulanges (*La Cité antique*, S. 65) von einem alten griechischen Gesetz, das verbot, daß zwei Gebäude aneinandergebaut wurden; es mußte immer einen Zwischenraum, eine Art Niemandsland zwischen ihnen geben.

schuf als solche den Raum einer Polis; ohne diese Mauer konnte es zwar eine Stadt im Sinne einer Ansammlung von Häusern für das Zusammenleben von Menschen geben (ein ἄστυ), aber keine πόλις, keinen Stadtstaat als eine politische Gemeinschaft.[23] Die Mauer des Gesetzes war heilig, aber nicht sie selbst, sondern nur das, was sie einhegte, war eigentlich politisch. Das Aufstellen des Gesetzes war eine vorpolitische Aufgabe; aber erst wenn sie erfüllt war, war das eigentlich Politische, nämlich die Polis selbst, konstituiert.[24] Ohne die Mauer des Gesetzes konnte ein öffentlicher Raum so wenig existieren wie ein Stück Grundeigentum ohne den es einhegenden Zaun; jene umhegte und beherbergte das politische Leben der Stadt, wie dieser das ›private‹ Leben ihrer Bewohner schirmte und schützte.

Daher genügt es auch nicht zu sagen, daß Privateigentum vor dem Beginn der Neuzeit die selbstverständliche Voraussetzung für die Ausübung der Bürgerrechte bildete; es handelte sich dabei um viel mehr. Der dunkle, verborgene Raum des Privaten bildete gleichsam die andere Seite des Öffentlichen, und während es wohl möglich war, außerhalb des Öffentlichen sein Leben zu verbringen, wiewohl dies hieß, sich der höchsten menschlichen Möglichkeiten zu berauben, war es nicht möglich, kein Eigentum, nicht seine eigenen vier Wände zu haben; daher galt das Leben des Sklaven, der wohl Besitz, aber kein Eigentum haben konnte, als ein des Menschen unwürdiges, als ein unmenschliches Leben.

23 Πόλις scheint ursprünglich die Bedeutung von ›Ringmauer‹ gehabt zu haben, und das lateinische *urbs,* das mit *orbis* verwandt ist, bezeichnete auch eine Einkreisung. So geht das englische *town* auf den *Zaun* zurück und bedeutet ursprünglich Einzäunung (siehe Richard Broxton Onian, *The Origins of European Thought about the Body, the Mind, the Soul, the World Time, and Fate,* Cambridge: Cambridge University Press 1954, S. 444, Anm. 1).

24 Darum brauchte der Gesetzgeber auch nicht Bürger der Stadt zu sein und wurde häufig von auswärts berufen. Sein Werk, die Gesetzgebung, war nicht eigentlich politischer Natur; es war die vorpolitische Bedingung für das politische Leben, das erst einsetzen konnte, wenn sie erfüllt war.

Biobibliographische Angaben

Hannah Arendt
* 14. 10. 1906 (Linden bei Hannover) – † 4. 12. 1975 (New York)

Aus jüdischer Familie; 1909 Übersiedelung nach Königsberg; ab 1924 Studium der Fächer Philosophie, Theologie und Griechisch in Marburg (u. a. bei Heidegger), Freiburg und Heidelberg; 1928 Promotion über des *Liebesbegriff bei Augustinus*; 1933 Verhaftung durch die Gestapo und Flucht nach Paris, dort Arbeit u. a. für die *Jewish Agency* und Fertigstellung ihres Buchs über Rahel Varnhagen; 1940 Internierung in südfranzösischem Konzentrationslager; 1941 Emigration in die USA, in New York u. a. Lektoratstätigkeit und Arbeit für jüdische Organisationen; 1951 Erhalt der amerikanischen Staatsbürgerschaft und Publikation von *The Origins of Totalitarianism*; ab 1953 verstärkte akademische Tätigkeit, mehrere Gastprofessuren; 1963 erscheint *Eichmann in Jerusalem* (hervorgegangen aus Tätigkeit als Berichterstatterin beim Prozess gegen Adolf Eichmann in Jerusalem 1961); 1963-1967 Professur in Chicago; 1967-1975 Professur in New York an der *New School for Social Research*.

Textnachweis

»Der Raum des Öffentlichen und der Bereich des Privaten« [Auszug], in: H. A., *Vita activa oder Vom tätigen Leben*, München: Piper 2002, S. 33-97, hier: S. 38-41 und 73-79 [»The Public and the Private Realm«, in: *The Human Condition*, Chicago: The University of Chicago Press 1958, S. 22-78].

[Die von Arendt selbst stammende Übersetzung von 1960 wurde hier unverändert, einschließlich aller Variationen des Originaltexts, übernommen; einige in der deutschen Fassung nicht genau angegebene Quellen wurden nach den Fußnoten des englischen Originals ergänzt.]

Weitere Texte zur Raumtheorie

1968: »Die Eroberung des Weltraums und die Statur des Menschen«, in: H. A., *In der Gegenwart: Übungen im politischen Denken II*, München: Piper 2000, S. 373-388 [»The Conquest of Space and the Stature of Man«, in: *Between Past and Future*, New York: Penguin, S. 265-282].

1993: »Ein mögliches Schlußkapitel: Von der Wüste und den Oasen«, in:

H. A., *Was ist Politik? Fragmente aus dem Nachlaß*, hg. von Ursula Ludz, München: Piper, S. 180-187.

Sekundärliteratur

Barnouw, Dagmar: *Visible Spaces: Hannah Arendt and the German-Jewish Experience*, Baltimore: Johns Hopkins University Press 1990.
Benhabib, Seyla: *The Reluctant Modernism of Hannah Arendt*, Thousand Oaks: Sage 1996.
Herberg-Rothe, Andreas: »Hannah Arendt und Carl Schmitt. Vermittlung von Freund und Feind«, in: *Der Staat* 1 (2004), S. 35-55.
Lefort, Claude: »Hannah Arendt et la question du politique«, in: C. L., *Essais sur le politique, XIXe-XXe siècles*, Paris: Seuil 1986, S. 64-78.

Bibliographie (primär und sekundär [ab 2000]): ⟨http://hannaharendt.net/bibliography.html⟩

25 Gilles Deleuze und Félix Guattari
1440 – Das Glatte und das Gekerbte

Der glatte Raum und der gekerbte Raum – der Raum des Nomaden und der Raum des Seßhaften – der Raum, in dem sich die Kriegsmaschine entwickelt, und der Raum, der vom Staatsapparat geschaffen wird, sind ganz verschieden. Manchmal finden wir einen einfachen Gegensatz zwischen den zwei Arten von Raum. Manchmal müssen wir eine viel komplexere Differenz feststellen, die bewirkt, daß die einander folgenden Terme der betrachteten Gegensätze nicht deckungsgleich sind. Und manchmal müssen wir uns auch daran erinnern, daß die beiden Räume nur wegen ihrer wechselseitigen Vermischung existieren: der glatte Raum wird unaufhörlich in einen gekerbten Raum übertragen und überführt; der gekerbte Raum wird ständig umgekrempelt, in einen glatten Raum zurückverwandelt. Im einen Fall wird sogar die Wüste organisiert; im anderen Fall gewinnt und wächst die Wüste; und das beides zugleich. Die faktischen Vermischungen sind allerdings kein Hindernis für die theoretische, abstrakte Unterscheidung zwischen beiden Räumen. Deshalb kommunizieren beide nicht in der gleichen Weise miteinander: die theoretische Unterscheidung bestimmt die Formen dieser oder jener faktischen Vermischung und die Bedeutung dieser Vermischung (handelt es sich um einen glatten Raum, der vereinnahmt wird, der von einem gekerbten Raum umschlossen wird, oder um einen gekerbten Raum, der sich in einen glatten Raum auflöst, der einen glatten Raum entstehen läßt?). Es ergibt sich also eine ganze Reihe von gleichzeitigen Fragen: die einfachen Gegensätze zwischen beiden Räumen; die komplexen Unterschiede; die faktischen Vermischungen und die Übergänge vom einen zum anderen; die Gründe für die Vermischungen, die keineswegs symmetrisch sind und bewirken, daß man aufgrund von völlig unterschiedlichen Bewegungen mal vom glatten zum gekerbten und mal vom gekerbten zum glatten Raum übergeht. Man muß daher einige Modelle betrachten, die so etwas wie variable Aspekte von zwei Räumen und ihren Beziehungen sind. […][1]

1 [Anm. d. Hg.] Ausgelassen ist – nach dem Einführungsabschnitt zu diesem letzten der vierzehn in geologischen Schichten oder ›Plateaus‹ angeordneten Kapiteln des

Das Modell der Musik – Pierre Boulez war der erste, der ein Ensemble von einfachen Gegensätzen und komplexen Differenzen, aber auch von nicht symmetrischen wechselseitigen Korrelationen zwischen dem glatten und dem gekerbten Raum entwickelt hat. Er hat diese Begriffe und Wörter im Bereich der Musik geschaffen, und er hat sie gerade deshalb auf mehreren Ebenen definiert, um zugleich die abstrakte Unterscheidung und die konkreten Vermischungen berücksichtigen zu können. Im Prinzip sagt Boulez, daß man in einem glatten Zeit-Raum besetzt, ohne zu zählen, während man in einem gekerbten Zeit-Raum zählt, um zu besetzen. Er macht also die Differenz zwischen nichtmetrischen und metrischen Mannigfaltigkeiten, zwischen gerichteten und dimensionalen Räumen spürbar oder wahrnehmbar. Er macht sie zu Klängen und zu Musik. Und sein eigenes Werk besteht zweifellos aus diesen geschaffenen, aus diesen musikalisch wieder erschaffenen Beziehungen.[2]

Auf einer zweiten Ebene kann man sagen, daß der Raum zwei Arten von Einschnitten bekommen kann: der eine Schnitt wird durch einen Maßstab bestimmt, der andere ist nicht festgelegt und unregelmäßig, er kann an beliebiger Stelle gemacht werden. Auf einer noch anderen Ebene kann man sagen, daß die Frequenzen sich in Intervallen, zwischen den Einschnitten, ausbreiten oder sich statistisch ohne Einschnitt anordnen können: im ersten Fall bezeichnet man den Grund für die Anordnung von Einschnitten und Intervallen als ›modulo‹, wobei dieser Grund konstant und festgelegt (*gerader* eingekerbter Raum) oder variabel, regelmäßig oder unregelmäßig sein kann (*gekrümmte* eingekerbte Räume, die auf einen Brennpunkt bezogen sind, wenn der *modulo* regelmäßig variabel ist, und die nicht auf einen Brennpunkt bezogen sind, wenn der *modulo* unregelmäßig ist). Aber wenn es keinen *modulo* gibt, geschieht die Anordnung der Frequenzen ohne Einschnitt: sie geschieht ›statistisch‹, auf einem Teilraum, der beliebig klein sein kann; sie hat allerdings zumindest zwei Aspekte, je nach dem, ob die Anordnung

Buches – mit dem ›textilen‹ Paradigma das erste der verschiedenen von Deleuze und Guattari vorgestellten Modelle, in denen sie Bezüge zwischen glatten und gekerbten Räumen aufzeigen – gewebter Stoff dient hierbei als Beispiel für gekerbte, Filz als Beispiel für glatte Strukturen, das Patchworkmuster der Quilts wird als Übergang vom Gekerbten zum Glatten verstanden.

2 Pierre Boulez, *Musikdenken heute 1,* Mainz: Schotts Söhne 1963, S. 72-83. Wir fassen die Analyse von Boulez im folgenden Absatz zusammen.

gleichmäßig ist (nicht gerichteter glatter Raum) oder ob sie mehr oder weniger selten, mehr oder weniger dicht ist (gerichteter glatter Raum). Kann man sagen, daß es im glatten Raum ohne Einschnitt und *modulo* kein Intervall gibt? Oder ist in ihm im Gegenteil alles zum Intervall, zum Intermezzo geworden? Das Glatte ist ein Nomos, während das Eingekerbte, wie zum Beispiel die Oktave, immer einen Logos hat. Boulez interessiert sich für die Kommunikation von zwei Arten von Räumen, für ihre Wechsel und Überlagerungen: so wie ein »glatter, stark gerichteter Raum die Neigung zeigt, auf einen gekerbten Raum hinauszulaufen«, so wie »ein gekerbter Raum, bei dem die statistische Anordnung der benützten Höhen faktisch gleichmäßig ist, die Tendenz hat, sich einem glatten Raum anzugleichen«,[3] so wie die Oktave durch »Maßstäbe ohne Oktave« ersetzt werden kann, die sich nach einem Spiral-Prinzip wiederholen; so wie die »Textur« so angelegt werden kann, daß sie ihre festgelegten und homogenen Werte verliert, um ein Gleiten in der Zeit und Verschiebungen in den Intervallen zu unterstützen, also Transformationen der *Tonkunst* [*son'art*], die mit denen der *Op-art* verglichen werden können.

Um zu dem einfachen Gegensatz zurückzukehren, das Gekerbte ist das, was das Festgelegte und Variable miteinander verflicht, was unterschiedliche Formen ordnet und einander folgen läßt und was horizontale Melodielinien und vertikale Harmonieebenen organisiert. Das Glatte ist kontinuierliche Variation, die kontinuierliche Entwicklung der Form und die Verschmelzung von Harmonie und Melodie zugunsten einer Freisetzung von im eigentlichen Sinne rhythmischen Werten, die reine Linie einer Diagonale quer zur Vertikalen und Horizontalen.

Das Modell des Meeres – Gewiß, sowohl im gekerbten wie im glatten Raum gibt es Punkte, Linien und Oberflächen (auch Volumen, aber diese Frage lassen wir für den Moment beiseite). Im gekerbten Raum werden Linien oder Bahnen tendenziell Punkten untergeordnet: man geht von einem Punkt zum nächsten. Im glatten Raum ist es umgekehrt: die Punkte sind der Bahn untergeordnet. Bereits bei den Nomaden gab es den Vektor Kleidung-Zelt-Außenraum. Die Unterordnung des Wohnraumes unter die Wegstrecke [*parcours*],

3 Boulez, *Musikdenken heute*, S. 75.

die Anpassung des Innenraumes an den Außenraum: das Zelt, der Iglu, das Boot. Im Glatten wie im Eingekerbten gibt es Punkte des Stillstands und Bahnen; aber im glatten Raum reißt die Bahn den Stillstand fort, hier umfaßt das Intervall noch alles, ist das Intervall Substanz (daher die rhythmischen Werte).[4]

Im glatten Raum ist die Linie also ein Vektor, eine Richtung und keine Dimension oder metrische Bestimmung. Er ist ein Raum, der durch örtlich begrenzte Operationen mit Richtungsänderungen geschaffen wird. Diese Richtungsänderungen können von der Art der Wegstrecke abhängig sein, wie zum Beispiel bei den Archipel-Nomaden (der Fall eines ›gerichteten‹ glatten Raumes); aber sie können sich auch aus der Variabilität des Ziels oder des zu erreichenden Punktes ergeben, wie zum Beispiel bei den Nomaden in der Wüste, die sich auf eine örtlich begrenzte und vergängliche Vegetation zubewegen (der ›nicht gerichtete‹ glatte Raum). Aber ob gerichtet oder nicht, und vor allem im zweiten Fall, der glatte Raum ist direktional und nicht dimensional oder metrisch. Der glatte Raum wird viel mehr von Ereignissen oder *haecceitates* als von geformten oder wahrgenommenen Dingen besetzt. Er ist eher ein Affekt-Raum als ein Raum von Eigenschaften. Er ist eher eine *haptische* als eine optische Wahrnehmung. Während im gekerbten Raum die Formen eine Materie organisieren, verweisen im glatten Raum die Materialien auf Kräfte oder dienen ihnen als Symptome. Es ist eher ein intensiver als ein extensiver Raum, ein Raum der Entfernungen und nicht der Maßeinheiten. Intensives *spatium* anstatt *extensio*. Organloser Körper statt Organismus und Organisation. Die Wahrnehmung besteht hier eher aus Symptomen und Einschätzungen als aus Maßeinheiten und Besitztümern. Deshalb wird der glatte Raum von Intensitäten, Winden und Geräuschen besetzt, von taktilen und klanglichen Kräften und Qualitäten, wie in der Steppe, in der Wüste oder im ewigen Eis.[5] Das Krachen des Eises und der Gesang

4 Zu dieser Anpassung des Innen an das Außen bei den Nomaden der Wüste vgl. Annie Milovanoff, »La seconde peau du nomade«, in: *Nouvelles littéraires* 2646 (27. 7. 1978), S. 18. Und über die Beziehungen des Iglus zum Außen bei den Nomaden der Eiswüste, vgl. Edmund Carpenter, *Eskimo*, Toronto: University of Toronto Press 1964.

5 Die beiden konvergierenden Beschreibungen des Eis- und des Wüsten-Raumes sind: E. Carpenter, *Eskimo*, und W. Thesiger, *Die Brunnen der Wüste*, München: Piper 1959 (in beiden Fällen gibt es kein besonderes Interesse für die Astronomie).

des Sandes. Der eingekerbte Raum wird dagegen vom Himmel als Maßstab und den sich daraus ergebenden, meßbaren visuellen Qualitäten überdeckt.

Hier stellt sich das ganz spezielle Problem des Meeres. Denn das Meer ist der glatte Raum par excellence, und dennoch wird es am ehesten mit den Anforderungen einer immer strengeren Einkerbung konfrontiert. In der Nähe des Landes stellt sich das Problem nicht. Die Einkerbung der Meere geschieht im Gegenteil bei der Navigation auf hoher See. Der maritime Raum wird ausgehend von zwei Errungenschaften, einer astronomischen und einer geographischen, eingekerbt: durch *den Punkt* der Position, den man durch eine Reihe von Berechnungen auf der Grundlage einer genauen Beobachtung der Sterne und der Sonne bekommt; und durch *die Karte*, die die Meridiane und Breitenkreise, sowie die Längen- und Breitengrade verbindet und so die bekannten oder unbekannten Regionen rastert (wie das Periodensystem von Mendelejew). Muß man, der portugiesischen These zufolge, von einem Wendepunkt um das Jahr 1440 ausgehen, der eine erste entscheidende Einkerbung bedeutete und die großen Entdeckungen ermöglichte? Wir folgen lieber Pierre Chaunu, der von einem langen Zeitraum ausgeht, in dem das Glatte und das Gekerbte auf dem Meer aufeinanderprallten und in dem die Einkerbung immer weiter voranschritt.[6] Denn vor der recht späten Bestimmung der Längengrade hat es bereits eine empirische und komplexe nomadische Navigation gegeben, die die Winde, die Geräusche, die Farben und Klänge des Meeres miteinbezog; dann gab es eine direktionale, vor-astronomische und bereits astronomische Navigation, die eine operative Geometrie benutzte, nur mit dem Breitengrad operierte, keine punktgenaue Standortbestimmung machen konnte, nur über Portulane und nicht über richtige Karten verfügte, so daß keine »übertragbare Verallgemeinerung« vorgenommen werden konnte; und dann die Weiterentwicklungen dieser primitiven astronomischen Navigation unter den speziellen Bedingungen in den Breiten des Indischen Ozeans, dann die elliptischen Routen über den Atlantik (gerade und gekrümmte Räume).[7] Es sieht so aus, als ob das Meer nicht nur

6 Vgl. die Studie von Pierre Chaunu, *L'expansion européenne du XIIIe au XVe siècle*, Paris: PUF 1969, S. 288-305.

7 Siehe dazu vor allem Paul Adam, »Navigation primitive et navigation astronomique«, in: *Les aspects internationaux de la découverte océanique aux XVe et XVIe siè-*

der Archetypus aller glatten Räume gewesen wäre, sondern der erste dieser Räume, der eine Einkerbung erdulden mußte, die ihn in zunehmendem Maße unterwarf und ihn hier oder da, erst von der einen und dann von der anderen Seite mit Rastern überzog. Die Handelsstädte haben an dieser Einkerbung Anteil gehabt und oft neue Erfindungen beigesteuert, aber nur Staaten konnten sie zu Ende führen und sie auf die globale Ebene einer »Wissenschaftspolitik« erheben.[8] Es hat sich immer mehr etwas *Dimensionales* herausgebildet, das sich das *Direktionale* unterordnete oder es überlagerte.

Eben dadurch ist das Meer, der Archetyp des glatten Raumes, auch zum Archetyp für alle Einkerbungen des glatten Raumes geworden: Einkerbung der Wüste, Einkerbung der Luft, Einkerbung der Stratosphäre (die es Virilio ermöglicht, von einer »vertikalen Küste« als Richtungsänderung zu sprechen). Der glatte Raum ist zuerst auf dem Meer gezähmt worden, auf dem Meer hat man ein Modell für die Raumaufteilung, für das Aufzwingen der Einkerbung gefunden, das überall zum Vorbild genommen werden konnte. Das widerspricht allerdings nicht der anderen Hypothese von Virilio: am Ende seiner Einkerbung gibt das Meer eine Art von glattem Raum zurück, der zunächst von der *fleet in being*[9] besetzt wird und dann von der ständigen Bewegung des strategischen Unterseebootes, das über jede Rasterung hinausgeht und ein neues Nomadentum erfindet, das im Dienste einer Kriegsmaschine steht, die noch beunruhigender ist als die Staaten, die sie an der Grenze ihrer Einkerbungen neu erstehen lassen. Das Meer und dann die Luft und die Stratosphäre werden wieder zu glatten Räumen, jetzt allerdings, in der verrücktesten Umkehrung, um das eingekerbte Land besser kontrollieren zu können.[10] Das Glatte verfügt immer

cles. Ve Colloque international d'histoire maritime, Paris: S.E.V.P.E.N. 1966, S. 91-112 (vgl. die operative Geometrie des Polarsterns).

8 Guy Beaujouan, »Science livresque et nautique au XVe siècle«, ebd., S. 61-90.

9 [Anm. d. Hg.] Die *fleet in being* ist »die permanente Präsenz einer unsichtbaren Flotte auf dem Meer, die den Gegner egal wo und wann überraschen kann« und die damit die Ortsgebundenheit des Landkriegs zugunsten einer Kriegskunst der ständigen Bewegung überwindet. Paul Virilio, *Geschwindigkeit und Politik*, Berlin: Merve 1980, S. 52.

10 Paul Virilio, *L'insécurité du territoire,* Paris: Stock 1975: darüber, wie das Meer mit der *fleet in being* einen glatten Raum zurückgibt, etc.; und darüber, wie sich ein vertikaler glatter Raum zur Luft- und Stratosphären-Beherrschung herauslöst (vor allem Kap. IV: »Le littoral vertical«).

über ein Deterritorialisierungsvermögen, das dem Gekerbten überlegen ist. Wenn man sich für neue Berufe und sogar für neue Klassen interessiert, warum soll man sich dann nicht über jene Militärtechniker Gedanken machen, die Tag und Nacht Bildschirme überwachen, die über lange Zeiträume strategische U-Boote und Satelliten bewohnen oder bewohnen werden, und darüber, was für apokalyptische Augen und Ohren sie sich schaffen, die ein physisches Phänomen, einen Heuschreckenschwarm und einen ›feindlichen‹ Angriff, der von einem beliebigen Punkt kommt, kaum noch unterscheiden können? All dies soll daran erinnern, daß das Glatte selber von teuflischen *Organisations*-Kräften umrissen und besetzt werden kann. Und vor allem soll es, ohne jedes Werturteil, zeigen, daß es zwei nicht symmetrische Bewegungen gibt, eine, die das Glatte einkerbt, und eine andere, die ausgehend vom Eingekerbten wieder zum Glatten führt. (Und gibt es nicht sogar im Verhältnis zum glatten Raum einer weltweiten Organisation neue glatte oder durchlöcherte Räume, die hinter der Fassade im Entstehen sind? Virilio verweist auf die ersten Anfänge unterirdischer Wohnräume im »dicksten Gestein«, die eine ganz unterschiedliche Bedeutung haben können.)

Kehren wir zum einfachen Gegensatz zwischen dem Glatten und dem Gekerbten zurück, denn wir sind noch nicht in der Lage, die konkreten und dissymmetrischen Mischformen zu betrachten. Glattes und Gekerbtes unterscheidet sich zuerst durch die umgekehrte Beziehung von Punkt und Linie (die Linie zwischen zwei Punkten im Falle des Gekerbten, der Punkt zwischen zwei Linien beim Glatten). Zum zweiten unterscheiden sie sich durch die Art der Linie (gerichtet-glatt, offene Intervalle; dimensional-gekerbt, geschlossene Intervalle). Und schließlich gibt es einen dritten Unterschied, der die Oberfläche oder den Raum betrifft. Im gekerbten Raum wird eine Oberfläche geschlossen, und entsprechend den festgelegten Intervallen, nach den festgesetzten Einschnitten ›teilt man sie wieder auf‹; beim Glatten wird man in einem offenen Raum ›verteilt‹, entsprechend den Frequenzen und der Länge der Wegstrecken (*logos* und *nomos*).[11] Aber so einfach dieser Gegensatz auch

11 Emmanuel Laroche, *Histoire de la racine »Nem« en grec ancien*, Paris: Klincksieck 1949, verweist auf den Unterschied zwischen Verteilung und Aufteilung, zwischen den beiden entsprechenden Sprachgruppen, zwischen den beiden Arten von Raum und zwischen dem Pol ›Land‹ und dem Pol ›Stadt‹.

zu sein scheint, er ist nicht leicht auszumachen. Man kann sich nicht damit bescheiden, den glatten Boden des Nomaden-Züchters und den gekerbten Raum des seßhaften Landwirtes einfach gegenüberzustellen. Es ist offensichtlich, daß selbst der seßhafte Bauer vollen Anteil am Raum der Winde und der klanglichen und taktilen Qualitäten hat. Wenn die Griechen vom offenen Raum des *nomos* sprachen, der nicht begrenzt ist, nicht aufgeteilt, prä-urbanes Land, Berghang, Plateau, Steppe, dann stellten sie ihn nicht der Kultur gegenüber, die im Gegenteil ein Teil davon sein kann, sondern der *polis,* dem Stadtstaat, der Stadt. Wenn Ibn Khaldun von der *Badiya* spricht, vom Beduinentum, dann umfaßt dieses sowohl die Landwirte wie die nomadischen Züchter: er stellt es der *Hadara* gegenüber, das heißt dem ›Städtertum‹. Diese Präzisierung ist sicher wichtig; und dennoch ändert sie nicht viel. Denn seit den ältesten Zeiten, seit dem Neolithikum und sogar seit dem Paläolithikum, *hat die Stadt die Landwirtschaft erfunden*: unter dem Einfluß der Stadt überlagern der Ackerbauer und sein gekerbter Raum den Landwirt im noch glatten Raum (herumziehender, halb-seßhafter oder bereits Landwirt). So kann man auf dieser Ebene den einfachen, zunächst verworfenen Gegensatz zwischen Ackerbauern und Nomaden, zwischen eingekerbtem Grund und glattem Boden wiederfinden, aber erst nachdem man den Umweg über die Stadt als Einkerbungskraft gemacht hat. Von da an ist es nicht nur das Meer, die Wüste, die Steppe oder der Himmel, wo es um Glattes und Gekerbtes geht, sondern die Erde selber, je nachdem, ob es eine Kultur im Nomos-Raum oder eine Agrikultur im Stadt-Raum gibt. Und mehr noch: Muß man dasselbe nicht auch von der Stadt sagen? Im Gegensatz zum Meer ist sie der eingekerbte Raum par excellence. Aber ebenso wie beim Meer ist es der glatte Raum, der sich grundsätzlich einkerben läßt, wobei die Stadt die Einkerbungskraft ist, die überall, auf dem Boden und in den anderen Elementen, den glatten Raum zurückgibt, wieder einführt – und zwar außerhalb ihrer selbst, aber auch innerhalb. Es gehen also glatte Räume von der Stadt aus, die nicht mehr nur die Räume einer weltweiten Organisationstätigkeit sind, sondern die eines Gegenschlags, der das Glatte und das Durchlöcherte kombiniert und sich gegen die Stadt zurückwendet: gewaltige bewegliche und vergängliche Elendsviertel von Nomaden und Höhlenbewohnern, Metall- und Stoffreste, Patchwork, die nicht einmal mehr für die Einkerbungen des Geldes, der Arbeit oder des Wohnungsbaus interessant sind. Ein explosives Elend, das die Stadt ausscheidet und das der mathematischen Formel von Thom entspricht: »eine retroaktive Glättung«.[12] Eine geballte Kraft, das Potential für einen Gegenschlag?

Der einfache Gegensatz ›glatt-gekerbt‹ führt uns also jedesmal zu immer schwierigeren Komplikationen, Wechselfällen und Überlagerungen zurück. Aber diese Komplikationen bestätigen zunächst gerade deswegen diese Unterscheidung, weil sie dissymmetrische Bewegungen ins Spiel bringen. Einstweilen sollte man nur sagen, daß es zwei Arten von Reisen gibt, die sich durch die jeweilige Rolle von Punkt, Linie und Raum unterscheiden. Eine Goethe-Reise und eine Kleist-Reise? Eine französische und eine englische (oder amerikanische) Reise? Eine Baum-Reise und eine Rhizom-Reise?[13] Aber nichts paßt richtig zusammen, alles vermischt oder überschneidet sich. Das liegt daran, daß die Unterschiede nicht objektiv sind: man kann eingekerbt in Wüsten, Steppen oder Meeren wohnen; man kann sogar geglättet in Städten wohnen, ein Stadt-Nomade sein (so ist zum Beispiel ein Spaziergang von Miller in Clichy oder in Brooklyn ein nomadisches Gehen im glatten Raum, es bewirkt, daß die Stadt ein Patchwork ausstößt, Geschwindigkeitsdifferentiale, Verzögerungen und Beschleunigungen, Umorientierungen, kontinuierliche Variationen … Die Beatniks haben Miller viel zu verdanken, aber sie haben auch noch die Richtung gewechselt, sie haben den Raum außerhalb der Stadt neu genutzt). Vor langer Zeit hat Fitzgerald gesagt: Es geht nicht darum, in die Südsee aufzubrechen, das Reisen legt kein bestimmtes Ziel fest. Es gibt nicht nur seltsame Reisen in der Stadt, sondern auch Reisen an Ort und Stelle. Wir denken dabei nicht an die Drogensüchtigen, deren Erfahrung allzu zweischneidig ist, sondern eher an echte Nomaden. Von diesen Nomaden kann man wie Toynbee sagen: *sie bewegen sich nicht.*[14] Sie

12 Dieser Ausdruck findet sich bei René Thom, der ihn im Zusammenhang mit einer kontinuierlichen Variation verwendet, bei der die Variable auf ihre Vorderglieder reagiert: *Modèles mathématiques de la morphogenèse,* Paris: Union générale d'éditions 1974, S. 218 f.

13 [Anm. d. Hg.] Verweis auf das Einleitungskapitel von *Tausend Plateaus* unter dem Titel »Rhizom«, wo Deleuze und Guattari hierarchisch verzweigte Baum von mehrdimensional vernetzten Rhizomstrukturen unterscheiden.

14 [Anm. d. Hg.] Vgl. Arnold J. Toynbee, *A Study of History*, Bd. 3: *The Growth of Civilizations*, Oxford/London: Oxford University Press/Humphrey Milford 1939 [1935], S. 3. Toynbee spricht hier allgemein von der Immobilität der so genannten

sind Nomaden, weil sie sich nicht bewegen, weil sie nicht umherwandern, weil sie einen glatten Raum halten, den sie nicht verlassen wollen und den sie nur verlassen, um zu erobern und zu sterben. Eine Reise an Ort und Stelle, das ist der Name aller Intensitäten, selbst wenn sie sich auch in Extension entwickeln. Denken heißt reisen, und wir haben zuvor versucht, ein theo-noologisches Modell für glatte und gekerbte Räume zu erstellen. Kurz gesagt, Reisen unterscheiden sich weder durch die objektive Qualität von Orten, noch durch die meßbare Quantität der Bewegung, noch durch irgend etwas, das nur im Geiste stattfindet, sondern durch die Art der Verräumlichung, durch die Art im Raum zu sein, oder wie der Raum zu sein. Im Glatten oder im Gekerbten reisen und ebenso denken ... Aber immer Übergänge vom einen zum anderen, Transformationen vom einen ins andere, Umkehrungen ... In seinem Film *Im Lauf der Zeit* läßt Wim Wenders die Wege von zwei Personen sich kreuzen und überlagern, von denen die eine noch eine kulturelle, erinnerungsschwangere ›Bildungs‹-Reise à la Goethe macht, die von allen Seiten eingekerbt ist, während die andere bereits einen glatten Raum erobert hat, der nur noch aus Experimenten und Amnesie in der deutschen ›Wüste‹ besteht. Aber seltsamerweise ist es die erste Person, die sich den Raum öffnet und eine Art von retroaktiver Glättung bewerkstelligt, während sich an der zweiten wieder die Einkerbungen einstellen und ihren Raum wieder verschließen. Im Glatten zu reisen ist ein regelrechtes Werden, und zwar ein schwieriges, ungewisses Werden. Es geht weder darum, zur präastronomischen Navigation noch zu den früheren Nomaden zurückzukehren. Die Konfrontation von Glattem und Gekerbtem, die Übergänge, die Wechsel und die Überlagerungen finden heute und in den unterschiedlichsten Richtungen statt.[15]

»Arrested Societies«, d. h. der Gesellschaften, die ihre Lebensweise unter gefahrvollen, hoch spezialisierten Bedingungen bewahren; speziell zu den Nomaden vgl. ebd., S. 7-21.

15 [Anm. d. Hg.] Weitere im Fortgang des Kapitels untersuchte »Modelle« zur Beschreibung glatter Räume sind die mathematischen Riemann-Räume im Unterschied zum euklidischen Raum, die physikalische Thermodynamik (in ihrem Zusammenhang mit politischer Machtausübung) sowie schließlich der »haptische« ästhetische Raum (im Unterschied zum »optischen«).

Biobibliographische Angaben

Gilles Deleuze
* 18. 1. 1925 (Paris) – † 4. 11. 1995 (Paris)

Studium der Philosophie an der *Sorbonne* in Paris; 1948 Agrégation, danach bis 1960 Philosophielehrer und Assistent an der *Sorbonne*; 1960-1964 Forscher am *CNRS*, danach bis 1969 Lehrbeauftragter in Lyon; 1968 Doktortitel mit seinen Arbeiten *Differenz und Wiederholung* sowie *Spinoza und das Problem des Ausdrucks*, im selben Jahr Professur für Philosophie an der neu gegründeten Universität von Vincennes; 1969 *Logik des Sinns*; 1972 *Anti-Ödipus* als erste der gemeinsamen Publikationen mit Félix Guattari; in den 1980er-Jahren erscheinen u. a. *Francis Bacon. Logik der Sensation* (1981), eine Studie mit dem Titel *Foucault* (1986) und das Barock-Buch *Die Falte* (1988); Tod durch Fenstersturz.

Félix Guattari
* 30. 4. 1930 (Villeneuve-les-Sablons) – † 29. 8. 1992 (La Borde)

Besucht in den 1950er-Jahren die Kurse von Jacques Lacan; arbeitet und forscht bis zu seinem Tod in der psychiatrischen Klinik in La Borde; Gründer und Mitglied verschiedener linker politischer Gruppen vom Trotzkismus bis zur Umweltbewegung; 1965 Gründung des *Centre d'Études, de Recherches et de Formation Institutionnelles* (CERFI), von dem Kritik an der Psychoanalyse und die Antipsychiatriebewegung ihren Ausgang nehmen; Beteiligung am Pariser Mai 1968, dabei Begegnung mit Gilles Deleuze und Beginn einer über zwei Jahrzehnte andauernden Zusammenarbeit.

Textnachweis

»1440 – Das Glatte und das Gekerbte«, in: G. D./F. G., *Tausend Plateaus*, Berlin: Merve 1992, aus dem Französischen von Gabriele Ricke und Ronald Voullié, S. 658-694, hier: S. 658 und 661-669 [»1440 – Le lisse et le strié«, in: *Capitalisme et schizophrénie 2. Mille plateaux*, Paris: Minuit 1980, S. 592-625].

[Die Übersetzung wurde vom Herausgeber korrigiert.]

Weitere Texte zur Raumtheorie

Gilles Deleuze

1977: *Dialoge mit Claire Parnet*, aus dem Französischen von Bernd Schwibs, Frankfurt am Main: Suhrkamp 1980 [*Dialogues*, Paris: Minuit].

1983: *Das Bewegungs-Bild. Kino 1*, aus dem Französischen von Ulrich Christians und Ulrike Bokelmann, Frankfurt am Main: Suhrkamp 1997 [*Cinéma 1. L'image-mouvement*, Paris: Minuit].

1985: *Das Zeit-Bild. Kino 2*, aus dem Französischen von Klaus Englert, Frankfurt am Main: Suhrkamp 1997 [*Cinéma 2. L'image-temps*, Paris: Minuit].

Felix Guattari

1989: *Die drei Ökologien*, aus dem Französischen von Alec A. Scherer, Wien: Passagen 1994 [*Les trois écologies*, Paris: Galilée].

Gilles Deleuze/Félix Guattari

1991: *Was ist Philosophie?*, aus dem Französischen von Bernd Schwibs und Joseph Vogl, Frankfurt am Main: Suhrkamp 1996, Kap. 4, »Geophilosophie«, S. 97-134 [*Qu'est-ce que la philosophie?*, Paris: Minuit, S. 82-108].

Sekundärliteratur

Antonioli, Manola: *Géophilosophie de Deleuze et Guattari*, Paris: L'Harmattan 2003.

Balke, Friedrich: *Gilles Deleuze*, Frankfurt am Main/New York: Campus 1998, vor allem Kap. 3.5, »Geophilosophie«, S. 90-92.

Bonta, Mark/John Protevi: *Deleuze and Geophilosophy: A Guide and History*, Edinburgh: Edinburgh University Press 2004.

Buchanan, Ian/Gregg Lambert (Hg.): *Deleuze and Space*, Edinburgh: Edinburgh University Press 2005.

Günzel, Stephan: *Immanenz: Zum Philosophiebegriff von Gilles Deleuze*, Essen: Die Blaue Eule 1998, vor allem »Die Immanenzebene«, S. 89-135.

Ott, Michaela: »L'espace quelconque: Der beliebige Raum in der Filmtheorie von Gilles Deleuze«, in: Gertrud Koch (Hg.), *Umwidmungen – Architektonische und kinematographische Räume*, Berlin: Vorwerk 8 2005, S. 150-161.

Villani, Arnaud: »Physische Geographie der *Tausend Plateaus*«, in: Clemens-Carl Härle (Hg.), *Karten zu ›Tausend Plateaus‹*, Berlin: Merve 1993,

S. 15-40 [»Géographie physique de *Mille plateaux*«, in: *Critique* 455 (1985), S. 331-347].

Bibliographie (Deleuze, primär): ⟨http://www.webdeleuze.com/php/texte.php?cle=187&groupe=Bibliographie%20et%20mondes%20in%E9dits&langue=2⟩

Teil VI
Ästhetische Räume

Einleitung

Im Umfeld seiner *Philosophie der symbolischen Formen* beschreibt ERNST CASSIRER die Anschauungsform des Räumlichen in ihrer Ordnungsfunktion für die menschliche Lebenswelt. Damit gelingt ihm ein philosophisch reflektierter Zugang zum Räumlichen gegenüber dem abstrakt-geometrischen von Naturwissenschaften oder Mathematik und deren Orientierung an einem messbaren Raum. Das eigentliche Anliegen des hier abgedruckten Vortrags auf dem Hamburger »Vierten Kongreß für Ästhetik und Allgemeine Kunstwissenschaft« von 1930 (Text 27) ist hingegen die Bestimmung eines spezifisch ästhetischen Raummodells, das Cassirer in Abgrenzung zum mythischen Raum gewinnt. Die notwendig begrenzte Auswahl der weiteren hier präsentierten Texte zu einer ästhetischen Raumtheorie lässt sich typologisch ausgehend von den wesentlichen Grundlinien des Cassirer'schen Ansatzes differenzieren. So findet sich bei Cassirer einerseits die für den Beginn des 20. Jahrhunderts kennzeichnende Bindung des Raums an die menschliche Leib- und Wirklichkeitswahrnehmung,[1] die gleichermaßen prägend ist für das architektonische Raummodell, das August Schmarsow in seiner Leipziger Antrittsvorlesung entwickelt, wie auch für den Begriff eines spezifisch theatralen Raums in dem Aufsatz des Germanisten und Theaterwissenschaftlers Max Herrmann. Andererseits entwirft Cassirer neben dieser subjektbezogenen Raumvorstellung ein relationales Konzept von Raum (und Zeit) im Sinne eines systematischen Beziehungszusammenhangs,[2] den er als den »Ertrag und das Ergebnis eines Prozesses der symbolischen Formung« denkt:[3] »Die Welt wird nicht als ein Ganzes von Körpern ›im‹ Raum, noch als ein Geschehen ›in‹ der Zeit definiert,

1 Vgl. hierzu auch die Einleitungen zu Teil I und III.

2 »Im Erkennen tritt der reine Beziehungsbegriff gleichsam ›zwischen‹ die Elemente, die er miteinander verknüpft. Denn er selbst ist nicht von derselben Welt wie diese Elemente – er hat keine ihnen vergleichbare dingliche ›Existenz‹, sondern nur eine ›ideelle Bedeutung‹.« (Ernst Cassirer, *Philosophie der symbolischen Formen,* 2. Teil, *Das mythische Denken. Gesammelte Werke,* Bd. 12, hg. von Claus Rosenkranz, Darmstadt: Wissenschaftliche Buchgesellschaft 2002 [1923], S. 78.)

3 Ernst Cassirer, *Philosophie der symbolischen Formen*, 3. Teil, *Phänomenologie der*

sondern sie wird als ein ›System von Ereignissen‹« verstanden.[4] Eine solche differenz- und symboltheoretische Ausprägung der Raumästhetik wiederum liegt nicht nur Eric Rohmers Überlegungen zum filmischen Raum zugrunde, sondern kennzeichnet wesentlich auch den kultursemiotischen Begriff des Raums in dem hier vorgestellten Modell narrativer Handlung des Literaturwissenschaftlers und Begründers der Tartu-Schule für Semiotik Jurij Lotman.[5]

Wenn Cassirer in seinem Vortrag einleitend den »Vorrang [...] des Ordnungsbegriffs vor dem Seinsbegriff« postuliert, formuliert er damit zugleich die Nachträglichkeit von ›Welt‹ gegenüber jeder ihr vorgängigen Zeichenordnung. Auf besondere Weise manifestiert sich dies für Cassirer an den Phänomenen des Raums und der Zeit, die er wie Kant als Anschauungsformen begreift, insofern das »Sein beider mit dem Sein der ›Dinge‹ nicht gleichbedeutend, sondern spezifisch von ihm verschieden ist«.[6] An der Zeit und am Raum – auf Letzteren beschränkt sich Cassirer in seinem Hamburger Vortrag – zeigt sich die Primärfunktion des Ordnungsbegriffs gegenüber dem Seinsbegriff: Am Raum nämlich ist auf privilegierte Weise

Erkenntnis. Gesammelte Werke, Bd. 13, hg. von Julia Clemens, Darmstadt: Wissenschaftliche Buchgesellschaft 2002 [1929], S. 160.

4 Ebd., S. 97 f. Vgl. Michaela Ott, »Raum«, in: Karlheinz Barck u. a. (Hg.), *Ästhetische Grundbegriffe. Historisches Wörterbuch in sieben Bänden*, Bd. 5 (Postmoderne – Synästhesie), Stuttgart/Weimar: Metzler 2003, S. 113-149, hier S. 114.

5 Die repräsentative Auswahl von raumästhetischen Ansätzen, die sich typologisch auf Cassirers Entwurf beziehen lassen, berücksichtigt vor allem solche Disziplinen, die ihren Gegenstand in der Nachfolge Lessings teils in programmatischer Absicht als ›Raumkünste‹ definieren (vgl. Gotthold Ephraim Lessing: *Laokoon: Oder über die Grenzen der Mahlerey und Poesie* [1766], in: G. E. L., *Kunsttheoretische und kunsthistorische Schriften. Werke,* Bd. 6, München: Hanser 1974, S. 7-187). Problematisiert wird Lessings Differenzierung hingegen durch die für das 20. Jahrhundert kennzeichnenden Versuche, Raumaspekte auch in solchen Kunstformen zu beschreiben, die Lessing zufolge noch wesentlich zeitbestimmt zu qualifizieren wären, insbesondere also in der Literatur und in der Musik; vgl. zum hier nicht näher berücksichtigten musikalischen Raum besonders Pierre Boulez, *Musikdenken heute,* Mainz: Schotts Söhne 1963, S. 72-83, sowie zu Verräumlichungstendenzen in der Musik des ausgehenden 19. und beginnenden 20. Jahrhunderts Helga de la Motte-Haber, »Zeitschichten. Berlioz – Debussy – Strawinsky – Messiaen«, in: Diether de la Motte (Hg.), *Zeit in der Musik – Musik in der Zeit: 3. Kongreß für Musiktheorie, 10.-12. Mai 1996, Hochschule für Musik und Darstellende Kunst in Wien.* Frankfurt am Main: Peter Lang 1997, S. 35-47.

6 Text 27, S. 488.

die »universelle Aufgabe der Bestimmung und Grenzsetzung« und damit das Formprinzip zu beobachten, nach dessen Regeln das menschliche Erleben darauf zielt, das »Unbestimmte zur Bestimmung zu bringen, das Chaos zum Kosmos werden zu lassen«.[7] Ausgehend von der Annahme einer historisch bestimmten Ausprägung welterschließender Begriffe[8] gelangt Cassirer gegenüber Kant jedoch zu einer kulturgeschichtlichen Differenzierung der räumlichen und zeitlichen Anschauungsformen, die er im vorliegenden Beitrag am Übergang von mythischen zu ästhetischen Raumformungen nachweist. Cassirer zufolge erfüllen mythischer und ästhetischer Raum im Hinblick auf die von ihnen jeweils erzeugten »Sinnordnungen« jeweils unterschiedliche Funktionen. Sie bilden jeweils anders vorstrukturierte Felder des Denkens, der Sprache und der sozialen Interaktion.

Dem mythischen Raum kann sich Cassirer nur indirekt nähern. Die räumlichen Sphären, die im Rahmen rationaler Welterschließung in der Differenz zwischen immanenter und transzendenter, zwischen vertrauter und unvertrauter Seinssphäre auseinander treten, sind im Mythischen noch als Einheit gedacht: »es gibt hier keine scharfe Grenze, die, gleichsam räumlich, die Welt in ein ›Diesseits‹ und ein ›Jenseits‹, in eine lediglich ›empirische‹ und eine ›transzendente‹ Sphäre teilt.«[9] Zwischen diesen im Mythischen noch ungeschiedenen Seinsschichten herrschen noch keine kausalen Beziehungen, sondern diffuse Verhältnisse der (Wechsel-)Wirkung. »Hier kann noch alles aus allem ›werden‹, weil alles mit allem sich zeitlich oder räumlich berühren kann«:[10] Für den Zugang zur tiefer gelegenen Sinneinheit des Mythos ist es nach Cassirer nicht erforderlich, mitzureflektieren, dass die symbolische und perzeptive Repräsentation des Räumlichen sich in jeweils anderen Repräsentationsformen unterschiedlich manifestieren kann. Die räumlichen Formen der mythischen Realitätsvorstellung setzen folglich noch keine Reflexion voraus; an der Stelle einer nachträglich zu berücksichtigenden Perspektivenabhängigkeit und der daraus resultieren-

7 Ebd., S. 493.

8 Vgl. z. B. Ernst Cassirer, »Sprache und Mythos. Ein Beitrag zum Problem der Götternamen«, in: E. C., *Wesen und Wirkung des Symbolbegriffs*, Darmstadt: Wissenschaftliche Buchgesellschaft 1956 [1925], S. 73-158.

9 Ernst Cassirer, *Philosophie der symbolischen Formen*, 2. Teil, S. 89.

10 Ebd., S. 58.

den Vielfalt von Räumlichem steht hier die unhinterfragte Annahme der vorgängigen Ununterschiedenheit eines kosmologisch gehaltenen Einheitsraums.

Wie der mythische ist auch der ästhetische Raum – im Unterschied zur Abstraktion des mathematisch-naturwissenschaftlichen Raumbegriffs – Cassirer zufolge durch ein hohes Maß an Anschaulichkeit geprägt. Der entscheidende Unterschied zwischen Mythischem und Ästhetischen ergibt sich jedoch im geschichts- und subjektphilosophischen Zusammenhang von Cassirers Überlegungen: Die Topo-Logik des mythischen Lebensraums ist hier durch zeitlich bestimmte, chrono-logische Reflexionsformen ersetzt, wie sie auch für den kausal-rationalen Erfahrungsraum kennzeichnend sind. Gleichwohl geht das ästhetische Raumerleben nicht einfach in den Formen der rationalen Welterschließung auf. In dem Maße, wie das Ästhetische aus den pragmatischen Zwängen der Lebensbewältigung im gesellschaftlichen Kommunikations- und Handlungszusammenhang gelöst ist, kann es als Vermittlungs- und Reflexionsmedium fungieren: Anhand der ästhetischen Raumformung erkennt sich das ›Ich‹ in seiner ursprünglich differenzierenden Kraft der Setzung eines Anschauungsraums, der den mythischen und rationalen Formen der Welterschließung gleichermaßen zugrunde liegt: »Die echte ›Vorstellung‹ ist immer zugleich Gegenüber-Stellung; sie geht aus vom Ich und entfaltet sich aus dessen bildenden Kräften, aber sie erkennt zugleich in dem Gebildeten ein eigenes Sein, ein eigenes Wesen und ein eigenes Gesetz – sie läßt es aus dem Ich ›erstehen‹, um es zugleich gemäß diesem Gesetz ›bestehen‹ zu lassen und es in diesem objektiven Bestand anzuschauen.«[11] Die Kunst ist für Cassirer folglich ein privilegierter Manifestationsort der menschlichen Wirklichkeitserschließung: Ästhetische Erfahrung bildet eine historisch bestimmte Reflexionsform der Möglichkeitsbedingungen mythischer und rationaler Raumkonstitution.

Die übrigen hier versammelten Aufsätze teilen die ordnungsfunktionale Auffassung symbolischer Sinnformen im Sinne Cassirers, auch sie verstehen Raumrepräsentation als Modus der menschlichen Wirklichkeitsbewältigung. Typologisch lassen sie sich jedoch danach unterscheiden, wie weit sie sich von Cassirers Mythos-Logos-Schema und damit verbunden von der subjektphilosophischen

11 Text 27, S. 497 f.

Ausrichtung des ästhetischen Raumbegriffs entfernen, um demgegenüber die semiotische oder medientheoretische Operationalisierung der Konzepte einer allgemeinen Symbolphilosophie zu betonen.

MAX HERRMANNS Überlegungen zum »theatralischen Raumerlebnis« (Text 28) kann als zentrales Gründungsdokument einer Theaterwissenschaft gelten, die sich hinsichtlich der Bildung ihres Gegenstands zu Beginn des 20. Jahrhunderts gegenüber der Literaturwissenschaft programmatisch für unabhängig erklärt. Herrmanns Diktum von der Bühnenkunst als Raumkunst besagt, dass der theatralische Raum weder mit dem realen Bühnenraum noch mit dem dramatischen Raum des literarischen Texts als Aufführungsgrundlage identisch ist. Hiervon ausgehend kann Herrmann sich zunächst von einem vorrangigen Interesse an geschichtlich variablen Formen des Bühnen- und Zuschauerraums abgrenzen, die den Gegenstand einer positivistisch-quellengeschichtlich geprägten Theatergeschichte bilden. An ihrer Stelle fokussiert Herrmann eine überhistorisch-objektive Dimension des ästhetischen Raumerlebens, die er paradigmatisch in der anthropologischen Bezugsfigur des Schauspielers verankert sieht. In den sich gegeneinander abhebenden Feldern von realem Aktionsraum der Bühne einerseits und dramatischem Fiktionsraum andererseits wird den an der theatralen Kommunikationssituation Beteiligten ein »Nacherleben des schauspielerischen Raums« als transzendentales »Einheitserlebnis«[12] möglich: Zugespitzt formuliert ließe sich sagen, dass Herrmann den subjektphilosophischen Reflexionsraum Cassirers auf der Bühne zur Anschauung bringt. Am und durch den Schauspieler erlebt der Zuschauer die Kraft der selbsttätigen Raum- und Wirklichkeitssetzung, denn »der bedeutende Schauspieler schafft sich seinen Raum selber oder, genauer, er deutet sich den Bühnenraum um in einen tatsächlich nicht vorhandenen Realitätsraum, der nun seinen ganzen Habitus [...] bedingt«.[13]

Zahlreiche theaterwissenschaftliche Arbeiten zur Raumästhetik schließen implizit oder explizit an Herrmanns Ausgangsunterscheidung zwischen theatralischem Aktionsraum und dramatischem Fiktionsraum an. Gleichwohl steht in jüngeren Untersuchungen

12 Text 28, S. 510.
13 Ebd., S. 506.

die historische Dimension kulturbedingter Raumordnungen bzw. die Abgrenzung des theatralen Raums von sozialen Praxis- und Kommunikationsräumen im Vordergrund.[14] Gerade solche Untersuchungen, die sich hierbei den räumlichen Voraussetzungen der Theateraufführung unter den besonderen Bedingungen der fiktionalen Spielsituation widmen, distanzieren sich jedoch von der für Herrmann kennzeichnenden Verankerung des Raums im körperlichen Wahrnehmungszentrum von Schauspieler und Zuschauer. Stattdessen begreifen sie Körper und Raum verstärkt als Differenzeffekte eines medialen Gesamtgefüges. Die Beschreibung von dessen Konstitutionsregeln wird nun jedoch jenseits von körperlichen Substanzialisierungen im systematischen ›Beziehungszusammenhang‹ einer symbolischen Ausdifferenzierung unternommen und im Schnittpunkt zwischen der inneren (dramatischen) und der äußeren (theatralischen bzw. lebensweltlichen) Kommunikationssituation der Theateraufführung situiert.[15] Hier zeigt sich auf räumlich nachvollziehbare Weise die »Situationsspaltung« fiktionaler Diskurse, bei der »eine interne Sprechsituation in Opposition tritt zu einer externen Rezeptionssituation«, woraus sich »die Simultaneität zweier Situationen [ergibt], die über ein je eigenes deiktisches System verfügen«.[16]

Auch August Schmarsows Leipziger Antrittsvorlesung vom 8. November 1893 (Text 26) ist ein disziplinäres Gründungsdokument, denn ihr erklärtes Ziel ist es, die Architektur in den Kanon

14 Vgl. Christopher Balme, *Einführung in die Theaterwissenschaft*, Berlin: Erich Schmidt ^{3}2003, S. 135-146; vgl. Erika Fischer-Lichte, *Das System der theatralischen Zeichen. Semiotik des Theaters*, Bd. 1, Tübingen: Narr 1983; Elmar Buck, »Der Ort des Theaters«, in: Renate Möhrmann (Hg.), *Theaterwissenschaft heute. Eine Einführung*, Berlin: Reimer 1990, S. 187-215; Klaus Van den Berg, »The Geometry of Culture: Urban Space and Theatre Buildings in Twentieth Century Berlin«, in: *Theatre Research International* 16/1 (1991), S. 1-17; Erika Fischer-Lichte (Hg.), *Ritual und Grenze*, Tübingen, Basel: Francke 2003.

15 Zu dieser Unterscheidung: Wolfgang Matzat, *Dramenstruktur und Zuschauerrolle*, München: Fink 1982. Zur historischen Etablierung der Schwelle zwischen Figur und Rezipient, Bühne und Zuschauerraum vgl. Hans Ulrich Gumbrecht, »Für eine Erfindung des mittelalterlichen Theaters aus der Perspektive der frühen Neuzeit«, in: Johannes Janota (Hg.), *Festschrift Walter Haug und Burghart Wachinger*, Bd. 2, Tübingen: Niemeyer 1992, S. 827-848.

16 Rainer Warning, »Der inszenierte Diskurs. Bemerkungen zur pragmatischen Relation der Fiktion«, in: Dieter Henrich/Wolfgang Iser (Hg.), *Funktionen des Fiktiven*, München: Fink 1983, S. 183-206, hier S. 193.

der schönen Künste und der freien Kunstwissenschaften einzureihen, um sie vom Makel der bloßen »›Bekleidungskunst‹«[17] im Sinne eines tektonischen Kunsthandwerks zu reinigen. Schon Heinrich Wölfflin postulierte in seiner Münchener Dissertation *Prolegomena zu einer Psychologie der Architektur* von 1886 als Bedingung einer Analyse der Raumkünste, dass wir diese »sinnlich miterleben, mit unserer körperlichen Organisation mitmachen«.[18] Auch das Raumkonzept von August Schmarsow ist in dieser Weise von der Einfühlungsästhetik und Wahrnehmungspsychologie beeinflusst, der architektonische Raum wird auch hier über die Raumerfahrung eines in seinen anthropologischen und historischen Grenzen erfassten Subjekts rekonstruiert. Seine hierfür gewählte »genetische Betrachtungsweise« im Sinne einer »Ästhetik von Innen«,[19] »vom schaffenden und genießenden Subjekt« heraus, findet in der »Seele des Erfinders ihren Ausgangspunkt und in der des Betrachters ihr Endziel«.[20] Dies soll es Schmarsow zufolge ermöglichen, die Ausprägungen von frühgeschichtlichen Bauformen bis hin zu den zeitgenössischen Realisierungen des menschlichen Raumausdrucks nachzuzeichnen. Das von Eduard von Hartmann formulierte naturalistische Konzept der Raumabschließung zur Erfüllung des menschlichen Schutzbedürfnisses[21] lehnt Schmarsow in Anwendung auf den autonomen Geltungsbereich einer ästhetischen Architektur als unzureichend ab. Stattdessen geht auch Schmarsow von den phänomenologischen Ausgangsbedingungen der menschlichen Raumanschauung aus. Grundlage hierfür ist die Auffassung des Subjekts als Zentrum eines Erfahrungsraums, der sich aus dem Koordinatensystem der Extremitäten, der Vertikal- und Horizontalachse der menschlichen Raumerfahrung wie auch aus den menschlichen Möglichkeiten zur technischen Aneignung eines unver-

17 August Schmarsow, *Das Wesen der architektonischen Schöpfung*, Antrittsvorlesung Universität Leipzig, 8. 11. 1893, Leipzig: Hiersemann 1894, S. 1-29, hier S. 2.

18 In: Heinrich Wölfflin, *Kleine Schriften. 1886-1933*, hg. von Joseph Gantner, Basel: Schwabe 1946, S. 13-47, hier S. 6 f. Vgl. Ott, »Raum«, S. 137 sowie zur historischen Ausdifferenzierung dieser Raumkonzeption im Übergang von Renaissance zu Barock: Heinrich Wölfflin, *Kunstgeschichtliche Grundbegriffe. Das Problem der Stilentwicklung in der neueren Kunst*, Basel: Schwabe [19]2004 [1915].

19 August Schmarsow, *Das Wesen der architektonischen Schöpfung*, S. 3.

20 Ebd., S. 4.

21 Eduard v. Hartmann, *Aesthetik*, Bd. 1, Leipzig: Friedrich 1887, S. 461 ff. und S. 600.

fügbaren Fernraums ergibt. In den Worten der Sprachphilosophie Ernst Bühlers formuliert, verortet Schmarsow das anthropologische Zentrum der architektonischen Kunsterfahrung also in der *Hic-et-nunc*-Deixis, der *Origo* des menschlichen Betrachters.[22] In dem Maße, wie Schmarsow dieses raumdeiktische Zentrum zugleich als gesellschaftlich und historisch bestimmt versteht und an die »Geschichte der ›Weltanschauungen‹«[23] anschließt, formuliert sein Modell des architektonischen Erfahrungsraums zugleich erste Ansätze zu einer Kulturwissenschaft der Architektur. Insofern Schmarsow den Raum auf ein leibliches Subjekt bezieht, »in und durch dessen Bewegungen, Handlungen und Wahrnehmungen räumliche Erfahrung und damit Raum überhaupt erst entsteht«, bietet er entscheidende Vorgaben für zeitgenössische Theorievorschläge, die den »gebauten Raum von den ›Praktiken‹ seiner Produktion, seines Gebrauchs und seiner Rezeption her zu bestimmen« versuchen.[24] Es wurde bemerkt, dass die Architekturtheorie erstmals mit Schmarsow einen eigenständigen Raumbegriff entfaltet.[25] Gleichwohl finden sich in den architektonischen Raumkonzepten der ersten Hälfte des 20. Jahrhunderts, von Le Corbusier bis zu Siegfried Giedion, hiervon unterschiedene Auffassungen,[26] die gegenüber der anthropomorphen Verankerung des erlebten Raums im Sinne Schmarsows die Auffassung des Raums als »relationale Anordnung bedeutungstragender, qualitativer Orte«[27] betonen. Jüngere Ansätze zur *space*

22 Karl Bühler, *Sprachtheorie. Die Darstellungsfunktion der Sprache*, Stuttgart u. a.: Fischer 1982 [Nachdr. der Ausg. von 1934], S. 79-148.

23 Text 27, S. 482.

24 Kirsten Wagner, »Vom Leib zum Raum. Aspekte der Raumdiskussion in der Architektur aus kulturwissenschaftlicher Perspektive«, in: Cornelia Jöchner/K. W. (Hg.), *Gebaute Räume. Zur kulturellen Formung von Architektur und Stadt*, Themenheft von *Wolkenkuckucksheim* 9/1 (2004) ⟨http://www.tu-cottbus.de/BTU/Fak2/TheoArch/wolke/deu/Themen/041/Wagner/wagner.htm⟩.

25 Kenneth Frampton, *Studies in Tectonic Culture. The Poetics of Construction in Nineteenth and Twentieth Century Architecture*, Cambridge, Mass./London: MIT-Press 1996, S. 1. Vgl. Ott, »Raum«, S. 143.

26 Cornelia Jöchner, »Wie kommt ›Bewegung‹ in die Architekturtheorie? Zur Raum-Debatte am Beginn der Moderne«, in: *Gebaute Räume* ⟨http://www.tu-cottbus.de/BTU/Fak2/TheoArch/Wolke/deu/Themen/041/Joechner/joechner.htm⟩.

27 Wagner, »Vom Leib zum Raum«; vgl. Otto Friedrich Bollnow, *Mensch und Raum*, Stuttgart: Kohlhammer 1963. Einen umfassenden Überblick zum architektonischen Raum bieten Ákos Moravánszky, »Die Wahrnehmung des Raumes«, in:

syntax,[28] die sich der Frage widmen, »how a space relates to other spaces in a system«,[29] setzen diese Entwicklungen fort.

Die weiteren hier präsentierten Ansätze zu einer literarischen und einer filmischen Raumästhetik stellen gegenüber den subjektzentrierten Raumkonzepten Schmarsows und Herrmanns ebenfalls einen deutlichen Einschnitt dar.[30] Auch JURIJ LOTMAN (Text 30) fasst den symbolischen Raum der Literatur nicht mehr ausgehend vom originären Zentrum eines reflexiven Erfahrungssubjekts. An die Stelle bewusstseinsphilosophischer oder medienanthropologischer Metareflexion tritt bei ihm der Raum als Erzeugnis kulturell bestimmter Zeichenverwendungen. Deren semantischer Wert ergibt sich nach den Beschreibungsregeln der strukturalen Linguistik aus den oppositiven Beziehungen, die bestimmte Zeichenvorkommnisse zu anderen Zeichenverwendungen desselben Systems unterhalten: durch ihre »Beziehungen und Verschiedenheiten mit anderen Gliedern der Sprache«, welche es z. B. erlauben, ein bestimmtes »Wort von allen anderen zu unterscheiden«.[31]

Dementsprechend definiert Lotman narrative Handlung ausgehend von jenen semantischen Merkmalen, Regeln oder Normen, die im Text als ›normal‹ für bestimmte Bedingungen, Räume, Zeiten, Figuren oder Situationen der dargestellten Wirklichkeit gesetzt werden. Die für narrative Texte konstitutiven semantischen Teilbereiche unterscheiden sich voneinander dadurch, dass sie in mindestens einem der genannten Aspekte in Opposition zueinander stehen. Über weite Strecken mag es also scheinen, dass Lot-

A. M. (Hg.), *Architekturtheorie im 20. Jahrhundert*, Wien/New York: Springer 2003, S. 121-146, und Ben Farmer/Hentie Louw, *Companion to Contemporary Architectural Thought*, London/New York: Routledge 1993, S. 333-360.

28 Bill Hillier, »›Space Syntax‹ – a Different Urban Perspective«, in: *Architects' Journal* 30 (1983), S. 47-63.

29 Peter Aspinall, »Aspects of Spatial Experience and Structure«, in: Farmer/Louw, *Companion to Contemporary Architectural Thought*. S. 333-341, hier: S. 337.

30 Als literaturwissenschaftliches Beispiel einer leibzentrierten Raumästhetik ist auch das Konzept der »Topophilie« in Gaston Bachelards *Poetik des Raumes* zu nennen, das den kollektivpsychologischen Motiven von Raumerfahrungen in den – von Bachelard übrigens durchweg positiv-euphorisch verstandenen – Raumstimmungen und -konstellationen literarischer Repräsentationen nachspürt. Vgl. dazu Text 9 und Einleitung zu Teil II dieses Bandes.

31 Ferdinand de Saussure, *Grundfragen der allgemeinen Sprachwissenschaft*, hg. von Charles Bally und Albert Sechehaye, Berlin: de Gruyter 1967 [1916], S. 140.

man den Begriff des semantischen ›Raums‹ oder ›Felds‹ lediglich metaphorisch zur Umschreibung von diesen semantischen Teilmengen literarischer Texte verwendet. Dies erklärt sich daraus, dass der Bezugsrahmen von Lotmans Raummodell zunächst gar keine Raumtheorie, sondern eine Theorie der narrativen Handlung bildet, wie sie zeitgleich auch von anderen Vertretern des literaturwissenschaftlichen Strukturalismus zu entwickeln versucht wurde.[32] Eine zentrale Voraussetzung von Lotmans Erzähltheorie bildet jedoch die Auffassung von Topologie im Sinne eines abstrakten Raummodells, das sich medien- und kunstabhängig in jeweils verschiedenen Topographien – im Sinne geographisch-konkreter Grenzen – je unterschiedlich zu konkretisieren vermag.[33] Auf dieser Grundlage kann Lotman zeigen, dass Texte mit narrativer Handlung die für sie kennzeichnenden Oppositionen von semantischen Merkmalen, Regeln oder Normen häufig in einem System räumlicher Relationen organisieren. Die handlungskonstitutiven Teilbereiche entsprechen dann einer topographisch manifesten Oppositionsstruktur.

Gegenüber anderen struktural-semiotischen Ansätzen ist Lotmans Beschreibung des symbolischen Raums dadurch gekennzeichnet, dass er die semantischen Konstitutionsaspekte der Raumrepräsentation auf die Analyseebene der Pragmatik[34] und des kulturhistorisch-lebensweltlichen Kontexts öffnet.[35] Entsprechend der funktionstheoretischen Ausrichtung seiner Kultursemiotik fasst Lotman die semantisierten Räume narrativer Texte als Reflex einer je spezifischen und kulturhistorisch bestimmten Deutung der Wirklichkeit, in den Worten Cassirers also als historisch bestimmte »Sinn-

32 Z. B. Tzvetan Todorov, »La grammaire du récit«, in: *Langages* 12 (1968), S. 94-102; Claude Bremond, »Le message narratif«, in: *Communications* 4 (1964), S. 4-32.

33 Vgl. zur Unterscheidung zwischen Topographie und Topologie bereits J. M. L., »Zur Metasprache typologischer Kulturbeschreibungen«, in: J. M. L., *Aufsätze zur Theorie und Methodologie der Literatur und Kultur*, hg. von Karl Eimermacher, Kronberg: Scriptor 1974, S. 338-377, sowie zur kulturkonstitutiven Innen-Außen-Grenze »The Semiosphere«, in: Jurij M. Lotman, *Universe of the Mind: A Semiotic Theory of Culture*, London: Tauris 1990, S. 123-214.

34 Charles W. Morris, *Foundations of the Theory of Signs*, Chicago: University of Chicago Press 1938, S. 6-9 und 29-42.

35 Vgl. Rainer Warning, »Poetische Konterdiskursivität. Zum literaturwissenschaftlichen Umgang mit Foucault«, in: R. W., *Die Phantasie der Realisten*, München: Fink 1999, S. 313-345.

form«.[36] Gerade in seiner spezifischen Raumordnung manifestiert sich der literarische Text in seiner parasitären Existenz als »sekundäres modellbildendes System«,[37] das sich in der Umcodierung jener historisch gegebenen Sinn- und Normensysteme konstituiert, die die Umwelt des Textes darstellen.[38] In diesem Sinne kann Lotman das narrative Ereignis im Text auch als »›revolutionäres Element‹ im Verhältnis zum ›Weltbild‹«[39] bezeichnen: Texte mit Handlungen sind für Lotman also deswegen revolutionär, weil die sujetkonstitutive Überschreitung des im Text als ›normal‹ Gesetzten immer auch eine Durchbrechung historisch und sozial gegebener Sinn-, Normen- und Wertsysteme darstellt.

Lotmans pragmasemiotisches Raummodell wurde in der jüngeren Forschungsgeschichte zum ästhetischen Raum auf vielfältige Weise aufgegriffen.[40] Als vermittelbar mit dem Oppositionsprinzip der strukturalistischen Semantik hat sich hierbei insbesondere die Frage nach der ästhetischen Behandlung von Orten erwiesen, die sich nach Foucaults *Heterotopie*-Modell[41] als Formen eines gesellschaftlich eingeschlossenen Ausgeschlossenen beschreiben lassen. Hierbei wurde immer wieder die Frage gestellt, ob ästhetische Diskurse womöglich spezifische Spiel-Räume eröffnen, die sich den lebensweltlichen Raummodellen, auf die sie Bezug nehmen, widersetzen

36 Eine Historisierung solcher räumlichen Sinnmodelle bietet Michail Bachtin mit seinem Konzept des *Chronotopos*: Michail Bachtin, *Formen der Zeit im Roman – Untersuchungen zur historischen Poetik*, Frankfurt am Main: Suhrkamp 1989 [1975].

37 Jurij M. Lotman, *Die Struktur literarischer Texte*, München: Fink 1972, S. 22.

38 Anders als bei Lessing, bei dem der Raum neben der Zeit zu einem die Wort- und Bildkünste unterscheidenden Kriterium wird, ist Räumlichkeit für Lotman ein Medien und Kunstformen übergreifendes Phänomen. Gleichwohl bleibt Lotmans Raummodell entsprechend der struktural-semiotischen Ausrichtung wesentlich textuell-sprachlich geprägt. Doch auch wenn Lotman »die sekundären modellbildenden Systeme (wie überhaupt alle semiotischen Systeme) ›nach dem Typ der Sprache‹ gebaut« versteht (Lotman, *Die Struktur literarischer Texte*, S. 24), sieht er gerade hierdurch die objektive Beschreibungsgrundlage gegeben, die eine prinzipielle Anwendbarkeit auch auf andere ästhetische Zeichensysteme, wie Malerei, Film, Musik etc., garantiert; vgl. Jurij M. Lotman, *Esthétique et semiotique du cinéma*, Paris: Éditions sociales 1977.

39 Lotman, *Die Struktur literarischer Texte*, S. 339.

40 Vgl. den Überblick in Hans Krah, »Räume, Grenzen, Grenzüberschreitungen – Einführende Überlegungen«, in: *Ars Semiotica* 22/1-2 (1999), S. 4-12.

41 In diesem Band Text 17.

und inwieweit den literarisch funktionalisierten Raumrepräsentationen ein besonderes transgressives oder reflexives Potenzial bezüglich ihrer eigenen Repräsentationsbedingungen, aber auch im Hinblick auf die spezifischen Voraussetzungen von historisch gegebenen Konkurrenzmedien, zuzugestehen ist.[42]

Wenngleich die Philologien den kultursemiotischen Ansatz Lotmans in vielfältiger Weise aufgegriffen haben, sehen sie sich in jüngster Zeit in verstärkter Konkurrenz zu konsequent kommunikationstechnisch orientierten Ansätzen, wie sie für die Raumtheorie der allgemeinen Kultur- und Medienwissenschaften insbesondere in der Nachfolge Friedrich Kittlers kennzeichnend sind. Ausgehend von den medientechnischen Grundfunktionen des Speicherns, Übermittelns und Verarbeitens[43] erschließt diese sich Hinweise auf die kulturpragmatischen Kontexte ihrer jeweiligen – nun nicht mehr nur ästhetischen – Untersuchungsgegenstände. Solche Untersuchungen beschreiben medien- und diskurstechnisch induzierte Raummodelle über mediale Leitdifferenzen wie ›schriftlich/mündlich‹, ›Schrift/Druck‹, ›fiktional/simulatorisch‹ und beanspruchen dabei, aus den materiellen Voraussetzungen sozialer Kommunika-

42 Andreas Mahler/Wolfram Nitsch (Hg.), *Rédas Paris – Topographien eines späten Flaneurs*, Passau: Stutz 2001; Jörg Dünne/Hermann Doetsch/Roger Lüdeke (Hg.), *Von Pilgerwegen, Schriftspuren und Blickpunkten. Raumpraktiken in medienhistorischer Perspektive*, Würzburg: Königshausen & Neumann 2004; zum Raum der Literatur vgl. ferner: Hartmut Böhme (Hg.), *Topographien der Literatur. Deutsche Literatur im transnationalen Kontext. DFG-Symposion 2004*, Stuttgart/Weimar: Metzler 2005; Robert Stockhammer (Hg.), *TopoGraphien der Moderne. Medien zur Repräsentation und Konstruktion von Räumen*, Paderborn: Fink 2005. Die sprachtheoretische Grundlage für ein spezifisch ästhetisches »Gesetz der Verräumlichung« formuliert Jacques Derridas Begriff des *espacement*, der das Prinzip semiotischer Differenzialität (*différance*) im Sinne eines dynamischen und offenen Felds noch nicht geformter Bedeutungsmöglichkeiten beschreibt und dessen Realisierung er am Beispiel Stéphane Mallarmés als Spezifikum literarischer Texte der Moderne nachweist. (Jacques Derrida, »Die zweifache Séance«, in: J. D., *Dissemination*, hg. von Peter Engelmann, Wien: Passagen 1995 [1972], S. 193-320.) Eine kulturkritische Wendung des *espacement* bietet der Bereich der postkolonialen Literaturwissenschaft ausgehend von Homi Bhabhas Konzept des *third space* oder des *in between space* (Homi K. Bhabha, *Die Verortung der Kultur*, Tübingen: Stauffenburg 2000 [1994]).

43 Friedrich Kittler, »Signal – Rausch – Abstand«, in: Hans Ulrich Gumbrecht/K. Ludwig Pfeiffer (Hg.), *Materialität der Kommunikation*, Frankfurt am Main: Suhrkamp 1988, S. 342-359.

tion die medientechnischen Möglichkeitsbedingungen zu erschließen, die den Produkten der ästhetischen oder allgemein symbolischen Raumkonstitution allererst zugrunde liegen.[44] Damit verbunden ist häufig eine Polemik gegen die zeitgenössische philologische Praxis und die vermeintlich unreflektierte Weise, in der diese symbolische Räume als quasi natürlich gegebene Gegenstände einer vorrangig struktural-deskriptiven Analysepraxis betrachtet. Die Herausforderungen für einen medienreflexiven Raumbegriff betreffen vor allem den Übergang von Schrift- zu technischen Medienkulturen, in dem die Konkurrenz zwischen fiktionalen und simulativen Repräsentationstechniken[45] eine maßgebliche Steigerungsdynamik erfährt. Inwieweit symbolische Räume hierbei in besonders intensiver Weise auf technische Räume reagieren und umgekehrt, zeigt sich nicht zuletzt im ästhetischen Geltungsbereich des Films.

Eric Rohmers medientechnischer Ausgangsbeobachtung zufolge basiert der Film – ähnlich wie die Malerei – auf dem Wechselspiel zwischen Bildoberfläche und Handlungsraum.[46] Im Unterschied zur Bildkunst im Allgemeinen besteht das Spezifikum des Films jedoch darüber hinaus in einer konstitutiven Verzeitlichung seiner einzelnen Bildräume: »Jede Verformung des Raums wird von einer Verformung der Zeit, einer Beschleunigung oder Verlangsamung des Rhythmus, begleitet.«[47] Auf dieser Grundlage beschreibt Rohmer in Text 29 verschiedene Ausprägungen der filmischen Raumdarstellung, die sich zwischen den Extremformen realistischer Mo-

44 Friedrich Kittler, *Aufschreibesysteme 1800-1900*, München: Fink 1987 [1985]; Gumbrecht/Pfeiffer (Hg.), *Materialität der Kommunikation*; Bernhard Siegert, *Passage des Digitalen – Zeichenpraktiken der neuzeitlichen Wissenschaften 1500-1900*, Berlin: Brinkmann & Bose 2003; Anne Zali (Hg.), *L'aventure des écritures – la page*, Paris: Bibliothèque Nationale de France 1999. Vgl. auch die Einleitung zu Teil III.

45 Friedrich Kittler, »Fiktion und Simulation«, in: Karlheinz Barck/Peter Gente/Heidi Paris/Stefan Richter (Hg.), *Aisthesis – Wahrnehmung heute oder Perspektiven einer anderen Ästhetik*, Leipzig: Reclam 1998 [1989], S. 196-213.

46 Vgl. zur Unterscheidung von Bild- und Handlungsraum Max Imdahl, *Giotto – Arenafresken. Ikonographie, Ikonologie, Ikonik*, München: Fink 1980. In Relation zum Theater hat vor allem André Bazin auf die besondere Bedeutung der Tiefendimension des filmischen Raums hingewiesen, die sich für den Zuschauer bei der Ausnutzung der Tiefenschärfe in der *mise-en-scène* einstellt; vgl. André Bazin, »Die Entwicklung der kinematographischen Sprache«, in: A. B., *Was ist Kino? Bausteine zur Theorie des Films*, Köln: DuMont Schauberg 1975 [1958], S. 28-44.

47 Vgl. Text 29, S. 518.

tivierung und ästhetischer Selbstreferenz ansiedeln. Während der erste Typus dem Zuschauer eine identifikatorische Vereinigung mit den filmisch erzeugten Erlebnis- und Handlungsräumen ermöglicht, tendiert der zweite Typus zu Formen der Referenzlosigkeit und Selbstbezüglichkeit, die die technisch-materiellen Eigenschaften des filmischen Mediums selbst in den Vordergrund rücken.[48] Im Schwellenbereich zwischen diesen Extremformen siedelt Rohmer die Filme Buster Keatons an. Rohmer fasziniert die Geometrisierung von Keatons Filmräumen, die sich in schematisierten Bildaufteilungen oder bildkompositorischen Achsenbildungen zeigt und dazu tendiert, sich gegenüber den Anforderungen der fiktionalen Illusionsbildung und Handlungslogik zu verselbständigen. Rohmer zufolge legen solche medientechnisch hervorgerufenen Verfahren der Raumkonstitution die Kontingenz und den Konstruktcharakter der symbolischen Raumrepräsentation offen. Über die Differenzerfahrung zwischen seiner körperlich geprägten Raumerfahrung einerseits und ihrer symbolisch-technischen Vermittlung im Filmmedium andererseits erhält der Zuschauer so die Möglichkeit zu einem modifizierten – auch: *virtuellen* – Selbstverhältnis, das sein Raum- und Selbsterleben unter das Zeichen einer grundsätzlichen Potenzialität stellt.[49]

Ungeachtet seines Interesses an den medientechnischen Voraussetzungen des temporalisierten Filmraums bleiben Rohmers Analysen konsequent auf die symbolischen Formregeln der Bildtradition seit der Renaissance beziehbar, wie sie in der Nachfolge Erwin Panofskys vielfach beschrieben wurden:[50] Abdeckung der Objek-

48 Zum Spannungsverhältnis zwischen dem filmischen »Bewegungsbild«, das den kontinuierlichen Raum der erzählten Geschichte unterstützt, und dem dem klassischen Erzählkino zuwider laufenden Phänomen der Nichttotalisierbarkeit der filmischen Erzählung im »beliebigen[n] Raum« (*espace quelconque*) vgl. Gilles Deleuze, *Das Bewegungs-Bild. Kino 1*, Frankfurt am Main: Suhrkamp 1997 [1983], S. 154 f.

49 Vgl. auch die Einleitung von Herrmann Doetsch zu Teil III des vorliegenden Bandes.

50 Erwin Panofsky, »Die Perspektive als ›symbolische Form‹« [1927], in: E. P., *Deutschsprachige Aufsätze*, Bd. 2, hg. von Karen Michels und Martin Warnke, Berlin: Akademie Verlag 1998, S. 664-757, sowie Hans Jantzen, *Über den kunstgeschichtlichen Raumbegriff*, München: Verlag der Bayerischen Akademie der Wissenschaft 1938; Hubert Damisch, *L'origine de la perspective*, Paris: Flammarion 1987.

te, Größenunterschiede zwischen Objekten, Fluchtpunkttechnik, Schärfe, Luft und Optik sowie schließlich durch Kamerabewegung und Ton erweiterte Techniken der akustischen und prozessual-dynamischen Raumkonstitution. Damit zeigt das Beispiel Rohmer durch die von ihm geleistete Vereinigung von Semiotischem und Medientechnischem, dass beide Untersuchungsperspektiven keine kategorial voneinander unterscheidbaren Ebenen der ästhetischen Raumforschung darstellen müssen. Stattdessen können Technisches und Semiotisches, Mediales und Symbolisches als Grundlage für eine Auffassung des Filmmediums als *Apparat* verstanden werden, wie sie insbesondere von der Filmtheorie der späten 1960er-Jahre zur Beschreibung des kinematographischen Raums entwickelt wurde.

In Anlehnung an Louis Althussers *Ideologie*-Begriff rekonstruieren Autoren wie Marcelin Pleynet, Jean-Louis Baudry oder Christian Metz die Tendenz des kinematographischen Raums zur Verstellung und Kaschierung des filmischen Produktionsprozesses – in der kulturkritischen Diktion des Marxismus also: die strukturelle Nähe des Films zur Fetischisierung und Mystifikation der geschichtlich-gesellschaftlichen Wirklichkeit und ihrer Produktions- und Kapitalverhältnisse.[51] Anders als Althusser aber wenden die genannten Autoren den ideologiekritischen Ansatz ins Psychoanalytische und beschreiben den kapitalistischen Verblendungszusammenhang in Jacques Lacans Begriffen der Verkennung (*méconnaissance*).[52] Die historischen Produktionsbedingungen des Marxismus werden dabei abgelöst durch die Grundannahme einer anthropologisch begründeten Mangelnatur des Menschen. Infolgedessen ist die menschliche Subjektkonstitution von vornherein durch supplementäre Strukturen einer imaginären Bedürfnisbefriedigung bestimmt, die in kulturell sanktionierten Kommunikationsformen symbolisch

51 Jean-Louis Baudry, »Le dispositif – approches métapsychologiques de l'impression de réalité«, in: *Psychanalyse et cinéma: Communications* 23 (1975), S. 56-72; J.-L. B., »Ideological Effects of the Basic Cinematographic Apparatus« [1970], in: Leo Braudy/Marshall Cohen (Hg.), *Film Theory and Criticism – Introductory Readings*, New York/Oxford: Oxford UP 1999, S. 345-355; Christian Metz, *L'énonciation impersonnelle ou Le site du film*, Paris: Méridiens Klincksieck 1991.

52 Vgl. für eine Verbindung der marxistischen und psychoanalytischen Forschungsrichtung im Bereich der Filmwissenschaft: Frederic Jameson, *The Geopolitical Aesthetic: Cinema and Space in the World System*, Bloomington: Indiana University Press 1992.

ausagiert werden: »Bevor die Kinomaschine also Realität simuliert, simuliert sie das Subjekt, das Lacan seinerseits einen ›apparatus‹ nannte.«[53]

Die hieraus ableitbare Annahme eines filmischen *espace spéculaire* bildet offensichtlich einen späten Ausläufer der anthropologisch und phänomenologisch geprägten Raumästhetik. Anstelle der kollektiven Einheitserfahrung im Stile Herrmanns oder Schmarsows unterliegt das Subjekt des kinematographischen Raums in diesen Ansätzen jedoch einer Form des Selbstverhältnisses, das auf Unverfügbarkeit basiert und an den Nahtstellen (*suture*) der filmischen Raumillusion die prinzipielle Differenzialität der menschlichen Selbst- und Weltentwürfe vollzieht: Zwischen der räumlichen Kontinuität von Blicken, Schnitten einerseits und den Brüchen in der filmischen Raumrepräsentation andererseits erfährt sich der Zuschauer hierbei als markierte Leerstelle in einem Prozess symbolischer wie technischer Vermittlung. Gegen die spekuläre Logik einer weiterhin cartesianisch gedachten Subjektkonstitution erweisen sich die menschliche Selbstanschauung und Kognition in diesem filmischen Raum dauerhaft als mit sich selbst nichtidentische markiert.

Die zentrale Voranname des filmtheoretischen Apparat-Begriffs besagt, dass symbolisch erzeugte Fiktionen immer schon mediale Technisierung implizieren, während umgekehrt technisch generierte Simulationen stets auf symbolisch-imaginärer Vermittlung basieren. Ausgehend von diesem Vorschlag zu einer symboltheoretischen Perspektivierung eines medientechnisch verstandenen Raumbegriffs, lässt sich demnach ein zentrales »Prinzip jeder Technologie« berücksichtigen, auf das bereits Gilles Deleuze und Félix Guattari hingewiesen haben. Diesem Prinzip zufolge bleibt

> ein technisches Element abstrakt und völlig unbestimmt [...], wenn man es nicht auf ein ›Gefüge‹ bezieht, das es voraussetzt. In bezug auf das technische Element kommt als erstes die Maschine, und zwar nicht die technische Maschine, die selber ein Komplex von Elementen ist, sondern die gesellschaftliche oder kollektive Maschine, das maschinelle Gefüge, durch das determiniert wird, was ein technisches Element in einem bestimmten Mo-

53 Hartmut Winkler, *Der filmische Raum und der Zuschauer. ›Apparatus‹ – ›Semantik‹ – ›Ideology‹*, Heidelberg: Winter 1992, S. 38 f. (nach Baudry, »Ideological Effects of the Basic Cinematographic Apparatus«).

ment ist, wie seine Anwendung, seine Ausdehnung, sein Umfang etc. beschaffen sind.[54]

Deleuze und Guattari beziehen hier Stellung gegen Verhältnisse einer instrumentellen Äußerlichkeit von historisch variablen Medientechniken. Diese sind offensichtlich auch in den kulturwissenschaftlich relevanten Bezugstechniken der ästhetischen Raumkonstitution nicht gegeben: Denn Texte, Gemälde, Musik, Film und Photographie speichern, übertragen und verarbeiten zwar Sprache, Farben, Formen, Bewegung und Töne, aber so wie es »keine Sprache jenseits der Rede, der Schrift oder der gestischen Artikulation«[55] gibt, so gibt es auch keine Bilder oder Musik jenseits der visuellen oder akustischen Trägermedien:

> Technik als Werkzeug erspart Arbeit; die Technik als Apparat aber bringt künstliche Welten hervor, sie eröffnet Erfahrungen und ermöglicht Verfahren, die es ohne Apparaturen nicht etwa abgeschwächt, sondern überhaupt nicht gibt. Nicht Leistungssteigerung, sondern Welterzeugung ist der produktive Sinn von Medientechnologien.[56]

Das wechselseitige Spannungsverhältnis von technischen und symbolischen Räumen der Welterschließung vorausgesetzt, bilden die aus den Wechselbeziehungen von Medien und Zeichen resultierenden Widerstände des ›Realen‹[57] also einen lohnenden systematischen Gegenstandsbereich der kulturwissenschaftlichen Annäherung an die ästhetische Raumkonstitution. Die prinzipielle Unterscheidung zwischen Instrument und Apparat zeigt jedoch, inwieweit die kulturelle Funktion räumlicher Symbol- und Medienpraktiken dabei keineswegs nur am Leitfaden der Entstehungsgeschichte und der Erscheinungsformen spezifischer Einzelmedien zu verfolgen ist. Neben den materiell-technischen Bedingungen der Speicherung, des Übermittelns und Verarbeitens von ästhetischen Äußerungen müssen hier auch die symbolischen Instituierungs- und Iterationsformen von Raummodellen in die nähere Betrach-

54 Gilles Deleuze/Félix Guattari, *Tausend Plateaus – Kapitalismus und Schizophrenie*, Berlin: Merve 1992 [1980], S. 549.

55 Sybille Krämer, »Das Medium als Spur und als Apparat«, in: S. K. (Hg.), *Medien – Computer – Realität. Wirklichkeitsvorstellungen und Neue Medien*, Frankfurt am Main: Suhrkamp 1998, S. 73-94, hier S. 84.

56 Ebd., S. 85.

57 Slavoj Žižek, *Die Pest der Phantasmen – Die Effizienz des Phantasmatischen in den neuen Medien*, Wien: Passagen-Verlag 1997.

tung mit aufgenommen werden. Ästhetische Räume kommen dann als Raum-*Konfigurationen* in den Blick: als Teil eines differenzierten Gefüges von Techniken, Inhalten und Konventionen auf der Ebene von Wahrnehmungsgeschichte, Epistemologie und sozialer Interaktion in deren je eigener Geschichtlichkeit.[58]

Roger Lüdeke

Auswahlbibliographie

Architektur

Giedion, Sigfried: *Raum, Zeit, Architektur. Die Entstehung einer neuen Tradition*, Basel: Birkhäuser [6]2000 [1941].

Hajnóczi, Julius Gy.: *Vallum und Intervallum. Eine analytische Theorie des architektonischen Raumes*, Budapest: Akadémiai Kiadó 1988.

Hiller, Bill: *Space is the Machine. A Configurational Theory of Architecture*, Cambridge: Harvard University Press 1996.

Huber, Joachim: *Urbane Topologie. Architektur der randlosen Stadt*, Weimar: Bauhaus-Universität 2002.

Krämer, Bernd: *Der Raumbegriff in der Architektur. Eine Analyse räumlicher Begrifflichkeit und deren Veranschaulichung am Beispiel des Weges und der Schwelle*, Hannover: Institut für Architektur und Planungstheorie 1983.

Krausse, Joachim: *Gebaute Weltbilder. Von Boullée bis Buckminster Fuller*, Aachen: Arch+ 1993.

Tschumi, Bernard: *Questions of Space. Lectures on Architecture*, London: Architectural Association 1995 [1990].

Bildende Kunst

Geyer, Bernhard: *Scheinwelten. Die Geschichte der Perspektive*, Leipzig: Seemann 1994.

Gombrich, Ernst: »Die Raumwahrnehmung in der abendländischen Kunst«, aus dem Englischen von Christiane Spelsberg, in: E. G., *Das forschende Auge. Kunstbetrachtung und Naturwahrnehmung*, Frankfurt am Main/New York: Campus 1994, S. 69-91 [1988].

58 Vgl. Georg Christoph Tholen, »Einleitung«, in: Sigrid Schade/G. C. T. (Hg.), *Konfigurationen. Zwischen Kunst und Medien*, München: Fink 1999, S. 15-35.

Gudra, Cornelia/Kunibert Bering: *Raum und Fläche*, Münster: Landesbildstelle Westfalen 1985.
Müller, Axel: *Im Rahmen des Möglichen. Studien zur Bild- und Raumkonzeption der Malerei des 19. und 20. Jahrhunderts*, Inaugural-Dissertation Gießen 1988.
Panofsky, Erwin: »Die Perspektive als ›symbolische Form‹«, in: E. P., *Deutschsprachige Aufsätze*, Bd. 2, hg. von Karen Michels/Martin Warnke, Berlin: Akademie Verlag 1998, S. 664-757 [1927].
Raphael, Max: *Raumgestaltungen. Der Beginn der modernen Kunst im Kubismus und im Werk von Georges Braque*, hg. von Hans-Jürgen Heinrichs, Frankfurt am Main/New York: Campus 1986.
Thürlemann, Felix: *Vom Bild zum Raum. Beiträge zu einer semiotischen Kunstwissenschaft*, Köln: DuMont 1990.
White, John: *The Birth and Rebirth of Pictorial Space*, London/Boston: Faber & Faber [3]1987 [1957].

Film

Barber, Stephen: *Projected Cities. Cinema and Urban Space*, London: Reaktion 2002.
Beller, Hans (Hg.): *Onscreen, Offscreen: Grenzen, Übergänge und Wandel des filmischen Raumes*, Ostfildern: Hatje Cantz 2000.
Bordwell, David: »Modelle der Rauminszenierung im zeitgenössischen europäischen Kino«, aus dem Amerikanischen von Ingrid Scherf, in: Andreas Rost (Hg.): *Zeit, Schnitt, Raum*. Frankfurt am Main: Verlag der Autoren 1997, S. 17-42.
Everett, Wendy/Axel Goodbody: *Revisiting Space. Space and Place in European Cinema*, Frankfurt am Main u. a.: Lang 2005.
Gardiès, André: *L'espace au cinéma*, Paris: Klincksieck 1993.
Gertrud Koch (Hg.): *Umwidmungen – Architektonische und kinematographische Räume*, Berlin: Vorwerk 8 2005.
Seguin, Louis: *L'espace du cinema (Hors-champ, hors-d'œuvre, hors-jeu)*, Toulouse: Ombres 1999.
Thomas, Deborah: *Reading Hollywood. Spaces and Meaning in American Film*, London: Wallflower 2001.
Winkler, Hartmut: *Der filmische Raum und der Zuschauer. ›Apparatus‹ – ›Semantik‹ – ›Ideology‹*, Heidelberg: Winter 1992.

Literatur

Bachtin, Michail: *Formen der Zeit im Roman – Untersuchungen zur historischen Poetik*, aus dem Russischen von Michael Dewey, Frankfurt am Main: Suhrkamp 1989 [1975].

Blanchot, Maurice: *L'espace littéraire*, Paris: Gallimard 1955.

Görling, Reinhold: *Heterotopia: Lektüren einer interkulturellen Literaturwissenschaft*, München: Fink 1997.

Koschorke, Albrecht: *Die Geschichte des Horizonts: Grenze und Grenzüberschreitung in literarischen Landschaftsbildern*, Frankfurt am Main: Suhrkamp 1990.

Krah, Hans: »Räume, Grenzen, Grenzüberschreitungen – Einführende Überlegungen«, in: *Ars Semeiotica* 22/1-2 (1999), S. 4-12.

Miller, J. Hillis: *Topographies*, Stanford: Stanford University Press 1995.

Teuber, Bernhard: »Imaginatio borealis in einer Topographie der Kultur«, in: Annelore Engel-Braunschmidt u. a. (Hg.): *Ultima Thule. Bilder des Nordens von der Antike bis zur Gegenwart*, Frankfurt am Main u. a.: Lang 2001, S. 173-201.

Wenz, Karin: *Raum, Raumsprache und Sprachräume. Zur Textsemiotik der Raumbeschreibung*, Tübingen: Narr 1997.

Musik

Bayer, Francis: *De Schönberg à Cage. Essai sur la notion d'espace sonore dans la musique contemporaine*, Paris: Klincksieck 1981.

Böhme, Tatjana/Klaus Mehner (Hg.): *Zeit und Raum in Musik und Bildender Kunst*, Köln: Böhlau 2000.

Boulez, Pierre: *Musikdenken heute*, aus dem Französischen von Josef Häusler und Pierre Stoll, Mainz: Schott 1963.

Landau, Annette/Claudia Emmenegger (Hg.): *Musik und Raum. Dimensionen im Gespräch*, Zürich: Chronos 2005.

Theater

Brook, Peter: *Der leere Raum*, aus dem Englischen von Walter Hasenclever, Berlin: Alexander 2001 [1968].

Cruciani, Fabrizio: *Lo spazio del teatro*, Roma: Laterza 1992.

Fischer-Lichte, Erika (Hg.): *Ritual und Grenze*, Tübingen/Basel: Francke 2003.

McAuley, Gay: *Space in Performance: Making Meaning in the Theatre*, Ann Arbor: University of Michigan Press 2000.
Pelletier, Louise: *Architecture in Words: Theatre, Language and the Sensuous Space of Architecture*, New York/London: Routledge 2006.
Roesner, David/Geesche Wartemann/Volker Wortmann (Hg.): *Szenische Orte – mediale Räume*, Hildesheim: Olms 2005.
Wiles, David: *A Short History of Western Performance Space*, Cambridge: Cambridge University Press 2003.

26 August Schmarsow
Das Wesen der architektonischen Schöpfung

Die psychologische Tatsache, daß durch die Erfahrungen unseres Gesichtssinnes, sei es auch unter Beihilfe andrer leiblicher Faktoren, die Anschauungsform des dreidimensionalen Raumes zu Stande kommt, nach der sich alle Wahrnehmungen des Auges und alle anschaulichen Vorstellungen der Phantasie richten, ordnen und entfalten, – dieser Tatbestand ist auch der Mutterboden der Kunst, deren Ursprung und Wesen wir suchen.

Sobald aus den Residuen sinnlicher Erfahrung, zu denen auch die Muskelgefühle unseres Leibes, die Empfindlichkeit unserer Haut wie der Bau unseres ganzen Körpers ihre Beiträge liefern, das Resultat zusammenschießt, das wir unsere räumliche Anschauungsform nennen, – der Raum, der uns umgibt, wo wir auch seien, den wir fortan stets um uns aufrichten und notwendig vorstellen, notwendiger als die Form unsers Leibes, – sobald wir uns selbst und uns allein als Zentrum dieses Raumes fühlen gelernt, dessen Richtungsachsen sich in uns schneiden, so ist auch der wertvolle Kern gegeben, das Kapital gleichsam des architektonischen Schaffens begründet, wenn es zunächst auch nicht ansehnlicher als ein Heckpfennig scheint. Bemächtigt sich erst die nimmerruhende Phantasie dieses Keimes zur Weiterbildung nach dem innewohnenden Gesetz der drei Richtungsachsen, die auch im kleinsten Zellenkern jedes Raumgedankens beschlossen sind, so erwächst aus dem Senfkorn ein Baum, eine ganze Welt um uns her. Raumgefühl und Raumphantasie drängen zur Raumgestaltung und suchen ihre Befriedigung in einer Kunst; wir nennen sie Architektur und können sie deutsch kurzweg als ›Raumgestalterin‹ bezeichnen.

Ihre Wurzeln liegen ebenda, wo der Ursprung unseres mathematischen Denkens, die psychologischen Grundlagen der Raumwissenschaft zu suchen sind, nur daß die Kunst sofort darnach strebt, die innere Anschauung irgendwie in wirkliche Erscheinung umzusetzen, die sinnlich sichtbare Andeutung, Bezeichnung, Umgrenzung eines Raumausschnittes im allgemeinen Raume will, während die Wissenschaft nur in reinen möglichst abstrakten Formen denkt, rechnet, schließt, aber nichts zu schaffen unternimmt. Die schwesterliche Verwandtschaft beider erkennen wir überall in ihrem ferneren Gebaren.

Die ersten Versuche, eine räumliche Vorstellung in die Wirklichkeit zu setzen, geben sofort weiteres Zeugnis von der Organisation des menschlichen Intellekts. Ein paar sichtbare Zeichen für das Auge, das die Umgebung mit seinem Blick überschaut, genügen als Anhaltspunkte für die Phantasie, die Projektion in die Außenwelt anzuerkennen und sie befriedigt als Tatsache wieder zu erproben. Diese Abgrenzung irgend eines näheren übersehbaren Bezirkes geht kaum über die Anordnungen des Kindes hinaus; aber der Machtspruch der Einbildungskraft richtet Wände auf, wo nur Striche sind, und der Glaube macht selig, so skeptisch und überlegen auch der Erwachsene auf dies symbolische Verfahren herabsieht. Die Spuren der Fußsohlen im Sande, die schmale Furche mit dem Stekken gezogen, sind schon weitere Schritte zu kontinuierlicher Darstellung der Grenze. Wenn der Wind sie verweht, der Regen sie verwaschen, wird erst zu einer dauerhaftern Bezeichnung durch eine Reihe von Feldsteinen, durch eine Hecke oder Hürde geschritten. Die wachsende Handfertigkeit und die Fortschritte im Bearbeiten des Vorhandenen bringen weitere Anlagen zum Vorschein: die angedeuteten Grenzen nähern sich immer mehr der graden Linie, die Abstände der aufgepflanzten Feldsteine oder sonstigen Merkzeichen verraten die Neigung zum Gleichmaß, das Ganze der gewollten Umschließung den Grundzug einer regelmäßigen Figur. Je übersichtlicher der Umriß dieser Gemarkung, desto sicherer wird der parallele Verlauf der Seiten, die symmetrische Gleichheit ihrer Länge durchgeführt, selbst örtliche Hindernisse von der menschlichen Regel überwunden. Auch hier also wirkt die natürliche Organisation des Menschen unbewußt und notwendig wie auf alle Erzeugnisse seiner Hand ebenso, wie in seinen Geräten und deren Verzierung oder im Schmuck seines eigenen Leibes die gleichartige oder abwechselnde Reihung, die symmetrische Wiederkehr, die regelmäßigen Formen des Rechtecks, des Kreises usw. hervortreten. Die weite Mulde eines Tales oder die enge Schlucht im Gebirge, die zufällig entstandene Höhle oder der Spalt im Felsen sind Raumeindrücke, die die Wirklichkeit dem Menschen bietet, und Anregungen für seine Raumphantasie; aber die Nachbildung im eigenen Schaffen regelt alle Linien und reinigt alle Formen nach der gesetzmäßigen Organisation unseres Kopfes. In der geschichtlichen Entwicklung, die wir zu überblicken gewohnt sind, gehen Architektur und Mathematik unzweifelhaft Hand in Hand. Als Ideal schwebt immer die reine Form vor, wie sie sein soll, deren Gesetze die Raumwissenschaft ergründet, während die Raumkunst, die ihre Gestaltung in wirklichem Materiale durchführt, auch mit den Faktoren der natürlichen Umgebung, den physischen Gesetzen der Wirklichkeit sich abfinden muß. Aber in beiden waltet das Grundgesetz des Menschengeistes, kraft dessen er auch in der Außenwelt Ordnung sieht und Ordnung will. Überall bei seinem Tun ist deutlich, daß die Klarheit des Gesetzmäßigen, die Übersichtlichkeit der wiederkehrenden Teile, die Regelmäßigkeit und Reinheit ihm die eigentliche Befriedigung gewähren. So bevorzugt der Mensch sehr bald die gradgewachsenen Stämme vor den krummen, beseitigt vorsätzlich die Spuren des zufälligen Wachstums und der Abhängigkeit von wechselnden Einflüssen der Umgebung, indem er die Rinde abschält und die Borke glättet oder zurechthaut, und so bleibt in den Ebenen, die er als Wände aufrichtet, in den Pfosten und Pfeilern, die sie halten, wie in allen Einzelformen der spätern tektonischen Gestaltung die Vorliebe für abstrakte Regelrichtigkeit der Linien, Flächen und Körper als charakteristisches Wirkungsmittel der Architektur bestehen, ja es weckt wohl gar jede Abweichung davon das Gefühl der Abirrung in andre Gattungen der Kunst. Die Architektur ist also Raumgestalterin nach den Idealformen der menschlichen Raumanschauung.

Es ist die Befriedigung eines tiefinnerlichen Bedürfnisses, wenn die menschliche Hand ordnend und gestaltend eingreift in die wirkliche Umgebung; aber die Notwendigkeit ihres Verfahrens kommt uns erst zum Bewußtsein, wenn wir sehen, wie es aus dem Innersten unserer Organisation entspringt. Mit der fühlbaren Aufrichtung – wenn ich so sagen darf – des Rückgrats unserer Anschauung beginnt das architektonische Schaffen in uns. In dem Achsensystem der Koordinaten ist das natürliche Bildungsgesetz aller räumlichen Produktion des Menschen wie in einer zwingenden Formel vorgezeichnet. Es äußert sich mit Notwendigkeit sofort in ganz besonderem Sinne, und zwar vor allen Dingen in der wichtigen Tatsache, daß die Raumschöpfung sich zunächst gar nicht loslöst vom Subjekt, sondern immer den Zusammenhang mit dem anschauenden Urheber voraussetzt. Jede Gestaltung des Raumes ist zunächst Umschließung eines Subjekts, und dadurch unterscheidet sich die Architektur als menschliche Kunst wesentlich von allen Bestrebungen des Kunsthandwerks. Schaffendes und genießendes Subjekt sind zunächst dasselbe und deshalb der Ausgangspunkt unserer genetischen Erklärung.

In sich selber trägt ja das Subjekt die Dominante des Achsensystemes, das Höhenlot vom Scheitel an die Sohlen. Das heißt, solange eine Umschließung des Subjekts gewollt wird, bedarf der Meridian unseres Leibes keiner sinnlich sichtbaren Herstellung: wir selber sind seine Ausgestaltung in Person. Die Architektur als unsere Raumgestalterin schafft als ihr Eigenstes, das keine andre Kunst zu leisten vermag, Umschließungen unserer selbst, in denen die senkrechte Mittelachse nicht körperlich hingestellt wird, sondern leer bleibt, nur idealiter wirkt und bestimmt ist als Ort des Subjektes. Deshalb bleiben solche Innenräume noch weit hinein in ihrer Entwicklung als Kunst die Hauptsache. Das Raumgebilde ist eine Ausstrahlung gleichsam des gegenwärtigen Menschen, eine Projektion aus dem Innern des Subjekts, gleichviel ob es leibhaftig darinnen ist oder sich geistig hineinversetzt, also auch gleichviel ob eine Statue nach dem Ebenbilde des Menschen seine Stelle einnimmt oder der Schatten eines Abgeschiedenen hineingedacht wird. Ja, auf höheren Stufen der Supposition schafft die Kunst Ausstrahlungen einer idealen Einheit; die juristische Person, die Körperschaft, die Gemeinde, oder gar eine abstrakte, aus der staatlichen, sozialen, religiösen Gemeinschaft abgeordnete Idee, ein Faktor der vorhandenen Zivilisation, der herrschenden Kulturarbeit vertritt die Stelle des ursprünglich menschlichen Subjekts wie z. B. im Justizpalast, im christlichen Gotteshaus, in der *Universitas litterarum*.

Immer ist die Raumumschließung dieses Subjektes die erste Hauptangelegenheit, d. h. die Einfriedigung oder Umwandung nach den Seiten zu, nicht die Bedachung nach oben oder gar die Bezeichnung und Ausbildung des Höhenlotes. Lange mag sich die Einfriedigung, Umhegung und Umwandung unter freiem Himmel bewegen. Die Raumgebilde dieser Art, wie der griechische Hypaethraltempel und der ägyptische Wallfahrtstempel, gehören nicht minder zur Architektur als unsere vier Wände, von denen wir noch heute als Hauptsache reden.

Nächst dem Höhenlot, dessen lebendiger Träger mit seiner leiblichen Orientierung nach oben und unten, vorn und hinten, links und rechts bestimmend weiter wirkt,[1] ist die wichtigste Ausdehnung für das eigentliche Raumgebilde vielmehr die Richtung unserer freien Bewegung, also nach vorwärts, und zugleich unsers Blickes, durch Ort und Stellung unserer Augen bestimmt, also die Tiefenausdehnung. Ihre Länge bedeutet für das anschauende Subjekt das Maß seiner freien Bewegung im gegebenen Raume so notwendig, wie es gewohnt ist vorwärts zu gehen und zu sehen. Erst mit der freiern Ausdehnung der Tiefenachse wird das Gehäuse, das Schlupfloch zum Wohnraum, in dem man sich nicht gefangen fühlt, sondern aus eigener Wahl sich aufhält und lebt. Es ist auch ein geistiges Bedürfnis, das befriedigt wird, indem wir genügenden ›Spielraum‹ gewinnen. Und die Gegenprobe bestätigt diesen Sachverhalt: legt sich der Körper zu Boden, so daß das Höhenlot aus der aufrechten Stellung in die horizontale Richtungsachse fällt, so liegt darin sofort der Anlaß, die Höhenachse des Raumgebildes herabzumindern. Wo ein Zelt nur als Schutz für den Schlafenden errichtet wird, darf es niedriger sein, da drängt sich die Tiefenachse, nach des Leibes Länge, als Dominante der Raumform hervor. Und wo sonst die Ausdehnung des Innenraumes in die Tiefe vorherrscht, da liegt in ihr zweifellos der entscheidende Charakter dieser Bauten, wie in der Basilikenform der abendländischen Kirchen und ihrer Ausbildung des perspektivischen Durchblicks vom Eintritt bis zum Hochaltar im Chore.

Für die Breitendimension ergibt die Ausspannung unserer Arme nach links und rechts einen Minimalmaßstab, solange nicht das Auge mit der Weite des Blickes und dem Wechsel seiner Richtung einen größeren Abstand von Wand zu Wand auch in dieser Achse fordert. So unterscheidet sich wiederum der Unterschlupf von der Wohnung, das Bedürfnis des Schlafenden von dem des Wachenden, die Bergung in dunkler Höhle von dem Leben im hellen Gemach. Die Betrachtung der beiden Horizontalachsen kann ferner miteinander abwechseln. Wenn ich die Längswand in gehörigem Abstand nach ihrer ganzen Breite überschaue, so treten sofort auch hier die Abmessungen nach links und rechts von mir als Mittelachse in Kraft, während ich in der Richtung der Tiefenachse schauend die beiden Langseiten des Raumes in paralleler Perspektive absehe und

1 Daß auch diese Orientierung sich physiologisch aus der innern und äußern Organisation des Menschen erklärt, bedarf hier keiner Ausführung.

ermesse. Je näher die Ausdehnung beider Horizontalachsen übereinkommt, der Grundriß also dem Quadrat oder dem Kreise sich nähert desto zentraler wird die Vorherrschaft des Aufblicks in die Höhe, und während in der Breitenausdehnung auf allen Seiten oder ringsum die Symmetrie sich geltend macht, herrscht in der Höhenachse das Gesetz der Proportion, stets in Beziehung auf das Subjekt und seinen optischen Maßstab.

Werden endlich beide Horizontalachsen auf das geringste Maß der Ausdehnung eingeschränkt, so erscheint der Aufenthalt in solchem Gemach gar bald dem Wachenden als Strafe, sodaß er an den Wänden in die Höhe gehen möchte, und die Strafe steigert sich für jeden nicht Raumblinden noch empfindlicher, wenn die Zelle einen dreieckigen Grundriß hat oder sonst abnorme Verschiebung der Wände. Ein grader Charakter wie Lessing erklärte, in einem schiefwinkligen Gemach es nicht aushalten zu können.

Legt sich aber die Höhenachse zu Boden in die Richtungsachse, so gewinnt die Breitendimension an Bedeutung was die Höhenachse verliert. Gewöhnlich bleibt allerdings die Breite fühlbar untergeordnet, soviel wie die Richtung unseres Blickes und unsrer Ortsbewegung nach vorwärts überwiegt.

Dies Verhältnis erfährt indes sofort einen fühlbaren Umschwung, sowie das Subjekt aus dem Innenraum heraustritt, und das Äußere des Raumgebildes überschaut. Nun wirkt das Subjekt mit seinem Meridian als Mittelachse der Ausdehnung nach links und rechts, verlangt also die Befriedigung seines symmetrischen Gesetzes, und sieht sich selbst der Höhenachse des Raumgebildes gegenüber, mit seinen Ansprüchen an Proportion aller Verhältnisse. Das ganze Raumgebilde erscheint ihm nun als ›Körper außer ihm‹ im allgemeinen Raum, und damit verschieben sich alle Grundsätze für den Außenbau, im Vergleich zu dem Innenraum, d. h. zur Umschließung des Subjekts, von der wir ausgegangen.

Doch bevor noch vom Außenbau die Rede sein kann, muß für den Zusammenhang des Subjekts mit dem umschließenden Innenraum noch das Prinzip der weiteren Einzelbildung begründet werden. Schon die sprachlichen Bezeichnungen räumlicher Weite, die wir gebrauchen, wie ›Ausdehnung‹, ›Erstreckung‹, ›Richtung‹ deuten auf die fortwirkende Tätigkeit des Subjektes, das sofort sein eigenes Gefühl der Bewegung auf die ruhende Raumform überträgt, und ihre Beziehungen zu ihm nicht anders ausdrücken kann, als wenn es sich selbst, die Länge, Breite, Tiefe ermessend, in Bewegung vorstellt, oder den starren Linien, Flächen, Körpern die Bewegung andichtet, die seine Augen, seine Muskelgefühle ihm anzeigen, auch wenn er stillstehend die Maße absieht. Das Raumgebilde ist Menschenwerk und kann dem schaffenden und genießenden Subjekt nicht als kalte Kristallisation gegenüber stehen bleiben.

Hier zeigt sich die grundsätzliche Verschiedenheit der Raumkunst von der Raumwissenschaft, selbst wenn man sie mit Recht als kosmische Kunst bezeichnet. Das mathematische Denken abstrahiert von allen Zufälligkeiten des irdischen Schauplatzes, erhebt sich immer konsequenter zu den Regionen, wo die reinen Formen wohnen, und berechnet in der Sicherheit seines Verfahrens die Gesetze fernster Fernen im Weltall ebenso, wie auf unserm Grund und Boden, soweit ihn das menschliche Auge mit seinem Horizont umspannt. Die Raumkunst dagegen, auf sinnlich sichtbare Erscheinung ihres Tuns erpicht, ist auch an den Erdboden als feste Grundlage für den Menschen gebunden, und vermag auch bei den kühnsten Gebilden nicht auf den leiblich fühlenden Menschen und seines Gleichen zu verzichten. Sie vermag freilich weit hinauszugehen über die Anregungen der wirklichen Naturumgebung, aber stets nur im Einverständnis mit den unentrinnbaren Gesetzen der Wirklichkeit, der Kohäsion ihres Materials, der Statik und Mechanik, der Gravitation, den kosmischen Gesetzen des Alls. Eben daraus aber gewinnt sie die mannigfaltigste Beziehung zu menschlichen Erfahrungen, menschlichem Leben in der Erdenwelt, in die wir gestellt sind, und diese helfen ihr das Kunstwerk, das auch im höchsten Gelingen Menschenwerk bleibt, mit neuem Leben zu erfüllen. Die starre reine Form allein wäre bei aller ausgesprochenen Vorliebe für Gesetzmäßigkeit und Regel dem Menschen auf die Dauer als seine tägliche Umschließung ein unerträglicher Zwang.

Sie muß sich durchdringen mit Leben von seinem Leben, wenn sie vollauf befriedigen und beglücken soll. Daher bekommt die Projektion der dreidimensionalen Raumanschauung, die fest und fertig aus dem Haupt des Menschen entspringt, noch eine andre Mitgabe ins Dasein auf den Weg, das ist die Anlage zu eigenem Leben, der Trieb, zum selbständigen Organismus sich auszubilden und abzuschließen. Daher das Gegenspiel der Kräfte, der tragenden und getragenen Teile, welche die Raumabschließung mit der schlichten

Ausdehnung ihrer Wände durch innern Aufbau erst zu unabhängiger Existenz bringen, ihr Dasein und ihr Sosein für das menschliche Subjekt motivieren, und ihm damit eine neue Quelle genußreicher ästhetischer Betrachtung eröffnen. So sind unsere Kunstphilosophen gar auf den Irrtum verfallen, als sei die Architektur selbst die ideale Darstellung der das Weltall erhaltenden Gesetze der Schwere, eine Darstellung der Begriffe Kraft und Last für unser Gefühl;[2] als sei diese doch offenbar lehrhafte Aufgabe die Hauptsache an ihr, während sie doch höchstens in dem Gliederbau ihre Rechnung findet, d. h. erst der späteren Durchführung des Organismus angehören könnte.

Deshalb wollen diese Ästhetiker der Architektur auch erst ein Bauwerk als solches gelten lassen, wenn es durch feste Dachkonstruktion die klare Gegenüberstellung von Kraft und Last, tragenden und getragenen Teilen aufweist,[3] d. h. wenn der Raumausschnitt als fest beharrender Raumkörper erscheint, und sie verweilen deshalb nur beim Aufbau und beim Außenbau mit Vorliebe, lassen aber die Raumerfindung als solche, die Raumentfaltung, die Raumperspektive und Raumkomposition völlig außer Acht. Die Innenseite des architektonischen Schaffens und ihre psychologische Erklärung aus einem immer lebendigen Motiv geht ihnen damit verloren.

Wie nämlich die Regungen des Gemeingefühls als Ergebnis der äußern Ereignisse sich zu Stimmungen verdichten, in ihrem Steigen und Sinken, in ihrem Anschwellen zu wonniger Lust oder erschütterndem Schmerz dazu drängen, sich nach Außen weiter zu bewegen und die nächste Umgebung mit den Schwingungen des Innern zu erfüllen, sie mitzubestimmen, sei es auch nur durch den schnellverhallenden Laut der menschlichen Stimme, – so drängen auch die rein anschaulichen Eindrücke und ihre Einordnung oder Zusammenschiebung in die dreidimensionale Anschauungsform unwillkürlich zu einer Projektion nach Außen, zu einer Weiterbildung in sinnlich wahrnehmbarer Realität. Wie die Musik als Kunst dann ein

2 Rudolf Adamy, *Architektonik I. Die Architektur als Kunst*, Hannover: Helwing 1881, S. 74 f.: »In der Architektur haben wir es mit der Darstellung der Begriffe Kraft und Last für das Gefühl zu tun.« Vgl. auch Carl Schnaase, *Geschichte der bildenden Künste*, Bd. 1, Düsseldorf: Buddeus 1866, S. 32 f.

3 Hermann Lotze, *Grundzüge der Aesthetik*, Leipzig: Hirzel 1884, S. 33 f.; Rudolf Redtenbacher, *Tektonik*, Wien: Waldheim 1881, S. 230 f.

schöpferisches Durchverfolgen von Gehörswahrnehmungen wird und eine gesetzliche Bewältigung der Tonwelt nach Analogie der Bewegungsgefühle des Menschen, zu seiner eigenen tausendfältigen Bereicherung, so beruht die Architektur als Raumgestalterin auf einer systematischen Bewältigung des räumlichen Anschauungsmateriales und ist ein schöpferisches Durchverfolgen des dreidimensionalen Gesichtsbildes zu eigenem Genügen und Genuß des Menschen. Wie dort im Zeitlichen die Bewegung in ihrer mannigfaltigen Abstufung und dynamischen Wirkung, so herrscht hier im Räumlichen die beharrende Ausdehnung und die ruhige Macht ihrer Verhältnisse. Aber worauf anders als auf Raumdichtung beruht der Reiz perspektivischer Durchblicke, der Raumentfaltung im wirklichen Gebäude, die erhebend und befreiend wirkt wie Ausweitung und Aufschwung unserer Seele, und in gemalten Architekturprospekten auf der Fläche noch im bloßen Schauen einen Teil ihres Zaubers ausübt?

Auch bei der Überschau eines abgeschlossenen Bauwerks von Außen her gewinnen wir das Verständnis seiner gesetzmäßigen Bildung nur durch den Einblick in die Raumgestaltung von Innen her. Hier trennt sich schaffendes und genießendes Subjekt, Erfinder und Betrachter.

Es ist ein Akt freier ästhetischer Betrachtung, wenn wir uns mit Hülfe der Phantasie hineinversetzen in das Zentrum des Innenraumes, dessen Außenseite sich vor uns aufbaut, und durch die Frage nach dem Achsensystem da drüben die Ausgestaltung des fremden Organismus dem analogen Gefühl in uns zu erschließen streben. Solange wir diese Verdoppelung unseres Bewußtseins, die Ergänzung des Standpunkts draußen durch den Standpunkt drinnen nicht zu vollziehen vermögen, solange bleibt das Bauwerk für uns eine starre Kristallisation, wie der Felsblock der vor uns aufsteigt, mögen wir ihn von vorn oder von andern Seiten, oder gar von oben her beschauen.[4]

Die Selbständigkeit des Gebildes tritt uns um so überzeugender entgegen, je stärker die Senkrechte als Dominante des Ganzen ent-

4 Vgl. Schleiermachers Ausspruch: »ein Gebäude ist wie eine Krystallisation zu betrachten« usw. (Friedrich Schleiermacher, *Vorlesungen über die Aesthetik. Aus Schleiermacher's handschriftlichem Nachlasse und aus nachgeschriebenen Heften*, hg. von Carl Lommatzsch, Berlin: G. Reimer 1842, S. 96 f. und 431 f.).

wickelt worden; denn eben dies Gefühl, daß ein zweiter Meridian als Mittelachse dort, uns gegenüber vorhanden ist, bedingt die Anerkennung des Raumgebildes als Körper eigner Organisation außer uns selbst. »Die Betrachtung des geschlossenen Bauwerks als eines Ganzen außer uns im allgemeinen Raume bedeutet schon einen beträchtlichen Schritt auf dem Wege zur Nachbarkunst, nämlich zur Plastik.« Sobald in dem fremden Koordinatensystem, das uns gegenübersteht, das Mittellot, das eigentliche Rückgrat feste Form gewinnt, sobald es die Ausdehnung der beiden Horizontalachsen absorbiert, so schrumpft der Innenraum des architektonischen Gebildes zusammen, und dieses verändert seine ganze Natur, indem wir es nun als massiven Körper verstehen. »Es bleibt zunächst nur eine tektonische Gestaltung der Masse.«[5]

Hier muß der durchgreifende Unterschied einleuchten, den wir gewonnen haben, indem wir von der Vorstellung des architektonischen Kunstwerkes die ganze Ausführung in dauerhaftem Material einmal abzustreifen versuchten. Im Außenbau und seiner wesentlich tektonischen Gliederung vermöchten wir von den Bedingungen des konstruktiven Gerüstes und der technischen Behandlung des Baumateriales viel weniger zu abstrahieren, weil im Spiel der Kräfte diese Bedingungen des Wirklichen viel unmittelbarer mitwirken. Alle artikulierten Formen und tektonischen Glieder sind vom menschlichen Kraftgefühl belebt und durchdrungen, jemehr sie sich aus der abstrakten Regelmäßigkeit ihrer Grundform, welche ihre Funktion im Ganzen vorschreibt, der plastischen Gestaltung nähern.

Sowie sich aber mehrere solcher Raumkörper mit abgeschlossenem Außenbau zusammenfinden, so tritt die Architektur als Raumgestalterin wieder in ihr volles Recht, indem sie diese Baukörper zu größeren Raumumschließungen ordnet und in neue organische Beziehung setzt, seien es die Häuserfassaden einer Straße, die Baugruppen um einen Platz, vielleicht mit einem Denkmal in der Mitte und mit Straßenprospekten auf dieses Zentrum hin. Das Alles nehmen wir mit vollem Bewußtsein, bis auf die künstlerische Organisation eines Stadtplanes, ausdrücklich für die Architektur als Kunst in

5 So z. B. der Obelisk. Er ist nur ein tektonisches, noch kein plastisches Gebilde, das Symbol eines andern Wesens außer uns, das aufgerichtete Wahrzeichen eines eigenen Gedankenkreises, die Dominante einer Welt für sich.

Anspruch. Als Städtebauerin reicht sie erst recht dem Wegebau, dem Ackerbau und dem Gartenbau die Hand, die soweit das Auge dringt die Zeichen menschlicher Kulturarbeit hinausrücken. Sie alle erbauen und erweitern das *Regnum hominis* und schaffen dem Menschengeist in der Durchführung seines eigenen gesetzmäßigen Wesens ein Genüge, das schließlich in dem Glauben an eine sittliche Weltordnung gipfelt. Deshalb lieben die alten Kulturvölker, die dem Zustand roherer Nachbarn gegenüber, von dem Wert der menschlichen Gesittung noch lebendig durchdrungen sind, nur das wohlbestellte Land, nur Garten und Feld mit regelmäßigen Baumreihen und Furchen, nicht Berge und Wälder und Heidestrecken, während die spätgeborenen Geschlechter, übersättigt von der Zivilisation und erschöpft von menschlicher Arbeit aller Art, sich hinaussehnen in die ursprüngliche, vom Menschenfuß noch unbetretene, von Menschenhand noch unentweihte Natur, auf die Alpen, in die Wildnis, zum endlosen Ozean.

In diesem Sinne können wir nicht zugeben, daß die Entwicklungsgeschichte der Architektur auf die Errichtung fester Gebäude, geschlossener Bausysteme beschränkt werde. Wir dürfen nicht vergessen, welche Wichtigkeit die altasiatischen Lager und Burgen, das römische Castrum und Castellum für den Städtebau und die Palastanlagen ganzer Kulturperioden besitzen, wie wenig die Einrichtung christlicher Klöster im Heidenland, wie wenig die Vorhöfe der Basiliken, die Kreuzgänge und Wandelbahnen, die Laubengänge der Lustschlösser, der Binnenhof eines italienischen Hauses oder die Hypaethralcella eines griechischen Tempels für das ganze Verständnis dieser Raumgebilde entbehrt werden können, und was auch uns heute, im Zeitalter der Bahnhöfe und Markthallen, solche Anknüpfungspunkte der historischen Entwicklung bedeuten. Wenn wir damit eine Erweiterung der herrschenden Lehre gewinnen, so befreien wir die Architektur als Kunst von manchem beschränkenden Vorurteil.[6]

Wohl aber unterscheiden auch wir in dem weiten Umkreis ihres Wirkens eine engere Zone, wo sich der Übergang zur strengen vollausgebildeten Monumentalkunst vollzieht, die als solche stets den Mittelpunkt und Gipfel des ganzen Gebiets behaupten darf. In je-

6 So fordert auch Hans Schliepmann, *Betrachtungen über Baukunst,* Berlin: Polytechnische Buchhandlung 1891, S. 31, man sollte davon abkommen »alle Räume unter einen Hut zu bringen«. Welche Grundgesetze der Raumkomposition sich

nen Anfängen draußen ist es gleichgültig, ob eine Einhegung mit grünender Hecke, mit hölzernem Gatter oder Palisaden, mit aufgeschichteten Feldsteinen oder mit festgefügtem Mauerwerk hergestellt wird, ob man eine Hütte aus lebendigen Zweigen mit frischen Blättern bedeckt oder ein Gerüst aus Bambusrohr mit Matten und Tierfellen bekleidet. Später dringt die Kunst zu dem Bewußtsein durch, daß die Wand nicht durchsichtig sein darf, wenn sie einen Innenraum abschließen soll als Raumganzes für sich, daß weder die fast unsichtbare Glasscheibe noch die Säulenreihe mit offenen Intervallen als Äquivalent fungiert und nicht leistet, was schon der Teppich vermag. Sie handelt dann ebenso konsequent in der festen Abschließung nach oben: das übergespannte Tuch, das vor Sonne, höchstens vor leichtem Regen noch schützt, wird zur flachen Holzdecke, zur steinernen Querlage, zur festen Wand nach oben, oder als Gewölbe noch inniger mit dem Stützwerk verbunden, wohl gar als Kuppel dem Firmament im Kleinen vergleichbar. Mit der allgemeinen Festigung der Kultur, mit der Ausgestaltung einer Lebens- und Weltanschauung auf Grund ererbter Traditionen oder systematischer Lehre hat auch die Architektur als künstlerische Gestaltung der Grundlage und des dauernden Schauplatzes, als treue Bundesgenossin und Verkünderin menschlicher Gesittung sich fühlen und verhalten gelernt, und passt seitdem ihr Herstellungsmaterial und ihre Darstellungsmittel immer bewußter dem Geiste an, der in ihrem Werke seinen Ausdruck sucht.

Es ist ja das Bleibende und Ausgemachte im Glauben eines Volkes, einer Zeit, dem die Architektur die Stätte bereitet, und oft im gewaltsamen Wechsel, wenn alles Übrige zu wanken droht, durch die erhabene Sprache, die ihre Steine reden, noch einen Rückhalt gibt.

Da stehen sie noch heute »die fossilen Gehäuse ausgestorbener Gesellschaftsorganismen«, wie man die Monumente der Vergangenheit bezeichnend genannt hat. Aber wir Menschen des neunzehnten Jahrhunderts haben bei all unsrer historischen Bildung Mühe, den Wert zu ermessen, den jede solche Raumgestaltung für den Menschen von damals haben mußte, der sie schuf und drinnen

aus unserm Prinzip, der Raumumschließung eines wirklichen oder idealen Subjekts, ergeben, ist Sache einer spätern Nutzanwendung, die wir vorbehalten. Die ganze Durchführung dieser Lehre habe ich schon seit zehn Jahren in Göttingen und Breslau als Bestandteile meiner Einleitung in die Kunstgeschichte vorgetragen.

lebte. Nur unvollkommen gelingt es, die Genugtuung solchen Aufbaues auch uns zu Gemüt zu führen und damit den rein ästhetischen Inhalt dieser Kunstwerke aufzuweisen oder gar aufs Neue zum Genuß zu bringen. Das liegt daran, daß dieser Kunst eine Verkörperung konkreter Ideen ebenso wenig gegeben ist wie der Musik, deren alten oder altmodischen Kompositionen auch unsre moderne Phantasie nicht genügend entgegen kommt, um leicht und schnell die Brücke zwischen Hören und Fühlen hinüber und herüber zu schlagen.

Aber aus der grauen Vorzeit klingt auch zu uns noch die Sage von Prometheus, von dem Gewaltigen, den Zeus mit Demantbanden an den Felsen geschmiedet, um friedliche Ordnung zu stiften unter dem Menschengeschlecht, trotz dem gefangenen Riesen, den die Wellen beklagen und befreien möchten in brausender Umarmung. Und wenn wir dann an die Tempel der Olympischen denken, begreifen wir, weshalb der Grieche, der so schwungvoll gedichtet, den Schöpfer der Bauwerke als ἀρχιτέκτων ἀνήρ neben den Poeten und Philosophen stellt, der ihm seine Weltanschauung aufbaut, und weshalb der Denker vor dem Angesicht des Weltschöpfers selber keinen höheren Ehrentitel zu stammeln weiß, als »summus architectus«.

Sollte es wirklich anders stehen mit uns, wenn heutigen Tages sich vor unsern Augen ein Hochsitz der Rechtsgewalt erhebt, die das deutsche Volk sich aufgerichtet als feste Burg der bessern Überzeugung, selbst gegen die Anwandlungen persönlichen Rechtsgefühls und seine Schwankungen bei den Einzelnen? –

Sollte die Architektur auch heute noch, sich selbst besinnend auf die uralte ewige Innenseite all ihres Schaffens, nicht als ›Raumgestalterin‹ sich selber wiederfinden, und damit auch den Weg zum Herzen des Laienvolks? Es ist der Geist, der sich den Körper baut, sagt man wohl. »Die Geschichte der Baukunst ist eine Geschichte des Raumgefühls«, und damit bewußt oder unbewußt ein grundlegender Bestandteil in der Geschichte der ›Weltanschauungen‹.

Dem wahren künstlerischen Ausdruck unsers eigensten Raumgefühles von heute an allen bleibenden Stätten unsrer Kulturarbeit, bis hinein in die wohnliche Umschließung und trauliche Fassung unsers persönlichen Daseins, wird es gewiß auch in der Gegenwart an freudigem Entgegenkommen und genießender Dankbarkeit nicht fehlen.

Dem Historiker geziemt es, sich bei sachlicher Erkenntnis zu bescheiden, auch wenn sie auf dem künftigen Wege nur einen ersten Ausgangspunkt bedeuten kann.

Er reicht der alten ehrwürdigen Freundin Architektur aufs Neue die Hand, trotz Allem was man über diese Wahl zu rechten finde!

Biobibliographische Angaben

August Schmarsow
* 26. 5. 1853 (Schildfeld) – † 19. 1. 1936 (Baden-Baden)

Studium der Germanistik, Philosophie und Kunstgeschichte in Zürich, Straßburg und Bonn; Promotion 1877 in Straßburg, 1881 Habilitation (*Raffael und Pinturicchio in Siena*) für Kunstgeschichte in Göttingen; von 1885 an Professor in Breslau, 1888 Niederlegung der Professur; 1893-1919 Lehrstuhl für Kunstgeschichte an der Universität Leipzig.

Textnachweis

Das Wesen der architektonischen Schöpfung (Antrittsvorlesung Universität Leipzig, 8. 11. 1893), Leipzig: Hiersemann 1894, hier S. 10-29.

[Die Orthographie wurde vom Herausgeber behutsam modernisiert.]

Weitere Texte zur Raumtheorie

1896: »Der Wert der Dimensionen im menschlichen Raumgebilde«, in: *Berichte über die Verhandlungen der königlich Sächsischen Gesellschaft der Wissenschaften, Philos.-Histor. Klasse* 48, S. 44-61.
1897: *Barock und Rokoko: Über das Malerische in der Architektur*, Berlin: Mann 2001 [Repr. d. Orig.-Ausg. Leipzig: Hirzel].
1914: »Raumgestaltung als Wesen der architektonischen Schöpfung«, in: *Zeitschrift für Ästhetik und allgemeine Kunstwissenschaft* 9, S. 66-95.
1920: »Rhythmus in menschlichen Raumgebilden«, in: *Zeitschrift für Ästhetik und allgemeine Kunstwissenschaft* 14, S. 171-187.
1921: »Zur Bedeutung des Tiefenerlebnisses im Raumgebilde«, in: *Zeitschrift für Ästhetik und allgemeine Kunstwissenschaft* 15, S. 104-109.

Jöchner, Cornelia: »Wie kommt Bewegung in die Architekturtheorie? Zur Raumdebatte am Beginn der Moderne«, in: C. J./Kisten Wagner (Hg.), *Gebaute Räume. Zur kulturellen Formung von Architektur und Stadt*, Themenheft von *Wolkenkuckucksheim* 9/1 (2004), ⟨http://www.tu-cottbus.de/BTU/Fak2/TheoArch/wolke/deu/Themen/041/Joechner/jo echner.htm⟩.

Mallgrave, Harry Francis/Eleftherios Ikonomou: »Introduction«, in: H. F. M/E. I (Hg.): *Empathy, Form and Space: Problems in German Aesthetics, 1873-1893*, Santa Monica: Getty Center Publication Programs 1994, S. 1-85 [im selben Band auch Bibliographie der Schriften Schmarsows].

Moravánszky, Ákos: »Die Wahrnehmung des Raumes«, in: A. M., *Architekturtheorie im 20. Jahrhundert. Eine kritische Anthologie*, Wien/New York: Springer 2003, S. 121-146.

Wagner, Kirsten: »Vom Leib zum Raum. Aspekte der Raumdiskussion in der Architektur aus kulturwissenschaftlicher Perspektive«, in: K. W./ Cornelia Jöchner (Hg.), *Gebaute Räume*, ⟨http://www.tu-cottbus.de/ BTU/Fak2/TheoArch/wolke/deu/Themen/041/Wagner/wagner.htm⟩.

27 Ernst Cassirer
Mythischer, ästhetischer und theoretischer Raum

Wenn man die Stellung erwägt, die das Problem des Raumes und der Zeit im Ganzen der ›theoretischen Erkenntnis‹ einnimmt, und wenn man auf die Rolle hinblickt, die dieses Problem in der geschichtlichen und systematischen Entwicklung der Grundfragen der Erkenntnis gespielt hat – so tritt alsbald ein charakteristischer und entscheidender Wesenszug heraus. Raum und Zeit nehmen schon, wenn man sie lediglich als ›Objekte‹ der Erkenntnis faßt, eine besondere und ausgezeichnete Stellung ein: sie bilden innerhalb des architektonischen Baues der Erkenntnis die beiden Grundpfeiler, die das Ganze tragen und das Ganze zusammenhalten. Aber ihre tiefere Bedeutung erschöpft sich nicht in dieser ihrer objektiven Leistung. Die rein ontologische, die gegenständliche Charakteristik dessen, was Raum und Zeit ›sind‹, dringt noch nicht in den Kern dessen ein, was sie für den Aufbau der Erkenntnis ›bedeuten‹. Die spezifische Bedeutung der Frage nach dem ›Was‹ des Raumes und der Zeit scheint vielmehr darin zu liegen, daß mit und an dieser Frage die Erkenntnis allmählich eine neue ›Richtung‹ gewinnt. Hier zuerst begreift sie, daß und warum die echte Außenwendung nur durch eine ihr entsprechende Innenwendung zu vollziehen ist – hier lernt sie einsehen, daß der Horizont der Gegenständlichkeit sich erst wahrhaft aufschließt, wenn der Blick des Geistes nicht lediglich nach vorwärts auf die Welt der Objekte, sondern nach rückwärts, auf die eigene ›Natur‹ und auf die eigene Funktion der Erkenntnis selbst, gerichtet wird. Je klarer, je schärfer und bewußter innerhalb der Geschichte des Erkenntnisproblems die Frage nach dem Wesen von Raum und Zeit gestellt wird – um so deutlicher wird es auch, daß dieses Wesen nicht als ein rätselhaftes, letzten Endes unbekanntes Etwas ›vor‹ der Erkenntnis schwebt, sondern daß es in ihrem eigenen Sein in irgendeiner, wie immer zu bestimmenden Weise beschlossen und gegründet ist. So kehrt die Erkenntnis, je tiefer sie in die Struktur des Raumes und der Zeit eindringt, umso gewisser in sich selbst zurück – so erfaßt sie erst an ihnen, als dem gegenständlichen Korrelat und Gegenhalt, ihre eigenen Grundvoraussetzungen und ihr eigentümliches Prinzip. Die Erkenntnis will das Sein in seinem ganzen Umfang umspannen, will es nach seiner räumlichen und zeitlichen Unendlichkeit durchmessen – aber sie erfährt zuletzt, daß diese Aufgabe der Messung nur lösbar ist, wenn sie zuvor die Maße für sich selbst aufgestellt und sichergestellt hat.

Die Einsicht, die wir hier im Rahmen der theoretischen Erkenntnis gewinnen – sie be[s]tätigt und sie erweitert sich sodann, wenn wir auf andere Grundformen geistiger Gestaltung hinblicken. Auch hier zeigt sich die primäre, die schlechthin zentrale Bedeutung, die der Frage nach der Raum- und Zeitform zukommt. Der Umriß jeder ›besonderen‹ Formwelt läßt sich erst dann mit Sicherheit zeichnen – das Gesetz, unter dem sie steht, läßt sich erst dann aufzeigen und begreifen, wenn diese allgemeine Grundfrage geklärt ist. Es braucht innerhalb dieses Kreises nicht im einzelnen dargelegt zu werden, wie stark eben diese Problemstellung die Grundrichtung der neueren Ästhetik und der allgemeinen Kunstwissenschaft, insbesondere in Deutschland, bestimmt hat. In diesem Sinne hat z. B. Adolf Hildebrand in bekannten und grundlegenden Erörterungen das »Problem der Form« gestellt. In die Frage nach dem Wesen der Form kann, wie er betont hat, erst Klarheit kommen, wenn zuvor die Vorfrage nach dem Wesen des Raumes und der räumlichen Darstellung gestellt und geklärt ist. »Es braucht wohl keine nähere Begründung«, so heißt es sogleich zu Beginn von Hildebrands Untersuchung, »daß unser Verhältnis zur Außenwelt, insofern diese fürs Auge existiert, in erster Linie auf der Erkenntnis und Vorstellung von Raum und Form beruht. Ohne diese ist eine Orientierung in der Außenwelt schlechthin unmöglich. Wir müssen also die räumliche Vorstellung im allgemeinen und die Formvorstellung als die des begrenzten Raumes im besondern als den wesentlichen Inhalt oder die wesentliche Realität der Dinge auffassen. Stellen wir den Gegenstand oder diese räumliche Vorstellung von ihm der wechselnden Erscheinung gegenüber, die wir von ihm erhalten können, so bedeuten alle Erscheinungen nur Ausdrucksbilder unserer räumlichen Vorstellung, und der Wert der Erscheinung wird sich nach der Stärke der Ausdrucksfähigkeit bemessen, die sie als Bild der räumlichen Vorstellung besitzt.«[1] Es konnte nicht aus-

1 [Anm. d. Hg. d. Orig.-Ausg.] Adolf Hildebrand: *Das Problem der Form in der bildenden Kunst,* Straßburg: Heitz & Mündel 1893, S. 1.

bleiben, daß auch hier hinter der Frage nach der Struktur des malerischen, des plastischen, des architektonischen Raumes die andere allumfassende Frage, die Frage nach dem Prinzip der künstlerischen Gestaltung überhaupt, sich erhob, und daß von hier aus neue Möglichkeiten für ihre Formulierung und Lösung sich eröffneten. Spinnen wir die Analogie zwischen dem erkenntnistheoretischen und dem ästhetischen Problem weiter aus, so erscheint vielleicht die Hoffnung berechtigt, daß gerade das Raumproblem zum Ausgangspunkt einer neuen ›Selbstbesinnung‹ der Ästhetik werden könne: einer Besinnung, die nicht nur ihren eigentümlichen ›Gegenstand‹ sichtbar macht, sondern die sie zur Klarheit über ihre eigenen immanenten ›Möglichkeiten‹ hinleiten kann, – zur Erfassung des spezifischen Formgesetzes, unter dem die Kunst steht.

Aber bevor ich in die Einzelerörterung eintrete, sei noch einmal eine ganz ›allgemeine‹ Orientierung versucht. Wenn man die erkenntnistheoretische Entwicklung des Raumproblems in eine kurze Formel zu bannen sucht, so läßt sich sagen, daß eine der Grundtendenzen dieser Entwicklung und eines ihrer wesentlichen Ergebnisse darin besteht, daß aus der Einsicht in die Natur und die Beschaffenheit des Raumes die Erkenntnis des ›Vorrangs des Ordnungsbegriffs vor dem Seinsbegriff‹ gewonnen und immer mehr befestigt wird. Der Begriff des Seins bildet nicht nur den historischen Anfangs- und Ausgangspunkt der wissenschaftlichen Philosophie, sondern er scheint auch systematisch die Gesamtheit der ihr möglichen Fragen und Antworten zu umspannen. Dieser Primat des Seinsbegriffs gründet, nach der Überzeugung der Urheber der wissenschaftlichen Philosophie und der Schöpfer der Logik, schon in der reinen Form der Aussage selbst. Schon der formelle Charakter der Prädikation schließt mit Notwendigkeit in sich, daß das, wovon die Prädikation gilt und worauf sie geht, als ein Seiendes gesetzt und als ein Seiendes bestimmt sein muß. Alles Urteilen fordert als seinen ›Terminus‹, als Ausgangspunkt und Grundlage, das Sein, über das geurteilt wird; alle im engeren Sinne ›logische‹ Fähigkeit, alle Fähigkeit des Denkens und Sagens, erfordert, daß das Gedachte und Gesagte ist. »Denn nicht ohne das Seiende, in welchem es bestimmt ist« – so formuliert schon Parmenides diese Identität – »wirst Du das Denken finden.«[2] In der Aristotelischen Logik und in der Aristoteli-

2 [Anm. d. Hg. d. Orig.-Ausg.] Parmenides, *Fragment* 8, 35.

schen Metaphysik knüpft sich dieses Band insofern noch enger und fester, als nunmehr das Sein, die ›Substanz‹, ausdrücklich an die Spitze aller Kategorien tritt: als das, was das κατηγορεῖν, was das Aussagen selbst, erst ermöglicht und bedingt. Alle Setzung von Eigenschaft und Beziehung, alle Bestimmung als ein ›Dieses‹ oder ›Jenes‹, als ein ›Hier‹ oder ›Jetzt‹ muß immer die Grundbestimmung des Seins voraussetzen und an diese Voraus-Setzung anknüpfen. Aber dieser so schlichte, so natürliche und selbstverständliche Ausgangspunkt aller logischen Betrachtung wird nun sofort schwierig und problematisch, sobald man mit ihm an die ›Logik des Raumes‹ herantritt. Denn welches Sein – so muß jetzt gefragt werden – ist es, das dem Raume zukommt? Daß wir ihm irgend ein Sein zusprechen müssen, scheint unausweichlich – denn wie vermöchten wir sonst überhaupt von ihm zu ›sprechen‹, wie vermöchten wir ihn als dies oder das, als so – und nicht anders – beschaffen zu bezeichnen und zu bestimmen? Und doch erwächst auf der anderen Seite in dem Augenblick, wo wir an dieser Forderung festhalten, ein gefährlicher theoretischer Konflikt. Denn es liegt in der phänomenologischen Eigenart, in dem einfachen Befund des Raumes, wie in dem der Zeit begründet, daß das Sein beider mit dem Sein der ›Dinge‹ nicht gleichbedeutend, sondern spezifisch von ihm verschieden ist. Halten wir gleichwohl daran fest, die ›Dinge‹ wie den Raum und die Zeit unter das eine Genus des Seins, als umfassenden Oberbegriff, zu stellen, – so ergibt sich, daß dieses Genus selbst fortan nur noch eine Scheineinheit bedeutet. Es umfaßt fortan nicht nur Verschiedenes, sondern Gegensätzliches und Widerstreitendes. Und es gehört zu den schwierigsten Aufgaben der Metaphysik, wie dieser Widerstreit zu lösen ist – wie die Seinsart des Raumes und der Zeit selbst und die Seinsart der ›Inhalte‹, die in beide eingehen, sich miteinander vereinen lassen. Es ist hier nicht der Ort, die Dialektik dieses Problems aufzurollen und die Gesamtheit der Antinomien zu verfolgen, die im Lauf der Geschichte des theoretischen Denkens aus dieser Wurzel entsprungen sind. Nicht nur die Entwicklung der Metaphysik, sondern auch die der klassischen Physik steht im Zeichen dieser Antinomien. Auch der letzteren, auch der Physik Newtons, ist es, bei aller Großartigkeit ihres Gesamtentwurfs, nicht gelungen, dieser letzten metaphysischen Schwierigkeiten Herr zu werden. Auch sie muß das ›Wesen‹ von Raum und Zeit, das sie zu erkennen trachtet, zuletzt in ein Rätsel verwandeln; sie muß beide, mit Kant zu sprechen, zu ›existierenden Undingen‹[3] machen. Unter den Gesichtspunkt der Kategorie des Dinges, der bloßen Substanz-Kategorie gestellt und unter diesem Gesichtspunkt befragt, geht das absolute Sein des Raumes alsbald in sein Nicht-Sein über, wird er aus einem allumfassenden und allbegründenden Ding vielmehr zu einem Unding gemacht.

Eine prinzipielle Lösung dieser Schwierigkeiten war, in der Philosophie wie in der Naturwissenschaft, erst möglich, als beide sich, auf verschiedenen Wegen, einen neuen Grund- und Oberbegriff erkämpft hatten, der sich allmählich immer deutlicher und bewußter der metaphysischen Kategorie der Substanz überordnet. Es ist der Begriff der ›Ordnung‹, dem diese Leistung zufällt. Der intellektuelle Kampf, der damit gesetzt ist, tritt geschichtlich am klarsten in der Leibnizischen Philosophie zutage. Auch Leibniz rückt alles Seiende unter den einen Gesichtspunkt der Substanz; und alle metaphysische Wirklichkeit löst sich ihm in einen Inbegriff, in eine unendliche Vielheit von Monaden, von individuellen Substanzen auf. Aber als Logiker und als Mathematiker folgt er bereits einer anderen Richtlinie. Denn seine Logik und seine ›Mathesis universalis‹ stehen nicht mehr ausschließlich unter der Vorherrschaft des Substanzbegriffs, sondern beide haben sich ihm zur umfassenden Lehre von der ›Relation‹ erweitert. Wie er die Wirklichkeit durch die Substanz definiert, so definiert er daher die Wahrheit durch den Begriff der Relation. Das Fundament der Wahrheit liegt in der Beziehung. Und dieser Begriff der Beziehung und der ›Ordnung‹ schließt ihm nun auch erst die wahre Natur von Raum und Zeit auf und gestattet ihm, beide dem System der Erkenntnis widerspruchslos einzufügen. Die Widersprüche, die sich aus Newtons Begriff des absoluten Raumes und der absoluten Zeit ergeben hatten, werden von Leibniz dadurch beseitigt, daß er beide statt zu Dingen, vielmehr zu Ordnungen macht. Raum und Zeit sind keine Substanzen, sondern vielmehr ›reale Relationen‹; sie haben ihre wahrhafte Objektivität in der ›Wahrheit von Beziehungen‹, nicht an irgend einer absoluten

3 [Anm. d. Hg. d. Orig.-Ausg.] Vgl. Immanuel Kant, *Kritik der reinen Vernunft 1. Werkausgabe*, Bd. 3, hg. von Wilhelm Weischedel, Frankfurt am Main: Suhrkamp 1986, S. 84, A 39/B 56. Kant bezieht sich hier auf die »mathematischen Naturforscher«, welche »die absolute Realität des Raumes und der Zeit behaupten [...]«, und »so müssen sie zwei ewige und unendliche für sich bestehende Undinge (Raum und Zeit) annehmen [...]«.

Wirklichkeit. In ›dieser‹ Hinsicht hat Leibniz bereits in voller Klarheit die Lösung antizipiert, die die moderne Physik für das Raum- und Zeitproblem gefunden hat. Denn auch für diese gibt es kein Sein des Raumes mehr, das irgendwie ›neben‹ dem Sein der Materie steht und in welches, als ein zuvor gegebenes, die Materie als körperliche Masse bloß nachträglich eintritt. Der Raum hört auf, ein ›Ding unter Dingen‹ zu sein; es wird ihm der letzte Rest physikalischer Gegenständlichkeit geraubt. Die Welt wird nicht als ein Ganzes von Körpern ›im‹ Raume, noch als ein Geschehen ›in‹ der Zeit definiert, sondern sie wird als ein ›System von Ereignissen‹, von ›events‹, wie Whitehead sagt,[4] genommen: und in die Bestimmung dieser Ereignisse, in ihre gesetzliche Ordnung, gehen Raum und Zeit als Bedingungen, als wesentliche und notwendige Momente ein.

Aber es scheint, meine Damen und Herren, als sei ich mit diesen Betrachtungen bereits weit abgeirrt von dem eigentlichen Thema, das mir hier gestellt ist. Denn welcher Zusammenhang, so werden Sie mir entgegenhalten, besteht zwischen jenen Wandlungen in der ›theoretischen‹ Vorstellung und der theoretischen Begründung des Raumes und den Problemen der künstlerischen Anschauung und der künstlerischen Gestaltung? Folgt nicht diese Gestaltung ihrem eigenen selbständigen Gesetz – geht sie nicht, unberührt von allen Streitfragen der Metaphysik und unbeirrt durch alle Gesetze der wissenschaftlichen Weltdeutung ihren eigenen Weg? Und doch darf auch diese Selbständigkeit und diese Selbstgenügsamkeit, diese eigentümliche ›Autarkie‹ des Ästhetischen, so sehr wir sie anzuerkennen haben, nicht überspannt werden. Denn im Reiche des Geistes gibt es zwar durchweg klar bestimmte Umrisse und fest gegeneinander abgegrenzte Gestalten; aber weniger als irgendwo dürfen wir diese Unterschiede, die wir festhalten müssen, als starre Scheidewände ansehen – dürfen wir die Differenzen zu Zäsuren machen. Für das geistige Universum gilt vielmehr in einem noch umfassenderen und tieferen Sinne jenes Prinzip, das die griechische Spekulation als Grundgesetz des physischen Kosmos aufgestellt hat: das

4 [Anm. d. Hg. d. Orig.-Ausg.] Vgl. Alfred North Whitehead, *An Enquiry concerning the Principles of Natural Knowledge,* Cambridge: Cambridge University Press 1919; A. N. W., *Process and Reality. An Essay in Cosmology,* Cambridge: Cambridge University Press/New York: Macmillan 1929, S. 29 f., 101, 111, 326.

Prinzip der συμπάθεια τῶν ὅλων.[5] Jede einzelne Saite, die in ihm berührt wird, läßt alsbald das Ganze mitschwingen und nachschwingen; jede Wandlung eines einzelnen Moments schließt bereits, implizit und zunächst unvermerkt, eine neue Form des Ganzen in sich. So birgt auch der Übergang vom Seinsbegriff zum Ordnungsbegriff, wie wir ihn in der Sphäre der theoretischen Betrachtung aufgewiesen haben, ein schlechthin allgemeingültiges und ein äußerst fruchtbares Problem, eine auch in rein ästhetischer Hinsicht wesentliche ›Fragestellung‹ in sich. Geht man von der Kategorie des Seins aus, so zeigt sich, daß diese Kategorie bei all der schrankenlosen ›Anwendung‹, deren sie fähig ist, doch in eben dieser Anwendung keine innere Veränderung und Umgestaltung erfährt. Denn eben die absolute Identität, die Einheit und Einerleiheit in sich selbst, bildet den logischen Grundcharakter des Seins. Es kann seine Natur nicht wandeln, ohne sie in dieser Wandlung zu verleugnen und zu verlieren, ohne seinem Gegensatz, dem Nicht-Sein, anheimzufallen. Diese unverbrüchliche Identität des Seins ist schon von seinem ersten philosophischen Entdecker, Parmenides, verkündet worden: »als Selbiges im Selbigen verharrend ruht es in sich und verharrt standhaft alldort; denn die starke Notwendigkeit hält es in den Banden der Schranke, die es rings umzirkt.«[6] Im Gegensatz zu dieser Einheit und zu dieser Starrheit des Seinsbegriffs ist der Begriff der Ordnung von Anfang an durch das Moment der Verschiedenheit, der inneren Vielgestaltigkeit bezeichnet und ausgezeichnet. Wie für das Sein die Identität, so bildet für die Ordnung die Mannigfaltigkeit gewissermaßen das Lebenselement, in dem allein sie bestehen und sich gestalten kann. Wie der Seinsbegriff die Einheit als Korrelat verlangt – *»ens et unum convertuntur«,* wie die Scholastik es formuliert hat –, so besteht eine analoge Korrelation zwischen Vielheit und Ordnung. Sobald daher, in der theoretischen Gesamtanschauung der Wirklichkeit und speziell in der theoreti-

5 [Anm. d. Hg. d. Orig.-Ausg.] Zu diesem Motiv der griechischen Philosophie vgl. Plotin, *Enneaden* IV, 3, 8; zu seiner Bedeutung in der Stoa vgl. *Stoicorum veterum fragmenta,* Bd. 4, hg. von Hans v. Arnim, Stuttgart: Teubner 1968, S. 137 [Index, »συμπάθεια«]. Vom Grundsatz der »Sympathie des Alls« in der Astrologie spricht Ernst Cassirer, »Die Begriffsform im mythischen Denken« [1922], in: E. C., *Wesen und Wirkung des Symbolbegriffs,* Darmstadt: Wissenschaftliche Buchgesellschaft 1956, S. 39.

6 [Anm. d. Hg. d. Orig.-Ausg.] Parmenides, *Fragment* 8, 29 f.

schen Auffassung und Deutung des Raumes, der Schwerpunkt der Betrachtung sich vom Pol des Seins nach dem Pol der Ordnung hin verschiebt, so ist damit stets auch ein Sieg des Pluralismus über den abstrakten Monismus, der Vielförmigkeit über die Einförmigkeit gegeben. Unter der Herrschaft des Ordnungsbegriffs können die verschiedenartigsten geistigen Gebilde und die mannigfachsten Gestaltungsprinzipien frei und leicht beieinanderwohnen, die im bloßen Sein, in dem harten Raum, in dem die Sachen sich stoßen, einander zu befehden und einander auszuschließen scheinen. Zwar die reine ›Funktion‹ des Ordnungsbegriffs ist gleichfalls ein und dieselbe, gleichviel an welcher besonderen Materie und innerhalb welches Sondergebiets des Geistes sie sich auswirkt. Immer handelt es sich, allgemein gesprochen, darum, das Unbegrenzte zu begrenzen, das relativ Bestimmungslose zu bestimmen. Aber diese universelle Aufgabe der Bestimmung und Grenzsetzung kann sich nun unter sehr verschiedenen Gesichtspunkten und nach verschiedenen Leit- und Visierlinien vollziehen. Wenn Platon Erscheinung und Idee, Vielheit und Einheit, Grenzenloses und Grenze einander gegenüberstellt – so wird dieser Gegensatz von ihm vor allem an der Funktion der logischen oder der im weitesten Sinne ›theoretischen‹ Bestimmung durchgeführt. Das wesentliche und unentbehrliche Mittel, das Unbegrenzte zu begrenzen und zu binden, ist die reine Denkfunktion. Sie erst ermöglicht den Übergang vom Werden zum Sein, vom Fluß der Erscheinung in das Reich der reinen Form. So ist alle Gliederung des Mannigfaltigen an die Form des begrifflichen Zusammenfassens und des begrifflichen Trennens, an eine Synopsis, die zugleich Diairesis ist, gebunden. In dieser zwiefachen Grundrichtung, als einer Grundrichtung des Logischen überhaupt, bewegt sich die Arbeit des Dialektikers. Wie der Priester das Opfer nicht willkürlich zerschneidet, sondern es kunstgerecht, gemäß seiner natürlichen Gelenke, zerlegt – so kennt und scheidet der wahre Dialektiker das Sein in seine Gattungen und Arten. Diese Weise der Gliederung, dieses διαιρεῖσθαι κατὰ γένη, dieses τέμνειν κατ' εἴδη[7] ist die wesentliche Aufgabe, die ihm obliegt und auf die er in all seinem Denken hinblickt. Aber diese Kunst des Trennens und

7 [Anm. d. Hg. d. Orig.-Ausg.] *Sophistes* 253 d1, *Phaidros* 277 b8. Vgl. Ernst Cassirer, *Logos, Dike, Kosmos in der Entwicklung der griechischen Philosophie*, Göteborg: Elander 1941, S. 3, Anm. 1, wo die Stellen *Sophistes* 264 c, 267 d, *Phaidros* 273 d, 277 b, *Politeia* 454 a und *Politikos* 285 a genannt werden.

Verknüpfens, des Scheidens und des Wiederzusammenführens ist, so grundlegend und so unentbehrlich sie auch für den theoretischen Weltbegriff ist, doch nicht die einzige Weise, in der der Geist die Welt erobert und die Welt gestaltet. Es gibt andere ursprüngliche Modi dieser Gestaltung, in denen sich gleichfalls die Grundform der Unterscheidung und der Verknüpfung, der Gliederung und der Zusammenschau bewährt, und in der dennoch beides unter einem anderen beherrschenden Gesetz und unter einem anderen Formprinzip steht. Nicht nur der theoretische ›Begriff‹ besitzt die Kraft, das Unbestimmte zur Bestimmung zu bringen, das Chaos zum Kosmos werden zu lassen. Auch die Funktion der künstlerischen Anschauung und Darstellung ist von dieser Grundkraft beherrscht und primär mit ihr erfüllt. Auch in ihr lebt eine eigene Weise der Sonderung, die zugleich Verknüpfung, – der Verknüpfung, die zugleich Sonderung ist. Aber beides vollzieht sich hier nicht im Medium des Denkens und im Medium des theoretischen Begriffs, sondern in dem der reinen ›Gestalt‹. Was Goethe von der Dichtung sagt, das gilt von jeder Form der künstlerischen Gestaltung: sie teilt die fließend immer gleiche Reihe des Geschehens »belebend ab, daß sie sich rhythmisch regt«.[8] Diese »belebende Abteilung« führt hier nicht, wie innerhalb der logischen, der theoretischen Sphäre zur Unterscheidung von Arten und Gattungen, zu einem Netzwerk von reinen Begriffen, die sich nach dem Grade ihrer Allgemeinheit einander über- oder unterordnen, um schließlich vermittels dieser Hierarchie des Gedankens die Hierarchie des Seins vor uns hinzustellen. Sie bleibt vielmehr dem Grundprinzip des Lebens selbst treu; sie läßt individuelle Gebilde erstehen, denen die schaffende Phantasie, aus der sie entstammen, den Atem des Lebens einhaucht, und die sie mit der ganzen Frische und Unmittelbarkeit des Lebens begabt. Und die gleiche Kraft der schöpferischen Einbildungskraft ist auch dem Mythos eigen – wenngleich sie hier wiederum unter einem anderen Formgesetz steht und sich gewissermaßen innerhalb einer anderen ›Dimension‹ der Formung bewegt. Denn auch der Mythos besitzt seine eigene Weise, das Chaos zu durchdringen, zu beleben und zu lichten. Er bleibt nicht bei einem Gewirr vereinzelter dämonischer Gewalten stehen, die der Augenblick erstehen läßt

8 [Anm. d. Hg. d. Orig.-Ausg.] Vgl. Johann Wolfgang v. Goethe, *Faust*, in: J. W. v. G., *Sämtliche Werke*, Bd. 7/1, hg. von Albrecht Schöne, Frankfurt am Main: Deutscher Klassiker Verlag 1994, S. 18, V. 146 f.

und die der Augenblick wieder verschlingt. Er läßt vielmehr diese Kräfte im Wettstreit und Widerstreit einander gegenübertreten – und er läßt zuletzt aus eben diesem Widerstreit selbst das Bild einer Einheit erstehen, die alles Sein und Geschehen umfängt und Menschen und Götter in gleicher Weise beherrscht und bindet. Es gibt kein durchgebildetes System der Mythologie und keine große Kulturreligion, die sich nicht auf irgendeinem Wege von ganz ›primitiven‹ Anfängen an bis zu dieser Vorstellung einer Gesamtordnung des Geschehens erhoben hätte. Im indogermanischen Kreis prägt sich diese Anschauung im Gedanken des ›Rita‹ aus – jener allumfassenden Regel, der alles Geschehen folgt. »Nach dem Rita« – so heißt es in einem Liede des Rigveda – »strömen die Flüsse, nach ihm leuchtet die Morgenröte auf: dem Pfad der Ordnung wandelt sie richtig nach; wie eine Kundige verfehlt sie nicht die Richtungen des Himmels«.[9]

Aber wir verfolgen hier diesen Zusammenhang nur, sofern er dazu dienen kann, uns einen tieferen Einblick in die Entfaltung der ›Raum‹-Ordnung und in die Mannigfaltigkeit der möglichen Raumgestaltungen zu verschaffen. Und hier zeigt sich zunächst das Eine und das für unsere Betrachtung Entscheidende: daß es nicht eine allgemeine, schlechthin feststehende Raum-Anschauung gibt, sondern daß der Raum seinen bestimmten Gehalt und seine eigentümliche Fügung erst von der ›Sinnordnung‹ erhält, innerhalb deren er sich jeweilig gestaltet. Je nachdem er als mythische, als ästhetische oder als theoretische Ordnung gedacht wird, wandelt sich auch die ›Form‹ des Raumes – und diese Wandlung betrifft nicht nur einzelne und untergeordnete Züge, sondern sie bezieht sich auf ihn als Gesamtheit, auf seine prinzipielle Struktur. Der Raum besitzt nicht eine schlechthin gegebene, ein für allemal feststehende Struktur; sondern er gewinnt diese Struktur erst kraft des allgemeinen Sinnzusammenhangs, innerhalb dessen sein Aufbau sich vollzieht. Die Sinnfunktion ist das primäre und bestimmende, die Raumstruktur das sekundäre und abhängige Moment. Was alle diese Räume von verschiedenem Sinn-Charakter und von verschiedener Sinn-Provenienz, was den mythischen, den ästhetischen, den theoretischen Raum miteinander verknüpft, ist lediglich eine rein formelle Bestimmung, die sich am schärfsten und prägnantesten in

9 *Lieder des Ṛgveda,* Göttingen: Vandenhoek & Ruprecht 1913, S. 1 (I, 124,3); Näheres s. Ernst Cassirer, *Philosophie der symbolischen Formen,* Bd. 2, S. 132 ff.

Leibniz' Definition des Raumes als der »Möglichkeit des Beisammen« und als der Ordnung im möglichen Beisammen (*ordre des coëxistences possibles*) ausdrückt.[10] Aber diese rein formale Möglichkeit erfährt nun sehr verschiedene Arten ihrer Verwirklichung, ihrer Aktualisierung und Konkretisierung. Was zunächst den mythischen Raum angeht, so entspringt er einerseits der charakteristischen mythischen ›Denkform‹, andererseits dem spezifischen ›Lebensgefühl‹, das allen Gebilden des Mythos innewohnt und ihnen ihre eigentümliche Tönung verleiht. Wenn der Mythos das Rechts und Links, das Oben und Unten, wenn er die verschiedenen Gegenden des Himmels, Osten und Westen, Nord und Süd voneinander scheidet – so hat er es hier nicht mit Orten und Stellen im Sinne unseres empirisch-physikalischen Raumes, noch mit Punkten und Richtungen im Sinne unseres geometrischen Raumes zu tun. Jeder Ort und jede Richtung ist vielmehr mit einer bestimmten mythischen Qualität behaftet und mit ihr gewissermaßen geladen. Ihr ganzer Gehalt, ihr Sinn, ihr spezifischer Unterschied hängt von dieser Qualität ab. Was hier gesucht und was hier festgehalten wird – das sind nicht geometrische Bestimmungen, noch sind es physikalische ›Eigenschaften‹; es sind bestimmte magische Züge. Heiligkeit oder Unheiligkeit, Zugänglichkeit oder Unzugänglichkeit, Segen oder Fluch, Vertrautheit oder Fremdheit, Glücksverheißung oder drohende Gefahr – das sind die Merkmale, nach denen der Mythos die Orte im Raume gegeneinander absondert und nach denen er die Richtungen im Raume unterscheidet. Jeder Ort steht hier in einer eigentümlichen Atmosphäre und bildet gewissermaßen einen eigenen magisch-mythischen Dunstkreis um sich her: denn er ist nur dadurch, daß an ihm bestimmte Wirkungen haften, daß Heil oder Unheil, göttliche oder dämonische Kräfte von ihm ausgehen. Nach diesen magischen Kraftlinien gliedert und strukturiert sich das Ganze des mythischen Raumes und mit ihm das Ganze der mythischen Welt. Wie im Raume unserer Erfahrung, in unserem geometrisch-physikalischen Raum jedes Sein seine bestimmte ihm zugewiesene Stelle hat, wie die Weltkörper ihre Orte besitzen und in festen Bahnen kreisen, – so gilt das Gleiche auch für den mythischen Raum. Es gibt kein Sein und kein Geschehen, kein Ding und

10 [Anm. d. Hg. d. Orig.-Ausg.] Vgl. Gottfried Wilhelm Leibniz, *Hauptschriften zur Grundlegung der Philosophie*, Bd. 1, hg. von Ernst Cassirer, Hamburg: Meiner 1903, S. 134 f. und Bd. 2, S. 401, 463, 468.

keinen Vorgang, kein Element der Natur und keine menschliche Handlung, die nicht in dieser Weise räumlich fixiert und prädeterminiert wären. Die Form dieser räumlichen Bindung und die eigentümliche schicksalhafte Notwendigkeit, die ihr innewohnt, sind unverbrüchlich; – vor ihnen gibt es kein Entrinnen. Wir können noch heute am Weltbild bestimmter Naturvölker die Gewalt, die dieser Raumansicht innewohnt, unmittelbar nachfühlen. So hat Cushing in seiner ausgezeichneten Darstellung des Weltbildes der Zuni-Indianer dieses Moment entscheidend herausgearbeitet.[11] Für diese Stämme gestaltet sich nicht nur die Auffassung des physischen Raumes, des Raumes der Naturdinge und der Naturereignisse, sondern auch die Auffassung des gesamten ›Lebensraumes‹ nach einem festen mythischen Vorbild. Nicht nur gehören die verschiedenen Elemente, wie Luft und Feuer, Wasser und Erde, die verschiedenen Farben, die verschiedenen Gattungen und Arten der Lebewesen, der Pflanzen und Tiere je einem eigenen räumlichen Bezirk an, dem sie kraft innerer Verwandtschaft, kraft einer ursprünglichen magischen Sympathie verwandt und verbunden sind – sondern die gleiche Zugehörigkeit bestimmt auch die Ordnung und Gliederung der Gesellschaft und durchdringt auch alles gemeinsame Tun und Leben. Der physische und der soziale Kosmos ist bis ins Einzelne, bis ins feinste Detail hinein durch die mythische Unterscheidung der räumlichen Orte und der räumlichen Richtungen bedingt; beide sind nichts anderes als das Widerspiel und die Wiederspiegelung [*sic*] der zugrunde liegenden Raumanschauung. Kant hat in einer bekannten vorkritischen Schrift die Frage nach dem »*Grunde* der Unterscheidung der Gegenden im Raume«[12] gestellt. Stellt man die gleiche Frage, statt für den Raum der Mathematik und der Naturwissenschaft, für den mythischen Raum – so scheint es, daß das entscheidende Motiv, das aller mythischen Unterscheidung von Orten

11 [Anm. d. Hg. d. Orig.-Ausg.] Vgl. Ernst Cassirer, *Die Begriffsform im mythischen Denken*, Leipzig: Teubner, 1922, S. 98, wo Cushing zitiert wird; ebenso Ernst Cassirer, *Philosophie der symbolischen Formen*, Bd. 2, Darmstadt: Wissenschaftliche Buchgesellschaft 1953, S. 115, 127, 179, 222. Vgl. Frank Hamilton Cushing, *Outlines of Zuni Creation Myths,* Washington: United States Government Printing Office 1896.

12 [Anm. d. Hg. d. Orig.-Ausg.] Vgl. Immanuel Kant, »Von dem ersten Grunde des Unterschiedes der Gegenden im Raume« [1768], in diesem Band Text 3 [Anm. d. Hg.]; vgl. Ernst Cassirer: *Kants Werke,* Bd. 2, Berlin: Cassirer 1922, S. 391-400.

und Richtungen zugrunde liegt, in der inneren Verkettung zu suchen ist, die das mythische Gefühl und die mythische Phantasie zwischen den Bestimmungen des Raumes und denen des ›Lichts‹ empfindet. Indem Gefühl und Phantasie Tag und Nacht, Licht und Dunkel gegeneinander absondern und sich in ihren Ursprung versenken, treten ihnen damit erst die verschiedenen Bestimmungen des Raumes auseinander – und sie scheiden sich jetzt nicht nach rein objektiven, der bloßen ›Sachwelt‹ entnommenen Merkmalen, sondern jede von ihnen erscheint je in einer anderen Nuancierung und Färbung, erscheint wie eingetaucht in je ein eigenes seelisches Grundgefühl. Der Osten ist als Quelle des Lichtes zugleich der Quell und Ursprung des Lebens; der Westen ist die Stätte des Niederganges, des Grauens, des Totenreiches. Ich kann auf die Einzelheiten dieser Grundanschauung und auf all ihre mannigfachen Nuancierungen hier nicht näher eingehen – ich hebe nur noch einmal den für unser Problem wesentlichen und entscheidenden Hauptzug heraus. Nur von der universellen ›Sinnfunktion‹ des Mythos her und im Rückgang und steten Rückblick auf dieselbe läßt sich die Form des mythischen Raumes im Ganzen, sowie seine Gestaltung und Gliederung im einzelnen, verständlich machen, läßt sich sein Wesen und seine Eigenart begreifen.

Wenden wir uns nunmehr zur Betrachtung des ästhetischen Raumes, insbesondere zur Betrachtung des Raumes, wie er sich in den einzelnen bildenden Künsten, in der Malerei, der Plastik, der Architektur konstituiert, – so umfängt uns hier alsbald eine andere Luft. Denn jetzt sehen wir uns mit einem Schlage in eine neue Sphäre, in die Sphäre der reinen ›Darstellung‹ versetzt. Und alle echte Darstellung ist keineswegs ein bloßes passives ›Nachbilden‹ der Welt; sondern sie ist ein neues ›Verhältnis‹, in das sich der Mensch zur Welt setzt. Schiller sagt in den Briefen über die ästhetische Erziehung, daß die Betrachtung, die ›Reflexion‹, die er als die Grundvoraussetzung und als das Grundmoment der künstlerischen Anschauung ansieht, das erste ›liberale‹ Verhältnis des Menschen zu dem Weltall sei, das ihn umgibt. »Wenn die Begierde ihren Gegenstand unmittelbar ergreift, so rückt die Betrachtung den ihrigen in die Ferne. Die Notwendigkeit der Natur, die den Menschen im Zustand der bloßen Empfindung mit ungeteilter Gewalt beherrschte, läßt bei der Reflexion von ihm ab; in den Sinnen erfolgt ein augenblicklicher Friede, die Zeit selbst, das ewig Wandelnde steht still, indem des Bewußtseins zerstreute Strahlen sich sammeln, und ein Nachbild des Unendlichen, die ›Form‹ reflektiert sich auf den vergänglichen Grunde.«[13] Dieser Eigenart und diesem Ursprung der künstlerischen ›Form‹ entspricht die Eigenart des ästhetischen ›Raumes‹. Man kann den letzteren dem mythischen Raum darin vergleichen, daß beide, im Gegensatz zu jenem abstrakten Schema, das die Geometrie entwirft, durchaus ›konkrete‹ Weisen der Räumlichkeit sind. Auch der ästhetische Raum ist ein echter ›Lebensraum‹, der nicht, wie der theoretische, aus der Kraft des reinen Denkens, sondern aus den Kräften des reinen Gefühls und der Phantasie aufgebaut ist. Aber Gefühl und Phantasie schwingen hier bereits in einer anderen Ebene und haben, verglichen mit der Welt des Mythos, gewissermaßen einen neuen Freiheitsgrad erlangt. Auch der künstlerische Raum ist erfüllt und durchsetzt mit den intensivsten Ausdruckswerten, ist von den stärksten dynamischen Gegensätzen belebt und bewegt. Und doch ist diese Bewegung nicht mehr jene unmittelbare Lebensbewegung, die in den mythischen Grundaffekten von Hoffnung und Furcht, in dem magischen Hingezogen- und Abgestoßenwerden, in der Begier des Ergreifens des ›Heiligen‹ und im Grauen vor der Berührung mit dem Verbotenen und Unheiligen, sich äußert. Denn als Inhalt der künstlerischen Darstellung ist das Objekt in eine neue Distanz, in eine Ferne vom Ich gerückt – und in ihr erst hat es das ihm eigene selbständige Sein, hat es eine neue Form der Gegenständlichkeit gewonnen. Diese neue Gegenständlichkeit ist es, die auch den ästhetischen Raum kennzeichnet. Die Dämonie der mythischen Welt ist in ihm besiegt und gebrochen. Er umfängt den Menschen nicht mehr mit geheimnisvollen unbekannten Kräften; er schlägt ihn nicht mehr in magische Bande, – sondern er ist, kraft der Grundfunktion der ästhetischen Darstellung, auch erst zum eigentlichen Inhalt der Vorstellung geworden. Die echte ›Vorstellung‹ ist immer zugleich Gegenüber-Stellung; sie geht aus vom Ich und entfaltet sich aus dessen bildenden Kräften; aber sie erkennt zugleich in dem Gebildeten ein eigenes Sein, ein eigenes Wesen und ein eigenes Gesetz – sie läßt es aus dem Ich erstehen, um es zugleich gemäß diesem Gesetz bestehen zu lassen und es

13 [Anm. d. Hg. d. Orig.-Ausg.] Friedrich Schiller, »Ueber die ästhetische Erziehung des Menschen in einer Reihe von Briefen«, in: F. S., *Werke. Nationalausgabe*, Bd. 20/1, hg. v. Benno von Wiese unter Mitwirkung v. Helmut Koopmann, Weimar: Herrmann Böhlaus Nachfolger 1962, 25. Brief, S. 394. Das Zitat ist verkürzt.

in diesem objektiven Bestand anzuschauen. So ist der ästhetische Raum nicht mehr wie der mythische ein Ineinandergreifen und ein Wechselspiel von Kräften, die den Menschen von außen her ergreifen und die ihn kraft ihrer affektiven Gewalt überwältigen – er ist vielmehr ein Inbegriff möglicher Gestaltungsweisen, in deren jeder sich ein neuer Horizont der Gegenstandswelt aufschließt.[14]

Biobibliographische Angaben

Ernst Cassirer
* 28. 7. 1874. (Breslau) – † 13. 4. 1945 (New York)

Studium der Philosophie in Berlin und Marburg; 1899 Abschluss der Doktorarbeit zu *Descartes' Kritik der mathematischen und naturwissenschaftlichen Erkenntnis*; 1906 Abschluss der Habilitation an der Universität Berlin: *Das Erkenntnisproblem in der Philosophie und Wissenschaft der neueren Zeit*; 1919-1933 Professor für Philosophie an der Universität Hamburg, dort Ausarbeitung der *Philosophie der symbolischen Formen*; ab 1933 Professuren u. a. in Oxford, Göteburg (1935-1940) und an der Yale University/USA (1941-1945).

Textnachweis

»Mythischer, ästhetischer und theoretischer Raum« (Vortrag auf dem Vierten Kongress für Ästhetik und Allgemeine Kunstwissenschaft, Hamburg 1930), in: E. C., *Symbol, Technik, Sprache. Aufsätze aus den Jahren 1927-1933*, hg. von Ernst Wolfgang Orth und John Michael Krois, Hamburg: Meiner 1985, S. 93-119, hier S. 93-108 [zuerst in: *Beilagenheft zur Zeitschrift für Ästhetik und allgemeine Kunstwissenschaft* 25 (1931), S. 21-36 und 50-54 (Aussprache)].

[Der Text ist hier ohne Schlussbeispiele und die anschließende Aussprache abgedruckt.]

14 [Anm. d. Hg.] Ausgelassen sind hier die Überlegungen Cassirers zur Übertragung seiner Theorie auf die »Einzelkünste« sowie das abschließende Beispiel, das sich vor allem mit dem Zeit- und weniger mit dem Raumbezug der verschiedenen literarischen Gattungen beschäftigt. Im ebenfalls nicht abgedruckten Schlussabschnitt des Vortrags lässt Cassirer seinen ursprünglichen Plan, noch auf den theoretischen »Maßraum« der Mathematik und Physik einzugehen, aus Zeitgründen fallen und verweist dafür auf seine Ausführungen in *Philosophie der symbolischen Formen*, Bd. 3, 2. Teil, Kap. 3, S. 165-188.

Weitere Texte zur Raumtheorie

1910: *Substanzbegriff und Funktionsbegriff. Untersuchungen über die Grundfragen der Erkenntniskritik, Gesammelte Werke*, Bd. 6, hg. von Reinold Schmücker, Hamburg: Meiner 2000.

1921: *Zur Einstein'schen Relativitätstheorie. Erkenntnistheoretische Betrachtungen, Gesammelte Werke*, Bd. 10, hg. von Reinold Schmücker 2001.

1923-1929: *Philosophie der symbolischen Formen*, 3 Bde., *Gesammelte Werke*, Bd. 11: *Die Sprache*, hg. von Claus Rosenkranz; Bd. 12: *Das mythische Denken*, hg. von Claus Rosenkranz; Bd. 13: *Phänomenologie der Erkenntnis*, hg. von Julia Clemens, 2002.

Sekundärliteratur

Ferrari, Massimo: »Cassirer und der Raum. Sechs Variationen über ein Thema«, in: *Internationale Zeitschrift für Philosophie* 2 (1992), S. 167-188.

Gaona, Francisco: *Das Raumproblem in Cassirers Philosophie der Mythologie*, Tübingen: Univ.-Diss. 1965.

Hofmann, Franck: »Dynamische Räume, nordöstlich gelegen. Raumdenken als Erkenntnispraxis nach Aby Warburg und Ernst Cassirer«, in: F. H./Jens E. Sennewald/Stavros Lazaris (Hg.), *Raum-Dynamik. Dynamique de l'espace*, Bielefeld: Transcript 2004, S. 27-50.

Pätzold, Detlev/Hans Jörg Sandkühler (Hg.): *Kultur und Symbol. Ein Handbuch zur Philosophie Ernst Cassirers*, in Zusammenarbeit mit Silja Freudenberger u. a., Stuttgart/Weimar: Metzler 2003.

Hörner, Richard: *Ernst Cassirer und der Mythos: sein mythisches Denken; eine Einführung*, Wörth am Rhein: Scriptline 2005.

Bibliographie (primär): ⟨http://www.helmut-zenz.de/hzcassir.html⟩

28 Max Herrmann
Das theatralische Raumerlebnis

Wenn in den folgenden Ausführungen vom theatralischen Raum die Rede ist, so ist zunächst wirklich der reale Raum gemeint, das Wort Raum wird nicht etwa in der metaphorischen Bedeutung gebraucht, die mit ihm in kunstwissenschaftlichen Betrachtungen so oft verbunden zu sein pflegt. Dennoch aber wollen wir heute nicht von dem eigentlich realen Raum des Theaters, nicht von dem Zuschauer- und Bühnenraum und seinen wechselnden Formen und Größenverhältnissen sprechen. Darüber zu reden lohnte allerdings auch der Mühe: man kann versuchen, in einer vergleichenden Betrachtung über die unendlich vielen einzelnen Formen hinauszukommen, die im Laufe der Jahrtausende zutage getreten sind, und einerseits das bei aller Verschiedenheit etwa doch Gleiche als die Konsequenz allgemeiner Notwendigkeiten, anderseits das Abweichende als Ergebnis der Besonderheiten des Geistes der betreffenden Zeit und des jeweiligen Standes der Technik zu verstehen.[1] Hier aber soll von dieser vergleichenden Betrachtung abgesehen werden; wo vom realen Theaterraum doch die Rede ist, wollen wir wesentlich an unsere moderne Guckkasten-Bühne und den üblichen Zuschauerraum der Gegenwart denken. Die Betrachtung aber auch dieses ›modernen‹ Theaterraumes ist nicht Selbstzweck unserer Ausführungen. Als man in neuester Zeit begann, die Theaterwissenschaft von der Literaturwissenschaft zu lösen, da wurde in den Vordergrund der Betrachtung der Satz gestellt: »Bühnenkunst ist Raumkunst«, mit ihren wesentlichsten Leistungen spielt sie im realen Raum sich ab. Bühnenkunst ist Raumkunst. Das darf aber nicht so verstanden werden, als ob die Darstellung des Raumes Selbstzweck im Theater sein könnte. Die Bühne nur als Schauplatz ohne Menschen stellt sich eigentlich niemals dem Blicke dar oder doch nur, wenn es sich um einen Moment der Verlegenheit handelt, oder auch wohl bei einem ganz kurzen Leersein des Schauplatzes zu außergewöhnlichen Zwecken; das Beklatschen einer wohlgelungenen

1 Für diese und andere ›Bühnenraum‹fragen mag auf die Schrift von Robert Kümmerlen, *Zur Ästhetik bühnenräumlicher Prinzipien oder Der Raum auf dem Theater*, Stuttgart: Enke 1929, verwiesen werden.

Dekoration findet höchstens statt, gleich wenn der Vorhang in die Höhe geht, ehe das eigentliche Theaterspiel anhebt. In der Theaterkunst handelt es sich also nicht um die Darstellung des Raumes, sondern um die Vorführung menschlicher Bewegung ›im‹ theatralischen Raum. Dieser Raum ist aber niemals oder doch kaum je identisch mit dem realen Raum, der auf der Bühne existiert, ebenso wie die reale ›Zeit‹ der Aufführung nur sehr selten mit der im theatralischen Kunstwerk erlebten Zeit zusammenfällt; eine demnächst hervortretende Arbeit von Ferdinand Junghans wird dieses und andere Zeitprobleme des dramatisch-theatralischen Bereichs ausführlich behandeln. Der Raum, den das Theater meint, ist vielmehr ein Kunstraum, der erst durch eine mehr oder weniger große innerliche Verwandlung des tatsächlichen Raumes zustandekommt, ist ein Erlebnis, bei dem der Bühnenraum in einen andersgearteten Raum verwandelt wird. Und von diesem theatralischen ›Raumerlebnis‹ soll hier etwas gesagt werden.

Von diesem theatralischen Raumerlebnis oder vielmehr von den theatralischen Raumerlebnissen. Daß nicht eine einheitliche Betrachtung sich durchführen läßt, liegt an der Kompliziertheit, die, im Gegensatz zu allen andern Künsten, im Wesen der Theaterkunst begründet ist. Bei den Hervorbringungen aller andern Künste ist jedesmal nur ein einziger Schöpfer am Werke. In der theatralischen Leistung und in allen ihren einzelnen Elementen sind drei oder vier Faktoren schöpferisch beteiligt: der dramatische Dichter, der Schauspieler, das Publikum (denn dieses ist, wie hier nicht ausführlich dargestellt werden darf, nicht nur der empfangende Teil, sondern dergestalt an der Leistung selbst mittätig, daß ohne seine Mitwirkung das Ganze kaum je zu wirklichem Leben erwacht); und endlich, in neuester Zeit wenigstens, auch noch der Regisseur mit seinen Gehilfen. Alle vier Faktoren schaffen also auch an jenem imaginären Kunstraum. Ihre Raumerlebnisse sind für die Gestaltung der Gesamtaufführung wesentlich.

Das Raumerlebnis des ›dramatischen Dichters‹ tritt bei der Aufführung allerdings nicht mehr unmittelbar zutage, sondern es liegt gewissermaßen in gefrorenem Zustande vor und wird zum Auftauen andern Faktoren überliefert, die dem Dichter fremd sind und bewußt-unbewußt mehr oder weniger frei mit seiner Schöpfung und ihren Elementen umgehen. So dürfen wir uns in bezug auf das Raumerlebnis des Dichters hier am kürzesten fassen, wo wir nicht vom dramatischen, sondern vom theatralischen Raumerlebnis sprechen. Das dramatische Raumerlebnis ist zunächst ein Teil des allgemein dichterischen Raumerlebnisses. Das Problem dieses allgemein dichterischen Raumerlebnisses scheint aber bisher so gut wie ganz ununtersucht zu sein und bietet Probleme, die von den heute zu behandelnden durchaus abweichen. Dort gilt es, den Raum zu erkennen, der im schöpferischen ›Wort‹ verborgen ist oder doch verborgen sein kann – auch im lyrischen Gedicht und im epischen Gebilde; das, was wir da Raum nennen dürfen, geht sehr leicht aus dem wirklich physischen Raum in jenen metaphorischen Raum über, der unserm Gesamtvorsatz nach von der heutigen Betrachtung ganz ausgeschlossen bleiben muß, und auch darum haben wir hier von dem dichterischen Raumerlebnis im allgemeinen nicht zu sprechen. Im besonderen liegt nun gerade im ›dramatischen‹ Bereich der Dichtung die Möglichkeit am fernsten, die Realität des Raums zu erleben und im dichterischen Wort darzustellen. Denn das Drama spielt ja doch normalerweise durchaus in der menschlichen Welt, stellt Menschen gegen Menschen, nicht Menschen gegen die Natur, um deren Reich es sich bei der Darstellung eines Raumes direkt oder indirekt immer handelt; es werden stets nur Ausnahmefälle sein, in denen der reale Raum ins Dramatisch-dichterische als etwas Für-sich-existierendes und Wesen-bestimmendes einbezogen wird. – Nun aber ist als ein weiterer Faktor bei der definitiven Ausgestaltung des normalen dramatischen Kunstwerkes durch den Dichter noch ein zweites Raumerlebnis des Verfassers nötig: die Übertragung seines rein wortkünstlerischen Gebildes in den Bühnenraum, auf dem das Werk zur Darstellung kommen soll. Um ein Doppeltes handelt es sich dabei: zunächst um die Wahl von fest begrenzten Schauplätzen, auf denen die Personen den Anforderungen der Handlung entsprechend zusammentreffen können, unter Rücksicht auf die jeweils gültigen Theatereinrichtungen, die für Aischylos, für Shakespeare und noch für Schiller andere waren als die Schauplatzeinrichtungen der Gegenwart; es handelt sich ferner um die Fürsorge des Dichters für den Raum, in dem die Darsteller ›ihre‹ Erlebnisse körperlich zum Ausdruck zu bringen haben. Dieses ›zweite‹ Raumerlebnis des Dichters ist also schon kein dichterisches Raumerlebnis im engeren Sinne mehr, sondern ein spezifisch theatralisches Raumerlebnis, verwandt dem Raumerlebnis des Regisseurs, von dem wir später noch zu sprechen haben. Es kann nun allerdings vorkommen, daß das ganz seltene Wunder der vollen Einheit von Drama, Regie und Schauspielkunst auch in bezug auf das Raumerlebnis im Schaffen des Dichters sich vollzieht, daß dichterischer Raum und Bühnenraum zusammenkommen; so ist es vor allen Dingen bei Shakespeare, bei dem auch dazu noch das Verhältnis des ›Dichters‹ zum Raum gelegentlich über die normalen Möglichkeiten des Dramas hinaus spezifisch dramatischen Charakter gewinnt; aber auch bei andern, so besonders etwa bei Georg Büchner, tritt eine solche Verbindung wohl zutage. – Das Gewöhnliche jedoch ist es, daß der dramatische Dichter, vielleicht ohne daß er es selbst weiß, innerlich unzufrieden ist mit jener Beschränkung seiner dichterischen Raumerlebnisse durch den theatralischen Zwang, mit jener Notwendigkeit, für längere Strecken seines Werkes immer nur einen einzigen, abgegrenzten Raum in die Erscheinung treten zu lassen. So erklärt es sich, daß viele Dramatiker in einer Art dritten Raumerlebnisses ständig die Neigung zeigen, den ›Umraum‹ der Bühne (durch Rufe von drinnen nach draußen oder von draußen nach drinnen und ähnliches) einzubeziehen und sogar rein durch das Wort – in Hineinnahme eigentlich epischer Elemente: in der sogenannten ›verdeckten Handlung‹ – auch noch einen ›Fernraum‹ weiter draußen halbdeutlich aufsteigen zu lassen. Ein solches Bemühen, die Beschränkung auf die Realität des bretternen Bühnenraums zu sprengen, bedeutet also wohl meist ein intensives Streben zur Rückkehr in die Irrealität des rein wortkünstlerischen Raumes.

Durchaus im Dreidimensionalen aber vollzieht sich das Raumerlebnis des ›Schauspielers‹, das ›wichtigste‹ theatralische Raumerlebnis: in der Schauspielkunst liegt ja, wie bei aller Bewunderung der großen modernen Regieleistungen und ihrer Hilfskünste doch immer wieder betont werden muß, das Entscheidende der theatralischen Leistung, die Schauspielkunst erzeugt das eigentliche, das reinste Kunstwerk, das das Theater hervorzubringen imstande ist: hier nur darf das Schöpferische in einem einheitlichen Material und, wenn wir von dem gegebenen Wort der dramatischen Dichtung absehen, fast völlig frei ohne Bindungen sich entwickeln. Und diese schöpferische Leistung des Schauspielers bezieht sich nun auch auf den Raum. Eine gewisse Bindung des Darstellers durch die Bühne, auf der er steht, ist natürlich gegeben, aber innerhalb ihrer hat doch er erst die Räume zu schaffen, die den inneren Notwendigkeiten seiner Rolle gemäß sind. Hier müssen wir etwas Allgemeines betonen, was zunächst trivial klingt, was aber für unsere Zwecke nicht außer acht gelassen werden darf, etwas, was sich nicht nur auf die Darstellung von Menschen durch den Schauspieler, sondern auf das Verhältnis jedes Menschen zum Raum überhaupt bezieht. Jeder Mensch ist von dem Raum, in dem er sich jeweilig befindet, in bezug auf seinen ganzen Habitus durchaus abhängig: unser Gehen, unsere Gesten, unser Sprechen sind anders in der freien Natur als im geschlossenen Raum und im einzelnen wieder entscheidend von den Besonderheiten dieser Natur oder dieses geschlossenen Raumes bedingt. Und so wird auch in den großen schauspielerischen Leistungen, in den Bewegungen, in der Sprechart der dargestellten Personen indirekt immer der besondere Raum enthalten sein, in dem sich in dem betreffenden Moment der dargestellte Mensch zu befinden hat. Diese räumlichen Elemente des schauspielerischen Spiels zu untersuchen ist aber vorläufig sehr erschwert dadurch, daß über jenen allgemeinen Einfluß des Raums auf den menschlichen Habitus eigentümlicherweise noch gar keine Studien vorliegen,[2] wenn wir etwa absehen von der psychiatrischen Beobachtung der Haftpsychose, die doch ihrem extremen Charakter gemäß in der schauspielerischen Darstellung eines Gefangenen kaum ein Analogon haben wird, und ferner absehen von den eingehenden Untersuchungen, die Hellpach in bezug auf die Einwirkung der Landschaft auf den Menschen angestellt hat.[3] Gerade diese Beziehungen zur freien Natur kommen für das uns hier interessierende Schauspielerproblem am wenigsten in Frage, denn die wirkliche Landschaft scheint der schauspielerischen Transformation überhaupt und der Transformation des Raumes im besonderen am ungünstigsten zu sein (wir haben infolgedessen auch die Behandlung des Raumerlebnisses im Freilichttheater hier ausgeschaltet), und umgekehrt scheint auch die schauspielerische Transformation der geschlossenen Bühne in eine freie Landschaft meist unendlich viel schwerer zu gelingen als die Transformation in irgendeinen Innenraum. Zum Beweis für solche (und andere) Behauptungen über die Schauspiel-

2 Für diese Behauptung darf ich mich auf das sachverständige Urteil meines Berliner Kollegen, des Herrn Prof. Dr. Kurt Lewin, berufen; ich sage ihm für seine Hilfe hier herzlichen Dank.

3 [Anm. d. Hg.] Vgl. insbes. Willy Hellpach, *Geopsyche: Die menschliche Seele unter dem Einfluß von Boden und Klima, Wetter und Landschaft*, Stuttgart: Enke [8]1977 [zuerst 1911 unter dem Titel *Die geopsychischen Erscheinungen*].

kunst berufen wir uns hier auf unsere eigenen Erlebnisse im Theater, wo es uns ja auch am schwersten gelingt, die Illusion zu erlangen, daß die Szene vor uns wirklich im Freien sich abspielt: das liegt gewiß zum großen Teil daran, daß der Schauspieler selbst diese Illusion gewöhnlich nicht hat und uns daher auch nicht vermitteln kann; wir berufen uns ferner auf die Aussagen hervorragender Schauspieler, die freilich zur Gewinnung ganz sicherer Ergebnisse doch in viel größerem Umfange zusammengebracht werden müßten und nicht leicht zu erlangen sind, weil die meisten Künstler über solche intimen Dinge nichts aussagen können oder aussagen wollen. Vorläufig aber dürfen wir immerhin unsere Betrachtungen auf den Satz stützen: der bedeutende Schauspieler schafft sich seinen Raum selber oder, genauer, er deutet sich den Bühnenraum um in einen tatsächlich nicht vorhandenen Realitätsraum, der nun seinen ganzen Habitus in dem vorhin gekennzeichneten Sinne bedingt. Ein solches Umdeuten kann wohl in besonders günstigen Augenblicken bis zu einem wirklichen und vollständigen Erleben dieses Raumes in der Seele des Schauspielers führen.

Etwas mehr aber läßt sich vielleicht jetzt schon über die Hilfen sagen, die bei solchem Umschaffungsprozeß in Frage kommen, und anderseits über die Hemmungen, die diesem Prozeß entgegenwirken. Hier müssen wir die vorhandenen Möglichkeiten zunächst scheiden nach der schauspielerischen Gesamtart des betreffenden Darstellers, indem wir als die beiden denkbaren Extreme auf der einen Seite den Naturalisten hinstellen, der stark durch äußere Beobachtung in der Wahl seiner körperlichen Darbietungen bestimmt ist, auf der andern Seite den reinen Ausdrucksschauspieler, der in allem nur von dem bedingt wird, was ihm innerlich wahr ist. Der Naturalist wird gefördert durch eine Bühneneinrichtung, die dem jeweilig geforderten Raum am ähnlichsten ist; der reine Ausdrucksschauspieler am stärksten durch eine Bühnengestaltung, die seiner Phantasie nichts entgegenstellt. Stark in Frage kommt hier natürlich ferner die ›allgemeine‹ psychische Veranlagung des betreffenden Schauspielers; der visuell veranlagte wird stärker durch Raumfaktoren gefördert oder gehemmt werden, die dem Auge sichtbar sind, der auditiv veranlagte durch Raumelemente, die sich dem Gehör offenbaren. Faktoren wie Höhe, Tiefe, Weite und Enge des realen Raumes werden vor allem das künstlerische ›Raumgefühl‹ wesentlich bestimmen.

Als unendlich suggestiv wird sich immer das raumhaltige Wort des echten Dichters erweisen. »Wie süß das Mondlicht auf dem Hügel schläft« – dem räumlichen Zauber solcher Worte wird sich das innere Erleben des echten Schauspielers nicht entziehen können. Der Wortzauber ist unter Umständen so stark, daß durch ihn gelegentlich sogar die Identität von Wirklichkeitsraum und Kunstraum zustandekommt und daß dann etwa gar einmal unter besonders eigenartigen Umständen auch jene ungünstige Wirkung des freien Landschaftsraums sich ins Günstigste wenden kann. So erzählte mir Werner Kraus, der im übrigen die ungünstige Wirkung der realen Landschaft durchaus betont, er habe einmal auf einer Freilichtbühne im Fichtelgebirge am Ende der *Iphigenie* als Thoas gestanden, und unter der Wirkung des ihm abgenötigten »Lebt wohl« und beim Anblick der im Abendlicht immer weiter sich entfernenden Griechengestalten, schließlich ganz allein gelassen auf dem Schauplatz, auf dem kein Vorhang da war, um ihn und seinen Schmerz zu verdecken, habe er dem plötzlichen, räumlichen Antriebe nicht widerstehen können, im Gefühl des grenzenlosen Alleinseins sich in die Felsen zu verkriechen.

Förderlich sind ferner gewisse Faktoren, die die ›allgemeine‹ schauspielerische Transformation besonders stark herbeiführen helfen, auch für die Verwandlung des Raumes, obschon in ihnen zunächst ungünstige Verhältnisse vorzuliegen scheinen. So ist vor allen Dingen die Bühne selbst besser als irgend ein anderer Raum geeignet, die räumliche Sonderschöpfung zustandekommen zu lassen; z. B. also, wenn das Spiel des Darstellers in einem Thronsaal vor sich zu gehen hat, ist die Bühne günstiger als ein wirklicher Thronsaal mit seinen realräumlichen Eigentümlichkeiten es wäre – die Bühne mit all ihren seltsamen, wirklichkeitswidrigen Raumfaktoren, mit ihrem Staub, ihrem eigentümlichen Geruch, ihrem keiner Realität entsprechenden Rampenlicht (das ganze Problem ›Licht und Raumerlebnis‹ muß freilich seiner Kompliziertheit wegen in unserm Zusammenhang trotz seiner großen Wichtigkeit unerörtert bleiben). Der harte Bretterboden der Bühne kann leichter das Erlebnis eines wirklichen Rasens bieten als der weiche Boden einer realen Landschaft. Dabei ist aber das Wissen um die Richtungen der Auf- und Abgänge und die durch das ganze Spiel verlangten Raumbegrenzungen für die Umwandlung günstig, ja sogar wohl nötig, wobei indessen eine bloße Markierung solcher Grenzen und Richtungen durchaus genügt. – Der ›Umraum‹ hinter der Bühne kann auch dem Schauspieler lebendig werden, aber, im Gegensatz zu jenem Umraumerlebnis des Dichters, nur in den Momenten, in denen er selbst zu dieser Umwelt in Beziehung zu treten hat; der ›Fernraum‹ dagegen spielt gewöhnlich keine Rolle: es gibt wohl nicht oft einen Schauspieler, der vor dem Betreten der Bühne schon die Räume erlebt hat, durch die er vorher geschritten sein müßte.

Förderlich für das Raumerlebnis des Darstellers wie für all sein Schaffen ist ferner das Publikum, obwohl man doch eigentlich annehmen möchte, daß das Fehlen der vierten Wand eines Innenraumes und das an ihrer Stelle erlebte Vorhandensein vieler Menschen die etwa zustandegekommene Raumillusion entscheidend beeinträchtigen müßte: der Schauspieler ›sieht‹ die Menschen kaum, er ›fühlt‹ sie nur, und dieses Gefühl gibt ihm wie für all sein Schaffen so auch für die Raumtransformation entscheidende Kraft. Und endlich fördern im höchsten Maße sein räumliches Erlebnis die Mitspieler, die im gleichen Raum sich befinden, vorausgesetzt, daß sie selbst ein starkes Raumerlebnis haben; ist das nicht der Fall, so wird von ihnen umgekehrt eine hemmende Wirkung ausgehen. Mitspieler im weiteren Sinne des Wortes ist ja auch das ›Publikum‹, von dessen Raumerlebnis wir nun zu sprechen haben. Jene schöpferische, mitschöpferische Tätigkeit des Publikums an ›allem‹ schauspielerischen Spiel besteht zu allertiefst in einem heimlichen Nacherleben, in einer schattenhaften Nachbildung der schauspielerischen Leistung, in einer Aufnahme nicht sowohl durch den Gesichtssinn wie vielmehr durch das Körpergefühl, in einem geheimen Drang, die gleichen Bewegungen auszuführen, den gleichen Stimmklang in der Kehle hervorzubringen. Den wenigsten Zuschauern ist dieser Hergang bewußt; es ist aber vielfach durchaus möglich, ihn sich bewußt zu machen. In den Bewegungen aber des Schauspielers, im Klang seiner Stimme offenbart sich, wie wir gesehen haben, der Ausdruck seines Raumgefühls, seines Raumerlebnisses. Sein Raumerlebnis kann nun umso eher vom Publikum mitübernommen werden, als dieses Publikum sich im gleichen realen, nur umzudeutenden Raum mit ihm befindet, wenn auch eine starke Trennung, eine besondere Differenzierung des Bühnenraums vom Zuschauerraum vorliegt; wo diese Gemeinsamkeit des abgeschlossenen Raumes gar nicht vorhanden ist, tritt auch im Publikum das eigentliche Raumerlebnis zurück: im Freilichttheater, in dem ja zudem auch das schauspielerische Raumerlebnis selbst viel geringer zu sein pflegt. Bei dieser Gelegenheit mag betont werden, daß der Film, auch der Tonfilm, in den Erlebnissen, die er auslöst, von den theatralischen Erlebnissen stets grundverschieden sein wird, weil das theatralisch Entscheidende, das Miterleben der wirklichen Körper und des wirklichen Raumes in ihm immer fehlt, weil ›nur‹ Auge und Ohr an der Aufnahme beteiligt sind. – Jenes Nacherleben des schauspielerischen Raums durch das Publikum ist ›sein‹ allerwesentlichstes Raumerlebnis und zunächst durchaus genügend: wäre das nicht der Fall, so würde ja unsere heutige ganz dekorationslose Stilbühne völlig unwirksam bleiben, und auf Shakespeares Bühne hätten unmöglich die stärksten theatralischen Eindrücke hervorgerufen werden können. Die Verwandtschaft zwischen dem Raumerlebnis des Schauspielers und dem des Publikums bekundet sich übrigens auch in einem andern Punkt: gerade so wie das Raumerlebnis des Schauspielers weitaus am besten auf der Bühne trotz ihrer von allen Realitäten so weit abweichenden Raumverhältnisse zustandekommt, so vollzieht sich auch das Raumerlebnis des Publikums durchaus am leichtesten in dem gewohnten Zuschauerraum, obwohl er mit den Eigentümlichkeiten des jedes Mal auf der Bühne geforderten Sonderraumes nicht die geringste Ähnlichkeit aufweist.

Immerhin ist solche künstliche, durch den Schauspieler vermittelte Verwandlung des Spielbühnenraumes für das Publikum nicht immer leicht, umsoweniger, als sich ja stets im Publikum Elemente befinden werden, die zu jenem inneren Nacherleben der schauspielerischen Leistung nicht recht befähigt sind und die nun durch die allgemeine, sonst so ungeheuer günstige, hier aber ungünstige seelische Ansteckung des Gesamtpublikumskörpers auch die Leistung der für das Nacherleben geeigneten Elemente herabsetzen. So ist denn eine starke rationalistische Nachhilfe in der Weise nötig, daß der vom Drama geforderte Raum noch mit andern als den schauspielerischen Mitteln verdeutlicht wird, – der Sinn, der für diese Verdeutlichung als der wesentlichste sich erweist, ist das Auge. Verhältnismäßig selten wird auf unsern Bühnen eine tatsächliche, vollständige Umwandlung des Bühnenraumes in den zu erlebenden Raum versucht, eine Ausstattung also, in der ›alles‹ plastisch ist und in der alle Größenverhältnisse mit der Wirklichkeit übereinstimmen. Solcher absolute Naturalismus führt nicht nur wie aller Naturalismus aus der Kunst völlig heraus, sondern seine Durchführung ist auch (man denke etwa an ›ganz kleine‹ Räume) technisch oft allzu schwierig, ja unter Umständen, z. B. wenn es sich um Straßen oder freie Landschaft handelt, völlig unmöglich. So hilft man sich denn entweder mit jenen Übergängen aus dem Malerischen ins Plastische, die früher in den sogenannten Panoramen auch außerhalb des Theaters oft vorgeführt wurden, die aber in ihrer greulichen Unkunst der künstlerischen Leistung des schauspielerischen Körpers gar zu sehr widerstreiten, oder man zieht als den Hilfskünstler den Maler heran. Daß unter den Arbeiten unserer modernsten Dekorationsmalerei sich Leistungen von großer künstlerischer Bedeutung befinden, soll nicht geleugnet werden; aber jene Hereinziehung bedeutet an sich, ganz gleich, ob die Malerei auf Naturalismus oder auf Expressionismus gestellt ist, einen grundsätzlichen Fehler entscheidender Art: hier erscheint plötzlich die Notwendigkeit eines völlig theaterfremden, des ›malerischen‹ Raumerlebnisses, bei dem es sich ja darum handelt, einen tatsächlich überhaupt nicht vorhandenen Raum erst in der inneren Vorstellung zustandekommen zu lassen. Alle noch so geschickte, alle bühnenästhetisch noch so gut berechnete Verwendung von Farben und Lichtwirkungen, durch die wir williger werden, das Zweidimensionale dreidimensional zu sehen, kann doch über die Tatsache nicht hinwegführen, daß hier ein von dem eigentlich theatralischen völlig verschiedenes Raumerlebnis gefordert wird. Diese Einführung eines künstlerischen Fremdelementes kann mit dem Nacherleben des schauspielerischen Raumerlebnisses unmöglich zu einem Einheitserlebnis des Zuschauers zusammengehen.

Die Schwierigkeiten, die sich somit darstellen, sind in einem letzten Sinne unmöglich vollkommen zu lösen. Andere Probleme, die nur eben noch angedeutet werden können, kommen dazu. So z. B. der Umstand, daß jenes so wesentliche Gefühl der Raumgemeinschaft schließlich auf den der Bühne ganz fern gelegenen Plätzen fast völlig aufhört, so daß der Unterschied zwischen dem Erlebnis auf der Galerie und dem im Lichtspielhaus nicht mehr so sehr groß ist. Umgekehrt gibt es auch ein Problem der zu großen ›Nähe‹; aber so interessant es ist, soll es doch hier ebenso wenig noch erörtert werden wie eine letzte Schwierigkeit, auf die immerhin wenigstens hingewiesen werden soll: jenes gefühlsmäßige Einswerden des Zuschauererlebnisses mit dem des Schauspielers kann eigentlich nur im Parkett erfolgen, wo man einigermaßen in gleicher Höhe mit dem Körper des Schauspielers sich befindet und den Raum daher ungefähr in der gleichen Lage wie er erlebt; selbst von dem besten Rangplatz aus nimmt man die ganze Figur des Darstellers einschließlich seiner Füße von oben her wahr und wird dadurch zu einer spezifisch visuellen Auffassung geführt. Wer so die Bühne von oben auffaßt, steht dem normalen, dem gefühlsmäßigen Raumerlebnis ziemlich fremd gegenüber, so etwa wie uns die Welt vom Flugzeug aus gerade in räumlicher Beziehung unnormal, beinahe unräumlich vorkommen mag.

Zum Ausgleich der Verschiedenheiten der Raumerlebnisse, die wie alles im Theater durch die Trinität der bestimmenden Faktoren bedingt ist, tritt nun hier wie auch sonst als der Anwalt jedes der drei Faktoren: des Dichters, des Schauspielers und des Publikums, ein vierter Faktor: der ›Regisseur‹ in die Erscheinung, der Regisseur mit seinen Bühnengehilfen, deren einen, den Dekorationsmaler, wir schon bei der Betrachtung des Publikums einbezogen haben. Bei Bemühungen des Regisseurs, die Fülle der Widersprüche zu verwischen, alles Raumerleben unter einen Hut zu bringen, erscheint als extreme Möglichkeit auf der einen Seite das Spiel auf der Stilbühne, die trotz ihrer Kargheit dort, wo große Schauspieler auf ihr stehen, die beste Lösung darstellen kann; auf der andern Seite die Ausstattungsbühne, die mit tausend an sich interessanten Raumfüllungsmitteln unsere Aufmerksamkeit zu betäuben sucht; es ist kein Wunder, daß ein Meisterregisseur wie Max Reinhardt mit beiden Lösungsarten gearbeitet hat. Am schwierigsten ist die Lösung natürlich da, wo es sich um ein Drama handelt, in dem der Dichter viele verschiedene Handlungsorte verlangt, in dem also immer wieder ›neue‹ Raumerlebnisse zustandekommen müssen; hier offenbart sich übrigens der tiefste Sinn des alten Gebotes der Einheit des Ortes: jener ständige und trotz aller Fortschritte der Technik eigentlich undurchführbare Wechsel der ›Raumerlebnisse‹ wird vermieden, wenn der Raum durch das gesamte Spiel hindurch immer der gleiche bleibt. Im Ganzen mag man sagen: heute und wohl immer wird von seiten des Regisseurs der Akzent zu stark darauf gelegt, direkt das Raumerlebnis des ›Publikums‹ zu unterstützen: charakteristisch dafür, daß der Regisseur bei den Proben normalerweise unten im Zuschauerraum seinen Platz hat und nicht vom Schauspieler aus seine räumlichen Anordnungen trifft. Der ganz große Regisseur wird freilich die Gabe haben, auch wenn er unten sitzt, geistig zugleich oben zu sein – solches Können aber setzt eine ›schauspielerische‹ Begabung des Regisseurs voraus, die stark genug ist, um auch eigentlich schauspielerische Raumerlebnisse zu schaffen. Denn das Wesentlichste der theatralischen Raumerlebnisse, das eigentlich Schöpferische bleibt das Raumerlebnis des ›Schauspielers‹, und so sorgt im Grunde auch der Regisseur für das Raumerlebnis des Publikums am besten, der das Raumerlebnis des Schauspielers befördert, statt ihm durch alle möglichen auf das Publikum berechneten Elemente der Bühnenausstattung Hindernisse in den Weg zu legen.

Der Regisseur muß nun freilich seinem dreifachen Dienstverhältnis gemäß noch ein weiteres Raumerlebnis in sich lebendig werden lassen: er muß das Wort des dramatischen Dichters innerlich in den Bühnenraum und seine Elemente zu übertragen die Kraft haben – in viel stärkerem Maße als das im allgemeinen der Verfasser des Dramas durchzuführen pflegt, und mit besonderer Rücksicht auf die modernen Bühnenverhältnisse, die sich seit der Abfassung des Dramas oft so stark gewandelt haben oder die dem Dichter der Gegenwart vielfach nicht so deutlich vor Augen stehen wie dem Regisseur, der auf den Brettern zu Hause ist und mit den Schauspielern lebt. Von ›diesem‹ theatralischen Raumerlebnis des Regisseurs kann nun hier trotz der großen Bedeutung des Problems im einzelnen nicht mehr gesprochen werden – nur noch eins sei gesagt: auch ›diesem‹ Raumerlebnis des Regisseurs, das dem des Dichters räumlich nachhilft, wird es sehr zugute kommen, wenn sein Raumerlebnis auch schauspielerisch fundiert ist. Denn in jene dichterisch-theatralische Urleistung des Dramatikers, der der Regisseur mit seinem eigenen Raumerlebnis verstärkend, übertragend, realisierend nacharbeitet, stecken ja vor allem auch Andeutungen schauspielerischer Art und in ihnen auch Elemente des schauspielerischen Raumerlebens, die, wie wir gesehen haben, allem schauspielerischen Wesen immanent angehören.

Das schauspielerische Raumerlebnis ist also normalerweise als einziges mehr oder weniger in allen theatralischen Raumerlebnissen vorhanden: nicht nur im Erleben des Schauspielers selbst, sondern in dem Erleben auch des dramatischen Dichters, des Publikums und des Regisseurs, und mit der starken Betonung dieses schauspielerischen Elements wird daher schließlich der wahrhaft große Regisseur vielleicht am ehesten auch ›sein‹ ganz persönliches, zu keinem bloßen Dienen williges Raumerlebnis durchsetzen und imstande sein, es zu dem leidlich allgemein gültigen Raumerlebnis einer ganzen Vorstellung zu machen. Im ganzen freilich gilt die Erkenntnis: es gibt kein ›theatralisches Raumerlebnis‹, sondern es gibt nur ›theatralische Raumerlebnisse‹ – das hängt eben mit der Vielspältigkeit der ganzen Theaterkunst zusammen. Nur das Genie weiß das Vielspältige in ganz seltenen Meisterleistungen mit geheimnisvoller Kraft zu einer Art von Einheit zusammenzufügen.

Biobibliographische Angaben

Max Herrmann
* 14. 5. 1865 (Berlin) – † 17. 11. 1942 (KZ Theresienstadt)

Studium der Germanistik in Berlin; 1889 Promotion, 1891 Habilitation; 1919-1933 Lehrstuhl für Germanistik an der Universität Berlin; Herrmann begründet die Theaterwissenschaft an der Universität Berlin und eröffnet 1923 das Theaterwissenschaftliche Institut, das er zusammen mit Julius Petersen leitet; 1933 wird er wegen seiner jüdischen Herkunft emeritiert; 1942 Deportation in das KZ Theresienstadt.

Textnachweis

»Das theatralische Raumerlebnis«, in: *Beilagenheft zur Zeitschrift für Ästhetik und Allgemeine Kunstwissenschaft* 25 (1931), S. 152-163.

Weitere Texte mit Raumbezug

1914: *Forschungen zur deutschen Theatergeschichte des Mittelalters und der Renaissance*, Berlin: Weidmann.
1962: *Die Entstehung der berufsmässigen Schauspielkunst im Altertum und in der Neuzeit*, hg. und mit einem Nachruf von Ruth Mövius, Berlin: Henschel.

Sekundärliteratur

Balme, Christopher: *Einführung in die Theaterwissenschaft*, Berlin: Erich Schmidt [3]2003, S. 135-146.

Corssen, Stefan: *Max Herrmann und die Anfänge der Theaterwissenschaft: mit teilweise unveröffentlichten Materialien*, Tübingen: Niemeyer 1998.

Fischer-Lichte, Erika: *Ästhetik des Performativen*, Frankfurt am Main: Suhrkamp 2004, vor allem Kap. 2, S. 42-62.

Knudsen, Hans: »Begründung und Entwicklung der Theaterwissenschaft an der Friedrich Wilhelms Universität«, in: Hans Leussink (Hg.), *Studium Berolinense: Aufsätze zu Problemen der Wissenschaft und zur Geschichte der Friedrich-Wilhelms-Universität zu Berlin*, Berlin: de Gruyter 1960, S. 739-754.

Bibliographie (primär): Satori-Neumann, Bruno Thomas/Walter Unruh: *Die Schriften aus der Berliner literaturwissenschaftlichen Schule Max Herrmanns (1895-1936). Eine Bibliographie*, Berlin: Privatdruck 1936.

29 Eric Rohmer
Film, eine Kunst der Raumorganisation

Regisseure wie Orson Welles, Wyler oder Hitchcock verwenden seit einiger Zeit wieder systematisch feste Kameraeinstellungen. Das erinnert daran, daß sich die Filmkunst nicht auf die bloße Kunst des Wechsels der Bildausschnitte beschränkt, sondern daß selbst heute noch die Ausdruckskraft des Verhältnisses der Raumdimensionen zueinander oder der Verlagerung von Linien auf der Bildoberfläche der Leinwand mit strengster Sorgfalt herausgearbeitet werden kann.

Die Entwicklung des Films bis vor ein paar Jahren kann sogar als Verfeinerung eines gewissen ›Raumempfindens‹ betrachtet werden, das man nicht mit dem Gefühl für gute Bilder oder mit schlichter visueller Sensibilität verwechseln sollte. Bemerkenswerterweise ist diese Entwicklung überhaupt erst etwa zehn Jahre nach der Erfindung der Montage, des Bildschnittes, spürbar in Gang gekommen. Wenn die Geburt des Films als Kunstform erst aus jener Epoche datiert, in der »der Filmemacher sich die Aufteilung seiner Geschichte in Einstellungen vorstellte«, so liegt das nicht, wie André Malraux[1] behauptet, daran, daß die Photographie der bewegten Bilder lediglich ein Mittel der Reproduktion und kein Ausdrucksmittel ist. Erst die Technik der Auflösung des Films in eine Abfolge von Einstellungen hat dazu beigetragen, die Ausdrucksvaleurs jeder einzelnen Einstellung hervorzuheben: Erst so werden Bewegungen mit geringem Ausschlag (Wimpernbewegungen, das Krümmen einzelner Finger) überhaupt wahrnehmbar, ebenso Bewegungen, deren Verlauf deutlich die Ausdehnung des Sichtfeldes überschreitet. Der Filmraum ist demnach im Unterschied zum Bühnenraum durch das Wechselspiel der Einschränkung der sichtbaren Bildoberfläche und der Weite des gesamten Handlungsortes definiert.[2] Der Regisseur muß also nicht nur die Innenansichten jeder Einstellung nach Maßgabe bestimmter Ideen von Räumlichkeit festlegen, sondern auch die Gesamtheit des gefilmten Raumes: In *The General* von

1 *Esquisse d'une psychologie du cinéma*, Paris: Éditions nouveau monde 2003 [1940].

2 [Anm. d. Übers.] Die an dieser Stelle angedeuteten verschiedenen Raumebenen werden ausführlich von Rohmer erläutert in *Murnaus Faustfilm*, München: Hanser 1980 [1977].

Buster Keaton entspricht die Vor-und-Rückbewegung des Zuges einer sehr präzisen, obsessiven Grundidee von räumlicher Anordnung. Die Bemühungen um Raumausdruck sind sehr früh in der Geschichte des Films aufgetaucht (und man kann sich in diesem Sinne fragen, ob die *Hydrothérapie fantastique* von Méliès nicht ebenso rein filmisch ist, wie jene durchdachte Montagetechnik der Jahre 1925-1930). Sie treten, wenn man das so sagen kann, auch aus logischen Gründen historisch früh auf, nämlich entsprechend der inneren Logik einer Kunstform, die als Bewegungskunst *par excellence* von der Organisation des benutzten Bedeutungscodes anhand einer zeitlichen oder räumlichen Grundidee abhängt, ohne daß *a priori* ein Grund zu erkennen ist, warum der Zeit eine privilegierte Rolle eingeräumt werden sollte. Im Gegenteil scheint der Raum die für die Filmkunst wichtigere Anschauungsform zu sein, insofern nämlich Film eine Kunst fürs Auge ist. Auch die Werke, denen man gewöhnlich die Bezeichnung ›reines Kino‹ zuerkennt – die sogenannten Avantgarde-Filme – haben vor allem die Lösung der Probleme plastischen Ausdrucks verfolgt, die Entwicklung einer ›Cineplastik‹ der Gesten.[3] Obwohl man unbedingt beachten muß, daß eine gewisse Anzahl dieser Filme, ob es sich nun um *Sang d'un Poète* von Cocteau oder um *Un chien andalou* von Buñuel handelt, Bedeutungsebenen aufweisen, die eher literarischen oder malerischen als wirklich filmischen Grundideen verpflichtet sind. Nicht anhand des Abstraktionsgrades läßt sich der Reinheitsgrad eines Films bestimmen, sondern anhand der verwendeten ›filmspezifischen‹ Mittel.

Es geht hier nicht darum, ein weiteres Mal zu zeigen, wie sehr einige Regisseure von der Ästhetik der Malerei beeinflußt worden sind – um dann den Versuch zu unternehmen, in ihren Filmen ›Verformungen‹ aufzuspüren, die denen in den Bildern von Paolo Uccello oder El Greco gleichen. Es geht auch nicht um den Einfluß des Tanzes, also darum, die Bewegungen der Schauspieler wie die von

3 Elie Faure, »De la cinéplastique« [1922], in: E. F., *Fonction du cinéma. De la cinéplastique à son destin social (1921-1937)*, Paris: Éditions d'Histoire et d'Art/Plon 1953, S. 21-45; Marcel Gromaire, *Idées d'un peintre sur le cinéma*, Paris: Séguier 1995 [1919], Germaine Dulac, »Le Cinéma d'avantgarde« [1932], in: G. D., *Ecrits sur le cinéma,* hg. von Prosper Hillairet, Paris: Éditions Paris Expérimental 1994, S. 182-190. Die Texte werden zitiert in Marcel L'Herbier, *Intelligence du Cinématographe,* Paris: Corrêa 1945.

Darstellern eines Balletts zu beschreiben. Ich will vielmehr zeigen, in welchem Maße Film im Kontakt mit anderen Künsten in der Lage ist, sich eigener Ausdrucksmittel zu bedienen. Es liegt in der Natur des Filmbildes – eines vollständig ausgefüllten Rechtecks, das einen relativ schmalen Ausschnitt des Gesichtsfeldes einnimmt –, daß eine ganz andere plastische Gestaltung der Gesten erforderlich ist, als die, an die uns die verschiedenen Bühnenkünste gewöhnt haben. So erfüllen beispielsweise die Armbewegungen der Darsteller in den Filmen von Méliès, die der Operngestik verwandt sind, wesentlich besser ihren Sinn im gleichermaßen festen, aber in seinen Grenzen unbestimmten Bühnenraum, als innerhalb eines rechteckigen Rahmens, dessen Grenzen exakt vorgegeben sind und nicht mehr umfassen als stets provisorische und in der Größe wechselnde Ausschnitte der Oberfläche, auf der sich die Handlung abspielt. Die Geste des Filmschauspielers ist seitdem zunehmend diskreter geworden, aber auch ›konzentrierter‹, gewissermaßen durch die Nähe der Bildkanten verformt und eingeschränkt, und der Regisseur behält sich zudem noch vor zu unterbrechen, sobald eine Geste das plastische Gleichgewicht verletzt, das im Film genauso bedingungslos Maßstab sein kann, wie in Bildern oder Fresken. Auf der anderen Seite war der Raum auf der Leinwand, was gleichermaßen paradox erscheinen mag, selbst vor dem systematischen Gebrauch der Tiefenschärfe immer ein Raum in drei Dimensionen, während die Bühne allzu oft bloß zwei davon aufweist, weil durch die erhöhte Bühnenkante zumindest für einen Teil der Zuschauer Bewegungen von vorn nach hinten ihren speziellen Ausdruck verlieren. Die größten Filmregisseure haben sich dagegen dem Bemühen verschrieben, Raumtiefe zu suggerieren, weil sie der realen Leinwand fehlt. Das visuelle Motiv der Spirale taucht nicht zufällig übereinstimmend in so verschiedenen Werken wie das *Cabinet des Doktor Caligari* (beim Verschwinden von Lil Dagover), in *Nosferatu* (die Zahl 8 auf dem Wagen im Geisterreich), *Generalnaja Linija* (die endlose Anhängerkette auf der kurvigen Straße) und *The Lady From Shanghai* (die Sturzfahrt auf der Rutsche)[4] auf. Die Formen des räumlichen Ausdrucks werden so mit den generellen Ausdrucksformen der verschiedenen Zeitebenen im Film schließlich zusammen-

4 [Anm. d. Hg.] Die genannten Filme stammen von Robert Wiene (1920), Friedrich Wilhelm Murnau (1922), Sergej M. Eisenstein (1929, dt.: *Die Generallinie*) und Orson Welles (1947).

gebracht. Jede Verformung des Raumes wird von einer Verformung der Zeit, einer Beschleunigung oder Verlangsamung des Rhythmus, begleitet. Der Filmschnitt kann durch Einrichtung seines eigenen Rhythmus, dem sich der jeweilige Rhythmus einzelner Einstellungen unterordnet, den Ausdruckscharakter speziell dieser oder jener Bewegung verändern. Entgegen dem, was man zunächst denken könnte, läuft ein Film desto mehr Gefahr, den Vorwurf des Ästhetizismus auf sich zu ziehen, je geringer sein Reinheitsgrad ist. Wenn es dem Stilwillen des Regisseurs nicht gelingt, den Inhalt gewissenhaft im Sinne des gewählten Ausdrucksgrades zu gestalten. Den Filmen, deren Sujet reich an direkter Gefühlswirkung ist, fällt es am schwersten, sich optischer Floskeln zu enthalten. Weil der Ausdruckscharakter der einzelnen Einstellung als Anhängsel erscheint, zählt die Schönheit des Bildes nur noch um ihrer selbst willen. Aus dem Blickwinkel des von uns eingenommenen Standpunktes sind jedoch nicht jene Filme von größter Geltung, die die schönsten Photographien enthalten. Selbst die Mitarbeit eines genialen Kameramanns[5] führt nicht dazu, daß diese Filme uns eine ganz und gar eigene Sicht der Welt aufzwingen.

Eine Geometrie des Komischen

Aus diesem Grund werden wir unsere ersten Beispiele aus Werken nehmen, die am wenigsten im Verdacht stehen, ästhetizistisch zu sein: aus komischen. Auf Chaplins Verständnis für die Erfordernisse der filmischen Optik und die Unterschiede zwischen Bildraum und Szenenraum ist bereits hingewiesen worden.[6] Trotzdem können seine Filme nicht als Typus einer Kunst des räumlichen Ausdrucks angesehen werden, in der Bewegungen und Gesten ein eigenes Universum bilden, und dadurch jenseits der emotionalen Bedeutung

5 Ausgenommen, es handelt sich um die perfekte Abstimmung zwischen den Vorstellungen des Kameramanns und denen des Regisseurs, wie im Fall der Zusammenarbeit von Toland und Wyler oder Toland und Welles.

6 [Anm. d. Übers.] André Bazin hatte in den Jahren zuvor zahlreiche Artikel zu Chaplin geschrieben, u. a. »Pastiche et postiche ou le néant pour un moustache« [1945], in: A. B., *Qu'est-ce que le cinéma,* Bd. 1, Paris: Cerf 1958, S. 91-95, vor allem aber »Le mythe de M. Verdoux« [1948], in: A. B., *Qu'est-ce que le cinéma,* Bd. 3, Paris: Cerf 1961, S. 89-113. Siehe auch André Bazin/Eric Rohmer, *Charlie Chaplin,* Paris: Cerf 1972, S. 28-32 und 36-64.

einen ihrem Wesen als Bewegung eher entsprechenden Sinn erhalten. Dieser Anspruch ist offenbar nicht mit der durch und durch menschlichen Erscheinungsweise von Chaplins Kunst kompatibel. Die visuellen Gags, zum Beispiel Charlie, der vom Lauf des Karabiners verfolgt wird (*The Gold Rush*), Charlie neben dem Lastenaufzug (*Pay Day*), Charlies Verfolgung durch den Polizisten (*The Adventurer*) usw., sie alle beweisen ausgiebig das rein filmische Genie Chaplins. Trotzdem erhalten Geste, Haltung und Ortswechsel nur im Zusammenhang mit der Abfolge der Bewußtseinszustände oder der Absichten, die sie nach und nach sichtbar machen, überhaupt Bedeutung. Das Ausdrucksvokabular von Sprache und Mimik wird durch eine, gegenüber der Sprache weniger konventionelle, gegenüber der Mimik subtilere und reichhaltigere Ausdrucksform der gestischen ›Anspielung‹ ersetzt, deren Wert allerdings in der Beziehung besteht, die wir zwischen Zeichen [signe] und Bedeutung [signification] herstellen, nicht etwa in dem Charakter der Unabdingbarkeit, den ein Zeichen durch sein bloßes Vorkommen in einem bestimmten Raum erhält. Manchmal indessen, in den Augenblikken intensivster Emotionalität – Freude oder Entsetzen, Ratlosigkeit oder Triumph – streift die Geste schließlich jede präzise Bedeutung ab und entwickelt sich weiter, indem sie einem Rhythmus folgt, der ihr als Geste eigen ist. Diese Augenblicke, die den Gipfel von Chaplins Kunst darstellen – Charlie wird vom Kaufhausbesitzer bedroht (*The Store*), Charlie im Duell (*Carmen*) oder Charlie schlachtet das Kopfkissen (*The Gold Rush*) –, können dennoch nicht als charakteristischste Beispiele einer reinen Bewegungskomik gelten, weil sie mit einer Überfülle an Emotion überfrachtet sind, die zwar dadurch, daß sie zum Ausdruck kommt, umgewandelt wird, die aber den Sinn der Bewegungen nach wie vor bestimmt.

Das gilt nicht nur für Chaplin, sondern auch für alle, die unter seinem Einfluß standen. René Clair beispielsweise hat mit strengerer Konsequenz, wenn auch weniger Genie, verstanden, seine Charaktere in einem Universum zu entwickeln, in dem noch die geringste Willensregung augenblicklich in räumliche Sprache übertragen wird. Selbst die Wahl der Gestaltung des Drehortes erlaubt ihm in *Quatorze juillet*, seine Geschichte durch den schlichten Hin- und Herschwenk der Kamera von der einen zur anderen Straßenseite zu erzählen: Der Raum ist hier mehr ein bequemes Bezeichnungsmittel als ein in Bezug auf Bedeutung schöpferisches Element. Der weniger raffinierte Film, der sich auf eine weniger psychologische Konzeption von Komik beschränkt, nähert sich im Verhältnis leichter einer reinen Kunst der Bewegung an: Das Lachen des Zuschauers, das intensive, wenn auch vielleicht weniger ›intelligente‹ Lachen, wird durch die einfache Konfrontation zweier Dimensionen oder die mechanische Wiederholung einer Geste hervorgerufen. Man könnte dafür zahlreiche Beispiele in den Filmen von Mack Sennett und bei den ersten amerikanischen Komikern finden. Die Komik der Marx Brothers bezieht sich hingegen selbst in den ausschließlich filmischen Augenblicken (der Vorhang, der die Kanonenkugel in *Duck Soup* aufhalten soll, die überfüllte Kabine in *A Night at the Opera*) immer noch zu sehr auf die übliche Bedeutung der Geste: Das Absurde kommt nur durch den Bezug auf ein bereits etabliertes Bedeutungssystem zustande.

Es wird leider zu wenig beachtet, daß wir vor allem in den Filmen von Buster Keaton in den Bann eines räumlichen Universums geraten, in dem Gesten und Bewegungen einen neuen Sinn erhalten. Buster Keaton ist nicht bloß einer der größten Leinwandkomiker, sondern eines der authentischsten Filmgenies. Man hat beharrlich auf den mechanischen Charakter seiner Komik hingewiesen, die zugegebenermaßen auf den ersten Blick durch eine gewisse Gefühlskälte beunruhigt. Gewiß kann man ihn weder unter die burlesken Spaßmacher einreihen, deren Einfallsreichtum ihm fehlt, noch unter die Imitateure von Chaplin, obwohl er stark unter Chaplins Einfluß gestanden hat, und es gibt in der Tat Gründe, die Anspielungen, derer er sich oft bedient, einfallsarm zu nennen. Für ihn zählt die psychologische Bedeutung der Geste einfach deutlich weniger als deren Komik, die sich allein daraus entwickelt, wie sich die Bewegung in den Bildraum einfügt. In *Battling Butler* sehen wir beispielsweise fast eine Viertelstunde lang den Boxlehrling, wie er vergeblich versucht, die an sich simple Geste des Uppercut zu wiederholen, die ihm sein Manager vormacht. Diese Komik des Scheiterns wäre gar nicht originell, wenn die Ungeschicklichkeit der Geste nicht sozusagen um ihrer selbst willen zustande käme – insofern sie schließlich durch die bloße Wiederholung eine gewisse ästhetische Rechtfertigung erhält. Die Originalität besteht aber vor allem darin, daß die Geste wie eine Infragestellung des Raums erscheint, wie eine Erforschung – hier eine groteske, die aber gleichwohl beunruhigend und tragisch sein könnte – des ›Warum‹ der drei Dimensionen. Um bei diesem Film zu bleiben: Der außerordentlichste Augenblick ist zweifellos der, als der Boxer wider Willen sich beim Besteigen des Boxrings in den Seilen verheddert. Die Unmöglichkeit, jemandem, der diesen Film nicht gesehen hat, eine Idee von der Komik dieser ›Lage‹ zu geben, beweist die Echtheit ihres filmischen Wertes.

Im Gegensatz dazu bringen selbst die visuellsten Einfälle Chaplins – Charlie, der mit Ziegelsteinen jongliert, Charlie, der auf den Knien geht, Charlie, der in die leer geglaubte Badewanne eintaucht – bereits zum Lachen, wenn man sie beschreibt und durch Worte aufleben läßt. Die Komik beschränkt sich bei Buster Keaton auch nicht auf außergewöhnliche Augenblicke. Seine Filme drükken durchgängig die obsessive Idee eines deutlich bestimmten Raumes des Ungeschicks und der Einsamkeit aus. Dem entspricht nichts sonst in der Filmkunst. Max Brod hat in einer Anmerkung zu der von ihm vorgenommenen Veröffentlichung von *Amerika* gesagt, daß einige Passagen in Kafkas Buch »unwiderstehlich an Chaplin erinnern«.[7] Eigentlich müßte man jedoch die Vision einer Welt, die in ihrer absoluten Härte und geometrisch organisierten Aktivität der unmenschlichen Welt Kafkas nahesteht, viel eher bei Buster Keaton als bei Chaplin oder Langdon suchen. Einsamkeit ist selbst da, wo sie in die berühmten Bilder des *Circus* oder *The Gold Rush* umgesetzt wird, bei Chaplin nie etwas anderes als die Einsamkeit des Menschen in einer gleichgültigen Gesellschaft, wohingegen Isolierung der Einzelwesen und ihrer Vorhaben bei Buster Keaton als Grundsatz der Beschaffenheit des Raumes selbst in Erscheinung tritt. Diese Isolierung wird insbesondere durch Motive wie Hin- und Zurückbewegungen – als würde alles ständig auf sich selbst ›zurückverwiesen‹ –, brutale Stürze und Niederschläge, sowie durch die ungeschickte Handhabung von Gegenständen, die den Dienst versagen oder zerbrechen, ausgedrückt, so als sträube sich die äußere Welt ihrem Wesen nach, überhaupt ›erfaßt‹ zu werden. Die obsessive Grundidee kann übrigens auch auf statische Elemente Anwendung finden: Größenverhältnisse zwischen Gegenständen, aber auch zwischen Darstellern werden immer mit äußerster Sorgfalt behandelt.[8]

7 »Nachwort« [1927], in: Franz Kafka, *Amerika*, Frankfurt am Main: Suhrkamp 1997, S. 309.

8 »Alle Gags spielen mit den Gesetzmäßigkeiten von Raum und Zeit [...] Eine gute

Der Fall Eisenstein

Ein zweites Beispiel bietet das Werk Eisensteins, der sicherlich unter den Regisseuren den ausgeprägtesten Sinn für Proportionen besitzt, und zwar so sehr, daß jede seiner Einstellungen auf den Millimeter genau den goldenen Schnitt des Bildausschnittes berücksichtigt. Auch bei ihm hat man von einer ›Verformung‹, analog der bei Grünewald, Tintoretto oder Greco gesprochen. Der nahezu konstante Gebrauch starker Untersicht erklärt aber nicht von sich aus das Geheimnis dieser Verformung. Es soll jedoch an dieser Stelle betont werden, daß Ausrichtung der Fluchtlinien an ein oder zwei privilegierten Richtungen und die anschwellenden Kurven im Zweifelsfall immer ›im Sinne der Bewegung‹ wirken und die Hauptlinien ausmachen, an denen entlang sich Flächen in das Innenleben der Einstellung fügen. Das bewahrt die Einstellungen vor Ästhetizismus. Außerdem macht die Präzision der Schnittechnik möglich, daß über eine Serie von Einstellungen hinweg die gleiche obsessive visuelle Grundidee verfolgt werden kann. So entsteht ein Universum, in dessen Binnenraum die Bewegung in ihrer abstraktesten Form Bedeutung erhält. Die menschliche Tragweite der Botschaft seiner ersten Filme, der Realismus ihres jeweiligen Gegenstandes haben oft genug davon abgelenkt, an welchen Punkten die Welt Eisensteins eine fast genauso willkürliche Konstruktion ist wie die in *Caligari* oder der *Passion de Jeanne d'Arc.*[9] Man kann *Iwan Grosnij* oder *Aleksander Newskij* weniger fesselnd finden als *Bronenosec Potjomkin*, *Generalnaja Linja* oder *¡Que Viva Mexico!*,[10] aber das liegt nicht an plötzlicher Armut der schöpferischen Einbildungskraft Eisensteins. Der Tod Iwans des Schrecklichen reicht als ein Gegenbeispiel unter vielen, aber auch das Schlachtgetümmel in *Aleksander Newskij*, das den Zusammenstoß der beiden Armeen behandelt wie den ›puren‹ Auf- und Zurückprall zweier physikalischer Massen im Raum.

komische Szene bedarf oft aufwendigerer mathematischer Berechnungen als ein Werk der Mechanik.« Buster Keaton, zit. in: *La Revue du Cinéma* 8 (März 1930), S. 78.

9 [Anm. d. Hg.] Film von Carl Theodor Dreyer (1928).

10 [Anm. d. Hg.] *Iwan der Schreckliche* (1944), *Alexander Newski* (1938), *Panzerkreuzer Potemkin* (1925), *Die Generallinie* (1929), *Es lebe Mexiko!* (1932).

Tiefer geht vielleicht der Versuch des deutschen Expressionismus, der zwischen 1920 und 1925 starken Einfluß ausübte, dessen Absichten aber immer noch nicht klar verstanden worden sind. Es ist bedauerlich, daß der Begriff Expressionismus heutzutage oft benutzt wird, um eine gewisse Willkür in der Spielweise der Schauspieler zu bezeichnen oder die bloße Stilisierung der Geste: Expressionismus meint präzise die Suche nach einer Übersteigerung des Ausdrucks, die nicht darauf zielt, das augenblickliche Ausdrucksvermögen quantitativ zu erhöhen, sondern dem Ausdruck selbst eine ›andere‹ Bedeutung zu verleihen, die nur, wenn man so will, von der immanenten Bedeutung, die dieser Ausdruck in der Wirklichkeit hat, unterstützt wird, ohne daß die verschiedenen Bedeutungsebenen je Gefahr liefen, miteinander zu verschmelzen. Werden Bewegungen und Gesten, deren Bedeutung zufällig erschien, durch Einfügung in ein bestimmtes räumliches Universum gewissermaßen notwendig, so reichert sich selbst das Öffnen der Lippen im Lachen, das bedrohliche Heben einer Hand, die Verzerrung des Gesichts in Wut mit neuem Sinngehalt an. Das kann die Geste sogar ihres direkten emotionalen Gehalts berauben und nur ihre Wirkung als reines ›Faszinosum‹ übrig lassen.

Man kann den Expressionisten nicht einmal, wie den Surrealisten, vorwerfen, daß sie sich von außerfilmischen Konzeptionen hätten inspirieren lassen. Nicht einmal der Einwand trifft, die Ästhetik, der sie sich verschreiben, habe sich vorher bereits in der Malerei oder im Theater bewährt. Wir wollen den Einfluß nicht herunterspielen, den Max Reinhardts Vorstellungen von moderner Inszenierung gehabt haben, aber man muß doch zugeben, daß der Film, mehr noch als das Theater, die zur Anwendung dieser Theorie geeignete Kunstform war. Verformung des Raumes, wie im *Caligari*-Bühnenbild, hat auf der Leinwand eine wesentlich stärkere Wirkung als auf der Bühne.

An dieser Stelle ist es angebracht, das ganz besondere Verdienst F. W. Murnaus zu würdigen, dem nicht immer der ihm gebührende, vielleicht sogar führende Platz unter den großen Regisseuren eingeräumt wird, weil seine Filme einfach zu selten zu sehen sind. Sein filmisches Universum ist genauso streng organisiert wie das von Eisenstein. Aber bei Murnau ist es nicht selten nur der Handlungsrahmen, der durch die Handlung erst Schönheit und Größe gewinnt. Murnau kommt nicht nur ohne Konzession an die anekdotische Erzählweise aus.[11] Er beherrscht auch noch die Kunst, die scheinbar üppigsten Sujets ihrer allzu menschlichen Gefühle zu entkleiden. So ist *Nosferatu* ganz und gar um visuelle Motive herum konstruiert, deren Ideen in uns physiologische oder metaphysische Reaktionen hervorrufen (Sogwirkung, Anziehungskraft, Macht, Vernichtung usw.). Es werden jedoch alle Elemente entfernt, die unsere Aufmerksamkeit auf etwas anderes lenken als das direkte Erfassen der Transzendenz im Inneren des Zeichens, all das beispielsweise, was dazu beiträgt, eine Atmosphäre des Grauens zu schaffen. Die Faszination der Wahrnehmung des Horrors hört nämlich da auf, wo sie in Angst umschlägt, also in Emotion. *Tartüff*, *Der letzte Mann*, dieser bewundernswürdige Film, der dennoch vehement angefeindet worden ist, *Faust*, *Sunrise* und der ›fiktionale Dokumentarfilm‹ *Tabu* zeigen aufgrund des Gesamteindrucks der Einstellungen die reichste filmische Einbildungskraft, die möglich ist.

Raumausdruck und Sprache

Befinden wir uns, wenn nicht in einer Phase der Rückkehr zum Expressionismus, so doch in einer der systematischeren Verpflichtung auf Stil? In ihrem Willen, sich möglichst nicht auf Entwicklungen zu berufen, die nun mal stattgefunden haben und deren Eigenheiten man nicht leugnen kann, öffnen einige Regisseure der Gegenwart den Weg zu einer neuen, scheinbar ärmeren Stilistik, die sich aber von einigen visuellen Floskeln befreit hat und eine strengere Organisation des dramatischen Inhalts in funktionaler Abhängigkeit von der gewählten Ausdrucksart erlaubt. Wenn trotzdem ein solcher Versuch heute sehr viel mühevoller zu sein scheint, als zu Zeiten des Stummfilms, dann nicht bloß, weil die Einführung der Sprache die visuelle Sensibilität des Zuschauers geschwächt hat, oder, weil die kommerziellen Anforderungen, die heutzutage tyrannischer geworden sind, der erzählten Geschichte einen anekdotischen Charakter auferlegen. Man darf nicht vergessen, daß *Nosferatu* und *Caligari* wenigstens in Deutschland ein großes Publikum

11 Seine Drehbücher sind großenteils von Carl Meyer.

erreichten, und daß so populäre Werke wie *Broken Blossoms* oder *Covered Wagon*[12] und selbst die Filme mit Douglas Fairbanks uns einen Sinn fürs Räumliche zeigen, um den Avantgarde-Filme sie beneiden können. Der moderne Zuschauer (die Einführung der Tonspur ist hier nicht der ›Wendepunkt‹ der Entwicklung, sondern der Augenblick, in dem die Beschreibung von Geschichten durch die Verfahren anspielungsreichen Erzählens ersetzt worden ist) ist schon zu lange daran gewöhnt, visuelle Zeichen zu interpretieren und den Daseinsgrund eines jeden Bildes zu verstehen, um sich für die ›Realität‹ dessen, was er sieht, zu interessieren. Das Filmspektakel präsentiert sich ihm eher als Entzifferungsaufgabe denn als Schau. Sein Auge ist nicht mehr naiv genug, um sich über lange Minuten hinweg von den Krümmungen zweier Körper in den Aufnahmen der gewöhnlichen ›Schlägerei‹ oder von der verrückten Verfolgungsjagd quer über die Leinwand faszinieren zu lassen.

Orson Welles ist ohne Zweifel der einzige moderne Regisseur, der es geschafft hat, uns ein räumliches Universum aufzuzwingen und dessen Vorstellungsvermögen an Reichhaltigkeit mit dem von Murnau und vor allem von Eisenstein verglichen werden kann – mit dem ihn, in diesem Punkt wenigstens, eine gewisse Affinität des Temperaments verbindet: Es herrschen die gleichen obsessiven Raumideen, die sich unter anderem in der Vorliebe für stark untersichtige Aufnahmen äußern (den Zimmerdecken in *Citizen Kane* entsprechen die niedrigen Bögen in *Iwan Grosnij*).

Die Kunst Wylers befindet sich deutlich mehr mit den Forderungen des aktuellen Publikums im Einklang. André Bazin hat dem in dieser Zeitung eine lange Analyse gewidmet.[13] An dieser Stelle sei lediglich erwähnt, daß im Universum von *Little Foxes* und *The Best Year of Our Lives* der Zusammenhang zwischen Zeichen [signe] und Bezeichnetem [signifié] starr festgelegt bleibt: Es handelt sich um nichts anderes als die Einrichtung einer speziellen Sprachform, die mittels visueller und räumlicher Ordnungsprinzipien einen bestimmten psychologischen Inhalt ausdrücken soll. Der Schnitt ist bei Wyler intentional und anspielungsreich, ähnlich wie bei Chaplin und Pudowkin.

Die Verfahren, die der moderne Regisseur im Bereich des Raum-

12 [Anm. d. Hg.] Filme von David Wark Griffith (1919) und James Cruze (1923).

13 »William Wyler ou le Janseniste de la mise en scène«, in: *Revue du Cinéma* (série nouvelle) 10 (Febr. 1948), S. 38-48, und ebd., 11 (März 1948), S. 53-63.

ausdrucks benutzt, sind weniger offensichtlich, als noch vor zwanzig Jahren. Es ist normal, daß die Entwicklung des Films wie die aller anderen Künste auf Ökonomie der Ausdrucksmittel hinausläuft. Diese Vereinfachung kann zu größerem Realismus führen. In *Paisà* verläßt sich Rossellini verdienstvollerweise so wenig wie möglich auf Schnitteffekte und vermeidet die Zerstückelung der Auflösung – die allerdings zwingend wäre, wenn man mit aus dem Leben gegriffenen Bildern arbeiten würde. Wer auf die Zerlegung in Einzelbilder verzichtet, ist selbst in einer derart realistischen Kunst gezwungen, einen gewissen Reichtum des Raumausdrucks als Gegenleistung aufzubringen, jedoch nicht im Sinne einer räumlichen Verformung. Die Wahl der Bildgegenstände ist vorrangig: Das Motiv des schwarzen Soldaten, der von dem kleinen ›sciuscia‹[14] geführt wird, die Arnobrückenüberquerung, Bilder von Partisanen, die durch die Po-Ebene irren, all das entspricht einer obsessiven Grundidee, deren pures Vorhandensein der Anekdote zur Wirksamkeit eines Mythos verhilft.

Das Werk Hitchcocks ist in entgegengesetztem Sinne lehrreich. Hitchcock sucht nach durchgängiger Stilisierung, aber das Brio seines Stils richtet sich nicht immer nach einer ausreichend strengen Konzeption der Beziehungen zwischen Inhalt und Ausdruck. Stilistisch reiner ist zweifellos die Kunst eines Bresson, dessen *Dames du Bois de Boulogne* – ungerechterweise herb kritisiert – den rühmlichen Versuch darstellt, den Vergleich mit den deutschen Expressionisten anzustreben. Die Tatsache, daß die Stilisierung der Ausdrucksformen der Zeit hier wesentlich größere Sorgfalt erfährt als die räumliche Konstruktion, zeigt gleichwohl die Distanz, die den modernen Film von der ›Glanzzeit‹ des Stummfilms trennt. Als er zu verstehen begann, hat der moderne Zuschauer zu sehen verlernt. Der Film hat unsere visuelle Erziehung beeinflußt, uns aber sicher nicht für die reine Bedeutung einiger Bewegungen und Formen sensibler gemacht. Weil Filmkunst aber immer noch eine Kunst des Sehens ist, erfassen wir inzwischen wenigstens dank ihr die Absichten jener räumlichen Sprache besser, die genauso nuanciert, genauso subtil sein kann wie die gesprochene Sprache, allerdings auch oft genug gleichermaßen konventionell.

14 [Anm. d. Hg.] Dt.: Schuhputzer.

Biobibliographische Angaben

Eric Rohmer
* 4. 4. 1920 (Nancy)

Eigentlich: Maurice Schérer, französischer Regisseur und Filmtheoretiker; beginnt als Filmkritiker u. a. bei *La Revue du Cinéma*, *Les Temps modernes*, *La Gazette du Cinéma* und vor allem in *Les Cahiers du Cinéma*, deren Chefredakteur er auch von 1959 bis 1963 ist; mit mehreren anderen Autoren der *Cahiers du Cinéma* bildet er die so genannte *Nouvelle Vague*; nach einigen Kurzfilmen dreht er 1959 mit *Le Signe du Lion* seinen ersten Spielfilm; bekannt wurde er durch seine zu konzeptuellen Serien verbundenen Filme; arbeitet vor allem in den 1960er-Jahren auch für das Fernsehen; als Theoretiker gehört neben der Musik sein spezifisches Interesse dem Raum im Film, der auch den Gegenstand seiner Dissertation über Friedrich Wilhelm Murnau bildet.

Textnachweis

»Film, eine Kunst der Raumorganisation«, in: E. R.: *Der Geschmack des Schönen*, aus dem Französischen von Marcus Seibert, Frankfurt am Main: Verlag der Autoren 2000, S. 45-60 [»Le cinéma, art de l'espace«, in: *Le goût de la beauté*, hg. von Jean Narboni, Paris: Flammarion 1989, S. 33-46; zuerst in: *La Revue du Cinéma* 14 (Juni 1948), S. 3-13].

[Der Text, der mit Maurice Schérer gezeichnet ist, wird hier ohne Abbildungen wiedergegeben.]

Wichtigste Filme

»Six contes moraux«: vor allem *La collectioneuse* (1966), *Ma nuit chez Maud* (1969), *Le genou de Claire* (1970), *La marquise d'O …* (1976); »Comédies et proverbes«: vor allem *Pauline à la Plage* (1982), *Le rayon vert* (1986); »Contes des quatre saisons«: vor allem *Conte d'hiver* (1991), *L'anglaise et le duc* (2000).

Weitere Texte zur Raumtheorie

1955: »Le celluloïd et le marbre«, 5 Teile, in: *Cahiers du Cinéma* 44 (Februar), S. 32-37, ebd., 49 (Juli), S. 10-15, ebd., 51 (Oktober), S. 2-9, ebd., 52 (November), S. 23-29 und ebd., 53 (Dezember), S. 22-30.

1977: *Murnaus Faustfilm. Analyse und szenisches Protokoll*, aus dem Französischen von Frieda Grafe und Enno Patalas, München: Hanser 1980 [*L'organisation de l'espace dans le Faust de Murnau*, Paris: Ramsay].

Sekundärliteratur

Bonitzer, Pascal: *Éric Rohmer*, Paris: Cahiers du Cinéma ²1999 [1991].
Crisp, Colin C.: *Éric Rohmer: Realist and Moralist*, Bloomington/Indianapolis: Indiana University Press 1988.
Estève, Michel (Hg.): *Éric Rohmer*, 2 Bde., Paris: Lettres Modernes Minard 1985/86.
Magny, Joël: *Éric Rohmer*, Paris: Rivages ²1995 [1986], vor allem »Géométrie dans l'espace«, S. 23-27.
Nitsch, Wolfram: »Liebe und Zufall in der Megalopole: Städtische Räume in Rohmers *Comédies et Proverbes*«, in: Uta Felten/Volker Roloff (Hg.), *Rohmer intermedial*, Tübingen: Stauffenburg 2001, S. 161-172.

Filmographie: ⟨http://imdb.com/name/nm0006445/⟩
Bibliographie: ⟨http://mapage.noos.fr/e.rohmer/⟩

30 Jurij Lotman
Künstlerischer Raum, Sujet und Figur

Das Problem des künstlerischen Raumes

Die Vorstellungen vom Kunstwerk als einem in gewisser Weise abgegrenzten Raum, der in seiner Endlichkeit ein unendliches Objekt abbildet – die im Verhältnis zum Werk äußere Welt – haben zur Folge, daß unsere Aufmerksamkeit sich dem Problem des künstlerischen Raumes zuwendet.

Wenn wir mit den bildenden (räumlichen) Künsten zu tun haben, zeigt sich dies besonders deutlich: Die Regeln der Abbildung des mehrdimensionalen und unbegrenzten Raumes der Wirklichkeit im zweidimensionalen und begrenzten Raum des Gemäldes werden zu dessen spezifischer ›Sprache‹. So werden z. B. die Gesetze der Perspektive als Mittel der Abbildung eines dreidimensionalen Objektes in seinem zweidimensionalen Bild in der Malerei zu einem der Grundmerkmale dieses modellierenden Systems.

Aber nicht nur Texte der bildenden Kunst können wir als abgegrenzte Räume ansehen. Die besondere Eigenart der visuellen Wahrnehmung der Welt, die dem Menschen eigentümlich ist und zum Ergebnis hat, daß den Menschen als Denotate der verbalen Zeichen in den meisten Fällen räumliche, sichtbare Objekte erscheinen, führt zu einer bestimmten Wahrnehmung der verbalen Modelle. Das ikonische Prinzip, die Anschaulichkeit ist auch ihnen in vollem Maße eigen. Folgendes Gedankenexperiment läßt sich durchführen: Stellen wir uns einen extrem verallgemeinerten Begriff vor, vollkommen abstrahiert von irgendwelchen konkreten Merkmalen, irgendein ›Alles‹, und versuchen wir, seine Merkmale für uns zu bestimmen. Es ist nicht schwer, sich davon zu überzeugen, daß diese Merkmale für die meisten Menschen räumlichen Charakter haben werden: ›Unbegrenztheit‹ (d. h. eine Beziehung zur rein räumlichen Kategorie der Grenze; zudem ist ›Unbegrenztheit‹ im gewöhnlichen Bewußtsein der meisten Menschen lediglich ein Synonym für sehr großes Ausmaß, für ungeheure Ausdehnung), die Fähigkeit, Teile zu haben. Gerade auch der Begriff der Universalität hat, wie eine Reihe von Versuchen gezeigt hat, für die meisten Menschen deutlich räumlichen Charakter.

Auf diese Weise wird die Raumstruktur des Textes zum Modell für die Raumstruktur der Welt, und die interne Syntagmatik der Elemente innerhalb des Textes zur Sprache des räumlichen Modellierens.

Damit ist das Problem jedoch nicht erschöpft. Der Raum ist: »die Gesamtheit homogener Objekte (Erscheinungen, Zustände, Funktionen, Figuren, Werte von Variablen u. ä.), zwischen denen Relationen bestehen, die den gewöhnlichen räumlichen Relationen ähnlich sind (Kontinuität, Abstand u. ä.). Betrachtet man dabei eine gegebene Gesamtheit von Objekten als Raum, so abstrahiert man von allen Eigenschaften dieser Objekte außer denjenigen, die durch diese in Betracht gezogenen raumähnlichen Relationen definiert werden.«[1]

Daher rührt die Möglichkeit der räumlichen Modellierung von Begriffen, die an und für sich nicht räumlicher Natur sind. Physiker und Mathematiker bedienen sich dieser Eigenschaft des räumlichen Modellierens in großem Ausmaß. Den in Optik oder Elektrotechnik extensiv genutzten räumlichen Modellen liegen die Begriffe ›chromatischer Raum‹ und ›Phasenraum‹ zugrunde. Besonders wichtig ist diese Eigenschaft der räumlichen Modelle für die Kunst.

Schon auf der Ebene supratextuellen, rein ideologischen Modellierens erweist sich die Sprache der räumlichen Relationen als eines der grundlegenden Mittel zur Erfassung der Wirklichkeit. Die Begriffe ›hoch – niedrig‹, ›rechts – links‹, ›nah – fern‹, ›offen – geschlossen‹, ›abgegrenzt – unabgegrenzt‹, ›diskret – kontinuierlich‹ bilden dabei das Material für den Aufbau von kulturellen Modellen mit keineswegs räumlichem Inhalt und erhalten die Bedeutung: ›wertvoll – wertlos‹, ›gut – schlecht‹, ›eigen – fremd‹, ›zugänglich – unzugänglich‹, ›sterblich – unsterblich‹ und dergleichen mehr. Die allgemeinsten sozialen, religiösen, politischen und moralischen Modelle der Welt, mit Hilfe derer der Mensch in den verschiedenen Etappen seiner Geistesgeschichte das ihn umgebende Leben be-

1 Aleksandr Danilovič Aleksandrov, »Abstraktnye prostranstva«, in: A. D. A. u. a. (Hg.), *Matematika, eë soderžanie, metody i značenie*, Bd. 3, Moskau: Izd. Akademii Nauk SSSR 1956, S. 151.

greift, sind stets mit räumlichen Charakteristika versehen, etwa in der Art der Gegenüberstellung ›Himmel – Erde‹ oder ›Erde –unterirdisches Reich‹ (eine vertikale dreigliedrige Struktur, organisiert auf der Achse Oben – Unten), oder in der Form einer sozial-politischen Hierarchie mit markierter Opposition von ›Oberen‹ und ›Unteren‹, oder in der Art der moralischen Merkmalhaltigkeit der Opposition ›rechts – links‹ (vgl. die Ausdrücke: »die rechte Hand vom Chef«, »er hat zwei linke Hände«, »xy ist ein linker Vogel«[2]). Vorstellungen von ›erhabenen‹ und ›erniedrigenden‹ Gedanken, Beschäftigungen, Berufen; die Gleichsetzung des ›Nahen‹ mit dem Verständlichen, Eigenen, Verwandten, und des ›Fernen‹ mit dem Unverständlichen und Fremden – all dies wird zu Modellen der Welt zusammengefügt, die mit eindeutig räumlichen Merkmalen versehen sind. [...]

Das Problem des Sujets

Wir haben uns davon überzeugt, daß der Ort der Handlungen nicht nur die Beschreibungen einer Landschaft oder eines dekorativen Hintergrunds sind. Das ganze räumliche Kontinuum des Textes, in dem die Welt des Objektes abgebildet wird, gewinnt Gestalt in einem bestimmten Topos. Dieser Topos ist stets mit einer gewissen Gegenständlichkeit ausgestattet, da ja der Raum dem Menschen immer in Form irgendeiner konkreten Ausfüllung eben dieses Raumes gegeben ist. Es ist in diesem Fall unwesentlich, daß die Ausfüllung bisweilen (wie z. B. in der Kunst des 19. Jahrhunderts) dazu tendiert, sich der alltäglichen Umgebung des Schriftstellers und seines Auditoriums maximal anzunähern, während sie sich in anderen Fällen (z. B. in den exotischen Schilderungen der Romantik oder in der heutigen ›kosmischen‹ *science fiction* [wissenschaftlichen Phantastik]) prinzipiell von der gewohnten ›gegenständlichen‹ Realität entfernt.[3]

2 [Anm. d. Hg.] Im Original wörtlich: »Unsere Sache ist die rechte« [d. h. wir vertreten die richtige, moralisch gute Position], »einen Auftrag links laufen lassen« [d. h. einen Auftrag illegal bearbeiten].

3 Insofern die ›unwahrscheinliche‹ Umgebung auf der Grundlage überaus tiefgründiger Vorstellungen des Schriftstellers von den unerschütterlichen Fundamenten des ihn umgebenden Lebens geschaffen wird, treten gerade in der Phantastik die

Wichtig ist vielmehr etwas anderes – hinter der Abbildung der Dinge und Gegenstände, in deren Umgebung die Figuren des Textes handeln, entsteht ein System räumlicher Relationen, die Struktur des Topos. Als Prinzip der Organisation und Anordnung der Personen im künstlerischen Kontinuum erscheint die Struktur des Topos dabei als Sprache, die die anderen, nichträumlichen Relationen des Textes ausdrückt. Damit hängt die besondere modellierende Funktion des künstlerischen Raumes im Text zusammen.

Mit dem Begriff des künstlerischen Raumes hängt eng der Begriff des Sujets zusammen.

Dem Begriff des Sujets liegt die Vorstellung vom ›Ereignis‹ zugrunde. So schreibt Boris V. Tomaševskij in seiner – in der Exaktheit der Formulierungen klassischen – *Teorija literatury*: »Fabel wird die Gesamtheit der untereinander zusammenhängenden Ereignisse genannt, von denen in einem Werk berichtet wird [...]. Der Fabel steht das Sujet gegenüber: dieselben Ereignisse, doch in ihrer ›Darlegung‹, in derjenigen Ordnung, in der sie in dem Werk mitgeteilt werden, in demjenigen Zusammenhang, in dem im Werk Mitteilungen über sie gemacht werden.«[4]

Das Ereignis gilt als kleinste unauflösbare Einheit des Sujetaufbaus, die Aleksandr N. Veselovskij als ›Motiv‹ definiert hat. Auf der Suche nach dem Hauptmerkmal des Motivs wandte er sich dem semantischen Aspekt zu: Das Motiv ist die elementare, unauflösbare Einheit des Erzählens, die mit einem typisierten, in sich abgeschlossenen Ereignis auf der externen (alltäglichen) Ebene korreliert: »Unter einem Motiv verstehe ich eine Formel, die der Gesellschaft in der Frühzeit auf die Fragen antwortete, die die Natur dem Menschen überall gestellt hat, oder die besonders lebhafte, wichtig erscheinende oder sich wiederholende Eindrücke von der Wirklichkeit fixier-

Grundzüge desjenigen alltäglichen Bewußtseins hervor, das man zu vertreiben trachtet. Während Chlestakov [in Gogol's Komödie *Revizor*] bei der Beschreibung der von ihm in Petersburg gegebenen Bälle hemmungslos phantasiert (»Die Suppe wurde in einer Kasserolle direkt mit dem Dampfer aus Paris gebracht«), ist er in der Beschreibung der Lebensweise des kleinen Beamten äußerst genau (die Suppe wird in einer Kasserolle serviert, der Essende nimmt den Deckel selbst ab). Gogol' sagt, ein Mensch, der eine Lüge ausspricht, »zeigt sich gerade in ihr so, wie er wirklich ist«. Der Begriff der Phantastik selbst ist demnach relativ.

4 Boris V. Tomaševskij, *Teorija literatury (Poetika)*, Leningrad: Gos. Izdat. 1925, S. 192.

te. Kennzeichen des Motivs ist sein bildlicher eingliedriger Schematismus.«[5]

Halten wir fest: Diese Definition bleibt zweifellos nicht an der Oberfläche. Indem Veselovskij im Motiv das zweieinige Wesen – verbalen Ausdruck und gedanklich-lebenstypischen Inhalt – hervorhob und auf seine Wiederholbarkeit hinwies, näherte er sich deutlich der Bestimmung der Zeichennatur des von ihm eingeführten Begriffs. Versuche jedoch, das auf diese Weise konstruierte Modell des Motivs zur weiteren Arbeit an der Textanalyse zu verwenden, bringen sogleich Schwierigkeiten mit sich: Weiter unten werden wir uns davon überzeugen, daß ein und dieselbe typische Lebensrealität in verschiedenen Texten den Charakter eines Ereignisses annehmen oder auch nicht annehmen kann.

Viktor Šklovskij deklarierte, im Unterschied zu Veselovskij, eine rein syntagmatische Abgrenzung der Einheit des Sujets: »Märchen, Novelle, Roman sind eine Kombination von Motiven; das Lied ist eine Kombination stilistischer Motive; darum sind Sujet und Sujethaftigkeit ebenso Form wie der Reim.«[6] Freilich hat Šklovskij selbst dieses Prinzip nicht so konsequent durchgehalten, wie das Propp in der *Morphologie des Märchens* tat: Seinen Analysen liegt in Wirklichkeit nicht die Syntagmatik der Motive, sondern die Komposition der *priëmy* [Kunstgriffe, Verfahren] zugrunde. Der *priëm* wird, im Zusammenhang der allgemeinen Konzeption der ›langsamen Wahrnehmung‹ und der Entautomatisierung der Form, als Relation zwischen Erwartung und Text gedacht.[7] Dementsprechend ist ›priëm‹ bei Šklovskij das Verhältnis eines Elements der einen syntagmatischen Struktur zur anderen und schließt folglich ein semantisches Element ein. Darum ist die Behauptung Šklovskijs: »Für den Begriff ›Inhalt‹ besteht bei der Analyse eines Kunstwerks unter dem Gesichtspunkt der Sujethaftigkeit keine Notwendigkeit«[8] ein polemischer Ausfall und keine präzise Erläuterung der Position des Autors. Der Position Šklovskijs liegt das Bemühen zugrunde, das Ge-

5 Aleksandr N. Veselovskij, *Istoričeskaja poetika*, Leningrad: Gos. Izdat. Chud. Lit. 1940, S. 494.

6 Viktor B. Šklovskij, *Teorija prozy*, Moskau u. a.: Krug 1925, S. 50 [s. auch: Jurij Striedter (Hg.), *Texte der russischen Formalisten,* München: Fink 1969, Bd. 1, S. 109].

7 [Anm. d. Übers.] Vgl. *Texte der russischen Formalisten,* Bd. 1, S. 14 f.

8 Šklovskij, *Teorija prozy*, S. 50.

heimnis zu ergründen, warum alle automatischen Elemente eines Textes in der Kunst zu Inhaltselementen werden. Man darf hier nicht den Ausfall gegen jene akademische Wissenschaft übersehen, die mit den Worten Veselovskijs Erwin Rohde tadelte: »Poetischen Werken gegenüber verhält er sich, als seien sie nur poetisch.« Und weiter: »Ein poetisches Werk ist genauso ein historisches Denkmal wie jedes andere, und ich sehe keine besondere Notwendigkeit, eine Masse archäologischer und anderer Stützen und Überprüfungen beizubringen, ehe man ihm diesen ihm angeborenen Titel zuerkennt.« Charakteristisch ist das darauf folgende naive Argument: »Es hat doch keiner der Zeitgenossen die Troubadours der Unwahrhaftigkeit überführt.«[9] Keiner der Zuhörer, die ein Zaubermärchen ästhetisch erleben, überführt den Erzähler der Unwahrhaftigkeit – bedeutet das denn aber, daß Baba-Jaga [Hexe im russischen Märchen] und Zmej-Gorynyč [Drache im russischen Märchen] eine Alltagsrealität darstellten? Doch gerade infolge der Verwechslung der richtigen These, ein Kunstwerk stelle ein historisches Denkmal dar, mit der Meinung, es sei genauso ein Denkmal ›wie jedes andere‹, werden in der wissenschaftsperipheren Literatur die Versuche fortgesetzt, in mythologischen Ungeheuern die vorzeitlichen Dinosaurier und in der Legende von Sodom und Gomorrha die Erinnerung an eine Atomexplosion und kosmische Flüge zu sehen.[10] Die tiefgreifenden Ausgangsprinzipien Veselovskijs erfuhren in seinen Arbeiten keine volle Realisation. Trotzdem haben der Gedanke Veselovskijs vom Motiv-Zeichen als Primärelement des Sujets ebenso wie die syntagmatische Analyse Propps und die syntagmatisch-funktionelle Analyse Šklovskijs von verschiedenen Seiten her die gegenwärtige Lösung dieser Frage vorbereitet.

Was stellt nun das Ereignis als Einheit der Sujetfügung dar?

9 Aleksandr N. Veselovskij, *Izbrannye stat'i*, Leningrad: Gos. Izdat. Chud. Lit. 1939, S. 35.

10 Ausgehend von einer naiv-realistischen Vorstellung von der Wechselbeziehung zwischen Literatur und Wirklichkeit, steht Veselovskij folgerichtig voller Verwunderung vor der Tatsache, daß »die Haare blond sind: das ist die Lieblingsfarbe der Griechen und Römer; alle homerischen Helden sind blond, ausgenommen Hektor« (*Istoričeskaja poetika*, S. 75). »Haben wir es mit dem gleichgültigen Erleben der ältesten physiologischen Eindrücke oder mit einem ethnischen Merkmal zu tun?« fragt er. Doch haben die Physiologie des Sehens und der ethnische ›Typ‹ der Mittelmeervölker in historischer Zeit schwerlich derart radikale Veränderungen erfahren.

›Ein Ereignis in einem Text ist die Versetzung einer Figur über die Grenze des semantischen Feldes hinaus.‹ Daraus folgt, daß keine einzige Beschreibung irgendeiner Tatsache oder Handlung in ihrer Beziehung zu einem realen Denotat oder dem semantischen System der natürlichen Sprache als Ereignis oder Nichtereignis bestimmt werden kann, solange nicht die Frage danach beantwortet ist, welche Stelle in dem durch den Kulturtyp definierten sekundären semantischen Strukturfeld sie einnimmt. Doch auch das ist noch nicht die endgültige Lösung: Innerhalb ein und desselben Kulturschemas kann die gleiche Episode, wird sie auf verschiedenen Kulturebenen lokalisiert, Ereignis werden oder auch nicht. Da aber gleichzeitig mit der allgemeinen semantischen Geordnetheit des Textes auch lokale vorhanden sind, deren jede ihre begriffliche Grenze hat, kann ein Ereignis als Hierarchie von Ereignissen speziellerer Ebenen realisiert werden, als Kette von Ereignissen, als Sujet. In diesem Sinn kann das, was auf der Ebene des Kulturtextes ›ein‹ Ereignis darstellt, in dem einen oder anderen realen Text zum ›Sujet‹ entfaltet sein. Dabei kann ein und dasselbe invariante Konstrukt eines Ereignisses auf verschiedenen Ebenen zu einer Reihe von Sujets entfaltet werden. Während es auf der höchsten Ebene ein Glied eines Sujets darstellt, kann es die Zahl seiner Glieder variieren, je nachdem, auf welcher Ebene es zum Sujet entfaltet wird.

So verstanden stellt das Sujet nicht etwas Unabhängiges dar, das unmittelbar aus dem Leben gegriffen oder passiv aus der Tradition übernommen worden ist. Das Sujet steht in organischem Zusammenhang mit dem Weltbild, das die Maßstäbe dafür abgibt, was ein Ereignis ist und was eine Variante davon, die uns nichts Neues mitteilt.

Stellen wir uns vor, ein Ehepaar habe sich zerstritten, weil es in der Bewertung der abstrakten Kunst auseinandergehende Meinungen hatte, und habe sich zur Ausfertigung eines Protokolls an eine Dienststelle der Polizei gewandt. Sobald der Polizeibeamte geklärt hat, daß weder Prügeleien stattgefunden haben noch andere Verletzungen von Gesetzen des Zivil- oder Strafrechts vorliegen, wird er sich aufgrund des Fehlens von Ereignissen bzw. Vorkommnissen weigern, ein Protokoll auszufertigen. Von seinem Standpunkt aus ist nichts geschehen. Für einen Psychologen jedoch, einen Moralisten, einen Kultur- bzw. Kunsthistoriker wird die angeführte Tatsache ein Ereignis darstellen. Die zahlreichen Auseinandersetzungen über den relativen Wert der verschiedenen Sujets, die im Verlauf der gesamten Geschichte der Kunst stattgefunden haben, hängen damit zusammen, daß ein und dasselbe Ereignis von bestimmten Positionen aus als wesentlich, von anderen aus als unbedeutend erscheint, während es für dritte überhaupt nicht existiert.

Dies gilt nicht nur für künstlerische Texte. Es wäre lehrreich, unter diesem Gesichtspunkt die Rubrik ›Vorkommnisse‹ in Zeitungen verschiedener Epochen durchzusehen. Ein Vorkommnis – eine bedeutungshaltige Abweichung von der Norm (d. h. ein ›Ereignis‹, da ja die Erfüllung der Norm kein ›Ereignis‹ ist) – hängt vom Begriff der Norm ab. Aus dem, was wir über das Ereignis als revolutionäres Element, das der verbindlichen Klassifikation entgegensteht, gesagt haben, folgt gesetzmäßig, daß aus den Zeitungen reaktionärer Epochen (z. B. in den ›finsteren sieben Jahren‹ am Ende der Regierungszeit Nikolajs I.) die Spalte der Vorkommnisse verschwindet. Weil nur vorhergesehene Ereignisse stattfinden, verschwindet die Sujethaftigkeit aus den Zeitungsnachrichten. Als Alexander Herzen in einem Privatbrief (vom November 1840) seinem Vater von einem Vorfall in der Stadt berichtete (ein Polizist hatte einen Kaufmann ermordet und beraubt), wurde er auf Anweisung des Kaisers »wegen Verbreitung unbegründeter Gerüchte« augenblicklich aus Petersburg ausgewiesen. Hier ist die Furcht vor ›Vorkommnissen‹ ebenso charakteristisch wie die Überzeugung, ein von einem Polizisten begangener Mord sei ein Ereignis und folglich nicht als existent anzuerkennen; daß aber Privatbriefe von Agenten der Regierung gelesen würden, sei kein Ereignis (sei Norm, aber kein Vorkommnis) und folglich durchaus zulässig. Vergegenwärtigen wir uns die Empörung, mit der auf einen solchen Anlaß Puškin reagierte, für den die Einmischung des Staates in das Privatleben eine äußerst unzulässige Anomalie darstellte und ›Ereignis‹ war: »[…] welche abgrundtiefe Unsittlichkeit liegt in den Gewohnheiten unserer Regierung! Die Polizei bricht Briefe des Mannes an die Frau auf und bringt sie dem Zaren zum Lesen (der ein wohlerzogener und ehrenhafter Mensch ist), und der Zar schämt sich nicht, das zuzugeben […].«[11] Wir haben ein treffendes Beispiel dafür vor uns, daß die Qualifizierung eines Faktums als Ereignis vom Begriffssystem abhängt (in diesem

11 Aleksandr Sergeevic Puškin, *Polnoe sobranie sočinenij*, Bd. 12, Leningrad: Akademii Nauk SSSR 1947, S. 329.

Fall vom moralischen) und für Puškin und Nikolaj I. nicht übereinstimmt.

In gleichem Maße ist auch in historischen Texten die Zuordnung des einen oder anderen historischen Faktums zu den Ereignissen im Verhältnis zum allgemeinen Weltbild sekundär. Das kann man leicht verfolgen, wenn man verschiedene Typen von autobiographischen Texten, verschiedene historische Untersuchungen miteinander vergleicht, die auf der Grundlage des Studiums ein und derselben Dokumente geschrieben wurden.

Umso mehr trifft dies für die Struktur künstlerischer Texte zu. In der Novgoroder Chronik des 13. Jahrhunderts wird ein Erdbeben folgendermaßen beschrieben: »Es bebte die Erde [...] um Mittag, und einige hatten das Mittagessen schon beendet.« Erdbeben und Mittagessen sind hier in gleichem Maße Ereignisse. Es ist klar, daß dies für die Kiever Chronik unmöglich gewesen wäre. Man kann viele Fälle anführen, in denen der Tod einer Figur kein Ereignis ist. [...]

Ein Ereignis wird als das gedacht, was geschehen ist, obwohl möglich war, daß es nicht geschah. Je geringer die Wahrscheinlichkeit ist, daß das betreffende Vorkommnis stattfinden kann (d. h. je mehr Information die Nachricht darüber trägt), desto höher wird es auf der Skala der Sujethaftigkeit lokalisiert. So wird z. B., wenn im modernen Roman der Held stirbt, als Möglichkeit vorausgesetzt, daß er nicht stirbt, sondern, sagen wir, heiratet. Der Autor einer mittelalterlichen Chronik aber geht von dem Bewußtsein aus, daß alle Menschen sterben, und daher enthält die Nachricht vom Tod keine Information. Doch sterben die einen mit Ruhm, die anderen aber ›zu Hause‹ – und eben dies ist es, was erwähnt zu werden verdient. Ein Ereignis ist also stets die Übertretung eines Verbots, ein Faktum, das stattfand, obwohl es nicht stattfinden durfte. Für einen Menschen, der in den Kategorien des Strafgesetzbuches denkt, wird die Übertretung der Gesetze Ereignis sein, vom Standpunkt der Verkehrsregeln das falsche Überqueren der Straße.

Betrachtet man Texte unter diesem Gesichtspunkt, so lassen sie sich leicht in zwei Gruppen einteilen: sujetlose und sujethaltige.

Sujetlose Texte haben einen deutlich klassifikatorischen Charakter, sie bestätigen eine bestimmte Welt und ihren Aufbau. Beispiele für sujetlose Texte können der Kalender, das Telephonbuch oder das lyrische, sujetlose Gedicht sein. Betrachten wir am Beispiel des Telephonbuches einige charakteristische Züge dieses Texttypus. Zuallererst haben diese Texte ihre eigene Welt. Sie bestätigen die Welt der Denotate auf allgemeinsprachlicher Ebene als Universum. Ein Verzeichnis der Nomina des Textes beansprucht dann die Funktion einer Inventarliste der gesamten Welt. Die Welt des Telephonbuches bilden die Familiennamen der Fernsprechteilnehmer. Alles Übrige ist einfach nicht existent. In diesem Sinn ist ein wesentliches Kennzeichen für einen Text das, was von seinem Standpunkt aus ›nicht existiert‹. Die von der Abbildung ausgenommene Welt ist eines der fundamentalen typologischen Kennzeichen eines Textes als Modell des Universums.

So existiert aus der Sicht der Literatur bestimmter Perioden die niedere Wirklichkeit (für die Romantik) oder die erhöhte, poetische Wirklichkeit nicht (für den Futurismus).

Eine andere wichtige Eigenschaft des sujetlosen Textes ist die Bestätigung einer bestimmten ›Ordnung‹ der inneren Organisation dieser Welt. Der Text ist in einer bestimmten Weise gebaut, und eine Verschiebung seiner Elemente dergestalt, daß die errichtete Ordnung zerstört würde, ist nicht zulässig. So sind beispielsweise im Telephonbuch die Familiennamen der Teilnehmer in alphabetischer Anordnung aufgeführt (in diesem Fall soll die Anordnung die Benutzung erleichtern; prinzipiell wäre auch eine Reihe anderer Organisationsprinzipien zulässig). Eine Umstellung irgendeines Familiennamens, die die festgelegte Ordnung zerstört, ist nicht zulässig.

Nimmt man nicht ein Telephonbuch, sondern irgendeinen künstlerischen oder mythologischen Text, so ist unschwer nachzuweisen, daß der inneren Organisation der Textelemente in der Regel das Prinzip der binären semantischen Opposition zugrundeliegt: die Welt gliedert sich dann in Reiche und Arme, Eigene und Fremde, Rechtgläubige und Häretiker, Gebildete und Ungebildete, Menschen der Natur und Menschen der Gesellschaft, Feinde und Freunde. Im Text erfahren diese Welten, wie wir schon sagten, fast immer eine räumliche Realisation: Die Welt der Armen wird als ›Vorstädte‹, ›Elendsviertel‹, ›Dachböden‹, die Welt der Reichen als ›Hauptstraße‹, ›Paläste‹, ›Beletage‹ realisiert. Es entstehen Vorstellungen von sündigen und gerechten Ländern, die Antithese von Stadt und Land, von zivilisiertem Europa und unbewohnter Insel, Böhmerwald und väterlichem Schloß. Die klassifikatorische Grenze zwischen den einander gegenübergestellten Welten erhält die Merkmale einer räumlichen Linie – die Lethe, die die Lebenden von den Toten trennt; das Höllentor mit der Aufschrift, die jede Hoffnung auf Wiederkehr zunichtemacht; das Siegel des Ausgestoßenseins, das dem Armen die durchgelaufenen Sohlen aufdrücken, die ihm den Eintritt in den Raum der Reichen untersagen; die langen Fingernägel und weißen Hände Olenins,[12] die es nicht zulassen, daß er mit der Welt der Kosaken verschmilzt.

Der sujetlose Text bestätigt die Unerschütterlichkeit dieser Grenzen.

Der sujethaltige Text wird auf der Grundlage des sujetlosen als dessen Negation aufgebaut. Die Welt teilt sich in Lebende und Tote und ist durch eine unüberwindbare Linie in zwei Teile gegliedert: Es ist unmöglich, am Leben zu bleiben und zu den Toten zu kommen, oder als Toter die Lebenden zu besuchen. Der sujethaltige Text hält dieses Verbot zwar für alle Figuren aufrecht, führt jedoch eine oder eine Gruppe von Figuren ein, die sich davon befreien: Äneas, Telemach oder Dante steigen in das Reich der Schatten hinab, der Tote in der Folklore, bei Žukovskij oder Blok besucht die Lebenden. So werden zwei Gruppen von Figuren herausgearbeitet – bewegliche und unbewegliche.[13] Die unbeweglichen sind der Struktur des sujetlosen Grundtypus unterworfen. Sie gehören zur Klassifikation und bestätigen sie durch sich selbst. Das Überschreiten der Grenze ist ihnen untersagt. Die bewegliche Figur ist eine Person, die das Recht auf Überqueren der Grenze hat. Das sind Rastignac, der sich von unten nach oben durchschlägt, Romeo und Julia, die die Grenze überschreiten, welche die feindlichen ›Häuser‹ trennt, der Held, der mit dem Haus der Väter bricht, um ins Kloster zu gehen und ein Heiliger zu werden, oder der Held, der mit seinem sozialen Milieu bricht und ins Volk geht, in die Revolution. Sujetbewegung, ›Ereignis‹, ist das Überqueren jener Verbotsgrenze, die von der sujetlosen Struktur bestätigt wird. Die Versetzung des Helden ›innerhalb‹ des ihm zugewiesenen Raumes ist kein Ereignis. Daraus erhellt die Abhängigkeit des Begriffs Ereignis von der im Text geltenden Struktur des Raumes, von seinem klassifikatorischen Teil. Das Sujet kann

12 [Anm. d. Übers.] Held von Tolstojs Novelle *Kasaken* [*Kazaki*].

13 Vgl. dazu die wertvolle Arbeit von Sergej Jurij Nekljudov, »K voprosu o svjazi prostranstvenno-vremennych otnošenij s sjužetnoj strukturoj v russkoj byline«, in: Jurij M. Lotman (Hg.), *Tezisy dokladov vo vtoroj letnej škole po vtoričnym modelirumíčim sistemam*, Universität Tartu 1966.

deshalb immer zu einer Grundepisode kontrahiert werden – dem Überqueren der grundlegenden topologischen Grenze in seiner räumlichen Struktur. Da auf der Basis binärer Oppositionen sich ein Stufensystem semantischer Grenzen bildet (und darüber besondere, von der grundlegenden hinreichend autonome Geordnetheiten entstehen können), ergeben sich zugleich Möglichkeiten für besondere Überquerungen der verbotenen Grenzen, untergeordnete Episoden, die zur Hierarchie der Sujetbewegung entfaltet werden.

Das sujetlose System ist demnach primär und kann durch einen selbständigen Text konkretisiert sein. Das sujethaltige aber ist sekundär und stellt immer eine auf die sujetlose Grundstruktur aufgelegte Schicht dar. Das Verhältnis zwischen beiden Schichten enthält dabei stets einen Konflikt: Gerade dasjenige, dessen Unmöglichkeit von der sujetlosen Struktur bestätigt wird, macht den Inhalt des Sujets aus. Das Sujet ist im Verhältnis zum ›Weltbild‹ ein ›revolutionäres Element‹. […]

Der Begriff der Figur

Dem Textaufbau liegen demnach stets eine semantische Struktur und eine Handlung zugrunde, die immer den Versuch darstellt, jene zu überwinden. Daher sind stets zwei Typen von Funktionen gegeben: klassifikatorische (passive) und die Funktionen des Trägers der Handlung (aktive). Wenn wir uns eine geographische Karte vorstellen, erhalten wir ein gutes Beispiel für einen klassifikatorischen (sujetlosen) Text. Ebensolche Beispiele sind dann der Kalender, die Personenbeschreibung oder Texte mit Angaben über normierte, regelmäßige Aktionen: der Fahrplan, eine Gesetzessammlung, der »Domostroj«; in der künstlerischen Literatur Idyllen oder das bekannte »Taubenbuch« [»Golubinaja kniga«].[14]

Sobald man jedoch einen Pfeil auf der Karte einzeichnet, der z. B.

14 [Anm. d. Übers.] *Domostroj*: Mitte des 16. Jahrhunderts entstandene ›Hausordnung‹, die das religiöse, politische, soziale und häusliche Leben der patriarchalisch gezeichneten Familie nach dem Vorbild der Klosterregeln bis ins einzelne streng reglementierte. Vgl. Helmut Grasshof (Hg.), *O Bojan, du Nachtigall der alten Zeit. 7 Jahrhunderte altrussische Literatur*, Berlin: Rütten & Loening 1965, S. 395 ff. *Golubinaja kniga*: Sammlung religiöser Sprüche über die Herkunft der Welt, der Dinge etc.

die Route einer regelmäßigen Schiffsverbindung zur See oder einer möglichen Luftlinie angibt, wird der Text sujethaltig: Es wird eine Aktion eingeführt, welche die (in diesem Fall geographische) Struktur überwindet.

Wenn wir jedoch auf der Karte die Bewegung irgendeines konkreten Schiffes markieren, erhalten wir etwas, das an die Beziehungen erinnert, die in einem sujethaltigen Text entstehen: Das Schiff kann auslaufen oder auch nicht, genau auf der Route fahren oder von ihr abweichen (hinsichtlich der Struktur stellt ein und derselbe Weg auf der Karte, wenn er als Erfüllung oder Nichterfüllung irgendeiner normativen Aufgabe erscheint, etwas vollständig Anderes dar, als wenn er außerhalb jeglichen Korrelierens mit der Vorstellung einer typisierten Verpflichtung zurückgelegt wird: Im ersten Fall erhält jeder ›Schritt‹ der Vorwärtsbewegung die Bedeutung von Erfüllung oder Nichterfüllung einer Norm – im zweiten hat er überhaupt keine Bedeutung).

Von dem Moment an, da auf der Karte nicht nur die allgemeine Route, sondern auch der ihr folgende Weg eines Schiffes eingetragen sind, werden neue Bewertungskoordinaten eingeführt. Karte und typisierte Route sind räumliche und achronische Begriffe; sobald aber auf ihnen der Weg eines Schiffes markiert ist, erweist es sich als möglich, die Frage nach der Zeit seiner Bewegung relativ zur Zeit des Beobachters (ist diese Bewegung schon ausgeführt, wird sie gerade ausgeführt oder wird sie in der Zukunft ausgeführt) und die Frage nach dem Grad ihrer Realität zu stellen.

Das Beispiel mit der Karte kann man sich als Modell eines sujethaltigen Textes vorstellen. Er umfaßt drei Ebenen: 1. die Ebene der sujetlosen semantischen Struktur; 2. die Ebene der typisierten Aktion innerhalb der gegebenen Struktur und 3. die Ebene des konkreten Handelns.

Dabei verändert sich die Wechselbeziehung der Ebenen je nachdem, an welcher Stelle wir die grundlegende strukturelle Opposition ansetzen:

Code		Nachricht
1	–	2, 3
1, 2	–	3

Die Ebene 2 kann also je nach dem Standpunkt des Beschreibenden als Code wie auch als Nachricht aufgefaßt werden.

Seit der *Morphologie des Märchens* von V[ladimir] Ja[kovlevič] Propp ist offenkundig, daß eine Figur einen Durchschnitt struktureller Funktionen darstellt. Propp hat auch die Grundfunktionen umrissen (Held, Helfer, Schädling).

Aus dem oben Gesagten folgt, daß als notwendige Elemente jedes Sujets auftreten: 1. ein semantisches Feld, das in zwei komplementäre Untermengen aufgeteilt ist; 2. eine Grenze zwischen diesen Untermengen, die unter normalen Bedingungen impermeabel ist, im vorliegenden Fall jedoch (der sujethaltige Text spricht immer von einem ›vorliegenden Fall‹) sich für den die Handlung tragenden Helden als permeabel erweist; 3. der die Handlung tragende Held.

Jedes von diesen Elementen verfügt über einen Satz von Merkmalen, die in dem Maße zum Vorschein kommen, wie sie in Sujetbeziehungen zu anderen Elementen treten.

So bildet den Ausgangspunkt der Sujetbewegung das Herstellen der Relation von Differenz und beiderseitiger Freiheit zwischen dem die Handlung tragenden Helden und dem ihn umgebenden semantischen Feld: Wenn der Held seinem Wesen nach mit seiner Umgebung übereinstimmt oder nicht mit der Fähigkeit ausgestattet ist, sich von ihr zu lösen, ist die Entwicklung eines Sujets unmöglich. Der Träger der Handlung hat auch die Möglichkeit, Aktionen nicht auszuführen: Das Schiff kann auch nicht auslaufen, der Mörder nicht morden, Pečorin und Bel'tov sind untätig. Doch der Charakter ihrer Wechselbeziehungen mit der Umgebung bezeugt, daß es nichthandelnde Handlungsträger sind. Das nicht ausgelaufene Schiff und ein nicht ausgelaufener Felsen, ein Mörder, der nicht gemordet hat, und ein Spießbürger, der nicht gemordet hat, Pečorin und Grušnickij, Bel'tov und Kruciferskij'[15] – entsprechen einander strukturell nicht, obwohl sie in gleicher Weise Aktionen nicht ausführen.

Im Verhältnis zur Grenze des (semantischen) Sujetfeldes tritt der Handlungsträger als ihr Überwinder auf, und die Grenze im Verhältnis zu ihm als Hindernis. Deshalb sind alle Arten von Hindernissen im Text in der Regel im Bercich der Grenze konzentriert und stellen strukturell immer einen Teil von ihr dar. Es ist unwesentlich,

15 [Anm. d. Übers./Hg.] Pečorin, Grušnickij: Figuren in dem Roman *Ein Held unserer Zeit* [*Geroj našego vremeni*] von Michail Lermontov (1840); Bel'tov, Kruciferskij: Helden in dem Roman *Wer ist schuld?* [*Kto vinovat*] von Aleksandr Gercen (1846).

ob das die ›Schädlinge‹ im Zaubermärchen, die dem Odysseus feindlichen Wogen, Winde und Meeresströmungen, die falschen Freunde im Schelmenroman oder die falschen Beweisstücke im Krimi sind: In struktureller Hinsicht tragen sie alle ein und dieselbe Funktion – sie machen den Übergang von einem semantischen Feld in das andere in höchstem Maße beschwerlich, ja sogar unmöglich für alle außer dem Handlungsträger im vorliegenden einmaligen Fall (möglich ist auch ein anderer, besonderer Fall des Sujets: Der Träger der Handlung kommt um oder ›scheidet aus dem Spiel aus‹ wegen irgendwelcher anderer Gründe, ohne die Grenze überwunden zu haben). Die Helfer des Handlungsträgers sind in einigen Texten das Ergebnis einer Differenzierung der einheitlichen Funktion der Grenzüberwindung.

Hat er die Grenze überwunden, so tritt der Handlungsträger in das im Verhältnis zum Ausgangsfeld semantische ›Antifeld‹. Um nun die Bewegung zum Stillstand kommen zu lassen, muß er mit dem Antifeld verschmelzen, muß sich aus einer beweglichen Figur in eine unbewegliche verwandeln. Geschieht dies nicht, so ist das Sujet nicht abgeschlossen, und die Bewegung setzt sich fort. So ist der Held des Zaubermärchens z. B. in der Ausgangssituation nicht Teil derjenigen Welt, der er angehört: er ist gejagt, verkannt, hat seinen wahren Kern nicht gezeigt. Danach überwindet er die Grenze, die ›diese‹ Welt von ›jener‹ trennt. Gerade die Grenze (der Wald, das Meer) ist mit den größten Gefahren verbunden. Da jedoch der Held auch in ›jener‹ Welt nicht mit seiner Umgebung verschmilzt (in ›dieser‹ Welt war er der arme, schwache, jüngste Bruder unter den reichen, starken, älteren Brüdern, in ›jener‹ ist er ein Mensch unter Nichtmenschen), kommt das Sujet nicht zum Stillstand: Der Held kehrt zurück, verändert sein eigenes Sein und wird so zum Herren, aber nicht zum Antipoden ›dieser‹ Welt. Weitere Bewegung ist unmöglich. Eben deshalb hält, sobald der Verliebte heiratet, die Aufständischen siegen, die Sterblichen sterben, die Entwicklung des Sujets inne.

Biobibliographische Angaben

Juri Michailowitsch Lotman
* 28. 2. 1922 (Sankt Petersburg) – † 28. 10. 1993 (Tartu)

1939-1950 Literaturstudium an der Universität Leningrad (Petersburg) bei den wichtigsten Vertretern des russischen Formalismus, unterbrochen von den Kriegsjahren; Aufbau von Kontakten an der Universität Tartu in Estland, da unter dem stalinistischen Regime keine Universitätsdozentur in Russland möglich ist; von 1954 an Dozent in Tartu; 1961 Doktorarbeit über russische Literatur vor dem Dekabrismus, ab 1963 Professor und Leiter des Departments für Russische Literatur in Tartu; 1964 Gründung der Tartuer Semiotischen Schule mit ihrem Publikationsorgan *Sign System Studies* (*Trudy po znakovym sistemam*), das er bis 1992 herausgibt; ab 1981 in Tartu Lehrstuhl für ausländische, später Weltliteratur; 1983 Leiter des Labors für Geschichte und Semiotik in Tartu.

Textnachweis

Die Struktur des künstlerischen Textes, aus dem Russischen von Rainer Grübel, Frankfurt am Main: Edition Suhrkamp 1973, Kap. 8.2., 8.3 und 8.4, hier S. 327-330, 347-353 und 354-361 [*Struktura chudožestvennogo teksta,* Moskau: Izdat. Iskusstvo 1970].

[Der hier gewählte Titel stammt vom Herausgeber; Übersetzung und Anmerkungen wurden von Sebastian Donat korrigiert bzw. ergänzt.]

Weitere Texte zur Raumtheorie

1968: »Das Problem des künstlerischen Raums in Gogols Prosa«, aus dem Russischen von Karl Eimermacher, in: J. M. L., *Aufsätze zur Theorie und Methodologie der Literatur und Kultur*, hg. von Karl Eimermacher, Kronberg/Taunus: Scriptor 1974, S. 200-271.

1969: »Zur Metasprache typologischer Kulturbeschreibungen«, ebd., S. 338-377.

1991: *Universe of the Mind: A Semiotic Theory of Culture*, aus dem Russischen von Ann Shukman, eingeleitet v. Umberto Eco, London/New York: I. B. Tauris 2001.

Krah, Hans: »Räume, Grenzen, Grenzüberschreitungen – Einführende Überlegungen«, in: *Ars Semiotica* 22/1-2 (1999), S. 4-12.

Kristeva, Julia: »On Yury Lotman«, in: *Publications of the Modern Language Association (PMLA)* 109/3 (1994), S. 375-376.

Seboek, Thomas A.: »The Estonian Connection«, in: *Sign Systems Studies* 26 (1998), S. 20-41.

Shukman, Ann: *Literature and Semiotics. A Study of the Writings of Yury M. Lotman*, Amsterdam u. a.: North-Holland 1977.

Teuber, Bernhard: »Imaginatio borealis in einer Topographie der Kultur«, in: Annelore Engel-Braunschmidt u. a. (Hg.), *Ultima Thule: Bilder des Nordens von der Antike bis zur Gegenwart*, Frankfurt am Main: Lang 2001, S. 173-201.

Bibliographie (primär und sekundär): ⟨http://www.ugr.es/~mcaceres/lotman/bibliografia.html⟩

Auswahlbibliographie zur Raumtheorie

Historische und systematische Grundlagen

Baumann, Johann Julius: *Die Lehren von Raum, Zeit und Mathematik in der neueren Philosophie nach ihrem ganzen Einfluss dargestellt und beurtheilt*, 2. Bde., Berlin: Reimer 1868/1869.

Blumenberg, Hans: *Die Genesis der kopernikanischen Welt*, Frankfurt am Main: Suhrkamp [3]1996 [1975].

Burckhardt, Martin: *Metamorphosen von Zeit und Raum. Eine Geschichte der Wahrnehmung*, Frankfurt am Main/New York: Campus 1997 [1994].

Carnap, Rudolf: *Der Raum. Beiträge zur Wissenschaftslehre*, Berlin: Reuther & Reichard 1922.

Casey, Edward Scott: *The Fate of Place. A Philosophical History*, Berkeley/Los Angeles/London: University of California Press 1997.

Gent, Werner: *Die Philosophie des Raumes und der Zeit. Historische, kritische und analytische Untersuchungen*, Bonn: Cohen 1926/1930.

Gosztonyi, Alexander: *Der Raum. Geschichte seiner Probleme in Philosophie und Wissenschaften*, 2 Bde., Freiburg/München: Alber 1976.

Jammer, Max: *Das Problem des Raumes. Die Entwicklung der Raumtheorien*, aus dem Englischen von Paul Wilpert, Darmstadt: WBG [2]1980 [1954].

Kanitscheider, Bernulf: *Geometrie und Wirklichkeit*, Berlin: Duncker & Humblot 1971.

Penrose, Roger: *The Road to Reality. A Complete Guide to the Laws of the Universe*, London: Cape 2004.

Pickles, John: *A History of Spaces. Cartographic Reason, Mapping and the Geo-Coded World*, London/New York: Routledge 2003.

Wertheim, Margaret: *Die Himmelstür zum Cyberspace. Eine Geschichte des Raumes von Dante zum Internet*, aus dem Englischen von Ilse Strasmann, Zürich 2000 [1999].

Whittaker, Sir Edmund: *Von Euklid zu Eddington. Zur Entwicklung unseres modernen Weltbildes*, aus dem Englischen von Felizitas Ortner, Wien/Stuttgart: Humboldt 1952 [1949].

Lexikoneinträge

Breidert, Wolfgang/Walter Kambartel/Friedrich Kaulbach/Klaus Mainzer/Pirmin Stekeler-Weithofer/Hans Günter Zekl: »Raum«, in: Joachim Ritter/Karlfried Gründer (Hg.), *Historisches Wörterbuch der Philosophie*, Bd. 8 (R-Sc), Basel/Stuttgart: Schwabe 1992, Sp. 68-111.

Günzel, Stephan: »Philosophie (Raumbegriff)«, in: Fabian Kessel u. a. (Hg.): *Handbuch Sozialraum*, Wiesbaden: VS 2005, S. 89-110.
Köster, Werner: Art. »Raum, politischer«, in: *Historisches Wörterbuch der Philosophie*, Bd. 8, Sp. 122-131.
Lévy, Jacques/Michel Lussault: »Espace«, in: J. L./M. L. (Hg.), *Dictionnaire de la géographie et de l'espace des sociétés*, Paris: Belin 2003, S. 325-333.
Lippe, Rudolf zur: »Raum«, in: Christoph Wulf (Hg.), *Vom Menschen. Handbuch Historischer Anthropologie*, Weinheim/Basel: Beltz 1997, S. 169-179.
Mauthner, Fritz: »Raum«, in: F. M., *Wörterbuch der Philosophie. Neue Beiträge zu einer Kritik der Sprache*, Bd. 3 (Rationalismus bis Zweck), Leipzig ²1924 [1910], S. 6-20.
Mellin, George Samuel Albert: »Raum, spatium, espace«, in: G. S. A. M., *Encyclopädisches Wörterbuch der kritischen Philosophie*, Bd. 6, Abt. II, Jena/Leipzig: Frommann 1802, S. 769-853.
Ott, Michaela: »Raum«, in: Karlheinz Barck u. a. (Hg.), *Ästhetische Grundbegriffe. Historisches Wörterbuch in sieben Bänden*, Bd. 5 (Postmoderne – Synästhesie), Stuttgart/Weimar: Metzler 2003, S. 113-149.
Stenius, Erik: »Raum, logischer«, in: *Historisches Wörterbuch der Philosophie*, Bd. 8, Sp. 121 f.
Vetter, Helmuth: »Raum«, in: H. V. (Hg.): *Wörterbuch der phänomenologischen Begriffe*, Hamburg: Meiner 2004, S. 444-451.
Woodward, William R.: »Raum, Raumwahrnehmung, psychologischer Raum«, in: *Historisches Wörterbuch der Philosophie*, Bd. 8, Sp. 111-121.

Sammlungen mit Grundlagentexten

Agnew, John/David N. Livingstone/Alisdair Rogers (Hg.): *Human Geography. An Essential Anthology*, Oxford: Blackwell 1996.
Barnes, Trevor J. (Hg.): *Reading Economic Geography*, Oxford: Blackwell 2004.
Barnes, Trevor J./Derek Gregory (Hg.): *Reading Human Geography*, London: Arnold 1997.
Čapek, Milič (Hg.): *The Concepts of Space and Time. Their Structure and Their Development*, Dordrecht/Boston: Reidel 1976.
Huggett, Nick (Hg.): *Space from Zeno to Einstein. Classic Readings with a Contemporary Commentary*, Cambridge/London: MIT 1999.
LeGates, Richard T./Frederic Stout (Hg.): *The City Reader*, London/New York: Routledge ³2005 [2000].

Miles, Malcolm/Tim Hall/Ian Borden (Hg.): *The City Cultures Reader*, London/New York: Routledge ²2004 [2000].
Ó'Tuathail, Gearóid/Simon Dalby/Paul Routledge (Hg.): *The Geopolitics Reader*, New York/London: Routledge 2005 [1998].

Diskussions- und Sammelbände, Handbücher

Agnew, John A./James S. Duncan (Hg.): *The Power of Place: Bringing Together Geographical and Sociological Imaginations*, Boston/London: Unwin Hyman 1989.
Aitken, Stuart C./Leo E. Zonn (Hg.): *Place, Power, Situation, and Spectacle*, London: Rowman & Littlefield 1994.
Barchet, Michael/Donata Koch-Haag/Karl Sierek (Hg.): *ausstellen. Der Raum der Oberfläche*, Weimar: VDG 2003.
Barnes, Trevor J./James S. Duncan (Hg.): *Writing Worlds. Discourse, Text and Metaphor in the Representation of Landscape*, London/New York: Routledge 1992.
Benoist, Jocelyn/Fabio Merlini (Hg.): *Historicité et Spatialité. Recherches sur le problème de l'espace dans la pensée contemporaine*, Paris: Vrin 2001.
Biesenbach, Klaus (Hg.): *Territories. Islands, Camps and other States of Utopia*, Berlin: KW 2003.
Böhme, Hartmut (Hg.): *Topographien der Literatur. Deutsche Literatur im transnationalen Kontext*, Stuttgart/Weimar: Metzler 2005.
Borsò, Vittoria/Reinhold Görling (Hg.): *Kulturelle Topographien*, Stuttgart/Weimar: Metzler 2004.
Christensen, Ferrel M. (Hg.): *Space-Like Time. Consequences of, Alternatives to, and Arguments Regarding the Theory That Time Is Like Space*, Toronto u. a.: University of Toronto Press 1993.
Crang, Mike/Nigel Thrift (Hg.): *Thinking Space*, London/New York: Routledge 2000.
Dünne, Jörg/Hermann Doetsch/Roger Lüdeke (Hg): *Von Pilgerwegen, Schriftspuren und Blickpunkten. Raumpraktiken in medienhistorischer Perspektive*, Würzburg: Königshausen & Neumann 2004.
Dürr, Susanne/Almut Steinlein (Hg.): *Der Raum im Film. L'espace dans le film*, Frankfurt am Main u. a.: Lang 2002.
Ecarius, Jutta/Martina Löw (Hg.): *Raumbildung – Bildungsräume. Über die Verräumlichung sozialer Prozesse*, Opladen: Westdeutscher Verlag 1997.
Elsaesser, Thomas (Hg.): *Early Cinema. Space – Frame – Narrative*, London: British Film Institute 1990.

Fecht, Thomas/Dietmar Kamper (Hg.): *Umzug ins Offene. Vier Versuche über den Raum*, Wien/New York: Springer 2000.

Feiner, Sabine: *Raumdeutungen. Ein interdisziplinärer Blick auf das Phänomen Raum*, Hamburg u. a.: LIT 2001.

Geisthövel, Alexa/Habbo Knoch (Hg.): *Orte der Moderne. Erfahrungswelten des 19. und 20. Jahrhunderts*, Frankfurt am Main: Campus 2005.

Geppert, Alexander C. T./Uffa Jensen/Jörn Weinhold (Hg.): *Ortsgespräche. Raum und Kommunikation im 19. und 20. Jahrhundert*, Bielefeld: Transcript 2005.

Grassi, Carlo/Alberto Abruzzese (Hg.): *Tempo e spazio nel cinema*, Roma: Bulzoni ^{2}1998 [1987].

Häußermann, Hartmut/Detlev Ipsen/Thomas Krämer-Badoni (Hg.): *Stadt und Raum. Soziologische Analyse*, Pfaffenweiler: Centaurus ^{2}1992 [1991].

Hempel, Leon/Jörg Metelmann (Hg.): *Bild – Raum – Kontrolle. Videoüberwachung als Zeichen gesellschaftlichen Wandels*, Frankfurt am Main: Suhrkamp 2005.

Henckel, Dietrich/Matthias Ebeling (Hg.): *Raumzeitpolitik*, Opladen: Leske + Budrich 2002.

Hofmann, Franck/Jens E. Sennewald/Stavros Lazaris (Hg.): *Raum – Dynamik. Beiträge zu einer Praxis des Raums*, Bielefeld: Transcript 2004.

Johnston, Ronald J.: *Dictionary of Human Geography*, Oxford: Blackwell ^{4}2000 [1981].

Kessel, Fabian/Christian Reutlinger/Susanne Maurer/Oliver Frey (Hg.): *Handbuch Sozialraum*, Wiesbaden: VS 2005.

Konstantarakos, Myrto (Hg.): *Spaces in European Cinema*, Exeter: Intellect 2000.

Kreimeier, Klaus (Hg.): *Die Metaphysik des Dekors. Raum, Architektur und Licht im klassischen deutschen Stummfilm*, Marburg: Schüren 1994.

Lammert, Angela u. a./Akademie d. Künste (Hg): *Topos Raum: Die Aktualität des Raumes in den Künsten der Gegenwart*, Nürnberg: Verlag für Moderne Kunst 2005.

Lange, Sigrid (Hg.): *Raumkonstruktionen in der Moderne. Kultur – Literatur – Film,* Bielefeld: Aisthesis 2001.

Lévy, Jacques/Michel Lussault (Hg.): *Dictionnaire de la géographie et de l'espace des sociétés*, Paris: Belin 2003.

Lossau, Julia/Michael Flitner (Hg.): *Themenorte*, Münster: LIT 2005.

Low, Setha M./Denise Lawrence-Zuniga (Hg.): *Anthropology of Space and Place: Locating Culture*, Oxford: Blackwell 2003.

Maresch, Rudolf/Niels Werber (Hg.): *Raum – Wissen – Macht*, Frankfurt am Main: Suhrkamp 2002.

Massey, Doreen/Pat Jess (Hg.): *A Place in the World? Places, Cultures and Globalization*, Oxford: The Open University 1995.

Mayer, Jörg (Hg.): *Die aufgeräumte Welt – Raumbilder und Raumkonzepte im Zeitalter globaler Marktwirtschaft*, Loccum: Evangelische Akademie 1993.
Mitterbauer, Helga/Katharina Scherke (Hg.): *Ent-grenzte Räume. Kulturelle Transfers um 1900 und in der Gegenwart*, Wien: Passagen 2005.
Ott, Michaela/Elke Uhl (Hg.): *Denken des Raums in Zeiten der Globalisierung*, Münster: LIT 2006.
Reichert, Dagmar (Hg.): *Räumliches Denken*, Zürich: vdf 1996.
Rheinberger, Hans-Jörg/Michael Hagner/Bettina Wahrig-Schmidt (Hg.): *Räume des Wissens. Repräsentation, Codierung, Spur*, Berlin: Akademie-Verlag 1997.
Riege, Marlo/Herbert Schubert (Hg.): *Sozialraumanalyse. Grundlagen – Methoden – Praxis*, Opladen: Leske + Budrich [2]2004 [2002].
Roesner, David/Geesche Wartemann/Volker Wortmann (Hg.): *Szenische Orte – mediale Räume*, Hildesheim: Olms 2005.
Rost, Andreas (Hg.): *Zeit, Schnitt, Raum*, Frankfurt am Main: Verlag der Autoren 1997.
Schubert, Venanz (Hg.): *Raum des Menschen – Raum des Wissens*, St. Otilien: EOS 1987.
Spanu, Massimiliano (Hg.): *Spazio*, Torino: Lindau 2002.
Stockhammer, Robert (Hg.): *TopoGraphien der Moderne. Medien zur Repräsentation und Konstruktion von Räumen*, München: Fink 2005.
Vatsyayan, Kapila (Hg.): *Concepts of Space. Ancient and Modern*, New Delhi: Indira Ghandi National Centre for the Arts 1996 [1991].
Wentz, Martin (Hg.): *Stadt-Räume*, Frankfurt am Main/New York: Campus 1991.

Untersuchungen zu Einzelgebieten

Ahrens, Daniela: *Grenzen der Enträumlichung*, Opladen: Leske + Budrich 2001.
Andrews, Lew: *Story and Space in Renaissance Art. The Rebirth of Continuous Narrative*, Cambridge: University Press 1998 [1995].
Assmann, Aleida: *Erinnerungsräume. Formen und Wandlungen des kulturellen Gedächtnisses*, München: Beck 1999.
Berressem, Hanjo: »Architeχturen. Überlegungen zu einer Topologie der Torison«, in: *DisPositionen. Beiträge zur Dekonstruktion von Raum und Zeit*, hg. von Michael Scholl und Georg Christoph Tholen, Kassel: Universität Gesamthochschule 1996, S. 51-79.
Bonesio, Luisa: *Geofilosofia del paesaggio*, Mailand: Mimesis 1997.

Bornscheuer, Lothar: *Topik. Zur Struktur der gesellschaftlichen Einbildungskraft*, Frankfurt am Main: Suhrkamp 1976.
Canter, David: *The Psychology of Place*, London: Architectural Press 1977.
Casey, Edward Scott: *Representing Place. Landscape Painting & Maps*, Minneapolis/London: University of Minnesota Press 2002.
Damisch, Hubert: *L'Origine de la perspective*, Flammarion: Paris 1987.
Demuth, Volker: *Topische Ästhetik. Körperwelten, Kunsträume, Cyberspace*, Würzburg: Königshausen und Neumann 2002.
Doel, Marcus: *Poststructuralist Geographies. The Diabolic Art of Spatial Science*, Edinburgh: University Press 1999.
Downs, Roger M./David Stea: *Maps in Minds. Reflections on Cognitive Mapping*, New York u. a.: Harper & Row 1977.
Ebeling, Siegfried: *Der Raum als Membran*, Dessau: Dünnhaupt 1926.
Field, Judith Veronica: *The Invention of Infinity. Mathematics and Art in the Renaissance*, Oxford/New York/Tokio: Oxford University Press 2005 [1997].
Florenski, Pawel: *Raum und Zeit*, aus dem Russischen und hg. von Olga Radetzkaja und Ulrich Werner, Berlin: Kontext 1997 [1919 ff.].
Fuller, Richard Buckminster: *Bedienungsanleitung für das Raumschiff Erde und andere Schriften*, aus dem Amerikanischen und hg. von Joachim Krause, Amsterdam/Dresden: Verlag der Kunst 1998.
Gebser, Jean: *Ursprung und Gegenwart*, 2 Bde., *Gesamtausgabe*, Bd. II und III, Schaffhausen: Novalis ^{2}1999 [1949/1953].
Gibson, James J.: *Die Wahrnehmung der visuellen Welt*, aus dem Amerikanischen von Vera Schumann, Weinheim/Basel: Beltz 1973 [1950].
Gregory, Derek: *Geographical Imaginations*, Cambridge, Mass.: Blackwell 1994.
Günzel, Stephan: *Geophilosophie. Nietzsches philosophische Geographie*, Berlin: Akademie 2001.
Harley, John Brian: *The New Nature of Maps. Essays in the History of Cartography*, Baltimore/London: Johns Hopkins UP 2001.
Harvey, David: *The Condition of Postmodernity. An Enquiry into the Origins of Cultural Change*, Cambridge/Oxford: Blackwell 1990.
Hillier, Bill/Julienne Hanson: *The Social Logic of Space*, Cambridge: University Press 1984.
Jahn, Bernhard: *Raumkonzepte in der frühen Neuzeit. Zur Konstruktion von Wirklichkeit in Pilgerberichten, Amerikareisebeschreibungen und Prosaerzählungen*, Frankfurt am Main u. a.: Lang 1993.
Janser, Andres/Arthur Rüegg: *Hans Richter: die neue Wohnung. Architektur, Film, Raum*, Baden: Lars Müller 2001.
Lenoir, Timothy/Casey Alt: »Ströme, Prozesse, Falten. Überlagerung zwischen Bioinformatik und zeitgenössischer Architektur«, aus dem Engli-

schen von Burckhardt Wolf, in: *Kultur im Experiment*, hg. von Henning Schmidgen, Peter Geimer und Sven Dierig, Berlin: Kadmos 2004 [2003], S. 37-81.

Levinson, Stephen C.: *Space in Language and Cognition – Explorations in Cognitive Diversity*, Cambridge: University Press 2003.

Lévy, Jacques: *Le tournant géographique. Penser l'espace pour lire le monde*, Paris: Belin 1999.

Marin, Louis: »Les voies de la carte«, in: *Cartes et figures de la terre* [Ausstellungskatalog], Paris: Centre Georges Pompidou 1980, S. 47-54.

McQuire, Scott: *Visions of Modernity. Representation, Memory, Time and Space in the Age of the Camera*, London: SAGE 1998.

Muck, Herbert: *Der Raum. Baugefüge, Bild und Lebenswelt*, Wien: Architektur- und Bauchfachverlag 1986.

Müller, Werner: *Barocke Raumphantasien: Gebaute Wirklichkeit und konstruierter Schein*, Petersberg: Imhof 2004.

O'Doherty, Brian: *In der weißen Zelle. Inside the White Cube*, aus dem Amerikanischen und hg. von Wolfgang Kemp, mit einem Nachwort von Markus Brüderlin, Berlin: Merve 1996 [1986].

Park, Chris C.: *Sacred Worlds. An Introduction to Geography and Religion*, London: Routledge 1994.

Peet, Richard: *Modern Geographical Thought*, Oxford/Malden: Blackwell 1998.

Pickles, John: *Phenomenology, Science and Geography. Spatiality and the Human Sciences*, Cambridge u. a.: Cambridge University Press 1985.

Reutlinger, Christian: *Jugend, Stadt und Raum. Sozialgeographische Grundlagen einer Sozialpädagogik des Jugendalters*, Opladen: Leske + Budrich 2003.

Schmid, Hans: *Fenster zum Tod. Der Raum im Horrorfilm*, München: Belleville 1993.

Schneider, Ute: *Die Macht der Karten. Eine Geschichte der Kartographie vom Mittelalter bis heute*, Darmstadt: Primus 2004.

Siepmann, Eckhard: *Der Zerfall eines alten Raumes. Brüche in der Geschichte des Blicks*, Berlin: Museumspädagogischer Dienst 1988.

Smith, Jonathan Z.: *To Take Place. Toward Theory in Ritual*, Chicago: Chicago University Press 1987.

Sobchack, Vivian Carol: *Screening Space. The American Science Fiction Film*, New Brunswick u. a.: Rutgers University Press ²1997 [1987].

Thabe, Sabine: *Raum(de)konstruktionen. Reflexionen zu einer Philosophie des Raumes*, Opladen: Leske + Budrich 2002.

Vogt-Göknil, Ulya: *Architekturbeschreibung und Raumbegriff bei neueren Kunsthistorikern*, Leiden: Groen & Zoon 1951.

Weichhart, Peter: »Die Räume zwischen den Welten und die Welt der Räu-

me. Zur Konzeption eines Schlüsselbegriffs der Geographie«, in: Peter Meusburger (Hg.), *Handlungszentrierte Sozialgeographie*, Stuttgart: Steiner 1999, S. 67-94.
Weigel, Sigrid: »Zum ›topographical turn‹ – Kartographie, Topographie und Raumkonzepte in den Kulturwissenschaften«, in: *KulturPoetik* 2/2 (2002), S. 151-165.

Rechtenachweis

Die Abdruckgenehmigungen für die im Folgenden aufgeführten Texte (die Nummerierung entspricht der des Bandes) wurden freundlicherweise erteilt von:

Text 1, 10 und 27: Felix Meiner Verlag, Hamburg.
Text 2: Akademie Verlag, Berlin.
Text 4: Marina von Uexküll.
Text 5: Albert Einstein Archives, Jerusalem.
Text 6: Miriam Lewin.
Text 7: Max Niemeyer Verlag, Tübingen.
Text 8: Husserl-Archief, Leuven.
Text 9: Carl Hanser Verlag, München/Wien.
Text 11: Quadriga Verlag in der Ullstein Buchverlage GmbH, Berlin.
Text 14: Christian Bourgois Editeur, Paris.
Text 15: Edith Flusser und Flusser-Archiv, Köln.
Text 18: Editions Economica/Anthropos, Paris.
Text 19 und 25: Merve Verlag, Berlin.
Text 23: Nachlaßverwaltung Carl Schmitt und Duncker & Humblot, Berlin.
Text 24: Piper Verlag, München.
Text 29: Edition Cahiers du Cinéma, Paris.

Für alle anderen urheberrechtlich geschützten Texte: Suhrkamp Verlag, Frankfurt am Main.

Markus Schroer. Räume, Orte, Grenzen. Auf dem Weg zu einer Soziologie des Raums. stw 1761. 334 Seiten

NF 162/2/10.10

Ute Daniel. Kompendium Kulturgeschichte. Theorien, Praxis, Schlüsselwörter. stw 1523. 492 Seiten

Norbert Elias

Über den Prozeß der Zivilisation. Soziogenetische und psychogenetische Untersuchungen. Zwei Bände in Kassette oder auch einzeln erhältlich

- Band 1: Wandlungen des Verhaltens in den weltlichen Oberschichten des Abendlandes. stw 158. 504 Seiten
- Band 2: Wandlungen der Gesellschaft. Entwurf zu einer Theorie der Zivilisation. stw 159. 604 Seiten

Elena Esposito. Die Verbindlichkeit des Vorübergehenden: Paradoxien der Mode. Übersetzt von Alessandra Corti. 192 Seiten. Kartoniert

Harry G. Frankfurt. Bullshit. Übersetzt von Michael Bischoff. Gebunden. 73 Seiten

Josef Früchtl. Das unverschämte Ich. Eine Heldengeschichte der Moderne. stw 1693. 422 Seiten

Michael Giesecke

- Sinnenwandel, Sprachwandel, Kulturwandel. Studien zur Vorgeschichte der Informationsgesellschaft. stw 997. 374 Seiten
- Von den Mythen der Buchkultur zu den Visionen der Informationsgesellschaft. Mit CD-ROM. stw 1543. 458 Seiten

Hans Ulrich Gumbrecht. 1926. Ein Jahr am Rand der Zeit. Übersetzt von Joachim Schulte. Gebunden. 540 Seiten. stw 1655. 554 Seiten

NF 118/2/10.10